AF274026

CIENCIA DE DATOS
Un enfoque práctico de tecnologías, herramientas y aplicaciones

Luis Joyanes Aguilar

Acceda a www.marcombo.info
para descargar gratis
el contenido adicional
complemento imprescindible de este libro

Código: DATOS24

CIENCIA DE DATOS

Un enfoque práctico de tecnologías, herramientas y aplicaciones

Luis Joyanes Aguilar

Ciencia de datos
Un enfoque práctico de tecnologías, herramientas y aplicaciones

Luis Joyanes Aguilar

Derechos reservados © Alfaomega Grupo Editor, S.A. de C.V., México
Primera edición: 2023
ISBN: 978-607-538-947-9

Primera edición: MARCOMBO, S.L. 2024

© 2024 MARCOMBO, S.L.
www.marcombo.com

ISBN: 978-84-267-3738-0
D.L.: B 21806-2023

Impreso en Servicepoint
Printed in Spain

A mis queridas "niñas" (mis nietas) Inés y Olivia con el inmenso cariño que les profeso y mi reconocimiento por todo el apoyo y alegría que siempre me dan. Las dos ya "viven en la era de los datos" y son pequeñas usuarias de la Ciencia de Datos tanto en su casa como en su colegio en actividades escolares, y también en su ocio y entretenimiento, al ser ya usuarias de dispositivos como teléfonos inteligentes, tabletas y ordenadores portátiles. Mi agradecimiento eterno por el gran cariño que me profesan y que siempre me acompaña.

A mi sobrina Raquel y mi sobrino Roberto por su apoyo y cariño continuos que tanta ayuda me prestan siempre, tanto en mi vida familiar como en mi vida profesional y académica.

Contenido

Prólogo

La Ciencia de Datos es multidisciplinar y ha adquirido gran popularidad en los últimos años debido al apoyo de disciplinas como las matemáticas, estadística, programación de ordenadores, Inteligencia Artificial, Aprendizaje Automático, investigación tradicional, junto a la transversalidad de otras de gran impacto en la década actual, como la Informática en la Nube, el Internet de las Cosas, el Blockchain o la ciberseguridad.

Por estas circunstancias, el uso de la Ciencia de Datos ha crecido de modo significativo en organizaciones y empresas, así como en los campos académicos y de investigación. El porcentaje de presencia de la Ciencia de Datos en las empresas ha crecido considerablemente y continúa creciendo, lo que está motivando la continua demanda de los científicos de datos y roles profesionales asociados como analista de datos, ingeniero de datos, ingeniero de Aprendizaje Automático.

Así pues, la Ciencia de Datos se ha convertido en asignatura obligatoria en numerosas carreras de ingeniería (informática, sistemas, telecomunicaciones, industrial), de ciencias (matemáticas, estadística y probabilidad, físicas) o ciencias económicas, empresariales, marketing o mercadotecnia, comunicaciones o ciencias de la información, y crece en carreras como sociología por la importancia del uso de la ética, la privacidad.

En consecuencia, han crecido de modo espectacular tanto en Europa, España, los Estados Unidos o Latinoamérica. La implantación de carreras de grado específicas de Ciencia de Datos, así como másteres, cursos de especialización y profesionales, o en estudios de formación profesional. Naturalmente, las líneas de investigación en Ciencia de Datos también han aumentado junto con la Inteligencia de Negocios, la Inteligencia Artificial o el Aprendizaje Automático.

Los objetivos fundamentales del contenido del libro intentan responder a gran parte de todas estas demandas y de llegar al mayor número posible de niveles, desde la iniciación y el medio hasta niveles avanzados y de especialización. Para ello se incluyen los contenidos más requeridos en la formación del científico de datos, junto con una amplia bibliografía, recursos web y un portal web con contenidos generalistas y de especialización para ampliar los conocimientos descritos en todos aquellos lectores que deseen profundizar en la Ciencia de Datos.

El carácter multidisciplinar de la Ciencia de Datos ha producido un gran crecimiento en popularidad y aceptación en organizaciones, empresas, centros académicos y de investigación debido al uso de tecnologías emergentes y disruptivas de impacto, que han facilitado la adopción de la Ciencia de Datos como una asignatura, curso, especialización o posgrado.

En el libro se describen las tecnologías, herramientas y aplicaciones de los soportes fundamentales de la Ciencia de Datos, entre otras: Big Data, Internet de las Cosas, Informática en la Nube, Inteligencia Artificial, Blockchain y Ciberseguridad junto al uso innegable de la Ética, Privacidad y Protección de datos.

En el capítulo de Internet de las Cosas se describen componentes tan importantes como los gemelos digitales, automóviles autónomos, drones o ropa inteligente, así como las ciudades y edificios inteligentes. En los capítulos de Informática en la Nube, se describen sus tecnologías y propiedades fundamentales, junto a los nuevos modelos y plataformas como la Nube Nativa, los microservicios, los contenedores o la informática "sin servidores". En los dos capítulos de Inteligencia Artificial, se realiza la descripción de sus tecnologías y componentes principales de soporte, junto a la Inteligencia Artificial Moderna, como la Inteligencia Artificial Conversacional y la Inteligencia Artificial Generativa y Creativa. Asimismo, el libro se introduce en los modelos de lenguaje, con énfasis especial en los estándares más utilizados y de mayor impacto en la actualidad y en el futuro, en las empresas y en la investigación, como GPT-3 y GPT-4 o DALL-E 2. En la tecnología Blockchain de impacto transversal, en la seguridad y transparencia en las comunicaciones se describen plataformas de tanto arraigo en estos dos últimos años como NFT. En virtud de la gran importancia de los datos como soporte de la Ciencia de Datos a lo largo del libro, sobre todo en un capítulo específico, se describirán las tecnologías de impacto en 2023 y el horizonte 2025-2030.

A quién va dirigido el libro

La Ciencia de Datos, como disciplina ya asentada en gran número de sectores y como tendencia tecnológica que cada día se implanta más en numerosas organizaciones, verá que su desarrollo será creciente en los campos empresariales, académicos y de investigación. De igual forma, se está introduciendo en carreras de Ingeniería y Ciencias, además de carreras de Administración de Empresas y otras disciplinas afines como Ciencias de la Información, Comunicación, Economía, Mercadotecnia (Marketing) o Ciencias Sociales, en sus diferentes campos, por ejemplo, Sociología.

El libro se ha escrito pensando en estudiantes de Ciencias de Datos, de formación profesional, de grado y de posgrado, así como para profesionales de organizaciones y empresas, o investigadores que deseen tener amplios conocimientos del sector, así como las múltiples disciplinas que la componen. También está dirigido para los lectores que deseen introducirse en la alfabetización, democratización y la cultura de la Ciencia de Datos y tecnologías y herramientas afines.

En síntesis, es un libro escrito con una visión global para quienes aspiran a iniciarse en el tema, ampliar sus conocimientos o simplemente conocer los retos y las oportunidades que trae la Ciencia de Datos para la sociedad actual y futura.

A lo largo de 2021 y 2022 de la década actual, han nacido numerosas asignaturas con el mismo título para numerosas carreras, diferentes facultades, escuelas e institutos tecnológicos y politécnicos, así como másteres específicos en Ciencia de Datos, naturalmente como línea de investigación. Por estas razones, el autor, apoyándose en su currículo académico de formación multidisciplinar (Doctor Ingeniero en Informática, Doctor en Sociología, Licenciado en Ciencias Físicas y Graduado en Enseñanza Superior Militar, "especialidad de Artillería"), intenta componer un libro profesional, pero que pueda ser utilizado también como libro académico y docente por los profesores y maestros que así lo consideren oportuno.

El libro contiene gran número de aplicaciones de Ciencia de Datos y de las disciplinas que la componen y su impacto en sectores de importancia, tales como la industria, el sector de la salud, el turismo, la agricultura, las ciudades, las infraestructuras de comunicaciones, la defensa, la política y el gobierno. Las tendencias tecnológicas de impacto en el 2022 y siguientes se reflejan a lo largo de la obra tratando de abarcar desde los fundamentos de la Ciencia de Datos, las tecnologías de apoyo, la analítica de datos junto a la visualización de datos, los fundamentos de la Informática en la Nube tradicional y futura como la informática nativa, el Internet de las Cosas o el Blockchain. Por su impacto en la Ciencia de Datos, se dedican dos capítulos completos a la Inteligencia Artificial Aplicada y Moderna, como la Inteligencia Artificial Conversacional y la Inteligencia Artificial Generativa y Creativa. Dada la importancia de los datos en el mundo actual, se analizan las políticas y sus normativas, seguridad, privacidad y protección de datos, con énfasis muy especial en la ética.

Organización del libro

La obra se ha estructurado en cinco partes con la idea principal de transmitir al lector los conocimientos necesarios para conseguir la mayor comprensión de los conceptos fundamentales de las diferentes disciplinas, tecnologías, herramientas y aplicaciones necesarias para formar a los científicos de datos, los profesionales expertos en Ciencia de Datos, así como otros roles profesionales afines al sector.

PARTE I. FUNDAMENTOS DE CIENCIA DE DATOS

Capítulo 1. Ciencia de Datos: Conceptos, tecnologías, habilidades y aplicaciones

Describe los fundamentos generales de la Ciencia de Datos: disciplinas, dominios y aplicaciones, soporte de su proceso y ciclo de vida. Se introduce el rol profesional del científico de datos y roles de datos afines, así como las tendencias más destacadas.

Capítulo 2. El ecosistema de datos: Big Data en la Ciencia de Datos

Se describen las características, fuentes de datos y taxonomía de los datos. El crecimiento exponencial de datos ha supuesto la evolución creciente de Big Data en organizaciones y empresas. En el capítulo se analiza la descripción de la arquitectura de Big Data, así como sus componentes fundamentales, tecnologías y herramientas.

Capítulo 3. Proceso de Ciencia de Datos y los científicos de datos

La Ciencia de Datos requiere un proceso o ciclo de vida tradicional con la descripción detallada de sus etapas básicas. El rol profesional del científico de datos y sus habilidades técnicas y no técnicas constituyen uno de los soportes clave en la Ciencia de Datos, así como el conocimiento de las herramientas más utilizadas.

PARTE II. ANALÍTICA DE DATOS EN CIENCIA DE DATOS

Capítulo 4. Analítica de datos y analítica de Big Data

La definición de analítica de datos, y sus tipos más populares en organizaciones y empresas, se describen a lo largo del capítulo. La importancia de los datos en los medios sociales ha dado origen a categorías de analítica de gran impacto: analítica social y analítica de sentimientos.

Capítulo 5. Técnicas de Minería de Datos y de Aprendizaje Automático

La Minería de Datos es una disciplina tradicional para obtener el conocimiento más eficiente en organizaciones y empresas, de modo que se puedan tomar las mejores decisiones en sus estrategias de negocios. El proceso de Minería de Datos, los métodos más populares y su relación con otras disciplinas como Big Data y Aprendizaje Automático constituirán uno de los pilares de la Ciencia de Datos.

Capítulo 6. Visualización de Datos

La visualización de datos se ha convertido en una necesidad imperiosa en la estrategia y éxito de los datos. Se describen en detalle sus componentes principales, como gráficos, mapas, informes, infografías y los cuadros de mando. En los últimos años, han alcanzado mucha difusión las técnicas y herramientas de narración o historia de datos (data storytelling). Asimismo, por su importancia en las organizaciones, se describe el Cuadro de Mando Integral. Las herramientas y proveedores más destacados se resaltan también en el capítulo.

PARTE III. LOS PILARES TECNOLÓGICOS DE LA CIENCIA DE DATOS

Capítulo 7. Informática en la Nube y Ciencia de Datos: Conceptos, modelos y aplicaciones

La Ciencia de Datos tiene como pilar y espina dorsal a la Informática en la Nube (Cloud Computing). Sus características y modelos tradicionales se describen en el capítulo, así como la seguridad y la contratación de servicios a los diferentes proveedores. Una introducción a los centros de datos, componente fundamental de la nube, se analiza en el capítulo.

Capítulo 8. Informática en la Nube moderna: Arquitectura, Edge Computing, Fog Computing, Cloud Native (microservicios y contenedores) e Informática "sin servidor"

La Informática en la Nube se ha configurado como un número elevado de modelos de gran impacto en organizaciones y empresas. La Informática en el Borde es una arquitectura que ha alcanzado un gran despliegue gracias fundamentalmente al Internet de las Cosas. Otros modelos de gran rendimiento se ven en el capítulo, como la informática sin servidores, la nube nativa y la Fundación CNCF o los nuevos modelos de desarrollo de aplicaciones, como los microservicios y contenedores.

Capítulo 9. Almacenamiento de datos: data warehouses (almacenes de datos), data lakes (lagos de datos) y data lakehouses (almacenes de lagos de datos)

El almacenamiento de datos es una capa fundamental en el proceso de la Ciencia de Datos. A los sistemas tradicionales, data warehouses y data marts, que procesan datos estructurados, se han unido los nuevos sistemas de lagos de datos (data lakes) y almacenes (o casas) de lagos de datos (data lakehouses).

Capítulo 10. Inteligencia Artificial y su impacto en la Ciencia de Datos

La Inteligencia Artificial (IA) es el otro gran pilar de la Ciencia de Datos. La taxonomía de los modelos de inteligencia artificial y sus tipos más conocidos se describen en el capítulo. Los dos componentes fundamentales de la IA, el Aprendizaje Automático y Aprendizaje Profundo, se describen junto a sus aplicaciones más frecuentes.

Capítulo 11. Inteligencia Artificial del futuro: Inteligencia Artificial Conversacional e Inteligencia Artificial Generativa. El camino a la Inteligencia Artificial General (AGI)

El procesamiento del lenguaje natural (PLN, NLP, en inglés) y sus componentes, unidos a las redes neuronales artificiales, han dado lugar a la emergencia de la conocida IA moderna y sus dos modelos más extendidos: Inteligencia Artificial Conversacional e Inteligencia Artificial Generativa. Una de las tecnologías de mayor impacto son los modelos de lenguaje que se describen en el capítulo junto con las aplicaciones de gran impacto en las organizaciones, las empresas y los usuarios personales.

Capítulo 12. Internet de las Cosas: Los datos de los objetos inteligentes en la Ciencia de Datos

El Internet de las Cosas (IoT) es la fuente que mayor volumen y variedad de datos genera. Los objetos inteligentes se cuentan por miles de millones y crecen de modo muy notable. Los conceptos fundamentales, tecnologías, aplicaciones y tendencias se describen en el capítulo. Una de las tecnologías de mayor impacto en la industria y en las organizaciones y empresas son los gemelos digitales. Asimismo, y dada su importancia, se dedican apartados específicos a la seguridad y privacidad.

Capítulo 13. Blockchain: Seguridad y transparencia de los datos

Las cadenas de bloques (Blockchain) se han convertido en la nueva revolución de Internet y la emergencia de la web 3.0, que se verá en un capítulo posterior. Los conceptos más importantes, como los contratos inteligentes, la trazabilidad o la identidad digital se describen a lo largo del capítulo, también cómo convergen en la Ciencia de Datos. Asimismo, la gran resonancia de las tecnologías NFT se ha constituido en la espina dorsal de la inteligencia artificial creativa.

PARTE IV. SEGURIDAD, PRIVACIDAD, PROTECCIÓN Y ÉTICA DE LOS DATOS

Capítulo 14. Seguridad y ciberseguridad en Ciencia de Datos

Los datos son el pilar fundamental de la Ciencia de Datos, pero requieren de su administración, garantía y calidad como soporte de su seguridad. La ciberseguridad es de obligada implantación en las organizaciones y empresas; requiere el conocimiento de ciberamenazas y ciberataques. Las directrices y estrategias de ciberseguridad están normalizadas por organizaciones nacionales e internacionales.

Capítulo 15. Ética, privacidad, protección de datos y compliance en la Ciencia de Datos: Normas legales y regulaciones, consorcios y organizaciones

El buen funcionamiento de la Ciencia de Datos requiere el uso continuo y desde el principio de la ética de los datos. Igualmente, la privacidad de los datos y el cumplimiento normativo (compliance) son pilares esenciales que cumplir en la Ciencia de Datos.

PARTE V. EL FUTURO DE LA CIENCIA DE DATOS

Capítulo 16. Tendencias tecnológicas disruptivas en Ciencia de Datos en el horizonte 2025

Las tendencias tecnológicas de la Ciencia de Datos son numerosas y se examinan las de mayor impacto en las organizaciones y empresas: la hiperconectividad, la computación cuántica, el metaverso y la web 3.0, unidas a las tecnologías NFT, junto con la IA Generativa y Creativa, garantizan un futuro óptimo para la Ciencia de Datos en el horizonte 2025-2030.

Agradecimientos

En primer lugar, mi eterno agradecimiento a mis alumnos, los asistentes y participantes a mis numerosas, conferencias, seminarios y cursos que he impartido en estos últimos años en universidades españolas y latinoamericanas, en las que he dedicado una especial importancia a la Ciencia de Datos, a disciplinas como la Inteligencia Artificial, Internet de las Cosas, Informática en la Nube o Blockchain y la Ciberseguidad; por extensión, a la Industria 4.0 como anuncio de la futura Industria 5.0. Muchas gracias por vuestras consultas, sugerencias, preguntas o recomendaciones, así como los consejos que siempre me ofrecéis como soporte en la transmisión de conocimientos y que siempre me son de gran utilidad a la hora de escribir.

De igual forma, mi agradecimiento a los profesores y colegas que siempre me asesoran y aconsejan, a la hora de construir un nuevo libro, con sus recomendaciones y guías de optimización en nuestra profesión. A ellos, mi sincero agradecimiento por recomendar mis obras.

También, y de igual manera, mi agradecimiento a mi editor y —sin embargo, amigo— Damián Fernández, cuyo asesoramiento, consejos y recomendaciones siempre me acompañan desde los orígenes del proyecto hasta su publicación final en el largo proceso editorial. De igual forma, mi agradecimiento al presidente y director editorial de Alfaomega, Marcelo Grillo, quien, durante tantos años, desde que iniciamos nuestra colaboración, me ha ido aconsejando en todo momento sobre las mejores opciones de sucesivas publicaciones. Al equipo editorial del Grupo Editorial Alfaomega de la sede central de Ciudad de México, y del resto de países donde tienen sede, cuyas recomendaciones siempre me acompañan.

En Carchelejo (Sierra Mágina), Jaén, Andalucía y España, y en Ciudad de México (CDMX), México y en Buenos Aires, Argentina. Mayo 2023

Lecturas complementarias en la web

Algunos contenidos extra son para descargar desde nuestra página web. Puede acceder a ellos desde www.marcombo.info con el código **DATOS24**.

Acerca del autor

Luis Joyanes Aguilar

Presidente de la Fundación I+D del Software Libre (Fidesol), Granada (España). Dr. Ingeniero en Informática por la Universidad de Oviedo y Dr. en Sociología por la Universidad Pontificia de Salamanca. Licenciado en Ciencias Físicas con Grado, por la Universidad Complutense de Madrid. Dr. Honoris Causa por la Universidad Privada Antenor Orrego de Trujillo, UPAO (Perú); por la Universidad San Martín de Porres, Lima (Perú) y por la Universidad Inca Garcilaso de la Vega, Lima (Perú). Líder Académico del TEC de Monterrey, México, campus Querétaro. Catedrático de Lenguajes y Sistemas Informáticos de la UPSA. Profesor de Inteligencia de Negocios y de Ciencia de Datos de la Universidad Católica de Ávila (UCAV) y de la Ávila Business School de UCAV. Profesor invitado y visitante de numerosas universidades de Latinoamérica y El Caribe. Conferenciante habitual en congresos, simposios, jornadas a nivel internacional. Ha dirigido más de 50 tesis doctorales de estudiantes españoles, portugueses y latinoamericanos.

Ha escrito más de 40 libros de TIC y más de 150 artículos científicos y profesionales. Sus últimos libros publicados son: *Computación en la Nube. Estrategias de Cloud Computing en Organizaciones y Empresas.* 2.ª edición; *Internet de las Cosas*; *Inteligencia de Negocios y Analítica de Datos*; *Industria 4.0: La Cuarta Revolución Industrial*; *Sistemas de Información y Fundamentos de Programación* 5.ª ed.

Investigador del Grupo de Investigación de "Ética en la Nube" de la Facultad de Filosofía de la Universidad Complutense de Madrid. Miembro del Instituto Universitario "Agustín Millares" de la Universidad Carlos III de Madrid. En abril de 2018 recibió la Mención Honorífica del Doctorado en Ingeniería de la Universidad Distrital Francisco José de Caldas, de Bogotá (Colombia). El 30 de abril de 2022 fue nombrado Miembro de Honor de la Asociación de Directores de Servicio AFSM de España.

CAPÍTULO 1
CIENCIA DE DATOS: CONCEPTOS, HABILIDADES, HERRAMIENTAS Y APLICACIONES

INTRODUCCIÓN

La **Ciencia de Datos** es una disciplina que se encarga de la extracción de conocimiento a partir de los datos y que se encuentra en plena expansión, debido esencialmente al crecimiento exponencial de los datos, conocido como Big Data (capítulo 2). El **científico de datos** es aquella persona que practica la Ciencia de Datos, cuya misión es extraer conocimiento de los datos disponibles y transmitir los resultados a los directivos de las organizaciones y empresas, con el objetivo de ayudar en la toma de decisiones para que esta sea eficaz y eficiente.

El científico de datos es un profesional que debe dominar las matemáticas y la estadística, junto con altos conocimientos de algoritmos y programación (lenguajes tradicionales como C/C++, Java, JavaScript, SQL o los más especializados en estadística y Aprendizaje Automático, como R, Python, Scala o Julia), analítica y técnicas avanzadas de ciencias de la informática; es recomendable también tener conocimientos de otras disciplinas, tales como los negocios, las finanzas o la salud.

El científico de datos añade valor a la toma de decisiones mediante sus habilidades analíticas; por esta razón, es esencial para numerosas organizaciones tener en su plantilla un científico de datos o un equipo de Ciencia de Datos. Se describirán las competencias y el perfil del científico de datos.

1.1. DEFINICIÓN DE CIENCIA DE DATOS

La evolución de la **Ciencia de Datos** (*Data Science*) tiene sus orígenes al final de la primera década del siglo XXI, y aunque existen muchas teorías sobre su nacimiento, parece que hay cierto acuerdo en que primero se popularizó el término **científico de datos** (*data scientist*) como un rol profesional experto en Ciencia de Datos.

La Ciencia de Datos es el ámbito del conocimiento que engloba las habilidades asociadas a la extracción del conocimiento de datos, esencialmente *Big Data*, que pueda ser comprendido por los expertos del área del dominio o sector. Incorpora diferentes componentes y se basa en métodos, técnicas y herramientas de numerosos campos, que van desde las matemáticas y estadística, informática (ciencias de la computación), almacenamiento y procesamiento de datos, visualización, reconocimiento de patrones, Aprendizaje Automático y Profundo y algoritmos, entre otros sectores. El objetivo central de la Ciencia de Datos es extraer el significado de los datos y la creación de productos de datos.ee

El crecimiento exponencial de los datos en la década pasada y en la actual ha consolidado la disciplina de la Ciencia de Datos. El informe anual de IDC de 2012, relativo a la presencia de datos en la Tierra, señalaba "los volúmenes de datos previstos para finales del 2020 a 40 zettabytes (ZB), que suponía un crecimiento de más de 50 veces el volumen que estaba disponible a principios de 2010 (0,8 ZB); el informe proyectaba que la población mundial se acercaría a los 8 mil millones para fines de 2020, lo que significa que, si se piensa en datos por persona, cada individuo en el mundo tendría aproximadamente 5 TB de datos" (Shah, 2020:6).

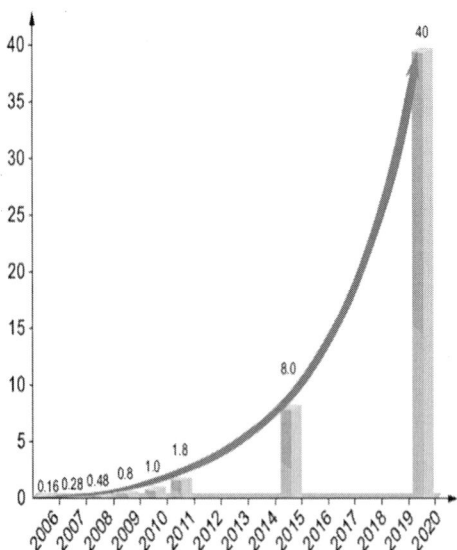

Incremento del volumen de datos (en ZB) en los últimos 15 años.
Fuente: IDCs Digital Universe Study, Diciembre 2012 [Shah, 2020:6]

El término Ciencia de Datos ha adquirido gran notoriedad en los últimos años, es una ciencia multidisciplinar y existe cierta unanimidad en considerar el diagrama de Venn, creado por Drew Conway[1] en el 2010 —*The Data Science Venn Diagram* (figura 1.1)— como la definición más empleada de *Data Science* y que, afortunadamente, su autor dejó de libre uso con licencia Creative Commons. Drew Conway es un importante científico de datos estadounidense que en 2010 hizo una representación gráfica de las disciplinas o áreas que comprenden la Ciencia de Datos utilizando un diagrama de Venn.

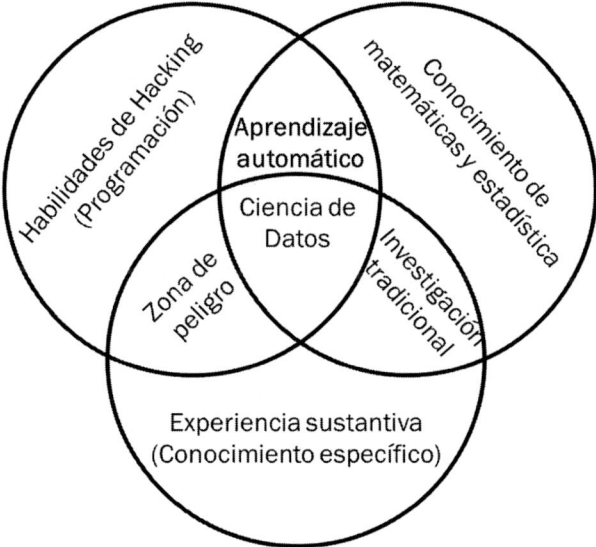

Figura 1.1. Disciplinas de la Ciencia de Datos (licencia Creative Commons) 2010. Fuente: Drew Conway [Traducida y adaptada] <http://drewconway.com/zia/2013/3/26/the-data-science-venn-diagram>

Las tres disciplinas esenciales, según Conway, que conforman la Ciencia de Datos son: **estadística y matemáticas** (*Math & Statistics Knowledge*), **informática y computación** (*Hacking Skills*) y **conocimiento del dominio o experiencia en el entorno** (*Substantive Expertise*), como puede ser el conocimiento que se debe tener del entorno; por ejemplo, sobre la gerencia, la publicidad o los recursos humanos. Por lo tanto, para que una persona desempeñe el perfil de **científico de datos** (experto en Ciencia de Datos), Conway considera que debe ser capaz de desempeñar estas tres actividades y competencias:

- **Estadística y Matemáticas (*Math and Statistics Knowledge*).** Una vez extraídos los datos, el científico de datos deberá tener los conocimientos matemáticos necesarios para poder interpretarlos y procesarlos mediante las herramientas más adecuadas. La formación matemática es de gran importancia en la Ciencia de Datos.

- **Habilidades y competencias informáticas (*Hacking Skills*).** La mayoría de los datos procederán de fuentes heterogéneas de datos; en consecuencia, deberá tener las habilidades necesarias para poder extraer, ordenar, procesar, analizar y visualizar estos datos. Debe crear los algoritmos necesarios, utilizando distintos lenguajes de programación para cada caso concreto.

- **Experiencia del entorno (*Substantive Expertise*) o conocimiento del dominio del sector.** Para poder diseñar y desarrollar el análisis masivo de datos en diferentes casos de uso y aplicación, es necesario conocer el contexto. El científico de datos debe tener un alto conocimiento del entorno que lo motive a plantear nuevos escenarios y crear nuevas hipótesis en las que trabajar, siempre cuidando la calidad de los datos; todo ello con la intención de obtener resultados que terminen incrementando el conocimiento del área de trabajo. Es de gran importancia el conocimiento del dominio de la Ciencia de Datos.

Además del conocimiento de las disciplinas anteriores, Conway también plantea la confluencia de otras áreas. En la Ciencia de Datos confluyen también el Aprendizaje Automático, la investigación tradicional y una tercera materia relacionada con las habilidades y conocimientos de *hacking*, que ya el mismo autor consideraba como una zona importante, pero de peligro o de incertidumbre.

- **Aprendizaje Automático.** El conocimiento de algoritmos de Aprendizaje Automático permitirá obtener resultados adecuados a los objetivos previstos.

- **Investigación tradicional.** La diferencia entre el científico tradicional y el científico de datos radica, en gran parte, en las habilidades informáticas y los conocimientos de los lenguajes de programación que debe tener el científico de datos, que le permitirán poder manejar mucha más información y procesarla más rápidamente.

- **Zona de incertidumbre o zona de peligro.** Un científico de datos que, por ejemplo, no tenga destreza en los campos de la estadística y de las matemáticas, aunque tenga conocimientos del entorno y las habilidades informáticas, así como del Aprendizaje Automático, es probable que procese los datos incorrectamente o los interprete de forma inadecuada; los resultados de la investigación pueden no tener validez, lo que implicará obtener unas conclusiones erróneas que incluso podrían perjudicar a futuros proyectos que se pudieran basar en estos resultados incorrectos.

Como se ilustra en el diagrama de Venn, el científico de datos debe ser competente en las tres áreas básicas descritas anteriormente. Si no se tiene habilidad en alguna de estas áreas, entonces, no se considera que estemos hablando de Ciencia de Datos.

En resumen, la Ciencia de Datos, según el diagrama de Venn, es multidisciplinar (matemáticas y estadística, programación *hacking*, experiencia de dominio) y debe tener presentes los principios de investigación tradicional, experiencia comprobada y un área de peligro o incertidumbre.

Una definición más actualizada de Ciencia de Datos (Shah, 2020:5) es:

> *Un campo de estudio y prácticas que implica la recolección, almacenamiento y procesamiento de datos para obtener información importante sobre un problema o fenómeno. Tales datos pueden ser generados por humanos (informes, registros...) o máquinas (datos del tiempo, visión de una carretera...) y pueden estar en diferentes formatos (texto, audio, vídeo, realidad virtual...).*

Shah (2020) también considera que la Ciencia de Datos es un campo independiente por sí mismo en lugar de un subconjunto de otro dominio, tal y como ya se ha señalado con la estadística o la informática.

Es un campo multidisciplinar que se encuentra entre las ciencias de la computación (informática), las matemáticas y la estadística, y comprende el uso de métodos y técnicas científicas para extraer conocimiento y valor de grandes volúmenes de datos estructurados o no estructurados.

Simplilearn[2], un prestigioso portal educativo, proporciona la siguiente definición:

> La Ciencia de Datos es el dominio de estudio que se ocupa de grandes volúmenes de datos utilizando herramientas y técnicas modernas para encontrar patrones invisibles, obtener información significativa y tomar decisiones comerciales. La Ciencia de Datos utiliza complejos algoritmos de Aprendizaje Automático para crear modelos predictivos. Los datos utilizados para el análisis pueden provenir de muchas fuentes diferentes y presentarse en varios formatos.

Definición de *Data Science* de IBM

IBM, una de las empresas a nivel mundial y líder en Big Data y Ciencia de Datos, define *Data Science*[3] (Ciencia de Datos) como: "El proceso de utilizar algoritmos, métodos y sistemas para extraer conocimiento e ideas de datos estructurados y no estructurados. Puede ser utilizada para hacer predicciones y decisiones utilizando analítica y Aprendizaje Automático". IBM ya en sus primeras publicaciones consideraba también a la Ciencia de Datos[4] como un área multidisciplinar que estaba cambiando el modo en que las organizaciones resuelven problemas y ganan ventajas competitivas, y que lo concentraba en las tres grandes disciplinas, siguiendo el modelo de Conway: *computer science* (informática), matemáticas, estadística y dominio del conocimiento. Además de estas áreas de conocimiento, se necesitan otras técnicas de informática avanzada e Inteligencia Artificial, como Aprendizaje Automático (*Machine Learning*), Minería de Datos, reconocimiento de patrones, almacenamiento de datos, procesamiento avanzado de bases de datos y técnicas y herramientas de visualización de datos.

En esencia, la Ciencia de Datos se puede considerar como un campo de estudio que implica la recolección, almacenamiento, procesamiento, análisis y la visualización de los datos, con el objeto de deducir información y conocimientos importantes en la resolución de un problema o proyecto específico. Tales datos pueden ser generados por humanos (informes, estudios, logs de la web) o las máquinas (datos del tiempo, visión de una carretera, etc.). Como ya se ha señalado se considerará como un campo o disciplina independiente que está integrado y converge con otros dominios como las matemáticas, la estadística, la programación, las ciencias de la informática, Big Data, la IA, y el Aprendizaje Automático, el Internet de las Cosas y la transversalidad de la ciberseguridad y *Blockchain*.

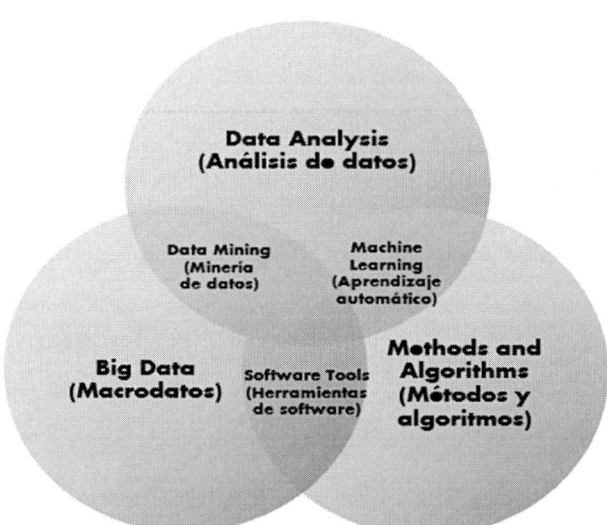

**Fuente: María García-Maroto García y Rosalía Santamaría Muñoz, Fundación iS+D.
<https://isdfundacion.org/2021/09/01/data-science-ciencia-de-datos-aclaracion-de-
conceptos-basicos/>**

1.2. DISCIPLINAS (HABILIDADES) DE LA CIENCIA DE DATOS

Las disciplinas originales de Ciencia de Datos, definidas por Conway, han ido creciendo en cantidad y calidad a medida que las nuevas disciplinas iban llegado a las organizaciones y empresas, como ha sido el caso de Big Data, *Cloud Computing*, Analítica de Datos, etcétera. Las definiciones de Ciencias de Datos y los roles de los científicos de datos han ido evolucionando y, en el 2022, la Ciencia de Datos se ha convertido en una disciplina autónoma y, como prueba de ello, han aparecido y se imparten cursos en numerosas másteres, especializaciones y grados en *Data Science*, tanto en universidades como en institutos tecnológicos y politécnicos y en escuelas de negocios, con programas adaptados a las diferentes áreas de conocimiento reflejadas en las definiciones más rigurosas y populares. La investigación en Ciencia de Datos también ha aumentado considerablemente en numerosos centros de investigación.

Un diagrama de Venn de *Data Science* muy ajustado a la realidad actual es la definición implícita de Matthew Mayo[5] en el prestigioso portal KDnuggetts.

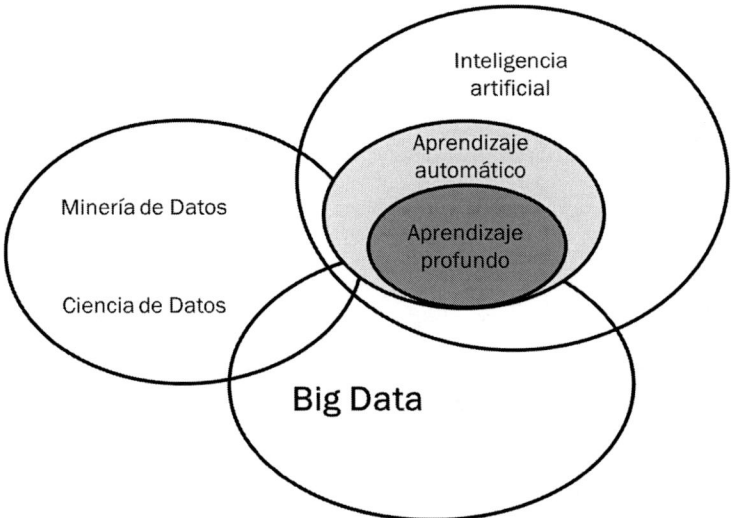

Figura 1.2. Diagrama de Venn de _Data Science_ (2016).
Fuente: Mattew Mayo. KDnuggets. [Traducida y adaptada]

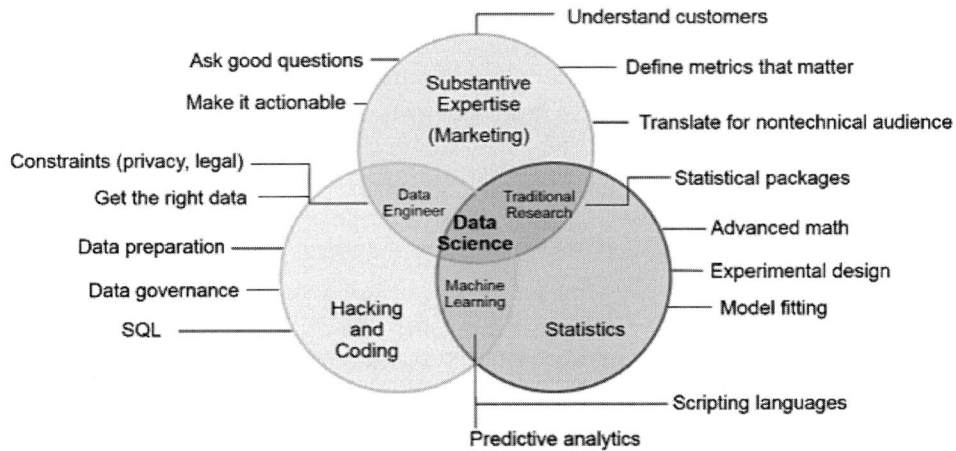

Figura 1.3. Diagrama de Venn de _Data Science_ de Gartner (2016).
Fuente: Christi Eubanks. Gartner (original en inglés)

Por último, consideremos el informe publicado en 2016 por la consultora Gartner Data Solutions[6], donde hizo una definición muy amplia de Data Science actualizando las materias y competencias que comprenden esta disciplina desde la perspectiva de las organizaciones y empresas. Gartner define la Ciencia de Datos con un diagrama de Venn muy similar al original de Conway, donde aparecen áreas de gestión empresarial actuales, tales como analítica predictiva, protección de datos, experiencia del cliente, marketing (asociado a la experiencia de dominio), ingeniería de datos, etcétera.

1.3. DOMINIOS Y APLICACIONES DE LA CIENCIA DE DATOS

Shah (2020: 5-6) se hace la pregunta en su excelente obra "¿Dónde se puede ver la Ciencia de Datos estos días? El gran impacto de la Ciencia de Datos en la actualidad y en un futuro próximo es que no está limitada a una faceta de la sociedad, un dominio o un departamento de una universidad; está virtualmente en todas partes". Coincidimos con Shah y vamos a ver un conjunto de aplicaciones y sectores donde se está aplicando con éxito la Ciencia de Datos. La razón fundamental consideramos es que, al ser una ciencia multidisciplinar, integra principalmente disciplinas como el Big Data, la Inteligencia Artificial y el Aprendizaje Automático, aunque estas disciplinas también constituyen, por sí solas, campos autónomos. Por esta razón nos podremos encontrar con fuentes de información relevantes en las que se considera que la Ciencia de Datos, en la actualidad, contiene las tres disciplinas como si fueran subcampos suyos, o bien otras fuentes de información pueden considerar que la Ciencia de Datos es un campo independiente, en sí mismo, en lugar de un subcampo de otro dominio, tal como la estadística o las ciencias de la computación (informática). Nosotros optaremos por considerar a la Ciencia de Datos como multidisciplinar que contiene otras disciplinas —también independientes— que tienen sus tecnologías y campos de aplicación y convergen entre sí en beneficio de todas.

Además de los tres pilares fundamentales anteriores, deberemos considerar los ya enunciados como Estadística y Matemáticas, Programación de Ordenadores y la transversalidad del Internet de las Cosas, junto con la ciberseguridad y las cadenas de bloques (*Blockchain*).

¿Por qué razón la industria y la academia aumentan su demanda de Ciencia de Datos y de científicos de datos (el rol profesional de la Ciencia de Datos)?, se sigue preguntando Shah. ¿Qué ha cambiado en los pasados años y qué cambiará en los próximos? La respuesta, señala Shah, no es sorprendente:

> *Tenemos muchos datos, continuamos generando una cantidad asombrosa de datos a una velocidad sin precedentes cada vez mayor; el análisis de los datos requiere sabiamente la participación de profesionales competentes y bien capacitados, de modo que el análisis de estos grandes volúmenes de datos proporcionará información procesable y muy eficiente.*

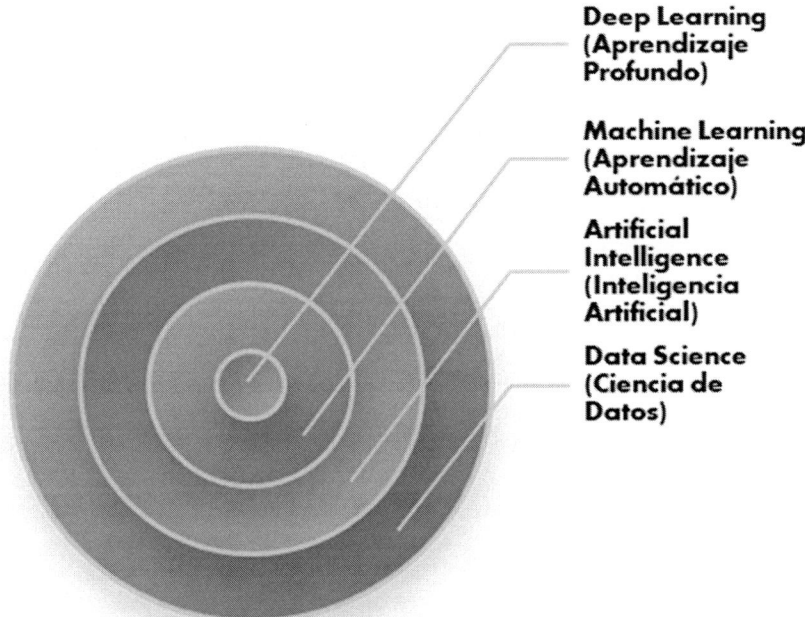

Figura 1.4. Ecosistema global de Ciencia de Datos.
Fuente: María García-Maroto García y Rosalía Santamaría Muñoz, Fundación iS+D.
<https://isdfundacion.org/2021/09/01/data-science-ciencia-de-datos-aclaracion-de-
conceptos-basicos/>

1.3.1. APLICACIONES DE LA CIENCIA DE DATOS

Los dominios o sectores de impacto de la Ciencia de Datos se detallan a continuación, reseñando el impacto, fundamentalmente de Big Data, la IA y los algoritmos de Aprendizaje Automático (y Aprendizaje Profundo) como ejes fundamentales en cada dominio.

La Ciencia de Datos ha crecido en popularidad a la par que crecía de modo exponencial la producción de datos de todo tipo. Una vez que los grandes volúmenes de datos (*Big Data*) se recolectan, se almacenan, se procesan, se analizan y se visualizan, las organizaciones y empresas toman decisiones en sus estrategias de negocios. Las múltiples disciplinas que convergen en la Ciencia de Datos han hecho que se convierta en una nueva tendencia a nivel mundial que incluye servicios de salud, finanzas, bancos, comercio electrónico y fabricación. Los dominios o sectores de impacto de la Ciencia de Datos se detallan a continuación, reseñando el impacto, fundamentalmente de Big Data, la IA y los algoritmos de Aprendizaje Automático como ejes fundamentales en cada dominio.

Por estas razones las aplicaciones de la Ciencia de Datos han crecido y proliferado en todo tipo de sectores. En este apartado destacamos algunas de las numerosas aplicaciones y sectores de impacto, cuyas tecnologías, herramientas y aplicaciones se irán viendo a lo largo de los diferentes capítulos del contenido del libro.

Finanzas

Las finanzas constituyen una de las actividades más populares en la Ciencia de Datos. La actividad de las redes sociales, las interacciones móviles, los registros del servidor, las fuentes de mercado en tiempo real, los registros del servicio al cliente, los detalles de las transacciones y la información de las bases de datos existentes se combinan para crear un conglomerado rico y complejo de información que los expertos deben abordar. Mediante la captura y el análisis de nuevas fuentes de datos, la creación de modelos predictivos y la ejecución de simulaciones en tiempo real de los eventos del mercado, ayudan a la industria financiera a obtener la información necesaria para realizar predicciones precisas.

Una de las actividades de mayor eficiencia es la participación de los científicos de datos en la **detección de fraudes** y **la reducción de riesgos**. Esencialmente, los bancos y otras instituciones financieras recopilan una gran cantidad de datos sobre temas tan populares como los créditos a usuarios.

> *Las prácticas de Ciencia de Datos pueden minimizar la posibilidad de impago de préstamos a través de información como perfiles de clientes, gastos pasados y otras variables esenciales que pueden usarse para analizar las probabilidades de riesgo de impago. Las iniciativas de Ciencia de Datos incluso ayudan a los banqueros a analizar el poder adquisitivo de un cliente para tratar de vender productos bancarios adicionales de manera más efectiva (Shah, 2020: 9).*

Las empresas utilizan algoritmos de Aprendizaje Automático para analizar el comportamiento y los patrones de gasto anteriores para decidir la solvencia de los clientes, junto con otros factores, como la duración del historial crediticio y la edad del cliente, que se utilizan a su vez para predecir la cuantía aproximada del préstamo que se puede enviar de manera segura al cliente al solicitar una nueva tarjeta de crédito o un préstamo bancario (Shah, 2020: 9).

Administración pública

La Administración pública y la aplicación de sus políticas, reglamentos y leyes a los problemas de la sociedad a través de las acciones del Gobierno y las agencias correspondientes contribuyen al bien de la ciudadanía. Muchas ramas de las ciencias sociales (economía, ciencias políticas, sociología) son fundamentales para la creación de políticas públicas. La Ciencia de Datos ayuda a los gobiernos y agencias a obtener información sobre los comportamientos de los ciudadanos que afectan a la calidad de la vida pública, incluido el tráfico, el transporte público, el bienestar social y el bienestar de la comunidad. Esta información, o datos, se pueden utilizar para desarrollar planes que aborden la mejora de estas áreas. Gracias a las tecnologías y aplicaciones de la Ciencia de Datos, ahora es más fácil que nunca obtener datos útiles sobre las políticas y regulaciones para analizar y crear conocimiento que pueda ser utilizado eficaz y eficientemente en las políticas públicas.

Cuidado de la salud – Ciencias de la salud

La industria de las ciencias de la salud médica siempre ha almacenado datos (estudios clínicos, información de seguros, registros hospitalarios), la industria de la salud ahora está inundada de una cantidad de información sin precedentes. Esto incluye datos biológicos como la expresión génica, datos de secuencias de ADN de próxima generación, proteómica (estudio de proteínas) y metabolómica ("huellas dactilares" químicas de los procesos celulares) (Shah 2020: 9).

Si bien los estudios de diagnóstico y prevención de enfermedades pueden parecer limitados, es posible que veamos datos de una población mucho mayor con respecto a los datos clínicos y los resultados de salud. Los datos contenidos en registros de salud electrónicos (EHR) son cada vez más frecuentes, así como en reclamos médicos y de medicamentos longitudinales. Con las herramientas y técnicas disponibles, hoy en día, los científicos pueden trabajar en conjuntos de datos masivos de manera efectiva, combinando datos de ensayos clínicos con observaciones directas de médicos en ejercicio. La combinación de los datos brutos con los recursos necesarios abre la puerta para que los profesionales de la salud se centren mejor en los dilemas médicos importantes centrados en el paciente, cuáles son los mejores tratamientos y para qué pacientes (Shah, 2020: 9).

El papel de la Ciencia de Datos en el cuidado de la salud no se limita a los grandes proveedores de servicios de salud; también ha revolucionado la gestión de la salud personal en la última década. Los rastreadores de salud, como Fitbit, son excelentes ejemplos de su aplicación en el espacio de la salud personal. Debido a los avances en la tecnología de miniaturización, ahora podemos recolectar la mayoría de los datos generados por un cuerpo humano a través de dichos rastreadores, incluida la información sobre la frecuencia cardíaca, la glucosa en sangre, los patrones de sueño, los niveles de estrés e incluso la actividad cerebral. Equipados con una gran cantidad de datos de salud, los médicos y científicos están ampliando los límites en el control de la salud.

Desde el surgimiento de los dispositivos portátiles personales, ha habido una cantidad increíble de investigaciones que aprovechan dichos dispositivos para estudiar el espacio de gestión de la salud personal. Los rastreadores de salud y otros dispositivos portátiles brindan a los investigadores la oportunidad de realizar un seguimiento del cumplimiento de los objetivos de actividad física con una precisión razonable durante semanas o incluso meses. Un buen ejemplo es el uso de sensores portátiles para medir la adherencia a una intervención de actividad física entre personas con sobrepeso u obesas.

Existen numerosas aplicaciones en el cuidado de la salud y la ciencia médica[7]. Una de ellas es el análisis de las imágenes médicas. La Ciencia de Datos y el Aprendizaje Automático pueden detectar la estenosis arterial, el cáncer, la delineación de órganos y una variedad de otros problemas a partir de fotografías. Los profesionales utilizan una variedad de marcos y herramientas para detectar fallos en las imágenes mediante la clasificación de texturas (datos no estructurados). Otras aplicaciones de gran impacto son[8]:

Genómica y genética.

Desarrollo y descubrimiento de medicamentos.

Servicio al consumidor y asistencia virtual a pacientes.

Transporte

Tecnologías como Internet de las Cosas, Computación en el Borde (*Edge Computing*), Realidad Virtual y Aumentada, Aprendizaje Automático y el uso de aplicaciones como Google Earth, Google Maps, Apple Maps, mapas interactivos, aumentan la eficacia y resultados óptimos de las aplicaciones de la Ciencia de Datos.

Las industrias automotrices desarrollan aplicaciones de navegación general tanto para los medios de transporte como para los usuarios particulares en sus coches personales o profesionales. Los usuarios más frecuentes de la aplicación de Ciencia de Datos son las industrias automotrices, su objetivo es simplificar y ampliar la experiencia de navegación general para los pasajeros. Las tecnologías de análisis y sistemas de información geográfica GPS facilitan considerablemente el proceso de navegar por una ciudad y hacer la conducción más cómoda y relajante, además de eficaz.

Planificación de rutas

Las empresas proveedoras de soluciones de transporte presentan nuevos modelos o actualizaciones de los vigentes para abordar el problema de la planificación de rutas a través de la Ciencia de Datos. Las tecnologías de Aprendizaje Automático, el procesamiento del lenguaje natural (NLP) y las aplicaciones de Big Data integradas en la Ciencia de Datos están facilitando y potenciando la eficacia y exactitud en la planificación de rutas.

Planificación de rutas aéreas

Las compañías aéreas como Iberia o LATAM utilizan la Ciencia de Datos en el procesamiento de vuelos para aprovechar las ventajas y beneficios de sus depósitos de datos de sus vuelos. Las compañías aéreas sufren grandes pérdidas por el aumento de los precios del combustible y les resultaba difícil mantener el índice de ocupación y las ganancias operativas. Con la Ciencia de Datos, las compañías aéreas pueden planificar y desarrollar mejoras estratégicas como predecir retrasos en los vuelos, decisión de aviones a comprar o alquilar, planificar rutas y escalas, y estrategias de mercadotecnia (marketing) como un programa de fidelización de clientes.

Urbanismo

Muchos científicos e ingenieros han llegado a creer que el campo de la planificación urbana se encuentra maduro para un cambio de enfoque significativo, y posiblemente perturbador, como resultado de los nuevos métodos de la Ciencia de Datos. Esta creencia se basa en la cantidad de nuevas iniciativas en "informática": la adquisición, integración y análisis de datos para comprender y mejorar los sistemas urbanos y la calidad de vida (Shah, 2020: 10).

Fabricación

Los científicos de datos constituyen uno de los roles profesionales más demandados por su eficacia en la industria manufacturera y, por lo tanto, un papel muy importante en la fabricación y el comercio minorista. El uso de Aprendizaje Automático unido a modelos como el aprendizaje de refuerzo y también Aprendizaje Profundo están reduciendo los trabajos redundantes. La integración con tecnologías como Internet de las cosas (IoT) permite a las industrias predecir problemas potenciales, monitorear sistemas y analizar el flujo continuo de datos. La Ciencia de Datos afecta directamente a la fabricación por las numerosas ventajas que aporta, tales como: optimizar costes de energía y horas productivas; mejorar las decisiones y mejorar la calidad de los productos sobre la base de las opiniones de los clientes; construir un sistema autónomo utilizando datos históricos y en tiempo real para potenciar la línea de fabricación.

Reconocimiento de imágenes y de voz

El Procesamiento del Lenguaje Natural (*Natural Language Processing*, NLP) unido a las otras tecnologías de reconocimiento de imágenes, ha popularizado el uso de aplicaciones como Siri de Apple, Cortana de Microsoft, Google Voice o Alexa de Amazon, y también ha facilitado el desarrollo e implantación de muchas otras aplicaciones, lo que ha hecho crecer el uso de las ramas de Inteligencia Artificial Conversacional e Inteligencia Artificial Generativa. Los *chatbots* y los asistentes virtuales inteligentes se han convertido en herramientas de uso diario tanto para organizaciones y empresas como usuarios profesionales o personales. De igual forma, las redes sociales como Facebook, WhatsApp, YouTube hacen un uso creciente de las tecnologías de reconocimiento de voz y de texto, como se verá en los capítulos específicos de Inteligencia Artificial.

Los algoritmos de reconocimiento de voz comprenden y evalúan las palabras del usuario, en diferentes lenguajes, produciendo respuestas a sus preguntas o dudas lingüísticas. El reconocimiento de imágenes también puede estar en todos sus sitios de redes sociales, como Facebook, Instagram y Twitter. Estas aplicaciones ofrecen reconocer a la persona en su agenda o directorio y ofrecen etiquetarla cuando carga una foto con ella en su perfil.

Las experiencias inmersivas de la Realidad Virtual, Realidad Aumentada y Realidad Mixta causan un gran impacto con su integración en aplicaciones de reconocimiento de voz e imágenes.

Juego de azar – Videojuegos (*Gaming*)

La creación de juegos de azar, especialmente en el sector del videojuego, aplica técnicas de análisis de datos y Ciencia de Datos. Los científicos de datos también utilizan la Ciencia de Datos para diseñar e investigar el comportamiento de los jugadores, y desarrollar modelos matemáticos y la automatización del análisis del juego para detectar los puntos y el uso del juego por parte de cada individuo.

La Ciencia de Datos está ayudando a los desarrolladores de juegos a determinar qué usuarios encuentran el juego fascinante o difícil, así como qué jugadores se aburren después de un cierto período de tiempo. Estos conocimientos permiten a las empresas de desarrollo de juegos crear funciones de juego únicas que mantienen a los jugadores interesados. Al final, la Ciencia de Datos ayuda a aumentar la participación y duración del usuario en el juego.

Buscadores y sistemas de recomendación

Una gran cantidad de motores de búsqueda (Google, Yahoo!, Bing, AOL) utilizan la Ciencia de Datos para comprender mejor el comportamiento humano y los patrones de búsqueda. Para dar los mejores resultados para la búsqueda de cada usuario, todos estos motores de búsqueda utilizan diversas tecnologías y métodos de Ciencia de Datos. La Ciencia de Datos ha permitido que los bancos de todo el mundo sean más seguros y administren sus recursos de manera eficiente y les permite tomar decisiones más inteligentes y estratégicas y evitar fraudes. Ayuda a administrar los datos de los clientes, el análisis y el modelado de riesgos, el análisis predictivo y mucho más.

Ciberseguridad

El uso creciente de los datos y algoritmos ha traído consigo un aumento de las actividades maliciosas y ha aumentado los riesgos y peligros de su utilización. El software malicioso ha conseguido introducirse en organizaciones y empresas de todo tipo, ya que sus desarrolladores utilizan técnicas cada vez más inteligentes, con las que atacan a los sistemas de seguridad más fiables.

Los científicos de datos utilizan el Aprendizaje Automático y la Inteligencia Artificial para comprender la naturaleza de los ataques maliciosos y combatirlos con eficacia y protegerse de ellos y evitar que se repitan detrás de estos ataques maliciosos para evitar que se repitan. Pueden usar esta información para comprender las limitaciones de los sistemas de seguridad y lo que se debe cambiar o ajustar para mejorarlos. La convergencia de los servicios de ciberseguridad en las disciplinas de la Ciencia de Datos facilitará la protección contra los ataques de los "piratas" informáticos y aumentar la seguridad con el análisis de datos y el uso de técnicas avanzadas de Aprendizaje Automático y Aprendizaje Profundo.

Comercio minorista (*Retail*)

La industria minorista se enfoca en los consumidores y sus necesidades para continuar prosperando y ser competitiva. Los científicos de datos ayudan a la industria minorista analizando el comportamiento y el patrón del consumidor a través de los datos, para luego utilizarlos en el proceso de toma de decisiones de precios, marketing, etc.

La Ciencia de Datos en la industria minorista puede, entre otras actividades: analizar el comportamiento del cliente; analizar el mercado; analizar las compras y búsquedas anteriores del cliente para crear un sistema personalizado; crear un sistema de recomendación y difundirlo mediante la mercadotecnia; mejorar la experiencia del cliente a través del análisis predictivo.

1.4. EL PROCESO DE LA CIENCIA DE DATOS: EL CICLO DE VIDA

El proceso de la Ciencia de Datos se compone de una serie de etapas que tienen cierta semejanza con procesos similares de Minería de Datos o procesos de Inteligencia de Negocios e, incluso, Ingeniería de Software Avanzada.

Aunque el capítulo 3 se centrará en profundizar en el proceso de la Ciencia de Datos, en este apartado haremos una introducción a uno de los métodos pioneros en el proceso de la Ciencia de Datos y que fue publicado por Schutt y O´Neill (2014), y que posteriormente fue adaptado por diferentes fuentes prestigiosas, como es el caso del portal tecnológico KDnuggets[9]/Springboard.

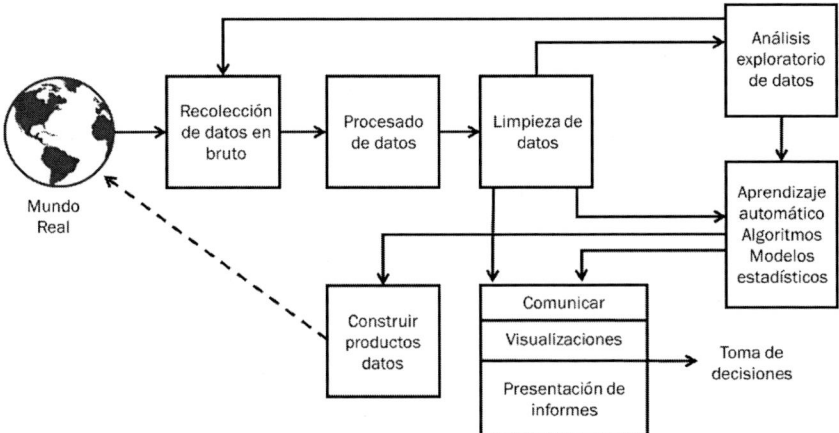

Figura 1.5. Proceso de Ciencia de Datos.
Fuente: Schutt y O´Neill (2014, p. 41[10])

Las etapas del proceso de datos (Schutt y O´Neill) son:

a. *Recolección de los datos en bruto, extraídos del mundo real.*

b. *Procesamiento de datos* (herramientas como R, Python o SQL se utilizan en esta etapa en sincronización con las etapas a y b).

c. *Limpieza de datos.*

d. Una vez realizada la limpieza de datos, se deberán hacer varias tareas de modo secuencial o en paralelo:

    1. Análisis exploratorio de datos.

    2. Realización de algoritmos de Aprendizaje Automático y creación de modelos estadísticos. Construcción de prototipos teniendo presente datos del mundo real con las retroalimentaciones necesarias.

    3. Comunicar, realizar visualizaciones y presentación de informes.

    4. Construir productos de datos.

e. *Toma de decisiones.*

Los datos residen en el mundo real y, como primera etapa, se realiza la ingestión o recolección de los datos en bruto (del entorno). A continuación, se lleva a cabo el procesamiento de datos (normalmente con lenguajes R, Python o SQL) y se dejan limpios para su posterior análisis. Una vez que los datos han sido procesados y limpiados se puede hacer un análisis exploratorio de datos y un modelo estadístico, para lo cual se usan algoritmos de Aprendizaje Automático. Una vez realizadas estas etapas se puede interpretar, visualizar y comunicar los resultados mediante informes, presentaciones orales, publicación de un artículo o noticias en medios de comunicaciones (*newsletters*), incluso, en conferencias o en charlas, y lógicamente se toman las decisiones que se consideren oportunas en los departamentos de la organización afectados.

En estadística, el Análisis Exploratorio de Datos (EDA, *Exploratory Data Analysis*) es un enfoque para el análisis de conjuntos de datos que resuman sus principales características utilizando, normalmente, métodos visuales. Se puede emplear o no el análisis exploratorio, pero principalmente la tarea más importante que realiza este tipo de análisis es ver todo aquello que los datos pueden decirnos, más allá del modelado formal o la tarea de la prueba de hipótesis. Un modelo estadístico es un tipo de modelo matemático que engloba un conjunto de suposiciones relativas a la generación de algún dato de muestra y datos similares de una población grande; a menudo representa, en un formato idealizado considerablemente, un proceso de generación de datos.

De modo alternativo, según las circunstancias, se puede construir o hacer un prototipo de un producto dato (*data product*), que no es más que un programa que realiza una tarea determinada, como un algoritmo de búsqueda para realizar rankings de productos, un sistema de recomendación o sugerencias de nuevas compras basadas en el historial de compras. Se pueden hacer nuevos productos datos mediante la retroalimentación de una nueva captura de datos del entorno del mundo real.

El científico de datos está involucrado dirigiendo cada una de las etapas del proceso de datos. Necesita formular cuestiones e hipótesis y hacer un plan para ver cómo se puede afrontar el problema y llevarlo a cabo con su equipo humano, implicándose en el proceso de alto nivel.

1.5. EL CIENTÍFICO DE DATOS

El objetivo de la Ciencia de Datos es la extracción de información útil de un conjunto de grandes volúmenes de datos. Las compañías han reconocido el valor de los datos como un activo durante mucho tiempo; sin embargo, las enormes cantidades que ahora están disponibles necesitan nuevos medios para darles sentido y gestionarlos eficientemente. Por esta razón, han comenzado a proliferar ingenieros y científicos de datos que están construyendo sistemas para aplicar la Ciencia de Datos a grandes volúmenes de ellos.

El advenimiento creciente de datos ha conducido a nuevos perfiles profesionales. Aunque son muchas las nuevas profesiones que han ido emergiendo, sin duda el científico de datos es el profesional más reconocido y demandado por las organizaciones y empresas que desean gestionar y explotar los datos existentes en las empresas y fuera de ellas.

Un científico de datos es un experto de Ciencia de Datos que resuelve problemas complejos de diferentes sectores (negocios, finanzas, marketing, ciencias de la vida, industria, logística, etcétera), haciendo uso del análisis de datos, y extrae conocimiento de valor de las compañías para una toma de decisiones acertada y eficiente.

El término fue acuñado por D.J. Patil[11], considerado como uno de los grandes científicos de datos actuales, y Jeff Hammerbacher[12], en 2008, que trabajaban en LinkedIn y Facebook, respectivamente.

Así, un científico de datos (*data scientist*) es un experto que ha de tener formación multidisciplinar para resolver problemas complejos a partir del análisis de datos, extrayendo conocimiento y conclusiones para la toma de decisiones. Cada vez más se le requiere también conocimiento de negocios, de la web y, sobre todo, de sociología e incluso de filosofía, esencialmente de ética empresarial. Pero también una formación avanzada en matemáticas, estadística, programación y sus diferentes lenguajes, Analítica de Datos —básicamente, Analítica de Big Data—, Aprendizaje Automático y visualización de datos.

Científico de datos: la profesión más sexy del siglo XXI (HBR)

Un artículo muy influyente, que se ha convertido en referencia mundial, se publicó en el 2012 en la prestigiosa revista *Harvard Business Review*[13]: *Científico de datos. La profesión más sexy del siglo XXI*. Fue escrito por dos expertos mundiales en datos y conocimiento: Tom Davenport (experto mundial en Gestión del Conocimiento y Capital Intelectual) y D. J. Patil (reconocido como unos de los primeros científicos de datos del mundo; de hecho, en 2015, el presidente Obama lo nombró *Chief Data Science* de los Estados Unidos).

Davenport y Patil definen al científico de datos como un profesional que combina conocimientos de matemáticas, estadística y programación de ordenadores que se encarga de analizar los grandes volúmenes de datos (Big Data). Señalan que, a diferencia de la estadística tradicional que utiliza muestras de datos, el científico de datos aplica sus conocimientos estadísticos para resolver problemas de negocios, aplicando nuevas tecnologías que permiten realizar cálculos que hasta ahora no se podían realizar y que comprenden todos los volúmenes de datos.

Comienzan su artículo analizando la situación de ese momento producida por el advenimiento de Big Data (el número de HBR estaba dedicado como tema central a Big Data) y la figura de Jonathan Goldman, doctor en ciencias físicas que llegó a LinkedIn en junio de 2006 aplicando métodos de científico de datos —de hecho, por esta circunstancia fue contratado— y convirtió a la red social LinkedIn[14] en la referencia mundial en redes sociales y, en particular, de profesionales. A continuación, explican quiénes son los científicos de datos y cómo encontrar al que se necesita en la empresa, en las organizaciones o en las administraciones públicas. Asimismo, describen, a modo de decálogo, cómo encontrar al científico de datos que necesita una compañía y, en consecuencia, sus competencias y características. En este catálogo de recomendaciones figuran desde universidades idóneas para la formación en la disciplina en aquellos momentos —hoy ya no solo en los Estados Unidos, sino en España y Latinoamérica, proliferan las universidades que imparten cursos y másteres de Big Data y Ciencia de Datos— hasta características profesionales de los candidatos y, sobre todo, empresas que son casos de éxito, donde los científicos de datos las han convertido en empresas líderes y de referencia mundial. También recomiendan las visitas a sitios de referencia en Big Data y Data Science, como Kaggle o TopCoder, asociaciones profesionales especializadas en estas disciplinas. Terminan su artículo explicando la razón del título: el nuevo trabajo "caliente" de la década o "la profesión más sexy".

1.6. HERRAMIENTAS Y PLATAFORMAS DE LA CIENCIA DE DATOS

Las herramientas típicas o caja de herramientas (*toolbox*) del científico de datos son muy variadas y responden a las necesidades de obtener la máxima eficacia en las múltiples disciplinas que componen la Ciencia de Datos y en los roles profesionales que ha de asumir su figura.

Dado que la programación de ordenadores es un componente muy importante, los científicos de datos deben ser muy eficientes con lenguajes de programación tales como R, Python, SQL, Scala, Julia, Java, C/C++, etcétera. En cuanto a los lenguajes de programación específicos que se utilizan en desarrollos propios o en las plataformas, destacan R, Python, Java, Scala, herramientas clásicas del sistema operativo Unix, Julia y el clásico C/C++. Tal vez por estas razones, los lenguajes de programación clásicos C/C++, Java y el propio del sistema operativo Unix se siguen impartiendo en todos los niveles de programación en las carreras de ciencias e ingeniería.

Para las aplicaciones de estadística, matemáticas, algoritmos, modelado y visualización de datos es importante que, además de conocer herramientas de Tableau, Qlik, etcétera, también conozca y utilice bibliotecas y paquetes de software existentes —preferentemente de software abierto, pero también de software propietario—, tales como D3, Scikit-learn, e1071, Pandas, Numpy, TensorFlow, Matplotlib, Shiny y ggplot2 (Castrounis, 2017)[15].

Cada vez con mayor frecuencia, los científicos de datos deben ser capaces de utilizar herramientas y tecnologías asociadas con Big Data, tales como Hadoop, Spark, Pig, Mahout, Hive, etcétera.

Asimismo, y dado que los científicos de datos han de acceder y consultar bases de datos, deben conocer bases de datos relacionales RDBMS (SGBDR), bases de datos NoSQL y "en memoria" y nuevas bases de datos híbridas (relacionales y NoSQL). Algunas de las más conocidas son PostgreSQL, MongoDB, Redis, HBase, VoltDB, MySQL Cluster, MemSQL, etcétera.

Caja de herramientas de KDnuggets

KDnuggets, el portal de referencia mundial —ya citado varias veces— sobre información profesional y actualizada en *Data Mining, Analytics, Big Data* y *Data Science* publica cada año una estadística con las plataformas de Ciencia de Datos más utilizadas por las empresas y organizaciones, así como, en particular, los lenguajes de programación usados en los desarrollos profesionales o dentro de las plataformas citadas.

El informe de 2018 *Software Poll KDnuggets Analytics/Data Science Tools* presenta las diez herramientas más populares (figura 1.6) en 2018 y realiza también un estudio comparativo estadístico con las herramientas más populares del 2016 y 2017.

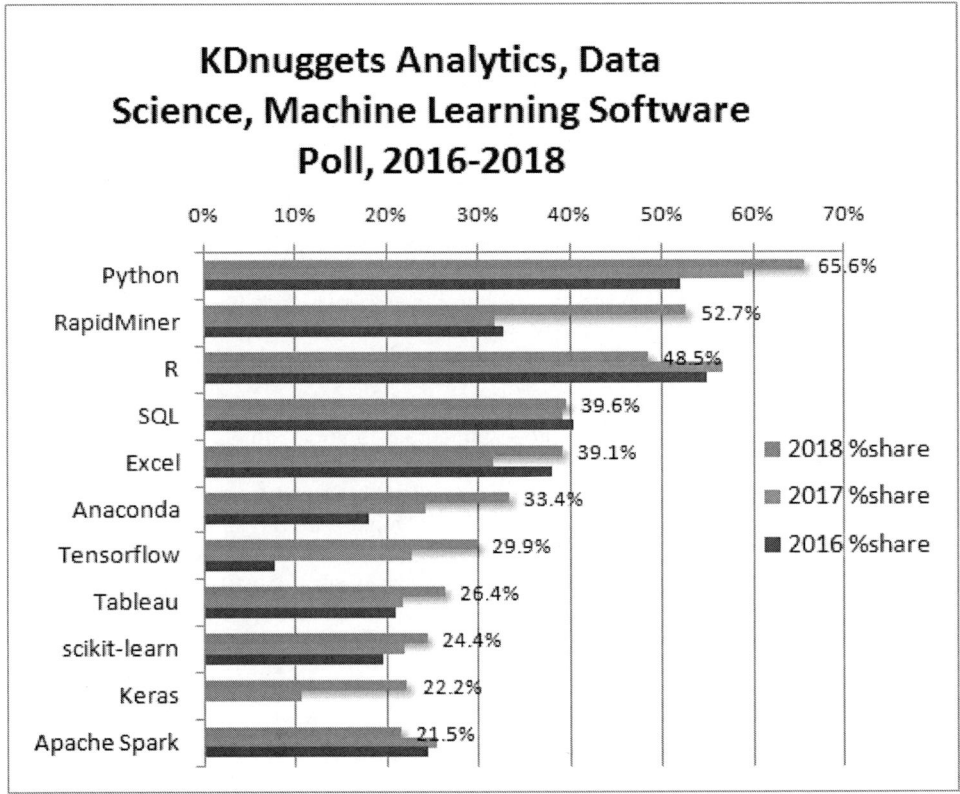

Figura 1.6. KDnuggets Analytics/Data Science 2018 Software Poll: top 10 most popular tools in 2018.
Fuente: <https://www.kdnuggets.com/2018/05/poll-tools-analytics-data-science-machine-learning-results.html>

UNA PRIMERA REVISIÓN DE PLATAFORMAS DE CIENCIAS DE DATOS

KNIME

KNIME (*Konstanz Information Miner*: <www.knime.org>) es una plataforma de Minería de Datos que se usa como herramienta de Inteligencia de Negocios y para Ciencia de Datos. Se creó en la Universidad de Constanza (Alemania) y, posteriormente, se convirtió en una empresa con sede en Zúrich (Suiza), donde ofrece servicios generales de desarrollo de la herramienta, formación y consultoría.

WEKA

Es un software de Aprendizaje Automático[16] desarrollado por la Universidad de Waikato, en Nueva Zelanda.

1.7. ROLES PROFESIONALES RELACIONADOS CON LOS DATOS Y CERTIFICACIONES PROFESIONALES

Los términos relacionados con la Gestión y Análisis de Datos suelen ser muy variables y, en ocasiones, sinónimos, por lo que es difícil asociar las competencias a los muchos roles profesionales que surgen a menudo en el ámbito empresarial o de investigación. No obstante, es frecuente encontrar los siguientes roles: **analista de datos**, **ingeniero de datos**, **arquitecto de datos**, **científico datos** e **ingeniero de visualización**. Normalmente, el rol profesional va asociado a una, a todas o a algunas de las etapas de la arquitectura de Big Data o del proceso de Ciencia de Datos.

Analista de datos

Es el responsable de las etapas de procesamiento y análisis de datos. Su formación fundamental será matemáticas, estadística y economía y negocios (Inteligencia de Negocios y Analítica de Datos). Algunas de las tareas que el analista de datos ha de realizar son: acceso y consultas a diferentes fuentes de datos, proceso y limpieza de datos, resumen de datos, visualizaciones de datos e informes. Las herramientas más utilizadas son de Inteligencia de Negocios y Analítica de Datos, tales como Microsoft Excel, Tableau, SAS, SAP, Qlik y MicroStrategy. Pueden utilizar, sobre todo cuando alcanzan ya la especialización, herramientas de Minería de Datos, tales como IBM SPSS, Rapid Miner y KNIME.

Ingeniero de datos

Han adquirido gran importancia en la era de Big Data y, de hecho, ya tienen hoy en día competencias similares al ingeniero de Big Data. El ingeniero de datos no está tan relacionado con la estadística, Analítica y modelado de datos como sus homólogos analistas de datos, y está más implicado en la ingeniería y arquitectura de datos, infraestructuras de computación, almacenamiento y flujo de datos, etcétera. Los ingenieros de datos son, por consiguiente, los responsables de la arquitectura de datos y de la instalación de la infraestructura necesaria. Deben tener conocimientos de computación avanzados y deben ser programadores expertos. Recientemente, se les está asociando con unos nuevos perfiles que están emergiendo, los expertos en **DevOps** (desarrollo y operaciones).

Ingeniero de Big Data

Son los desarrolladores de **Big Data**. En general, son ingenieros de software, responsables de realizar los programas establecidos por los analistas, científicos de datos y arquitectos de Big Data. Serán los encargados de diseñar y construir los algoritmos, los sistemas de recolección y almacenamiento de datos, y realizar los programas de gestión de software de la empresa, donde se tengan en cuenta sus planes y líneas de negocio.

Arquitecto de Big Data

Es el responsable de toda la arquitectura y proceso de Big Data. Deberá tener una visión global del proyecto y el conocimiento de cada una de las áreas necesarias del proceso, desde la recolección de datos hasta la presentación de resultados a través de las herramientas de visualización. Su formación esencial será ingeniero informático o ingeniero de sistemas, normalmente especialista en ingeniería de software, pero también con conocimientos de otras ingenierías y de sistemas de información.

Ingeniero de visualización

Dada la importancia que han adquirido las técnicas y herramientas de visualización, se requiere una alta especialización en comunicación, presentaciones y visualizaciones de datos. Requiere una buena formación de ingeniería con una alta especialización en herramientas de visualización. También son demandados especialistas en diseño gráfico, así como en marketing, comunicaciones y medios sociales.

Científico de datos

Tiene una visión más horizontal de todo el proceso de la Ciencia de Datos. Su tarea principal será la programación de algoritmos para el análisis de datos, pero debe conocer bien el negocio de la empresa (su plan de negocio, así como las líneas de negocio fundamentales). En definitiva, un científico de datos debe ser capaz de identificar aquellas variables relevantes para la empresa que ayuden a mejorar los resultados, multiplicar el volumen de ventas, fidelizar a los clientes, ahorrar costes, etcétera. Los científicos de datos suelen mezclar, entre otros, conocimientos de matemáticas, estadística e informática, a los que es conveniente unir conocimientos de negocios, administración de empresas, ciencias de la salud y ciencias sociales. El científico de datos se ha consolidado ya como una profesión muy demandada en todo tipo de organizaciones y empresas (grandes y pequeñas). El científico de datos jefe, sobre todo en las grandes multinacionales, se está comenzando a reconvertir en el nuevo rol profesional de director de datos (**CDO**, *Chief Data Officer*), que es el responsable de toda la estrategia y política de datos de las organizaciones y con dependencia directa hacia el presidente o director general.

Así, a los perfiles o roles profesionales ya implantados de director de tecnología (**CTO**, *Chief Technology Officer*), con unas competencias muy abiertas y transversales en toda la organización y empresa con independencia del clásico CIO, y también con un alto nivel directivo y estratégico, director de informática o de sistemas de información (**CIO**, *Chief Information Officer*) y director de seguridad de la información (**CISO**, *Chief Information Security Officer*), hay que sumar dos perfiles profesionales que cada día serán más demandados en la administración, organizaciones y en empresas de todo tipo:

- *Chief Data Officer* (CDO) o director de datos. Es un cargo dependiente del máximo ejecutivo de la empresa, a quien informa directamente. Une las dos disciplinas hoy imperantes en la transformación digital: Big Data *y* ciberseguridad. Su misión es impulsar el crecimiento de la organización o empresa mediante su transformación digital. Ha de tener una amplia visión de la gestión de la empresa y del mundo digital, de análisis de datos y de seguridad de la información, con el objeto de diseñar estrategias y políticas de ciberseguridad. Requiere una formación multidisciplinar de ingeniería, estadística, análisis digital y ciberseguridad, además de una amplia visión y conocimiento de la empresa.

- ***Data Protection Officer* (DPO) director o delegado de protección de datos.** Es un perfil jurídico, pero con formación informática y de seguridad de la información y ciberseguridad, aunque también podría ser un tecnólogo con formación jurídica en protección de datos y privacidad. Este perfil es exigible en la administración y en determinadas empresas de la Unión Europea desde el 25 de mayo de 2018, que ha entrado en vigor el Reglamento General de Protección de Datos (GDPR).

También comienza a tener bastante fuerza en grandes y medianas empresas el rol del **CTO** (*Chief Transformation Officer*), con las competencias de director de transformación digital de la corporación y con la responsabilidad de liderar dicha transformación digital y la digitalización necesaria.

1.7.1. CERTIFICACIONES PROFESIONALES EN *DATA SCIENCE*

En la actualidad, existe un gran número de universidades y escuelas de negocio que imparten cursos de máster, especializaciones, grados y cursos especializados en las diferentes materias que componen la Ciencia de Datos.

Asimismo, y en beneficio de los usuarios personales y las empresas, existen muchos cursos gratuitos en plataformas **MOOC** (cursos masivos en línea y abiertos), donde es posible formarse y obtener diplomas y certificaciones que acrediten una formación avanzada. Las plataformas más populares y acreditadas son **Coursera, Udemy, edX** y **MiriadaX.**

Las empresas distribuidoras de Big Data también ofrecen certificaciones profesionales que vienen acreditadas por el prestigio de la empresa correspondiente. Así, son cursos muy reconocidos los impartidos por empresas como SAP, IBM, Microsoft, HP, SAS, EMC y Coursera. Otras certificaciones profesionales ya acreditadas son:

- Certified Analytics Professional (CAP).
- Cloudera Certified Professional: Data Scientist (CEP: DS).
- EMC Data Science Associate (EMCDSA).

Además de las acreditaciones anteriores, las organizaciones y empresas valoran, cada día con mayor intensidad, a los demandantes de empleo y a los propios empleados, las certificaciones internacionales en seguridad como **CISA, CISSP, CISM** o certificaciones propias de los grandes fabricantes y proveedores de soluciones de seguridad de la información, hardware y software propietario o de código abierto, con estándares como OpenStack y otros.

1.8. ÉTICA, SESGOS Y PRIVACIDAD DE DATOS

Las grandes ventajas que aporta la Ciencia de Datos con sus disciplinas asociadas no pueden hacer olvidar los grandes riesgos que también se afrontan al tratar grandes volúmenes de datos que utilizan las organizaciones y empresas, así como los usuarios —personales o profesionales—. El reto que suponen estos riesgos se debe afrontar desde los principios de la ética y privacidad, unidos también a los sesgos (*bias*, en inglés) que pueden entrañar y se han de tener en cuenta desde el inicio de los proyectos de Ciencia de Datos hasta sus etapas de desarrollo, implementación, despliegue y mantenimiento.

Una de las herramientas que es necesario conocer en profundidad es el Reglamento General de Protección de Datos (RGPD) o GDPR de la Unión Europea y que entró en vigor el 25 de mayo de 2018 (así como las normativas oficiales correspondientes de otros países de Latinoamérica, muy avanzadas y acordes, en la mayoría de ellas con el RGPD).

Una tendencia de gran impacto que ya hemos ido señalando en el capítulo, y que tendrá mayor profundidad en los próximos capítulos, es el uso de algoritmos como herramientas de control de todo tipo de máquinas y aplicaciones, especialmente en herramientas de Inteligencia Artificial, tales como Aprendizaje Automático (*Machine Learning*) y Aprendizaje Profundo (*Deep Learning*).

La sociedad actual —y futura— está gobernada por "algoritmos" y, en consecuencia, se requiere un análisis ético y el control de las múltiples formas con las que un algoritmo puede modificar la sociedad.

Como señala el prestigioso pensador y escritor Harari en una de sus obras, *Homo Deus*, de mayor resonancia en el campo de los algoritmos, cuya presencia se puede leer en todo el libro: "El mundo va a cambiar radicalmente gracias a los algoritmos, el Big Data y la Inteligencia Artificial".

Así, se ha de exigir el cumplimiento de la ética digital en campos tales como: los datos, los algoritmos, la Inteligencia Artificial, la informática en la nube, el Internet de las cosas o las muy variadas tecnologías que se irán desarrollando en los próximos capítulos. Los dilemas éticos y la privacidad en la Ciencia de Datos requieren un conocimiento lo más avanzado y profundo posible sobre el uso de la ética digital y la privacidad desde el diseño. En los capítulos 14 y 15, se estudiarán con mayor detenimiento en las técnicas y normativas vigentes de la ética y la privacidad a nivel nacional e internacional, junto con la convergencia en la seguridad de la información y la ciberseguridad.

El sesgo es un tipo de error sistemático que puede favorecer ciertas respuestas frente a otras, y surge con la implementación de las tecnologías de Ciencia de Datos, muy especialmente la Inteligencia Artificial, que pese a los esfuerzos que suelen poner los desarrolladores y usuarios para su eliminación sigue estando presente en numerosos proyectos. Los sesgos pueden producir discriminación en situaciones tales como la raza, las condiciones físicas o la orientación sexual, que pueden ser determinantes para producir desigualdades y grandes peligros por su mal uso. Así, podremos ver en los capítulos dedicados a la Inteligencia Artificial, especialmente al tratar la Inteligencia Artificial Conversacional y, especialmente la Inteligencia Artificial Generativa, de qué modo los sesgos pueden dañar física y moralmente a las personas. Los datos sesgados en una determinada dirección pueden afectar considerablemente al funcionamiento de las herramientas de software y modificaciones en sentidos no deseados.

Muchos de los problemas relacionados con la ética, la privacidad y el sesgo se remontan al origen de los datos, de modo particular, al gran crecimiento de ellos en estas dos últimas décadas. Así como señala Shah (2020) en la fase de recopilación de datos, hay preguntas que plantean grandes interrogantes: ¿los datos se recopilan de personas? ¿Saben las personas que se estaban recopilando datos sobre ellas y cómo se utilizarán esos datos? La recopilación de datos puede confundir la disponibilidad de los datos con el derecho a utilizarlos.

Una ética racional y de obligado cumplimiento en todas las actividades de la Ciencia de Datos, así como la privacidad de los datos, unido al control del sesgo que pueden introducir en las personas, son imprescindibles en un uso legal y normativo que vele por la integridad, calidad y seguridad de los datos de las personas y de las organizaciones y empresas.

1.9. TENDENCIAS EN LA CIENCIA DE DATOS

La Ciencia de Datos, por su carácter multidisciplinar y englobar un gran número de tecnologías, herramientas y aplicaciones en el desarrollo de proyectos, implica que las tendencias tecnológicas generales y de TI tienen una influencia considerable en sus campos de acción. Por esta razón las tendencias en la Ciencia de Datos para los próximos años y en el horizonte 2025 son numerosas, y las de mayor impacto las iremos describiendo a lo largo de los próximos capítulos; en el capítulo 16 "Tendencias tecnológicas disruptivas en la Ciencia de datos en el horizonte 2025" haremos un resumen de las tendencias más reconocidas en los diferentes informes que se han publicado a lo largo de 2022 y durante el primer semestre de 2023.

Así pues, una síntesis de las tendencias globales en la Ciencia de Datos es la siguiente:

- La nube (computación en la nube) es la columna vertebral de las tendencias tecnológicas de impacto en la Ciencia de Datos a lo largo del 2022 y mirando al horizonte 2025.

- Big Data.

- Internet de las Cosas.

- *Blockchain*.

- Ciberseguridad.

- Hiperconectividad Inteligente (Redes 5G/6G y Wi-Fi 6/7).

Y las tendencias de especialización que están generando un cambio y lo seguirán haciendo en el futuro:

- Analítica Predictiva, Analítica Prescriptiva y Analítica Aumentada, los tipos de analítica de datos que las organizaciones utilizan y deberán utilizar para mantener actualizados sus datos y conseguir la mayor eficiencia de estos en la toma de decisiones.

- Servicios de la nube híbrida y multinube.

- Inteligencia en el Borde (Computación en el Borde, *Edge Computing*).

- Democratización de la Ciencia de Datos y de la Inteligencia Artificial.

- Tecnologías nativas en la nube.

- Computación o Informática "sin servidores".

- Automatización Robótica de Procesos (RPA).

- Computación Nativa y Aplicaciones Nativas.

- Microservicios y Contenedores.

- Datos Pequeños (*Tiny Data*, *Small Data*) e Inteligencia Artificial Escalable.

- Fábrica de Datos.

- Visualización de Datos.

- Gemelos Digitales.

- Realidad Extendida (Realidad Virtual, Realidad Aumentada, Realidad Mixta).

- Aprendizaje Automático y Aprendizaje Profundo.

- Procesamiento de Lenguaje Natural.

- Inteligencia Artificial Conversacional e Inteligencia Artificial Generativa.

Todas estas tendencias tecnológicas confluirán en la Computación Cuántica y en el futuro mundo virtual "Metaverso".

RESUMEN

La Ciencia de Datos (*Data Science*) es una ciencia multidisciplinar que requiere conocimientos de matemáticas y estadística, experiencia de dominio de datos y destreza de *hacking* (computación y desarrollos avanzados). A estas disciplinas se añaden conocimientos profundos de desarrollo de software tradicional y Aprendizaje Automático, además de conocimientos de Minería de Datos y visualización de datos.

Se hace una breve historia de la evolución de la definición de *Data Science*, basada en el diagrama de Venn original, referencia obligada en la disciplina, de Drew Conway —un científico de datos de gran prestigio—, publicado en el 2010.

El científico de datos es un profesional especializado en Ciencia de Datos que dirige todas las actividades de Ciencia de Datos de la compañía. Su perfil requiere una formación multidisciplinar: estadística, matemáticas, ciencias de la computación (informática), comunicaciones, experiencia en el dominio de datos, Aprendizaje Automático y Profundo, reconocimiento de voz, etcétera.

Los lenguajes de programación y las plataformas más utilizadas en Ciencias de Datos son: SQL, R, Python, RapidMiner, Tableau, Qlik, KNIME y WEKA.

El proceso de la Ciencia de Datos consta de las siguientes etapas: recolección de datos, procesamiento de datos, limpieza de datos, exploración de datos/modelos y algoritmos, comunicación, visualización de datos e informes, realización de productos de datos y toma de decisiones.

Los roles profesionales de la Ciencia de Datos son muy variados, teniendo a la cabeza el científico de datos; también aparecen roles como el analista de datos, el ingeniero de datos, el ingeniero de visualización o los directamente relacionados con Big Data, el ingeniero y arquitecto de Big Data.

BIBLIOGRAFÍA

BRUNTON, Steven y J. Nathan KUTZ (2019). *Data-Driven Science and Engineering. Machine Learning, Dynamical Systems, and Control.* Cambridge, United Kingdom: Cambridge University Press.

BURK, Scott y Gary D. MINER (2021). *It´s All Analytics! The Foundations of AI, Big Data, and Data Science Landscape for Professionals in Healthcare, Business, and Government* Boca Raton: CRC Press.

CADY, Field (2017). *The Data Science Handbook.* NJ, USA: Wiley.

CHEN, K. C. et al. (2020). *Big Data: Concepts, Warehousing, and Analytics* River Publishers.

CIELEN, Davy, Arno D. B. MEYSMAN y Mohamed ALI (2016). *Introducing to Data Science. Big Data, Machine Learning, and More using Python Tools.* Shelter Island: Manning Publication

CSA. Cloud Security Alliance (2014). *Big Data Taxonomy.* Big Data Working Group. Septiembre, 2014.

EMC Educations Services (2015). *Data Science & Big Data Analytics. Discovering, Analyzing, Visualizing and Presenting Data.* Indianapolis: Wiley

JONES, Herbert (2019). Ciencia de los Datos. Bravex Publications

KAMPAKIS, Stylianos (2020). *The Decision Maker´s Handbook to Data Science. A Guide for Non-Technical Executives.* London, UK: Apress.

KDNuggets (2020). *Data Science Minimum: 10 Essentials Skills You Need to Know to Start Doing Data.* Autor Benjamin Obi Tayo, 1 octubre 2020.

KELLEHER, Jhon D. y Brendan TIERNEY (2018). *Data Science.* The MIT Press Essential-Knowledge Series. Cambridge, Massachusetts.

KOTU, Vijay y Bala DESHPANDE (2019). *Data Science. Concepts and Practice.* Second edition. Morgan Kaufmann Publisher (MK) Elsevier.

MARTÍNEZ, Iñigo, Elisabeth VILES e Igor G. OLAIZOLA. "Data Science Methodologies: Current Challenges and Future Approaches". Disponible en: *<arXiv: 2016.07287v1> [CS.LG]*

MATT TURCH (2020) *Data-and-AI-Landscape.* Versión 1.0, septiembre 2020, <matturch.com/data2020>.

SHAH, Chirag (2020). *A Hands-On Introduction to Data Science.* Cambridge University Press.

SHARDA, Ramesh, Dursum DENLE y Efrain TURBAN (2018). *Business Intelligence, Analytics, and Data Science. A Managerial Perspectives.* Pearson.

RECURSOS

Analytics Vidhya   <analyticsvidhya.com>

Analytics Insights   <analyticsinsights.net>

Analytics India Magazine   <analyticsindiamag.com>

Glosario de Gartner	\<gartner.com/it-glossary\>
Medium	\<https://medium.com/tag/towards-data-science\>
Towards Data Science	\<towardsdatascience.com\>
KDnuggets	\<kdnuggets.com\>
Venture Beat	\<venturebeat.com\>
Techcrunch	\<techcrunch.com\>

NOTAS

---

[1] Drew Conway. *The Data Science Venn Diagram is Creative Commons licensed as Attribution-Non-Commercial.* Disponible en: http://drewconway.com/zia/2013/3/26/the-data-science-venn-diagram\>. Diagrama de Venn original:

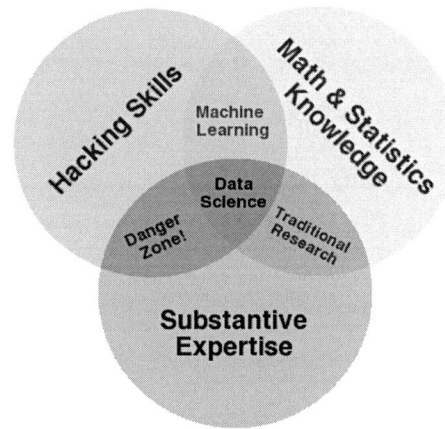

[2] Simplilearn. *What is Data Science: Lifecycle, Applications, Prerequisites and Tools.* Disponible en: \<https://www.simplilearn.com/tutorials/data-science-tutorial/what-is-data-science\>.

[3] IBM. *What is data science?*
Disponible en: \<https://developer.ibm.com/technologies/data-science/\>.

[4] M. Tim Jones. *IBM. Data science and open source. IBM. Learn about open source tools for converting data into useful information.* Disponible en:
\<https://www.ibm.com/developerworks/opensource/library/os-datascience/\>.

[5] Mattew Mayo. *The Data Science Puzzle, Explained. KDnuggetts.* Disponible en: \<http://www.kdnuggets.com/2016/03/data-science-puzzle-explained.html\>.

---

[6] Christi Eubanks. *Gartner. Three Lessons CrossFit Taught Me About Data Science* (26 de mayo, 2016). Disponible en: <http://blogs.gartner.com/christi-eubanks/three-lessons-crossfit-taught-data-science/>.

[7] Disponible en: <https://datamites.com/blog/top-5-data-science-applications-of-2022/>.

[8] Disponible en: <https://datamites.com/blog/top-5-data-science-applications-of-2022/>.

[9] Disponible en: <https://www.kdnuggets.com/2016/03/data-science-process.html>.

[10] Rachel SCHUTT y Cathy O´NEIL (2014). *Doing Data Science*. Sebastopol (USA): O´Reilly, pp. 40-43.

[11] Disponible en: <//oreily.ly/1aKXJwT>. D. J. Patil y Hilary Mason, autores de *Data Driven. Creating a Data Culture*. Editorial O´Reilly. Disponible gratuitamente en: <http://www.oreilly.com/data/free/files/data-driven.pdf>.

[12] Disponible en: <//linkd.in/17sqKNZ>.

[13] Thomas Davenport y D, J. Patil. "Data Scientist: The sexiest Job of the 21st Century", en *Harvard Business Review*. Octubre 2012. Disponible en: <https://hbr.org/2012/10/data-scientist-the-sexiest-job-of-the-21st-century>.

[14] LinkedIn ha sido comprada a finales de octubre por Microsoft por la cantidad de 27.000 millones de dólares.

[15] Alex Castrounis. *What is Data Science, and What Does a Data Scientist Do?* Marzo de 2017. Disponible en: <https://www.kdnuggets.com/2017/03/data-science-data-scientist-do.html>.

[16] Weka: <www.cs.waikato.ac.nz/ml/weka>.

CAPÍTULO 2
EL ECOSISTEMA DE DATOS: BIG DATA

INTRODUCCIÓN

En la década pasada empezaba, y en la actual continúa, el crecimiento exponencial de los datos y la explosión de grandes volúmenes, lo que ha sido el detonante de la consolidación de las tendencias y tecnologías de Big Data. Los dispositivos que recolectan y transmiten datos de numerosas fuentes también crecen, en especial a través de Internet, y en particular del Internet de las Cosas, desde los sensores, teléfonos inteligentes, electrodomésticos, altavoces inteligentes o las pulseras inteligentes, y se han convertido en los medios generadores de datos que han hecho crecer a cifras espectaculares de miles de millones de cosas conectadas los grandes volúmenes de datos que configuran la conocida tendencia tecnológica: Big Data.

La importancia de los datos reside en su capacidad de conversión en información que ayude a mejorar la toma de decisiones. El valor real de los datos no se encuentra solo en los grandes volúmenes, sino también en su variedad y velocidad a la que se puede acceder y procesar. Las tres propiedades fundamentales de Big Data, volumen, velocidad y variedad configuran el conocido modelo de 3 V que luego se ampliaría al modelo de 4 V y 5 V, añadiendo las propiedades de valor y veracidad. Aunque estudios posteriores ampliaron los modelos de Big Data a 7 V, e incluso 8 V.

En el capítulo, se describirá la naturaleza de los datos, así como las diferentes taxonomías de datos y sus diferentes fuentes de procedencia, dando origen a datos internos y externos a las organizaciones y empresas. En el capítulo, se hará una introducción a la arquitectura de Big Data y a las capas o etapas que conformarán el ciclo de vida de los datos: ingesta, almacenamiento, procesamiento, análisis y visualización de los datos.

Numerosos distribuidores de software ofrecen soluciones de software propietario y de software abierto (*open source*), de modo que las empresas y los usuarios disponen de un gran número de opciones para obtener el máximo valor de los datos, así como su conversión en conocimiento para una correcta y eficiente toma de decisiones.

2.1. CRECIMIENTO EXPONENCIAL DE DATOS

Big Data —grandes datos, grandes volúmenes de datos o *macrodatos*, como recomienda utilizar la Fundación Fundéu— supone la confluencia de una multitud de tendencias tecnológicas que venían madurando desde la primera década del siglo XXI, y que se han ido consolidando durante la década actual (2021 a 2030). El término "grandes volúmenes de datos" ha sido ya considerado por grandes pensadores, economistas, políticos, como "el nuevo petróleo" de este nuevo mundo y de la nueva sociedad.

Los grandes datos o volúmenes de datos han ido creciendo de modo espectacular. Hoy en día, los datos proceden de numerosas fuentes, desde videojuegos hasta las innumerables cantidades de datos de operaciones en los grandes almacenes, bancos, la administración pública, sensores, centros de salud y de investigación, entre otros. Por estas razones, las bases de datos de las organizaciones y empresas han ido creciendo y pasando de volúmenes de datos de terabytes a *petabytes*.

Sin embargo, son los *datos de la web* los que hoy día configuran el trozo más grande del "pastel" que es Big Data, ya que probablemente es la fuente de datos más utilizada y reconocida en la actualidad, y aún lo seguirá siendo en las próximas décadas. Aunque como se ha comentado ya anteriormente, el Internet de las Cosas ha sido el ecosistema de datos que ha crecido más exponencialmente y seguirá creciendo con miles de millones de objetos inteligentes conectados. Pero hay muchas otras fuentes que añaden ingentes cantidades de datos, cuyos orígenes más usuales son:

- Datos de la web
- Datos de los medios sociales (redes sociales, blogs, wikis)
- Datos del Internet de las Cosas
- Datos de interconexión entre máquinas, M2M (Internet de las Cosas)
- Datos industriales de organizaciones y empresas, procedentes de múltiples sectores
- Datos de la industria del automóvil
- Datos de redes de telecomunicaciones
- Datos de medios de comunicación (prensa, radio, televisión, cine)
- Datos procedentes de sensores en los más diferentes campos de la industria y agricultura
- Datos de videojuegos en locales recreativos, casinos, lugares de ocio
- Datos procedentes de posiciones geográficas y de telemetría: geolocalización

- Datos procedentes de chips NFC, RFID, códigos QR y Bidi, en aplicaciones de comercio electrónico

- Datos procedentes de servicios de telefonía móvil (celular) inteligente: texto, datos, audio, vídeo, fotografía

- Datos procedentes de redes inteligentes (*smart grids*)

- Datos personales, datos de texto

Una tendencia clara que se observa a diario es que las tecnologías fundamentales, que contienen y transportan datos, conducen a múltiples fuentes de grandes datos en las industrias más diferentes. Y a la inversa, diversas industrias pueden aprovecharse de numerosas fuentes de datos.

2.2. FUENTES DE DATOS

Los tipos y números de fuentes de datos están aumentando en exceso. Con miles de millones de dispositivos conectados y los billones de sensores proyectados, el tamaño de los datos será tremendamente masivo. Las diferentes fuentes de datos, en particular, procedentes de dispositivos del Internet de las Cosas, se resumen a continuación:

- *Datos de fuentes pasivas.* Son sensores de menor potencia y bajo consumo de energía y deben ser activados antes de que puedan capturar y transmitir, y solo se produce cuando se les pide que lo hagan. Por ejemplo, un sensor que mide la saturación de agua subterránea solo produce datos cuando la interfaz de programas de aplicación (API) se invoca debidamente. Estos son, normalmente, sensores diminutos, duraderos y que se implementan en ubicaciones de riesgos, remotos y difíciles.

- *Datos de fuentes activas.* Estos sensores, normalmente, están activos y continuamente transmiten datos tales como los de un motor de avión de reacción. Por consiguiente, hay una necesidad de contar con plataformas de captura de datos, procesamiento e infraestructuras para recibir y extraer información de las corrientes de flujos de datos.

- *Datos de fuentes dinámicas.* Estos son sistemas físicos, mecánicos, eléctricos y electrónicos conectados con sensores. Estos sensores sirven para habilitar la transmisión de datos con dispositivos IoT como un calentador o un termostato inteligente. Estas fuentes tienen capacidad inherente y competencia para realizar conversaciones con empresas, web y aplicaciones empresariales IoT basadas en la nube con todo tipo de dispositivos de IoT a nivel básico (de tierra).

El gran volumen de datos procede de numerosas fuentes, especialmente de las nuevas fuentes, como los medios sociales y los sensores de máquinas (máquina a máquina, M2M, e Internet de las Cosas). La oportunidad de expandir el conocimiento incrustado en ellos, por combinación de esa inmensidad de datos con los datos tradicionales existentes en las organizaciones, está acelerando su potencialidad; además, gracias a la nube (*cloud*), a esa enorme cantidad de información, se puede acceder de modo *ubicuo*, en cualquier lugar, en cualquier momento y, prácticamente, desde cualquier dispositivo inteligente.

Los directivos y ejecutivos de las compañías se pueden volver más creativos a medida que extraen mayor rendimiento de las nuevas fuentes de datos externas y las integran con los datos internos procedentes de las bases de datos relacionales y heredadas (*legacy*) de las propias compañías. Los medios sociales están generando terabytes de información de datos no estructurados, como conversaciones, fotos, vídeos, documentos de texto de todo tipo, a los que hay que añadir los flujos de datos que fluyen de sensores, de la monitorización de procesos, fuentes externas de todo tipo, desde datos demográficos hasta catastrales, el historial y las predicciones de datos del tiempo climático, entre otros.

El origen de los datos que alimentan los Big Data procederá de numerosas fuentes tradicionales y nuevas, que iremos desglosando a continuación, y aunque los datos no estructurados constituirán los porcentajes más elevados que deberán gestionar las organizaciones —al menos del 80 % al 90 %, según los estudios que se consulten—, no podemos dejar a un lado la inmensidad de datos estructurados presentes en organizaciones y empresas que, en numerosísimas ocasiones, están aflorando. Y esta creciente avalancha de datos de innumerables fuentes está comenzando a tener gran fuerza y potencialidad a la hora de la toma de decisiones.

2.2.1. TIPOS DE FUENTES DE DATOS

Las fuentes de datos origen de los Big Data pueden ser clasificadas en diferentes categorías, cada una de las cuales contiene a su vez un buen número de fuentes diversas que recolectan, almacenan, procesan y analizan. IBM clasifica las fuentes de datos, según (Soares, 2012), como muestra la figura 2.1. Esta taxonomía de fuentes de datos es una de las más referenciadas en la década actual como las categorías globales de fuentes de datos manejadas por Big Data, pese a que han ido surgiendo nuevas.

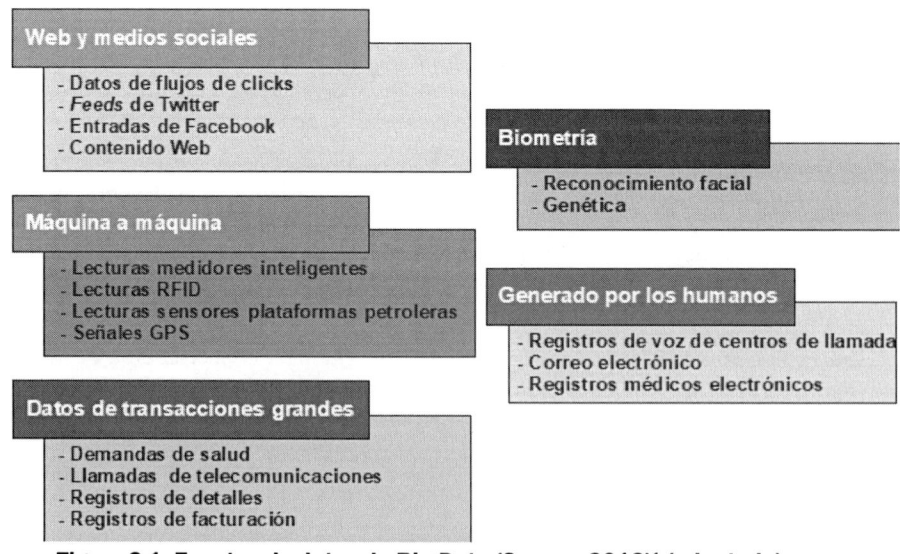

Figura 2.1. Fuentes de datos de Big Data (Soares, 2012)[1] (adaptada)

Web y social media (medios sociales)

Incluye contenido web e información que es obtenida de los medios sociales como Facebook, Twitter, LinkedIn, Pinterest, Instagram; blogs como Technorati, de periódicos y televisiones; wikis como MediaWiki, Wikipedia; marcadores sociales como Del.icio.us, Stumbleupon; agregadores de contenidos como Digg, Menéame. En esta categoría, los datos se capturan, almacenan o distribuyen teniendo presente las características siguientes: incluyen datos procedentes de los flujos de clics, tuits, retuits o entradas en general de Twitter, Tumblr, Facebook y sistemas de gestión de contenidos web diversos como YouTube, Flickr, Picasa; o sitios de almacenamiento de información como Dropbox, Box.com, OneDrive.

Los datos de la web y de los medios sociales se analizan con herramientas de analítica web y analítica social mediante el uso de métricas y de indicadores KPI.

Máquina-a-Máquina (M2M) /Internet de las Cosas

M2M se refiere a las tecnologías que permiten conectarse a diferentes dispositivos entre sí. Utiliza dispositivos como sensores, medidores que capturan datos de señales particulares (humedad, velocidad, temperatura, presión, variables meteorológicas, variables químicas, como la salinidad), contadores inteligentes (medición de consumo de electricidad en hogares, oficina, industria). Estos datos se transmiten a través de redes cableadas, inalámbricas, móviles, satélites a otros dispositivos, aplicaciones que traducen estos datos en información significativa. Entre los dispositivos que se emplean para capturar datos de esta categoría podemos considerar chips o etiquetas RFID, chips NFC, medidores inteligentes (de temperaturas, de electricidad, presión), sensores, dispositivos GPS que ocasionan la generación de datos mediante la lectura de los medidores, lecturas de los chips RFID y NFC, lectura de los sensores, señales GPS, señales de GIS.

La comunicación M2M ha originado el conocido Internet de las Cosas o de los Objetos (capítulo 12), que representa a los miles de millones de objetos que se comunican entre sí y que pueden acceder si es necesario a Internet.

Transacciones de grandes datos

Son los grandes datos transaccionales procedentes de operaciones normales de todo tipo. Incluye registros de facturación, en telecomunicaciones y registros detallados de las llamadas (CDR, *Call Detail Record*), con contenidos de información sobre el origen, el destino, la duración y los datos de los teléfonos móviles inteligentes y tabletas. Estos datos transaccionales están disponibles en formatos tanto semiestructurados como no estructurados. Los datos generados procederán de registros de llamada de centros de llamada, departamentos de facturación, reclamaciones de las personas, presentación de documentos, etcétera.

Biometría

La biometría o reconocimiento biométrico[2] se refiere a la identificación automática de una persona basada en sus características anatómicas o trazos personales, como información procedente del cuerpo humano y la actividad física (huellas digitales, reconocimiento facial, escaneo de la retina, genética). Los datos anatómicos se crean a partir del aspecto físico de una persona, incluyendo huellas digitales, iris, escaneo de la retina, reconocimiento facial, genética, ADN, reconocimiento de voz, incluso olor corporal. Los datos de comportamiento incluyen análisis de pulsaciones y escritura a mano. Los avances tecnológicos han incrementado considerablemente los datos biométricos disponibles.

Algunas aplicaciones de interés están en el área de seguridad e inteligencia, las agencias de investigación; en los negocios y el comercio electrónico. Los datos biométricos se pueden combinar con datos procedentes de medios sociales, lo que hace aumentar el volumen de datos contenidos en los datos biométricos. Los datos generados por la biometría se pueden agrupar en dos grandes categorías: genética y reconocimiento facial.

Datos generados por las personas

Las personas generan enormes y diversas cantidades de datos, como la información que guarda un centro de llamadas telefónicas al establecerlas, notas de voz, correos electrónicos, documentos electrónicos, estudios y registros médicos electrónicos, recetas médicas, documentos en papel, faxes. El problema que acompaña a estos documentos es que pueden contener información sensible que necesita, normalmente, quedar oculta, enmascarada o cifrada de alguna forma para conservar la privacidad. Por eso, estos datos necesitan ser protegidos por las leyes nacionales o supranacionales (como es el caso de la Unión Europea o el Mercosur) relativas a la protección de datos y privacidad.

Una característica importante en el caso de los datos procedentes de los seres humanos es la **trazabilidad**, huellas o "rastro digital" que dejamos al navegar y utilizar Internet y los diferentes sitios que visitamos, como páginas de periódicos, revistas o blogs, el uso de las redes sociales. Esta huella o traza digital identifica el "rastro" y, en consecuencia, nuestra identidad digital, y se puede utilizar para definir nuestro perfil o patrón de comportamiento según las fotos, los vídeos que subimos a la nube, los contenidos más demandados, los mensajes o *post* (entradas o artículos que publicamos en Facebook o Twitter, búsquedas que realizamos, clic en "me gusta", etiquetas en las redes sociales, mensajes que publicamos, búsquedas que realizamos).

2.3. DEFINICIÓN, ORIGEN Y EVOLUCIÓN DE BIG DATA

No existe unanimidad en la definición de Big Data, aunque sí hay cierto consenso en la fuerza disruptiva que suponen los grandes volúmenes de datos y la necesidad de su captura, almacenamiento y análisis. Son numerosos los artículos (*white papers*), informes y estudios, libros, relativos al tema, en los últimos años; y en este libro seleccionamos las definiciones de instituciones relevantes y con mayor impacto mediático y profesional.

En general, existen diferentes aspectos en los que casi todas las definiciones están de acuerdo y con conceptos consistentes para capturar la esencia de Big Data: crecimiento exponencial de la creación de grandes volúmenes de datos, origen o fuentes de datos y la necesidad de su captura, almacenamiento y análisis para conseguir el mayor beneficio para las organizaciones y empresas, junto con las oportunidades que ofrecen y los riesgos que conlleva su no adopción.

En 2001, el analista de Gartner, Doug Laney, acuñó la definición de las 3 V que componen el término Big Data en su artículo "3D Data Management: Controlling Data Volume, Velocity and Variety" ("Gestión de datos 3D: control del volumen, la variedad y la velocidad de los datos"):

- Volumen de los datos

- Velocidad en el tratamiento de los datos

- Variedad de los datos

En este artículo no se menciona el término Big Data, que llegaría unos años más tarde. Sin embargo, ya se predicen las tendencias tecnológicas que lo sustentan. Se habla del incremento en la complejidad de la información manejada por las organizaciones con estas tres propiedades.

La primera definición, tras la definición de las 3 V de Laney, que daremos es la de Adrian Merv, vicepresidente de la consultora Gartner, quien en la revista *Teradata Magazine*, del primer trimestre de 2011, definió este término como: "Big Data excede el alcance de los entornos de hardware de uso común y herramientas de software para capturar, gestionar y procesar los datos dentro de un tiempo transcurrido tolerable para su población de usuarios"[3].

El CEO Advisory de Gartner Research publica un informe oficial el 31 de marzo de 2011 donde anticipa que Big Data es igual a una gran oportunidad:

> Big data es una fuerza que ya está alterando la comprensión tradicional y los modelos comerciales. Marca el comienzo de una nueva era de modelos comerciales acelerados digitalmente que tienen el potencial de generar nuevos ingresos sustanciales y una ventaja competitiva[4].

Ya formalmente Gartner lo definió en un informe publicado el 21 de junio de 2012 llamado *The Importance of 'Big Data': A Definition*[5]:

> Big data garantiza soluciones de procesamiento innovadoras para una variedad de datos nuevos y existentes para proporcionar beneficios comerciales reales. Sin embargo, el procesamiento de grandes volúmenes o una amplia variedad de datos sigue siendo simplemente una solución tecnológica, a menos que esté vinculado a metas y objetivos comerciales.

Gartner considera que la esencia importante de Big Data no es tanto el tema numérico, sino todo lo que se puede hacer si se aprovecha el potencial y se descubren nuevas oportunidades de los grandes volúmenes de datos.

Diferentes definiciones de Big Data se han ido dando apoyándose en las definiciones dadas anteriormente de Gartner, como:

> Big Data son los grandes conjuntos de datos que tiene tres características principales: volumen (cantidad), velocidad (velocidad de creación y utilización) y variedad (tipos de fuentes de datos no estructurados, tales como la interacción social, vídeo, audio, cualquier cosa que se pueda clasificar en una base de datos)[6]. Estos factores, naturalmente, conducen a una complejidad extra de los Big Data. En síntesis, Big Data es un conjunto de datos tan grandes como diversos que rompen las infraestructuras de TI tradicionales[7].

Otra definición muy significativa es la del McKinsey Global Institute[8], en un informe muy reconocido y referenciado, de mayo de 2011: "Big Data se refiere a los conjuntos de datos cuyo tamaño está más allá de las capacidades de las herramientas comunes de software de bases de datos para capturar, almacenar, gestionar y analizar". Esta definición es, según McKinsey, intencionadamente subjetiva e incorpora una definición cambiante, "en movimiento", que "de grande" necesita ser un conjunto de datos para ser considerado Big Data; es decir, no se lo define en términos de ser mayor que un número dado de terabytes (en cualquier forma, es frecuente asociar el término Big Data a terabytes y petabytes).

Suponemos, dice McKinsey, que a medida que la tecnología avance en el tiempo, el tamaño de los conjuntos de datos que se definen con esta expresión también crecerá. De igual modo, McKinsey destaca que la definición puede variar para cada sector, dependiendo de cuáles sean los tipos de herramientas de software normalmente disponibles, y cuáles los tamaños comunes de los conjuntos de datos en ese sector o industria. Teniendo presente estas consideraciones, los Big Data en muchos sectores variarán de decenas de terabytes a petabytes, y ya casi exabytes, camino de los zettabytes.

Otra fuente de referencia es la consultora tecnológica IDC[9], que, apoyándose en sus propios estudios, considera que: "Big Data es una nueva generación de tecnologías, arquitecturas y estrategias diseñadas para capturar y analizar grandes volúmenes de datos provenientes de múltiples fuentes heterogéneas a una alta velocidad con el objeto de extraer valor económico de ellos".

La empresa multinacional de auditoría Deloitte define Big Data como:

> El término que se aplica a conjuntos de datos cuyo volumen supera la capacidad de las herramientas informáticas de uso común para capturar, gestionar y procesar datos en un lapso razonable. Los volúmenes de Big Data varían constantemente, y en la actualidad oscilan entre algunas decenas de terabytes hasta muchos petabytes para un conjunto de datos individual[10].

En suma, la definición de Big Data puede variar según las características de las empresas. Para unas empresas prima el volumen; para otras, la velocidad; para otras, la variabilidad de las fuentes. Las empresas con mucho volumen o volumetría van a estar interesadas en capturar la información, guardarla, actualizarla e incorporarla en sus procesos de negocio; pero hay empresas que, aunque tengan mucho volumen, no necesitan almacenar, sino trabajar en tiempo real y a gran velocidad. Otras, por el contrario, pueden estar interesadas en gestionar diferentes tipos de datos.

Un ejemplo clásico son los sistemas de recomendación: sistemas que en tiempo real capturan información de lo que está haciendo el usuario en la web, lo combina con la información histórica de ventas, lanzando en tiempo real las recomendaciones. Otras empresas tienen otro tipo de retos, como fuentes heterogéneas, y lo que necesitan es combinarlas. La captura es más compleja, ya que hay que combinar en un mismo sitio y analizarla.

Posteriormente, veremos como a la definición original y más utilizada de las 3 V se han ido añadiendo otras propiedades, casualmente, todas ellas comienzan con la letra V, como veremos más adelante (apartado 2.5).

2.3.1. EL ORIGEN MODERNO DE BIG DATA

Aunque ya hemos hecho antes una exposición de las diferentes y más acreditadas definiciones de Big Data, vamos a hacer una breve síntesis de su evolución desde el origen del término de 3 V de Laney hasta el 2012, en que, como antes hemos reseñado, ya aparece más formalmente, comienza a popularizarse y es aceptado universalmente.

En 2008, Steve Lohr[11], en *The New York Times*, publicó que, de acuerdo con diferentes científicos informáticos y directivos de la industria, el término Big Data iba calando en los ambientes tecnológicos y comenzó a generar ingresos económicos.

El artículo que *Wired*[12] publicó en junio del 2008 se suele considerar como uno de los primeros detonantes de la explosión de los Big Data. En el referido artículo se presentaban las oportunidades e implicaciones del diluvio de datos moderno; declaraba, en aquel entonces, que vivíamos en la era del petabyte; sin embargo, el petabyte era una unidad de medida de datos almacenados en soportes digitales, pero ya era necesario pensar en términos de exabytes, zettabytes y yottabytes. El estudio de investigación de *Wired*, que así recogía el artículo, tenía una introducción en la que planteaba los siguientes argumentos:

> *Existen sensores en todas partes, almacenamiento infinito, nubes de procesadores. Nuestra capacidad para capturar, almacenar (warehouse) y comprender las cantidades masivas de datos está cambiando la ciencia, la medicina, los negocios y la tecnología. A medida que crece nuestra colección de hechos y figuras, se tendrá la oportunidad de encontrar respuestas a preguntas fundamentales, debido a que la era de los Big Data no es solo más: más es diferente (Because in the era of Big Data, more isn't just more, more is different).*

En ese mismo número, Chris Anderson[13], su editor, publicó otro artículo en que cuestiona el hecho de que el diluvio de datos podía dejar obsoleto el método científico. En el artículo planteaba que, hacía diez años, los *crawlers* de los motores de búsqueda hacían una única base de datos. Ahora, Google y las compañías similares están tratando el corpus masivo de datos como un laboratorio de la condición humana. Ellos son los hijos de la era del petabyte. La era del petabyte es diferente porque "más es diferente". Los kilobytes se almacenaban en discos flexibles; los megabytes se almacenaban en discos duros. Los terabytes se almacenaron en *arrays* de discos. *Los petabytes se almacenan en la nube.* A medida que nos movemos en paralelo a la progresión anterior, nos desplazamos de la analogía de las carpetas (*folders*) a la analogía de los gabinetes de archivos, y de ahí a la analogía de la biblioteca (*library*), y en la era de los petabytes a la analogía de las organizaciones en la nube.

A finales de 2008 se produjo el espaldarazo del mundo científico, ya que los Big Data fueron adoptados por un grupo de investigadores muy reconocidos del ámbito informático, agrupados en torno a la prestigiosa Computing Community Consortium, grupo que colabora con el National Science Foundation (NSF) de los Estados Unidos, y la Computing Research Association, también de los Estados Unidos, que a su vez representa a investigadores académicos y corporativos. Este consorcio publicó un influyente artículo: "Big-Data Computing: Creating Revolutionary Breakthroughs in Commerce, Science and Society"[14].

Desde un punto de vista popular, además del gran impacto del artículo de *Wired*, fue la tira cómica del genial Dilbert, de Scott Adams, que recogía en sus viñetas, de julio de 2012, la incorporación del Big Data. En una viñeta, Dilbert comenta: *"It comes from everywhere it know all"* ("proviene de todas partes, lo sabe todo"), para concluir: *"According to the book of Wikipedia, its name is Big Data"* ("según el libro de Wikipedia, su nombre es Big Data").

2.4. TAXONOMÍA DE DATOS

La taxonomía, según la RAE, es la ciencia que trata de los principios, métodos y fines de la clasificación. Se aplica en particular, dentro de la biología, para la ordenación jerarquizada y sistemática, con sus nombres, de los grupos de animales y de vegetales. De hecho, la segunda acepción es la clasificación. Así, podremos ver diferentes tipos de taxonomías o clasificaciones de datos que describiremos a continuación.

Los datos se refieren a una colección de hechos obtenidos, normalmente, como resultado de experimentos, observaciones, transacciones o experiencias (Turban, 2018; 61), Los datos pueden constar de números, letras, palabras, imágenes, vídeos, datos continuos (*streaming*), geográficos. Los datos constituyen la base de la conocida pirámide del conocimiento: datos, información, conocimiento y sabiduría. En el nivel más alto de abstracción, los datos se pueden clasificar en tres diferentes tipos: *estructurados* (datos tradicionales), *no estructurados* (sin estructura) y *semiestructurados*. Sin embargo, la taxonomía completa incluye más categorías de datos, lo que afecta al análisis de datos y, especialmente, al tratamiento de los grandes volúmenes de datos (figura 2.2).

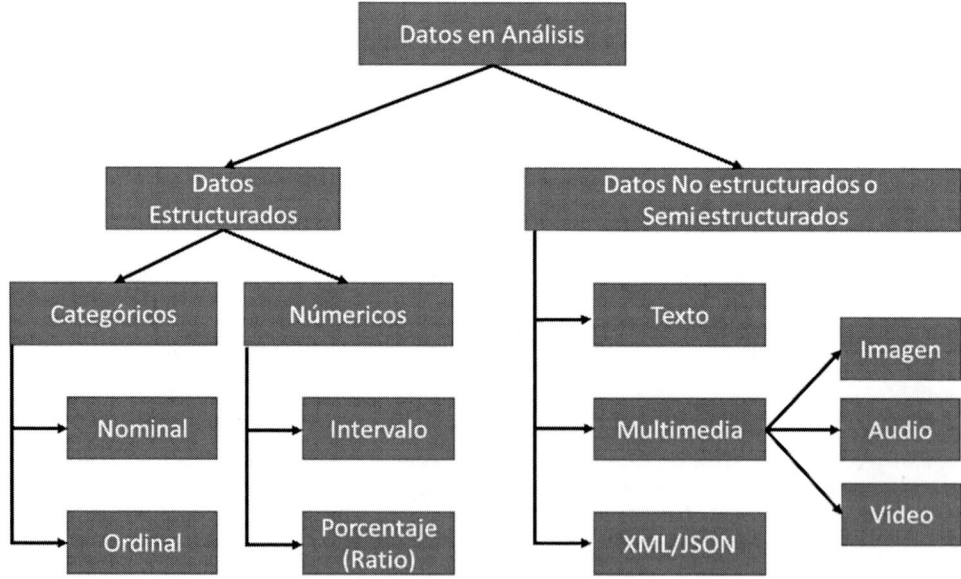

Figura 2.2. Taxonomía de datos.
Fuente: Sharda et al., 2018: 61

2.4.1. DATOS ESTRUCTURADOS

La mayoría de las fuentes de datos tradicionales son datos estructurados, datos con formato o esquema fijo que poseen campos fijos. En estas fuentes, los datos vienen en un formato bien definido que se especifica en detalle y que conforma las bases de datos relacionales. Son, fundamentalmente, los datos de las bases de datos relacionales SQL, las hojas de cálculo y los archivos.

Los datos comunes almacenados en bases de datos, registrados en campos con un nombre específico y con unas relaciones entre ellos, se almacenan en filas y columnas y son fáciles de introducir, almacenar y analizar. Proporcionan la mayor parte de la información actual de la empresa: datos de los sistemas de registro, transacciones comerciales, censos de población, ventas, clientes, finanzas. Estos tipos de datos se localizan en un campo fijo de un registro o archivo específico, y sus contenidos se incluyen en las bases de datos relacionales, en hojas de cálculo normalmente. Los datos se organizan en torno a un modelo de datos.

Un modelo de datos —ciclo de vida del dato o cadena de valor del dato— contiene: los tipos de datos empresariales que su empresa va a registrar, el modo de almacenamiento, el proceso y el modo de acceso a dichos datos. Los datos estructurados normalmente se almacenan en bases de datos relacionales y hojas de cálculo, en filas y columnas, con los campos explicitados en ellas. Así, los campos de datos de una base de datos estándar de clientes de una empresa incluirán los nombres, la dirección, el número de teléfono de contacto, la dirección de correo electrónico, o en el caso de ser la base de datos de empleados, incluirá también la edad, la profesión, etcétera.

Los campos deberán ser definidos con el tipo de datos que va a contener: datos numéricos o de texto, con indicación expresa de su tipo de información; por ejemplo, el campo dirección ha de ser de tipo texto, y el campo número de teléfono de tipo numérico (o también texto si se desea admitir el signo + como código de salida internacional en lugar del clásico 00, que también admiten las operadoras de telefonía). También se pueden adoptar otras convenciones, como incluir menús desplegables que limitan las opciones de los datos que se pueden introducir en un campo y asegurar la coherencia de entrada:

Titulación	Ciudad
Sr.	Madrid
Sra.	Granada
Dr.	Medellín
Dra.	Ciudad de México
Ing.	Lima
Licenciado (Graduado)	Santo Domingo

Los datos estructurados se componen de piezas de información que se conocen de antemano, vienen en un formato especificado y se producen en un orden, también, especificado. Estos formatos facilitan el trabajo con dichos datos; los formatos comunes son: fecha de nacimiento (DD, MM, AA); documento nacional de identidad o pasaporte (por ejemplo, 8 dígitos y una letra); número de la cuenta corriente en un banco (20 dígitos).

La gestión y búsqueda de los datos estructurados en las bases de datos relacionales se realizan con el lenguaje de programación estándar SQL —lenguaje creado por IBM en la década de los setenta— y que todavía sigue en vigor y soporta a la mayoría de las bases de datos establecidas en las organizaciones y empresas. Los usuarios pueden introducir, buscar y manipular datos estructurados con relativa facilidad y es una de las características más destacadas de este tipo de datos. Sin embargo, las bases de datos relacionales tienen un gran inconveniente: *la escasa facilidad que tienen para manejar datos no estructurados.*

2.4.2. DATOS NO ESTRUCTURADOS

Los datos no estructurados (sin estructurar) no tienen una estructura definida y su formato es libre. Se almacenan como "documentos" u "objetos" sin estructura uniforme, y se tiene poco o ningún control sobre ellos. Existen numerosos formatos:

- Datos de texto (archivos de texto o documentos como Word, PowerPoint, PDF)
- Vídeo, audio, imágenes, fotografías
- Documentos multimedia
- Correos electrónicos
- Textos de mensajería (SMS, mensajes de WhatsApp, Facebook, Instagram)
- Publicaciones en redes sociales

Existen numerosos informes de empresas y consultoras de prestigio que consideran datos no estructurados, al menos, al 80 % de la información de las organizaciones. Sin duda, los datos más difíciles de dominar por los analistas son los datos no estructurados, pero su continuo crecimiento ha provocado el nacimiento de herramientas para su manipulación, como es el caso de MapReduce, Hadoop o bases de datos NoSQL.

2.4.3. DATOS SEMIESTRUCTURADOS

Los datos semiestructurados tienen propiedades de los datos estructurados y no estructurados, y pueden tener algún tipo específico de estructura que se puede utilizar en un análisis de datos, pero no contienen la estructura de un modelo de datos. Asimismo, poseen un flujo lógico y un formato que puede ser definido, pero no es fácil su comprensión por el usuario. Son datos que no tienen formatos fijos, pero sí etiquetas y otros marcadores que permiten separar los datos. Un archivo CSV (valores separados por comas) es un archivo de texto que tiene un formato específico que permite guardar los datos en un formato de tabla estructurada y que pueden ser importados en bases de datos y hojas de cálculo. Los archivos CSV se usan normalmente para intercambiar datos tabulares entre sistemas en texto sin formato. Algunos formatos muy populares de datos semiestructurados con una larga historia son: XML y JSON (*JavaScript Object Notation*). Algunos ejemplos de datos semiestructurados son:

- Los registros *web log*s de las conexiones a Internet. Un *web log* se compone de diferentes piezas de información, cada una de las cuales sirve para un propósito específico. Algunos ejemplos comunes son el texto de etiquetas de lenguajes XML y HTML.

- El software de tratamiento de textos, que incluyen metadatos que pueden contener el nombre del autor, el ISBN del libro, la fecha de edición, la fecha de compra; sin embargo, su contenido está sin estructurar.

- Publicaciones, entradas de Facebook o LinkedIn, que se pueden clasificar por autor, información, longitud de texto, opiniones de seguidores, pero su contenido normalmente no está estructurado.

2.4.4. DATOS CATEGÓRICOS Y NUMÉRICOS: ESCALAS DE MEDIDA

Como ya se ha visto, los datos estructurados se subdividen a su vez en dos grandes grupos: datos categóricos y datos numéricos, que también se suelen denominar datos para escalas de medida y ayudan considerablemente en los algoritmos de Minería de Datos y Aprendizaje Automático. En un nivel básico los datos categóricos y numéricos también se suelen agrupar en cuatro niveles de medida, que son muy importantes, ya que influirán en el tipo de análisis a realizar cuando se recolecten o adquieran los datos. Los datos categóricos se subdividen en la escala nominal y escala ordinal y los datos numéricos en la escala de intervalo y escala de porcentaje "ratio".

2.4.4.1. Datos categóricos

Representan las etiquetas de múltiples clases utilizadas para dividir una variable en grupos específicos. Algunos ejemplos de variables categóricas incluyen la raza, el sexo, el grupo de edad o el nivel de estudios. Los datos categóricos también se suelen denominar "datos discretos", implicando que representan un número finito de valores con ningún margen continuo (*continuum*) entre ellos. En el caso de los datos numéricos, estos números no son más que símbolos y no implican la posibilidad de cálculo de valores fraccionarios o decimales.

Datos nominales

Contienen medidas de códigos sencillos asignados a objetos como etiquetas que no son medibles, no tienen ningún valor numérico. Es la escala más baja de medida. No hay ningún orden de los elementos y las medidas son cualitativas. Por ejemplo, el estado marital de una persona puede ser soltera, casada, divorciada o separada. Los datos nominales pueden ser representados con valores *binomial* que pueden tener dos posibles valores: si/no, verdadero/falso, bueno/malo, o bien *multinomial*, es decir, que tengan tres o más valores posibles: verde, azul, rojo, amarillo.

Datos ordinales

Contienen códigos asignados a objetos o eventos como etiquetas que representan un orden de clasificación entre ellos. Es similar al nominal, en el que no hay ninguna relación numérica explícita, excepto las medidas de este tipo, que tiene orden. Las medidas son cualitativas. Por ejemplo, los riesgos de concesión de un crédito por un banco: *bajo, medio, alto, muy alto*; otros ejemplos de relaciones similares son: orden en una carrera, *1.º, 2.º, 3.º, 4.º*. Tipo de enseñanza, *primaria, secundaria, bachiller, grado, máster, doctorado*. Los algoritmos de analítica predictiva, tales como la regresión logística múltiple ordinal, pueden tener en cuenta esta información ordenada por ranking para construir un mejor modelo de clasificación.

2.4.4.2. Datos numéricos

Representan valores numéricos de variables específicas; por ejemplo, la edad, el número de hijos, el salario, la distancia en viajes (en kilómetros o millas), las temperaturas (en grados Celsius o grados Fahrenheit). Los valores numéricos representan una variable que puede ser entera (solo adoptan valores enteros) o real (aceptan números decimales). Los datos numéricos también se suelen denominar datos continuos, ya que implican que las variables contienen medidas continuas en una escala específica que permite la inserción de valores. Al contrario que una variable discreta que representa datos finitos, contables, una variable continua representa medidas escalables, y es posible que los datos contengan un número infinito de valores decimales.

Datos de intervalo

Son variables que se pueden medir en escalas de intervalos. Las medidas son cuantitativas. Un ejemplo típico es la medida de temperaturas en la escala Celsius. En esta escala específica la unidad de medida es 1/100 de la diferencia entre la temperatura de fusión y la temperatura de ebullición del agua a la presión atmosférica y no hay un valor de cero absoluto. Otro ejemplo, los beneficios pueden ser positivos, negativos o cero y la duplicación de la ganancia es lo mismo que sea para pasar de 10 a 20 dólares, o de 2 millones de dólares a 4 millones de dólares.

Datos de porcentaje (ratio)

Son datos con la escala más alta. Tienen las características de la escala intervalo y tienen un cero verdadero. Incluyen variables de medida que se encuentran normalmente en la ingeniería o en las ciencias físicas, como la masa, la longitud, el tiempo, la energía, la carga eléctrica, los ángulos planos, son ejemplos de medidas físicas, que son escalas de ratio. El tipo de escala toma su nombre del hecho que la medida es la estimación de la ratio entre una máquina de una cantidad continua y una máquina de unidad del mismo tipo. Informalmente, la característica diferenciadora de la escala de ratio es la posesión de un valor cero no arbitrario. Por ejemplo, la escala Kelvin tiene un punto no arbitrario de cero absoluto que es igual a -273,15 grados Celsius. Este punto cero no es arbitrario, ya que las partículas que componen la materia a esta temperatura tienen una energía cinética cero. Otro ejemplo típico es la altura de una persona, que no puede ser cero o negativa.

Otras representaciones de datos

Otros tipos de datos, incluyendo texto, imágenes, vídeo, voz o datos espaciales que necesitan convertirse en un formato de representación categórica o numérica antes de que puedan ser procesados por métodos analíticos.

2.5. CARACTERÍSTICAS DE BIG DATA

Cada día creamos 2.5 quintillones de bytes de datos, de manera que el 90 % de los datos del mundo actual se han creado en los últimos dos años[15]. Estos datos proceden de todos los sitios: sensores utilizados para recoger información del clima, entradas (*posts*) en sitios de medios sociales, imágenes digitales, fotografías y vídeos, registros de transacciones comerciales y señales GPS de teléfonos móviles, por citar unas pocas referencias. Estos datos son, según IBM, Big Data.

Big Data, al igual que la nube, abarca diversas tecnologías. Los datos de entrada a los sistemas de Big Data pueden proceder de redes sociales, *logs*, registros de servidores web, sensores de flujos de tráfico, imágenes de satélites, flujos de audio y de radio, transacciones bancarias, MP3 de música, contenido de páginas web, escaneado de documentos de la administración, caminos o rutas GPS, telemetría de automóviles, datos de mercados financieros. ¿Todos estos datos son realmente los mismos?

2.5.1. MODELO 3 V DE BIG DATA

En 2001, Douglas Laney —analista de META Group, hoy Gartner[16]— definía el crecimiento constante de los datos como una oportunidad y un reto para investigar el volumen, la velocidad y la variedad. En 2011, el analista de Gartner, Doug Laney, acuñó la definición de las 3 V que componen el término Big Data:

- Volumen de los datos

- Velocidad en el tratamiento de los datos

- Variedad de los datos.

Posteriormente, Mark Beyer[17], vicepresidente de Gartner, presentó un informe sobre la emergencia de Big Data y sus características principales: volumen, velocidad y variedad, extraídas de la definición.

IBM planteó —como también hizo Gartner— que Big Data abarca tres grandes dimensiones conocidas como el Modelo de las tres V (3 V o V³): volumen, velocidad y variedad (*variety*). Existe un gran número de puntos de vista para visualizar y comprender la naturaleza de los datos y las plataformas de software disponibles para su explotación; la mayoría incluirá una de estas tres propiedades V en mayor o menor medida. Sin embargo, algunas fuentes, como es el caso de IBM, cuando tratan las características de los Big Data también consideran una cuarta característica, que es la veracidad, y que analizaremos también para dar un enfoque más global de la definición y características de los Big Data. Otras fuentes notables añaden una quinta característica, valor, y llegan añadir hasta 7 u 8 V, como veremos más adelante.

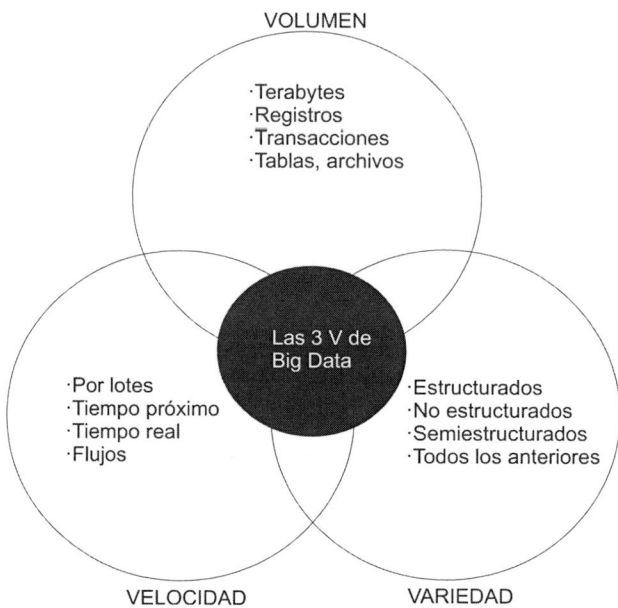

Figura 2.3. Las 3 V de Big Data.
Fuente: Philip Russom: "Big Data Analytics", en *Teradata*, fourth quarter, 2011. Disponible en: <http://tdwi.org/blogs/philip-russom>

Volumen

Las empresas amasan grandes volúmenes de datos, desde terabytes hasta petabytes. Las cantidades que hoy nos parecen enormes, en pocos años serán normales. Estamos pasando de la era del petabyte a la era del exabyte, y para el período de 2015 a 2020 se espera que entremos en la era del zettabyte. IBM da el dato de 12 terabytes para referirse a lo que crea Twitter cada día solo en el análisis de productos para conseguir mejoras en la eficacia.

En el 2000, se almacenaron en el mundo 800.000 petabytes. Se esperaba que en el 2020 se alcanzarían los 40 zettabytes (ZB). Solo Twitter genera más de 9 terabytes (TB) de datos cada día. Facebook, 10 TB, y algunas empresas generan terabytes de datos cada hora de cada día del año. Las organizaciones se enfrentan a volúmenes masivos de datos; las que no saben cómo gestionarlos están abrumadas por ello. Sin embargo, la tecnología existe con la plataforma tecnológica adecuada para analizar casi todos los datos (o al menos la mayoría de ellos, mediante la identificación idónea) con el objetivo de conseguir una mejor comprensión de sus negocios, sus clientes y el mercado. IBM plantea que el volumen de datos disponible en las organizaciones hoy día está en ascenso, mientras que el porcentaje de datos que se analiza está en disminución.

La característica volumen es la más popular y reconocida dentro del término Big Data, aunque hoy en día no es la más significativa. Se necesita almacenar la información, y para ello se requiere una base de datos capaz de almacenar y gestionar las enormes cantidades de datos. Los tamaños de los archivos son muy grandes y cada segundo/minuto se generan grandes volúmenes de datos que crecen de modo exponencial, en la expresión que IDC denomina "el universo digital de datos". El volumen de datos es una de las propiedades más destacadas en cualquier definición de Big Data, pero existen otras propiedades de igual o mayor importancia en la actualidad.

Velocidad

La importancia de la velocidad de los datos o el aumento creciente de los flujos de datos en las organizaciones, junto con la frecuencia de las actualizaciones de las grandes bases de datos, son características importantes a tener en cuenta. Esto requiere que su procesamiento y posterior análisis, normalmente, ha de hacerse en tiempo real para mejorar la toma de decisiones sobre la base de la información generada. A veces, cinco minutos es demasiado tarde en la toma de decisiones; los procesos sensibles al tiempo —como pueden ser los casos de fraude— obligan a actuar rápidamente. Imaginemos los millones de escrutinios de los datos de un banco con el objetivo de detectar un fraude potencial o el análisis de millones de llamadas telefónicas para tratar de predecir el comportamiento de los clientes y evitar que se cambien de compañía.

La importancia de la velocidad de los datos se une a las características de volumen y variedad, de modo que la idea de velocidad no se asocia a la tarea de crecimiento de los depósitos o almacenes de datos, sino que se aplica la definición al concepto de los datos en movimiento, es decir, la velocidad a la cual fluyen los datos. Las empresas están tratando cada día con mayor intensidad petabytes de datos en lugar de terabytes, y el incremento en fuentes de todo tipo como sensores, chips RFID, chips NFC, datos de geolocalización y otros flujos de información que conducen a flujos continuos de datos, imposibles de ser manipulados por sistemas tradicionales.

Variedad

Las fuentes de datos son de cualquier tipo. Los datos pueden ser estructurados y no estructurados (texto, datos de sensores, audio, vídeo, flujos de clics, archivos *logs*), y cuando se analizan juntos se requieren nuevas técnicas. Imaginemos el registro en vivo de imágenes de las cámaras de vídeo de un estadio de fútbol, o las de vigilancia de calles y edificios.

En los sistemas de Big Data, las fuentes de datos son diversas y no suelen ser estructuras relacionales comunes. Los datos de imágenes de las redes sociales pueden venir de una fuente de sensores y no suelen estar preparados para su integración en una aplicación.

En el caso de la web, la realidad de los datos es confusa. Distintos navegadores envían datos diferentes; los usuarios pueden ocultar información y usar diversas versiones de software, ya sea para comunicarse entre ellos, realizar compras o para leer un periódico digital. No obstante, los riesgos que conlleva la no adopción de las tendencias de Big Data son grandes, ya que:

- La voluminosa cantidad de información puede llevar a una confusión que impida ver las oportunidades y amenazas dentro de nuestro negocio y fuera de él, y perder así competitividad.
- La velocidad y flujo constante de datos en tiempo real puede afectar a las ventas y a la atención al cliente.

- La variedad y complejidad de datos y fuentes puede llevar a la vulneración de determinadas normativas de seguridad y privacidad de datos.

El volumen asociado con los Big Data conduce a nuevos retos para los centros de datos que intentan lidiar con su variedad. Con la explosión de los sensores y dispositivos inteligentes, así como las tecnologías de colaboración sociales, los datos en la empresa se han vuelto muy complejos, ya que no solo incluyen los datos relacionales tradicionales, sino también priman en bruto datos semiestructurados y no estructurados procedentes de páginas web, archivos de registros web (*web log*), incluyendo datos de los flujos de clics, índices de búsqueda, foros de medios sociales, correo electrónico, documentos, datos de sensores de sistemas activos y pasivos, entre otros.

Dicho de forma sencilla, la variedad representa todos los tipos de datos y supone un desplazamiento fundamental en el análisis de requisitos, desde los datos estructurados tradicionales hasta la inclusión de los datos en bruto, semiestructurados y no estructurados como parte del proceso fundamental de la toma de decisiones. Las plataformas de analítica tradicionales no pueden gestionar esta variedad. Sin embargo, el éxito de una organización dependerá de su capacidad para resaltar el conocimiento de los diferentes tipos de datos disponibles en ella, que incluirá tanto los datos tradicionales como los no tradicionales[18].

Por citar unos ejemplos, el vídeo y las imágenes no se almacenan ni fácil ni eficazmente en una base de datos relacional, y mucha información de sucesos de la vida diaria, como los datos climáticos, cambian dinámicamente. Por todas estas razones, las empresas deben capitalizar las oportunidades de los grandes datos, y tener la capacidad de analizar todos los tipos de datos, tanto relacionales como no relacionales: texto, datos de sensores, audio, vídeo, transaccionales.

2.5.2. MODELOS 4 V Y 5 V DE IBM

IBM añadió una cuarta V, veracidad, y posteriormente una quinta V[19], valor. De igual forma, Bernard Marr, uno de los grandes expertos mundiales en Big Data, publicó el artículo: "Big data: the 5 vs everyone must know"[20], donde añadía también las dos nuevas propiedades anteriores.

Veracidad

En su definición de Big Data, al comentar la característica de veracidad, IBM proporciona un dato estremecedor: "Uno de cada tres líderes de negocio (directivos) no se fía de las informaciones que utilizan para tomar decisiones (lo denomina incertidumbre)". ¿Cómo puede, entonces, actuar con esta información si no se fía de ella? El establecimiento de la veracidad o fiabilidad de Big Data supone un gran reto a medida que la variedad y las fuentes de datos crecen. Las tecnologías y la analítica de Big Data permiten trabajar con estos tipos de datos, los cuales compensan, en ocasiones, la falta de calidad y precisión.

Valor

Existe una quinta característica que también se suele considerar y es muy importante: el valor. Las organizaciones estudian obtener información de los grandes datos de una manera rentable y eficiente. Es importante tener acceso a Big Data, pero a menos que se convierta en valor, será inútil dicho acceso. Es preciso asumir costes y beneficios y el valor será una característica vital. La capacidad de conseguir mayor valor a través del conocimiento de la analítica de datos proporcionará gran importancia a esta propiedad.

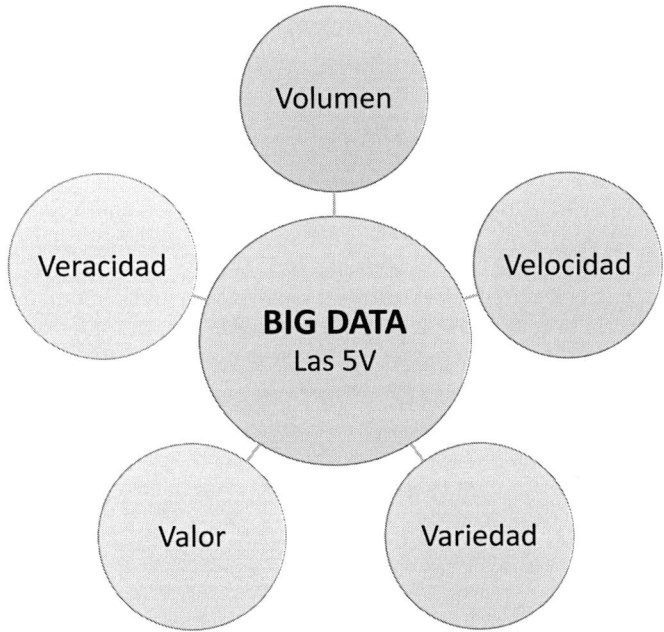

Figura 2.4. Modelo 5 V de Big Data

2.5.3. MODELO DE LAS 7 V

A las cinco características anteriores se están uniendo, según algunos modelos de Big Data, las nuevas e importantes de visualización y viabilidad.

Visualización

Es el modo en que los datos se presentan para encontrar patrones y claves que permitan la obtención de resultados para una toma de decisión eficiente. Las iniciativas de Big Data requieren herramientas de visualización de datos óptimas. Estas herramientas permiten a los usuarios finales realizar búsquedas y acceder a la información rápidamente y, en muchos casos, en tiempo real. Es una gran ventaja para los clientes, quienes se muestran satisfechos cuando tienen el control de la información en el mismo momento en que se produce. La visualización es una parte muy importante, ya que ayuda a las organizaciones a responder a preguntas de interés para el desarrollo del negocio.

Viabilidad

Esta propiedad se refiere a la capacidad que tienen las empresas de generar un uso eficaz del gran volumen de datos que gestionan. Esta característica también adopta la forma de la variabilidad para referirse a que el gran volumen de datos está cambiando constantemente (este es el caso de los asistentes virtuales como Siri o el ordenar cognitivo Watson, ya que reúnen datos para el procesamiento del lenguaje).

2.6. EL TAMAÑO DE LOS BIG DATA

La megatendencia de los Big Data no está directamente relacionada con la cantidad específica de datos. Recordemos que hace una década los almacenes de datos de las grandes empresas, cuando tenían de 1 a 10 terabytes, se consideraban enormes. Hoy se puede comprar en cualquier gran almacén unidades de disco de 1 a 5 terabytes por precios inferiores a 100 euros (Soares, 2012), y muchos almacenes de datos de empresas han roto la barrera del petabyte. Ya en la feria CES 2017 se presentaron modelos de pendrives de 2 terabytes, con lo que la reducción de tamaño se ha hecho muy considerable para los dispositivos de almacenamiento.

En este contexto, la pregunta lógica es: ¿cuál es la parte más importante de Big Data, la parte *big* o la parte *data*? O de manera más específica: ¿ambas partes o ninguna? Para muchos expertos, el tema de debate es cuánto supone *big* (grandes volúmenes) dado que el tema *data* es el soporte fundamental de la tendencia.

Recordemos que, según IDC, el universo digital de datos se dobla cada dos años, y que más del 70 % de los datos creados serán generados por los consumidores, y por encima del 20 % por las empresas. IDC[21] predice que el universo digital se multiplicará por un factor de 44 para llegar a 40 zettabytes en 2020.

La consultora internacional IDC[22], en su estudio *Data Age 2025 —The Global Datasphere 2025*, patrocinado por Seagate—, pronostica que para el año 2025 se habrán creado más de 175 zetabytes de datos en el mundo, 10 veces superior al registrado una década atrás. Estos datos son confirmados al alza por Statista —el portal web de estadística más acreditado del mundo—, que pronosticaba en su informe "Statista Research Department"[23] de 8 de septiembre de 2022 que el volumen de datos del mundo crecerá hasta los 180 zettabytes en 2025. Estas cifras muy similares de dos fuentes de reconocido prestigio mundial confirman el crecimiento anual de los datos globales y, en particular, no parece que se pueda estabilizar o reducir.

Tal vez una respuesta más ajustada a la situación actual es que ni la parte *big* ni la parte *data* son los aspectos más importantes de Big Data. Es necesario resaltar lo que hacen las organizaciones con los grandes datos; es lo más importante. El análisis de los grandes datos que realice su organización, combinado con las acciones que se realicen para mejorar su negocio, es lo realmente importante. En resumen, el valor de Big Data es tanto *big* como *data*, y su indicador final dependerá del análisis de los datos, cómo se realizará y cómo mejorará el negocio.

Nombre	Múltiplo símbolo	Valor
Kilobyte	kB	10^3
Megabyte	MG	10^6
Gigabyte	GB	10^9
Terabyte	TB	10^{12}
Petabyte	PB	10^{15}
Exabyte	EB	10^{18}
Zettabyte	ZB	10^{21}
Yottabyte	YB	10^{24}
Brontobyte*	BB	10^{27}
Gegobyte*	GeB	10^{30}

* Aun no son nombres/símbolos oficiales del Sistema Internacional de Medidas.

2.7. DATOS EN LAS ORGANIZACIONES Y EMPRESAS

Los datos que manejan las organizaciones y empresas se agrupan en dos grandes categorías: datos internos y datos externos. Todos ellos pueden ser datos estructurados, no estructurados o semiestructurados.

2.7.1. DATOS INTERNOS

Según Marr (2015: 55): "Los datos internos representan todo aquello a lo que su empresa tiene o podría tener acceso en la actualidad, incluyendo los datos personales o privados que recoge la empresa y pertenecen a esta, cuyo acceso está controlado por usted".

Algunos ejemplos citados por Marr son:

- Comentarios de los clientes
- Datos de ventas
- Datos de las encuestas a los empleados o los clientes
- Datos en vídeo de circuitos cerrados de televisión
- Datos transaccionales
- Datos de registros de los clientes
- Datos de control de existencias
- Datos de RR. HH.

Los datos internos de una empresa están constituidos por todos aquellos datos que recogen y pertenecen a ella, cuyo control está gestionado por ella misma, aunque su recolección, almacenamiento, proceso y utilización se realiza por sus empleados. El uso cada día más frecuente de los robots conversacionales (*chatbots*) hace que una gran parte de la empresa puede automatizarse, sobre todo la relacionada con la gestión y administración de los datos de los clientes en sus comunicaciones con la empresa.

2.7.2. DATOS EXTERNOS

De acuerdo con Marr (2015: 55-66):

> Los datos externos de una organización son una variedad infinita de información que existe fuera de la misma. Los datos externos pueden ser públicos y privados. Los públicos son datos que todas las personas pueden obtener, tanto reuniéndolos gratuitamente como pagando a un tercero para conseguirlos, o haciendo que un tercero los recoja por usted. Los privados normalmente son aquellos que necesitaría conseguir y por los que tendría que pagar a otra empresa o a un tercero, proveedor de datos.

Algunos ejemplos de datos externos citados por Marr (2015: 56) son:

- Datos meteorológicos
- Datos oficiales como los censales
- Datos de Twitter
- Datos de perfiles en redes sociales
- Google Trends o Google Maps
- Datos de Facebook, Instagram, Pinterest, Amazon, Microsoft, otras aplicaciones de Google

2.8. ARQUITECTURA DE BIG DATA

La gestión (administración) de grandes volúmenes de datos requiere de una arquitectura específica, que se compone de una serie de capas o etapas que manejan los datos, desde su captura de las diferentes fuentes hasta su etapa final de visualización de los resultados. Las cinco capas más consideradas en el proceso de tratamiento de Big Data, conocidas también como ciclo de vida de Big Data, son:

- Identificación de fuentes de datos
- Recolección (ingesta) de datos
- Almacenamiento
- Procesamiento y análisis de datos

- Visualización de datos (resultados)

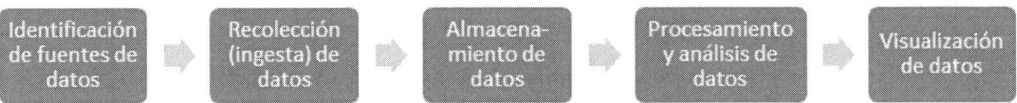

Figura 2.5. Etapas de la arquitectura de Big Data

2.8.1. IDENTIFICACIÓN DE LAS FUENTES DE DATOS

Previa a la recolección de datos se requiere una etapa previa de identificación de las fuentes de datos, muy importante en la decisión de la arquitectura, ya que implica identificar las diferentes fuentes de datos y su clasificación en función de su naturaleza y tipos. Los aspectos a considerar en la identificación de las fuentes de datos son:

- Identificar las fuentes internas y externas
- Calcular la cantidad de datos detectada (a ingerir) de cada fuente de datos
- Identificar los mecanismos de obtención de datos (*push* o *pull*)
- Determinar el tipo de fuente de datos (archivos, bases de datos, datos web)
- Determinar el tipo de datos: estructurados, no estructurados o semiestructurados

2.8.2 RECOLECCIÓN (INGESTA) DE DATOS

Se ha convertido en una etapa de gran interés en el proceso de Big Data, ya que existen numerosos datos públicos que se producen en enormes cantidades, numerosos dispositivos desperdigados por todo el planeta que emiten, procesan y recogen información de las más diversas actividades (posicionamiento de individuos y vehículos, niveles de contaminación, temperaturas); de igual forma, infinidad de dispositivos móviles que también emiten y capturan datos.

Existen dos métodos de recolección de datos que se utilizarán según los casos:

- Por lotes (*batch*). Se conecta cada cierto tiempo a las fuentes de información (sistemas de archivos o bases de datos), en las cuales se buscan cambios desde la última transacción de datos. Un ejemplo de recolección de datos por lotes es la migración de datos en un período determinado, una hora o un día, de una base de datos a otra.
- Tiempo real (*streaming*). Este tipo de recolección de información trata directamente con la fuente de manera continua y en tiempo real cada vez que se necesita.

Los sistemas de información actuales, y sobre todo los específicos de tratamiento de Big Data, pueden obtener la información de las dos formas anteriores. Están conectados de modo continuo a las fuentes de datos, descargando la información cada vez que se transmite. Existen herramientas que pueden manejar los dos tipos de recolección de datos de modo independiente o incluso de modo híbrido, por lotes o flujo continuo.

2.8.3. ALMACENAMIENTO DE DATOS

Los sistemas de almacenamiento tradicionales se han tenido que adaptar a las grandes cantidades de datos que se generan, así como a la velocidad a la que se producen. Por esta razón, las bases de datos tradicionales (relacionales) no se adaptan a estas necesidades y requieren nuevos sistemas de almacenamiento. En los sistemas de almacenamiento de Big Data, el soporte son los archivos distribuidos. En esta fase, se tratan sistemas de archivos tradicionales y distribuidos, bases de datos relacionales SQL y, sobre todo, bases de datos NoSQL y en memoria.

Entre otras características, los nuevos sistemas de almacenamiento deben ser *escalables*, precisamente, debido a los grandes volúmenes de datos que precisan las compañías y de cualquier tipo, los cuales tienen que procesarse de acuerdo con sus necesidades (aumentando o disminuyendo sus capacidades). Este tipo de almacenamiento escalable tendrá que ser más transparente y eficaz dado que debe permitir la ampliación o reducción requerida y, por consiguiente, las tecnologías utilizadas se han de adaptar a esta característica.

Los sistemas de almacenamiento de Big Data más utilizados son: Hadoop y Spark —sistema por excelencia de archivos distribuidos—, bases de datos NoSQL (MongoDB, HBase, Cassandra) y las bases de datos en memoria (SAP Hana). Los sistemas de almacenamiento actuales deben permitir la integración de los datos de estos sistemas con los datos tradicionales almacenados en las bases de datos relacionales. La integración de todos los tipos de datos será el gran éxito de los sistemas de almacenamiento y, por consiguiente, integrar datos procedentes de los almacenes de datos (*data warehouses*, *data marts*), sistemas de datos operacionales y los sistemas distribuidos como las bases de datos NoSQL o HDFS de Hadoop. Precisamente una de las grandes ventajas de HDFS de Hadoop es su capacidad de almacenamiento escalable (aumenta o reduce su cantidad y capacidad de almacenamiento según requiera el usuario). En la década pasada y en la actual han alcanzado gran notoriedad los lagos de datos (*data lakes*) como depósitos de información de datos en bruto (no estructurados) y que se almacenan "en crudo", y a los que se les da el formato correspondiente cuando se necesitan para poder ser utilizados por los usuarios de las organizaciones y empresas; estos lagos de datos residen, al igual que el resto de almacenes de datos, en los grandes servidores de los centros de datos, de donde salen cuando necesitan ser utilizados para su procesamiento, análisis y visualización, de modo que lleguen al usuario final para su aprovechamiento en la toma de decisiones con las herramientas adecuadas.

Otra de las características que debe tener el almacenamiento de datos actual está relacionada con los sistemas de análisis: síncrono (tiempo real) y con optimización a baja latencia, y asíncrono (los datos se capturan, registran y analizan por lotes).

2.8.4. PROCESAMIENTO Y ANÁLISIS DE DATOS

Esta etapa suele considerarse como una o dos etapas, según la metodología utilizada. De igual forma, en unas metodologías se considera la etapa de procesamiento antes de la etapa de análisis y en otras metodologías, las etapas son el análisis y el procesamiento. Una vez que se tienen almacenados los datos, se han de convertir en conocimiento (valor) mediante el procesamiento y análisis de toda la información almacenada. Se trata de ser capaz de procesarlos en un tiempo razonable y alejarse de los estudios tradicionales de mercados estáticos. Los tipos de procesamiento son: *batch* (por lotes), *streaming* (en tiempo real) e *híbrido*.

En el procesamiento por lotes se recolecta la entrada para un intervalo especificado de tiempo y las transformaciones se ejecutan de un modo planificado; la carga de datos históricos es una operación típica por lotes. Las tecnologías emergentes más utilizadas son: MapReduce, Hive y Pig.

MapReduce es el algoritmo de programación para la manipulación de grandes volúmenes de datos en sistema distribuidos y está diseñado para tratar archivos de gran tamaño, gigabytes, terabytes, incluso petabytes. Es el soporte fundamental para la manipulación de datos no estructurados, ya que funciona a nivel de los sistemas de archivos.

El procesamiento en tiempo real implica la ejecución de las transformaciones de datos cuando se recogen; las tecnologías más utilizadas son Spark, además de los componentes de Hadoop.

El procesamiento conduce al análisis de datos. Las soluciones tradicionales de análisis de datos suelen ser predefinidas y lentas, lo cual, ante un incremento del volumen de los datos y una variedad en su origen, proporciona una información limitada, ya que solo pueden analizar terabytes de datos estructurados y, actualmente, se almacenan y manejan petabytes y exabytes de datos. Las soluciones más idóneas son básicamente específicas para Big Data y ofrecen unas técnicas de analítica más ágiles y proactivas de este tipo de información.

El análisis de datos almacenados utiliza modelos, algoritmos y herramientas adecuadas para proporcionar visibilidad a fin de que puedan ser consultados en la capa de visualización o capa de consumo. Esta etapa es decisiva; y en la actualidad, el análisis de Big Data se realiza por profesionales especializados en la administración de bases de datos, analistas de datos y científicos de datos.

2.8.5. VISUALIZACIÓN DE DATOS

Esta capa de Big Data muestra el producto del almacenamiento y procesamiento de la información, cuyo resultado es la producción de conocimiento. En la actualidad, existe un gran número de herramientas de visualización de datos que proporciona una gran eficacia a las compañías.

Las herramientas de visualización permiten a los usuarios finales hacer búsquedas y acceder a la información rápidamente, en algunos casos en tiempo real, de modo que los usuarios puedan tener el control de la información cuando se produce. La enorme cantidad de herramientas de visualización de datos se agrupa por categorías: gráficos, mapas, cartogramas, tablas, infografías, nubes de palabras.

Existe una gran oferta de herramientas de visualización gratuitas y de pago; una selección de herramientas muy empleadas es: Tableau, Canva, Google Fusion Tables, QlickView, CartoDB, D3.js. El organismo oficial español Red.es publicó un estudio de herramientas de visualización de datos, disponible en su página web: *Recopilación de herramientas de procesamiento y visualización de datos*[24].

2.9. TECNOLOGÍAS Y HERRAMIENTAS DE BIG DATA

Las herramientas de Big Data que se utilizan en las diferentes capas de la arquitectura de Big Data son muy numerosas y se pueden encontrar como soluciones independientes o integradas en paquetes (*suites*) de proveedores de software propietario o de software abierto (*open source*). Sin embargo, dada la complejidad de las herramientas, son numerosas las plataformas de software que han ido naciendo (en algún caso, asociadas a plataformas de hardware) que se pueden usar en todas las etapas del ciclo de vida de Big Data o de modo individual en una o varias etapas.

La infraestructura o plataforma más empleada en el tratamiento de Big Data es Hadoop, un marco de trabajo (*framework*) de código abierto (*open source*), perteneciente a la comunidad de Apache Software Foundation y gestionada por ellos. En los últimos años, ha adquirido una gran popularidad la plataforma Spark, también de la fundación Apache, que ha venido a resolver determinadas limitaciones que presenta la plataforma Hadoop, sobre todo con el tratamiento de datos en tiempo real. También han surgido otras plataformas no ligadas a la Fundación Apache y que comienzan a ser utilizadas en el proceso de Big Data. Una herramienta muy utilizada en la actualidad es Lambda.

La rentabilidad de un proyecto de Big Data para una empresa y su integración en sus sistemas de inteligencia de negocios requiere del uso adecuado de herramientas en cada una de las capas del desarrollo de su arquitectura, con el objeto de desarrollar soluciones que puedan obtener los mejores resultados para tomas de decisiones efectivas y eficientes. Así, para conseguir unas presentaciones de resultados con las adecuadas herramientas de visualización se requiere que, previamente, se hayan utilizado herramientas idóneas en las etapas anteriores, desde la ingesta (recolección) hasta el almacenamiento, procesamiento y análisis de datos.

Las plataformas de código abierto Hadoop y Spark tienen herramientas que abarcan todas las etapas del ciclo de vida de Big Data, aunque existen otras soluciones independientes como el tratamiento de bases de datos, donde además de los sistemas de archivos HDFS de Hadoop se utilizan, con grandes resultados, las bases de datos NoSQL y en memoria, así como la integración de bases de datos relacionales con no relacionales NoSQL. En la etapa final de la visualización de datos (resultados) también existen numerosas soluciones de mercado —tanto propietarias como de código abierto— que no están contenidas en la plataforma Hadoop (o Spark), pero incluyen conectores (programas de enlace o interfaces) para su integración con dichas plataformas. Este es el caso de herramientas de visualización como Tableau, QlikView, Gephi, NodeXL.

No obstante, la infraestructura más utilizada, bien de modo independiente o integrada en plataformas, es Hadoop. El proyecto Apache Hadoop, de la Apache Software Foundation, es una gran biblioteca de software que constituye un marco de trabajo (*framework*) de desarrollo de software de código o fuente abierta (*open source*) que está diseñado para permitir el procesamiento distribuido de grandes conjuntos de datos mediante el *cluster* de ordenadores (conjunto voluminoso de servidores o nodos), utilizando modelos de programación sencillos de realizar.

Hadoop ha sido desarrollado por la Fundación Apache como un sistema de procesamiento paralelo y distribuido de grandes datos. Ofrece una amplia variedad de herramientas para ayudar a ejecutar un gran número de funcionalidades requeridas para el análisis de Big Data. El desarrollo original de Hadoop se inspira en dos herramientas muy populares e innovadoras de Google y cuyo código dejó abierto: **GFS** (Google File System), sistema de archivos distribuido (publicado en octubre de 2003) y **MapReduce**, un algoritmo o modelo de programación para manejar y gestionar grandes volúmenes de datos (publicado en octubre de 2004).

Los componentes principales de Hadoop son: **HDFS** (Hadoop Distributed File System, evolución del sistema GFS de Google), sistema de almacenamiento de archivos distribuidos y el mencionado, **MapReduce** para facilitar el desarrollo de aplicaciones y algoritmos.

RESUMEN

Los Big Data son grandes datos, grandes volúmenes de datos o macrodatos que están constituidos por la avalancha de datos procedentes de las fuentes más diversas: movilidad, medios sociales, Internet de las Cosas, M2M, sensores, Computación en la Nube.

- La cantidad de datos crece de manera espectacular. En 2011, fueron 1,8 zettabytes; en 2012, 2,8 zettabytes; y para 2020, se preveían 40 zettabytes (*Informe Digital Universe*, de IDC/EMC 2012).

- Big Data no solo se considera en términos de grande (volumen), sino en términos de variedad y velocidad (modelo de las 3 V). Este modelo se ha extendido para incluir las características de veracidad y valor (modelo de las 5 V).

- Los tipos de datos se clasifican en tres grandes grupos: estructurados (bases de datos tradicionales o relacionales), semiestructurados y no estructurados.

- La integración de los datos tradicionales con los Big Data supone una gran oportunidad de negocio para las organizaciones y empresas.

- La explosión de los Big Data se ha producido en los últimos años por las innumerables fuentes de datos que han ido proliferando desde los datos de texto y no textuales, de contenidos de audio, fotografía y vídeo, de teléfonos inteligentes y tabletas, redes sociales, sensores.

- Los Big Data no constituyen una amenaza como tal, sino más bien un reto y una oportunidad para las organizaciones y empresas.

- Los grandes volúmenes de datos existentes en la actualidad y utilizados por las organizaciones, empresas y particulares proceden de numerosas fuentes que capturan y generan datos estructurados, no estructurados y semiestructurados como sensores, medios sociales, dispositivos móviles (teléfonos, tabletas, videoconsolas), dispositivos de detección y localización de posición geográfica de objetos y personas, datos climatológicos.

- Una taxonomía global de las fuentes de datos que alimentan a los Big Data (Soares, 2012) es:

  — Web y *social media* (medios sociales: redes sociales, blogs, wikis, gestión de contenidos audio, vídeo, fotografías, libros).

— Máquina a Máquina (M2M, Internet de las Cosas), sensores, chips NFC y RFID.

— Transacciones de todo tipo: banca, comercio, seguros.

— Biometría: datos biométricos de las personas e incluso animales.

— Las propias personas generan gran cantidad de datos: documentos, correos electrónicos, faxes, mensajes instantáneos, facturas, recetas médicas.

BIBLIOGRAFÍA

GARCÍA-ALSINA, Montserrat (2017). *BIG DATA, Gestión y explotación de grandes volúmenes de datos.* Editorial UOC.

HOLMES, Dawn E. (2017). *BIG DATA. Una introducción breve.* Ed. Antoni Bosch.

JOYANES, Luis (2016). *Big Data. Análisis de grandes volúmenes de datos.* Barcelona. Ed. Marcombo y Ciudad de México: Alfaomega.

JOYANES, Luis (2018). *Inteligencia de Negocios y Analítica de Datos. Una visión global de Business Intelligence & Analytics.* Ciudad de México: Alfaomega.

MARR, Bernard (2015). *BIG DATA. La utilización del Big Data, el análisis y los parámetros Smart para tomar mejores decisiones y aumentar el rendimiento.* Editorial TEELL.

MARR, Bernard (2016). *BIG DATA en la práctica.* Editorial TEELL.

MARR, Bernard (2017). *Data Strategy. Cómo beneficiarse de un mundo de Big Data, Analytics e Internet de las Cosas.* Editorial TEELL.

MUÑOZ, Gemma y Eduardo SÁNCHEZ (2019). *BIG DATA como activo de negocio.* Ediciones ANAYA Multimedia.

NIST (2015). *NIST Big Data Interoperability Framework.* Vol. 1. NIST Special Publication 1500-1.

TASCON, Mario y Arantza COULLAUT (2016). *Big Data y el Internet de las cosas.* Editorial Los Libros de Catarata.

NOTAS

[1] Soares, Sunil (2003). *Big Data Governance. An Emerging Imperative. Boise.* MC Press Online. El autor de este libro mantiene un blog excelente sobre Big Data y control de Big Data.

[2] "An Overview of Biometric Recognition". Disponible en: <http://biometrics.cse.nsu.edu/info.html>.

[3] Merv, Adrian (2011). "Big Data", en *Teradata Magazine* (2011). Disponible en: <http://ww.nxtbook.com/nxtbooks/mspcomm/teradata_2011q1/index.php?startid=8#/40>.

[4] *CEO Advisory: 'Big Data' Equals Big Opportunity.* Disponible en: <https://www.gartner.com/en/documents/1614215>. Publicado: 31 de marzo de 2011.

[5] Gartner Research. *The Importance of Big Data: A Definition.* Disponible en: <https://www.gartner.com/en/documents/2057415>. Publicado: 21 de junio de 2012.

[6] CEO Advisory (2011). "Big Data", en *Equals Big Opportunity.*

[7] Howard, Elias (2012). "El desafío de Big Data: Cómo desarrollar una estrategia ganadora", en *CIO.* Disponible en: <http://cidperu.pe/articulo/10442/el-desafio-de-big-data-como-desarrollar-una-estrategia-ganadora>.

[8] La consultora McKinsey (2011), a través de McKinsey Global Institute, publicó el informe que se ha convertido en un clásico, consultado y referenciado por numerosas organizaciones, empresas y profesionales. *Big data: The next frontier for innovation, competition, and productivity.* Disponible en: <http://www.mckinsey.com/insights/mgi/research/technology_and_innovation/big_data_the_next_frontier_for_innovation>.

[9] Consultora IDC. Disponible en: <http://mx.idclatin.com/releases/news.aspx?id=1433>.

[10] Predicciones de Deloitte (2012) para el sector de tecnología, medios de comunicación y telecomunicaciones. Disponible en: <http://www.deloitte.com/assets/Dcom-Mexico/Local%20Assets/Documents/mx%28es-mx%29TMT2012_Esp.pdf>.

[11] Lohr, Steve (2012). "How Big Data Became So Big", en *The New York Times.* Disponible en: <http://www.nytimes.com/2012/08/12/business/how-big-data-became-so-big-unboxed.html?_r=0>.

[12] "The Petabyte Age: Because More Isn't Just More. More Is Different", en *Wired.* Disponible en: <http:www.wired.com/science/discoveries/magazine/16-07/pb_intro>.

[13] Anderson, Chris (2008). "Will the Data Deluge Makes the Scientific Method Obsolete?".

[14] Sus autores han sido tres prominentes científicos de las Ciencias de la Computación: Randal E. Bryant (Carnegie Mellon University); Randy H. Katz (Universidad de California, Berkeley) y Edward D. Lazowska (Universidad de Washington). Disponible en: <http://www.cra.org/ccc/docs/init/Big_Data.pdf>.

[15] Sitio web de IBM de Big Data. *Bringing Big Data to the enterprise.* Disponible en: <http://www_01.ibm.com/software/data/bigdata>.

[16] Douglas Laney (2001). *3D Data Management: Controlling Data Volume, Velocity, and Variety.* Disponible en: <https://blogs.gartner.com/doug-laney/files/2012/01/ad949-3D-Data-Management-Controlling-Data-Volume-Velocity-and-Variety.pdf>.

[17] *Mark Beyer y Douglas Laney. The Importance of 'Big Data': A Definition.* https://www.gartner.com/en/documents/2057415/the-importance-of-big-data-a-definition

[18] Ibid., IBM, p. 8.

[19] Disponible en: <http://www.ibmbigdatahub.com/infographic/four-vs-big-data>.

[20] Marr, Bernard. *Big Data: The 5 Vs Everyone Must Know.* Disponible en: <https://www.linkedin.com/pulse/20140306073407-64875646-big-data-the-5-vs-everyone-must-know>. En su libro: *Big Data: Using Smart Big Data, Analytics and Metrics To make Better Decisions and Improve. Performance* volvió a dar la misma definición de Big Data.

[21] IDC (2011). *The Digital Universe Decade. Are You Ready?*

---

[22] Disponible en: <https://www.seagate.com/es/es/our-story/data-age-2025/stories/measuring-criticallty-data-article/>.

[23] Disponible en: <https://www.statista.com/statistics/871513/worldwide-data-created/>.

[24] Disponible en: <datos.gob.es/sites/default/files/files/Herramientas_de_Visualización.docx>.

CAPÍTULO 3
EL PROCESO CICLO DE VIDA DE LA CIENCIA DE DATOS Y LOS CIENTÍFICOS DE DATOS

INTRODUCCIÓN

Un proceso de Ciencia de Datos ayuda a convertir datos en resultados prácticos, convirtiendo un problema en una solución y tratando el problema de negocio como un proyecto. Facilita la extracción, almacenamiento, administración y visualización de datos de un modo más eficaz. El proceso de la Ciencia de Datos ayuda a los científicos de datos a utilizar las herramientas adecuadas para encontrar patrones "no vistos", extraer datos y convertir información a conocimientos accionables que puedan ser significativos en la empresa.

El ciclo de vida (con frecuencia, flujo de trabajo) es el conjunto de etapas necesarias para realizar un proyecto de Ciencia de Datos. Normalmente, incluyen la obtención o recolección de datos, limpieza de datos y, a continuación, la creación de un modelo de Minería de Datos y, en particular, el Aprendizaje Automático de datos. En términos simples, un ciclo de vida de Ciencia de Datos no es más que un conjunto repetitivo de pasos que se deben seguir para completar y entregar un proyecto/producto a su cliente.

Aunque los proyectos de Ciencia de Datos y los equipos involucrados en la implementación y el desarrollo del modelo serán ligeramente diferentes dependiendo de cada empresa, la mayoría de los proyectos siguen procesos similares.

El proceso de la Ciencia de Datos se define como etapas conceptuales para la ejecución de proyectos de la disciplina. Estas etapas dependerán de la metodología estándar a utilizar o las proporcionadas por los proveedores de soluciones de metodología de datos, y variarán en número y contenidos específicos, pero, en general incluirán; la definición del problema (*frame the problem*), recolección, procesamiento, exploración y modelado de los datos, para terminar con su visualización, comunicación de resultados y despliegue o implementación de los modelos construidos.

Con el objetivo de iniciar y completar un proyecto de Ciencia de Datos, se necesitan conocer los diferentes roles y responsabilidades de las personas implicadas en el desarrollo y la construcción del proyecto, tales como analistas de datos, ingenieros de datos, ingenieros de inteligencia artificial, científicos de datos; aunque como comienza a ser usual, al menos en empresas de mediano y gran tamaño, todos ellos se integran en equipos de Ciencia de Datos, dirigidos por un científico de datos, director del equipo y con experiencia demostrada.

3.1. MINERÍA DE DATOS Y CIENCIA DE DATOS

La Minería de Datos es el proceso de extraer información útil de grandes conjuntos de datos para descubrir patrones ocultos y relaciones entre ellos que puedan ayudar a resolver problemas, predecir tendencias y mitigar riesgos empresariales para encontrar nuevas oportunidades a través del análisis de datos.

Una definición muy ajustada a sus objetivos es de la empresa multinacional, experta en la disciplina, SAS[1]: "La Minería de Datos es el proceso de hallar anomalías, patrones y correlaciones en grandes conjuntos de datos para predecir resultados. Empleando una amplia variedad de técnicas, se puede utilizar esta información para incrementar sus ingresos, recortar costes, mejorar sus relaciones con los clientes, reducir riesgos y más".

Gartner define la Minería de Datos en su IT Glossary[2] como: "El proceso de descubrir correlaciones, patrones y tendencias significativos al filtrar grandes cantidades de datos almacenados en repositorios. La Minería de Datos emplea tecnologías de reconocimiento de patrones, así como técnicas estadísticas y matemáticas".

La Minería de Datos aborda las necesidades de convertir los datos en información para una toma de decisiones eficiente. El proceso es el análisis de grandes conjuntos de información para el reconocimiento de patrones, discernir tendencias o anomalías, en su caso. Los mineros de datos aplican una variedad de herramientas y tecnologías para descubir estos hallazgos y, luego, los utilizan para ayudar a la empresa a tomar mejores decisiones y realizar pronósticos.

Algunas técnicas —se verán con más detalle en el capítulo 5, específico de la Minería de Datos— incluyen la clasificación, el agrupamiento (*clustering*), la regresión, las reglas de asociación, la detección externa, los patrones secuenciales y las predicciones. Algunas de estas técnicas también se pueden utilizar en el análisis de datos, la estadística y matemáticas.

Desde un punto de vista de negocios, las empresas obtienen grandes beneficios del uso de datos de muchas maneras; por ejemplo, anticipación de demandas de productos, determinación de los mejores medios para incentivar las compras de los clientes, evaluación de riesgos, protección de fraudes o mejora de sus planes de marketing o mercadotecnia.

La Minería de Datos es un componente muy importante y la piedra angular de la Ciencia de Datos. Las técnicas de Minería de Datos actuales están evolucionando y se están integrando con las técnicas de Aprendizaje Automático de la Inteligencia Artificial y constituyen un componente esencial como disciplina fundamental de la Ciencia de Datos. Ambas tecnologías se suelen solapar en muchas aplicaciones y numerosas referencias consideran al Aprendizaje

Automático como un componente de la Minería de Datos que utiliza algoritmos; aunque existen otras fuentes que consideran a la Minería de Datos como un componente de la Inteligencia de Negocios y del Aprendizaje Automático como piedra angular de la inteligencia artificial.

La principal diferencia entre Minería de Datos y Ciencia de Datos sigue siendo que la Minería de Datos es una parte de la Ciencia de Datos. De este modo la Ciencia de Datos como campo multidisciplinar que utiliza la estadística, el Aprendizaje Automático, la Inteligencia Artificial, el análisis de datos, tambien utiliza la Minería de Datos para refinar la información útil de los grandes volúmenes de datos. Los científicos de datos utilizarán herramientas específicas además de las más populares y reconocidas de Minería de Datos, como es el caso de RapidMiner, WEKA, IBM SPSS Modeler, Orange, KNIME, Tableau o SAS, entre otras. Los científicos de datos también trabajan con lenguajes de programación, fundamentalmente R y Python, además de SQL y los tradicionales como Java o JavaScript.

3.2. PROCESO TRADICIONAL DE LA CIENCIA DE DATOS

El proceso de la Ciencia de Datos más utilizado en la actualidad, y durante toda la década actual y la pasada, es el proceso tradicional de Minería de Datos soportado en la conocida metodología CRISP-DM y adaptado a las especificaciones de la Ciencia de Datos.

La metodología CRISP-DM[3] fue publicada en 1999-2000 para *estandarizar los procesos de Minería de Datos* en todas las industrias, pero desde entonces se ha convertido en la *metodología más común para proyectos de Minería de Datos y Ciencia de Datos*. En la actualidad, los equipos de Ciencia de Datos suelen combinar una implementación flexible de CRISP-DM con enfoques generales de gestión de proyectos ágiles basados para obener los mejores resultados.

Existen numerosas metodologías del proceso de la Ciencia de Datos, así como el ciclo de vida correspondientes. Estas metodologías han sido publicadas en diferentes publicaciones y medios de comunicación, así como portales web prestigiosos especializados en Ciencia de Datos. Examinando diferentes fuentes que publicamos en los recursos del capítulo, la mayoría de las metodologías que hemos estudiado se componen, normalmente, de diferentes fases y la mayoría coinciden en gran medida, en el número y nombre de las fases, así como en sus contenidos; por lo que hemos optado por seleccionar una metodología que recoge aspectos comunes en libros especializados en Ciencia de Datos (Shah, 2020; Kotu y Deshpande, 2019; Cielen, Meysman y Ali 2016), procesos de empresas multinacionales como Amazon (OSEMN), Microsoft (ciclo de vida TDSP) u Oracle, universidades internacionales especializadas en Ciencia de Datos, medios de comunicación o portales tecnológicos de la web.

Las metodologías existentes ofrecen diferentes etapas de forma que según la fuente, los títulos de las etapas pueden variar, así como los contenidos internos de cada etapa. De cinco a siete etapas son el número más aceptado en las diferentes metodologías, aunque todas tienen una característica común y es que las fases propuestas en general coinciden bastante con las etapas clásicas de la metodología CRISP-DM, utilizada muy ampliamente *en procesos de Minería de Datos,* y que *se ha convertido en una metodología por excelencia para proyectos de ciencias de datos.*

Así pues, la referencia obligada al estudiar procesos de proyectos de Ciencia de Datos es la metodología CRISP-DM (*Cross Industry Standard Process for Data Mining*), la más utilizada y cuyas etapas son las siguientes y se ilustran en la figura 3.1.

Etapa 1. **Comprensión del negocio**
Etapa 2. **Comprensión de los datos**
Etapa 3. **Preparación de los datos**
Etapa 4. **Modelado**
Etapa 5. **Evaluación**
Etapa 6. **Despliegue**

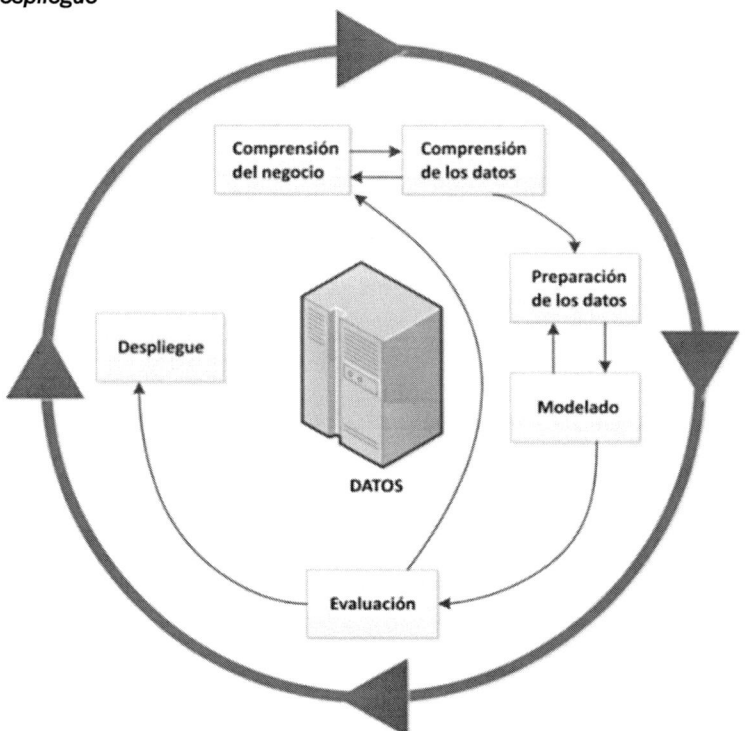

Figura 3.1. Etapas del proceso de Minería de Datos CRISP-DM. (Modelo de referencia). Fuente: https://www.ibm.com/docs/es/spss-modeler/saas?topic=dm-crisp-help-overview

El ciclo de vida del modelo tiene las seis etapas (fases) anteriores, que indican las dependencias más importantes y frecuentes entre etapas. La secuencia de las fases no es estricta. De hecho, la mayoría de los proyectos avanzan y retroceden entre fases si es necesario. El resultado de cada fase determina que dicha fase, o la tarea específica de una fase, tiene que ser realizada después. Las flechas indican las más importantes y frecuentes dependencias entre fases. De hecho, el diagrama del proceso muestra explícitamente el hecho de que la iteración es la regla en lugar de la excepción. Normalmente, el proceso completo es una exploración de los datos y después de la primera iteración el equipo de Ciencia de Datos conoce mucho más. La siguiente iteración puede estar mucho más informada. El círculo externo de la figura 3.1 representa la naturaleza cíclica de la Minería de Datos y esta no se termina una vez que la solución es desplegada (Joyanes, 2019: 237-245).

Pasar por el proceso una vez sin haber resuelto el problema no es, en general, un fracaso. Con frecuencia, todo el proceso es una exploración de los datos y, después de la primera iteración, el equipo de Ciencia de Datos sabe mucho más. La próxima iteración puede estar mucho más informada (Provost, 2013)[4].

Las etapas de la metodología de un proceso de Ciencia de Datos (ciclo de vida), ya adaptadas al carácter multidisciplinar de la Ciencia de Datos, se detallan a continuación.

3.2.1. COMPRENSIÓN DEL NEGOCIO

Esta fase inicial se concentra en la comprensión de los objetivos de proyecto y en la definición de las necesidades del cliente. Este conocimiento de los datos después se convierte en la definición de un problema de Minería de Datos y en un plan preliminar diseñado para alcanzar los objetivos. En esta fase, se trata de entender los objetivos del negocio y requerimientos del proyecto, desde una perspectiva del negocio y no técnica.

La comprensión del negocio o comprensión empresarial juega un papel clave en el éxito de cualquier proyecto. El éxito de cualquier proyecto depende de la calidad de las preguntas formuladas para el conjunto de datos. Cada dominio y negocio funciona con un conjunto de reglas y objetivos. Para adquirir los datos correctos, debemos ser capaces de entender el negocio. Hacer preguntas sobre el conjunto de datos ayudará a reducir la adquisición de datos correcta.

El proceso de la Ciencia de Datos comienza con una necesidad de análisis, una pregunta o un objetivo comercial. Este es posiblemente el paso más importante en el proceso de la Ciencia de Datos (Shah, 2020). Sin una declaración bien definida del problema, es imposible generar el conjunto de datos correcto y elegir el algoritmo de Ciencia de Datos correcto. Como proceso iterativo, es común volver a los pasos anteriores del proceso de la Ciencia de Datos, revisar los supuestos, el enfoque y las tácticas. Sin embargo, es imperativo dar el primer paso, el objetivo de todo el proceso, correctamente.

De manera similar al conocimiento previo en el área temática, también se puede recopilar el conocimiento previo en los datos. Comprender cómo se recopilan, almacenan, transforman, informan y utilizan los datos es esencial para el proceso. Esta parte del paso examina todos los datos disponibles para responder a la pregunta comercial y reduce los nuevos datos que deben obtenerse. Hay una gran variedad de factores a considerar: calidad de los datos, cantidad de datos, disponibilidad de datos, lagunas en los datos, si la falta de datos obliga al profesional a cambiar la pregunta comercial. El objetivo de este paso es llegar a crear un conjunto de datos para responder a la pregunta comercial a través del proceso de la Ciencia de Datos. Es fundamental reconocer que un modelo inferido es tan bueno como los datos utilizados para crearlo.

3.2.2. COMPRENSIÓN DE LOS DATOS

La fase de comprensión y estudio de los datos comienza con recopilar y familiarizarse con los datos, descubrir conocimiento preliminar sobre esos datos y continúa con las actividades que permiten familiarizarse con ellos, identificar los problemas de calidad y analizar las primeras potencialidades, y/o descubrir subconjuntos interesantes para formar hipótesis en cuanto a la información oculta.

Es la fase de recolección de datos y se ha de responder a su procedencia. Los datos pueden provenir de numerosas fuentes que podrían ser: registros de servidores web, datos de repositorios en línea, datos de bases de datos, datos de redes sociales, datos en hojas de Excel. En todas partes hay datos: periódicos, revistas, en línea, sitios web, todo se compone únicamente de datos. Si se han hecho las preguntas correctas en el paso anterior, se convierte en un paso fácil de reducir a las fuentes correctas. Un desafío importante al que se enfrentan los profesionales en el paso de la adquisición de datos es comprender de dónde provienen y si son los más recientes o no. Es un proceso continuo que requiere un seguimiento durante todo el ciclo de vida del proyecto, ya que los datos se pueden recolectar de modo continuo; se necesitará un análisis, normalmente en tiempo real, en las aplicaciones actuales de inteligencia de negocios; por consiguiente, de la Ciencia de Datos.

Comenzando con la recopilación inicial de datos, el analista continúa con las actividades para familiarizarse con ellos, identificar problemas de calidad y descubrir los primeros conocimientos sobre los datos. En esta fase, el analista también puede detectar subconjuntos interesantes para formar hipótesis sobre la información oculta.

En general, esta fase tiene cuatro actividades:

1. Recolectar datos iniciales. Se adquieren los datos necesarios y (si es necesario) se cargan en su herramienta de análisis.

2. Describir los datos. Examinar los datos y documentar sus propiedades fundamentales como: formato de datos, número de registros o identidades de los campos.

3. Exploración de los datos. Profundizar en los datos, consultar, visualizar e identificar las relaciones entre ellos.

4. Verificar la calidad de los datos. Los datos son limpios o "sucios"; documentar todas sus características fundamentales.

3.2.3. PREPARACIÓN DE LOS DATOS

La fase de preparación de datos, también conocida como *preprocesamiento* o, simplemente, *procesamiento*, cubre todas las actividades necesarias para construir el conjunto final de datos (los datos que se utilizarán en las herramientas de modelado) a partir de los datos en bruto iniciales. Las tareas incluyen la selección de tablas, registros y atributos, así como la transformación y la limpieza para las herramientas que modelan. En resumen, en esta fase se realiza el análisis de datos y la selección de características.

El objetivo de esta fase es obtener la vista "minable". Se realiza la selección de datos, a los que posteriormente se aplicarán las técnicas de modelado (variables y muestras), la limpieza de datos, la generación de variables adicionales, la integración de diferentes conjuntos de datos y los cambios de formato. Preparar el conjunto de datos para que se adapte a una tarea de Ciencia de Datos es la parte del proceso que consume más tiempo.

El tiempo empleado en esta fase de la Minería de Datos, suele llegar hasta el 80 % del tiempo del proyecto completo. Esta característica se debe esencialmente a que los datos en bruto de las diferentes fuentes de información pueden variar en calidad, pero todos necesitan ser limpiados, transformados e integrados; en ocasiones, reducidos, discretizados o "anonimizados". Por estas razones, le dedicaremos un apartado específico a la preparación de datos (apartado 3.3).

3.2.4. MODELADO DE LOS DATOS

En esta fase, se seleccionan y aplican las técnicas de modelado que sean pertinentes al problema (cuantas más, mejor), se calibran sus parámetros a valores óptimos. Típicamente, hay varias técnicas para el mismo tipo de problema de Minería de Datos. Algunas técnicas tienen requerimientos específicos sobre la forma de los datos. Por lo tanto, casi siempre en cualquier proyecto se acaba volviendo a la fase de preparación de datos.

Se seleccionan diversas técnicas de modelado adecuadas a un conjunto de datos ya preparado (la vista "minable"), con el fin de centrarse en las necesidades específicas del negocio.

3.2.5. EVALUACIÓN

En esta etapa del proyecto, se han construido uno o varios modelos que parecen alcanzar una calidad suficiente desde la perspectiva del análisis de datos. Antes de proceder al despliegue final del modelo, es importante evaluarlo a fondo, revisar los pasos ejecutados para crearlo y comparar el modelo obtenido con los objetivos del negocio. Un objetivo clave es determinar si hay alguna cuestión importante del negocio que no haya sido considerada lo suficiente. Al final de esta fase, se debería obtener una decisión sobre la aplicación de los resultados del proceso de análisis de datos. El resultado final de esta fase es la obtención de resultados.

En esta fase se evalúa el modelo de la fase anterior, es decir, si el modelo nos sirve para responder a algunos de los requerimientos del negocio.

3.2.6. DESPLIEGUE

Generalmente, la creación del modelo no es el final del proyecto. Incluso si el objetivo del modelo es el de aumentar el conocimiento de los datos, el conocimiento obtenido tendrá que organizarse y presentarse para que el cliente pueda usarlo. Dependiendo de los requisitos, la fase de desarrollo puede ser tan simple como la generación de un informe o tan compleja como la realización periódica, quizás automatizada, de un proceso de análisis de datos en la organización. El objetivo final de esta fase es la distribución o desarrollo (despliegue) y la puesta en producción.

La fase de despliegue (implementación, implantación o distribución) trata de explotar la potencialidad de los modelos, integrarlos en los procesos de toma de decisiones de la organización, difundir informes sobre el conocimiento extraído.

ETAPAS DEL PROCESO DE LA CIENCIA DE DATOS: OBJETIVOS

1. Comprensión del negocio (empresaria): ¿Qué necesita la empresa?

2. Comprensión de los datos: ¿Qué datos tenemos/necesitamos? ¿Están limpios?

3. Preparación de los datos: ¿Cómo organizamos los datos para el modelado?

4. Modelado: ¿Qué técnicas de modelado debemos aplicar?

5. Evaluación: ¿Qué modelo cumple mejor con los objetivos comerciales?

6. Implementación: ¿Cómo acceden las partes interesadas a los resultados?

De las seis etapas del proceso de la Ciencia de Datos, la etapa de preparación (o preprocesamiento) suele ser la que más tiempo requiere en el desarrollo del proceso; y por esta razón, le dedicaremos un apartado específico. De igual forma, el análisis exploratorio de datos es un proceso específico que suele tratarse en la etapa 2 de descubrimiento de datos, pero que también extiende sus actividades a las etapas siguientes; por eso, le hemos dedicado también un apartado especial, dado que así es contemplado por muchas organizaciones y empresas, como una etapa independiente con sus conexiones a las restantes etapas.

3.3. PREPARACIÓN (PREPROCESAMIENTO) DE DATOS

Preparar el conjunto de datos para que se adapte a una tarea de Ciencia de Datos es la parte del proceso que consume más tiempo. La fase de preparación cubre todas las actividades necesarias para construir el conjunto final de datos (los datos que se utilizarán en las herramientas de modelado), a partir de los datos en bruto iniciales. Las tareas incluyen la selección de tablas, registros y atributos, así como la transformación y la limpieza de datos para las herramientas que modelan. En resumen, en esta fase se realiza el análisis de datos y la selección de características.

El objetivo de esta fase es obtener la vista "minable". Se realiza la selección de datos, a los que posteriormente se aplicarán las técnicas de modelado (variables y muestras), la limpieza de datos, la generación de variables adicionales, la integración de diferentes conjuntos de datos y los cambios de formato.

Es extremadamente raro que los conjuntos de datos estén disponibles en la forma requerida por los algoritmos de Ciencia de Datos. La mayoría de los algoritmos de la Ciencia de Datos requerirían que los datos se estructuraran en un formato tabular con registros en el filas y atributos en las columnas. Si los datos están en cualquier otro formato, los datos deberán transformarse mediante la aplicación de funciones de pivote, conversión de tipo, unión o transposición para condicionar los datos en la estructura requerida.

La preparación de datos (preprocesamiento de los datos, *pre-processing*) es el proceso de transformar los datos en bruto en limpios, en un formato comprensible. En otras palabras, los datos se recopilan de fuentes diferentes, normalmente, en formato en bruto, que no son útiles para su análisis. En consecuencia, los datos han de ser preparados para que, además de poder ser almacenados con formatos, puedan también ser comprendidos por los algoritmos, en especial, los de Aprendizaje Automático y Aprendizaje Profundo de la Inteligencia Artificial, tareas que son esenciales en el análisis de datos.

Los datos del mundo real, están normalmente "sucios"; por ello, necesitan limpiarse antes de que se puedan utilizar para un propósito determinado, en el proceso denominado preparación de datos o preprocesamiento. Las características o factores fundamentales que hacen "sucios" a los datos, y que indican que los datos no están limpios ni listos para procesar son, esencialmente, las siguientes (Shah, 2020: 47):

- **Incompletos** (*missing data*). Cuando faltan algunos de los valores de atributo, faltan ciertos atributos de interés o los atributos contienen solo datos agregados. Hay muchas razones por las que faltan datos, como pueden ser errores en la entrada de datos, porque no siempre se recopilan continuamente, problemas técnicos como datos biométricos, o simplemente, que requieren una preparación adecuada de datos.

- **Ruidosos** (*noisy data*). Cuando los datos contienen errores o valores atípicos (*outliers*). Por ejemplo, algunos datos determinados de un conjunto de datos pueden contener valores extremos que afectan solidamente al rango del conjunto de datos. También las razones de la existencia de datos ruidosos pueden ser un problema tecnológico del dispositivo que recopila datos o un error humano durante la entrada de datos

- **Inconsistentes** (*inconsistent data*). Los datos contienen incoherencias o inconsistencias y discrepancias en códigos o nombre. Por ejemplo, si la columna "nombre" de una tabla de registros de empleado contiene valores distintos de letras alfabéticas o si los registros no comienzan con una letra mayúscula. Otras razones pueden ser la existencia de duplicación en los datos, entrada de datos por parte de personas que pueden incluir errores en los códigos o nombres, como antes se ha reseñado.

La figura 3.2 (Shah, 2020: 48) muestra las actividades más importantes involucradas en la peparación de datos:

- *Limpieza de datos*
- *Integración de datos*
- *Transformación de datos*
- *Reducción de datos*

Algunas metodologías e investigadores incluyen una quinta tarea, *discretización de datos*, aunque también se suele incluir la tarea de discretización en la cuarta etapa, como luego veremos.

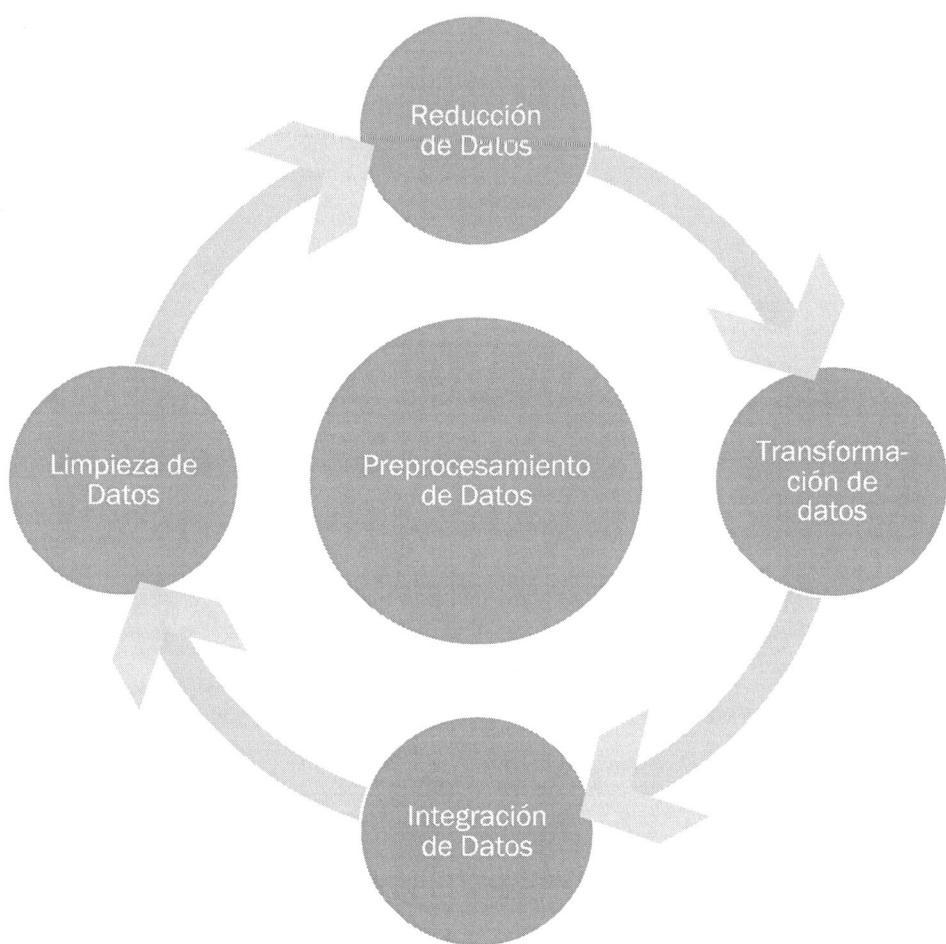

Figura 3.2. Preparación (Preprocesamiento) de datos.
Fuente: Sadhvi Anunaya. https://www.analyticsvidhya.com/blog/2021/08/data-preprocessing-in-data-mining-a-hands-on-guide/. Publicado el 20 de junio, 2022

3.3.1 LIMPIEZA DE DATOS

La limpieza de datos es un subproceso del proceso de la Ciencia de Datos que se concentra en eliminar errores en sus datos para que se conviertan en una representación fiel y consistente de los procesos en los que se originan.

Tableau[5] —uno de los líderes mundiales de soluciones de visualización de datos— define la **limpieza de datos** como:

El proceso de corregir o eliminar datos incorrectos, corruptos, con formato incorrecto, duplicados o incompletos dentro de un conjunto de datos. Cuando se combinan múltiples fuentes de datos, existen muchas oportunidades para que los datos se dupliquen o se etiqueten incorrectamente. Si los datos son incorrectos, los resultados y los algoritmos no son confiables, aunque parezcan correctos. No existe una forma absoluta de prescribir los pasos exactos en el proceso de limpieza de datos porque los procesos variarán de un conjunto de datos a otro. Pero es crucial establecer una plantilla para su proceso de limpieza de datos para que sepa que lo está haciendo de la manera correcta en todo momento.

Existen varias razones, por las cuales los datos pueden estar "sucios". Shah (2020: 48) destaca tres métodos clave que describen las formas en que los datos se pueden "limpiar", organizar mejor para eliminar la información potencialmente incorrecta, incompleta o duplicada.

- Manipulación de datos (*data munging* o *data wrangling*)
- Gestión de datos que faltan, "faltantes" (*handling missing data*)
- Suavizar los datos ruidosos (*smooth noisy data*)

Manipulación de datos

Con frecuencia, los datos no están en un formato con el que sea fácil trabajar. Por ejemplo, pueden almacenarse o presentarse de una manera que sea difícil de procesar. Por lo tanto, necesitamos convertir el formato en un tipo más adecuado para que un ordenador lo entienda. Para lograr esto, no existe un método científico específico. Los enfoques para considerar tienen que ver con la manipulación o disputa (*manipulating* o *wrangling* o *munging*) de los datos para convertirlos en algo que sea más conveniente o deseable. Esta acción se puede hacer de forma manual, automática o, en muchos casos, semiautomática.

Gestión de datos que faltan, "faltantes"

A veces, los datos pueden estar en el formato correcto, pero faltan algunos de los valores. Considere una tabla que contiene datos de clientes en la que faltan algunos de los números de teléfono de la casa. Este podría deberse al hecho de que algunas personas no tienen teléfonos en casa, sino que usan sus teléfonos móviles como su teléfono principal o único.

Otras veces pueden faltar datos debido a problemas con el proceso de recopilación de datos o un mal funcionamiento del equipo. O bien, la exhaustividad puede no haberse considerado importante en el momento de la recopilación. Por ejemplo, cuando comenzamos a recopilar los datos de los clientes que se limitaban a una determinada ciudad o región, por lo que no era necesario recopilar el código de área de un número de teléfono. Pero, podemos estar en problemas una vez que decida expandirse más allá de esa ciudad o región, porque ahora tendremos números de todo tipo de códigos de área. Además, algunos datos pueden perderse debido a un error humano o del sistema al almacenar o transferirlos.

Entonces, ¿qué hacer cuando nos encontramos con datos faltantes? No hay una sola respuesta buena. Tenemos que encontrar una estrategia adecuada en función de la situación.

Las estrategias para combatir los datos faltantes incluyen ignorar ese registro, usar una constante global para completar todos los valores faltantes, imputación, soluciones basadas en inferencias (fórmula bayesiana o un árbol de decisiones). Revisaremos algunas de estas técnicas de inferencia más adelante en el libro, en capítulos sobre Aprendizaje Automático y Minería de Datos.

Suavizar los datos ruidosos

Hay momentos en que los datos no faltan, pero están dañados por alguna razón. Esto es, en cierto modo, un problema mayor que la falta de datos. La corrupción de datos puede ser el resultado de instrumentos de recolección de datos defectuosos, problemas de ingreso de datos o limitaciones tecnológicas. Por ejemplo, un termómetro digital mide la temperatura con un punto decimal (70,1 °F), pero el sistema de almacenamiento ignora los puntos decimales. Entonces, ahora tenemos 70.1 °F y 70.9 °F, ambos almacenados como 70 °F. Esto puede no parecer un gran problema, pero para los humanos, una temperatura de 99.4 °F significa que está bien, y 99.8 °F significa que tiene fiebre. Si nuestro sistema de almacenamiento representa a ambos como 99 °F, ¡entonces no puede diferenciar entre personas sanas y enfermas!

Así como no existe una técnica única para ocuparse de los datos faltantes, no existe una forma única de eliminar el ruido o suavizar el ruido en los datos. Sin embargo, hay algunos pasos para probar. Primero, se debe identificar o eliminar los valores atípicos. Por ejemplo, los registros de estudiantes anteriores que se presentaron a un examen de Ciencia de Datos muestran que todos los estudiantes obtuvieron entre 70 y 90 puntos, salvo un estudiante que recibió solo 12 puntos. Es seguro suponer que el registro del último estudiante es un caso atípico (¡a menos que tengamos una razón para creer que esta anomalía es realmente un caso desafortunado para un estudiante!). En segundo lugar, podría intentar resolver las inconsistencias en los datos. Por ejemplo, todas las entradas de nombres de clientes en los datos de ventas deben seguir la convención de poner todas las letras en mayúscula y poder corregirlas fácilmente si no lo están.

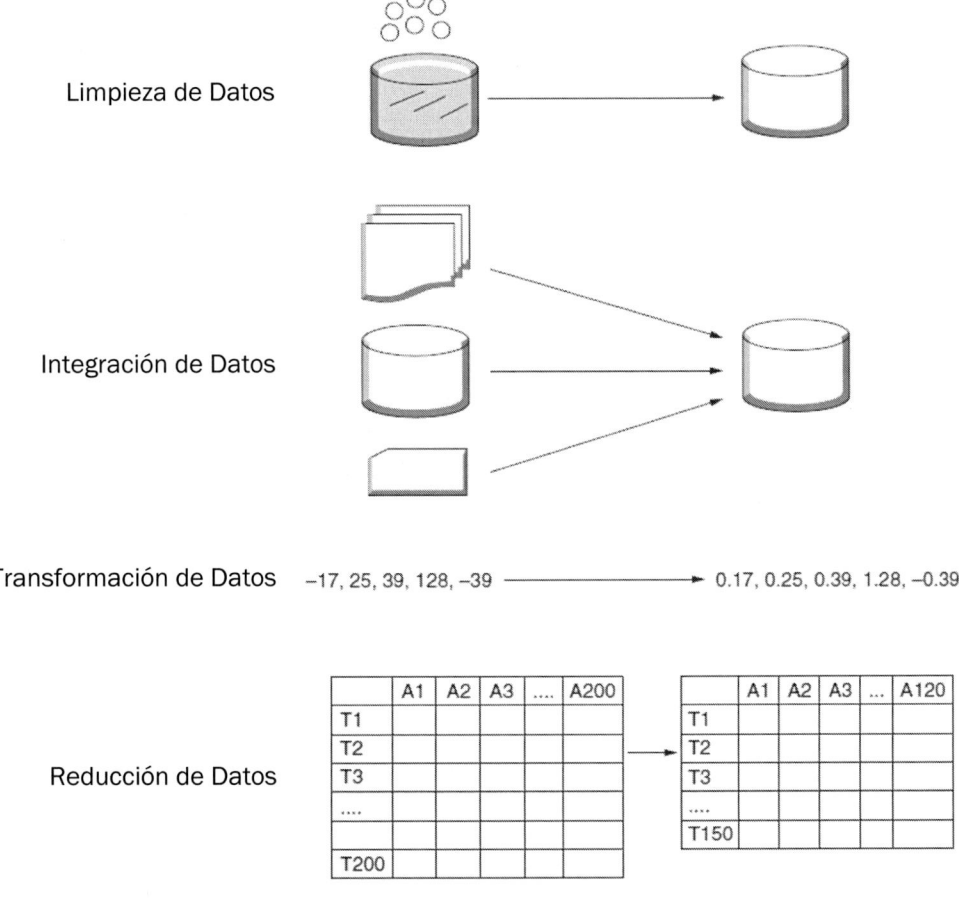

Limpieza de Datos

Integración de Datos

Transformación de Datos   −17, 25, 39, 128, −39 ⟶ 0.17, 0.25, 0.39, 1.28, −0.39

Reducción de Datos

Figura 3.3. Actividades de Preparación (Preprocesamiento) de datos.
Fuente: Shah (2020: 48) [Traducida y adaptada]

3.3.2. INTEGRACIÓN DE DATOS

Los datos de diferentes fuentes necesitan, normalmente, ser integrados para ser eficaces y efectivos en las diferentes técnicas de análisis de datos que sean posibles. Shah (2020: 50) describe cómo integrar múltiples archivos o bases de datos, y por extensión a almacenes de datos (*data warehouses*) y lagos de datos (*data lakes*). Las propuestas de integación de Shah son las siguientes:

1. Combinar datos de múltiples fuentes en un lugar de almacenamiento coherente (un único archivo o una única base de datos).

2. Detectar y resolver conflictos de valores de datos; *a*. un conflicto se puede producir por ejemplo, tal como la presencia de dfierentes atributos y valores de diferentes fuentes de la misma entidad del mundo real; *b*. este conflicto se puede producir por diferentes representaciones o diferentes escalas, por ejemplo las métricas ordinarias y las unidades britanicas.

3. Abordar datos redundantes en la integración de datos. Los datos redundantes se generan comúnmente en el proceso de integración de múltiples fuentes de datos. Por ejemplo *a*. el mismo atributo puede tener nombres diferentes en bases de datos diferentes; *b*, un atributo puede ser un "atributo" derivado en otra tabla, como es el caso de los salarios, derechos de autor o dietas; *c*. un análisis de correlación puede detectar instancias de datos redundantes.

3.3.3. TRANSFORMACIÓN DE DATOS

Los datos deben ser transformados de modo que sean consistentes y legibles por el sistema. Determinados modelos requieren que sus datos tengan una cierta forma o formato. Una vez que se han limpiado e integrado, se ha de realizar la siguiente etapa: transformación, de modo que tengan un formato adecuado para el modelado de datos. En esencia, transformación de datos es el proceso de convertirlos de un formato a otro; esta etapa requiere de métodos para su transformación en formatos apropiados que el ordenador pueda aprender de ellos de modo eficaz. La transformación de datos consolida su calidad en formatos alternativos cambiando el valor, estructura o formato y utilizando estrategias de transformación de datos como las siguientes:

Por ejemplo, unidades de velocidad en millas por hora, metros por segundo o kilómetros por hora. Por consiguiente, un conjunto de datos puede almacenar valores de la velocidad de un automóvil en diferentes unidades como las reseñadas anteriormente; antes de alimentar con estos datos a un algoritmo,necesitamos la transformación de los datos a la misma unidad.

Esta etapa se utiliza para convertir datos en bruto en un formato especificado de acuerdo con la necesidad del modelo. La transformación de datos consolida su calidad en formatos alternativos cambiando el valor, estructura o formato utilizando técnicas o estrategias de transformación. Las opciones, más usuales son:

- **Normalización.** En este método, los datos numéricos se convierten en un rango especificado; por ejemplo, 0 y 1, de modo que se pueda realizar escalado de datos (ascendente o descendente) en el rango citado.

- **Agregación.** Es un método de almacenamiento y presentación de datos en un formato de resumen. Por ejemplo: en ventas, los datos pueden ser agregados y transformados para presentar por formato de mes y año; o combinar dos categorías que se puedan uilizar para formar un nuevo grupo.

- **Generalización.** En este caso, los atributos de más bajo nivel se convierten en un estándar más alto. Los datos de bajo nivel o granular se convierten a información de alto nivel utilizando conceptos de jerarquías. Podemos transformar los datos primitivos de direcciones de una ciudad a la información de alto nivel como el país.

- **Selección de atributos.** Utilizando los atributos dados se pueden crear nuevas propiedades de datos a partir de atributos existentes para ayudar en los procesos de Minería de Datos o Aprendizaje Automático. Por ejemplo, fecha de nacimiento, atributo dato que puede ser transformado a otra propiedad como, por ejemplo, la fecha de mayor de edad, el atributo de datos se puede transformar en otra propiedad como es_ciudadano_adulto para cada lista o tupla, lo que influirá directamente en la predicción de enfermedades, posibilidades de supervivencia, etcétera.

3.3.4. REDUCCIÓN DE DATOS

La reducción de datos es una técnica de optimización de la capacidad en la que los datos se reducen a su forma más sencilla posible, con el propósito de liberar capacidad en un dispositivo de almacenamiento. Hay muchas maneras de reducir los datos, pero la idea clave es: comprimir tantos datos en el almacenamiento físico como sea posible para maximizar la capacidad. Normalmente, si los datos son muy grandes se realiza su reducción; a veces, también se realiza para encontrar un subconjunto de atributos más adecuado dentro de un gran número de atributos y que implica una reducción de dimensionalidad, como veremos a continuación. En esencia, el objetivo final de la reducción es extraer del conjunto original un nuevo conjunto más pequeño y de mayor calidad para su utilización en etapas posteriores.

Existen diferentes técnicas de reducción de datos[6]:

1. Agregación de cubos de datos. En esta técnica, los datos se reducen mediante la aplicación de operaciones OLAP como corte, dado o resumen. Utiliza el nivel más pequeño necesario para resolver el problema.

2. Reducción de dimensionalidad. Se reducen los atributos o dimensiones de los datos. No todos los atributos son necesarios para la Minería de Datos. El subconjunto de atributos más adecuado se selecciona utilizando técnicas como la selección hacia adelante, la eliminación hacia atrás, la inducción del árbol de decisiones o una combinación de selección hacia adelante y eliminación hacia atrás.

3. Compresión de datos. En esta técnica se comprimen grandes volúmenes de datos, es decir, se reduce el número de bits utilizados para almacenar datos. Esto se puede hacer usando compresión con pérdida o sin pérdida. En la compresión de pérdida, la calidad de los datos se ve comprometida por una mayor compresión. En la compresión sin pérdidas, la calidad de los datos no se ve comprometida por un mayor nivel de compresión.

4. Reducción de numerosidad. Esta técnica reduce el volumen de datos al elegir formas más pequeñas para la representación de datos. La reducción de la numerosidad se puede hacer usando histogramas, agrupamiento o muestreo de datos. La reducción de la numerosidad es necesaria, ya que el procesamiento de todo el conjunto de datos es costoso y requiere mucho tiempo.

3.3.5. DISCRETIZACIÓN DE DATOS

La discretización de datos se suele considerar como una parte de la reducción de datos, aunque le dedicaremos especial atención por su importancia específica. En ella los atributos numéricos se reemplazan por los atributos nominales.

Normalmente, se recopilan datos continuos de procesos como temperatura ambiente, luz solar o precios de almacenes de una empresa; pero, en ocasiones se necesitan convertir estos valores continuos en valores más manejables; esta operación (mapeado) es la discretización. Esencialmente, como se ha comentado antes, discretización también es reducción de datos; *el proceso de discretización es un medio de reducción de datos*, pero tiene especial importancia en los datos numéricos. Existen tres tipos de atributos implicados en la discretización (Shah, 2020: 53):

a. Nominal: Valores de un conjunto desordenado

b. Ordinal: Valores de un conjunto ordenado

c. Continuo: Números reales

Para conseguir la discretización se divide el rango de atributos continuos en intervalos.

Ejemplo 1. Dividir el rango de valores de temperaturas en *frio, moderado* y *calor*.

Ejemplo 2[7]. El atributo *Edad* se refiere a diversos estados de la vida de una persona y que se pueden clasificar en grupos: Niño, Joven, Maduro y Mayor, en función de los rangos de edad.

Atributo *Edad*: antes de la discretización

Edad 1,5,9,4,7,11,14,17,13,18, 19,31,33,36,42,44,46,70,74,78,77

Atributo Edad: después de la discretización

Edad	Niño	Joven	Maduro	Mayor
Edad	1,5,9,4,7,11,	14,17,13,18, 19	31,33,36,42,44,46	70,74,78,77

3.4. ANÁLISIS EXPLORATORIO DE LOS DATOS

En el proceso de la Ciencia de Datos, la exploración de los datos (o *análisis de exploración de datos*, como tambien se la conoce) es muy utilizada en otras etapas, incluyendo el preprocesamiento de datos (preparación de datos), explicada aneriormente, modelado e interpretación de los resultados del modelado. Igualmente, el análisis exploratorio de los datos suele iniciarse en la etapa 2 de "comprensión de los datos" del proceso de la Ciencia de Datos; aunque dada su importancia, dependiendo de las organizaciones y empresas, incluso de los científicos, analistas e ingenieros de datos se suele realizar de modo independiente y en convergencia con las diferentes etapas examinadas en la metodología CRISP-DM.

El análisis exploratorio de los datos, AED (*EDA, Exploratory Data Analysis*), es un enfoque del análisis del conjunto de datos para encontrar relaciones desconocidas con anterioridad. Normalmente *este análisis implica el uso de técnicas estadísticas, especialmente descriptiva en una primera etapa, y técnicas de visualización de datos*. La exploración de datos ayuda a su mejor comprensión y los prepara así para facilitar su análisis ordinario y avanzado para obtener la información necesaria de la forma más rápida posible.

El AED es una etapa muy importante en los diferentes tipos de análisis de datos y en los proyectos de Ciencias de Datos; es el proceso de investigación del conjunto de datos para descubrir patrones y anomalías (*outliers*, valores atípicos) y formar hipótesis basadas en nuestra comprensión del conjunto de datos. AED es un proceso de analítica de datos para comprenderlos en profundidad y aprender sus características, normalmente, con herramientas estadísticas y medios visuales, lo que perrmitirá tener una mejor idea de dichos datos y patrones útiles en ellos. El análisis exploratorio de los datos consta de un rango de técnicas y aplicaciones variadas, donde una de las más eficientes es buscar patrones como encontrar grupos de genes similares en una colección de muestras.

La exploración de los datos es una de las etapas más importantes (junto con la preparación de datos) y que más tiempo consumen del proceso o ciclo de vida de la Ciencia de Datos. Algunos informes fiables hablan de gastar días y/o semanas en la exploración de los datos. Como antes se ha señalado, la etapa de exploración es necesaria para asegurar que podemos extraer patrones de nuestros datos que conduzcan a resolver los problemas propuestos y pendientes.

En un modo basico, la exploración se clasifica en dos tipos amplios: *estadística descriptiva* y *visualización de datos* (Kotu y Deshpande, 2019: 39), aunque también se realizará en las otras técnicas de análisis de datos como analítica de diagnóstico —fundamentalmente— y las más empleadas en el Aprendizaje Automático, como la analítica predictiva y analítica prescriptiva.

La estadística descriptiva es el proceso de condensación de características clave, el conjunto de datos en métricas numéricas simples como medias, desviación estándar y correlación. La visualización de datos (capítulo 6) es el proceso de proyección de los datos o parte de ellos, en espacios multidimensionales o imágenes abstractas. Las técnicas de visualización utilizadas en esta etapa van desde los diagramas, gráficos, histogramas, cuadros de visualización hasta las historias o narraciones de datos. En resumen, la exploración en el contexto de la Ciencia de Datos utiliza técnicas descriptivas y de visualización de datos.

El análisis exploratorio de datos es un proceso de analítica de datos (por esta razón muchas metodologías integran esta etapa en una etapa específica de analítica de datos) que tiene como objetivo comprender los diferentes tipos de datos en profundidad y aprender cuáles son sus características para así encontrar patrones útiles.

3.4.1. OBJETIVOS DE LA EXPLORACIÓN DE DATOS

En el proceso de la Ciencia de Datos, la exploración está relacionada con diferentes etapas, incluyendo la ya mencionada de preprocesamiento o preparación de datos, y las etapas de modelado. Los objetivos de la exploración se pueden agrupar en las siguientes cuatro funcionalidades (Kotu y Deshpande, 2019: 40):

1. Comprensión de datos. La exploración de datos proporciona una visión de alto nivel de cada atributo o variable en el conjunto de datos y la interacción entre dichos atributos. La exploración de datos responde a preguntas como el valor típico de un atributo o la presencia de valores extremos.

2. Preparación de datos. Ya se ha descrito ampliamente. Trata de preparar el conjunto de datos para su manipulación y detección de cualquier anomalía que pueda estar presente en ellos. La correlación entre atributos es una de las características importantes a observar, dado que los algoritmos de la Ciencia de Datos pueden no funcionar bien cuando hay correlación entre atributos; por ello, se deben identificar y eliminar.

3. Tareas en Ciencia de Datos. Kotu y Deshpande (2019: 40) consideran que, en algunos casos, podría ser una de las etapas fundamentales y más utilizada en el proceso de la Ciencia de Datos.

4. Interpretación de los resultados. La exploración de datos se utiliza en la comprensión de la predicción, clasificación y agrupamiento (*clustering*) de los resultados del proceso de la Ciencia de Datos. Técnicas de visualización como los histogramas ayudan a comprender la distribución de los atributos y pueden ser útiles para visualización de predicciones numérica o estimación de tasas de error.

3.5. EL PROCESO DE LA CIENCIA DE DATOS EN EQUIPO (TDSP) DE MICROSOFT: CICLO DE VIDA

En 2016, Microsoft introdujo un marco de trabajo (*framekork*) que define un ciclo de vida de Ciencia de Datos denominado TDSP (*Team Data Science Process*). Microsoft ofrece un proceso de la Ciencia de Datos en equipo (TDSP) con un ciclo de vida recomendado que se puede usar para estructurar los proyectos de Ciencia de Datos. Microsoft anuncia en su sitio web especializado para TDSP que si el usuario utiliza otro ciclo de vida de la Ciencia de Datos como CRISP-DM o KDD u otro proceso como los señalados en el capítulo, o uno específico de la organización en concreto, puede seguir usando el TDSP basado en tareas.

> *El ciclo de vida está diseñado para los proyectos de Ciencia de Datos que se enviarán como parte de aplicaciones inteligentes y estas implementan modelos de aprendizaje o IA de máquina para realizar un análisis predictivo. Los proyectos de Ciencia de Datos exploratorios y los proyectos de análisis improvisados también se pueden beneficiar del uso de este proceso. Pero para esos proyectos, algunos de los pasos descritos a continuación pueden no ser necesarios.*

FASES DEL CICLO DE VIDA

Define cinco etapas del ciclo de vida de Ciencia de Datos (Comprensión del negocio, Adquisición y Comprensión de Datos, Modelado, Despliegue, Aceptación del Cliente).

Cuatro roles de proyectos (Administrador del Grupo, Líder del Equipo, Líder del Proyecto y Contribuyente Individual) y diez artefactos que se completaran dentro de una etapa específica de proyecto. En resumen, TDSP intenta modernizar las fases de CRISP-DM e introduce alguna estructura adicional (roles). El ciclo de vida de TDSP se compone de cinco fases principales[8] que se ejecutan de forma iterativa (figura 3.4)

1. *Conocimiento del negocio*

2. *Adquisición y comprensión de los datos*

3. *Modelado*

4. *Implementación (despliegue)*

5. *Aceptación del cliente*

El modelo TDSP es similar y compatible con el modelo CRISP-DM, como señala Microsoft en su página oficial.

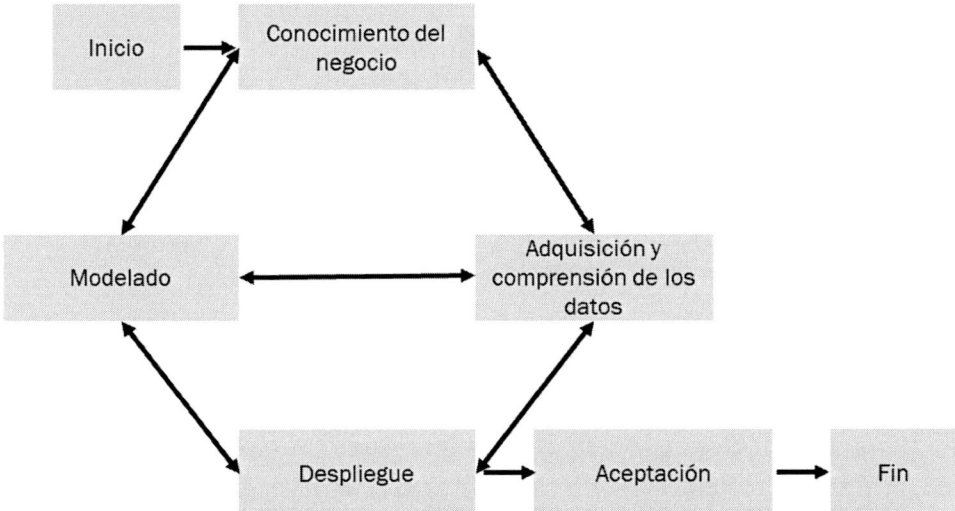

Figura 3.4. Ciclo de vida del proceso de la Ciencia de Datos en equipo (TDSP) de Microsoft.
Fuente: <https://docs.microsoft.com/es-ES/azure/architecture/data-science-process/lifecycle> (última publicación: 16/04/2022)

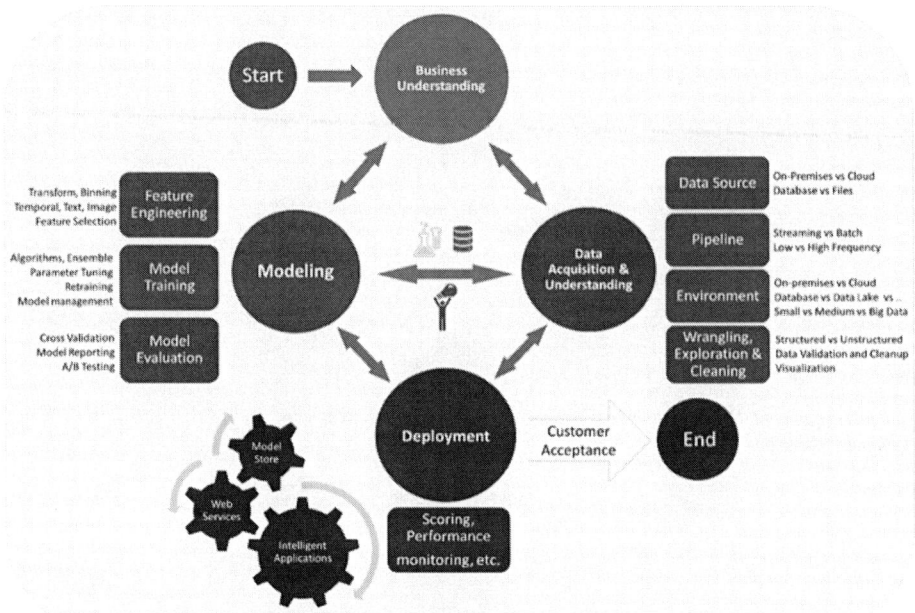

Figura 3.5. Arquitectura completa del ciclo de vida TDSP de Microsoft con actividades en las diferentes etapas.
Fuente: <https://docs.microsoft.com/es-ES/azure/architecture/data-science-process/lifecycle> (última publicación: 16/04/2022)

Según Microsoft[9]:

> *El ciclo de vida del TDSP se modela como una secuencia de pasos repetidos que le orientan respecto a las tareas necesarias para usar modelos predictivos. El usuario implementa modelos de predicción en el entorno de producción que tiene previsto utilizar para compilar las aplicaciones inteligentes. El objetivo del ciclo de vida del proceso consiste en hacer avanzar un proyecto de Ciencia de Datos hacia un punto final de interacción claro. La Ciencia de Datos es un ejercicio de investigación y detección. La posibilidad de comunicar tareas a su equipo y sus clientes mediante un conjunto bien definido de artefactos que utilizan plantillas estandarizadas ayuda a evitar malentendidos. El uso de estas plantillas también incrementa la posibilidad de finalizar correctamente un proyecto de Ciencia de Datos complejo.*

En cada fase, Microsoft[10] recomienda dar la siguiente información:

- **Objetivos:** objetivos específicos.
- **Cómo hacerlo:** un esquema de las tareas específicas y orientación sobre cómo realizarlas.
- **Artefactos:** las entregas y la asistencia para producirlas.

3.6. EL CIENTÍFICO DE DATOS: ROL PROFESIONAL

En el capítulo 1, hicimos una introducción al científico de datos que vamos a completar desde el enfoque de su rol profesional y cuáles son las habilidades más demandadas por las organizaciones y empresas para este especialista en datos. El científico de datos es uno de los perfiles profesionales más demandados en la actualidad y que más vacantes de empleo está creando en todos los países, ya que es imposible cubrir todos esos puestos, precisamente, por la carencia de profesionales con formación multidisciplinar.

La Ciencia de Datos como multidisciplinar ha traído nuevos roles profesionales, entre los que destacan, especialmente, el científico de datos, los analistas de datos y los ingenieros de datos, tres profesiones estrechamente relacionadas. Un científico de datos (*data scientist*) es el rol profesional que desarrolla proyectos de Ciencia de Datos, al igual que el ingeniero informático o ingeniero de sistemas desarrolla productos de informática en general; y el ingeniero de software, proyectos específicos de software; y el ingeniero industrial proyectos directos de aplicación en la industria. El *científico de datos* interpreta grandes cantidades de datos y obtiene información útil para desarrollar modelos y estrategias que den soporte al negocio corporativo. Gran parte del trabajo del científico de datos consiste en analizar, traducir e interpretar los datos que tiene a su disposición, para comprender tendencias y desarrollar modelos predictivos.

¿Qué hacen exactamente los científicos de datos? Fundamentalmente, casi todas las tareas que realiza un profesional en este campo tienen que ver con datos. Los científicos de datos recopilan, limpian, analizan y visualizan cantidades masivas de información que, luego, utilizan para destilar y comunicar a los responsables de la toma de decisiones de la empresa. Son personas que aplican sus conocimientos en las diferentes disciplinas para analizar e interpretar los datos de que disponen las empresas para extraer información valiosa de ellos. Estos expertos crean estructuras de Aprendizaje Automático, desarrollo de software, matemáticas y estadística, experiencia del dominio y productos de datos que permiten a las organizaciones comprender mejor y tomar decisiones más efectivas para sus operaciones y clientes. En síntesis, un científico de datos es el profesional que se dedica a recolectar, analizar e interpretar grandes volúmenes de datos para extraer la información relevante de ellos, Las organizaciones tienen a su disposición una gran cantidad de información, que bien aprovechada puede traducirse en beneficio para la compañía.

Una definición muy ajustada a dos de las características fundamentales, estadística y programación, la dio Josh Wills, director de Ingeniería de Datos en Slack: «Científico de Datos: Persona mejor en estadística que cualquier desarrollador y mejor en programación que cualquier estadístico».

Por todas estas razones, está creciendo la necesidad de profesionales capaces de analizar y dar sentido a todos estos datos, para que supongan así un verdadero valor en la toma de decisiones de las organizaciones y empresas. Gracias al trabajo de los científicos de datos las compañías pueden predecir, por ejemplo, el comportamiento de los usuarios o descubrir nuevas oportunidades de negocio o conocer cuál es el mejor momento para que un cliente adquiera un producto, cuál de todas las opciones disponibles se adapta mejor a sus preferencias o cuál es el riesgo de que esa persona enferme. La información valiosa que los científicos de datos pueden obtener sobre el comportamiento de los consumidores podrá ayudar a diseñar estrategias y planes de negocio que impulsen a la empresa a realizar las acciones necesarias para cumplir sus objetivos.

Las *funciones de un científico de datos* pueden diferir de una organización a otra, pero a grandes rasgos comprenden, al menos, las siguientes:

- **Extracción de datos.** Obtener toda la información que considere de utilidad de diversas fuentes. El volumen de los datos puede diferir (*small data*, *medium data* y *Big Data*). Los datos tratados por los científicos de datos pueden ser generados: *por humanos* (plataformas sociales u otros sitios de interés), por máquinas (sensores, señales GPS, dispositivos biomédicos), por los negocios, por la integración o mezcla de datos generados por humanos y generados por máquinas, otras fuentes de información (ver capítulo 2).

- **Limpieza de datos.** Eliminar toda la información que no sea relevante y preparar los datos para su procesamiento (normalizando valores, modificando variables).

- **Procesamiento de datos.** Tratar los datos aplicando acercamientos estadísticos, softwares analíticos, *Machine Learning*, modelos predictivos para obtener información valiosa.

- **Análisis de datos.** Utilización de las técnicas y métodos de analítica de datos en las diferentes fases de la gestión y administración de una empresa.

- **Visualización de datos.** Representar los datos de diversas formas para que sean comprensibles.

3.7. HABILIDADES DEL CIENTÍFICO DE DATOS

Los científicos de datos requieren una formación multidisciplinar que les permita conocer en profundidad los tipos de habilidades requeridas para ejercer su rol profesional. Las habilidades se clasifican en dos grandes categorías o tipos: habilidades técnicas (duras, *hard skills*) y habilidades no técnicas (blandas, *soft skills*).

3.7.1. HABILIDADES TÉCNICAS/DURAS (*HARD SKILLS*)

Las habilidades técnicas son aquellas que sirven para desempeñar una función específica y que se desarrollan mediante la formación, capacitación o entrenamiento. La formación puede ser específica en Ciencia de Datos, mediante cursos de doctorado, de máster, o especializaciones, o bien se puede obtener mediante la realización de certificaciones específicas impartidas por empresas especializadas en Ciencia de Datos como puede ser IBM, Microsoft, Google, Amazon, Cloudera. Las habilidades técnicas están directamente relacionadas con las disciplinas que componen la Ciencia de Datos (vistas en el capítulo 1). Las habilidades técnicas más requeridas son las siguientes (en el anexo se incluye una enumeración más detallada):

1. Matemáticas

2. Estadística y Probabilidad

3. Programación (Python, R, SQL, fundamentalmente)

4. Minería de datos

5. Aprendizaje Automático y Aprendizaje Profundo

6. Lenguaje de Procesamiento Natural (NPL, LPN)

7. Procesamiento de grandes conjuntos de datos (Big Data, Hadoop, Spark)

8. Preparación de datos (*Data Wrangling / Feature Engineering*)

9. Analítica de datos

10. Visualización de datos

11. Modelado de datos y algoritmos

De modo transversal se requieren conocimientos de nivel alto de *Big Data*, *Cloud Computing*, así como de Control y Calidad de los Datos, junto a tecnologías de Ingeniería de Software y Ciberseguridad. A lo largo del libro se irán describiendo las habilidades técnicas más específicas de la Ciencia de Datos y se incluirán unos anexos sobre las habilidades más generalistas, como Matemáticas, Estadística o Programación.

3.7.2. HABILIDADES NO TÉCNICAS/BLANDAS (*SOFT SKILLS*)

El científico de datos deberá tener fundamentalmente habilidades de comunicación y habilidad en los negocios.

- *Comunicación efectiva y social*

    Ha de tener habilidades de comunicación que le permitan presentar las conclusiones obtenidas de manera exitosa a cualquier "nivel" de la organización. Deberá ser por tanto un buen comunicador capaz de empatizar con la audiencia; saber utilizar una comunicación efectiva y tener habilidades de comunicación; saber cómo comunicar los datos, con un lenguaje que los demás profesionales de la organización puedan entender. Debe poder traducir claramente sus hallazgos y análisis técnicos a los diferentes departamentos de la organización en la que trabaja. Ha de tener una buena expresión oral y escrita.

- *Visión y perspicacia para los negocios (visión del negocio)*

    Deberá ser un apasionado del negocio y sus datos, conocer bien la empresa, sus objetivos, necesidades, preocupaciones y motivaciones y, por supuesto, conocer la competencia. Todo ello le proporcionará el contexto adecuado en el que interpretar los datos. Dado que trabajará en diferentes entornos empresariales deberá tener una comprensión eficaz y eficiente de la gestión empresarial, de modo que le permita resolver problemas complejos y crear soluciones que se alineen con los objetivos de la organización.

Asimismo, el científico de datos deberá tener otras habilidades que se complementarán e integrarán a las anteriores, tales como:

- Capacidad de resolución de problemas
- Aprendizaje continuo
- Pensamiento crítico
- Solución de problemas proactiva
- Curiosidad intelectual
- Trabajo en equipo
- Ética en el desarrollo y despliegue de proyectos

También, es conveniente que estos profesionales tengan las siguientes **competencias transversales**:

- Análisis numérico
- Análisis y resolución de problemas
- Visión estratégica
- Aprendizaje permanente

Rasgos de personalidad

Los **aspectos de personalidad** que caracterizan a este perfil profesional son:

- Iniciativa
- Pragmatismo
- Proactividad
- Flexibilidad
- Objetividad
- Meticulosidad
- Responsabilidad
- Curiosidad

Cursos para convertirte en científico de datos

Además de los grados y másteres de las universidades, existen multitud de **cursos en línea para aprender la Ciencia de Datos.** Así, plataformas como edX y Coursera tienen numerosos recursos para formarse ampliamente en la disciplina o en algunos de los lenguajes o plataformas que necesitará conocer para trabajar como científico de datos.

Algunos de ellos son *Introduction to Data Science* de IBM; *Machine Learning for Data Science and Analytics* de Columbia University; *Conceptos básicos de Python para Data Science* de IBM, *Data Science: R Basics* de Harvard University. En MiríadaX encontramos también el curso *Introducción al Business Intelligence y al Big Data* de la Universitat Oberta de Catalunya.

Certificaciones en Data Science

Por otra parte, existen también multitud de **certificaciones para acreditar tus conocimientos en Data Science**. Algunas de las más conocidas son: *Data Science Certification* de Saas; *Azure Data Scientist Associate* de Microsoft; *IBM Data Science*; o *Google Data Analytics Certificate de Google*. Algunas están disponibles en Coursera.

3.8. HERRAMIENTAS DE LA CIENCIA DE DATOS Y DEL CIENTÍFICO DE DATOS

Las aplicaciones de Ciencia de Datos se pueden realizar con un gran número de herramientas disponibles en código abierto (*open source*) y en software propietario. Estas herramientas han ido evolucionando desde las primitivas de Minería de Datos hasta las actuales, que integran las disciplinas de la Ciencia de Datos, basadas esencialmente en el Aprendizaje Automático, y las restantes tecnologías de Ciencia de Datos, integradas con herramientas de programación (lenguajes y bibliotecas de programas) y plataformas y marcos de trabajo (*frameworks*) para el diseño, desarrollo, despliegue y mantenimiento de aplicaciones.

Aunque en sus orígenes las herramientas de la Ciencia de Datos se centraban en un solo sector o disciplina, en la actualidad, la mayoría de las herramientas más populares han evolucionado y ya pueden aplicarse en diferentes sectores e integrarse fácilmente unas con otras. Así hemos hecho una clasificación de las herramientas agrupándolas por categorías de aplicación, pero con la salvedad (antes citada) de que las últimas versiones ya pueden ser utilizadas de modo independiente o integrarse entre ellas. El catálogo de herramientas más populares y utilizadas por las organizaciones y empresas es el siguiente:

1. **Minería de Datos y análisis de datos**
   - *RapidMiner*
   - *WEKA*
   - *Orange*
   - *KNIME*
   - *SAS*
   - *IBM SPSS Modeller*
   - *Google Analytics*

2. **Visualización de datos**
   - *Tableau*
   - *Qlik*
   - *Power BI*
   - *Excel*

3. **Lenguajes de programación**
   - *Python*
   - *R*
   - *SQL*
   - *Julia*
   - *SAS*

- *MATLAB*
- *JavaScript*
- *Jupyter (Notebook)*

4. Biblibiotecas de funciones y programas
   - **Bibliotecas de Python**
     - *Matplotlib*
     - *NLTK (Natural Language Toolkit) [suite de bibliotecas]*
     - *NumPy*
     - *Pandas*
     - *Scikit-Learn*
     - *Seaborn*
     - *Scipy*
     - *Scrapy*
     - *Seaborn*

   - **Bibliotecas de R**
     - *Dplyr*
     - *Ggplot2*
     - *Lubridate*
     - *Knitr*
     - *Quanteda.Dictionary*
     - *Readr*

   - **Bibliotecas de JavaScript**
     - *D3.js*

5. Aprendizaje Automático y Algoritmos
   - *TensorFlow*
   - *Keras*
   - *PyTorch*
   - *Scikit-Learn*
   - *Theano*
   - *Pandas*
   - *BigML*
   - *DataRobot*

6. Marcos de trabajo (*frameworks*)
   - *Apache Hadoop*
   - *Apache Spark*

En el Anexo I "Habilidades tecnológicas del científico de datos" se reseñan las habilidades tecnológicas y las herramientas más populares utilizadas en cada una de ellas.

3.8.1. PORTAL KAGGLE (CASO DE ESTUDIO EN CIENCIA DE DATOS)

Kaggle es un portal de referencia a nivel mundial (www.kaggle.com) en la Ciencia de Datos; por consiguiente, en herramientas de software de la Ciencia de Datos. Está formado por una gran comunidad internacional de científicos de datos. Es uno de los sitios más recomendados para aprendizaje, formación e investigación en disciplinas tales como la Ciencia de Datos; en consecuencia, Minería de Datos, Aprendizaje Automático, Aprendizaje Profundo y algoritmos de Inteligencia Artificial. Kaggle es una empresa *start-up* creada en Australia en 2010, con el objetivo de agrupar a la naciente comunidad de científicos de datos y especialistas de Aprendizaje Automátco de todo el mundo. Kaggle fue adquirida por Google, según anunciaron directivos de la empresa el 8 de marzo de 2017, con ocasión de la conferencia Cloud Next que se desarrolló en San Francisco. Esta noticia supuso el lanzamiento de la plataforma y su potenciación dentro de la Inteligencia Artificial y de sus disciplinas de Aprendizaje Automático y Minería de Datos. La fuerte intensificación del I+D+i de Google en Inteligencia Artificial han apoyado el crecimiento de Kaggle, que continúa como fuente de referencia mundial en estas disciplinas. A primeros de agosto de 2022 la comunidad de usuarios de Kaggle contaba con 10,4 millones registrados.

El sitio web de Kaggle es una plataforma para compartir conocimiento, ayudar y tutorizar a sus usuarios, tanto en su aprendizaje en las técnicas de la Ciencia de Datos como también para la ayuda en la resolución de problemas concretos que se les pueden plantear. La plataforma ofrece múltiples tutoriales, artículos y competiciones para las personas que se inician en Ciencia de Datos y dispone de un foro muy activo, en el que la comunidad plantea todo tipo de temas y ayuda en su formación. Presenta una sección para que las empresas puedan publicar ofertas de trabajo para profesionales de la Ciencia de Datos. Es un portal web que ofrece competiciones, tutoriales, actividades académicas.

Las grandes secciones que presenta el portal son: *Competitions* (plataforma para competiciones de Ciencias de Datos, donde se ayuda a resolver problemas difíciles, reclutar equipos potentes y aplicar su talento en el desarrollo de la Ciencia de Datos); *Datasets* (exploración y análisis de una colección de conjuntos de datos públicos de alta calidad); *Code* (información de códigos de software); *Discussions* (debates); *Courses* (cursos). *The courses are provided at no cost to you, and you can now earn certificates.*

Una sección muy interesante es la opción citada de competiciones, en las que los miembros de la comunidad pueden participar con sus propias soluciones, así como valorar y votar las del resto. También es posible encontrar conjuntos de datos y algoritmos, listos para ser analizados con los modelos diseñados por los usuarios; soluciones de análisis para casos concretos, que pueden ser descargadas ya compiladas; también acceder a su código fuente para realizar desarrollos propios de los programadores. Los lenguajes de programación más utilizados en la plataforma son aquellos que disponen de buenas librerías de funciones, tales como R y Python, aunque también se pueden encontrar desarrollos en lenguajes de programación tradicionales como C++, Java o Javascript.

La página de bienvenida se anuncia con el siguiente mensaje: *"Inside Kaggle you'll find all the code & data you need to do your data science work. Use over 50,000 public datasets and 400,000 public notebooks to conquer any analysis in no time"*, y con un buzón para registro de usuarios con Google y su correo electrónico.

Las grandes secciones que presenta (en agosto 2022) son: *Competitions* (plataforma para competiciones de Ciencias de Datos, donde se ayuda a resolver problemas difíciles, reclutar equipos potentes y aplicar su talento en el desarrollo de la Ciencia de Datos); *Datasets* (exploración y análisis de una colección de conjuntos de datos públicos de alta calidad) y

Kernels (núcleos de trabajo donde se pueden ejecutar código en la nube y recibir realimentación de la comunidad en su trabajo).

RESUMEN

El proceso de la Ciencia de Datos (también, extensión del ciclo de vida) más utilizado y popular, en la actualidad, es el proceso tradicional de Minería de Datos soportado por la metodología CRISP-DM, con ligeras variantes según los modelos más extendidos.

Las etapas del proceso de la Ciencia de Datos son:

1. *Comprensión del negocio*

2. *Comprensión de los datos*

3. *Preparación de los datos*

4. *Modelado*

5. *Evaluación*

6. *Despliegue*

De las etapas anteriores, la "Preparación de los datos" suele ser una de las etapas más complejas y a la que se dedica gran parte del tiempo total del proyecto. La preparación de datos tiene como objetivo principal el preprocesamiento o procesamiento de los datos para su integración en el análisis de datos, disciplina fundamental. Consta de cuatro etapas:

- *Limpieza de datos (manipulación, manejo de datos que faltan, "faltantes", y suavizado de los datos "ruidosos")*

- *Integración de datos*

- *Transformación de datos*

- *Reducción de datos*

Algunas metodologías incluyen una quinta etapa: *discretización de datos*, que según los casos se suele integrar también como una fase integrada en la reducción de datos.

Desde una visión global del proceso de la Ciencia de Datos, existe una etapa muy importante por su impacto general en el proceso: el *análisis exploratorio de datos* (**AED**), que, normalmente se suele integrar en la segunda etapa de "comprensión de los datos" o tercera etapa, "preparación de los datos", aunque a veces por sus características se estudia también de modo independiente como se ha hecho en este capítulo.

Microsoft ha introducido un marco de trabajo en el ciclo de vida de la ciencia de datos que denomina TDSP (Team Data Science Process) y que define con cinco etapas: Conocimiento del negocio; Adquisición y comprensión de los datos; Modelado; Implementación (Despliegue) y Aceptación del Cliente.

La Ciencia de Datos ha consolidado el rol profesional del *científico de datos:* una persona de gran reconocimiento en organizaciones y empresas con unas competencias y habilidades muy especiales que requieren una formación multidisciplinar que le permitan adquirir un perfil sobresaliente, clave en el desarrollo de todo tipo de proyectos de ciencia de datos.

El científico de datos deberá tener habilidades que se agrupan en dos categorías muy importantes y globales: habilidades tecnológicas o fuertes (*hard skills*) y habilidades no tecnológicas o débiles "blandas" (*soft skills*).

BIBLIOGRAFÍA

BURK, Scott y Gary D. MINER (2020). *It's All Analytics! The Foundations of AI, Big Data, and Data Science Landscape for Professionals in Healthcare, Business, and Government.* CRC Press.

CIELEN, Davy; Arno D. B. MEYSMAN y Mohamed ALI (2016). *Introducing Data Science. Big Data, machine learning, and more, using Python tools.* Shelter Island. MANNING.

JOYANES, Luis (2022). *Computación en la Nube. Estrategias de Cloud Computing en Organizaciones y Empresas 2ª edición.* Barcelona: Marcombo; México DF: Alfaomega.

JOYANES, Luis (2021). *Internet de las Cosas: Un futuro interconectado, 5G, Inteligencia Artificial, Big Data, Cloud, Blockchain, Ciberseguridad.* Barcelona: Marcombo; México DF: Alfaomega.

JOYANES, Luis (2019). *Inteligencia de Negocios y Analítica de Datos. Una visión global de Business Intelligence & Analytics.* Editorial Alfaomega CDMX, México y Marcombo (Barcelona, España).

JOYANES, Luis (2016). *Sistemas de Información. Un enfoque dirigido a la empresa.* Barcelona: Marcombo; México DF: Alfaomega.

JOYANES, Luis (2014). *Big Data. El análisis de los grandes volúmenes de datos.* Barcelona: Marcombo; México DF: Alfaomega.

KOTU, Vijay y Bala DESHPANDE (2019). *Data Science. Concepts and Practice.* Elsevier.

POWER, Daniel J. y Ciara HEAVIN (2017). *Decision Support, Analytics and Business Intelligence,* New York: BEP (Business Expert Press).

SHAH, Chirag (2020). *A Hands-On Introduction to Data Science.* Cambrige University Press.

SHARDA, Ramesh; Delen DURSUN y Efrain TURBAN (2017). *Business Intelligence and Data Science: A Managerial Perspective.* New Jersey, USA: Pearson

SHARDA, Ramesh; Delen DURSUN y Efrain TURBAN (2018). *Business Intelligence, Analytics and Data Science: A Managerial Perspective.* New Jersey, USA: Pearson Education. Versión Global Edition (2019).

SHARDA, Ramesh; Dursun DELEN y Efrain TURBAN (2020). Analytics, Data Science, & Artificial Intelligence. Systems for Decision Support. Pearson

RECURSOS WEB

The CRISP-DM Consortium (2000). *CRISP-DM 1.0. Step-by-step data mining guide.* Disponible en: <https://www.kde.cs.uni-kassel.de/lehre/ws2012-13/kdd/files/CRISPWP-0800.pdf>.

MARTÍNEZ-PLUMED, Fernando. Universitat Politècnica de Valencia (España) en la prestigiosa revista *IEEE Transactions on Knowledge and Data Engineering* ha publicado un interesante artículo "CRISP-DM

Twenty Years Later: From Data Mining Processes to Data Science Trajectories", donde relata el recorrido histórico de la misma —dos décadas después—, su impacto en la industria y su actual aplicabilidad en proyectos de Ciencia de Datos. Disponible en: <https://ieeexplore.ieee.org/document/8943998>.

MARTÍNEZ, Iñigo; Elisabeth VILES y Igor G. OLAIZOLA. *Data Science Methodologies: Current Challenges and Future Approaches.* Cornell Universlty. Disponible en: <doi.org/10.1016/j.bdr.2020.100183>. *Big Data Research* (2021), vol. 24. Disponible en: <https://www.sciencedirect.com/science/article/abs/pii/S2214579620300514?via%3Dihu>.

NOTAS

---

[1] SAS. *Data Mining: What it is and why it matters*. Disponible en: <https://www.sas.com/en_us/insights/analytics/data-mining.html>.

[2] *Definition of Data Mining. Gartner Information Technology Glossary*. Disponible en: <https://www.gartner.com/en/information-technology/glossary/data-mining>.

[3] The CRISP-DM Consortium (2000). *CRISP-DM 1.0. Step-by-step data mining guide.* Disponible en: <https://www.kde.cs.uni-kassel.de/lehre/ws2012-13/kdd/files/CRISPWP-0800.pdf>.

[4] Provost, Foster y Tom Fawcett (2013*). Data Science for Business*. Cambridge: O'Reilly.

[5] *Tableau: Guide To Data Cleaning: Definition, Benefits, Components, And How To Clean Your Data*. Disponible en: <https://www.tableau.com/learn/articles/what-is-data-cleaning>.

[6] Harshita Singh (2020). *Understanding Data Preprocessing. Towards Data Science. Disponible en:* <https://towardsdatascience.com/data-preprocessing-e2b0bed4c7fb>.

[7] *Discretization in data mining.* Portal JavaTpoint. Disponible en: <https://www.javatpoint.com/discretization-in-data-mining>.

[8] Disponible en: <https://docs.microsoft.com/es-es/azure/architecture/data-science-process/lifecycle-business-understanding>.

[9] Disponible en: <https://docs.microsoft.com/es-es/azure/architecture/data-science-process/lifecycle>.

[10] Disponible en: <https://docs.microsoft.com/es-es/azure/architecture/data-science-process/lifecycle>.

CAPÍTULO 4
ANALÍTICA DE DATOS

INTRODUCCIÓN

El crecimiento exponencial de los datos en la última década ha de ser explotado de manera eficaz y eficiente por las organizaciones, ya que ha brindado grandes oportunidades en el panorama de las tecnologías y de la analítica. La toma de decisiones controlada por datos se ha convertido en una gran riqueza para las organizaciones y empresas. Hoy en día, los datos no estructurados, que pueden llegar al 80 % o más de la información de la empresa, afectan a las infraestructuras informáticas (ordenadores y servidores). El problema es que suelen ser difíciles de analizar y, en cualquier forma, el proceso puede durar mucho tiempo si no se tiene una formación adecuada.

En primer lugar, se requiere adquirir los datos y, a continuación, se deben organizar; una vez realizadas estas operaciones, hay que llevar a cabo los procesos de análisis (con procesos de descubrimiento, consultas e informes, minería de datos) y la toma de decisiones mediante la planificación y las predicciones adecuadas.

La analítica de Big Data y sus herramientas permiten a los usuarios analizar los datos masivos con tamaños desde terabytes hasta petabytes —y cada vez más, exabytes— de un modo rápido y económico. Por su parte, los usuarios deben ser capaces de explorar y visualizar datos masivos mediante gráficos interactivos, Cuadros de Mando Integral (*Balanced Scorecards*), tableros de control o cuadros de mando (*dashboards*) y visualizadores de informes de resultados en tiempo real cuando sea necesario.

El tratamiento y análisis de grandes volúmenes de datos requiere de una gran potencia analítica. El análisis de Big Data debe ayudar a tomar mejores decisiones y evaluar las medidas que se han de tomar del modo más eficiente y rentable posible. En este capítulo, se estudiará el análisis de datos en sentido general; y la analítica de Big Data, analítica web, analítica móvil, analítica social y analítica de sentimientos.

4.1. ¿QUÉ ES LA ANALÍTICA DE DATOS? (*DATA ANALYTICS*)

Existen numerosas definiciones del término analítica de datos, pero hemos decidido utilizar la definición de ISACA, organización profesional de impacto mundial en sistemas de información (control, auditoría y seguridad) que publicó, en agosto de 2011, un artículo (*white paper*)[1] con el mismo nombre para dar su opinión sobre un término de tanto impacto en el mundo corporativo.

La analítica de datos (*AD, DA Data Analytics)* "implica los procesos y actividades diseñados para obtener y evaluar datos para extraer información útil". Los resultados de la AD se pueden utilizar para: identificar áreas clave de riesgos, fraudes, errores o mal uso; mejorar los procesos de negocios; verificar la efectividad de los procesos e influir en las decisiones del negocio. Existen muchos temas para considerar cuando arranca un nuevo programa de AD, incluyendo la maximización del retorno de inversión (ROI), el cumplimiento del presupuesto de los proyectos, la gestión de los falsos resultados, el aseguramiento de la protección, y la confidencialidad de las fuentes de datos y resultados.

Hay una gran variedad de herramientas y métodos de software que se utilizan. Las técnicas que más se emplean son: consultas e informes (*quering* y *reporting*), visualización, Minería de Datos, análisis predictivo de datos, lógica difusa, optimización, *streaming* de audio, vídeo o fotografía.

Se considera también la ciencia de examinar datos en bruto (crudos) con el propósito de obtener conclusiones acerca de la información contenida en ellos. Se usa en muchas industrias para que las organizaciones y empresas tengan mejoras en la toma de decisiones. Este término suele emplearse en el campo de la Inteligencia de Negocios *(Business Intelligence)*, y según los fabricantes de herramientas de software puede abarcar una gran variedad de términos: OLAP, CRM, *dashboard*.

La analítica de datos hoy día está influenciada por todo tipo de dispositivos y medios sociales, como los datos procedentes de GPS, chips NFC y RFID, códigos de barra y códigos QR, sensores ZigBee, y otros dentro de Internet de las cosas, o datos procedentes de redes sociales (Facebook, Twitter, LinkedIn o Instagram), todos ellos unidos al tránsito de datos en todo tipo de negocios como banca, grandes almacenes, medios de comunicación, industrias.

La analítica es un término muy amplio que abarca procesos, tecnologías, marcos de trabajo (*frameworks*) y algoritmos para extraer significados (*insights*) de los datos. Los datos en bruto no tienen una relevancia aceptable hasta que son contextualizados y procesados en información útil. La analítica es el proceso de extracción y creación de información a partir de datos en bruto mediante la filtración, procesamiento, categorización, contextualización, análisis y visualización de los datos. La información obtenida es, entonces, organizada y estructurada para inferir conocimiento relativo al sistema y/o sus usuarios, su entorno y sus operaciones y progresan hacia sus objetivos, haciendo, por consiguiente, los sistemas más inteligentes y eficaces.

La elección de las tecnologías, algoritmos y marcos de trabajo de la analítica se controla por los objetivos analíticos de la aplicación. Por ejemplo, los objetivos de las tareas de analítica pueden ser:

- Predecir algo (si una transacción bancaria es fraudulenta o no; si lloverá o nevará en un día específico; o si un tumor es maligno o benigno).

- Encontrar patrones en los datos (encontrar los 10 días más fríos del año, encontrar cuales son las páginas web más visitadas de un sitio web determinado, o encontrar la persona más famosa del año).

- Encontrar relaciones en los datos (encontrar nuevos artículos relacionados con un tema específico, encontrar pacientes similares en un archivo electrónico de salud; encontrar productos relacionados en un sitio web de comercio electrónico, encontrar fotos o imágenes similares, o encontrar correlación entre nuevos elementos y precios del stock de un almacén).

4.2. TIPOS DE ANALÍTICA DE DATOS

La analítica de datos consta de varias etapas que van desde la captura de datos hasta la producción de resultados para que las empresas obtengan un valor empresarial óptimo. La analítica ofrece un amplio espectro de técnicas, metodologías y enfoques.

Los tres tipos de analítica de datos tradicionales son: *analítica descriptiva*, *analítica predictiva* y *analítica prescriptiva*. A estas tres categorías, la consultora Gartner[2] hace unos años añadió una cuarta categoría: *analítica de diagnóstico*. Incluso hay modelos más actuales que han incluido una quinta capa o analítica, denominada *analítica de descubrimiento* (posteriormente veremos un nuevo tipo de analítica, *analítica aumentada*, cuyo origen también se debe a la consultora Gartner).

En nuestra obra recogeremos los cuatro tipos más empleados en la actualidad: descriptiva, diagnóstica, predictiva y prescriptiva; de cualquier forma haremos una breve revisión de la analítica de descubrimiento que algunas empresas y consultoras comienzan a considerar en sus especializaciones de analítica y dedicaremos un apartado especial a la *analítica aumentada*. En general, cuando hablemos de analítica o *analytics* nos referiremos a cualquiera de estas categorías.

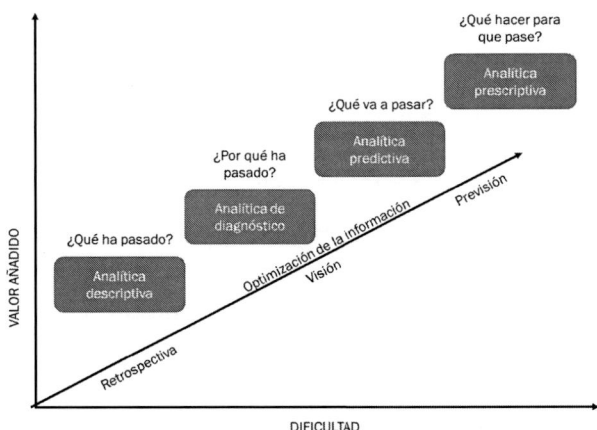

Figura 4.1. Tipos de analítica de datos.
Fuente: Gartner (marzo 2012) traducida y adaptada

Laney (2012) clasificó los cuatro tipos de analítica en función de la dificultad de su realización, de descriptiva a prescriptiva, y del valor, en igual escala, que se iniciaba en el vértice inferior izquierda e iba creciendo hasta terminar en la analítica prescriptiva, que era considerada la de mayor valor y dificultad, y que ya estaba en la frontera para lo que posteriormente comenzó a llamarse analítica avanzada

- *Analítica descriptiva:* responde a la pregunta *what happened*? (¿qué ha ocurrido?). Es la representación más simple de los datos recopilados, en forma de tabla, gráfico o informe, por ejemplo. En esta fase, los datos han sufrido un tratamiento previo, como una decodificación, interpretación en el contexto o similar.

- *Analítica diagnóstica*: responde a la pregunta *why did it happen*? (¿por qué ha ocurrido?). Profundiza en los datos para averiguar la raíz de la causa y la explicación de los datos. Con estas dos primeras categorías tenemos la información de qué ha pasado u ocurrido.

- *Analítica predictiva:* responde a la pregunta *what will happen*? (¿qué va a pasar?, ¿qué podría ocurrir?), a partir de los datos que tenemos de hechos ya ocurridos.

- *Analítica prescriptiva/perceptiva*: responde a la pregunta *how can we make it happen*? (¿qué hacer para que pase?, ¿cómo podemos hacer que ocurra?). Sugiere opciones de decisión acerca de la manera de aprovechar una oportunidad de futuro o mitigar un riesgo futuro y muestra las consecuencias de cada decisión.

4.2.1. ANALÍTICA DESCRIPTIVA (*DESCRIPTIVE ANALYTICS*)

Utiliza los datos históricos, identificando comportamientos y dibujando cómo se están haciendo las cosas. Es la analítica más usada y su objetivo es realizar una importante instantánea de la situación para tomar decisiones con un alto grado de éxito. Cuenta en realidad cómo está nuestro negocio hasta la fecha, permitiendo visualizar, detectar, averiguar, calcular e identificar. Se consultan diferentes indicadores de negocio de cara a obtener una visión de lo que ha pasado y está pasando.

Consiste en preparar y analizar datos históricos para identificar patrones y tendencias. Logra un profundo conocimiento a partir de dichos datos con informes, cuadros de mando, agrupaciones. Utiliza los datos para explicar lo que sucedió en el pasado. Por esta razón el análisis descriptivo responde a la pregunta ¿qué pasó? La analítica descriptiva usa técnicas como: modelos de regresión, modelados y visualización de datos.

La analítica descriptiva está muy ligada a la inteligencia de negocios; por ello, nos permite conocer alguna de las siguientes actividades:

- Detectar cuáles son los productos que se venden más y en qué zonas geográficas de despliegue del negocio.

- Observar la evolución histórica de la demanda de un producto o servicio en determinados períodos de tiempo.

- Conocer las personas o empresas más influyentes en el sector de negocios de la empresa.

- Visualizar las noticias de prensa, radio, televisión, redes sociales de mayor repercusión, así como su situación geográfica, segmentos de población, etcétera.

La analítica descriptiva se realiza normalmente en la etapa inicial del análisis con el objetivo de obtener una buena comprensión de modelos (*shapes*) y patrones de datos. La analítica descriptiva se centra en encontrar "el qué" —por ejemplo, ¿cuáles son los patrones de comportamiento de nuestros clientes? ¿Quiénes son nuestros clientes más leales?—. La analítica descriptiva se utiliza ampliamente en el análisis del comportamiento del consumidor y en el marketing, proporcionando un medio muy efectivo de comprender el comportamiento de millones de consumidores y la creación de acciones dirigidas (*targeted actions*) a cada segmento de clientes en lugar de a las masas. Los algoritmos de analítica descriptiva son los más naturales en términos de precisión y rendimiento.

La analítica descriptiva comprende el análisis de los datos pasados para presentarlos en un formato reducido que pueda ser interpretado fácilmente. Logra un profundo conocimiento a partir de datos históricos con informes, cuadros de mando, agrupación.

Una gran parte la analítica que se realiza en la actualidad en las empresas es descriptiva a través del uso de funciones estadísticas como cuentas, máximos, mínimos, medias, porcentajes, ingresos, clientes prioritarios, *top-10*. Estas estadísticas ayudan a descubrir patrones en los datos y presentan los datos en un formato reducido. Por ejemplo, calcular el número total de "me gusta" (*like*) para una publicación o entrada determinada; encontrar el número promedio de visitantes por mes a un sitio o página web.

La analítica descriptiva es muy útil para realizar resúmenes de datos. Utiliza informes y consultas, tableros de control, y herramientas de visualización de datos tradicionales o las ya muy populares de *narración de datos* (*data storytelling*) como productos importantes. Las herramientas de analítica descriptiva están muy asociadas a la inteligencia de los negocios tradicional y las más populares son Microsoft Excel, herramientas de estadística SPSS, MATLAB, STATA.

4.2.2. ANALÍTICA DE DIAGNÓSTICO

Algunas escuelas como la citada consultora Gartner consideran una cuarta categoría denominada *analítica de diagnóstico*, que detalla análisis y visualizaciones de diagnósticos y responden a la pregunta: ¿y por qué ha pasado?

La analítica de diagnóstico comprende el análisis de datos pasados para diagnosticar las razones por las que ciertos eventos han sucedido. Responde a la pregunta: *Why did it happen?* Consideremos un ejemplo de un sistema que recolecta y analiza datos de sensores de máquinas para monitorizar su salud y predicción de fallos. Aunque el análisis descriptivo puede ser útil para hacer resúmenes de los datos, por cálculo de diferentes estadísticas (tales como medias, mínimos, máximos, varianzas o ranking), el análisis de diagnóstico puede proporcionar más información significativa (*insights*) sobre las razones por las que se ha producido un fallo en función de los patrones en los del sensor para un fallo anterior.

Es el siguiente nivel de analítica, que, tradicionalmente, se ha combinado o acoplado con el análisis descriptivo. Trata con las correlaciones, cuáles están correlacionadas con la elección del cliente de un producto sobre otro. La analítica de diagnóstico, generalmente, es más difícil de realizar y producir un valor o conocimiento rentable. Por ejemplo, los especialistas de marketing (marketers) pueden, a veces, interpretar correlaciones basadas en la lógica del negocio y realizar las acciones de marketing de acuerdo con ellas. Sin embargo, las correlaciones no pueden probar de modo concluyente la causalidad mediante algoritmos de Aprendizaje Automático, ya que la correlación solo es verdadera en función del conjunto de datos limitados del aprendizaje utilizado.

La información producida a partir de las analíticas descriptivas y de diagnóstico se considera generalmente retrospectiva ya que se refieren, en gran medida, a cosas que sucedieron en el pasado.

4.2.3. ANALÍTICA PREDICTIVA (*PREDICTIVE ANALYTICS*)

Realiza la creación de modelos que permiten vaticinar lo que va a ocurrir con antelación. En realidad, mira al futuro y nos ayuda a entender cómo puede evolucionar nuestro entorno y hasta la propia compañía (sobre la base de los datos podemos determinar cuántas ventas se realizarán en nuestro negocio en el próximo mes). Su propósito es hacer pronósticos. Está basada en métodos matemáticos avanzados de estadística o el Aprendizaje Automático para predecir los datos que faltan y describir lo que va a suceder. Busca extraer conocimiento en forma de patrones, modelos o tendencias que ayuden mejor a acertar con situaciones futuras. La pregunta más habitual es: ¿qué pasará?, ¿qué va a ocurrir?

La analítica predictiva utiliza técnicas de Minería de Datos, datos históricos y suposiciones sobre futuras condiciones para predecir resultados de eventos, tales como la probabilidad de que un cliente responderá a una oferta o compra de un producto específico. En la actualidad, utiliza técnicas de Inteligencia Artificial: Aprendizaje de Máquina o Aprendizaje Automático y Aprendizaje Profundo.

La analítica predictiva comprende el resultado probable de un evento o pronostica los valores futuros utilizando modelos de predicción. Algunos casos prácticos:

A partir de datos históricos de reparaciones que he tenido que realizar sobre mis equipos, ¿puedo encontrar relaciones que me permitan predecir las averías que van a ocurrir a corto plazo?

A partir del historial de impago de mi cartera de clientes, ¿puedo deducir características de estos que me permitan identificar cuáles de ellos, aunque no lo hayan cometido, son más propensos a cometer un impago?

Dada una cartera de clientes con su historial de compras, ¿puedo calcular las características que son relevantes en los clientes de cara a predecir los artículos que les van a interesar?

Por ejemplo, la analítica predictiva se puede utilizar para predecir cuándo ocurrirá un fallo en una máquina, prediciendo si un tumor es benigno o maligno, prediciendo la probabilidad de una emergencia natural (sucesos tales como incendios forestales o inundaciones en un río) o previsiones de niveles de polución.

La analítica predictiva se hace utilizando modelos predictivos que se entrenan con datos existentes. Estos modelos aprenden patrones y tendencias de los datos existentes y predicen la probabilidad de un suceso o el resultado probable de un evento (modelos de clasificación) o números previsibles (*forecast*, modelos de regresión).

Permite descubrir patrones ocultos en datos que el experto humano no puede apreciar. Es el resultado de aplicar las matemáticas y estadística a los datos. Consiste en utilizar los datos para determinar lo que sucede o pueda suceder en el futuro. La analítica predictiva permite determinar la probabilidad asociada a eventos futuros a partir del análisis de la información disponible (presente y pasado); además, hace posible descubrir relaciones entre los datos que normalmente no se detectan con un análisis menos complejo. La precisión de los modelos de predicción depende de la calidad y el volumen de los datos existentes disponibles para el entrenamiento de los modelos, de modo que todos los patrones y tendencias de los datos existentes pueden aprender con precisión.

La analítica predictiva trata de extraer conocimiento de los datos en forma de patrones, tendencias o modelos que nos proporcione una cierta tendencia sobre las potenciales situaciones futuras o el resultado de diferentes alternativas sobre las que tomar una decisión. El objetivo clave es pronosticar lo que sucederá en el futuro a partir del análisis de los datos históricos; es decir, la analítica predictiva se construye sobre la analítica descriptiva y usa modelos estadísticos avanzados y de aprendizaje automático.

Algunas de las tareas que permite la analítica predictiva, son:

- Anticipar demandas de clientes en diferentes puntos de venta.
- Detectar transacciones bancarias fraudulentas.
- Descubrir grupos de interés de clientes que comparten características comunes o preferencias de productos.

Las herramientas muy utilizadas en analítica predictiva son Python, R, MATLAB, RapidMiner, KNIME, Weka, SAP, SAS. Los sitios web de interés con grandes contenidos rigurosos sobre los diferentes tipos de analítica, y en particular de la analítica predictiva, son: KDnuggets y Kaggle.

4.2.4. ANALÍTICA PRESCRIPTIVA (*PRESCRIPTIVE ANALYTICS*)

Sugiere opciones de decisión acerca de la manera de aprovechar una oportunidad de futuro o mitigar un riesgo futuro y muestra las consecuencias de cada decisión. Analiza los datos para encontrar cuál es la solución entre una gama de variantes. Su tarea es optimizar los recursos y la aumentar la eficiencia operativa. Usa técnicas de simulación y optimización, logrando señalar cuál es el camino que conviene realmente elegir. En realidad, informa acerca de lo que debiera suceder buscando mejorar el resultado proporcionando recomendaciones para maximizar indicadores de negocio.

Una empresa inteligente se sustenta en tener la información necesaria que nos permita descubrir todo aquello que afecte a nuestro negocio para poder reaccionar, convirtiendo la información en oportunidad, transformándola en beneficios, en aumento de la eficiencia en la toma de decisiones posteriores.

Algunas aplicaciones típicas de analítica prescriptiva son: el cálculo de la previsión de ventas de un producto se utiliza, entre otras cosas, para poder calcular los pedidos de reposición de la mercancía; la propensión de compra de un cliente para ciertos artículos para calcular qué campañas es más conveniente lanzar; propensión al impago de un cliente a la hora de valorar el concederle un crédito.

La analítica prescriptiva utiliza los resultados obtenidos del análisis predictivo (previsiones, pronósticos, tendencias) para valorar todas las opciones posibles teniendo en cuenta las variables (costes, límites, restricciones, capacidades), y seleccionar la propuesta más adecuada, guiándose por los objetivos planteados en la solución. Objetivos como alcanzar el menor coste, mayor rentabilidad, y/o mejor uso de los recursos se convierten en la guía para identificar la mejor decisión, cualquier objetivo es posible si el modelo lo tiene en cuenta. El análisis da respuesta a lo que sucederá en el futuro, sin embargo, la analítica prescriptiva puede ayudarnos a dirigir nuestras decisiones futuras haciéndolas más favorables para nuestro negocio.

Los procesos que podemos abordar mediante la analítica prescriptiva son múltiples, desde la optimización de campañas de marketing hasta la planificación de tareas en el ámbito de la fabricación o diseñar y planificar la distribución de productos en *retail*. Los beneficios de su aplicación son los mismos, mejor utilización de los recursos disponibles, mayor eficacia en los procesos de negocios de la compañía, y en última instancia mayor rentabilidad del negocio

La analítica prescriptiva es la encargada de automatizar la toma de decisiones. Bien sea mediante el uso de sistemas de gestión de reglas de negocio, cuando el proceso de decisión es sistemático, o bien mediante algoritmos de optimización matemática, cuando el proceso no lo es proporciona una enorme ayuda en la decisión, mejorando la eficacia operativa de las compañías que la utilizan y diferenciándolas de sus competidores, en un mercado cambiante y competitivo como el actual.

La analítica prescriptiva puede predecir los resultados posibles basados en la selección actual de acciones. Podemos considerar la analítica prescriptiva como un tipo de analítica que utiliza diferentes modelos de predicción para diferentes entradas: prescribe acciones o la mejor opción a seguir a partir de las opciones disponibles. Por ejemplo, se puede utilizar para prescribir la mejor medicina para el tratamiento de un paciente basado en los resultados de diversas medicinas en pacientes similares, o sugerir el plan de datos móviles para un cliente basado en los patrones de navegación del cliente.

Utiliza los datos para prescribir aquellas acciones que incrementan nuestras posibilidades de obtener los mejores resultados; determina nuevas formas de operar que permiten alcanzar los objetivos de negocio. Responde a la pregunta: ¿por qué va a pasar?, ¿qué hacer para que pase? Sugiere opciones de decisión acerca de la manera de aprovechar una oportunidad de futuro o mitigar un riesgo futuro, y muestra las consecuencias de cada decisión; nos permitirá saber qué debemos hacer para optimizar nuestro negocio. La analítica prescriptiva es la frontera final de la analítica avanzada soporte de la ciencia de datos.

El impacto de Big Data y el crecimiento exponencial de los datos producidos por el Internet de las Cosas han dado un gran relieve e impacto en la toma de decisiones empresariales a las analíticas predictiva y prescriptiva. De hecho, numerosas fuentes pronostican que las organizaciones y empresas dedicarán porcentajes muy elevados al diseño y desarrollo de ambos tipos de analítica. Algunos buenos métodos de analítica prescriptiva son los sistemas de recomendación utilizados por las aplicaciones Netflix o Spotify.

Analítica de descubrimiento

Un tipo de analítica que no entra en las cuatro categorías descritas anteriormente y que está adquiriendo fuerza, sobre todo, en las grandes organizaciones, empresas y entre las pymes emprendedoras es la analítica de descubrimiento. Mediante la inferencia, el razonamiento y la detección de hechos no triviales a partir de los datos, especialmente de IoT, podemos llegar a *descubrir qué ha ocurrido que aún no sabíamos.* Es decir, en vez de describir qué ha ocurrido o cómo, nos da valor a algún tipo de hecho que está en el conjunto de datos y que se nos había pasado por alto o desconocíamos.

4.3. ANALÍTICA AUMENTADA

Otra categoría que complementa las cuatro categorías tradicionales anteriores es la *analítica aumentada.* Gartner acuñó el término de Analítica Aumentada, en 2017, en su informe *2017 Hype Cycle for Emerging Technologies*, que se ha convertido en una parte esencial del futuro de todas las organizaciones. La analítica aumentada se puede utilizar para potenciar a todas las organizaciones con independencia de su tamaño y recursos, teniendo presente que los datos de una organización no son útiles a menos que se pueda extraer conocimiento (*insight*) significativo de ellos.

El 27 de julio de 2017, con ocasión de la presentación del informe *Hype Cycle* y de la nueva tendencia tecnológica analítica aumentada, se publicó un resumen del informe *Augmented Analytics Is the Future of Data and Analytics*[3], que hacía una primera definición de la analítica aumentada:

> *Es un enfoque que automatiza los conocimientos mediante el aprendizaje automático y la generación de lenguaje natural, marca la siguiente ola de disrupción en el mercado de datos y análisis de datos. Los líderes de datos y de analítica deben planificar la adopción de análisis aumentados a medida que maduran las capacidades de la plataforma.*

Según Gartner, la analítica aumentada es un enfoque que permite que el ML (*Machine Learning*, Aprendizaje Automático), la AI (*Artificial Intelligence*, Inteligencia Artificial) y el NLP (*Natural Language Processing*, Procesamiento de Lenguaje Natural) automaticen el análisis de datos (preparación de datos, explicación de información de generación de información) en tiempo real y ayuda a las empresas a obtener valor de sus datos sin habilidades técnicas ni experiencia, en menos tiempo de lo habitual, lo que coloca a la tecnología en la lista de tendencias de la ciencia de datos

Ya con posterioridad, en su prestigioso *IT Glossary*, Gartner define *augmented analytics*[4] como:

> *El uso de tecnologías habilitadoras como el aprendizaje automático y la inteligencia artificial para ayudar con la preparación de datos, la generación de información y la explicación de información para aumentar la forma en que las personas exploran y analizan datos en plataformas de análisis y BI. También aumenta a los científicos de datos expertos y ciudadanos al automatizar muchos aspectos de la ciencia de datos, el aprendizaje automático y el desarrollo, la gestión y la implementación de modelos de IA.*

Como complemento a la definición, la experta de Gartner, Rita L. Sallam, publica un informe especial de Gartner: *Descubra cómo la analítica aumentada puede transformar su organización* (*Discover how augmented analytics can transform your organization*)[5]. Ahí destaca que la analítica aumentada está transformando la forma en que las organizaciones preparan los datos, encuentran información en los datos y comparten los resultados de esa información. Los líderes analíticos y de datos no deben esperar a que esto se generalice, deben tomar medidas ahora.

Este informe especial explora las capacidades analíticas aumentadas y sus ramificaciones en términos de disrupción organizacional y de mercado. Obtendrá información y orientación en estas áreas clave:

- Transformación de capacidades: evaluación de plataformas de análisis aumentadas.
- Transformación del mercado: comprenda y evalúe las tendencias que no puede ignorar.
- Transformación organizacional: prepare a su organización para explotar el potencial de la analítica aumentada.

DEFINICIÓN DE ANALÍTICA AUMENTADA DE TABLEAU

Tableau[6], una de las empresas líderes a nivel mundial en visualización de datos y analítica de datos, define la analítica aumentada como:

> *Una clase de analítica impulsada por inteligencia artificial (IA) y aprendizaje automático (ML) que amplía la capacidad de un ser humano para interactuar con datos a un nivel contextual. La analítica aumentada consta de herramientas y software que brindan capacidades analíticas, ya sean recomendaciones, información u orientación sobre una consulta, a más personas.*

¿Cuáles son los beneficios de la analítica aumentada?[7]

En el artículo antes mencionado, Tableau señala, en primer lugar, los beneficios que considera más sobresalientes, y son: la analítica aumentada puede hacer que el trabajo de los analistas sea más rápido, más eficiente y preciso. Las tecnologías de Aprendizaje Automático y el Procesamiento del Lenguaje Natural también ayudan a acercar a los expertos del dominio (personas integradas en el negocio) a sus datos, al eliminar las barreras técnicas para el análisis. También permite asegurar que las técnicas más avanzadas estén disponibles para personas sin conocimientos de estas habilidades técnicas más avanzadas.

Las propiedades y características fundamentales que aporta la analítica aumentada y que complementa los beneficios mencionados anteriormente son, según Tableau:

- **Agilidad.** Aumento de la velocidad en la adquisición de conocimiento
- **Precisión.** Proporciona una imagen más completa.
- **Eficiencia.** Automatización de tareas operacionales.
- **Confianza.** Potente análisis en contexto

4.3.1 DEMOCRATIZACIÓN DE LOS DATOS

El proceso de democratización de datos significa que los datos estarán disponibles a tantas personas como sea posible dentro de una empresa. Las decisiones se pueden tomar usando datos que sean tangibles, fáciles de entender y centrados en el negocio. La democratización de los datos ocurre al compartirlos, en el formato y los canales adecuados, según cada perfil y el nivel de conocimiento.

La analítica aumentada está fomentando la democratización de los datos al permitir que más personas en las organizaciones puedan acceder a utilizar la analítica de datos sin necesidad de ser científicos o expertos profesionales en analítica de datos. De este modo, las empresas que no puedan disponer de científicos de datos, por su alto coste y las dificultades para encontrarlos y contratarlos, podrán hacer uso de las tecnologías y técnicas de analítica aumentada gracias a la democratización de los datos, que permitirá extraer conocimiento significativo de sus fuentes y, como señala Marr[8], en *Forbes*, las empresas se conviertan en sitios controladas por los datos y no requieran una especialización profunda en analítica de datos.

Gartner, como en muchas otras ocasiones, se adelantó a las tendencias en democratización de datos después de introducir, en 2017, la tendencia tecnológica de analítica aumentada. Así Gartner se adelantó también en acuñar el término de *democratización de datos* que definió como una tendencia tecnológica estratégica en su prestigioso informe *Top 10 Strategic Technology Trends*, en la edición de octubre de 2019, donde presentó como todos los años en su simposio anual. En esta ocasión, la democratización de datos fue anunciada y presentada como una de las 10 tendencias tecnológicas estratégicas que anunciaba para 2020. En el informe define *data democratization* (*democratización de datos*) como:

> *La tendencia tecnológica que permite equipar a las personas con un fácil acceso a los datos/información sin una formación extensa o costosa. El objetivo de la democratización de datos es permitir que los no especialistas puedan recopilar y analizar datos sin necesidad de ayuda externa y, a menudo, se denomina acceso ciudadano.*

Gartner, en su presentación, informó que los estudios realizados para la publicación del informe demostraron que las organizaciones centradas en datos toman mejores decisiones estratégicas, tienen una mayor eficiencia, mejoran la satisfacción del cliente y generan más ganancias.

Gartner destaca, en el citado informe, que la tendencia tercera de democratización[9]:

> *Se concentra en cuatro áreas clave: desarrollo de aplicaciones, datos y análisis, diseño y conocimiento, y a menudo se lo denomina "acceso de los ciudadanos", lo que ha llevado al surgimiento de científicos de datos ciudadanos, programadores ciudadanos y más. [...] Por ejemplo, la democratización permitiría a los desarrolladores generar modelos de datos sin tener las habilidades de un científico de datos. En cambio, confiarían en el desarrollo impulsado por IA para generar código y automatizar las pruebas.*

Reiterando las informaciones sobre la democratización de los datos, Marr (2021)[10] señala en su artículo publicado en *Forbes* que con el uso de la analítica aumentada, las empresas no necesitan contratar a un científico de datos para interpretarlos. La analítica aumentada democratiza los datos y permite que todas las empresas, sin importar su tamaño, extraigan información significativa de sus fuentes, facilitando que todas se basen en datos.

4.3.2. PROVEEDORES DE SOLUCIONES DE SOFTWARE DE ANALÍTICA AUMENTADA

Dado que la analítica aumentada es una realidad tangible en los últimos años, han surgido proveedores de soluciones de software de analítica aumentada especializados, aunque la mayoría de los grandes proveedores de analítica, bien de modo independiente o bien integradas en sus plataformas tradicionales de analítica y de Inteligencia de Negocios, ofrecen soluciones para que las organizaciones y empresas tengan herramientas adecuadas a sus estrategias empresariales. El catálogo siguiente es general para las herramientas de analítica de datos con énfasis especial en la analítica aumentada.

Catálogo de proveedores de herramientas de analítica aumentada:

- IBM Cognos Analytics con Watson
- Microsoft Power BI
- Oracle Analytics Cloud
- Tableau Insights
- Qlik Analytics Platform, Qlik Sense
- Einstein Analytics Platform de Salesforce
- SAP Analytics Cloud
- SAS Visual Analytics
- Sisense
- Tellius
- TIBCO Software
- Yellowfin
- MicroStrategy
- Information Builder
- Domo

4.4. UNA VISIÓN GLOBAL DE LA ANALÍTICA DE BIG DATA

El análisis de Big Data es el proceso de examinar, a una gran velocidad, grandes volúmenes de datos de una amplia variedad de tipos y de gran valor (el modelo de las 4 V) para descubrir patrones ocultos, correlaciones desconocidas y otra información útil, de modo que los resultados del análisis puedan proporcionar ventajas competitivas a las organizaciones en relación con la competencia y producir beneficios para el negocio, tales como un marketing más efectivo y eficaz, y mayores ingresos.

Los grandes volúmenes de datos procederán de bases de datos relacionales tradicionales, así como otras fuentes de datos (capítulo 2), como son: registros del servidor web, de seguimiento de clics en Internet (*clickstream*), informes de actividades sociales, medios de comunicación, datos de teléfonos móviles inteligentes, registros detallados de llamadas en las centralitas de la empresa o en sus *call centers*, la información captada por sensores. Recordemos que los grandes datos no solo se asocian a los datos no estructurados y semiestructurados, sino también a los estructurados procedentes de transacciones comerciales o almacenados en bases de datos relacionales. Algunas personas asocian exclusivamente los grandes datos a análisis de datos no estructurados. Sin embargo, lo técnicamente correcto es asociar la analítica de Big Data a la integración de datos estructurados, no estructurados o semiestructurados.

El análisis de grandes datos se puede hacer con herramientas de software tradicionales dentro de las técnicas de analítica avanzadas como la Minería de Datos o el análisis predictivo. Sin embargo, las fuentes de datos no estructurados, utilizados en el análisis de grandes cantidades de datos, pueden no encajar en los almacenes de datos tradicionales (las bases de datos o los almacenes de datos empresariales), y además estos almacenes pueden no ser capaces de manejar las demandas de procesamiento de grandes datos. En consecuencia, han surgido nuevas tecnologías que incluyen bases de datos NoSQL y "en memoria", Hadoop y MapReduce, SAP Hana, Oracle *in-memory*.

Los grandes retos que enfrentan las organizaciones es la necesidad de integrar las nuevas infraestructuras de Big Data con las infraestructuras de datos existentes, y tal vez más complicado, la contratación de profesionales con experiencia en analítica de Big Data, como analistas y científicos de datos. Ya se ha comentado también la dificultad de que los *data warehouses* convencionales puedan escalar hasta terabytes de datos o soportar analítica avanzada.

La tecnología, no obstante, sigue avanzando, y comienzan a verse actualizaciones en torno a plataformas NoSQL que tienen información estructurada y no estructurada. Así, en la galería de soluciones disponibles, actualmente se encuentra la aplicación Greenplum, de EMC; Hadoop y MapReduce; la nueva plataforma Vertica, de HP; la oferta por separado de Smart Analytic System y Netezza, de IBM, basadas en DB2, y Microsoft Parallel Data Warehouse. Existen otros jugadores más pequeños, de nicho, como Infobright y Kognitio. Oracle ha entrado en el mercado, y está ofreciendo magníficas soluciones; y Teradata sigue siendo una de las soluciones líderes.

En el entorno de Big Data, las organizaciones se encuentran ante el desafío de incorporar información en crudo, sin procesar, que se actualiza en tiempo real y que presenta una enorme complejidad. Pero la cuestión clave no tiene que ver con la capacidad para la recolección y almacenamiento de los grandes datos. No basta con capturar y almacenar una gran cantidad de datos, es necesario saber organizarlos, refinarlos y convertirlos en información relevante que permita ganar posiciones en el mercado. La información en crudo tiene solo valor potencial, es su análisis y sistematización lo que permite incrementar la capacidad de innovar de las organizaciones. De manera que el tratamiento de los grandes volúmenes de datos requiere de las etapas de tratamiento del ciclo de vida de Big Data.

Adquisición o ingesta de datos

Los datos procederán de fuentes de datos tradicionales (almacenes de datos de empresa, bases de datos relacionales y archivos con datos transaccionales) y de una gran cantidad de fuentes de datos no estructurados que se podrán almacenar en bases de datos NoSQL y "en memoria" (*in-memory*).

Procesamiento de la información

Preparar y tratar la información para obtener de ella los mejores resultados posibles, y sobre los que aplicar lo más eficazmente posible las técnicas de analítica avanzada.

Análisis

Analizar toda la información con acceso a todos los datos con herramientas estadísticas avanzadas como puede ser la minería social y de opinión, o aplicar técnicas desarrolladas con el lenguaje de programación R, específico para el diseño de estadística avanzada. Desde un punto de vista global, sería conveniente que el proveedor de analítica pueda ofrecer herramientas de consultas (*quering*) e informes (*reporting*), minería de datos, visualización de datos, modelado predictivo y optimización.

Decisión, resultados y visualización

Tomar decisiones en tiempo real o lo más rápido posible, de modo que pueda afectar positivamente a los negocios de la empresa. Esta etapa se encuentra indisolublemente unida a la etapa de análisis; de hecho, muchos vendedores ofrecen estas herramientas integradas con las de decisión (este es el caso de Oracle). La decisión se ha de realizar en tiempo real sobre la base de los resultados obtenidos en el análisis, de modo que se conviertan los datos en crudo en conocimiento accionable para integrarlo en los tableros de control (*dashboards*), Cuadros de Mando Integral (*Balanced Scorecards*), y herramientas de visualización, y así predecir el comportamiento de un producto o servicio a los consumidores.

4.5. CATEGORÍAS DE ANALÍTICA UTILIZADAS EN LA EMPRESA

Se pueden considerar diferentes categorías de analítica de datos en función de los dispositivos y plataformas a utilizar en el proceso completo de analítica:

- *Analítica de datos tradicional* en las organizaciones y empresas que analizan datos tradicionales: transaccionales y operacionales.

- *Analítica web o analítica del tráfico de datos en un sitio web*. Tecnologías y herramientas de análisis web, utilizadas en servidores, ordenadores, *laptops* que han conformado los componentes de los sistemas de información tradicional, base y fundamento de la disciplina de la analítica web.

- *Analítica social*. Análisis de datos de los medios sociales (blogs, wikis, redes sociales). A medida que los medios sociales (redes sociales, blogs, wikis, RSS) comienzan a implantarse en las organizaciones y empresas como servicios al igual que cualquier otro software o servicio, aparece la necesidad de analizar y gestionar los datos procedentes de estas aplicaciones.

  Surgen nuevas profesiones asociadas a los medios sociales como especialistas en SMO (*Social Media Optimization*) al estilo del SEO, especialistas en gestión de comunidades (*Community Manager*) y el SMM (*Social Media Manager*), gestor o administrador de medios sociales (*Community Manager* con tareas de administración o dirección).

- *Analítica móvil* en dispositivos móviles con el objeto de analizar los datos que envían, reciben o transitan desde dichos dispositivos (*mobile analytics*). El despliegue imparable, primero de teléfonos inteligentes (*smartphones*) y posteriormente de las tabletas, especialmente desde el lanzamiento de la tableta iPad de Apple en 2010, ha creado la necesidad de analizar los datos producidos por estos dispositivos móviles, dado que se están convirtiendo en los puntos de acceso a Internet más empleados en las organizaciones y empresas, y también por particulares.

- *Analítica de Big Data* o analítica de los grandes volúmenes de datos. La gran tendencia que se está produciendo en estos dos y tres últimos años es la explosión de los Big Data, y que ha traído de modo irreversible la necesidad de realizar estudios de analítica web sobre el inmenso tráfico de grandes datos que se están produciendo día a día.

4.6. TIPOS DE ANÁLISIS DE DATOS

La analítica de datos descrita en los apartados anteriores tiene un enfoque muy especial cuando se habla de los datos de Internet y de la web y todas las categorías de analítica definidas serán de utilidad en este campo específico. Este enfoque de la analítica se le conoce como *analítica digital*. Se centra en analizar la actividad de un sitio web a partir de los datos extraídos de la navegación de los usuarios, así como estudiar también la presencia de una marca, persona u organización en Internet, con un objetivo señalado previamente, ventas, reputación, influencia o visibilidad.

La Digital Analytics Association[11] define la analítica digital como:

> *Una parte de la ciencia del análisis que usa datos para entender los patrones históricos con miras a mejorar el desempeño y predecir el futuro. El análisis de datos digitales se refiere a la información recogida en canales interactivos (en línea, móvil, social).*

La analítica digital permite hacer el seguimiento y el análisis de los clientes y usuarios que entran en contacto con la parte digital del negocio: sitio web, redes sociales, correo electrónico, aplicaciones móviles con el objetivo de obtener conocimiento de los datos digitales de la web y de Internet para una toma de decisiones adecuada y óptima.

Los tipos de análisis de datos más empleados en la actualidad para realizar el seguimiento de los diferentes sitios y páginas web son:

- Análisis de texto
- Análisis de sentimientos
- Análisis de localización
- Análisis de movimiento
- Análisis de reconocimiento facial (de caras)
- Análisis de voz
- Análisis de imágenes

Todos estos tipos de análisis se agrupan en tres grandes categorías de analítica digital: analítica web, analítica social y analítica móvil. El estudio de estos tres tipos de analítica digital constituye el soporte de gran parte de los datos manejados en Internet e Internet de las Cosas, así como herramientas indispensables para afrontar la digitalización y la transformación digital de organizaciones y empresas.

4.7. PROLIFERACIÓN DE DATOS SOCIALES

Las explosiones de los grandes volúmenes de datos proceden de numerosas fuentes de datos, pero, sin lugar a duda, los medios sociales (*social media*) son responsables de grandes porcentajes en un sentido amplio. Si analizamos las estadísticas de acceso a Internet por dispositivos móviles (Internet móvil), y sobre todo las tendencias y cifras previstas para los próximos años, el aluvión de datos debido a redes sociales crecerá con cifras espectaculares hasta el punto de que los petabytes y exabytes serán las cifras para considerar.

En el caso de los medios sociales, los datos que se están acumulando proceden de multitud de fuentes (Twitter, Facebook, Google+, LinkedIn, Amazon, eBay, Instagram, Foursquare, Tuenti, Pinterest) y cientos de miles de blogs, wikis, chats, foros. Esta situación lleva a una sobrecarga de datos, y a la necesidad de descubrir los realmente significativos para las organizaciones y empresas; es decir, se necesita conocer y ponderar la relación señal/ruido. Por esta razón, el análisis de datos sociales es hoy día una necesidad vital para las organizaciones y empresas, pero también para el usuario individual, llámese empleado, estudiante, ingeniero, profesor, directivo o científico.

El análisis de la información generada en los medios sociales y dispositivos móviles permite obtener información en tiempo real sobre las tendencias de consumo. A medida que aumentan los Big Data, y en particular, los procedentes de los medios sociales, el análisis de datos se hace más completo y se requerirá conocer las fuentes de datos o los canales de comunicación por donde se envían o reciben esos grandes volúmenes.

IBM se adelantó y publicó a principios de septiembre de 2012 un informe[12] sobre las principales preocupaciones de los directores de marketing (CMO) de aquel entonces. Gran parte de los ejecutivos consultados señaló la explosión de datos, las redes sociales, la proliferación de canales y dispositivos, y los cambios demográficos de los consumidores como los cuatro factores que afectarán a su negocio en los próximos años. El estudio fue realizado entre más de 1700 directores de marketing de 64 países y 17 industrias.

En relación con la explosión de datos, 71 % de los CMO afirmó que es uno de los temas que más le preocupan porque deben ser capaces de *obtener información de valor* entre los miles de millones de datos, estructurados y no estructurados, existentes en la actualidad. El volumen de información digital, como ya conoce el lector, es abrumador, 8 zettabytes se consumieron en 2015 y según la consultora IDC sólo en 2020 se han creado, capturado, copiado y consumido en el mundo más de 59 zettabytes de datos. Esta cifra está aumentando significativamente a partir de 2021 y siguientes años, de acuerdo con las previsiones de la citada consultora (recordemos que 1 zettabyte de información equivale a 1000 millones de discos duros de 1 terabyte o 75 mil millones de iPads de 16 gigabytes).

El estudio revela que el 90 % de la información que se creaba, entonces, en tiempo real representa datos no estructurados, y un porcentaje muy alto procede de redes sociales y otros medios como blogs, wikis, *chats* o mensajes de texto y vídeo. Evidentemente, este inmenso arsenal de conocimiento, si es aprovechado, conseguirá un valor añadido y un alto posicionamiento en relación con la competencia. Y el tercer factor por considerar, el incremento y proliferación de los canales y dispositivos vinculados al ya, tantas veces repetido, uso creciente de tabletas y teléfonos móviles.

El estudio concluye con una recomendación al CMO: hay que ser capaz de pensar analíticamente y aprovechar la información disponible para averiguar los deseos del cliente antes que la competencia.

4.8. ANALÍTICA SOCIAL

A medida que las empresas aumentan su presencia en la web, especialmente en las redes sociales, es imprescindible conocer las posibilidades que brinda la analítica social. La *analítica social* o *analítica de medios sociales* (*social analytics* o *social media analytics*) está comenzando a ser una disciplina muy necesaria en las organizaciones y empresas, y un área de las más impactantes dentro de la analítica de datos. Para referirse al análisis de datos en medios sociales, también se la conoce simplemente como análisis social (*social analysis*). Dada la fuerza que está adquiriendo comienza también a considerarse una disciplina autónoma dentro de la inteligencia de negocios.

¿Qué es la *analítica social*? La analítica, de acuerdo con el diccionario de la Real Academia Española es aquello "perteneciente o relativo al análisis" o "que procede descomponiendo, o que pasa del todo a las partes". En esta definición no existe ninguna acepción de la categoría *informática* o *computación* ni *social*, lo que sí sucede en la definición del término *análisis*: "estudio mediante técnicas informáticas, de los límites, características y posibles soluciones de un problema al que se aplica un tratamiento por ordenador".

Análisis social se puede considerar la disciplina que ayuda a las empresas a analizar, calcular y explicar el rendimiento de las iniciativas de *social media* en el contexto de objetivos empresariales específicos (Lovett, 2012: 164). La *analítica social* se podría considerar al proceso de medir, analizar e interpretar los datos sociales que se presentan a través de los diferentes canales, medios de comunicación y dispositivos. También ha nacido un nuevo término asociado y acotado a las redes sociales como parte muy importante de los medios sociales, es el término análisis de redes sociales (SNA, *Social Network Analysis*). El término ARS o SNA es un término ligado a las ciencias sociales y a la teoría general de redes en el campo de las comunicaciones.

La *analítica social* es una disciplina que ayuda a las organizaciones y empresas a analizar, medir y explicar el rendimiento de las iniciativas y proyectos sociales (de los *social media*) dentro del contexto de sus metas y objetivos.

El análisis social se basa en la teoría de redes sociales, en técnicas estadísticas y en la buena gestión de los medios sociales de la empresa. El análisis de datos sociales debe proveer la capacidad de vincular la información a otras métricas de la gestión empresarial y a indicadores clave de rendimiento KPI.

El análisis social permite analizar métricas cuantitativas para calcular éxitos, fracasos y situaciones críticas de los negocios; asimismo le permitirá examinar interacciones con los clientes y el modo de recepción de los mensajes enviados por los departamentos de marketing, ayudándoles a entender cómo los usuarios perciben su marca y responden al lanzamiento de productos corporativos, servicios y las diferentes campañas de marketing. El análisis social proporciona los datos necesarios para una acertada toma de decisiones, permitiendo el uso de los datos para efectuar recomendaciones a la empresa sobre cómo están funcionando los diferentes modelos de negocio y cómo se pueden mejorar. En la práctica, recopila, organiza y actualiza la información poniéndola disponible para las personas o grupos de interés (*stakeholders*) de la organización, de modo que ayude en la toma de decisiones.

La analítica social debe proporcionar una apertura al aumento de consumidores, empleados o negocios, así como a la capacidad de visualizar mejor patrones, tendencias y oportunidades. Las tecnologías y herramientas sociales deben facilitar el análisis social, que se ayuda, a su vez, de las personas y de los procesos de negocios.

4.8.1. MÉTRICAS DE *SOCIAL MEDIA*

La mayoría de las empresas utilizan las métricas y los indicadores clave de rendimiento o desempeño (KPI) para cuantificar, medir e informar sobre la actividad de los medios sociales. Las redes sociales obligan a la creación de nuevas métricas distintas de las tradicionales (métricas sociales), precisamente por la importancia que han ido adquiriendo, ya que se han convertido en un elemento equivalente y complementario a los medios tradicionales de comunicación.

Las métricas tradicionales siguen siendo muy importantes en las organizaciones y empresas, entregan datos relevantes para la toma de decisiones, pero es vital que se realicen estrategias de convergencia de medios para aprovechar las sinergias entre ambas. Por estas razones, recordaremos, en primer lugar, las métricas tradicionales empleadas en analítica web que constituyen una base para la creación de nuevas métricas sociales, que luego analizaremos.

La necesidad de crear nuevas métricas tiene el objetivo principal de obtener los siguientes indicadores:

- Conocer el número de conversaciones generadas por los usuarios sobre la marca en relación con la competencia y los negocios e industria.

- Obtener sentimientos de las conversaciones generadas por los usuarios sobre la empresa.

- Evaluar el potencial alcance en las distintas redes sociales.

- Medir, por ejemplo, nuevos seguidores (*followers*) y fans en Twitter y Facebook, respectivamente, y sus niveles de compromiso obtenidos a través de una activación o una campaña de marketing.

- Medir la circulación por correo electrónico realizada por los mismos usuarios vinculados a las campañas.

- Medir la circulación por mensajería de instantánea en aplicaciones tales como WhatsApp, Line, Kik, Viber, WeChat, Hangouts, Facebook Messenger, Skype, Snapchat.
- Medir la circulación de vídeos más vistos, blogs visitados.

Estas características conducen a nuevas métricas de tipo general[13]:

- Seguidores (*followers*)
- Fans (nuevos fans, principalmente)
- Publicaciones (en Facebook, Twitter)
- Circulación de correos electrónicos
- Vídeos más vistos (YouTube, Vimeo o propios)
- Audiencia potencial
- Interacción y compromiso (*engagement*)
- Blogs (número de visitas, tiempo de permanencia)
- Alcance potencial
- Número de sentimientos
- Porcentaje de voz (*share of voice*)
- *Topic Trends* (temas del momento)
- *Influencers*
- Sentimientos

Una vez que se definen las métricas más interesantes para un medio social, se debe medir el retorno de los medios digitales y la siguiente pregunta será: ¿qué debo medir para obtener un buen retorno de inversión (ROI)? La respuesta a esta pregunta pasa por definir con gran cuidado y atención los KPI o indicadores clave de rendimiento.

4.9. ANALÍTICA DE SENTIMIENTOS

Los *análisis de sentimiento* o *sentimientos* (*sentimental analysis*), también conocido en algunos ambientes como *minería de opinión*, se está refiriendo en la era actual al análisis automático del sentimiento que trata de traducir a indicadores más o menos medibles las emociones humanas inmersas en los datos sociales, tanto en fuentes externas y autónomas (redes sociales, blogs, microblogs, foros, medios de comunicación, wikis) como internas o propias de la empresa (interacciones almacenadas en el CRM, transcripciones de conversaciones registradas en el sistema de soporte de incidencias, encuestas realizadas a clientes y empleados). Desde la perspectiva de una organización o empresa, el análisis de sentimientos permite analizar de modo rápido y eficiente qué se dice sobre una marca o producto, seguir las opiniones o conversaciones de determinados usuarios influyentes o influenciadores, detectar tendencias en Internet.

Se realiza mediante la monitorización y el análisis de datos sociales y de otro tipo, tanto procedentes de fuentes internas como externas a la empresa. El análisis de sentimientos tiene una aplicación muy importante en la monitorización de las redes sociales, y de su análisis se puede obtener el grado de empatía de los internautas hacia una organización, así como permite a las empresas conocer en forma certera el grado de simpatía o rechazo que tienen ante la marca y/o producto. El análisis de sentimientos tiene diferentes indicadores, y los de mayor impacto son: *positivo/negativo/neutro*, o dicho de otro modo: *bueno, malo o neutro*.

En esencia, el análisis de sentimientos ha pasado a primer plano y existen numerosas herramientas de tendencias en redes sociales que obtienen los datos de millones de sitios y redes sociales para un mejor entendimiento de lo que se está comentando sobre las empresas, marcas u otros temas, lo que a su vez permite identificar oportunidades de inversión.

El análisis de sentimientos es un método más de intento de traducción de las emociones humanas en datos, pero con el uso de las herramientas modernas se puede conseguir que la espontaneidad e inmediatez de la opinión en los medios sociales haga que dichos sentimientos sean más auténticos y preserven su contenido emocional. El análisis de sentimientos relativos a contenidos no estructurados se puede medir con tres características fundamentales: *polaridad* (¿la opinión sobre un tema, la expresión emitida es positiva o negativa, incluso neutra?); *intensidad* (¿cuál es el grado de emoción que se expresa?); *subjetividad* (¿la fuente que emite la expresión o comentario es objetiva, es parcial o imparcial?).

A medida que el concepto de análisis de sentimientos se va asentando, especialmente en los medios sociales y en aplicaciones de software empresarial como CRM social, el número y uso de aplicaciones va creciendo, y en numerosos sectores de los negocios y de la sociedad en general. Algunas aplicaciones son:

- Medida de la satisfacción de los empleados y del clima laboral.

- Medida de la satisfacción del cliente.

- Prevenir el abandono de clientes. Esta aplicación es muy utilizada en operadoras de telefonía para tratar de evitar las ofertas de los competidores.

- Comparación con la competencia mediante la evaluación de la opinión sobre la competencia.

- Detección de fortalezas y debilidades en diferentes áreas de nuestra empresa.

- Medida del impacto en la reputación corporativa.

- Predicción de la evolución de determinadas acciones y lanzamiento de productos.

- Análisis de la opinión del electorado en el caso de votaciones políticas.

El análisis de sentimientos se encuadra dentro del Procesamiento de Lenguaje Natural (PLN), la Inteligencia Artificial y de la minería de textos (entre otras técnicas), ya que fundamentalmente busca extraer información subjetiva de un texto (un *tuit*, un *post* en un blog). El analista de sentimientos se está convirtiendo en una profesión emergente dentro del área de analistas de datos y analistas web, que requiere de una formación multidisciplinar como lingüística, ingeniería de sistemas (informática), psicología, e incluso matemáticas o física.

RESUMEN

El análisis de datos tiene el objetivo fundamental del estudio de los datos de una organización para tomar decisiones correctas y efectivas en beneficio de la organización. La *analítica de datos* (*data analytics*), según ISACA, "implica los procesos y actividades diseñados para obtener y evaluar datos para extraer información útil". La analítica de datos se considera también a la ciencia de examinar datos en bruto (crudos) con el propósito de obtener conclusiones acerca de la información contenida en ellos.

- Existen cuatro tipos tradicionales de analítica de datos para su aplicación en análisis de datos: analítica descriptiva, analítica de diagnóstico, analítica predictiva y analítica prescriptiva.

- Analítica aumentada es un nuevo tipo de analítica de datos que fue acuñada con ese término por Gartner en 2017 y que se apoya esencialmente en Inteligencia Artificial y Aprendizaje Automático para conseguir mayor eficiencia y precisión en la toma de decisiones.

- La analítica de Big Data permite a los usuarios analizar los datos masivos de las organizaciones con tamaños desde *terabytes* hasta *petabytes* de un modo rápido y económico.

- Existe una gran variedad de herramientas de software que se usan en la analítica de datos. Las técnicas más empleadas son: realización de consultas e informes (*quering* y *reporting*), visualización, minería de datos, análisis de datos predictivos, lógica difusa, optimización, *streaming* de audio, vídeo o fotografía.

- Las herramientas de analítica deben permitir a los usuarios analizar los grandes datos de un modo rápido y económico. Los usuarios deben ser capaces de explorar y visualizar datos masivos mediante gráficos interactivos, Cuadros de Mando Integral (*Balanced Scorecards*), tableros o cuadros de control (*dashboards*), herramientas de *reporting* y *query* (informes y consultas) de resultados, así como herramientas de visualización, en tiempo real cuando sea necesario.

- El tratamiento de los grandes volúmenes de datos requiere de las siguientes etapas: adquisición o ingestión, almacenamiento y organización de la información, análisis y presentación o visualización de resultados.

- En la era de los grandes volúmenes, podemos considerar cuatro grandes categorías en analítica de datos:

  — Analítica web o analítica del tráfico de datos en un sitio web.

  — Analítica social o análisis de datos de los medios sociales (blogs, wikis, redes sociales, RSS).

  — Analítica móvil en dispositivos móviles con el objeto de analizar los datos que envían, reciben o transitan en dichos dispositivos.

  — Analítica de Big Data o analítica de los grandes volúmenes de datos.

- La **analítica web,** según Avinash Kaushik, es: "El análisis de datos cuantitativos y cualitativos de su sitio web y de la competencia, para impulsar una mejora continua de la experiencia en línea que tienen tanto los clientes habituales como los potenciales y que se traduce en unos resultados esperados (*online* y *offline*)".

- Los **análisis de sentimiento o sentimientos** (*sentimental analysis*), también conocido en algunos ambientes como minería de opinión, se refiere en la era actual al análisis automático del sentimiento que trata de traducir a indicadores más o menos medibles las emociones humanas inmersas en los datos sociales, tanto en fuentes externas y autónomas (redes sociales, blogs, microblogs, foros, medios de comunicación, wikis) como internas o propias de la empresa (interacciones almacenadas en el CRM, transcripciones de conversaciones registradas en el sistema de soporte de incidencias, encuestas realizadas a clientes y empleados).

BIBLIOGRAFÍA

ACERA, Miguel Ángel (2012). *Analítica web.* Madrid: Anaya.

ACERA, Miguel Ángel (2014). *Analítica web 2.0.* Madrid: Anaya.

CURTO, Josep (2016). *Introducción al Business Intelligence.* Barcelona: Editorial UOC.

CURTO, Josep (2016). *Organizaciones orientadas al dato. Transformando las organizaciones hacia una cultura analítica.* Barcelona: Editorial UOC.

GOROSTIZA, Iñaki y Asier BARAINCA (2016). *Google Analytics. Mide y vencerás.* Madrid: Anaya, 2016.

JOYANES, Luis (2015). *Big Data. Análisis de grandes volúmenes de datos.* Ciudad de México: Alfaomega; Barcelona: Marcombo.

JOYANES, Luis (2015). *Sistemas de Información en la Empresa.* Ciudad de México: Alfaomega, Barcelona: Marcombo.

JOYANES, Luis (2017). *INDUSTRIA 4.0: La Cuarta Revolución Industrial.* Barcelona: Ciudad de México: Alfaomega.

JOYANES, Luis (2019). *Inteligencia de Negocios y Analítica de Datos: Una visión global de Business Intelligence & Analytics.* Ciudad de México: Alfaomega; Barcelona: Marcombo.

KAUSHIK, Avinash (2012). *Analítica web 2.0.* Barcelona: Gestión 2000.

LANEY, Doug (2012). *Information economics, big data and the art of the possible with analytics.* Presentación de Gartner.

LOVETT, John (2012). *Social Media; Métricas y análisis.* Madrid: Anaya.

MALDONADO, Sergio. *Analítica web.* Madrid: ESIC.

PÉREZ, César (2015). *Big Data Analytics con herramientas de SAS, IBM, ORACLE y MICROSOFT.* Madrid: Garceta

POWER, Daniel J. y Ciara HEAVIN (2017). *Decision Support, Analytics and Business Intelligence*. New York: BEP (Business Expert Press).

SHARDA, Ramesh; Delen DURSUN y Efrain TURBAN (2014). *Business Intelligence and Analytics: Systems for Decision Support*. New Jersey: Pearson

SHARDA, Ramesh; Delen DURSUN y Efrain TURBAN (2017). *Business Intelligence and Data Science: A Managerial Perspective*. New Jersey: Pearson.

SHARDA, Ramesh; Delen DURSUN y Efrain TURBAN (2018). *Business Intelligence, Analytics and Data Science: A Managerial Perspective*. New Jersey: Pearson.

NOTAS

[1] *ISACA (2011) Data Analytics. A Practical Approach (white paper). Disponible en: <www.isaca.org/dataanalytics>.*

[2] Doug Laney, consultor y vicepresidente de la consultora Gartner, en marzo de 2012, con ocasión de la presentación por Gartner del *Information Economics, Big Data and the Art of the Posible with Analytic*, realizó una presentación del Gartner Analytics Ascendancy Model, donde definió los cuatro tipos de analítica que proponía Gartner: descriptiva, diagnóstica, predictiva y prescriptiva, y cuyo diagrama se ha convertido en un estándar de analítica. Con anterioridad, el 12 de enero de 2012, Laney había ya publicado en el blog de Gartner el artículo "Deja VVu: Others Claiming Gartner´s Construct for Big Data", donde ya adelantaba las tres propiedades fundamentales de Big Data (modelo 3 V).

[3] Disponible en: <https://www.gartner.com/en/documents/3773164>.

[4] Disponible en: <https://www.gartner.com/en/information-technology/glossary/augmented-analytics>.

[5] Disponible en: <https://www.gartner.com/en/doc/441420-how-augmented-analytics-will-transform-your-organization>.

[6] Tableau. *Augmented analytics explained: definition, use cases, benefits, features, and more*. Disponible en: <https://www.tableau.com/learn/articles/augmented-analytics>.

[7] *Ibid.*, nota 6.

[8] Bernard Marr. *What Is Data Democratization? A Super Simple Explanation and The Key Pros And Cons.* Disponible en: <https://www.forbes.com/sites/bernardmarr/2017/07/24/what-is-data-democratization-a-super-simple-explanation-and-the-key-pros-and-cons/?sh=66e27336013f>; <https://bernardmarr.com/what-is-data-democratisation-a-super-simple-explanation-and-the-key-pros-and-cons/>.

[9] Gartner. *Gartner Top 10 Strategic Technology Trends For 2020*. Disponible en: <https://www.gartner.com/smarterwithgartner/gartner-top-10-strategic-technology-trends-for-2020>.

[10] Ver nota 8. Bernard Marr publicó también un artículo muy interesante sobre Analítica Aumentada. *What Is Augmented Analytics? A Simple Explanation For Anyone.* Disponible en: <https://bernardmarr.com/what-is-augmented-analytics-a-simple-explanation-for-anyone/>.

[11] Digital Analytics Association. *What is Digital Analytics?* Disponible en: <http://www.digitalanalyticsassociation.org/>.

---

[12] The IBM Global Chief Marketing Officer Study (The IBM 2011 Global CMO Study). *Del reto al éxito. La transformación de marketing en la era digital.* Disponible en: <http://www-05.ibm.com/services/es/c-suite/cmo/cmo-study-registration-2011.html>. (Consulta: 8 de septiembre de 2012).

[13] Adaptado de Kaushik, Lovett y Acera.

CAPÍTULO 5
MINERÍA DE DATOS

INTRODUCCIÓN

La Minería de Datos es un conjunto de técnicas que se utilizan para optimizar el desarrollo de la Inteligencia de Negocios a partir de los datos que una organización recoge, organiza y almacena para, posteriormente, realizar el análisis de datos y contribuir del modo más eficiente posible en la toma de decisiones.

Existen grandes volúmenes de datos almacenados en las bases de datos, *data warehouses* y otros tipos de almacenes de datos como las bases de datos NoSQL, "en memoria" y MPP (bases de datos de procesamiento paralelo masivo) y los modernos repositorios de datos conocidos como lagos de datos (*data lakes*). Esta ingente cantidad de datos es cada día más rica y rentable para las organizaciones, pero requieren un análisis eficiente, no siempre fácil, para su conversión en conocimiento para la toma de decisiones.

La Minería de Datos busca descubrir el conocimiento de los datos recopilados y almacenados, de manera oportuna y en una forma escalable (para pasar de modo eficiente de gigabytes – terabytes – petabytes – exabytes y, en un futuro no lejano, a zettabytes).

Se desarrollan los conceptos fundamentales de Minería de Datos y las técnicas para el descubrimiento de patrones de datos de interés a partir de los datos de aplicaciones diversas. Analizaremos los fundamentos de la Minería de Datos, sus aplicaciones y campos de implantación, así como las técnicas más utilizadas en el desarrollo de herramientas de Minería de Datos eficaces y eficientes. Asimismo, realizaremos un examen práctico de las herramientas de software más empleadas, tanto de software propietario y comercial como de código abierto y gratuito.

Las técnicas de Minería de Datos están evolucionando y se están integrando con las técnicas de Aprendizaje Automático dentro de la Inteligencia Artificial y la Ciencia de Datos, disciplina que tiene como espina dorsal la Minería de Datos y, de un modo más amplio, el Aprendizaje Automático, que se verá a lo largo de los capítulos 10 y 11.

PUEDE LEER LA VERSIÓN EXTENDIDA DEL CAPÍTULO

DESCARGÁNDOLO DE WWW.MARCOMBO.INFO CON EL CÓDIGO **DATOS24**

CAPÍTULO 6

VISUALIZACIÓN DE DATOS: INFORMES Y CONSULTAS, CUADROS DE MANDO (*DASHBOARDS*) Y CUADRO DE MANDO INTEGRAL (CMI)

INTRODUCCIÓN

Una vez que se ha realizado el análisis de datos, se disponen de resultados que se han de comunicar y presentar a los diferentes niveles de empleados de la organización —y, en su caso, clientes, socios—, de modo que aprendan de ellos y les ayuden a tomar las decisiones y conclusiones más adecuadas para el negocio. La información que se ha de presentar debe ser clara, sencilla y lo más intuitiva posible.

El análisis de datos, en general, y de Big Data, en particular, solo es útil si garantiza que las personas a quienes va destinado obtienen la información adecuada, en el formato adecuado y el momento en que se necesita, de modo que puedan tomar las decisiones correctas de la forma más eficiente posible y siempre de modo ubicuo. Una vez analizados los datos, se ha de tener en cuenta quién necesita los resultados para tomar mejores decisiones estratégicas y adaptar la visualización de datos a las necesidades de cada rol profesional.

La visualización de datos puede darse en numerosas formas: **gráficos y tablas** (cuadros), **informes tradicionales**, **infografías** (con mapas, textos, datos, comportamientos, emociones), **nubes de palabras**, **mapas mentales**, etcétera. Otros medios a disposición de las empresas y de gran impacto corporativo son los cuadros de mando o tableros de control (*dashboards*) y, desde el punto de vista de gestión empresarial, los Cuadros de Mando Integral (*Balanced Scorecards*), CMI, que son herramientas de gran eficiencia en las empresas.

Las corporaciones disponen de un gran número de herramientas de visualización, tanto de software propietario como de código abierto, gratuitas.

6.1. CONCEPTOS GENERALES DE LA VISUALIZACIÓN DE DATOS

En la era de los grandes datos, las compañías necesitan información más relevante, más útil, de mejor calidad y disponer de ella en el momento adecuado. La presentación de datos en formato visual, mediante la visualización de datos y herramientas de analítica visual, ayudan a los usuarios a ver patrones y relaciones en grandes cantidades de datos, lo que sería difícil de discernir si los datos se presentaran en un formato tradicional de listas de texto o números. Las personas suelen verse más ágiles cuando ellas pueden acceder a filtrar información que se presenta visualmente y, de este modo, pueden aumentar sus capacidades de percepción y creación de nuevas ideas sobre un determinado asunto.

El banco español BBVA —líder en tecnologías y transformación digital en la banca— define la visualización de datos como la disciplina que permite transformar las relaciones numéricas de los datos en impactos visuales y la comprensión de la información. Otra definición muy sobresaliente es la dada por el fabricante de soluciones de software de visualización de datos, SAS (uno de los proveedores más acreditados en herramientas de analítica visual), que define la visualización de datos como la exploración visual e interactiva y la correspondiente representación gráfica de datos de cualquier dimensión, naturaleza (estructurados y no estructurados) y origen. La visualización de datos permite a las personas ver cosas que antes no eran evidentes; se pueden identificar tendencias rápida y fácilmente. Transmiten información de una manera universal y simplifican la tarea de compartir ideas con otras personas. Es una manera de obtener información rápida mediante la exploración visual, por medio de informes consistentes y del intercambio flexible de dicha información.

La visualización de datos trata de explorar y analizar los datos de una forma visual y rápida; permite compartir información con rapidez y tomar decisiones adecuadas en el momento adecuado. Otra ventaja que ofrece la visualización de datos es mantener bajo control a las métricas y, sobre todo, a los indicadores clave de rendimiento, KPI empresariales.

Analítica Visual de Big Data

El análisis de los grandes volúmenes de datos requiere la identificación de la información y la necesidad de que los resultados de los informes se han de presentar a las personas responsables, de un modo significativo, y que los puedan entender con facilidad. Es muy importante que la información adecuada se presente de modo comprensible y se comunique a los usuarios correspondientes en el formato adecuado y cuando la necesiten; cada vez con mayor frecuencia, se requiere que esta información esté disponible en tiempo real y que se pueda acceder a ella con cualquier dispositivo y en modo omnicanal.

Tradicionalmente, los informes para comunicar los resultados utilizan cuadros, diagramas y tablas, junto a los formatos numéricos puros (sin gráficos ni cuadros). Cada día con mayor frecuencia, se presentan los resultados mediante conversaciones, charlas y tertulias, respaldados por presentaciones numéricas o gráficas, en una conversación oral.

La proliferación de aplicaciones de Big Data en la Inteligencia de Negocios ha facilitado la creación de una alta gama de herramientas de visualización, de modo que permiten presentar los resultados de los análisis de los datos con un aspecto más atractivo y comprensible. Una de las tendencias de mayor impacto en las herramientas de visualización son las conocidas como narraciones de datos (*data storytelling*), que se están convirtiendo en una de las más empleadas para la presentación de resultados y son compatibles con las infografías, mapas mentales o nubes de palabras.

Las herramientas de visualización de datos se construyen mediante soluciones de software propietario o de código abierto, que se adquieren a los proveedores comerciales de software, bien como programas independientes o integrados con otras herramientas de Inteligencia de negocios, a modo de soluciones integradas (*suites*).

Tradicionalmente, los informes han utilizado varios tipos de gráficos y cuadros o tablas para ayudar a la visualización de resultados. En los próximos apartados, veremos los más comunes.

En los últimos años se ha consolidado una tendencia: la integración de datos en formatos sencillos (de una página, cartón) dentro de una misma presentación y que mezcla todo tipo de datos. Hoy en día, estas soluciones muy eficaces se pueden obtener mediante herramientas de visualización conocidas como cuadros de mando o tableros de control (*dashboards*), y que vienen incluidas en numerosas soluciones de software de numerosos proveedores.

6.2. GRÁFICOS

En el proceso de realización de un informe, uno de los aspectos más importante que se debe considerar es la selección del tipo de gráfico, tabla o diagrama, que en general denominaremos gráficos. La definición de gráfico según la RAE (Real Academia Española) tiene dos acepciones relacionadas con la visualización de datos:

> *4(m). Representación de datos numéricos por medio de una o varias líneas que hacen visible la relación que esos datos guardan entre sí.*

> *5(f). Representación por medio de líneas/gráfica.*

El INE (Instituto Nacional de Estadística de España) denomina *gráfico estadístico* a una representación visual de una serie de datos estadísticos y considera que es una herramienta muy eficaz ya que:

- Capta la atención del lector.

- Presenta la información de forma sencilla, clara y precisa.

- No induce a error.

- Facilita la comparación de datos y destaca las tendencias y las diferencias.

- Ilustra el mensaje, tema o trama del texto al que acompaña.

En resumen, el gráfico es una herramienta muy eficaz para presentar la información de manera, clara, precisa y sencilla, facilitando la comparación de datos y resaltando diferencias y tendencias.

Los tipos de datos utilizados en los gráficos se clasifican en dos grandes grupos:

- **Cualitativos.** Se refieren a cualidades o modalidades que no pueden expresarse numéricamente. Pueden ser:

○   **Ordinales** (siguen un orden o secuencia): por ejemplo, abecedario, meses del año, etcétera.

○   **Categóricos** (no siguen ningún orden): por ejemplo, el estado civil de las personas.

•   **Cuantitativos.** Se refieren a cantidades o valores numéricos. Pueden ser:

○   **Discretos.** Valores enteros (0, 1, 2, 3): por ejemplo, número de hijos, número de alumnos, etcétera.

○   **Continuos.** Toman cualquier valor dentro de un intervalo.

Existen numerosos tipos de gráficos (*diagrama* es un término sinónimo muy empleado) y uno de los aspectos más importantes y, a veces, más complejos, es la selección del tipo de gráfico que se ha de utilizar en un informe, o en un cuadro de mando. En el apartado 6.3, publicado en el sitio web del libro, se describirán los gráficos más populares utilizados en los diagramas de visualización, así como otros diferentes gráficos que han alcanzado gran notoriedad en los cuadros de mando o paneles de control que se describen más adelante.

Además, y como recursos muy prácticos, recomendamos al lector la descarga de los documentos, en formato libre, del INE y de Tableau:

Guías prácticas de tipos de datos

INE (Instituto Nacional de Estadística de España): Los tipos de gráficos estadísticos.
https://www.ine.es/explica/docs/pasos_tipos_graficos.pdf

TABLEAU: Elija el tipo de gráfico adecuado para sus datos.
https://help.tableau.com/current/pro/desktop/es-es/what_chart_example.htm

TABLEAU: Las mejores visualizaciones.
https://www.tableau.com/es-es/learn/get-started/desktop-viz-design

---

6.3. TIPOS DE GRÁFICOS

Disponible en la página web del libro.

6.4. MAPAS

Cartograma

Es un mapa en el que se presentan datos estadísticos por regiones, con un número o coloreando las diferentes zonas, en función del dato que representa.

Figura 6.1. Cartograma

Mapas de calor

Es una representación gráfica de los datos, donde los valores individuales contenidos en una matriz se representan como colores. Los mapas de calor son una excelente manera de comparar datos en dos categorías mediante el color. El efecto es ver rápidamente donde la intersección de las categorías es más fuerte y más débil.

Se usan para ver la relación entre dos factores, por ejemplo, análisis de segmentación de mercado objetivo, adopción de productos en regiones, ejemplos de ventas por agente individual.

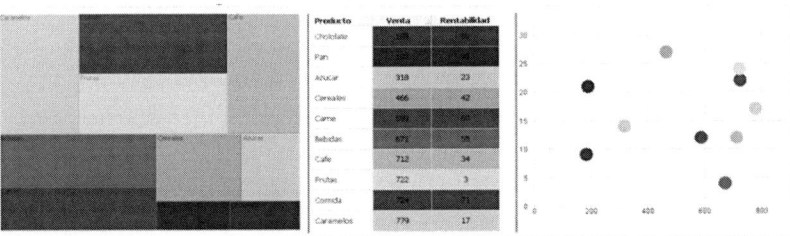

Figura 6.2. Mapa de calor.
Fuente: <http://qlikviewapuntes.blogspot.com/2014/02/mapa-de-calor-usando-asistente.html>

Diagrama de Sankey

Es un diagrama de flujos antiguo que se ha revitalizado gracias a las nuevas herramientas que facilitan su realización (en lugar de hacerlo de modo manual). Los anchos de las flechas representan el volumen.

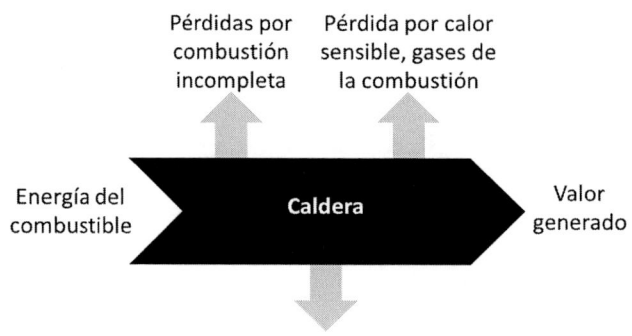

Figura 6.3. Diagrama de Sankey de una caldera.
Fuente: <https://www.researchgate.net/figure/Figura-7-Diagrama-de-sankey-de-una-caldera-1_fig6_316859930>

Diagrama de Gantt

Un gráfico o diagrama de Gantt es una herramienta muy eficaz para la ilustración de fechas de inicio y terminación de los elementos de un proyecto. El cumplimiento de los plazos es primordial para el éxito de un proyecto y requiere conocer las necesidades que se han de cumplir y cuándo se han de alcanzar. Los diagramas de Gantt se han asociado tradicionalmente con la administración de proyectos, pero pueden emplearse para aplicaciones donde las personas o máquinas cambian sus actuaciones con el tiempo; por ejemplo, en la planificación de recursos ver los tiempos en que las personas alcanzan hitos u objetivo explícitos, niveles de certificación y cómo se distribuyen en el tiempo.

Los gráficos de Gantt se pueden utilizar:

1. Visualización del programa de un proyecto.

2. Visualización de otros temas en uso con el tiempo.

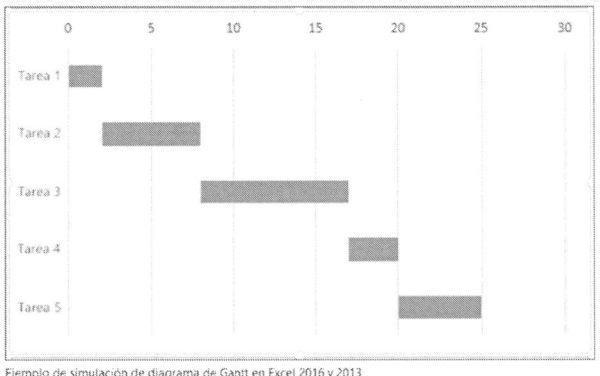

Ejemplo de simulación de diagrama de Gantt en Excel 2016 y 2013

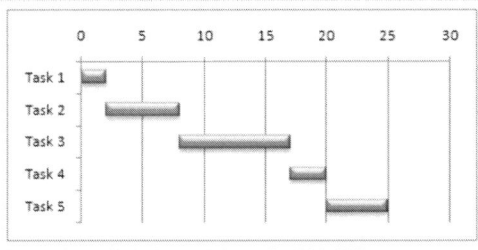

Ejemplo de simulación de diagrama de Gantt en Excel 2010 y 2007

Figura 6.4. Diagrama de Gantt.
Fuente: Microsoft
<https://support.office.com/es-es/article/presentar-datos-en-un-diagrama-de-gantt-en-excel-f8910ab4-ceda-4521-8207-f0fb34d9e2b6>

Mapa de árbol

Es un método para la visualización de datos jerárquicos mediante el uso de rectángulos anidados. Utilizan una serie de rectángulos, dentro de otros rectángulos, para mostrar los datos jerárquicos como una proporción del todo. Los datos se observan relacionados como en un árbol, donde a cada rama se le asigna un rectángulo que representa cuántos datos comprende. Cada rectángulo se subdivide, a su vez, en rectángulos más pequeños, nuevamente, sobre la base de su proporción con el todo.

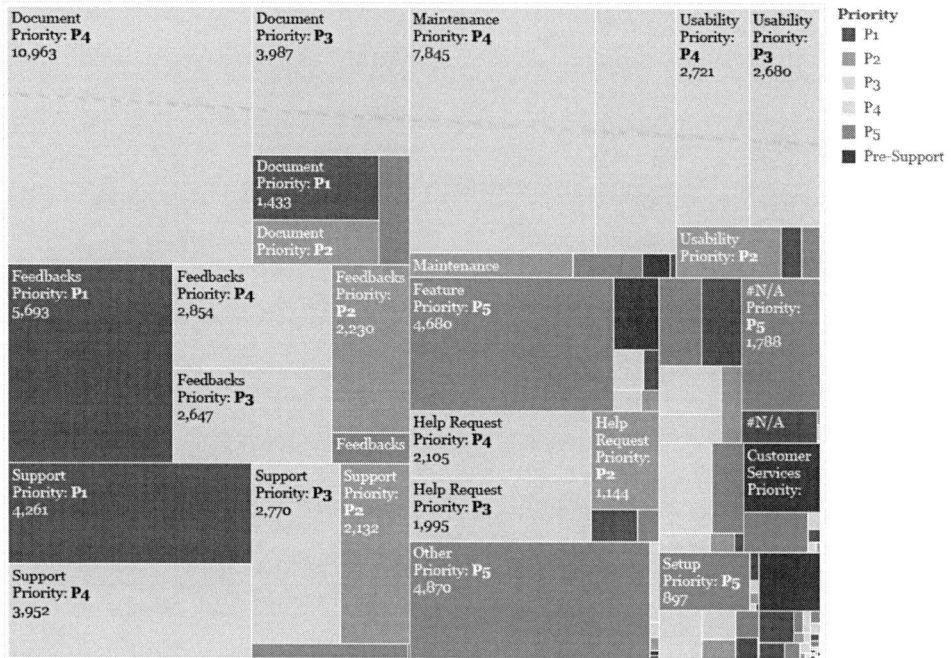

Figura 6.5. Mapa de árbol.
Fuente: Maila Hardin et al. ¿Qué tabla o gráfico es el adecuado para usted? Tableau (p. 23)

Diagrama de caja (*box plot*)

Es un tipo de gráfico que utiliza los cuartiles para representar un conjunto de datos. Permite observar de un vistazo las distribuciones de los datos y sus principales características: centralidad, dispersión, simetría y tamaño de las cajas.

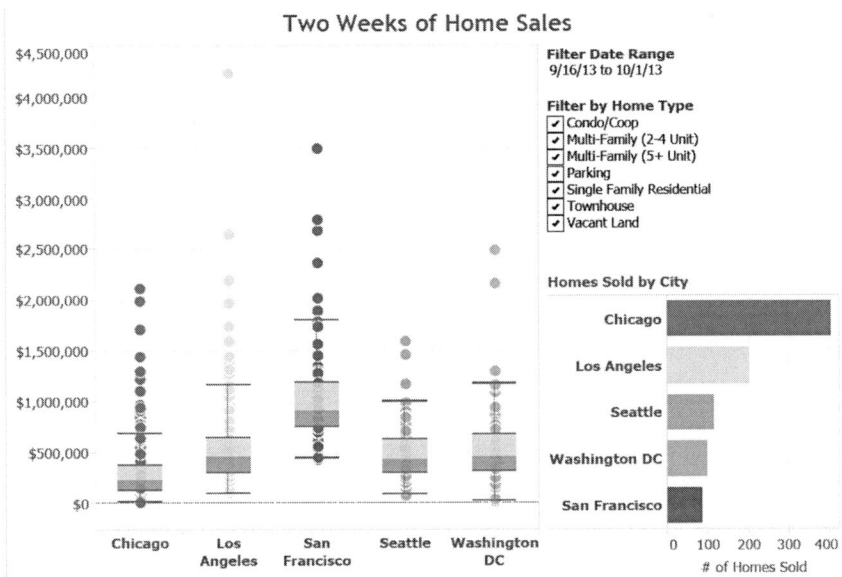

Figura 6.6. Diagrama de cajas

Árbol de nodos

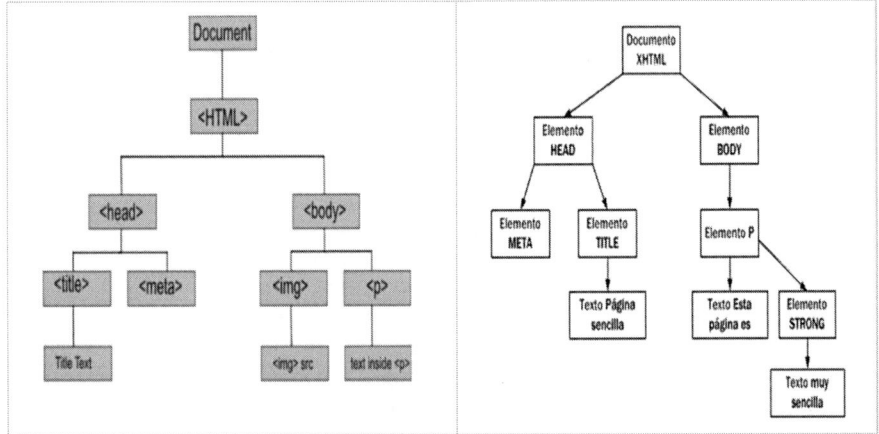

Figura 6.7. Árbol de nodos.
Fuente: Árbol de nodos generados automáticamente por DOM (Document Model Objetct)
a partir del código HTML de la página:
<http://librosweb.es/libro/javascript/capitulo_5/arbol_de_nodos.html>

Es un diagrama muy utilizado para ver relaciones. Las visualizaciones de grandes de datos lo han actualizado, ya que son una evolución de los organigramas y árboles familiares.

La necesidad de visualizaciones de grandes volúmenes de datos ha convertido a estos gráficos en herramientas imprescindibles en numerosas aplicaciones de negocios.

6.5. INFOGRAFÍAS

Las infografías son una de las herramientas visuales que más han crecido desde la implantación de las tecnologías de Big Data, especialmente en el análisis de datos y las tecnologías habilitadoras y facilitadoras de la Ciencia de Datos ya descritas.

Las oportunidades y beneficios que ha traído el análisis de los grandes volúmenes de datos han obligado a utilizar nuevos modos de comunicar e informar los resultados y, por consiguiente, nuevas herramientas de visualización adaptadas a estos grandes datos.

Una infografía es una mezcla de información y gráficos, como señala su nombre, y una representación visual de una página (o página desplazable a lo largo de una página web que puede ocupar una o varias páginas, según la escala de la infografía), que trata de visualizar los datos, la información y el conocimiento necesarios para ayudar en la toma de decisiones de una manera rápida, clara y sencilla.

Las infografías se suelen utilizar con mucha profusión en periódicos, revistas y otros medios de comunicación. Sin embargo, a medida que los Big Data y sus herramientas siguen introduciéndose en las organizaciones y empresas, los directivos necesitan un sistema de visualización de datos coherente, simple e intuitivo que les permita extraer los mensajes clave que se adapten a sus prioridades.

Una infografía debe ser una solución innovadora que sintetice los mensajes clave y describa la historia de los datos en una página física (o desplazable). Bernard Marr (2016)[1] considera que una buena infografía debe tener tres partes muy claras:

- **Atractiva visualmente:** uso de color, gráficos e iconos
- **Contenido útil:** uso de marcos temporales, estadísticas y referencias
- **Transmitir conocimientos:** uso de hechos y deducciones

Marr señala la necesidad de combinar las características anteriores para contar una historia, ya que la infografía no consiste solamente en encontrar la manera más accesible de presentar los datos, sino que se trata de encontrar la mejor manera de iniciar visualmente conversaciones e interacciones que puedan mejorar el proceso de toma de decisiones y el rendimiento. La mejor forma de conseguirlo, insiste Marr, es poner el centro de atención en el mensaje y utilizar lo que exprese dicho mensaje a partir de una combinación de palabras, números y colores, de modo que "entre por los ojos" y llame la atención del lector.

La avalancha de datos que viven, día a día, en las organizaciones y empresas ha potenciado la realización de buenas infografías que muestren de un modo visual e instantáneo los informes que necesitan los ejecutivos y, en su caso, los enlaces web necesarios (o documentos fuente impresos) para aquellos que necesiten o deseen conocer más detalles.

Figura 6.8. ¿Qué pasa en un minuto en Internet?
Fuente: <https://www.allaccess.com/merge/archive/32972/infographic-what-happens-in-an-internet-minute>

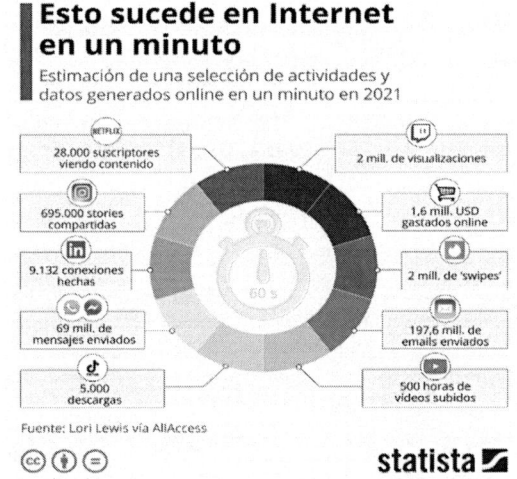

Figura 6.9. Infografía "60 segundos en el universo online".
Fuente: <https://es.statista.com/grafico/17539/datos-creados-online-en-un-minuto/>

Figura 6.10. Infografía sencilla de ofertas de vuelos de Iberia

6.6. INFORMES (*REPORTING*) Y CONSULTAS (*QUERY*)

La etapa de visualización de resultados en una solución de Inteligencia de Negocios requiere la generación y distribución de informes que permitan tomar decisiones en los tres niveles organizativos de una empresa: operativo, táctico y estratégico.

La analítica de negocios incluye informes (*reporting*) estáticos y dinámicos, todo tipo de consultas, descubrimiento de información, vistas multidimensionales y desgloses detallados.

6.6.1. INFORMES

¿Qué es un informe? Un informe (*report*) es un documento mediante el cual se presentan los resultados de uno o varios procesos de negocio. Normalmente, contiene texto acompañado de elementos, gráficos, tablas o diagramas, que facilitan la comprensión de la información presentada. En la actualidad, se ha comenzado a añadir, con gran frecuencia, infografías generalistas o específicas de otras fuentes.

Un informe ha de ser ágil, inmediato, flexible, fiable, seguro, personalizado, con la información empresarial actualizada. Las soluciones de *reporting* requieren la posibilidad de generación de informes para el usuario final, tanto sean especialistas como simples usuarios que no tengan amplios conocimientos técnicos o de programación. Estas herramientas de software específico deben integrar soluciones de ERP, CRM, Recursos Humanos que ayuden a reducir el tiempo de generación de informes y faciliten también consultas de información. Se deben poder generar informes y también consultas con gran rapidez; con mayor intensidad se deben entregar los resultados de manera visual, de modo que puedan ser interpretados y analizados con eficiencia.

Los informes están destinados a los usuarios de negocio, en sus diferentes niveles profesionales, que necesitan conocer la información contrastada y consolidada como ayuda a la toma de decisiones.

La arquitectura de un sistema de Inteligencia de Negocios requiere una herramienta de generación de informes. Las fuentes de origen de los informes son diferentes y proceden de sistemas OLAP, almacenes de datos, ODS, ERP, CRM, SCM, redes sociales, bases de datos NoSQL, infraestructuras o marcos de trabajo (*frameworks*) como Hadoop, Spark. La última tendencia en informes es incorporar las mayores capacidades de visualización junto con la posibilidad de incorporar documentos en PDF, PPT, dispositivos móviles, informes de la web, etcétera.

6.6.2. HERRAMIENTAS DE INFORMES

Las herramientas de informes son las soluciones de software que permiten diseñar, distribuir, planificar y administrar o gestionar informes en el contexto de una organización, departamento o área de la compañía. Una herramienta de informes debe permitir la distribución de los informes con gran rapidez, en el momento adecuado y cada vez, con mayor frecuencia, de modo omnicanal (cualquier canal de comunicación de los empleados por la compañía: correo electrónico, mensajería, redes sociales) y con cualquier dispositivo (teléfono y televisión inteligente, tableta, ordenador, sobre todo en departamentos de marketing y de comunicación).

Tipos de informes

Existen diferentes tipos de informes en función de la interacción ofrecida al usuario y de su dependencia del departamento de informática, de recursos humanos, contaduría:

- Rutinarios o predefinidos de producción (se suelen generar de manera automática y se distribuyen periódicamente a los suscriptores mediante correo electrónico o servicios de mensajería).

- Estáticos (tienen un formato definido e inamovible).

- Dinámicos (son formatos ágiles en el tiempo, contenido y forma).

- Paramétricos o parametrizados (presentan parámetros de entrada y son ideales para consultas múltiples y diferentes).

- *Ad Hoc* (creados para el usuario final y a medida de sus necesidades).

- Cuadros de mando (*dashboards* y *scorecards*).

Los informes tienen como complemento las consultas y búsquedas *ad hoc*.

6.6.3. CONSULTAS

Las consultas pueden ser ordinarias o *ad-hoc* (bajo demanda). Las consultas *ad hoc* permiten a los usuarios consultar información en tiempo real del ordenador que no está disponible en los informes periódicos. Las respuestas a esas consultas se necesitan para agilizar la toma de decisiones. El sistema ha de ser lo suficientemente inteligente para entender lo que desea el usuario; en estos casos, se utilizarán programas escritos en lenguajes SQL; también pueden tener un enfoque dirigido a aplicaciones basadas en la web.

Las consultas basadas en la web, para navegar o buscar información propia o externa, permiten a los usuarios acceder, navegar y explorar datos relacionales con el objeto de ayudar en las mejores tomas de decisiones en tiempo real. Estos métodos de consulta son muy utilizados en los departamentos de marketing para medir el éxito de una campaña, teniendo presente métricas de analítica web, que veremos posteriormente.

Existen numerosas herramientas para facilitar las actividades de consultas. Una muy conocida, aunque de software propietario, es Cognos de IBM.

En la actualidad, la mayoría de las respuestas a consultas se pueden resolver con herramientas de visualización, aunque las herramientas de computación cognitiva, como IBM Watson, junto con los asistentes virtuales *bots* y *chatbots* (capítulo 11), se utilizarán, cada día más, con mayor profusión para responder a consultas especializadas sobre el negocio.

6.6.4. INFORMES GIS (SISTEMAS DE INFORMACIÓN GEOGRÁFICA)

Un sistema de información geográfica, SIG (GIS, en inglés), es un tipo especial de herramienta visual, su uso más frecuente es en los sistemas de información geográfica, aunque cada día es más popular su empleo en la realización de informes en las empresas.

Un sistema GIS es una herramienta muy especial que ayuda a los tomadores de decisiones a visualizar problemas que requieren conocimiento acerca de la distribución geográfica de las personas u otros recursos. El software de GIS conecta datos de posición a puntos, líneas y áreas en un mapa. Algunos sistemas GIS tienen capacidad de modelado para cambiar los datos y revisar automáticamente los escenarios de negocio, en función de su geolocalización o la posición de sus clientes o competidores.

Los GIS pueden utilizarse también para ayudar a los gobiernos estatales y locales a calcular tiempos de respuestas ante desastres naturales y otras emergencias; pueden ayudar a los bancos identificando las mejores posiciones geográficas para instalar una nueva oficina, un cajero automático.

CASO DE ESTUDIO: DATATEAM CONSULTING

La consultora Datateam Consulting de la Ciudad de México, especializada en informes y tableros de control, y proveedora de soluciones de software de Tableau y Alteryx Software, ofrece en su sitio web una serie de consejos profesionales que consideramos muy prácticos para la generación de informes y consultas. El informe de la consultora Datateam[2], con cuestiones (preguntas) de interés y respuestas profesionales a los informes y consultas, es el siguiente:

1. **¿Qué se necesita para la generación de informes y consultas?**

Se necesita tener acceso a sus datos (fuentes de información), conocer qué informes y consultas se desean realizar e instalar el software para su dispositivo.

2. **¿Sobre qué fuentes de datos puedo generar los informes?**

Acceso a archivos de texto, Access, Excel, Oracle, SQL Server, MySQL, Hadoop.

3. **¿Qué necesito saber para generar informes?**

Necesita conocer sus datos y sus fuentes. Saber qué informes y consultas desea generar y estar preparado para visualizar los datos. Excel permitirá generar informes muy complejos.

4. **¿Qué conocimientos necesito para usar Tableau?**

Definición de los informes por generar y de las fuentes de información; acceso a los datos; instalación y licencia del software de Tableau; generación de las consultas e informes siguiendo las instrucciones.

5. **¿Puedo compartir los informes y consultas que se generan?**

Sí, se necesita el software Tableau Software Server; se generan los informes y se publican los informes en el Tableau Software Server.

6.7. CUADROS DE MANDO (*DASHBOARDS*)

Los cuadros de mando o tableros de control[3] digitales (*dashboard* o *scorecard* en inglés), similares a los cuadros de mando de un automóvil, se están convirtiendo en una herramienta de gran popularidad para ayudar a la gestión de la toma decisiones de directivos y profesionales. No debemos confundir el término en español con la metodología de Cuadro de Mando Integral (CMI), que explicaremos en el apartado 6.9.

6.7.1. ¿QUÉ ES UN CUADRO DE MANDO?

Un cuadro de mando (*dashboard*) es una herramienta de Inteligencia de Negocios que visualiza en una única pantalla (de escritorio, tableta o teléfono inteligente) gráficos y diagramas o tablas de métricas o de indicadores clave de rendimiento (KPI) para ayudar a la gestión de una empresa. De modo más simple, un cuadro de mando es una representación gráfica de los principales indicadores KPI, que ayuda al empleado a identificar las áreas que necesitan mayor atención para la estrategia de la empresa. Un cuadro de mando, en esencia, es un panel de datos en el que las empresas visualizan la información más importante con el objetivo final de conseguir su mayor optimización.

Los cuadros de mando sirven para analizar los datos y detectar los posibles problemas de un negocio, ayudando al empleado a definir las líneas de actuación correctas para conseguir los objetivos establecidos. Al utilizar cuadros de mando, los directivos son capaces de examinar en detalle el nivel del producto y tomar las medidas proactivas o retroactivas con el fin de preservar la calidad y eficacia de este. De igual modo, los cuadros de mando ayudan, también, a reducir la cantidad de tiempo requerida por los planificadores y directivos de proyectos para su diseño, construcción y aprobación.

Los cuadros de mando permiten el análisis visual de la información de la empresa (*visual analytics*) y deben informar de la evolución correcta de los indicadores o métricas fundamentales de una organización, de sus departamentos o de sus áreas de negocio.

En síntesis, un cuadro de mando debe ayudar a conseguir los objetivos de la inteligencia y de la analítica de negocios: transformar los datos en información, la información en conocimiento, y el conocimiento en mejores decisiones de los empleados, según el nivel jerárquico dentro de la organización.

6.7.2. CARACTERÍSTICAS DE UN CUADRO DE MANDO

La información de un cuadro de mando para ayudar en la toma de decisiones debe constar de diferentes elementos: métricas y KPI, listas, gráficos, tablas, diagramas, diagramas de Venn, alertas visuales y automáticas, mapas, infografías, que se han de combinar de manera precisa y uniforme; es importante que cada cuadro de mando disponga de un menú de navegación y, en su caso, una infografía. Esta información se ha de basar, fundamentalmente, en los indicadores clave de rendimiento (KPI) del negocio y/o de la empresa, así como en las tendencias de negocio.

La creación de un *dashboard* deberá tener presente, en consecuencia, las siguientes características:

- **Indicadores clave de rendimiento KPI adecuados.** Se ha de realizar una búsqueda exhaustiva de los indicadores (palabras clave) que añadan valor al negocio.

- **Presentación visual.** Los cuadros, gráficos, tablas y restante información han de ser ilustrativos, claros y estar bien estructurados.

- **Datos comprensibles y accionables.** Los datos deben estar contextualizados para su comparación e interpretación, de modo que permitan establecer valoraciones útiles.

- **Personalizado.** Debe ser acorde a los objetivos específicos de cada empresa. Un cuadro de mando no es estándar para todas las empresas y estrategias funcionales. Se ha de elaborar una presentación a medida, en función de los objetivos.

De forma genérica, un *dashboard* engloba a varias herramientas que muestran información relevante para la empresa a través de una serie de indicadores de rendimiento, también denominados KPI (*Key Performance Indicators*).

Los cuadros de mando ofrecen una visualización intuitiva de los indicadores empresariales para aquellos perfiles de usuarios responsables de monitorizar, controlar y gestionar los procesos de negocio; también pueden ser personalizados para cada área de competencia (finanzas, ventas, marketing, recursos humanos, TI).

Los cuadros de mando son herramientas de administración del rendimiento empresarial (EPM) que se presentan ante los usuarios como una visualización de los indicadores empresariales. Permiten monitorizar, controlar y gestionar los procesos de una organización a través de códigos semafóricos que establecen alertas para disponer de una visión completa del rendimiento de la compañía. Los cuadros de mando de gestión, con sus capacidades de alerta, proporcionan una gran ventaja y muchos beneficios. Los indicadores de cumplimiento, evaluación, eficiencia y eficacia contenidos ofrecen una visión completa de la organización y su rendimiento, permitiendo comprobar si la actividad diaria está alineada con la estrategia corporativa o interpretar lo que está ocurriendo para saber qué mejorar. Según su función, se pueden clasificar en:

- **Cuadro de mando operacional.** Se utiliza para monitorizar procesos, eventos y actividades específicas a medida que se producen: ayuda en la ejecución de procesos.

- **Cuadro de mando táctico.** Mide y analiza el desempeño o rendimiento de proyectos específicos, procesos y actividades. Muestra información que ayuda a controlar procesos.

- **Cuadro de mando estratégico (*scorecards*).** Normalmente, se despliega de un modo descendente para revisar el progreso que conduce a conseguir los objetivos del negocio. Interviene en la gestión del proceso para la consecución final de objetivos.

Presentación de un cuadro de mando

El cuadro de mando ha de cumplir con la misión de monitorear el rendimiento de la organización y su progreso; por estas razones, es necesario que se pueda acceder a las métricas en tiempo real.

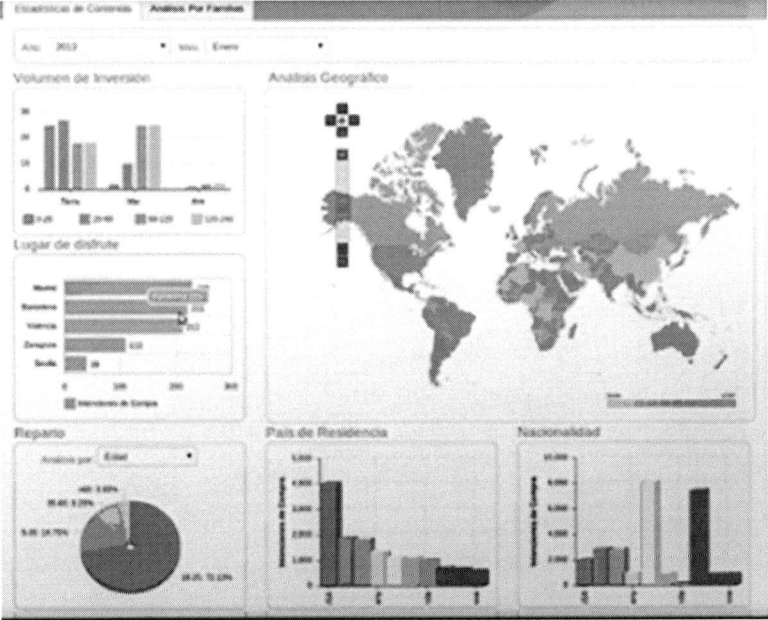

Figura 6.11. Presentación de un cuadro de mando (*dashboard*)

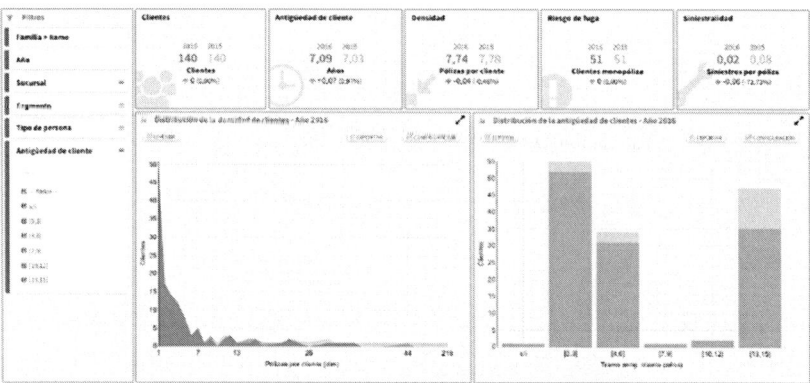

Figura 6.12. Cuadro de mando empresarial.
Fuente: Red.es/Iniciativa Aporta (2016). Visualización de datos
<http://datos.gob.es/es/documentacion/visualizacion-de-datos-definicion-tecnologia-y-herramientas>
<http://datos.gob.es/sites/default/files/doc/file/informe_herramientas_visualizacion.pdf>

Componentes de un cuadro de mando

La mayoría de los cuadros de mando se basan en una serie de gráficos, tablas, medidores u otros indicadores visuales que el usuario ha seleccionado para supervisar; la personalización es importante a la hora de maximizar lo esencial. Los indicadores pueden ser de importancia operativa o estratégica. Así, pues, los componentes de un cuadro de mando pueden ser:

- Tablas (estática, dinámica o herramienta de análisis como OLAP)

- Gráficos

- Mapas

- Métricas (fundamentalmente KPI)

- Listas (de métricas y KPI)

- Menús de navegación

- Alertas (informan del cambio de estado de los datos e indicadores; es convenientes que sean visuales y automáticas al estilo de las alertas de las aplicaciones de los teléfonos inteligentes).

Creación de un cuadro de mando

Una vez definidos los componentes y la presentación para utilizar en un cuadro de mando, el proceso siguiente es su creación. Existen numerosas herramientas (apartado 6.10) tanto en el mercado del software propietario como en el de software o código abierto.

La hoja de cálculo Excel de Microsoft ha sido la herramienta tradicional y todavía sigue siendo la herramienta imprescindible en las organizaciones y empresas. El diseño de cuadros de mando[4] utilizando tablas dinámicas con Excel es una decisión muy acertada.

Curto (2016)[5] propone un proceso iterativo que combina varios pasos:

1. Identificar la necesidad de negocio y los potenciales usuarios del cuadro de mando.

2. Elegir los datos que se van a mostrar en el cuadro de mando.

3. Elegir el formato de presentación conjuntamente.

4. Combinar los datos y la presentación.

5. Planificar la interactividad del usuario.

6. Implementación del cuadro de mando.

¿Cómo se utilizan los cuadros de mando en tiempo real?

Cada día, sensores y dispositivos generan cantidades ingentes de datos: dispositivos GPS en vehículos, objetos y personas, sensores de monitorización del medio ambiente, *feeds* de vídeo en directo, sensores de velocidad en autovías, *feeds* de redes sociales. Esto significa que tenemos más fuentes de datos valiosos, conocidos como datos en tiempo real. Solo recientemente ha surgido la tecnología necesaria para incorporar estos datos en tiempo real a aplicaciones de SIG.

Las funciones de SIG en tiempo real de la plataforma ArcGIS han transformado el modo de utilizar la información en una situación específica. Los cuadros de mando en tiempo real proporcionan vistas útiles de las operaciones diarias de las organizaciones; con lo cual, quienes toman las decisiones y las partes interesadas, disponen de la información más reciente, necesaria para impulsar las ideas y estrategias actuales y futuras. Los *dashboards* responden a preguntas como: ¿qué sucede ahora mismo?, ¿dónde sucede?, ¿a quién afecta?, ¿qué activos están disponibles?, ¿dónde está mi gente?

Algunas aplicaciones de los cuadros de mando en tiempo real

- Los gobiernos locales utilizan la información en tiempo real para gestionar operaciones, tales como el seguimiento y la monitorización de las máquinas quitanieves y los camiones de la basura.

- Las empresas de suministro monitorizan servicios públicos para los consumidores, tales como el agua, las aguas residuales y la electricidad.

- Los departamentos de transporte realizan el seguimiento de autobuses y trenes y monitorizan el tráfico, las condiciones de las carreteras y los incidentes.

- Las autoridades aeroportuarias y las agencias de la aviación realizan el seguimiento y la monitorización del tráfico aéreo en todo el mundo.

- Las empresas de petróleo y gas realizan la monitorización de camiones cisterna y equipos sobre el terreno.

- Las agencias de seguridad pública monitorizan los crímenes mientras suceden, además de las llamadas entrantes en los números de emergencias.

- Las agencias federales, como la Federal Emergency Management Agency (FEMA), US Geological Survey (USGS), National Oceanographic and Atmospheric Administration (NOAA) y la Environmental Protection Agency (EPA) recopilan cantidades ingentes de información sobre el medio ambiente. Monitorizan el tiempo, la calidad del aire y el agua, las inundaciones, los terremotos y los incendios forestales.

- Las empresas utilizan los *feeds* de las redes sociales en tiempo real para recopilar comentarios y monitorizar la reacción social ante temas específicos de interés.

- Las personas utilizan *smartphones*, *smartwatches*, sensores inteligentes, identificadores por radiofrecuencia (RFID), pulseras de *fitness* para capturar y visualizar información, sobre todo acerca de lo que hacen (Internet de las Cosas).

- Las agencias de gestión de emergencias monitorizan la seguridad pública en grandes eventos, tales como maratones o los Juegos Olímpicos.

El concepto de tiempo real

Los datos en tiempo real están tan actualizados como la fuente de datos que los actualiza, tanto si esos datos se actualizan cada segundo como si lo hacen cada minuto, hora o día. El tiempo real para una organización podría no serlo para otra, según el tipo de situaciones que se monitoricen.

El tiempo real es un concepto que, por lo general, se refiere al conocimiento de eventos a la misma velocidad que se desarrollan o en el mismo momento en que lo hacen (sin un retardo significativo). Generalmente, esto se confunde con la frecuencia o el intervalo entre eventos, lo cual es, básicamente, con qué frecuencia se actualizan los eventos. El intervalo de actualización o la frecuencia se relaciona con el término resolución temporal, que puede variar de una aplicación a otra.

Por ejemplo, la mayoría de los sistemas de monitorización de aeronaves proporcionan una o dos actualizaciones cada segundo, mientras que la actualización de las condiciones meteorológicas puede hacerse una vez cada hora. Para monitorizar sus redes, los suministradores de energía utilizan sistemas, también llamados SCADA (Supervisión, Control y Adquisición de Datos) que muestrean datos de tensión, flujo, presión y otros parámetros de dispositivos analógicos a frecuencias muy elevadas (por ejemplo, 50 Hz). Todo esto puede requerir gran cantidad de recursos, como el ancho de banda de la red, la memoria del sistema y el volumen de almacenamiento.

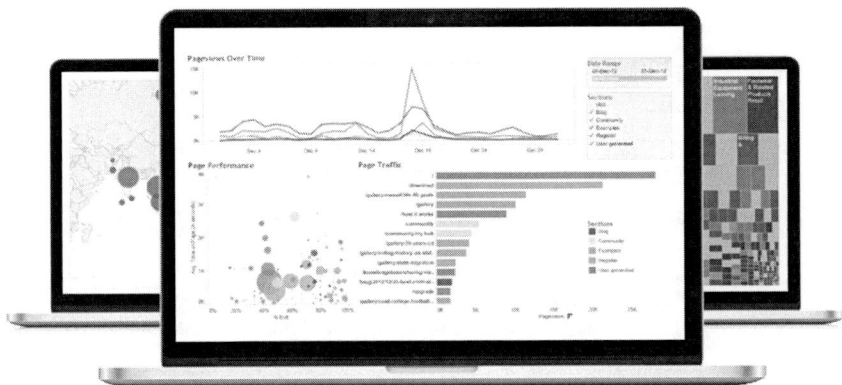

Figura 6.13. Cuadro de mando

CASO DE ESTUDIO: Google Data Studio 360

A finales de 2016, ya en pleno funcionamiento en 2018, Google presentó una herramienta de *dashboard* integrada en su herramienta de analítica web, Google Analytics 360. Tiene una versión gratuita (*freemium*) que tiene todas las características de las versiones *premium* y de empresa, excepto el límite del número de informes (5) que se pueden crear y el tipo de asistencia técnica (correo electrónico o asistencia telefónica).

Google Data Studio 360 —según el propio Google— nació con el objetivo de permitir a cualquier persona, de una forma muy sencilla, la posibilidad de crear cuadros de mando con un potente diseño visual, mediante la conexión de la herramienta con una multitud de fuentes de información.

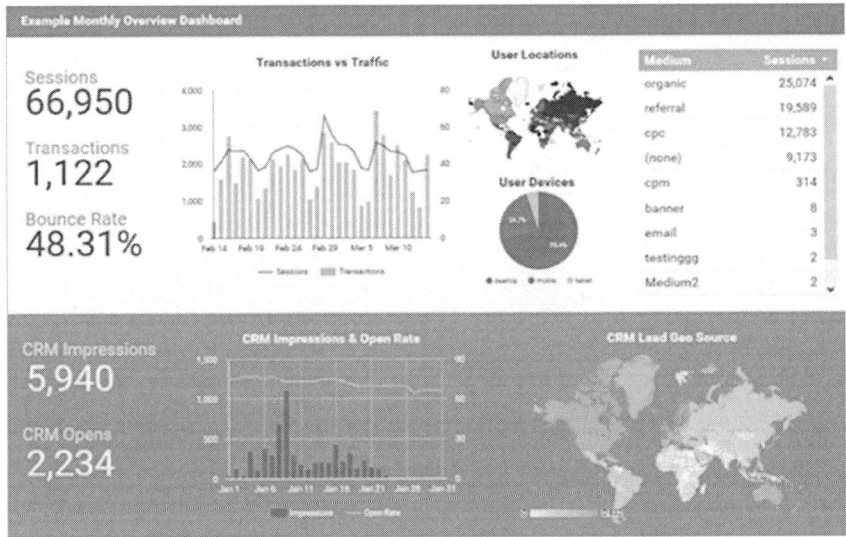

Figura 6.14. Cuadro de mando de Google Data Studio

Las principales aportaciones que ofrece Google Data Studio[6] son:

- **Ahorro de tiempo** y recursos en la creación de nuestros informes (*report*), lo que nos permitirá centrarnos más aún en el análisis de los datos.

- Poder combinar y ofrecer en **un solo cuadro de mando (*dashboard*)** todas las herramientas del día a día de nuestros clientes.

- **Automatizar los informes** para poder aportar conocimiento (ideas) de una manera más rápida.

- Facilitar a los responsables de marketing de las empresas el **informar a otros departamentos**, o a escalafones superiores, de un *dashboard ad hoc* para cada caso.

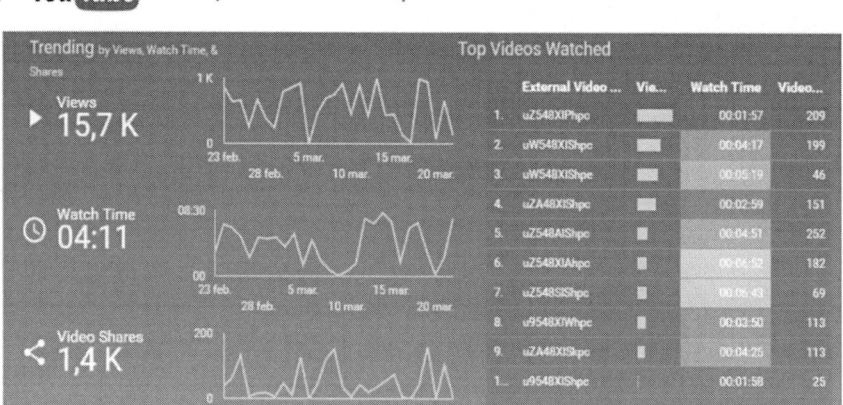

Figura 6.15. Cuadro de mando de YouTube

Dashboard de Google Analytics

Google define el potencial de la herramienta de visualización de datos en tres características:

- **Conectar.** Para crear un cuadro de mando se necesitan datos que proporcionen información a Google Data Studio 360; para ello, permite conectar con múltiples fuentes de información para generar nuestros cuadros de mandos (todos los datos procedentes de todas las herramientas de Google, además otras como MySQL y Cloud SQL).

- **Visualizar.** Representación de datos muy visual y atractiva que permite tener una visión 360° de nuestro negocio.

- **Compartir/Colaborar.** Nos permite la posibilidad de compartir informes y colaborar con nuestros compañeros o clientes de forma muy sencilla.

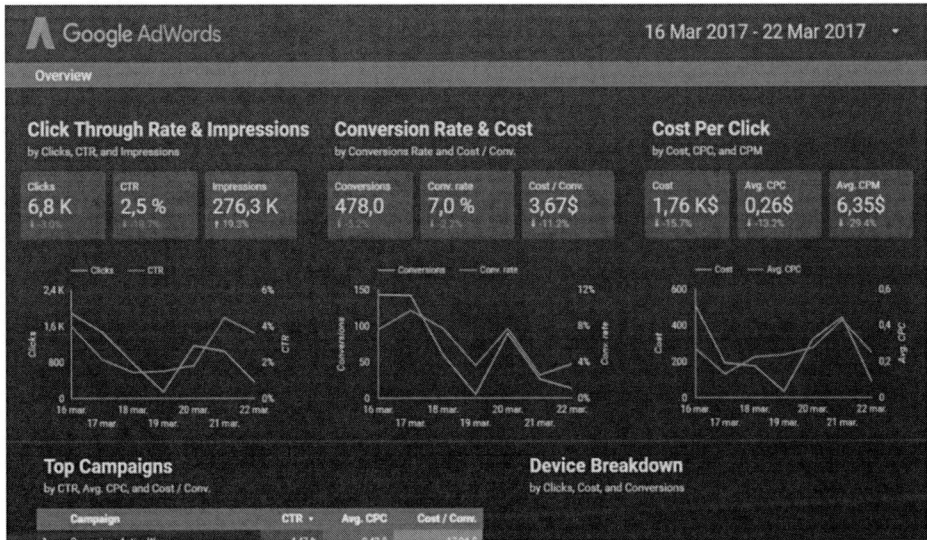

Figura 6.16. Cuadro de mando de Google Analytics

Las opciones de Google Data Studio 360 son:

- **Informes** (creación y generación de informes)
- **Fuentes de datos** (extracción de datos de numerosas fuentes propias de Google y externas a él)

6.8. NARRATIVA DE DATOS (*DATA STORYTELLING*)

La visualización de datos permite recibir de forma gráfica los datos en bruto (fríos), que pese a los numerosos formatos y técnicas empleadas, a veces, tiene dificultad para transmitir el "conocimiento" o las "emociones" implícitos en dichos datos. La narración de datos es una nueva técnica que está emergiendo y que permite transformar los datos en un discurso o narración visual. La narrativa de datos combina datos y ayuda a explicar lo que está sucediendo en ellos y las razones de su importancia en casos determinados. Es una técnica que ha ido naciendo a la vez que se expandía el concepto de periodismo de datos y se ha ido trasladando a la visualización de datos para profesionales, esencialmente desde la creciente implantación del análisis de Big Data.

La narración de datos se ha convertido en un método de contar una historia de datos apoyados en gráficos, mapas, infografías, de modo que la típica narración de historias se ha ido adaptando a la narración de datos. De este modo, ayuda a contar historias que permiten explicar mejor las cifras, los resultados o los hechos para ayudar en la toma de decisiones.

Definición de narración de datos

De un modo sencillo, la narración de datos es una visualización de datos eficaz, que permite la creación de gráficos de datos visualmente muy atractivos. Es una narración estructurada con el objetivo de comunicar información sobre los datos e implica una combinación de tres elementos clave: datos, visualización y narrativa (Dykes, 2016).

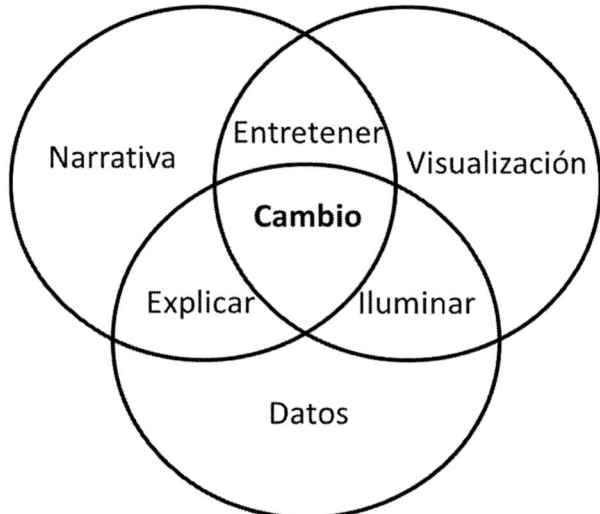

Figura 6.17. Narración de datos

The Data Warehousing Institute[7] —una de las fuentes de información más fiables en el análisis de datos— define esta técnica como: "La práctica de construir una narrativa alrededor de un conjunto de datos y sus visualizaciones correspondientes para ayudar a transmitir el significado de esos datos de un modo potente y convincente". El portal *TechTarget*[8] (una referencia universal en temas de tecnologías de la información en general, e Inteligencia de Negocios y analítica de datos en particular) la define como: "El proceso de traducción del análisis de datos en términos simples con el objetivo de influir en una decisión o acción de negocios".

Por último, Ton Davenport[9], una de las autoridades más reconocidas en analítica y en Big Data, define la narrativa de datos como "la forma de simplificar y dar sentido a un mundo complejo; suministra contexto, la perspectiva, la interpretación en otras propiedades.

Todas las cosas que hacen significativo un análisis de datos además de más relevante e interesante".

Knaflic, una prestigiosa analista de datos y especialista, en su obra de referencia (Knaflic, 2017)[10] considera que la narrativa de datos "es la capacidad de contar historias con datos y su importancia aumenta cada día en el mundo, en el que cada vez hay más datos y más necesidad de tomar decisiones basadas en ellos". Knaflic destaca en su obra cómo mejorar las habilidades de una persona mediante la creación de una historia atractiva, informativa y convincente con datos.

Herramientas de *data storytelling*

Los proveedores de herramientas de visualización de mayor impacto en el mercado como SAS, Qlik y Tableau ofrecen soluciones de narrativas de datos, bien específicas o bien integradas dentro de sus herramientas de visualización.

Un caso muy implantado es Qlik Sense, una herramienta de descubrimiento de datos y soporte a la toma de decisiones. La narración de datos en Qlik Sense permite combinar informes, presentaciones y técnicas de análisis exploratorio para crear y compartir una experiencia de colaboración. En la página web de Qlik Sense, se resalta que esta herramienta ofrece un mecanismo que toma capturas de imágenes estáticas de los datos (informes) e inserta esas capturas en historias estructuradas compuestas de una o más diapositivas. Qlik Sense señala la importancia de la narración de historias de manera interactiva y atractiva durante la presentación de la historia de datos ante la audiencia, según los criterios de la herramienta de Qlik. Una historia de datos, según Qlik, es una combinación efectiva de datos, narrativa y visualización que trata de explicar, iluminar y comprometerse con el significado de los datos.

Tableau, uno de los líderes mundiales en visualización de datos, dispone de herramientas específicas para el tratamiento de historias y narraciones de datos[11]. Tableau Desktop es la herramienta profesional que puede probarse durante un período de 14 días. Además de esta herramienta profesional, Tableau ofrece una versión gratuita, Tableau Public, idónea para prácticas de visualización de datos, que se puede utilizar para prácticas educativas y de aprendizaje. Lógicamente, si se desea tener de manera profesional todas sus propiedades a nivel de empresa, se deberá pensar en la solución de software propietario, Tableau Desktop.

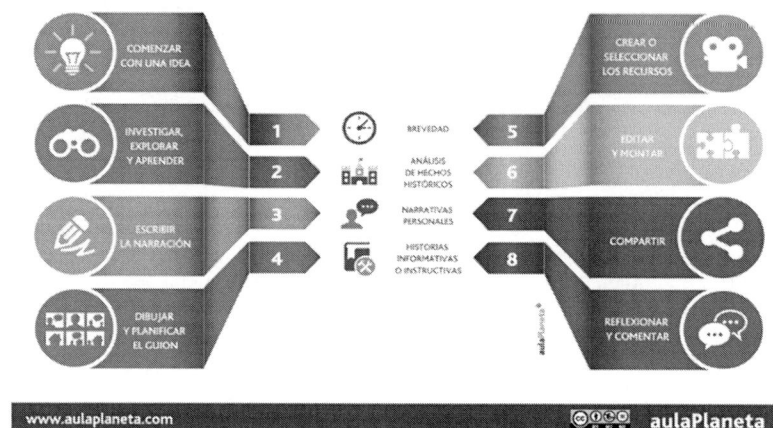

Figura: 6.18. Narración de datos.
Fuente: Aula Planeta (Área de Educación del Grupo Planeta)
<http://www.aulaplaneta.com/2015/11/07/infografias/storytelling-con-las-tic/>

6.9. CUADRO DE MANDO INTEGRAL (CMI) / *BALANCED SCORECARD*

Disponible en la página web del libro.

6.10. HERRAMIENTAS DE VISUALIZACIÓN DE DATOS

Una herramienta de visualización de datos es un software que está diseñado para visualizar datos que representan información en un formato visual tal como un gráfico, una tabla, diagramas, una infografía, un cuadro de mando o una narración de datos. Estas herramientas facilitan la comprensión y el trabajo con grandes volúmenes de datos y han de ofrecer y representar los datos en un contexto efectivo, que facilite la labor de interpretación y visualización de manera sencilla y asequible.

Los científicos de datos han de analizar, interpretar y visualizar grades conjuntos de datos a diario y por ello necesitan tener a su disposición herramientas de visualización de datos lo más completas posibles que les permita compartir sus conocimientos con otros profesionales de los diferentes niveles organizativos.

En el mercado hay herramientas de visualización de datos asequibles, tanto para desarrolladores o diseñadores como para personal menos técnico y proporcionadas por numerosos fabricantes. La mayoría cuenta con versiones de pago y versiones gratuitas y ofrece gráficos optimizados para su uso diario en todo tipo de organizaciones y empresas. Dada la popularidad que han alcanzado para la ayuda en la toma de decisiones, casi todos los grandes fabricantes de software tienen soluciones independientes o integradas en otros softwares de negocios.

Una de las fuentes más reconocidas que ofrece una clasificación de proveedores de herramientas de visualización de datos, es Gartner que en su cuadrante mágico de Gartner de plataformas de Analítica y de Inteligencia de Negocio de 2022 reconoce como los tres fabricantes líderes a Microsoft Power BI, Tableau (Salesforce) y Qlik con Qlik View y Qlik Sense.

Otras herramientas de grandes fabricantes de software son: IBM Cognos Analytics, SAP Analytics Cloud, Google Data Studio. Sin embargo, el mercado ofrece muchas otras herramientas de visualización de datos de gran popularidad como DataWrapper, Sisense, FusionChart, Infogram, Zoho Analytics, Domo, Plotly y una biblioteca de aplicaciones muy utilizada, D3.js que permite visualizaciones interactivas en navegadores y su integración con otras herramientas de software de sistemas de información.

RESUMEN

La visualización de datos es una de las etapas clave en los sistemas de Inteligencia de Negocios, cuyo objetivo principal es mostrar en forma visual los resultados de las etapas de análisis de datos. Uno de los líderes mundiales en analítica, SAS, define la visualización de datos como: "La exploración visual e interactiva y la correspondiente representación gráfica de datos de cualquier dimensión, naturaleza (estructurados y no estructurados) y origen".

- El crecimiento exponencial de datos y las técnicas de visualización de datos han dado origen al nacimiento de una nueva técnica de análisis: la analítica visual.

- Las técnicas de visualización de datos son numerosas: gráficos, tablas, mapas, infografías, mapas mentales, nubes de etiquetas, narrativas o historias de datos (*data storytelling*).

- Las herramientas clave en la visualización de datos son los informes y consultas.

- Los cuadros de mando o tableros de control (*dashboards*) son una de las herramientas más populares y utilizadas en la ayuda de toma de decisiones para los profesionales y directivos.

- Un cuadro de mando es una herramienta que visualiza, en una única pantalla, gráficos y diagramas, tablas, métricas, indicadores KPI para ayudar en la gestión de una empresa.

- La narrativa de datos (*data storytelling*) es una de las técnicas de visualización de datos más innovadoras. Es un método de contar una narración o historia de datos apoyada en gráficos, mapas o infografías.

- El Cuadro de Mando Integral (*Balanced Scorecard*) es un sistema de gestión que permite traducir los objetivos estratégicos de una organización en resultados. Es una metodología de planificación estratégica basada en indicadores (métricas y KPI), creada por los profesores de la Universidad de Hardvard, Robert S. Kaplan y Daniel P. Norton, que relaciona factores medibles de procesos con la consecución de objetivos estratégicos.

- Las perspectivas (puntos de vista) son las dimensiones clave de la empresa y permiten relacionar los objetivos de todas las áreas o departamentos. Las cuatro perspectivas del CMI son: finanzas, clientes, aprendizaje y crecimiento.

BIBLIOGRAFÍA

ALCAIDE, Ignasi (2015). *Visualización de la información. De los datos al conocimiento.* Barcelona: Editorial UOC.

BBVA. *Herramientas de visualización de datos.* Innovation Center BBVAOpen4u.

CURTO, Josep (2016). *Introducción al Business Intelligence.* Barcelona: Editorial UOC. Disponible en: <https://www.tableau.com/es-es/learn/whitepapers/which-chart-or-graph-is-right-for-you>.

HARDIN, Maila et al. *¿Qué tabla o gráfico es el adecuado para usted?* Tableau.

HERNÁNDEZ, M. A.; J.A. ESTRADE y D. JORDÁN (2017). *Marketing digital. Mobile marketing, SEO y analítica Web.* Madrid: Anaya.

KAPLAN, Robert S. y NORTON, Daniel P. (1992): "The Balanced Scorecard—Measures that Drive Performance". *Harvard Business Review.* Enero-febrero, 1992. https://hbr.org/1992/01/the-balanced-scorecard-measures-that-drive-performance-2

KIRK, Andy (2012). *Data visualization a successful design process.* Birmingham: PACT Publishing.

LANTARES Solutions. *eBook Visualización de Datos.* https://es.scribd.com/document/255372298/Lantares-eBook-Visualizacion-de-Datos

MARR, Bernard (2016). *Big Data. La utilización del big data, el análisis y los parámetros SMART para tomar mejores decisiones y aumentar el rendimiento.* TEELL Editorial.

MUÑIZ, Luis (2016). *Diseñar cuadros de mando con Excel utilizando tablas dinámicas.* Barcelona: PROFIT editorial.

NAFLIC, Cole Nussbaumer (2017). *Stotytelling con datos. Visualización de datos profesionales.* Madrid: Anaya.

TASCÓN, Mario y Arantza COULLAUTO (2014). *Big Data y el Internet de las cosas. Qué hay detrás y cómo nos va a cambiar.* Madrid: Ediciones Catarata.

TDWI. *Data Visualization and Discovery for Better Business Decisions.*

YUK, Mico y DIAMOND, Stephanie (2014). *Data visualization for DUMMIES.* New Jersey: Wiley.

RECURSOS WEB

Andy Kirk: <www.visualinsigdata.com>.

Andy Kriebel: <Vizwiz. www.vizwiz.blogspot.com>.

Cole Nussbaumer NAFLIC: <www.storytellingwithdata.com>.

Domo (2015). "From Big Data to better decisions: The ultimate guide to Business Intelligence today". *Domo.* Disponible en: <www.domo.com/learn/ebook/biguide/4>.

Philippe Nienwbourg: <www.datasoryteller.com>.

Cole Nussbanner: <www.storytellingwithdata.com>.

Plan APORTA (2016). *Ebook. Visualización de datos. Definición, tecnologías y herramientas*. Madrid: Iniciativa Aporta, Red.es, Ministerio de Industria, Energía y Turismo. Disponible en: <http://datos.gob.es/es/documentacion/visualizacion-de-datos-definicion-tecnologia-y-herramientas>; <http://datos.gob.es/sites/default/files/doc/file/informe_herramientas_visualizacion.pdf>.

BBVA. *E-book. Herramientas de visualización de datos*. BBVA Innovation Center. Disponible en: <https://bbvaopen4u.com/es/actualidad/5-herramientas-de-visualizacion-de-datos-que-no-debes-perder-de-vista>.

INE: *Los tipos de gráficos estadísticos*. Disponible en: <https://www.ine.es/explica/docs/pasos_tipos_graficos.pdf>.

SAÉZ. Lucía. *Cuadro de Mando Integral. CMI: Un guía introductoria introductoria*. UPV/EHU. Disponible en: <http://www.ehu.eus/documents/1432750/4992644/Cuadro+de+Mando+Integral+CMI_Una+gu%C3%ADa+introductoria.pdf>.

SAS. *SAS Visual Analytics. Visualización de Big Data*.

SAS. *Data Visualization Techniques. From Basics to Big Data With SAS Visual Analytics* (2017).

TABLEAU. *Visual Analysis Best Practices*. Disponible en: <https://www.tableau.com/learn/whitepapers/tableau-visual-guidebook>.
TABLEAU. *Guía de visualización de datos: definición, ejemplos y recursos de aprendizaje*. Disponible en: <https://www.tableau.com/es-es/learn/articles/data-visualization>; <https://www.tableau.com/es-es/resource/data-visualization>.
TABLEAU. *Elija el tipo de gráfico adecuado para sus datos*. Disponible en: <https://help.tableau.com/current/pro/desktop/es-es/what_chart_example.htm>.
TABLEAU. *¿Qué gráfico es adecuado para usted?* Disponbile en: <https://www.tableau.com/es-es/learn/whitepapers/%C2%BFqu%C3%A9-gr%C3%A1fico-es-adecuado-para-usted>.
TABLEAU. *¿Qué gráfico es el más adecuado?* Disponible en: <https://www.tableau.com/es-es/learn/whitepapers/which-chart-or-graph-is-right-for-you>.
TABLEAU. *Las mejores visualizaciones*. Disponible en: <https://www.tableau.com/es-es/learn/get-started/desktop-viz-design>.
TELEFÓNICA: <http://blogthinkbig.com/herramientas-para-la-visualizacion-de-datos/>.

NOTAS

[1] Bernard, Marr (2016). *Big Data. La utilización del big data, el análisis y los parámetros SMART para tomar mejores decisiones y aumentar el rendimiento*. TEELL.

[2] Disponible en: <https://datateam.com.mx/reportes>.

[3] No existe unanimidad —en la bibliografía de inteligencia de negocios (en español) y de los proveedores de soluciones— en la traducción del término *dashboard*, por esta razón, como sucede con otros términos de origen inglés, se suele utilizar en la biblioteca técnica el nombre original. Sin embargo, existe un mayor uso del término cuadro de mando, pero también en algunos países latinoamericanos se utiliza tablero de control o cuadro de control.

[4] MUÑIZ, Luis (2017). *Diseñar cuadros de mando con Excel utilizando tablas dinámicas*. Barcelona: Editorial Profit.

[5] CURTO, Josep (2016). *Introducción al Business Intelligence*. Barcelona: Editorial UOC.

6 Disponible en: <https://loogic.com/data-studio-el-dashboard-del-2017/>; <https://www.google.com/analytics/data studio/>.

7 *TDWI Glossary. "*What is data storytelling?". Disponible en: <https://tdwi.org/portals/what-is-data-storytelling-definition.aspx>.

8 Margarert Rouse. Disponible en: <http://searchcio.techtarget.com/definition/data-storytelling>.

9 Tom Davenport (2015). *Why Data Storytelling Is So Important.* Disponible en: <http://www.tomdavenport.com/blogs-articles/deloitte-university-press/>; <https://dupress.deloitte.com/dup-us-en/topics/analytics/data-driven-storytelling.html>.

10 Cole Nussbaumer Knaflic (2017). *Storytelling con datos. Visualización de datos para profesionales.* Madrid: Anaya multimedia / Willey

11 Mackinlay, Jock et al. "Relato de historias con datos". *Tableau.* Disponible en: <https://www.tableau.com/sites/default/files/media/Whitepapers/whitepaper_datastorytelling_es_0.pdf>.

CAPÍTULO 7
LA COMPUTACIÓN EN LA NUBE Y LA CIENCIA DE DATOS

INTRODUCCIÓN

Desde el 1999, con el lanzamiento del software CRM bajo demanda por la empresa Salesforce.com, fecha que se puede considerar como punto de partida de los servicios en la nube, hasta el despegue de la plataforma de *Cloud Computing*, AWS de Amazon en 2006, los servicios del modelo de Informática (o Computación) en la Nube los ha ido adoptando un gran número de empresas en todo el mundo. La consultora multinacional Forrester consideraba ya en 2016 que estaba entrando en la segunda ola, dado que la primera ola se lanzó con el citado servicio AWS de Amazon (Amazon Web Services), a finales de 2006[1]. Forrester consideraba, por aquel entonces, que el 2016 fue el año de la consolidación de la nube y el 2017 el año en el que, con mayor fuerza, la mayoría de los datos empresariales comenzaban a referirse a las migraciones a la nube.

Ya en 2017, según el estudio de Forrester "Tendencias cloud para 2017"[2], la primera tendencia propuesta que se hacía entonces era: "La nube será el eje central de la transformación digital de las empresas". Forrester destacaba que:

> *Las empresas buscan incrementar su productividad, reducir costes, facilitar la movilidad de los empleados y equipos de venta, relacionarse mejor con sus clientes e innovar en los negocios. Las compañías pueden trasladar el core de su negocio a la nube, beneficiándose de las ventajas en seguridad, eficiencia, movilidad y escalabilidad de las soluciones cloud.*

El 2021 se configuró como el año del asentamiento definitivo de la Computación en la Nube moderna en las organizaciones y empresas en la nueva década, que se ha convertido en la plataforma imprescindible para afrontar el reto que supone el despliegue de la Industria 4.0 como espina dorsal de la Cuarta Revolución Industrial y la futura Industria 5.0 y la Quinta Revolución Industrial.

El objetivo central del capítulo es introducir los conceptos fundamentales de la Computación en la Nube, columna vertebral de la Ciencia de Datos, así como los diferentes tipos de nube y modelos de servicio ofrecidos por los proveedores comerciales. Igualmente, se hace una introducción a las nuevas tecnologías de desarrollo de software auspiciadas por la Computación en la Nube. Se realiza también una revisión general de las tecnologías y estrategias de migración a la nube que deberán considerar las organizaciones y empresas para su utilización y despliegue de aplicaciones y almacenamiento de datos.

La Computación en la Nube ha sufrido grandes mejoras en sus modelos y servicios, centrados en la arquitectura de computación nativa, microservicios y contenedores, así como la computación sin servidores. Dada la importancia que han adquirido estas innovaciones de la nube, y en particular su aplicación en la Ciencia de Datos, se ha desarrollado un capítulo completo para dedicarlo a la descripción de los conceptos, modelos y aplicaciones más usuales y de impacto en las organizaciones y empresas.

7.1. COMPUTACIÓN EN LA NUBE (*CLOUD COMPUTING*): ORIGEN, EVOLUCIÓN Y DEFINICIÓN

Cloud Computing (Computación en la Nube)[3] constituye la evolución natural de la adopción de las diferentes tecnologías de la información y las comunicaciones junto con la expansión de los centros de datos y ha permitido la posibilidad de acceder a Internet a través de una serie de dispositivos, básicamente desde cualquier lugar del mundo y de forma más segura y rápida que en el pasado. *Cloud Computing* se ha constituido en una plataforma compatible con una gran cantidad de tecnologías que permiten almacenar, gestionar, compartir y poner a disposición de cualquier usuario —con conexión a Internet— software, aplicaciones y todo tipo de servicios. Cuando compartimos y recibimos un correo electrónico por Gmail, escuchamos una canción en *streaming (Spotify)* o vemos un vídeo en YouTube o una película en Netflix, estamos haciendo uso de la Computación en la Nube. Esta tecnología ya forma parte de nuestra vida diaria y la mayoría de las empresas utilizan y residen en la nube.

7.1.1. ANTECEDENTES: EL MODELO TRADICIONAL DE COMPUTACIÓN

El modelo de software tradicional tenía limitaciones importantes tales como:

a. *Capacidades limitadas.* Tanto en el espacio de almacenamiento como en la velocidad de ejecución.

b. *Obsolescencia.* Las aplicaciones se instalaban y era necesario tener que actualizar e instalar versiones nuevas.

c. *Rigidez del modelo.* El pago era por programas y licencias completas, normalmente, por períodos largos, si no para siempre, no se podían reducir los plazos.

d. *Ausencia de ubicuidad.* Los programas solo estaban disponibles en el dispositivo que se instalaban, en los ordenadores de la red de área local.

e. *Vulnerabilidad ante los problemas locales.* La rotura del ordenador, los virus, los problemas en el sistema operativo suponían graves problemas totales o temporales.

f. *Vulneración de la privacidad.*

La nube son ordenadores que residen en los centros de datos, normalmente lejanos. Son edificios de gran tamaño con ordenadores en armarios, denominados *racks*. Cada armario o cabina puede tener decenas o centenas de servidores.

- La nube evita la instalación de aplicaciones en su escritorio, ya que se puede editar texto o utilizar hojas de cálculo directamente en la nube y los archivos se quedan en la nube para que se editen en cualquier lugar o dispositivo.

- Antes los archivos se almacenaban en el disco duro del ordenador; ahora se puede usar un sistema de almacenamiento en la nube y los archivos están disponibles desde cualquier lugar y dispositivo y en cualquier momento.

7.1.2. ORIGEN Y EVOLUCIÓN DE LA COMPUTACIÓN EN LA NUBE

El origen histórico se remonta a la década de los sesenta, cuando las empresas comenzaban a consultar y necesitar información de las grandes cantidades de datos desde distintos lugares de acceso. En aquella época se comenzó a estudiar la forma de integración de las unidades centrales de proceso de los ordenadores, de forma que permitieran el acceso de múltiples usuarios.

El término *Cloud Computing* fue acuñado en 1997 por Ramnath Chellappa, en una conferencia académica donde definió el término como: "Un nuevo paradigma de computación donde los límites de la computación serán determinados por razones económicas en lugar de los límites técnicos".

Desde un punto de vista práctico y de negocio, 1999 se puede considerar el punto de partida de lo que hoy conocemos como la nube debido a la empresa Salesforce.com, que comenzó a entregar software de aplicaciones empresariales (aplicaciones de CRM, "gestión de relación con los clientes"), a través de una simple página web, mediante la cual las empresas clientes no necesitaban instalar los programas correspondientes en las memorias de sus ordenadores, sino que era suficiente con acceder al sitio web de la empresa con los correspondientes permisos de acceso, abonar la tasa correspondiente a modo de servicio de alquiler y utilizar el programa correspondiente, almacenando datos también en "la primitiva nube". Salesforce acuñó el término de *software bajo demanda*, que posteriormente se transformó en el término de *software como servicio*, uno de los primeros modelos de nube.

En 2002, Amazon introduce un servicio de *retail* basado en la web, tratando de aprovechar los recursos de los ordenadores que solo utilizaban, en aquella época, el 10 % de su capacidad y tratar de aprovechar el resto no empleado. Sin embargo, fue en 2006 cuando Amazon lanzó Amazon Web Services (AWS), que ofrecía servicios en línea web a otros sitios web o clientes. Uno de los servicios clave fue *Elastic Compute Cloud (EC2)*, que permitía a las personas individuales alquilar ordenadores virtuales y utilizar sus propios programas y aplicaciones; en junio de 2007, AWS ya contaba con una base de usuarios de aproximadamente 180.000 personas.

También en 2006, Google presentó Google Docs, originalmente se apoyaba en dos productos independientes: Writeley y Google Spreadsheets, el primer programa de ofimática que venía a competir con el programa Office de Microsoft, y que realmente fue quien llevó el concepto de *Cloud Computing* a los usuarios y al gran público, al mostrarles que era posible ejecutar aplicaciones ofimáticas sin necesidad de instalar el programa en su ordenador personal y bastaba con ir al sitio web de la aplicación, descargarla y ejecutarla cuando se quisiera trabajar con ella. En 2007, IBM, Google y varias universidades de los Estados Unidos comenzaron a trabajar en soluciones de provisión de servicios alojados en sus "nubes" de servidores.

La nube (Joyanes, 2013) comenzó a llegar al gran público cuando las grandes cabeceras de las revistas económicas mundiales comenzaron a publicar artículos e informes (dosieres) sobre *Cloud Computing*, centros de datos (almacenamiento de datos) y virtualización. Dos de estas revistas fueron *Business Week* (4 de agosto de 2008) y *The Economist* (25 de octubre de 2008), que ya preveían, en 2008, el pronto advenimiento de esta arquitectura, y dedicaron sendos suplementos a analizar con detalle y profusamente el fenómeno de la Computación en la Nube y su impacto en las corporaciones y empresas. En 2010, *The Economist* insistió en el impacto de la nube, mientras que *Forbes*, otra prestigiosa revista económica de los Estados Unidos, se hizo eco también en un número especial dedicado al *Cloud Computing*, sin contar naturalmente el sinfín de publicaciones económicas, generalistas, tecnológicas de Europa, América del Norte, Asia, América Latina y el Caribe, que continuamente publicaban noticias de este nuevo paradigma.

La Computación en la Nube ha sido posible gracias a las tecnologías de virtualización, los modernos centros de datos con miles de servidores, las tecnologías de banda ancha y de gran velocidad de transferencia de datos para poder realizar las conexiones entre los ordenadores a cifras nunca vistas, la proliferación de dispositivos de todo tipo con acceso a Internet, desde el ordenador de escritorio hasta *netbooks*, *laptops*, teléfonos inteligentes, tabletas electrónicas como iPad, libros electrónicos con los lectores de libros electrónicos, las modernas tecnologías de televisión inteligente, videoconsolas y, naturalmente, todas las que han traído la proliferación y asentamiento de los medios sociales en forma de blogs, wikis, redes sociales, *podcast*, *mashups*, y que han facilitado la colaboración, participación e interacción de los usuarios individuales y de las organizaciones y empresas en un ejercicio universal de la inteligencia colectiva de los cientos de millones que se conectan a diario a la web.

7.1.3. DEFINICIÓN DE COMPUTACIÓN EN LA NUBE (*CLOUD COMPUTING*)

No existe una definición estándar aceptada universalmente, aunque es la del Instituto NIST[4] de los Estados Unidos la más referenciada. El NIST ha definido la Computación en la Nube (*Cloud Computing*) como:

> *Un modelo que permite el acceso ubicuo, adaptable y bajo demanda en red a un conjunto compartido de recursos de computación configurables (por ejemplo: redes, servidores, equipos de almacenamiento, aplicaciones y servicios) que se pueden aprovisionar y liberar rápidamente con un mínimo esfuerzo de administración o interacción del proveedor de servicios.*

La organización internacional ISO/IEC define la Computación en la Nube en términos muy similares: "Paradigma para permitir el acceso de red a un conjunto de recursos compartidos, escalables y elásticos, físicos o virtuales con aprovisionamiento de autoservicio y administración bajo demanda".

Desde un punto de vista simple y práctico, la Computación en la Nube consiste en el almacenamiento, procesamiento y la distribución de datos, aplicaciones y servicios para los usuarios individuales y las organizaciones. La definición de nube del NIST se refiere a ella como una colección de recursos de computación en red, a los que pueden acceder los clientes de la nube (consumidores de la nube) mediante una red. En términos generales, un sistema de nube y sus consumidores utilizan el conocido modelo cliente-servidor, en el que los consumidores (los clientes) envían mensajes a través de la red a los ordenadores servidores, los cuales ejecutan el trabajo especificado en respuesta a los mensajes recibidos. El NIST ya aventuraba, en 2013, que el modelo de Computación en la Nube constituía la promesa de un ahorro masivo combinado con una mayor agilidad en el ámbito de las tecnologías de la información (TI), y la necesidad crucial de que tanto el Gobierno como el mundo empresarial debían comenzar a adoptar esta tecnología en respuesta a las distintas restricciones económicas.

La nube en sí misma es un conjunto de hardware y software, almacenamiento, servicios e interfaces que facilitan la entrada de la información como un servicio. Los servicios de la nube incluyen el software, la infraestructura y el almacenamiento en Internet, bien como componentes independientes o como una plataforma completa basada en la demanda del usuario. El mundo de la nube tiene un gran número de actores o participantes. Los grupos de intereses del mundo de la Computación en la Nube son: los vendedores o proveedores, que proporcionan las aplicaciones y facilitan las tecnologías, infraestructuras, plataformas y la información correspondiente; los socios de los proveedores, que crean servicios para la nube ofreciendo y soportando servicios a los clientes; los líderes de los negocios, que evalúan los servicios de la nube con el objetivo de contratarlos e implantarlos en sus organizaciones y empresas; los usuarios finales, que utilizan los servicios de la nube, ya sea de modo gratuito o con una tarifa de pago.

La nube puede ser infraestructura, plataforma o software, es decir, puede ser una aplicación a la que se accede a través del escritorio y se ejecuta inmediatamente tras su descarga, o bien un servidor al que se invocará cuando se necesite. En la nube no se instala nada en su escritorio y no se paga por la tecnología cuando no se utiliza, solo se paga (o puede ser gratuita) cuando se utiliza o se ejecuta la aplicación. En la práctica, la Computación en la Nube proporciona un servicio de software o hardware. Un ejemplo práctico es el caso de los usuarios que se conectan a Internet desde un ordenador personal, un teléfono móvil inteligente o una tableta, y utilizan diferentes servicios como su correo, Gmail, ver un mapa digital en Google Maps, escribir un documento en Google Docs, consultar sus archivos, canciones o fotografías en Dropbox, OneDrive o la plataforma iCloud de Apple. Todos estos servicios están basados en la nube. Otra característica típica es el pago por uso, y solamente mientras se utiliza el servicio correspondiente.

Es importante tener presente que el término *Cloud Computing* abarca una variedad de sistemas y tecnologías, así como modelos de despliegue y servicios y también modelos de negocios.

Los recursos de la Computación en la Nube son grandes conjuntos de sistemas de ordenadores, a los cuales acceden los clientes mediante las conexiones de red. Los clientes pueden llegar a la nube, navegar por ella, utilizar sus servicios y salir de allí. La nube, a su vez, tiene un conjunto de recursos de hardware que administra para maximizar los servicios ofrecidos, minimizando sus costes. El proveedor de la nube incorpora nuevos componentes de hardware a medida que la escalabilidad o las actualizaciones lo requieren y va retirando aquellos componentes que fallan o se quedan obsoletos. De este modo, los clientes pueden hacer uso de los sistemas de hardware más actuales, fiables y seguros, así como de las aplicaciones de software más demandadas, y con el menor coste posible, sin más requisitos que contratar el servicio correspondiente (y que posteriormente veremos), hardware o software, al igual que contrata la luz, el teléfono o el agua en sus instalaciones, en el caso de una organización, o en su domicilio en el caso de un cliente particular.

El modelo de la Computación en la Nube constituye un ahorro considerable de costes, que se une a una mayor agilidad en el ámbito de las tecnologías de la información y las comunicaciones (TIC). En 2022, la mayoría de las organizaciones y empresas han adoptado el modelo de la nube y han migrado a ella, en mayor o menor medida, aunque es necesario tener presente no solo los retos y oportunidades que supone, sino también los problemas de su adopción, que será preciso asumir.

7.2. CARACTERÍSTICAS DEL *CLOUD COMPUTING*

Como destaca en la definición del NIST, *Cloud Computing* es un modelo de pago por uso que facilita un acceso bajo demanda a la red, disponible y adecuado a un conjunto o agrupamiento de recursos configurables de computación (por ejemplo: redes, servidores, almacenamiento, aplicaciones, servicios), que puede proporcionarse rápidamente y ejecutarse con un esfuerzo de gestión mínima o interacción con el proveedor de servicios. El modelo de la nube, según NIST[5], se compone de *cinco características esenciales, tres modelos de servicio y cuatro modelos de despliegue* (figura 7.1).

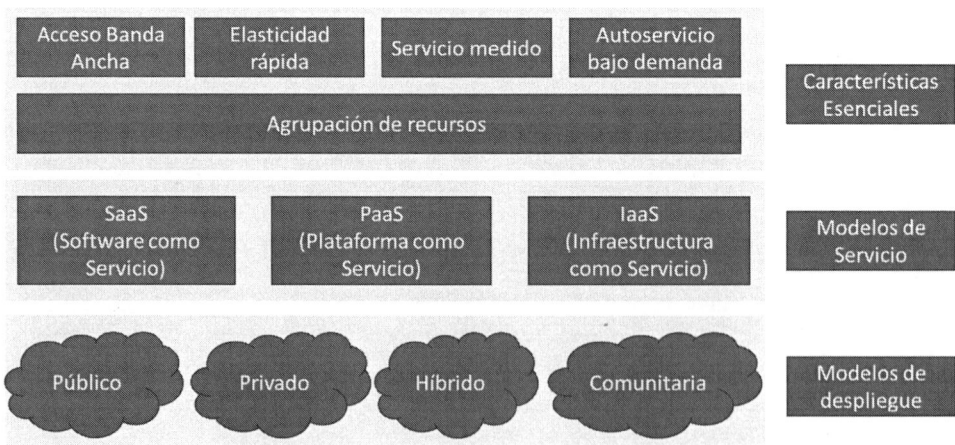

Figura 7.1. Características esenciales, modelos de despliegue y modelos de servicio de la Computación en la Nube. Fuente: NIST (adaptada)

7.2.1. CARACTERÍSTICAS ESENCIALES

El NIST, en su documento original oficial, define las características esenciales de la Computación en la Nube:

- **Autoservicio bajo demanda** (*On-demand self-service*). El usuario puede acceder a las capacidades de la Computación en la Nube de manera automática a medida que las vaya requiriendo, sin necesidad de una interacción humana con su proveedor o sus proveedores de servicios. El usuario puede seleccionar automáticamente sus necesidades de almacenamiento y el tiempo de uso del servidor sin que se requiera la interacción humana con el proveedor del servicio.

- **Acceso amplio a la red** (*Broad network access*). Los recursos son accesibles a través de la red y por medio de mecanismos estándar, que son utilizados por una amplia variedad de dispositivos de usuario (teléfonos móviles inteligentes, ordenadores portátiles, tabletas, ordenador de escritorio, estaciones de trabajo, aparatos de televisión inteligente, videoconsolas). Esta característica también se conoce como *acceso ubicuo* a la red.

- **Agrupamiento de recursos, conjunto común de recursos** (*Resource pooling*). Los recursos de computación del proveedor se agrupan para servir a múltiples consumidores (almacenamiento, memoria, ancho de banda, capacidad de procesamiento, máquinas virtuales) y son compartidos por múltiples usuarios, a los que se van asignando capacidades de forma dinámica según sus peticiones. Existe cierta independencia de la posición, de modo que el cliente generalmente no tiene control ni conocimiento sobre la posición exacta de los recursos proporcionados, pero puede ser capaz de especificar la posición a un alto nivel de abstracción (país, estado o centro de datos). Algunos ejemplos de recursos incluyen: el almacenamiento, el procesamiento, la memoria y el ancho de banda de red.

- **Elasticidad rápida** (*Rapid elasticity*). Los recursos se proveen y liberan elásticamente, muchas veces de manera automática, lo que da al usuario la impresión de que son ilimitados y están siempre disponibles en tiempo y cantidad. Esta propiedad permite la ampliación o extensión, en cantidad y calidad, de los servicios a medida que sean necesarios por el cliente, con la garantía del proveedor de realizar la ampliación de un modo rápido. Los usuarios no están supeditados por sus inversiones en TI, sino que pueden utilizar exactamente aquellas que necesitan. Las empresas no requieren tanto personal técnico, lo que puede suponer un gran beneficio económico.

- **Servicio medido** (*Measured service*). Las empresas proveedoras de la nube pueden suministrar y controlar los servicios con eficacia a través de mediciones basadas en uno o más servicios específicos como la cantidad de datos almacenados, el ancho de banda o la cantidad y potencia del procesamiento utilizados. El proveedor es capaz de medir, a un determinado nivel, el servicio efectivamente entregado a cada usuario, así tanto el proveedor como el usuario tienen acceso transparente al consumo real de los recursos y al pago por su uso efectivo.

El NIST considera otras características comunes a todos los modelos de nubes:

- Escalado masivo

- Computación elástica (flexible)
- Homogeneidad
- Distribución geográfica
- Virtualización
- Orientación a servicios
- Software de bajo coste
- Seguridad avanzada

7.2.2. CARACTERÍSTICAS DE LA COMPUTACIÓN EN LA NUBE QUE FACILITAN SU ADOPCIÓN

- *Uso de aplicaciones en línea.* Como aplicaciones de ofimática o contabilidad. Permite ahorrar espacio, ya que no se tienen que instalar en el ordenador propio de los usuarios y no se requieren diferentes instalaciones.

- *Almacenamiento externo.* Se guardan los datos en centros de datos de la nube.

- *Seguridad avanzada.* Se requieren grandes medidas de seguridad fiables en los proveedores con sistemas antivirus, bases de datos, almacenes de datos y, últimamente, los lagos de datos actualizados para la protección de los archivos.

- *Conectividad ubicua.* Desde cualquier lugar se puede un usuario conectar en cualquier momento y con cualquier dispositivo.

- *Comunicaciones globales.* Conexiones en audio, vídeo, proyecciones compartidas.

- *Coste reducido.* Necesita escasa infraestructura, los accesos son relativamente fáciles, no se requiere formación específica para el uso de software como servicio y solo en el caso de los servicios de PaaS e IaaS.

- *Servicio ágil.* La agilidad facilita el poder mejorar el negocio, ya que proporciona un gran número de recursos tecnológicos a los usuarios que permiten impulsarlo mejor. Los proveedores incluyen sus servicios en dichos sistemas.

- *Elasticidad y escalabilidad.* El sistema de nube proporciona recursos dentro de la nube y se puede utilizar como un autoservicio y en tiempo real, prácticamente, con escasos segundos según el proveedor y las aplicaciones.

- *Independencia de conexión en modo ubicuo.*

- *Migración.* Es fácil trasladar la información recopilada en un servidor a otro servidor sin grandes problemas. Se pueden compartir tanto los servidores como los dispositivos que se utilizan para almacenar los datos.

- *Mejor rendimiento.* Optimización del recurso y del modo automático.

- *Mayor seguridad.* Los usuarios se encargan de otorgar seguridad a nivel de aplicación, mientras que los proveedores son los encargados de la seguridad física propiamente dicha.

- *Fácil mantenimiento.* El servicio es simple, ya que todo se concentra en la nube y no hace falta que los usuarios tengan instalados los programas en cada uno de sus dispositivos.

Beneficios

Uno de los principales beneficios es que la empresa o cliente puede tener a su disposición todos sus datos, archivos, procesos de información y otros contenidos que requieren espacio en su propio ordenador. Esta característica facilita el acceso a grandes cantidades de información de modo sencillo y rápido. Otros beneficios:

- Baja inversión inicial.

- Eficiencia de costes. Economía de escala. Los CSP pueden maximizar la cantidad de hardware total utilizado que se está ejecutando, ahorrando energía y otros costes.

- Ahorro de gastos de software, hardware, seguridad y soporte.

- Proporciona una tecnología flexible, actualizada y puede adaptar las innovaciones tecnológicas que se vayan produciendo.

- Aumenta el rendimiento y la productividad de un negocio y la capacidad de información.

- Permite eliminar barreras económicas y de conocimiento.

- Posibilita un mayor control de los beneficios y los costes marginales que se deriven de su actividad empresarial.

- Capacidad altamente elástica. Los recursos no solo son altamente escalables (fáciles de expandir), sino que también son elásticos, lo que significa que la capacidad y los costes también se pueden reducir durante períodos bajo demanda.

- Facilidad de uso y mantenimiento. Se pueden implementar recursos y actualizaciones de forma automatizada y estandarizada, aumentando la accesibilidad. No se necesita el mantenimiento físico de los servidores o las instalaciones de los centros de datos.

- Innovación más fácil.

- Mejor continuidad del negocio.

7.3. MODELOS DE COMPUTACIÓN EN LA NUBE

El modelo de *Cloud Computing*, según el NIST, se compone de cinco características esenciales, definidas anteriormente, tres modelos de servicio y cuatro modelos de despliegue.

- **Modelos de servicio.** Se refieren a los tipos específicos de modelos de servicios de la nube a los que se puede acceder según la infraestructura, la plataforma y el servicio que se utiliza.

- **Modelos de despliegue.** Son las diferentes maneras de hacer uso de los sistemas de la nube. Estos modelos se refieren a la posición (localización) y administración (gestión) de la infraestructura de la nube (pública, privada, comunitaria, híbrida).

El NIST recomienda utilizar los siguientes términos para los *actores de la nube* y sus roles profesionales. *Consumidor de la Nube o cliente:* una persona u organización que es cliente de una nube; obsérvese que un cliente de una nube puede ser de una nube y de otras nubes que ofrecen otros servicios. *Cliente:* una máquina o aplicación de software que accede a una nube en una conexión de red. *Proveedor de la nube o proveedor:* una organización que proporciona servicios de la nube.

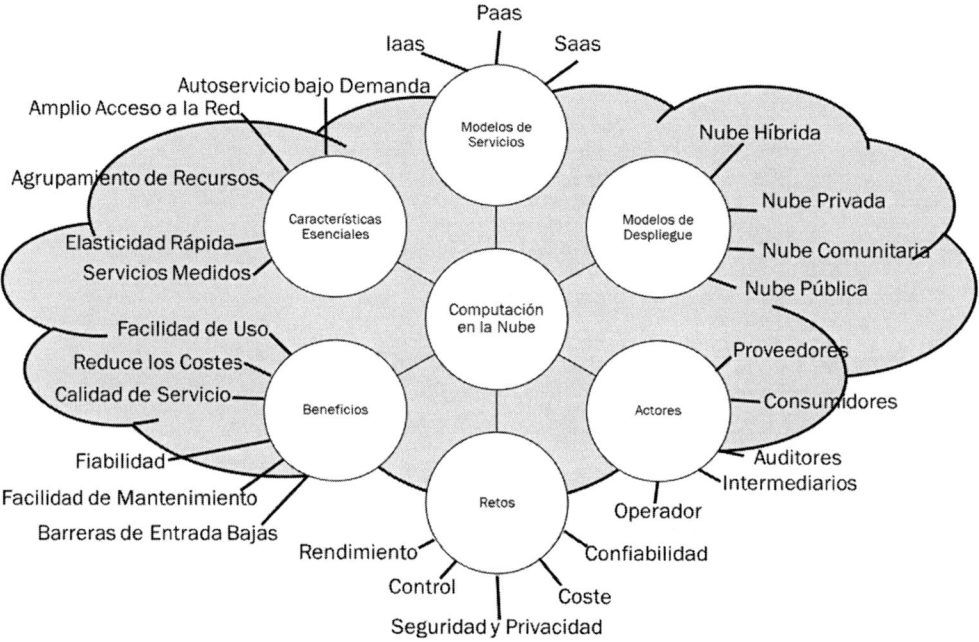

Figura 7.2. Computación en la Nube: características esenciales, modelos, beneficios, retos y actores.
Fuente: Adaptación de NIST 800-145, NIST 500-292 y NIST 500-322

7.4. MODELOS DE SERVICIO

Un modelo de servicio (entrega de la nube) representa una combinación pre-empaquetada y específica de recursos de TI ofrecidos por un proveedor de la nube. Los tres modelos de entrega de servicios que se han convertido en los modelos más ampliamente establecidos y formalizados que se ofertan a los clientes y usuarios de la nube (organizaciones, empresas y usuarios), según el NIST, son:

- SaaS
- PaaS
- IaaS

Cada modelo ofrece al cliente unos niveles diferentes de control, que no son estancos entre sí, sino que se puede elegir uno o más modelos en función de las necesidades de la empresa, tales como el almacenamiento de los datos, la plataforma para el desarrollo de software o el software específico a utilizar según se requiera.

Posteriormente, veremos el nacimiento y despliegue de los nuevos modelos de servicio que han ido surgiendo a lo largo de todo el siglo XXI, que en términos generales se definirán como XaaS (todo como servicio), y que incluirán un conjunto de modelos que han ido emergiendo y consolidándose a medida que aumentaban los datos almacenados en la nube.

7.4.1. SOFTWARE COMO SERVICIO (*SAAS*, *SOFTWARE AS A SERVICE*)

Al usuario se le ofrece que las aplicaciones que su proveedor le suministra funcionen en una infraestructura de la nube, al ser dichas aplicaciones accesibles a través de una interfaz del cliente como un navegador web (correo electrónico web, Gmail, Microsoft, IBM) o una interfaz de programa. El usuario carece de cualquier control sobre la infraestructura de la nube, como los servidores, los sistemas operativos, el almacenamiento, incluso sobre las propias aplicaciones, excepto por las posibles configuraciones de usuario o personalizaciones que se le permitan realizar. Así, en vez de comprar software, un cliente puede alquilar el uso de un software de tratamiento de texto, un servicio de correo electrónico por una tarifa fija mensual o anual o pagar solo según el uso que haga del servicio.

Para acceder al software, el cliente tiene que iniciar sesión con el servicio del proveedor de la nube a través de la web y con un modelo de "pago por uso" o gratuito. El éxito de este modelo depende de la calidad del software ofrecido, la fiabilidad del proveedor y la relación precio/calidad como cualquier otro servicio que contrata para la compañía.

7.4.2. PLATAFORMA COMO SERVICIO (*PAAS*, *PLATFORM AS A SERVICE*)

Al usuario se le permite desplegar aplicaciones propias adquiridas o desarrolladas por el propio usuario, creadas utilizando lenguajes y herramientas de programación soportadas por el proveedor. El consumidor no administra ni controla la infraestructura de la nube, incluyendo las redes, los servidores, los sistemas operativos ni el almacenamiento, cuya gestión depende del proveedor del servicio que ofrece la plataforma de desarrollo y las herramientas de programación. El usuario tiene el control sobre las aplicaciones desplegadas y es quien mantiene su control, aunque no de toda la infraestructura subyacente.

7.4.3. INFRAESTRUCTURA COMO SERVICIO (*IAAS*, *INFRASTRUCTURE AS A SERVICE*)

El proveedor ofrece al usuario recursos como la capacidad de procesamiento, el almacenamiento, las comunicaciones y otros recursos de computación, así el consumidor es capaz de desplegar y ejecutar el software específico que puede incluir en los sistemas operativos y aplicaciones. El consumidor no administra ni controla la infraestructura fundamental de la nube, pero sí controla ciertos componentes de la red, los sistemas operativos, el almacenamiento, las aplicaciones desplegadas u otros, como los cortafuegos de los hospedajes (*host firewalls*). Es un modelo muy útil cuando se necesita elasticidad y capacidad para expandir y contraer con rapidez los recursos necesarios, como puede ser la capacidad de almacenamiento, páginas para compartir vídeos, redes de publicidad en línea, las aplicaciones de gestión empresarial o las redes sociales.

Las empresas, en lugar de poseer activos como licencias de software o servidores, pueden alquilar los recursos que necesiten de modo flexible y de acuerdo con sus necesidades.

Consideraciones prácticas

Una nube puede proporcionar acceso a aplicaciones de software como el correo electrónico, el almacenamiento, las herramientas de productividad para el trabajo diario en la oficina (Salesforce, Google Docs, Office 365, Zoho), en el modelo SaaS; puede proporcionar una plataforma o un entorno de desarrollo de software para que cada cliente pueda diseñar sus propias aplicaciones con el modelo PaaS; por último, puede proporcionar acceso a recursos de computación clásicos como la potencia de procesamiento, el almacenamiento o las redes con el modelo IaaS. Los diferentes modelos de servicio tienen diferentes características y son adecuados para diversos objetivos de negocio y estrategias de los clientes.

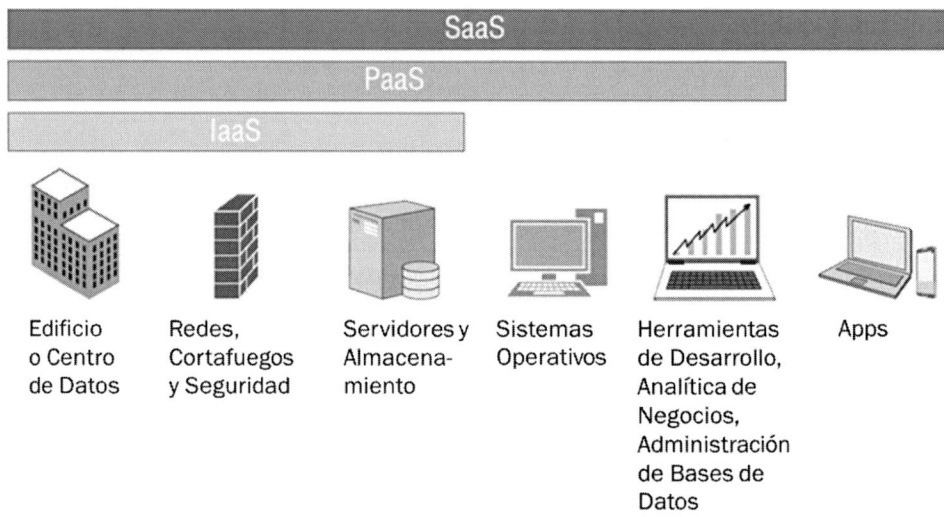

Figura 7.3. Modelos de servicios de la nube (componentes y herramientas).

Fuente: Original COCTER, Quenting, FUCHS, Cory (2020). CompTIA P.9 (traducida y adaptada)

7.5. MODELOS DE DESPLIEGUE DE LA NUBE (TIPOS DE NUBES)

Según el NIST existen cuatro posibles formas de desplegar y operar en una infraestructura de *Cloud Computing*: nube privada, nube pública, nube híbrida y nube comunitaria. A estos cuatro tipos de nube se ha añadido con gran difusión y admisión, y aceptada por todo tipo de empresas, un quinto tipo de nube, la multinube (apartado 7.6). Existen informes y estudios de reconocido prestigio que consideran que en 2024 la mayoría de las grandes empresas usarán de modo intensivo entornos *multicloud*.

Cada tipo de nube tiene sus ventajas y sus desventajas y su elección siempre dependerá de las necesidades de la organización o empresa. El modelo de servicio ofertado y su despliegue dependen de dónde se encuentren instaladas las aplicaciones y cuáles son los clientes que pueden usarlas. Su elección exigirá un examen minucioso y estrategias a seguir para la migración.

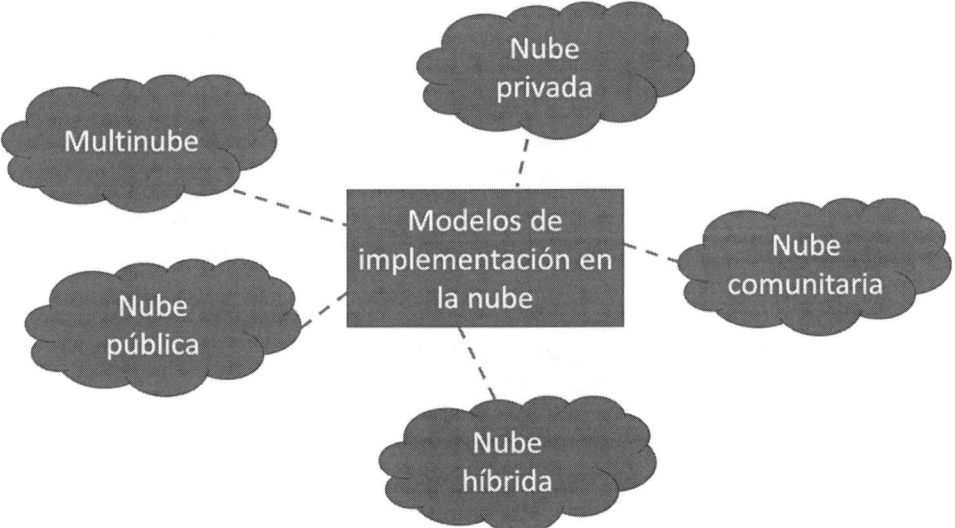

Figura 7.4. Modelos de despliegue de Computación en la Nube (tipos de nubes)

7.5.1. NUBE PRIVADA

En este modelo (*off premise*), la nube se diseña e implementa para una sola compañía, que es la única que la utilizará para sus múltiples usuarios. La nube privada proporciona a una sola organización el acceso exclusivo y el uso de la infraestructura; puede ser administrada por la organización del consumidor de la nube o por un tercero. Puede estar alojada dentro o fuera del espacio físico de la compañía, pero en el caso de que se aloje afuera, la nube privada quedará protegida por el cortafuegos de la empresa. La elección de la nube privada suele ser adoptada por las empresas que tienen unas necesidades de seguridad y regulación que no les permiten utilizar servicios de nube pública accesibles a los usuarios generales, por ejemplo, los bancos y entidades financieras. La nube privada es una comunidad cerrada y reservada para los clientes que eligen esta opción, con el inconveniente de un mayor coste económico a cambio de mayor seguridad.

En la nube privada, una organización construye y mantiene su propia infraestructura de nube subyacente. Este modelo ofrece la versatilidad y la conveniencia de la nube, ya que preserva la administración, el control y la seguridad comunes a los centros de datos locales tradicionales. Sin embargo, los costes, normalmente, serán mayores, dado que el cliente es totalmente responsable del mantenimiento de toda la infraestructura instalada, pero también puede suponer un mayor coste, ya que es el cliente es totalmente responsable de todos los costes y necesita tener personal especializado para administrar y mantener su infraestructura.

Las nubes privadas son la solución idónea para los CIO y CTO que desean ofrecer recursos empresariales según se soliciten, pero que no pueden o no desean trasladarse a la nube pública. Las razones fundamentales se apoyan en políticas de seguridad, presupuestos, requisitos de cumplimiento o regulaciones, especialmente en sectores como la administración pública, la salud, los servicios financieros y de banca, las infraestructuras críticas o el sector de las comunicaciones y la logística.

Las tecnologías y proveedores de la nube privada más conocidos son, entre otros, VMware y OpenStack.

7.5.2. NUBE PÚBLICA

Una nube pública es aquella en que la infraestructura y los recursos informáticos se ponen a disposición del público en general. La opera un proveedor que ofrece los servicios a través de una red pública y es propiedad de una organización que vende los servicios en la nube (aunque la opción "gratuita" se ha consolidado de modo permanente o con períodos de prueba). Puede ser propiedad de una organización académica, empresa o gobierno, o alguna combinación de ellas. Existe en la propia infraestructura (*on premise*) del proveedor de la nube. Los usuarios de la nube acceden a los servicios del proveedor a través de Internet. En el despliegue de la nube pública, los proveedores de servicios ofrecen sus servicios e infraestructuras en el sitio local a todos los usuarios públicos que se hayan registrado por el pago bajo demanda; aunque, en la actualidad, existen numerosos servicios gratuitos directos donde, con solo registrarse y dar los datos personales exigidos por el proveedor, los usuarios pueden acceder al servicio utilizando una interfaz web recomendada por el vendedor.

Las transacciones con el proveedor de la nube pública se realizan mediante la *interfaz de usuario basada en la web*, normalmente, en una aplicación en el navegador. Desde la interfaz el cliente accede a su cuenta, donde puede contratar más servicios o capacidades, realizar sus pagos o cancelar servicios cuando ya no los necesita. En esta interfaz de usuario también accede al software que ha contratado. Todas estas funcionalidades ahorran al cliente el mantenimiento *in situ* de un hardware de gran rendimiento con mucha capacidad de memoria. El hardware liviano que se requiere se suele denominar en la jerga de la nube *lean client* o *thin client* (cliente ligero).

Desde la perspectiva del cliente, la nube pública requiere técnicamente muy poco. Supongamos que se integra una gran parte de la infraestructura de TI en la nube y se traspasa el servidor, los entornos de tiempo de ejecución y las aplicaciones internas a la nube de servidores. En este escenario, lo único que se necesita es un dispositivo con conexión a Internet y un navegador. En función de la tarea, los empleados operan estos dispositivos con teclado y ratón, pantalla táctil o tableros de control profesionales, pero no necesitan un servidor propio con la memoria suficiente para almacenar las bases de datos y los programas. Cuando las aplicaciones son utilizadas por un gran número de personas, el despliegue de la nube pública es el adecuado.

Este modelo lo proporcionan los grandes proveedores de la nube que ofrecen software, plataformas e infraestructuras al público en general o a organizaciones empresariales e industriales. La nube pública, en esencia, es accesible a todos los usuarios (en modalidad gratuita o de pago). Las nubes con un modelo SaaS son las más conocidas porque incluyen servicios muy populares como Gmail de Google, iCloud de Apple, Azure de Microsoft y Salesforce con servicios de gestión empresarial. Los principales proveedores de servicios de nube pública incluyen a los tres líderes en ventas y crecimiento: Amazon Web Services (AWS), Microsoft Azure, Google Cloud Platform, así como los proveedores tradicionales como IBM, Oracle o Hewlett-Packard Enterprise.

> La nube pública es uno de los tipos de nube más populares. Este servicio garantiza, en todo momento, acceso bajo demanda a un repositorio de recursos escalables de computación disponibles en abierto en Internet para el público general. Los proveedores de la nube pública suministran software, infraestructuras y plataformas a cambio de una cuota por uso o una cuota gratuita bajo registro.

7.5.3. NUBE HÍBRIDA

La infraestructura de la nube es una combinación de dos o más nubes individuales que pueden ser privadas o públicas, permanecen como entidades únicas, pero permiten exportar datos o aplicaciones entre ellas. Es un modelo muy utilizado por las organizaciones que tienen unas necesidades mixtas: eligen la nube pública para la mayoría de sus necesidades y la nube privada para preservar la seguridad de sus datos sensibles. La mayoría de los proveedores de servicios de la nube ofrecen disponer de las ventajas de ambos tipos de uso. La nube híbrida es una de las mejores opciones para las empresas, ya que pueden elegir el tipo de nube en función de sus objetivos y estrategias, pero es importante guardar un equilibrio en su utilización para ser rentables y eficientes.

7.5.4. NUBE COMUNITARIA

Una nube comunitaria (*community*) es aquella que ha sido organizada para servir a una función o propósito común de una comunidad de consumidores. Puede ser para una organización o varias que comparten objetivos comunes como una misión, políticas, seguridad, necesidades de cumplimientos regulatorios (*compliances*). Una nube comunitaria o de comunidad puede ser administrada por la organización constituyente o bien por terceras partes.

El modelo de nube comunitaria solo suele ser recogido por el NIST; la mayoría de las organizaciones y asociaciones relacionadas con la nube clasifican los modelos de despliegue en tres: *pública*, *privada* e *híbrida*.

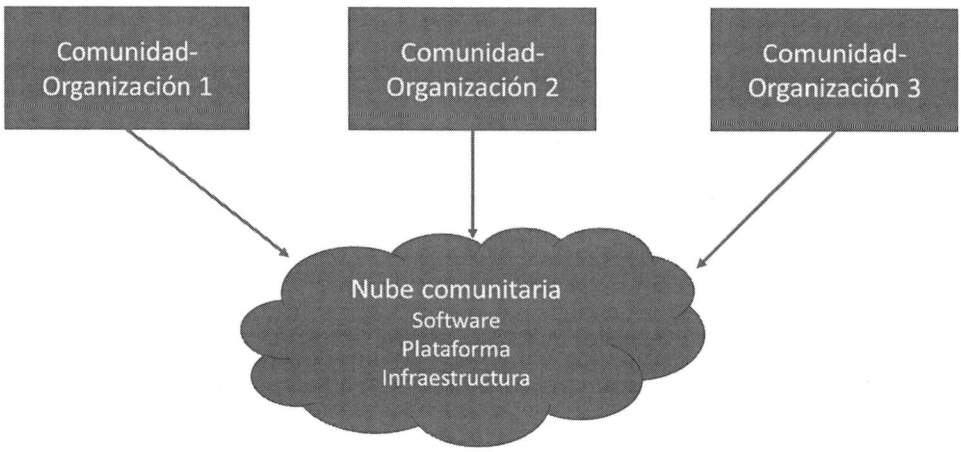

Figura 7.5. Tipo de nube comunitaria

7.6. LA NUBE DEL FUTURO EN LAS ORGANIZACIONES Y EMPRESAS: LA MULTINUBE (*MULTICLOUD*)

El modelo *multicloud*, tendencia creciente desde 2018, es un enfoque de nube compuesto de más de un servicio de *Cloud Computing*, proporcionado por más de un proveedor de cómputo en la nube pública o privada. Así, ante la agilidad, escalabilidad y la flexibilidad operativa requerida para satisfacer las necesidades de los clientes y el mercado, los departamentos de Tecnologías de Información (TI) tienen diferentes proveedores de servicios; en consecuencia, varias nubes, como el correo electrónico, los sistemas de Planificación de Recursos Empresariales (ERP), la Administración de Relaciones con los Clientes (CRM), la infraestructura, el almacenamiento o el software de ofimática. El modelo multinube de una empresa puede soportar múltiples proveedores de servicios, como puede ser AWS de Amazon, Azure de Microsoft, Google, Oracle o IBM.

Los proveedores de distintos servicios de nube pública proporcionan diferentes tipos de servicios a los usuarios de la nube. Los servicios proporcionados pueden tener costes y atributos de calidad distintos. Un usuario de la nube (o una organización) puede desear disponer para sí mismo de un servicio particular (un servicio de IaaS de Amazon y un servicio PaaS de Azure). Este escenario, donde los servicios de más de una nube pública se integran para conseguir un objetivo de negocios para un individuo o una organización, es el denominado anteriormente multinube. Uno de los criterios principales de la multinube es poder mezclar más de una nube pública.

La digitalización de los procesos de negocios y la aplicación de nuevas tecnologías para agilizar la productividad y mantener la competitividad de cara a la transformación digital impulsa a las empresas a adoptar y migrar sus sistemas y aplicaciones a arquitecturas *multicloud*, donde las organizaciones soportan su operación con más de un proveedor.

De esta forma, las áreas de TI administran sistemas heredados *on premise* (en la empresa, local). Los sistemas que son sensibles para el negocio suelen alojarse en nubes privadas y los demás en nubes públicas. En este modo de trabajo, las empresas pueden gestionar múltiples entornos públicos y privados como si fuera un único entorno independientemente de los proveedores de nube que utilice. La *multinube* ayuda a las empresas a evitar caer en la dependencia de un solo proveedor. Distribuir las cargas de trabajo entre múltiples proveedores de nube proporciona a las empresas la flexibilidad para usar (o dejar de usar) la nube en el momento que lo deseen. Las tendencias de uso destacan el uso de múltiples nubles por las empresas y de diferentes proveedores, con opciones de nube híbrida, como uno de los modelos que más se utilizarán.

Según los expertos de la consultora IDC[6], la crisis que se está viviendo a causa del coronavirus va a tener un impacto positivo en mercados como el de los servicios en la nube. De hecho, pronosticaba que 2021 sería el año en el que las organizaciones adoptarán, finalmente, las arquitecturas *multicloud* en combinación con la nube privada local.

Actualmente, las empresas que cuentan con una arquitectura TI híbrida y basada en múltiples nubes están demostrando más capacidad para enfrentarse al reto del trabajo a distancia y a los problemas de saturación de redes que ralentizan el acceso a los datos y servicios digitales. La pandemia está causando estragos en los negocios y las empresas mejor preparadas tecnológicamente están capeando el temporal con más facilidad. Esto se debe a que sus esfuerzos de digitalización les proporcionan más capacidad y facilidad para adoptar herramientas digitales, lo que resulta en una mayor agilidad empresarial.

Según el último informe de IDC, para el 2022 más del 90 % de las empresas de todo el mundo dependerán de una combinación de nubes privadas locales y dedicadas, múltiples nubes públicas y plataformas heredadas necesarias para satisfacer ciertas necesidades de infraestructura. Además, su estimación es que este cambio tendrá lugar en 2021, el año *multicloud*, donde las empresas se apresurarán a adoptar estas arquitecturas TI híbridas, basadas en la TI local en combinación con múltiples proveedores de servicios en la nube.

Un estudio de la consultora IDC Research[7] realizado para Oracle destaca que se consolida el modelo multinube y que las empresas españolas gestionan de media 2,8 proveedores diferentes, y un 45 % de ellas, tres o más.

Los modelos de consumo a través de la nube se consolidan como el principal pilar donde se van a apoyar las arquitecturas TI en la era poscoronavirus, de acuerdo con el informe "Soluciones *multicloud* para la transformación digital", realizado por IDC Research España para Oracle. La nube es una realidad en todo el mundo y eso se materializa en el gasto tecnológico. En este sentido, en 2022, el 40 % del gasto principal de TI estará relacionado con la nube, cifra que ascenderá al 80 % para 2028; y los pronósticos en España son que el mercado crecerá durante los próximos años en torno al 20 % anual, si bien en 2020 esta cifra se situará en un 14 % debido a la ralentización del mercado provocada por la pandemia.

Con la infraestructura como servicio (IaaS) liderando el crecimiento, a ratios cercanos al 30 %, se va configurando un escenario en el que las empresas tienen que gestionar más servicios en la nube, combinando las necesidades tecnológicas y de negocio con la optimización de costes o el cumplimiento normativo. El futuro es *multicloud*, ya hoy en día, las organizaciones españolas gestionan de media casi tres proveedores (2,8) y un 45 % de ellas, tres o más. Los sectores en los que esta tendencia es más acentuada son: tecnología, medios y telecomunicaciones, con un promedio de 3,3 proveedores por organización frente al 2,8 global.

Según el informe, el software como servicio (SaaS) es el servicio de nube pública más contratado en España (81 % de los encuestados), mientras que el 61 % afirma ser usuario de infraestructuras y plataformas como servicio (IaaS y PaaS). El software como servicio es, además, la categoría que goza de una mayor tendencia hacia el *multicloud*, ya que un 42 % de los encuestados declara contar con más de un proveedor en este segmento.

En relación con las cargas de trabajo migradas a la nube, más de un 90 % de las empresas españolas confirma disponer ya en la nube de herramientas de colaboración para el correo electrónico, las conferencias o la compartición de archivos. La capacidad de almacenamiento o de archivo de datos también es una carga de trabajo mayoritariamente empleada en la nube (70 %).

> Un sistema de *Cloud Computing* puede ser: desplegado privadamente o alojado en las instalaciones del cliente de la nube; compartido entre un número limitado de socios; alojado por una tercera parte o un servicio accesible públicamente, en una nube pública. De otra forma, dependiendo del tipo de despliegue de la nube, el cliente podrá tener recursos de computación privada limitados o podrá tener acceso a grandes cantidades de recursos mediante el acceso remoto. De esta manera, dependiendo del modelo de despliegue elegido, los clientes podrán tener ventajas e inconvenientes para controlar sus recursos, escalar cuando sea necesario, calcular sus costes y su disponibilidad.

Ventajas y razones para adoptar el modelo multinube

Las ventajas del modelo multinube son:

- Retorno optimizado de la inversión. El usuario puede elegir IaaS de Amazon, mientras que para PaaS puede elegir Azure de Microsoft. Combinando estos dos servicios obtendrá un mejor retorno de la inversión.

- Seguridad mayor.

- Baja latencia.

- Autonomía.

- Propenso a menos desastres. Un modelo multinube llega a ofrecer un 99,5 % de disponibilidad. Por consiguiente, mantiene redundancia en múltiples sitios, de modo que los recursos o datos son menos propensos a los desastres.

Las razones, en consecuencia, para la adopción del modelo multinube, según el estudio de VECTOR ITC (p. 9), empresa multinacional española especializada en Computación en la Nube y en TIC, son:

- Se incrementa la seguridad.

- El usuario tiene acceso de modo rápido y sencillo a múltiples contenidos.

- Reducen las gestiones internas en infraestructuras.

- Reduce el coste de las licencias.

- Permite adherirse a las regulaciones de los diferentes países.

7.6.1. SELECCIÓN DEL MODELO DE NUBE

La elección del modelo de nube (pública, privada, híbrida, comunitaria en el caso de una organización, o multinube) no es una tarea fácil; por ello, la opinión del departamento de TI de la empresa, unido a las recomendaciones del proveedor seleccionado, será vital en la elección del modelo adecuado.

Suele haber cierta unanimidad en que al menos en principio el modelo de nube privada es muy recomendable, ya que cuenta con mayores garantías de flexibilidad, escalabilidad y seguridad; si estudia bien el retorno de la inversión (ROI) puede resultar más económica. La elección de nube pública o privada dependerá de las características de cada empresa u organización.

La migración a la nube de las partes sensibles del negocio, como las bases de datos de facturación, los pedidos de los clientes, demandan una conectividad exclusiva y directa a los centros de datos, así como una alta disponibilidad y unos tiempos asegurados. En este caso la nube privada puede ser la mejor selección. Sin embargo, cuando se trata de partes del negocio que no son tan sensibles, como publicidad, blogs, noticias, puede ser interesante seleccionar la nube pública con el fin de ahorrar costes. Por estas razones, muchos proveedores recomiendan a las empresas que estudien detenidamente las ventajas e inconvenientes de ambos modelos, de forma que numerosas estrategias de empresas acreditadas han optado por el modelo de nube híbrida.

Sin embargo, en los últimos años ha surgido una creciente tendencia hacia el modelo de servicio de multinube, con la opción de selección del tipo de nube y del proveedor correspondiente, de modo que las empresas optan por contratar servicios a diferentes proveedores que permitan la migración y escalabilidad entre ellos con total garantía.

Existen estudios muy fiables de consultoras internacionales que consideran al 2024 el año en que la mayoría de las grandes empresas utilizarán de modo intensivo los entornos de múltiples nubes, que combinarán sistemas locales y externos con nubes públicas, privadas e híbridas.

7.7. LA EMERGENCIA DE LA NUBE HÍBRIDA Y LA MULTINUBE

Como ya se ha señalado en el apartado 7.6, una tendencia al alza desde hace algunos años y que ha terminado por implantarse es la multinube (*multicloud*), ya que ofrece un perfecto equilibrio entre rendimiento, seguridad, eficiencia y escalabilidad.

Las estrategias multinube permiten a las compañías integrar nubes de diferentes proveedores, tanto públicas como privadas, con la infraestructura tradicional de TI. Es un modelo que se ha posicionado como la opción preferida a la hora de adoptar y desplegar estrategias en la nube: algunas estadísticas fiables consideran que el 57 % de las empresas apuestan por este modelo para aprovechar esta combinación de servicios, ya sea buscando ajustar al máximo la inversión, repartir cargas de trabajo o evitar tener que depender de un único proveedor.

Otra innovación muy actual es la integración de la nube híbrida y la multinube. Cada una con diferentes visiones u objetivos. En el entorno de la nube híbrida se integran las nubes públicas y privadas para conseguir el mismo propósito. Los componentes de una nube híbrida, normalmente, trabajan juntos. Sin embargo, la nube híbrida, a veces, no es suficiente para cumplir las necesidades de la empresa. La principal razón es la estructura organizativa de las empresas. Las divisiones y los departamentos diferentes en una empresa se concentran en sus propias áreas *business core* (negocios o actividades principales) como: automatización de fuerzas de ventas, marketing, gestión de las relaciones con los clientes, gestión de la cadena de suministro, producción, logística y recursos humanos.

Otro punto clave que se observa en un entorno multinube es que las empresas mezclan los servicios de más de un proveedor de la nube pública (ya que las empresas desean una escalabilidad ilimitada, disponibilidad y aprovisionamiento rápido de recursos) y un centro de datos *on premise* (en las instalaciones). En un entorno multinube, una organización utiliza diferentes servicios de la nube pública, con frecuencia de múltiples proveedores diferentes junto con infraestructuras físicas de la nube *on premise*, virtuales y de la nube privada.

Beneficios de utilizar los modelos operativos de la nube híbrida y multinube (Surianarayanan, 2019: 28, 281):

- Proporcionan un fundamento de recursos elásticos para incrementar la resiliencia, acelerar el desarrollo de los esfuerzos de pruebas, acceder a más posiciones geográficas y seleccionar los mejores proveedores para diversas tareas.

- Aportan agilidad, flexibilidad y la innovación necesarias para impulsar cualquier negocio.

- Aumentan la participación de *wallet* (billetera), satisfacción y lealtad.

- Crean nuevas áreas de crecimiento rentable y diferenciación.

- Reducen los riesgos y también reducen los costes operacionales, acelerando y permitiendo la eficiencia.

Retos en la gestión de entornos de la nube híbrida y multinube

El establecimiento de entornos de nube híbrida y multinube afronta retos que es necesario considerar. Surianarayanan (2019: 281) los agrupa en tres categorías:

1. Retos técnicos

- API. Cada proveedor de la nube proporciona diferentes API para acceder a diferentes servicios de la nube.

- Comportamiento. Las nubes se comportan de modo diferente bajo ciertas circunstancias, incluso en acciones comunes.

- Tamaños y tipos de recursos. Cada proveedor de la nube ofrece diferentes tamaños y tipos de recursos de cómputo, almacenamiento y redes.

- Imágenes de sistemas operativos. Cada proveedor ofrece un conjunto único de imágenes de sistemas operativos, lo que hace difícil ejecutar cargas de trabajo utilizando la misma imagen en otras nubes.

- Hipervisor. Diferentes opciones de hipervisión.

- Pilas de aplicaciones (Java, LAMP, .NET).

- Características y servicios adicionales.

- Capacidades de seguridad. Los controles de acceso varían según los proveedores.

- Capacidades de redes. La planificación de las redes se vuelve compleja según los proveedores.

    2. Retos operacionales

- *Testing.*

- Mantenimiento de seguridad y control.

- Gestión de aplicaciones y configuración de las infraestructuras en múltiples pilas de nubes.

- Soporte y experiencia técnica.

    3. Retos de negocio

- Facturación y precios.

- Conjunto de destrezas y formaciones (entrenamiento).

- Planificación y ejecución.

7.8. PROVEEDORES DE LA NUBE

La Computación en la Nube se ha convertido en un modelo de negocio que genera grandes ingresos anuales para las compañías proveedoras de esos servicios. Los proveedores de la nube pueden ser globales, ofrecen cualquiera de los modelos de nube, o locales, y proporcionan los mismos servicios bien propios o subcontratados a los grandes proveedores mundiales.

Un proveedor de servicio en la nube (*Cloud Service Provider*, CSP) es una empresa o agente que proporciona servicios a las empresas de red, aplicaciones (software), infraestructuras, plataformas o servicios de almacenamiento con soporte en la nube. Los servicios de los CSP abarcan esencialmente cualquier servicio centrado en la nube y al que se acceda de forma remota mediante un modelo de pago por uso.

Cuando el hardware y software de una empresa están todos en sus instalaciones, la administración, actualización y cualquier reemplazo de los componentes depende de la propia organización. Los proveedores de servicios en la nube le permiten asignar la gestión de una, varias o todas las partes de su infraestructura a un tercero. En lugar de comprar y mantener su propia infraestructura, accede a ella como un servicio. El uso de un proveedor de servicios en la nube es una forma útil de acceder a los servicios informáticos que, de otro modo, tendría que proporcionar por su cuenta.

El panorama de proveedores del sector de la nube es muy grande, aunque existen una serie de grandes empresas que son las que dominan a nivel mundial el mercado de la nube. El líder mundial es Amazon Web Services (AWS), empresa filial de Amazon (líder mundial en el comercio electrónico), creada en 2004. Los otros grandes proveedores son, a su vez, grandes fabricantes de servicios de computación, tales como Microsoft Azure Cloud, Google Cloud Platform (GCP), Oracle, IBM Cloud, Alibaba, VMWare, Rackspace, Salesforce, Red Hat (IBM), SAP. Empresas chinas como Alibaba también han crecido mucho en estos últimos años, algunas son Tencent, Huawei o Baidu.

Uno de los informes más prestigiosos a la hora de seleccionar un proveedor de soluciones de la nube es el conocido Cuadrante Mágico de Gartner, que publica todos los años diferentes versiones según las propiedades seleccionadas.

Cuadrante Mágico de Gartner de proveedores de servicios de plataformas y de infraestructuras de la nube

El tradicional Cuadrante Mágico de Gartner de servicios de plataformas y de infraestructuras de la nube (publicado en julio de 2021) destaca en la categoría de líderes a: Amazon Web Services, Microsoft y Google. En la posición más alta, en ambos ejes, "Integridad de la visión" y "Capacidad de Ejecución", se sitúa AWS de Amazon. A continuación, como líderes figuran Microsoft Azure Cloud y Google Cloud Platform (GCP). AWS de Amazon tiene aproximadamente el 40 % de la cuota del mercado mundial y le sigue Microsoft con su servicio Azure y aproximadamente el 20 % de la cuota; en el tercer puesto, Google con el 7 %. En la posición 4 de Visionarios figura Alibaba Cloud, que supera en cuota de mercado a Google con el 10 % mundial al ser líder en el mercado chino junto a otros proveedore como Huawei, Tencent y Baidu. En operadores especializados o "jugadores de nicho" figuran Oracle, en lugar destacado, e IBM y Tencent Cloud compitiendo entre ellos.

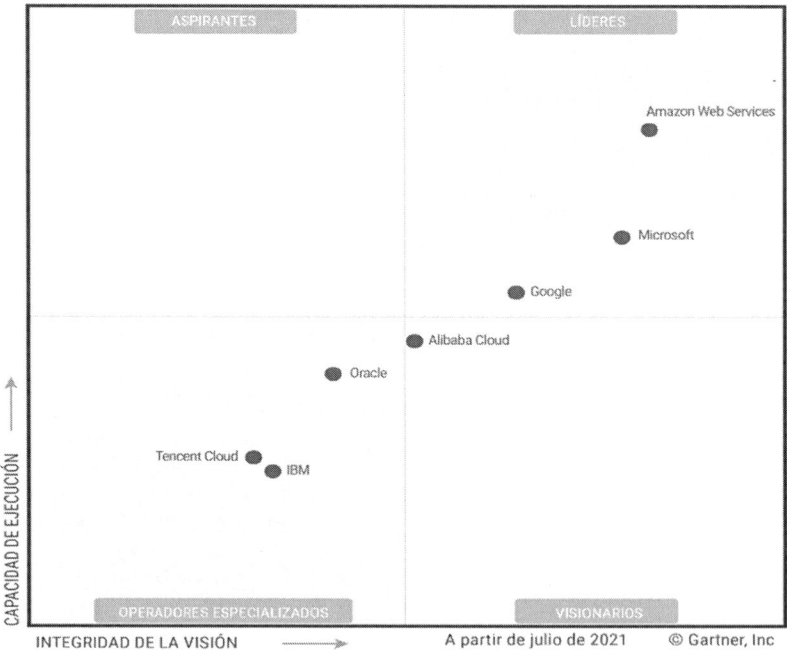

Figura 7.6. Cuadrante Mágico de Gartner de proveedores de servicios PaaS, IaaS. Fuente: Gartner

¿Qué criterios seguir para adoptar un proveedor de la nube para la organización o empresa?

La empresa, tras la elección del servicio o servicios de la nube, ha de estudiar el modo de implantación del sistema correspondiente. Como hemos comentado anteriormente, existe una amplia oferta de proveedores y su elección no será una tarea fácil, dado que se puede seleccionar un proveedor con implantación global o un buen proveedor local, bien con sus propios servicios de centros de datos o bien como proveedor de una compañía global nacional o multinacional.

La elección del proveedor de servicios en la nube exige, como sucede en cualquier actividad laboral, una selección adecuada a las necesidades de los servicios a contratar y es vital analizar la confiabilidad y capacidad del proveedor de servicios a quien se van a confiar las aplicaciones y los datos de su organización.

Entonces, ¿cómo se elige un proveedor de servicios en la nube? Microsoft[8], uno de los grandes proveedores de soluciones, ofrece una serie de características, en su portal Azure, que deben tener en cuenta y que son extrapolables a cualquier otro proveedor fiable y de garantía:

"Procesos y solidez del negocio

- Solidez financiera
- Organización, control, planeamiento y administración de riesgos
- Confianza
- Conocimiento empresarial y técnico
- Auditoría de cumplimiento"

"Soporte administrativo

- Contratos de nivel de servicio
- Informes de rendimiento
- Supervisión de recursos y administración de la configuración
- Facturación y contabilidad"

"Funcionalidad y procesos técnicos

- Facilidad de implementación, administración y actualización
- Interfaces estándar
- Administración de eventos
- Administración de cambios
- Funcionalidad híbrida"

"Prácticas de seguridad

- Infraestructura de seguridad
- Directivas de seguridad
- Administración de identidades
- Copia de seguridad y retención de los datos
- Seguridad física"

Otro caso de estudio que consideramos es el de Red Hat (en la actualidad, propiedad de IBM), uno de los proveedores más antiguos y prestigiosos, que propone su *estrategia para utilizar la nube* con un conjunto de recomendaciones[9].

"La mejor nube para su empresa depende de las necesidades de su negocio, el tamaño de su negocio, su plataforma informática actual y su infraestructura de TI, y sus objetivos para el futuro".

"En una organización de TI moderna, los proveedores de servicios en la nube casi siempre desempeñan un papel en un plan de implementación de la nube. Esto puede incluir asumir el rol de administrar la infraestructura, el software, los servicios o alguna combinación de estos".

"Una vez examinadas las recomendaciones anteriores, las empresas han de determinar cuáles servicios necesita su nube para respaldar su estrategia empresarial".

"Se debe seleccionar la tecnología en la nube a gestionar dentro de la empresa y cuáles en el proveedor de servicios en la nube. La infraestructura, las plataformas o el software administrados por la empresa pueden ser muy eficientes para atender a sus clientes".

"Estudiar los diferentes contratos de soporte estándar que proporcionen los proveedores de servicios y las soluciones que ofrecen en cada caso".

"La contratación final necesitará evaluar si un proveedor (o varios en el caso de la multinube) cumplen todos los objetivos previstos y reúnen los requisitos tecnológicos y de administración exigibles a un proveedor solvente de la nube".

Tabla 7.1. Proveedores de servicios de la nube

Servicio	Descripción	Proveedores y aplicaciones
SaaS	Software como servicio. Modelo donde las aplicaciones se descargan de la nube y se ejecutan directamente a cambio de una cuota, que puede ser una cantidad determinada o gratuita	Google Apps Zoho Salesforce.com Dropbox Evernote Office 365 OneDrive iCloud Dynamic CRM de Microsoft Gmail, Hotmail Wordpress
PaaS	Plataforma como servicio. Plataforma de aplicaciones que proporciona a los desarrolladores un despliegue rápido	Google App Engine Salesforce.com Microsoft Azure IBM
IaaS	Infraestructura como servicio. Infraestructura compartida, como redes, servidores y almacenamiento	Amazon AWS Dell, Arsys, Strato Amazon Cloud Drive Google Drive Rackspace

Algunas de las recomendaciones proporcionadas por los proveedores más reputados de la nube, así como por las organizaciones nacionales y multinacionales especializadas en los servicios, señalan los siguientes factores a tener en cuenta en la elección del proveedor:

- Experiencia, reputación y referencias del proveedor
- Conocimiento del sector de su empresa
- Comprensión de los objetivos de su empresa
- Compromiso para el trabajo con el cliente
- Soporte y consejos tras la instalación, con asesoramiento permanente

En el proceso de migración a la nube se recomienda seguir las siguientes directrices (Joyanes, 2022):

- Los proveedores han de ofrecer asesoramiento durante el proceso de instalación o migración del entorno de la nube, actuando como consultores del proyecto que les permita conseguir completar una implantación satisfactoria. Es necesario que el proveedor atienda al cliente en todo el proceso de implantación desde la decisión de contratación hasta la puesta en marcha, despliegue y mantenimiento de los servicios.
- Los proveedores han de prestar asistencia técnica al cliente y colaborar con su departamento de TI.
- Es conveniente que haya un período de pruebas, conocer cuánto tiempo se tardará en poner en funcionamiento los sistemas de servicios de la nube y cómo se realizará el proceso de migración, bien desde los recursos de la propia organización o bien desde otros proveedores con los que tiene relación la compañía para así compatibilizar los servicios si continúa con ellos, incluso una migración completa.
- Ha de elegir la plataforma o servicio adecuado para la organización.
- El proveedor ha de ser responsable del almacenamiento y control de los datos, así como de su seguridad.
- Cuando se produzcan actualizaciones del servicio de nube por el proveedor se ha de contar siempre con el consentimiento explícito del cliente; por el contrario, como sucede en muchas aplicaciones, se supone concedida la autorización correspondiente para realizar la actualización.

7.8.1. IMPLANTACIÓN DE LA NUBE EN LAS ORGANIZACIONES Y EMPRESAS

El NIST, en uno de sus documentos más influyentes (Badger et al., 2012), en su edición de mayo 2012, proporciona directrices y recomendaciones relativas al modo en que las organizaciones deben cuidar las oportunidades, así como los riesgos que conlleva su adopción. En el resumen ejecutivo del citado documento recomienda que la estrategia a seguir dependa de los requerimientos de la organización; y, en consecuencia, la elección de las diferentes tecnologías y configuraciones.

Con el objetivo de comprender cuál es la solución más adecuada del amplio espectro que ofrece la nube para una necesidad dada, una organización debe considerar cómo se despliega la nube (*modelos de despliegue*) y qué tipos de servicios se pueden proporcionar a los clientes (*modelos de servicio*). Una vez analizados los modelos y diseñado el proyecto técnico (como autónomo o simplemente usuario), si su organización decide adoptar la nube debe considerar en paralelo o de modo secuencial las oportunidades económicas y riesgos de usar estos servicios (*consideraciones económicas*); las características técnicas de los servicios, como el rendimiento (*performance*) y la fiabilidad (*características operacionales*); los términos normales de servicios (*acuerdo de nivel de servicios, Service Level Agreement, SLA*) y las oportunidades y riesgos de seguridad (*seguridad*) (NIST, 2012).

La mejor nube para su empresa depende de las necesidades de su negocio, su tamaño, su plataforma de informática actual, su infraestructura de TI y sus objetivos para el futuro. En una organización de TI moderna, los proveedores de servicios desempeñan un rol importante en un plan de implementación de la nube que puede incluir asumir las tareas ordinarias de administrar la infraestructura, el software, los servicios o alguna combinación de estos componentes.

7.8.2. ASPECTOS ECONÓMICOS

En el modelo de despliegue público, la *nube pública* funciona como cualquier servicio externalizado: un servicio de alquiler de los recursos informáticos. Los usuarios pagan el servicio (como con la luz, el agua o el teléfono) y dejan de pagarlo cuando no lo utilizan, pero tampoco han de pagar los costes de adquisición para construir la infraestructura. Evidentemente, el modelo proporciona un considerable número de ventajas, ya que reduce los costes del desarrollo de aplicaciones tanto económicas como de recursos humanos, proporciona flexibilidad y agilidad en las organizaciones al seleccionar la aplicación requerida tras la evaluación y aprobación de su departamento de sistemas. Por otra parte, puede cambiar de proveedor si no se encuentra satisfecho con sus servicios, al igual que ahora sucede con la elección de la telefonía o la energía, o bien negociar sus condiciones de contratación.

En el caso de la *nube privada*, las características son similares, con la ventaja de que los recursos informáticos los puede administrar su organización y los beneficios que ello entraña, pero a cambio de un gran inconveniente, el aumento de costes. Por estas circunstancias, muchas organizaciones optan por el modelo híbrido, utilizando los servicios menos críticos en la nube pública y aquellos más críticos en la nube privada.

La respuesta a la pregunta típica del uso de la nube sobre la reducción de los costes globales de la organización y la pregunta siguiente sobre la seguridad deberán responderse después de un estudio cuidadoso de todos los costes de operación, cumplimiento de normativas (*compliance*), personal técnico necesario, formación y seguridad, incluyendo los costes que puede suponer la migración de su sistema tradicional de TI a la nube; también se deberán considerar dichos costes en el caso de que se decida migrar a otro proveedor o compatibilizar varias nubes entre sí, con la consiguiente necesidad de integración de datos y sistemas.

Los servicios en la nube tienen una gran dependencia de la conectividad, por ello es necesario analizar los servicios de redes y la modalidad de acceso de los empleados de la empresa (líneas telefónicas fijas, móviles, satélite), así como los dispositivos a utilizar en el acceso (ordenadores, tabletas, teléfonos móviles inteligentes, portátiles, lectores de *e-books*) y, naturalmente, los anchos de banda disponibles en la empresa.

En la actualidad el modelo híbrido y multinube es, en la mayoría de los casos, el modelo más económico, a la vez que el más fiable y eficiente en la entrega de sus servicios.

7.9. SEGURIDAD EN LA NUBE: RETOS Y AMENAZAS

Antes de contratar un servicio en la nube, las organizaciones han de ser conscientes de la necesidad de un estricto cumplimiento de las normativas de seguridad pública y las propias de su organización. La seguridad ha de ser una de las preocupaciones principales, si no la principal, cuando una organización funciona con plataformas de la nube dispersas geográficamente y que no están bajo el control directo de su organización, pasando a estar total o parcialmente delegada en los proveedores de la nube.

La mayor parte de la seguridad de un servicio en la nube recae en la empresa proveedora, que es la encargada de garantizar la seguridad física en sus centros de procesamiento de datos y mantener sus equipos informáticos actualizados tanto a nivel de hardware como de software para hacer frente a las ciberamenazas. Por estas razones, se requiere un análisis detallado de los objetivos de negocio que se desean conseguir, incluidos los de seguridad, los cuales deberán ser planteados a los proveedores junto con los requisitos de ciberseguridad. Estas preocupaciones exigen un proveedor de la nube profesional, riguroso y de prestigio contrastado.

Además de los riesgos y amenazas inherentes a cualquier sistema de TI tradicional, la Computación en la Nube presenta a su organización sus propios riesgos de seguridad, que serán precisos considerar. Así pues, será preciso el aseguramiento de la protección de los datos, de la privacidad y el cumplimiento de las regulaciones correspondientes (*compliance*), junto con el cumplimiento también de los principios fundamentales de la seguridad de la información: la tríada CIA, confidencialidad, integridad y disponibilidad (*Confidenciality, Integrity, Availability*), además de los otros temas importantes, como la identificación, autentificación, responsabilidad, autorización y la citada privacidad.

Por estas razones, las compañías, independientemente de su tamaño, se enfrentan a importantes ciberamenazas y, por ello, todas las organizaciones deberán centrarse en asegurar su red, la protección de sus datos y de su propiedad intelectual.

El INCIBE (Instituto Nacional de Ciberseguridad de España) publicó, en octubre de 2017, una guía[10] con recomendaciones para el empresario donde destacan las amenazas y riesgos que llevan asociados el uso de la nube, así como recomendaciones que es necesario tener en cuenta y gestionar.

Amenazas

Las amenazas definidas por el INCIBE dependen del tipo de servicio contratado y de su forma de contratación y despliegue. Las más importantes son:

- Accesos no autorizados

- Amenazas internas
- Interfaces inseguras
- Problemas derivados del uso de las tecnologías compartidas
- Fuga de información
- Suplantación de identidad
- Desconocimiento del entorno
- Ataques de *hacking*

Riesgos

El INCIBE recomienda realizar una evaluación de los riesgos que afectan al servicio que se va a contratar para poder tratarlos y darles el tratamiento adecuado. Los riesgos más frecuentes son:

- Acceso de usuarios con privilegios
- Incumplimiento normativo
- Desconocimiento de la localización de los datos
- Falta de aislamiento de los datos
- Indisponibilidad del servicio en caso de desastre o incidente
- Carencia de soporte investigativo
- Viabilidad a largo plazo

7.10. CONTRATACIÓN DE SERVICIOS DE *CLOUD COMPUTING*

Las empresas deben considerar con mucha atención los términos de contratación de un servicio en la nube. Existen muchos documentos prácticos que recogen y proponen modelos de contratación. Uno de los más recomendados es la *Guía de contratación de servicios de Cloud Computing*[11], publicada por la Agencia Española de Protección de Datos (www.agpd.es), que pretende facilitar el cumplimiento de la normativa de protección de datos en la contratación de servicios de *Cloud Computing*, ofreciendo una información práctica dirigida, especialmente, a pymes, microempresas y profesionales. La guía, excelente, se articula en torno a un cuestionario de preguntas y respuestas en todos los aspectos asociados para la protección de datos personales en estos servicios.

La relación entre el proveedor de servicios en la nube y el cliente debe estar regulada, como todo acuerdo empresarial, por un contrato y, normalmente, también por un Acuerdo de Nivel de Servicio (ANS). Estos documentos deben definir claramente la posición de cada una de las partes, así como su responsabilidad y obligaciones.

En el contrato[12] se debe fijar el servicio contratado, su duración, las condiciones de finalización y desistimiento, el precio y otras condiciones. Entre ellas, las condiciones de uso:

definición de las características del servicio y su forma de entrega, el uso aceptable que se espera del cliente, la descarga de responsabilidad y la legislación aplicable en caso de conflictos. Los ANS describen las responsabilidades de ambas partes, en particular del proveedor, en cuanto a las siguientes condiciones: rendimiento, seguridad, tratamiento de datos y privacidad.

Las organizaciones han de afrontar la migración a la nube, en cualquiera de sus modalidades de despliegue y servicios, estando conformes con los términos que figuren en los acuerdos de nivel de servicios, que definan claramente las relaciones legales entre los clientes y sus correspondientes proveedores. Una organización debe tener claro antes de utilizar un servicio cuáles son las responsabilidades de la empresa como cliente y cuáles son las responsabilidades del proveedor del servicio. La correspondiente firma del acuerdo y su acatamiento será una condición indispensable antes de comenzar a utilizar la nube.

7.11. LOS CENTROS DE DATOS COMO SOPORTE DE *CLOUD COMPUTING*

Un centro de datos (*data center*) es un sistema utilizado para alojar sistemas de ordenadores y sus componentes asociados, tales como sistemas de telecomunicaciones y de almacenamiento. Generalmente, incluye fuentes de alimentación redundantes y se usa para las copias de seguridad, las conexiones, las comunicaciones de datos redundantes, los controles medioambientales y los dispositivos de seguridad.

Desde un punto de vista práctico, cada vez que un usuario de la web sube una foto a Facebook o construye un documento, utilizando Google Apps, la potencia de computación necesaria para cumplir la petición procede de edificios remotos denominados *centros de datos* y se entrega por Internet.

La explosión de la Computación en la Nube ha dado una gran notoriedad a los centros de datos, lugares físicos de gran tradición en la historia de la informática, y ha potenciado su creación a lo largo y ancho de los países con industrias de computación poderosas o en aquellos otros países donde la externalización de estos servicios compensaba los enormes costes de instalación. Todas las grandes empresas del mundo de la gestión y tecnológicas están potenciando sus centros de datos, bien para servicios propios, bien para alquilarlos o subcontratarlos a otras empresas.

El impacto de los centros de datos está siendo considerado por los analistas como una historia paralela a la de la electricidad, y en realidad así se puede considerar si analizamos los datos de *The Economist*. Se está produciendo un auténtico boom de construcción de centros de datos. Se buscan lugares físicos donde la electricidad sea barata, exista alta conectividad a Internet, disponibilidad de trabajadores especializados en TIC, incluso que las condiciones medioambientales sean buenas, naturalmente, de ser posible, que las autoridades proporcionen desgravaciones fiscales a las empresas por situarse en su región, al estilo de las fábricas de automóviles o electrodomésticos.

Los centros de datos capaces de proporcionar la potencia de cálculo y almacenamiento que constituyen la infraestructura física de la Computación en la Nube forman potentes entornos industriales. Al igual que cualquier complejo industrial, los propietarios de los centros de datos buscan los lugares idóneos no solo desde el punto de vista físico y geográfico, sino en las ciudades donde puedan encontrar ayudas y subvenciones, haciendo valer la contribución al empleo que traerá la construcción de dichos centros (*las fábricas de la nueva era industrial*), el consumo de agua, electricidad, teléfonos, los pagos de impuestos, los puestos de trabajo especializado, la ayuda a la investigación de las universidades locales.

The Economist, *Forbes* o *Business Week*, entre otros medios, en numerosos artículos y estudios, consideran casos de centros de datos establecidos en espacios donde Google, Amazon, Microsoft o IBM (por citar algunos gigantes de Internet) han desplegado dichas "fábricas". Muchos de ellos están elegidos en lugares donde existe un río o un lago para refrescar los millares de servidores, próximos a lugares de producción de electricidad a bajo coste y conexiones de banda ancha para la conexión a Internet. Todas ellas, condiciones indispensables para instalar "una fábrica de datos", como las denomina *The Economist*.

7.12. LA COMPUTACIÓN EN LA NUBE EN LA CIENCIA DE DATOS

La Ciencia de Datos y la Computación en la Nube están estrechamente conectados. Un científico de datos analiza los diferentes tipos de datos que se almacenan en la nube. Con el incremento creciente de Big Data, las organizaciones incrementan el almacenamiento de los grandes conjuntos de datos en línea y su análisis potenciará y reforzará a los profesionales científicos de datos. La Ciencia de Datos y todas las tendencias tecnológicas asociadas a ella se verán potenciadas por los innumerables servicios ofrecidos por la nube y la gran cantidad de proveedores de soluciones, que ofrecerán las infraestructuras y plataformas que facilitarán las estrategias de las empresas para una toma de decisiones efectiva y de menores costes.

Las tendencias tecnológicas citadas en el capítulo conforman en mayor o menor medida el futuro de la nube dado que todas ellas viven inmersas de una u otra manera en su arquitectura. Desde la Inteligencia Artificial a través de los robots colaborativos *cobots* o los robots virtuales (asistentes de voz) hasta el *Blockchain*, soporte avanzado de la seguridad en la nube pasando por el Internet de las Cosas, generan enormes cantidades de datos que han de ser analizados con técnicas de Big Data y de analítica de datos (*big data analytics*), principalmente a través de herramientas de Minería de Datos, Aprendizaje Automático (*Machine Learning*) y Aprendizaje Profundo (*Deep Learning*).

La nube forma ya parte del ADN de las organizaciones y empresas, ya se ha convertido en un catalizador básico de los negocios y en la espina dorsal de la Ciencia de Datos. En el horizonte 2025, la nube será la regla a la hora de gestionar las corporaciones con independencia de su tamaño, no la excepción. La nube también es el habilitador clave de la transformación digital de las empresas, que facilitará la agilidad necesaria para desarrollar las próximas generaciones de aplicaciones digitales que se construirán sobre las arquitecturas de TI tradicionales y futuras. A la futura conectividad basada en las tecnologías móviles, especialmente de la nueva generación 5G y 6G unidas, y al despliegue de las redes Wi-Fi 6 y futura Wi-Fi 7, se unirá la conectividad de las numerosas y diferentes fuentes de grandes volúmenes de datos, que aportarán ideas para los negocios a bajo coste y también mínimos riesgos.

La migración de organizaciones y empresas a arquitecturas multinube (*multicloud*), unida al crecimiento de la conectividad inteligente de las nuevas redes, potenciará el despliegue de las múltiples disciplinas de la Ciencia de Datos. La Ciencia de Datos, con la masiva proliferación de roles profesionales centrados en los científicos de datos, más los nuevos modelos de

Computación en la Nube, consolidarán la Ciencia de Datos como una ciencia más, que competirá con las tradicionales de Ciencias Matemáticas, Ciencias Físicas, Ciencias Sociales o Ciencias Económicas.

La Computación en la Nube ha ayudado a la democratización de los datos (capítulo 16) y así las pymes pueden realizar análisis de datos eficaces para competir con las grandes empresas en aquellos proyectos en los que se hayan especializado. De igual forma, la nube y la Ciencia de Datos no solo han potenciado la democratización de los datos, sino que han originado el nacimiento del modelo de servicio de datos como servicio, DaaS (*Data as a Service*).

Los datos como servicio (DaaS) es un modelo similar a SaaS, PaaS e IaaS, y ha crecido en popularidad gracias al uso de la Computación en la Nube en la Ciencia de Datos. DaaS facilita la compartición de datos en las compañías de un modo mucho más fácil y rápido, en tiempo real, a la par que aumenta la rentabilidad y potencia las estrategias de las organizaciones.

RESUMEN

- La Computación en la Nube define los sistemas que están virtualizados y cuyos recursos se agrupan de modo que los clientes pueden aprovisionarse de servicios en función de sus necesidades.

- El NIST es un organismo internacional de los Estados Unidos que se dedica a definir los estándares y la tecnología, el cual tiene un laboratorio dedicado específicamente a *Cloud Computing* que se encarga de hacer definiciones y especificaciones de los modelos de la nube. En un documento oficial describió sus características esenciales, así como los modelos de despliegue y de entrega de servicios. Las categorías definidas por el NIST y aceptadas universalmente son modelos de despliegue (nubes públicas, privadas, híbridas y comunitarias) y modelos de servicio: software como servicio (SaaS), plataforma como servicio (PaaS), e infraestructura como servicio (IaaS).

- La Computación en la Nube ofrece un gran número de beneficios y ventajas para los usuarios finales, organizaciones y empresas, así como a la industria y en general a la sociedad. También tiene inconvenientes que es necesario tener presentes para su adopción y posterior migración a la nube, especialmente en temas de seguridad y privacidad de los datos.

- El futuro de la nube, en la actual situación y futura, está garantizado y las instituciones oficiales de numerosos gobiernos, así como las organizaciones y empresas, están publicando informes continuamente acerca del estado actual y futuro de la Computación en la Nube con estadísticas e indicadores de todo tipo.

- Existen numerosas opciones para obtener ventajas competitivas en la adopción por un cliente de los beneficios de la Computación en la Nube. Estas opciones comprenden los modelos de entrega en la nube (SaaS, PaaS e IaaS) y los modelos de despliegue de la nube: privada, pública e híbrida, además de la nube comunitaria, todos ellos propuestos por el NIST.

- La combinación de los diferentes modelos y su implementación son función de los tipos de aplicación necesarios, las necesidades de almacenamiento, los requerimientos de escalabilidad, los factores de tiempo y la ejecución de proyectos y aplicaciones asociadas.

- La elección entre la nube pública o nube privada depende de muchos factores, aunque cada día aumenta el uso de la nube híbrida y multinube. Normalmente, la razón más evidente es la privacidad y seguridad de los datos. Otra razón por la que algunas empresas consideran la nube privada es su inversión en las infraestructuras de hardware, software y almacenamiento, y desean potenciar y rentabilizar sus inversiones de un modo más eficiente.

- Los modelos de nube híbrida y multinube han alcanzado una gran difusión y ya numerosas instituciones de todo tipo están migrando a esos modelos y contratando numerosos servicios.

- La elección de los modelos de IaaS, PaaS y SaaS está más directamente relacionada con el uso de aplicaciones, infraestructuras hardware, software de redes o elección de plataformas de desarrollo para sus propias aplicaciones.

BIBLIOGRAFÍA

AEPD (2013). *Guía para clientes que contraten servicios de Cloud Computing*. Madrid. Disponible en: <https://www.agpd.es/portalwebAGPD/canaldocumentacion/publicaciones/common/Guias/GUIA_Cloud.pdf>.

AEPD/INCIBE (2016). *Guía de Privacidad y Seguridad en Internet*. Madrid. Disponible en: <https://www.agpd.es/portalwebAGPD/canaldocumentacion/publicaciones/common/Guias/2016/Privacidad_y_Seguridad_en_Internet.pdf>.

APARICIO, J. P y A. BATUECAS (2015). *En torno a la privacidad y la protección de datos en la sociedad de la información*. Granada: Editorial Comares.

EKCIT (2016). *Guía de Cloud Computing*. European Knowledge Center for Information Technology. Disponible en: <http://www.ekcit.eu/>.

HARARI, Yuval Noah (2016). *Homo Deus. Breve historia del mañana*. Barcelona: Debate, 2016.

INCIBE (2017). *Cloud Computing. Una guía de aproximación para el empresario*. Disponible en: <https://www.incibe.es/sites/default/files/contenidos/guias/doc/guia-cloud-computing_0.pdf>.

INSTITUTO ESPAÑOL DE ESTUDIOS ESTRATÉGICOS (2017). "Ciberseguridad. La colaboración público-privada", en *Cuadernos de Estrategia*, número 185. Joyanes, Luis (Coord.). Madrid: Instituto Español de Estudios Estratégicos. Ministerio de Defensa.

JOYANES, Luis (2022). *Computación en la nube. El impacto del Cloud Computing en las empresas*. 2ª edición, Ciudad de México: Alfaomega, Barcelona: Marcombo.

JOYANES, Luis (2021). *Internet de las cosas*. Barcelona: Marcombo; Ciudad de México: Alfaomega.

JOYANES, Luis; Juan Manuel LOMBARDO, y Francisco LOMBARDO (2018). "Agua, nuevas tecnologías y ciudades inteligentes. La gestión inteligente del agua en la Industria 4.0", en *Libro Blanco de la Economía del Agua*. Madrid: McGraw-Hill.

JOYANES, Luis (2017). *Industria 4.0: La cuarta revolución industrial*. Barcelona: Marcombo; Ciudad de México: Alfaomega.

JOYANES, Luis (2015). *Sistemas de información en la empresa. El impacto de la nube, la movilidad y los medios sociales*. Barcelona: Marcombo; Ciudad de México: Alfaomega.

JOYANES, Luis (2014). *Big Data. Análisis de grandes volúmenes de datos en organizaciones*. Barcelona: Marcombo; Ciudad de México: Alfaomega.

JOYANES, Luis (2013). *Computación en la nube. El impacto del Cloud Computing en las empresas*. Ciudad de México: Alfaomega, Barcelona: Marcombo.

SURIANARAYANAN, C. y CHELLIAH, P. R. (2019). *Essentials of Cloud Computing: A Holistic Perspective*. Springer.

TELEFÓNICA (2016). "Cloud ¿Estás en las nubes o vives la nube?", en *A un clic de las TIC*. Madrid: Telefónica. Disponible en: <http://aunclicdelastic.blogthinkbig.com/ebook-cloud/>.

UIT (2016). "Construir las ciudades inteligentes y sostenibles del mañana", en *Actualidades de la UIT*. Número. Disponible en: <http://www.itu.int/es/itunews/Pages/default.aspx>.

Vector ITC (2020): *El modelo Multicloud con el enfoque "All as a Service" será crucial para la digitalización total de las compañías*. Julio de 2020. <https://softtek.eu/corporate/vector-itc-el-modelo-multicloud-con-el-enfoque-all-as-a-service-sera-crucial-para-la-digitalizacion-total-de-las-companias/>

World Economic Forum (2016). *Annual Meeting 2016 Mastering the Fourth Industrial Revolution* (Davos, Suiza).

RECURSOS WEB

Agencia Española de Protección de Datos (2013). *Guía para clientes que contraten servicios de Cloud Computing*. Madrid.

Agencia Española de Protección de Datos (www.agpd.es).

Agencia Profesional Española de Privacidad (APEP) (www.apep.es).

BADGER, Lee et al. (2012). *NIST. Cloud computing Synopsis and Recommendations*. Disponible en: <csrc.nist.gov/publications/nistpubs/800-146/sp800-146.pdf>.

CIERCO, David (2011). *Cloud Computing: Retos y oportunidades*. Fundación Ideas. Disponible en: <www.fundacionideas.es/sites/default/files/pdf/DT-Cloud_Computing-Ec.pdf>.

Consejo General de la Abogacía de España (www.agpd.es). *Utilización de Cloud Computing por los despachos de abogados y el derecho a la protección de datos de carácter personal.*

Fundación Innovación Bankinter/Accenture (2010). *Cloud computing. La tercera ola de las tecnologías de la información*. Disponible en: <www.fundacionbankinter.org/es/publications/cloud-computing>.

INCIBE. *Guía para empresas: seguridad y privacidad del Cloud Computing*. Disponible en: <www.incibe.es>.

Instituto Mexicano para la competitividad/Microsoft (2012). "Cómputo en la nube", en *Nuevo detonador para la competitividad*. Disponible en línea en: <imco.org.mx/images/pdf/Computo_en_la_Nube-detonador_de_competitividad_doc.pdf>.

ISACA (2012). *Principios rectores para la adopción y uso de la computación en la nube*. Disponible en: <www.isaca-bogota.org/Documentos/Cloud-Computing.pdf>.

ISACA (www.isaca.org).

Junta de Castilla y León (www.orsy.jcyl.es). *Cloud Computing. La tecnología como servicio.*

KUNDRA, Vivek (2011). *Federal Cloud Computing Strategy*. Disponible en: <www.dhs.gov/sites/default/files/publications/digital-strategy/federal-cloud-computing>.

SALVADOR CARRASCO, Luis de (2012). *Cloud computing y la estrategia española de seguridad*. Disponible en: <www.ieee.es/Galerias/fichero/docs_opinion/2012/DIEEEO752012_CloudComputing_infraestructuraCritica_LSalvador.pdf>.

URUEÑA, Alberto (2012). *Cloud Computing: Retos y oportunidades*, ONTSI. Disponible en: <www.ontsi.red.es/ontsi/sites/default/files/1-_estudio_cloud_computing_retos_y_oportunidades_vdef.pdf>.

NOTAS

[1] En 2006-2007 fueron los primeros años en que se habló de *cloud computing* como una nueva plataforma de computación. Véase el siguiente apartado, "Origen y evolución de la Computación en la Nube".

[2] Disponible en: <http://bes-h.com/es/5-tendencias-de-la-nube-en-2017/>.

[3] La obra de referencia en Computación en la Nube utilizada en la redacción de este capítulo, y de donde se han extraído gran número de referencias y textos de este capítulo, es la primera edición del mismo autor, JOYANES, Luis (2012). *Computación en la nube. El impacto del cloud computing en las empresas*. Ciudad de México: Alfaomega; edición española, Barcelona: Marcombo, (2013). En el libro se describen no solo los orígenes, características, modelos y fundamentos de la Computación en la Nube, sino que se detallan en profundidad todos los aspectos fundamentales para su desarrollo e implementación en organizaciones y empresas, desde la perspectiva de principios de la segunda década del siglo XXI, y que tratamos de actualizar en esta segunda edición.

[4] El NIST es una Agencia federal del Departamento de Comercio de los Estados Unidos. Dentro del NIST, el Computer Security Resource Center (CSRC) y su Information Technology Laboratory se encargan de los estándares de las Tecnologías de la Información, y en concreto, del *cloud computing*. La definición de *cloud computing* está disponible en: <http://csrc.nist.gov/publications/drafts/800-145/Draft-SP-800-145_cloud-definition.pdf>. En su última publicación de especificaciones de la nube de mayo de 2012, *Cloud Computing Sypnosis and Recommendations*, ya considera a la nube como una plataforma establecida y necesaria para las organizaciones. P. Mell, T. Grance (2011). *The NIST definition of cloud computing*. Disponible en: <http://nvlpubs.nist.gov/nistpubs/Legacy/SP/nistspecialpublication800-145.pdf>.

[5] La definición está disponible en: <https://csrc.nist.gov/publications/detail/sp/800-145/final>.

[6] Revista itTRENDS (2020). *La adopción de múltiples nubes alcanzará su punto álgido en 2021*. Disponible en: <https://www.ittrends.es/cloud/2020/04/la-adopcion-de-multiples-nubes-alcanzara-a-su-punto-algido-en-2021>.

[7] IDC Research España para Oracle (2020). *Soluciones multicloud para la Transformación Digital*. Disponible en: <https://www.ituser.es/cloud/2020/08/el-futuro-es-multinube-las-empresas-espanolas-gestionan-de-media-28-proveedores-cloud>.

[8] Microsoft. Disponible en: <https://azure.microsoft.com/es-es/resources/cloud-computing-dictionary/choosing-a-cloud-service-provider/>.

[9] Disponible en: <https://www.redhat.com/en/topics/cloud-computing/what-are-cloud-providers>.

[10] INCIBE (2017). *Cloud Computing. Una guía de aproximación para el empresario*. Disponible en: <https://www.incibe.es/sites/default/files/contenidos/guias/doc/guia-cloud-computing_0.pdf>. Esta guía es una gran herramienta para las empresas, dado que se proporcionan recomendaciones de seguridad, aspectos legales y recomendaciones de contratación.

[11] AEPD (2013). *Guía para clientes que contraten servicios de cloud computing*. Madrid: Agencia Española de Protección de Datos.

[12] Op. cit. INCIBE, 2017.

CAPÍTULO 8
COMPUTACIÓN EN EL BORDE, LA NUBE NATIVA Y LA COMPUTACIÓN SIN SERVIDORES

INTRODUCCIÓN

La proliferación de las numerosas tecnologías integradoras de la nube como la Inteligencia Artificial, Big Data o la ciberseguridad, y el éxito de los numerosos y eficaces servicios en la nube han propulsado el horizonte de un nuevo paradigma informático, la computación en el borde (*edge computing*)[1], que impulsa el procesamiento de datos en el borde de la red. Esta tiene el potencial de abordar las limitaciones o preocupaciones de los requisitos de tiempo de respuesta, la restricción de la vida útil de la batería en sensores y otros dispositivos inteligentes, el ahorro de costes del ancho de banda, así como la seguridad y la privacidad.

En el capítulo, se estudiarán la definición e infraestructuras de *edge computing*, seguido de diferentes aplicaciones, así como el modelo de *fog computing* (computación en la niebla), un nuevo sistema de computación que se suele considerar, bien como un sistema independiente o bien como un intermedio entre la computación en el borde y la Computación en la Nube.

El desarrollo de software moderno en la era de la Computación en la Nube viene señalado por un nuevo conjunto de tecnologías, técnicas y metodologías en torno al nuevo ecosistema de la nube nativa (*cloud native*) y las metodologías ágiles y DevOps (Development & Operations). Se han consolidado tecnologías como la computación sin servidor (*serverless computing*), los microservicios, los contenedores y orquestadores de contenedores. Plataformas de software como Docker y Kubernetes, líderes en el desarrollo de software con contenedores, se han popularizado y su uso ha crecido de manera considerable con grandes beneficios para los desarrolladores y las aplicaciones en la nube que ofrecen los proveedores de servicios.

La emergencia de la nube híbrida y multinube ha facilitado el despliegue del software con microservicios y contenedores. La nube nativa ha recibido un gran impulso gracias a la Cloud Native Computing Foundation (CNCF) que ha definido, normalizado y estandarizado los servicios en torno a ella. En el capítulo, se examinan los fundamentos de sus metodologías, técnicas y tecnologías, así como los retos y oportunidades de su adopción por organizaciones.

8.1. MODELOS *EDGE COMPUTING* (COMPUTACIÓN EN EL BORDE) Y *FOG COMPUTING* (COMPUTACIÓN EN LA NIEBLA)

La Computación en la Nube está creciendo de modo exponencial en las organizaciones y empresas. El Internet de las Cosas integrada con la Inteligencia Artificial y el análisis de los grandes volúmenes de datos no se detienen. Esta inmensa cantidad de datos tiende a concentrarse en la nube, adonde se envían y de la cual se descargan también los necesarios. Por esta razón, se ha acuñado un nuevo término de computación en el borde para referirse a la captura, procesamiento, análisis y consumo de los datos que se generan en los lugares próximos a los límites o borde de Internet, y en consecuencia la nube. Así mismo se ha acuñado también el término de computación en la niebla (*fog computing*) para referirse al procesamiento de información y las aplicaciones tecnológicas que funcionan entre la nube (la Red o Internet), además de los dispositivos ubicados en la tierra como los sensores, es decir, la computación en el borde. De igual forma, el creciente despliegue de las redes de comunicaciones móviles de quinta generación, 5G, están aumentando los datos de modo impredecible.

Las nuevas fuentes de datos en el ámbito industrial y organizacional

En las arquitecturas tradicionales de IoT todos los datos de los activos físicos se llevan a la nube para su almacenamiento y procesamiento analítico. Una vez allí, los datos se utilizan para el mantenimiento predictivo, análisis de fallos, optimización de procesos. Un modelo de IoT centralizado ofrece ventajas sobre todo en las fases iniciales de programación y validación con unos bajos costes de hardware y escasas necesidades de mantenimiento.

Los sensores son cada vez más económicos y su coste se va reduciendo considerablemente con el tiempo; sin embargo, las frecuencias de muestreo en la industria pueden ser muy altas. La evolución creciente de IoT presenta limitaciones en el proceso de centralización tales como: ancho de banda, latencia "disponibilidad o el tiempo de respuesta", económicas.

Las infraestructuras *edge/fog computing* tienen objetivos comunes para superar las limitaciones o inconvenientes anteriores y aportan considerables ventajas:

- Reducir la cantidad de datos que se envían a la nube en todo momento (consumir menos ancho de banda).

- Reducir la latencia de la red y de Internet.

- Mejorar el tiempo de respuesta en aplicaciones remotas críticas en el tiempo (acceder de forma inmediata a análisis y la evaluación del estado de sensores y dispositivos).

En general, las dos infraestructuras mejoran las limitaciones del Internet de las Cosas en la nube y suelen hacerlo de modo complementario.

- *Fog computing.* Tiene la capacidad de la red de área local (un *router*, un *gateway*).

- *Edge computing.* Se utiliza el equipo que se conecta al sensor: un PLC o una pasarela IIoT (*Industrial Internet of Things*, Internet Industrial de las Cosas).

En esencia, las técnicas empleadas por *edge/fog computing* son: trasladar parte de los recursos de procesamiento, inteligencia y servicios de aplicación a lugares más cercanos al origen de los datos, el borde o extremos de la red. En otras palabras, son dos arquitecturas de control o adquisición de información.

El modelo convencional de la nube se apoya en almacenar toda la información generada o recolectada, transportarla, procesarla y analizarla en los servidores centrales, remotos y conectados a la red y que forman parte de los grandes centros de datos propios de la nube. Los nuevos modelos que están emergiendo se apoyan en el hecho de que los procesos de datos se realicen localmente en los dispositivos "fuentes" donde se generan, consiguiendo una mayor velocidad de acceso en comparación con la nube tradicional, ya que se evita el recorrido de ida y vuelta hacia los servidores de la nube.

8.2. *EDGE COMPUTING* (COMPUTACIÓN EN EL BORDE)

Edge Computing (computación en el borde) supone una nueva topología que ubica los procesos de computación al borde de la red de forma más próxima a los usuarios u objetos conectados. Muchos despliegues de Internet de las Cosas se enfrentan a desafíos relacionados con la latencia (tiempo de respuesta de los dispositivos), el ancho de banda de la red y la seguridad. La tendencia hacia la adopción de la computación en el borde se produce por el aumento del uso de dispositivos móviles y el despliegue masivo de sensores como parte de Internet de las Cosas.

En resumen, la computación en el borde supone una nueva tipología que ubica los procesos de computación al borde de la red de forma más próxima a los usuarios u objetos conectados, mientras que la nube (*Cloud Computing*) se destina a los servicios propios ofrecidos a través de Internet; la computación en el borde es un modelo de computación (complementaria de la computación en la nube) donde el procesamiento y la recolección de información tiene lugar cerca de las fuentes de datos (sensores, teléfonos inteligentes, dispositivos diversos); es decir, en vez de realizar el procesamiento en la nube, cada dispositivo conectado a la red desempeña su propio papel en el tratamiento de la información.

En esencia, en la nube, los datos se almacenan y procesan en servidores centrales, remotos y conectados a la red, mientras que, en el caso de la computación en el borde, los dispositivos inteligentes (termostatos, sensores, cerraduras, encendido y apagado de luces y de alarmas) se conectan localmente entre sí. La idea clave es que la conexión local ofrece una gran ventaja al hacerse desde fuera de la nube, ya que ofrece rapidez e inmediatez, al no depender de un servidor en la nube que ha de albergar todos los datos; y en consecuencia, aumentará la velocidad de su procesamiento. El modelo permite una mayor velocidad de acceso en comparación con la nube tradicional. La característica de distribuir la información entre centros de datos y dispositivos cercanos, mejora, enormemente, los tiempos de latencia y respuesta de nuestros dispositivos.

El procesamiento de grandes cantidades de datos de los sensores en el borde reduce los costes del ancho de banda de la red y los costes del almacenamiento de datos en la nube. La computación en el borde permite el análisis y filtrado de datos más próximo a los sensores, de modo que solamente los datos relevantes se envían a la nube. Muchos casos de uso del IoT Industrial requieren tiempos de respuesta rápidos para operaciones de seguridad crítica y precisión. Por ejemplo, si una persona está próxima a una pieza de un equipo industrial en riesgo se necesita detener el trabajo inmediatamente. La decisión de parar el trabajo no puede esperar a un viaje de retorno en una plataforma de la nube. El movimiento del procesamiento en el borde, próximo a los sensores, permite tiempos de respuesta por debajo del segundo (milisegundos o microsegundos). Los coches autónomos son otro caso de uso que requiere tiempos de respuesta inferiores a segundos, posible gracias a la computación en el borde. Los requerimientos de seguridad y privacidad en los casos de uso en el IIoT también exigen la necesidad de la computación en el borde.

Las fábricas e infraestructuras críticas utilizan dispositivos en el borde para producir procesos industriales críticos y equipamiento a partir de una red de conexión directa. De igual forma, los datos generados por estas máquinas se visualizan con frecuencia, privados y confidenciales, y es el *edge* el que es capaz de mantener la información sensible dentro de una fábrica. También, la computación en el borde permite operaciones autónomas. Muchas operaciones industriales no se pueden detener si existen conexiones de redes tradicionales. El *edge* permite que los equipos y las factorías continúen su funcionamiento con independencia de la disponibilidad de la red.

8.2.1. CARACTERÍSTICAS DE LA COMPUTACIÓN EN EL BORDE

La computación en el borde no es un concepto nuevo, pero diferentes tendencias se han unido para crear una oportunidad de ayudar a las organizaciones industriales a convertir las grandes cantidades de datos basados en máquinas en inteligencia accionable más cercana a las fuentes de datos.

La empresa General Electric, en el contexto de IIoT, se refiere a la computación en el borde como: "La infraestructura de computación que existe cercana a las fuentes de datos". Las tendencias actuales consideran que estos sistemas de computación están "empaquetando" más para computar, almacenar y potenciar analítica para consumir y actuar sobre los datos en la posición de la máquina. Esta capacidad será indispensable para las organizaciones industriales.

La aplicación de Big Data, la analítica avanzada y el Aprendizaje Automático a las operaciones industriales pueden reducir el tiempo de inactividad no planificado, mejorar el rendimiento de los activos, reducir el coste de mantenimiento y abrir el potencial para nuevos modelos de negocio que capturen el valor aún no explotado de los datos de la máquina.

En los últimos años, y todavía continúa la tendencia, las organizaciones industriales han incorporado la nube a sus operaciones para obtener información (conocimiento) de grandes volúmenes de datos que ayudan a alcanzar resultados empresariales clave, incluidos tiempos de inactividad no planificados, alta mayor eficacia de producción, menor consumo de energía. La nube todavía juega un rol crítico en la habilitación de nuevos niveles de rendimiento a través del Internet de las Cosas Industrial, donde se requiere una potencia de cómputo significativa para administrar de modo efectivo los grandes volúmenes de datos de las máquinas.

Sin embargo, a medida que se integran más capacidades de computación, almacenamiento y analíticas en dispositivos más pequeños que se sitúan más cerca de la fuente de datos —especialmente las máquinas industriales—, la computación en el borde será fundamental para permitir que el procesamiento de borde cumpla los objetivos del Internet de las Cosas.

El advenimiento de la computación en el borde se ha visto favorecido por un conjunto de factores clave, que unido al despegue de las tecnologías habilitadoras de la Industria 4.0, ha hecho una realidad viable:

- El coste de los cálculos y de la computación, así como de los sensores se reducen continuamente

- Mayor potencia de cómputo ejecutada en dispositivos de menor tamaño (como las puertas de enlace, *gateway*) o un concentrador de sensores (*sensor hub*).

- Volumen creciente y constante de datos, de las máquinas y/o el medio ambiente (clima o precios del mercado).

- Aprendizaje Automático y analíticas modernas.

Estos factores ayudan a las empresas a convertir grandes cantidades de datos en conocimiento y acciones inteligentes. La computación en el borde se vuelve crítica en los casos siguientes:

- Conectividad baja e intermitente (tal como una ubicación).

- Ancho de banda y alto coste asociado de la transferencia de datos a la nube.

- Baja latencia, tales como la interacción de bucle cerrado entre las percepciones de las máquinas y la actuación (es decir, tomar medidas en las máquinas).

- Inmediatez del análisis (un técnico que trabaja en el campo para verificar el rendimiento de las máquinas).

- Acceso a datos temporales para la analítica en tiempo real.

- Cumplimiento (*compliance*), regulación o restricciones de ciberseguridad

- Gestión de la eficiencia energética.

- Mantenimiento predictivo (reducción de costes, aseguramiento de la seguridad, extensión de productos a servicios).

- Fabricación inteligente.

- Reemplazo de dispositivos flexibles.

8.2.2. APLICACIONES DE COMPUTACIÓN EN EL BORDE

Vehículos autónomos

Con los automóviles autónomos —en esencia un centro de datos móvil o sobre ruedas— este tipo de computación juega un rol dominante. Intel estima que los coches autónomos, con centenares de sensores en el vehículo generan 40 TB de datos por cada ocho horas de conducción: es decir, muchos datos. No es seguro, innecesario y poco práctico enviar todos los datos a la nube. No es seguro, porque los atributos de percepción, pensamiento y actuación de la computación de borde, en este caso de uso, se debe hacer en tiempo real con latencia ultra baja para garantizar un funcionamiento seguro de pasajeros y al público.

Un automóvil autónomo que envía datos a la nube para el análisis y toma de decisiones a medida que recorre calles de las ciudades y autopistas puede resultar catastrófico. Por ejemplo, considere un niño pequeño que persigue una pelota en la calle frente a un automóvil autónomo que se aproxima. En este escenario, se requiere baja latencia para la decisión y la actuación posterior: el coche necesita frenar de inmediato.

Por consiguiente, no es necesario enviar todos esos datos a la nube, ya que este conjunto particular de datos tiene solo un valor a corto plazo (una pelota en particular, un niño en particular en una colisión con un coche particular). La velocidad de actuación de esos datos es primordial. Simplemente, no es práctico (sin mencionar el coste prohibitivo) para transportar vastos volúmenes de datos generados desde las máquinas a la nube.

Sin embargo, la nube sigue siendo una parte importante del sistema IIoT. El simple hecho de que el automóvil tuvo que responder a un evento tan inmediato y específico podría ser información valiosa cuando se agrega a un gemelo digital y se lo compara con el rendimiento de otros automóviles de su clase.

Gestión de flotas

En un escenario donde una compañía tiene una flota (una empresa de transporte por carretera) el objetivo principal podría ser ingerir, agregar y enviar datos desde múltiples puestos de datos operativos (ruedas, frenos, batería, electricidad) a la nube. La nube realiza un análisis para monitorizar el estado de los componentes operativos clave. Un gerente de flota utiliza una solución de administración de flotas para brindar un servicio proactivo al vehículo para maximizar el tiempo de actividad y reducir los costes. El operador puede rastrear los KPI (indicadores clave de rendimiento o desempeño) como el coste a lo largo del tiempo, y/o el coste promedio de un modelo dado de camión en su evolución en el tiempo. Esto a su vez, ayuda a mantener un rendimiento óptimo a un menor coste y una mayor seguridad.

8.3. *FOG COMPUTING* (COMPUTACIÓN EN LA NIEBLA)

La computación en la niebla (*fog computing*)[2], término acuñado por Cisco, se sitúa en la frontera de la red, como extensión de la nube, entre la nube propiamente dicha y el usuario o la computación en el borde, y utiliza dispositivos como *routers*, *switchers*, conmutadores, dispositivos de almacenamiento integrado. En la práctica, la computación en la niebla se refiere a las conexiones de red entre dispositivos del borde y la nube; en la práctica, la "niebla" es la puerta de comunicación entre los dispositivos cercanos a las fuentes de datos —sensores, teléfonos inteligentes, actuadores— y la nube real.

La computación en la niebla se caracteriza por un conjunto de protocolos completamente distribuidos que ofrecen almacenamiento permanente y los enlaces o puertas de conexión con la nube. En la práctica, la computación en la niebla necesita el uso de un nodo externo o pasarela (*gateway*) para conectarse con la nube; es decir, los datos se procesan en un nodo *fog* o pasarela. En otras palabras, la computación en la niebla extiende el concepto de *Cloud Computing* al borde de la red, haciéndolo ideal para el Internet de las Cosas (IoT) y otras aplicaciones que requieren interacciones en tiempo real.

De hecho, la computación en la niebla incluye la computación en el borde, pero la niebla también incorpora la red necesaria para hacer que los datos procesados lleguen a su destino final. Por estas razones, y como se decía al principio del apartado, ambos tipos de extensiones de computación se consideran sinónimos, y la popularización de un modelo u otro vendrá dado por la estandarización y las definiciones de las grandes organizaciones internacionales —UIT, ISO, ISACA, IEEE, en España Aenor—, que por ahora no se han especificado. Las consultoras estratégicas como Gartner han optado normalmente por el modelo *edge computing*, considerando también *fog computing*.

Algunos autores se refieren a computación en la niebla como el procesamiento de datos y las aplicaciones tecnológicas que se desarrollan en el espacio virtual existente entre la red Internet y los dispositivos terminales; es decir, las conexiones de red entre los dispositivos del borde y la nube. Algunos autores definen la niebla como una nube portátil o privada que está más cerca de quien la usa realmente, pero que cuando se necesita también es accesible desde otros lugares.

Como síntesis hay que decir que *Fog Computing* complementa *el cloud* y no tiene sentido sin la nube; extiende el *cloud* y servicios propios a los extremos o borde de la red. La computación en la niebla se verá notablemente potenciada con la llegada y despliegue comercial de las tecnologías y redes 5G.

La tendencia hacia la adopción de *fog/edge computing*[3] se produce por el aumento del uso de los dispositivos móviles, especialmente el consumo de vídeo, la realidad virtual y la realidad aumentada, así como el despliegue masivo de sensores como parte del Internet de las Cosas. En la práctica ambos términos son dominios complementarios, aunque la amplia bibliografía ya existente en ocasiones los integra también, en uno solo: *edge/fog computing*.

8.4. *EDGE COMPUTING* VERSUS *FOG COMPUTING*

Ambos términos se utilizan también con frecuencia de modo intercambiable y como sinónimos, aunque ambos implican llevar la inteligencia y el procesamiento más cerca de donde se crean los datos. Aunque son términos efectivamente sinónimos, en realidad, hay ligeras o grandes diferencias según se considere. Así una visión muy extendida es que son dos paradigmas, extensión de *Cloud Computing* y con finalidades complementarias, así es fácil ver *edge computing* asumiendo tareas de *fog computing* y viceversa; en otros casos son tres infraestructuras independientes, pero enlazadas entre sí de modo piramidal. Sin embargo, los grandes expertos en los temas consideran que la diferencia clave está en el lugar donde se sitúa la inteligencia y la potencia de computación. En el entorno *fog*, la inteligencia está en la red de área local y en el entorno *edge* la inteligencia se ubica dentro de los propios dispositivos y sensores del borde. Los datos se transmiten de los puntos finales a una pasarela donde se transmiten entonces a fuentes de procesamiento y retorno de transmisión.

En la computación en el borde, la inteligencia y la potencia de la pasarela o *appliance edge* están en los dispositivos como los controladores automáticos programables. Sus defensores pregonan su reducción de los puntos de fallo, ya que cada dispositivo opera de manera independiente y determina qué datos se almacenan localmente y qué enviar a la nube para un análisis posterior. Los partidarios de *fog* sobre *edge* dicen que es más escalable y proporciona una mayor visión de la red a gran escala a medida que los múltiples puntos de datos introducen datos en ellas.

En todo caso, el *Fog Computing*, necesita el uso de un nodo externo o pasarela para conectarse con la nube (es decir, procesa los datos en un nodo *fog* o pasarela), mientras que el *edge computing* puede procesar datos directamente en los propios dispositivos (la potencia de procesamiento y capacidades de comunicación se realizan directamente en dispositivos como PLC (*Programmable Logic Controller*), PAC (*Programable Automation Controller*) en vez de usar pasarelas y directamente se comunican con la niebla.

Arquitectura de tres capas

- La capa más alta (*Cloud Computing*). Aquí se encuentra la mayor potencia de computación, macroservidores y capacidades de almacenamiento de datos.

- La capa intermedia es *Fog Computing*. Aquí se encuentran los nodos *fog* (el borde de la red, son los elementos que implementan los servicios, pueden ser desde dispositivos con escasos recursos, caso de dispositivos finales, sensores, servidores locales) a dispositivos más potentes (como *routers*, *switches*, *fireware* Internet, ordenador, puntos de acceso wifi, estaciones base y torres de telefonía móvil como 4,5G, 5G, 6G). Estos nodos serían pasarelas de conexión con la nube.

- La capa inferior son los dispositivos. Está formada por los dispositivos próximos al borde de la red (en general, son dispositivos con pocos recursos como vehículos, gafas, relojes inteligentes, drones, cámaras de videovigilancia).

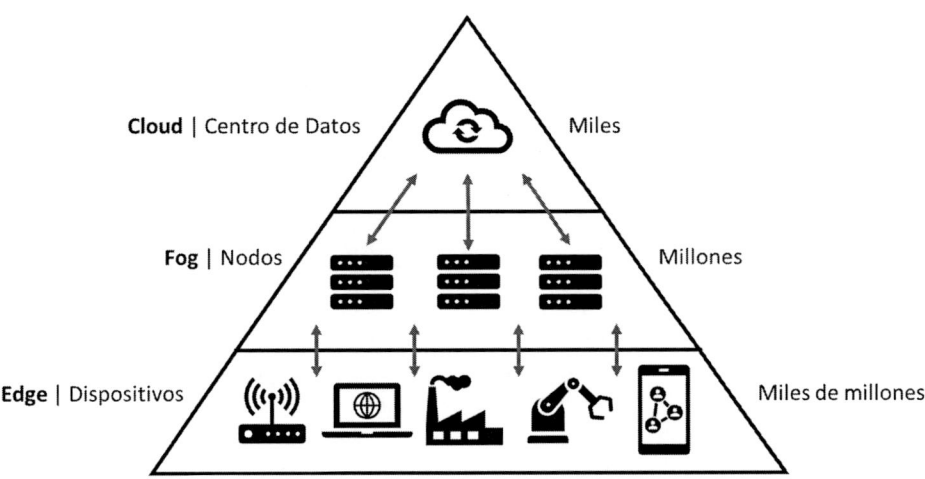

Figura 8.1. Pirámide *edge/fog/cloud*

Fog y el IoT

La Computación en la Nube no es viable en muchas aplicaciones de Internet de las Cosas y, en consecuencia, se utiliza, normalmente, *Fog Computing*. Su enfoque distribuido dirige mejor las necesidades de IoT e IoT Industrial, así como la inmensa cantidad de datos que generan los sensores inteligentes y los dispositivos del Internet de las Cosas, que serán más costosos en consumo de tiempo, enviándolos a la nube para su procesamiento y análisis.

El *fog computing* reduce el ancho de banda necesario, y la comunicación de ida y vuelta (*back-end-forth*) entre los sensores y la nube, lo que puede afectar negativamente al rendimiento del IoT. Aunque la latencia pueda ser molesta cuando los sensores son parte de una aplicación de juego, los retardos en la transmisión de datos en muchos escenarios del Internet de las Cosas del mundo real pueden poner en peligro la vida. Por ejemplo, en sistemas de comunicaciones de vehículo a vehículo, despliegues de redes inteligentes o telemedicina y entornos de atención a pacientes, donde importan los milisegundos.

Los casos de uso de la computación en la niebla e Internet de las Cosas incluyen también carreteras o calles inteligentes, fabricación inteligente y servicios públicos inteligentes. Empresas como Cisco, Dell e Intel están trabajando con analítica de IoT y proveedores de Aprendizaje Automático para crear pasarelas y enrutadores (*routers*) que soportan la niebla.

8.5. LA COMPUTACIÓN EN EL BORDE *(EDGE COMPUTING)* EN 2022 Y SIGUIENTES AÑOS

Desde 2020, la pandemia producida por la COVID-19 ha producido la emergencia y en su caso, consolidación de nuevas tecnologías en el desarrollo de negocios. La computación en el borde ha sido una de las tecnologías aceleradoras más notables y están emergiendo grandes aplicaciones prácticas con esta arquitectura que están produciendo grandes beneficios. Numerosos informes de tendencias tecnológicas realizados por consultoras o grandes empresas multinacionales proveedoras de la nube, al igual que sucede con otras tecnologías, se han publicado a finales de 2020 y primeros meses de 2021. Hemos seleccionado algunos de los informes publicados que consideramos de impacto por sus resultados y el prestigio de la organización o empresa que los ha realizado.

Forrester. Predictions 2021: Edge Computing Hits An Inflection Point

La consultora Forrester publicó a finales de octubre de 2020 su informe de *Predicciones 2021 para computación en el borde*[4]. Forrester predice los siguientes desarrollos clave que ilustraran un punto de inflexión a lo largo de 2021:

- Crecimiento de los mercados de centros de datos. Emergerán como una nueva opción de hospedaje del borde. La tecnología *edge* necesita posicionarse lo más cerca posible para realizar acciones, de forma que muchos de los Big Data se producirán en los centros de datos del proveedor o en servicios de ubicación cercanos a centros de población importantes o grandes zonas industriales.

- Las redes 5G privadas impulsarán a las empresas al borde. Los nuevos teléfonos inteligentes como iPhone 12 o Samsung Galaxy S21 están potenciando las redes privadas 5G. Forrester predice que las redes 5G privadas serán "el petróleo" de la computación en el borde en 2021 y que la adopción privada es la mejor opción.

- Nuevos proveedores de la computación en el borde ralentizarán el crecimiento de la nube pública en cinco puntos. Los servicios en la nube continuarán creciendo en 2021, pero se moderarán en favor de los servicios de la computación en el borde, que crecerán en mayor porcentaje. Forrester anima a las empresas a que se beneficien de sus ventajas mediante su adopción y utilización. Los proveedores más importantes de la nube están desplegando más servidores en el borde en mercados locales y los operadores de telecomunicaciones potenciando los despliegues de redes 5G para favorecer la integración de los servicios en el borde.

- La computación en el borde mejorará la seguridad de los datos. La eficacia de los datos se mejora en el borde comparada con la nube, reduciendo los costes del Internet de las Cosas y de los datos.

8.6. COMPUTACIÓN SIN SERVIDOR (*SERVERLESS COMPUTING*)

La *computación sin servidor* o computación sin servidores, *serverless computing*, es una tecnología clave que está ayudando a redefinir el modo en que las empresas construyen, consumen e integran aplicaciones en la nube nativa. El término "sin servidor" no se ajusta en realidad al objetivo de la computación sin servidor, ya que ciertamente no elimina la necesidad de los servidores. Por esta razón, ha creado cierta confusión en el mercado, pero es una tendencia tecnológica y un modelo de Computación en la Nube que supone grandes beneficios en la adopción de una empresa y que se está constituyendo como un referente en el desarrollo del software moderno de esta década. Por eso, los directores de información de las empresas (CIO) y los propios usuarios a nivel general deben conocer la tecnología y cómo utilizarla.

La computación sin servidor es un modelo de Computación en la Nube, en la que un proveedor en la nube, de forma dinámica, gestiona el alojamiento de los recursos computacionales. En esencia, la computación sin servidor permite a los desarrolladores de software centrarse en la tarea principal que están haciendo (escribir y desarrollar código, optimizando el diseño de la aplicación) y darle agilidad al negocio.

Entonces, ¿qué es la computación sin servidor? La reputada consultora Gartner[5] define *serverless computing* como:

> *Un nuevo medio (o método) de construcción y ejecución de aplicaciones y servicios sin tener que gestionar la propia infraestructura; en su lugar la construcción del código está administrada totalmente por el proveedor del servicio de la nube. En otras palabras, esto significa que los desarrolladores no tienen que preocuparse por el aprovisionamiento y mantenimiento de la infraestructura de aplicaciones al implementar el código.*

Normalmente, un desarrollador tendrá que definir una gran cantidad de elementos (como las bases de datos y capacidad de almacenamiento) antes del despliegue o implementación, lo que conduce a gastos de aprovisionamiento y gastos operacionales.

Es un modelo de *Cloud Computing* en el que los desarrolladores de aplicaciones no tienen que implementar servidores ni gestionar la escalabilidad de sus aplicaciones. En su lugar, el proveedor de nube abstrae esas tareas rutinarias, administrando dinámicamente la asignación de recursos de la máquina para que los desarrolladores puedan crear código para la producción más rápido que en los modelos tradicionales.

En esencia, es un servicio gestionado, es decir, nos olvidamos de los servidores, su gestión y sistema operativo. Desde un punto de vista simplificado, el desarrollo de aplicaciones es como si "no hubiese nada debajo". Por consiguiente, no se necesita reservar explícitamente una instancia de servidor como sucede en IaaS y Paas. Es la plataforma del proveedor quien hace esta gestión de forma automática y transparente para el usuario.

La computación sin servidor es un tipo de servicio que se adapta muy bien para cargas de trabajo que responden a eventos entrantes. Por ejemplo, mediante temporizadores que permiten ejecutar una función cada día a cierta hora, colas de procesamiento de pedidos, etc. Esta característica permite que la facturación, normalmente, sea también en función del momento de la ejecución del código, es decir, solo se paga por uso, pero por uso en su ejecución.

El término *sin servidor* significa que las tareas asociadas con el aprovisionamiento y la administración de la infraestructura son invisibles para el desarrollador. La arquitectura sin servidor no significa que no se necesiten servidores, sino que en el desarrollo y la ejecución de una aplicación lógica no se necesita servidores para su administración. Contrariamente a lo que su nombre parece indicar, los *serverless computing* sí guardan la información en servidores físicos. Su nombre hace referencia a la facilidad de los usuarios de no tener que estar pendientes de la administración de dicho servidor.

En una aplicación tradicional, se administra toda la ejecución lógica de la aplicación en una máquina virtual, un servidor físico o en la nube. La computación sin servidor permite a los desarrolladores crear aplicaciones más rápido, ya que no es necesario que administren la infraestructura. Los servidores siguen existiendo y la única diferencia es que lo hacen debajo de una capa de abstracción (invisible), así la tarea de manejar la infraestructura queda relegada al proveedor del servicio y no al desarrollador y programador. El precio de sus servicios se basa en la cantidad de recursos consumidos por una aplicación.

La computación sin servidor aumenta la productividad de los desarrolladores, reduce los costes operativos y ayuda a comercializar los productos más rápido, además de permitir a las organizaciones optimizar los recursos y seguir centrándose en la innovación. Con este enfoque, los desarrolladores se centran más en la lógica del negocio y en aportar más valor al núcleo principal del negocio. En conclusión, *los usuarios pueden centrarse en escribir código sin tener que administrar servidores*. El proceso, en esencia, se convierte en "sin servidor" para el cliente.

Es un término paraguas para un espectro de opciones basadas en la nube disponibles para las organizaciones que deseen salir del negocio de la administración de servidores. En un extremo de este espectro, está el modelo de "plataforma como un servicio", en el cual los clientes compran acceso siempre a una base de datos; en el otro extremo está el modelo de "función como un servicio", que ofrece un modelo de fijación de precio de grano fino, justificando y operando código solo cuando el cliente lo necesita. Como tal, los clientes pagan solo por las solicitudes que hagan.

Hasta hace unos años, los servidores físicos eran una tecnología fundamental, el corazón digital de todos los centros de datos. Entonces, la nube se materializó. Hoy, a medida que las organizaciones continúan pagando una cantidad cada vez mayor a los proveedores de servicios en la nube, los servidores locales tienden a extinguirse. La computación sin servidor está haciendo su parte para acelerar la desaparición de la arquitectura basada en servidores locales. El concepto de recurrir a un proveedor de la nube para administrar dinámicamente la asignación de recursos a pagar a partir de una estimación real del consumo de recursos de cómputo de las aplicaciones está ganando cada vez más aceptación.

Gracias a la computación sin servidor se eliminan las tareas de administración de infraestructura, como el aprovisionamiento de servidores o clústeres, los parches, el mantenimiento del sistema operativo y la capacidad de aprovisionamiento. Además, administra todo lo necesario para ejecutar y escalar la aplicación con alta disponibilidad.

Inconvenientes

Al ceder el control de los servidores y la lógica desde el lado del servidor, se dependerá en mayor medida del proveedor que gestione los servicios. Otro inconveniente es que, en principio, el servicio está estrechamente ligado a un único proveedor, limitando la flexibilidad típica del modelo *multicloud*, aunque esta característica se va adaptando con este modelo.

Microsoft, en su blog de Azure, señala que para entender la computación sin servidor es importante tener en cuenta que los servidores siguen ejecutando el código. El término significa que las tareas asociadas con el aprovisionamiento y la administración de la infraestructura no son visibles para el desarrollo sin servidor.

8.6.1. FUNCIONAMIENTO DE LA COMPUTACIÓN SIN SERVIDOR

En el modelo estándar IaaS, los usuarios compran previamente unidades de capacidad, lo que significa que el usuario siempre paga "los componentes del servidor", ya que están siempre activos para ejecutar sus aplicaciones. Por el contrario, en el caso del modelo sin servidor, la activación del código de la aplicación conlleva que el proveedor de la nube asigna recursos dinámicamente para ejecutar ese código y el usuario deja de pagar cuando el código termina de ejecutarse. Además de estos beneficios evidentes de coste y eficiencia, la computación sin servidor también libera a los desarrolladores de las tareas rutinarias y menores, asociadas en el escalado de aplicaciones y aprovisionamiento de servidores.

Existen dos métodos principales de *computación sin servidor*: 1. El modelo BaaS (*Back end as a services*); 2. El modelo FaaS (*Function as a Service*).

8.6.2. FUNCIÓN COMO SERVICIO (FAAS)

La computación sin servidor está transformando el desarrollo de software tradicional. Estas plataformas de código fuente se conocen tambien como FaaS o alternativamente BaaS. Gartner emplea las siglas fPaaS.

FaaS a veces se compara con PaaS en el que se permite desarrollo de software y se libera al usuario de gestionar el sistema operativo fundamental. Pero son diferentes. Las funciones desarrolladas de usuarios son diseñadas para arrancar rápidamente y ejecutar múltiples instacias. FaaS es una arquitectura sin servidor, el servidor es invisible pero existe; función como servicio es una categoría de servicios de *Cloud Computing* que proporciona una plataforma que permite a los clientes desarrollar, ejecutar, y gestionar funcionalidades de aplicaciones sin la complejidad de construir y mantener la infraestructura normalmente asociada con el desarrollo y lanzamiento de una aplicación. La construcción de una aplicación, siguiendo este modelo, es un medio de conseguir una arquitectura sin servidor y se suele utilizar cuando se construyen aplicaciones de microservicios.

Sin servidor es un tipo de arquitectura donde los servidores (físicos o en la nube) dejan de existir para el desarrollador; en cambio, el código funciona en "ambientes de ejecución" que administran proveedores como Amazon, Google, IBM. La nueva tendencia o modelo de computación es aquel que prescinde del servidor físico o virtual, propio en la nube. Se trata de una tecnología en la que los servidores físicos y virtuales que tradicionalmente se utilizan para desarrollar y ejecutar aplicaciones se vuelven invisibles para los desarrolladores que construyen las aplicaciones.

Este modelo se está convirtiendo en un modelo de computación muy útil cuando se ejecuten aplicaciones sobre dispositivos conectados a IoT, IA y *Machine Learning*, ya que solo requerirá cantidades masivas de solicitudes de corta duración. Telefónica de España lleva varios años ofreciendo estos servicios, aunque la implementación en los desarrolladores, en consecuencia, la administración es gradual y lenta.

8.6.3. PROVEEDORES DE SERVICIOS SIN SERVIDOR

Amazon fue el primero, al ofrecer en 2014 su servicio AWS Lambda, y sigue siendo el líder del mercado, aunque ya ofrecen el servicio muchos otros proveedores como Google (Google Cloud Functions), Microsoft (Azure Functions), IBM (Bluemix OpenWhisk).

Los grandes proveedores de nube que, a su vez, ofrecen servicios de *hosting* sin servidor son:

Amazon Lambda (*Lambda AWS*). Este es el servicio más conocido, en el marco de trabajo sin servicio, más esencial y antiguo, ofrecido por Amazon. Con AWS Lambda una función se ejecuta basada en un evento. Este evento se puede activar por un dispositivo externo: la función AWS Lambda corre en Node.js (JavaScript), Python, Java o C#. AWS Lambda, según Amazon, factura en intervalos de 100 m, y existe un nivel de uso gratuito que cubre aproximadamente un millón de accesos al mes, al menos para funciones razonablemente rápidas.

Microsoft Azure Functions. Permite construir aplicaciones más rápidas con la plataforma sin servidor de Microsoft.

Google Cloud Functions. Ofrece computación sin servidor en la infraestructura abierta de Google. La plataforma soporta JavaScript y ejecuta Node.js ofreciendo entornos familiares a los desarrolladores para codificar.

IBM Bluemix OpenWhisk. IBM Cloud Functions se basa en Apache OpenWhisk conforme se puede ver en su sitio web, gestiona la infraestructura, los servidores y la escala, utilizando contenedores Docker; de modo que se puede concentrar en construir aplicaciones eficaces y de gran impacto.

Fission.io. Esta solución ofrece un marco de trabajo para funciones sin servidor en Kubernetes.

Conclusiones

Serverless o FaaS es una nueva herramienta que permite desplegar una funcionalidad lista para la producción sin invertir esfuerzo en la infraestructura y pagar tan solo cuando sea ejecutada. Es diferente de IaaS, donde el usuario paga por servidores vacíos y se encarga de configurarlos, administrarlos y mantenerlos; también es diferente de PaaS, donde el usuario no administra los servidores, pero asume el coste de tener su código en ejecución, aunque no esté siendo utilizado. Es una nueva tecnología e incluso experimental (Google Cloud Functions en estado beta), no se requiere conocimiento de infraestructura, solo desarrollar aplicaciones en producción. En FaaS, el servidor es invisible, pero naturalmente existe. FaaS es una elección natural para tareas intermitentes no continuas durante toda una jornada.

Mediante una superposición con PaaS la computación sin servidor se centra en crear la funcionalidad de aplicaciones sin tener que dedicar el tiempo constantemente que conlleva administrar los servidores y la infraestructura. El proveedor de servicios en la nube se encarga de la configuración, planeación de la capacidad y la administración del servidor. Las arquitecturas *serverless* ofrecen una alta escalabilidad y se basan en eventos (ejecuciones momentáneas de programas y aplicaciones de diversa duración), además, solo utilizan los recursos cuando ocurre una función o desencadenador específico.

8.7. METODOLOGÍA DEVOPS

La revolución en la nube ha disparado otra tendencia o revolución en el desarrollo de software: DevOps. DevOps es un acrónimo de *Development* y *Operations*. Existen diferentes definiciones de DevOps que conducen a conceptos como: una filosofía, una cultura o desde un punto de vista pragmático una metodología de trabajo en el campo de la ingeniería de software integrada y que se ha convertido en una potente herramienta de desarrollo de software con su integración en la Computación en la Nube. En esencia, DevOps es una metodología de ingeniería de software que tiene como objeto unificar el desarrollo de software (Dev) y las operaciones de software (Ops), es decir, una unión entre el desarrollo de software y la administración de sistemas. DevOps está aumentando considerable su implantación y despliegue al integrar los conceptos anteriores dentro de los servicios de Computación en la Nube.

Antes de DevOps, el desarrollo y funcionamiento de un software eran, esencialmente, dos tareas independientes realizadas por dos grupos diferentes de personas: los desarrolladores (*developers*) escriben software y lo pasan al *staff* de operaciones (*operations*), que lo ejecutan y mantienen el software en producción (es decir, servir a los usuarios reales, en lugar de simples ejecuciones bajo condiciones de prueba). Los fundamentos de ambos pilares era la base del software del último siglo. El desarrollo de software era un trabajo muy especializado, también la operación o funcionamiento del ordenador, y había poco solapamiento entre ambas partes.

Realmente, los dos departamentos tenían objetivos e incentivos diferentes que, a veces, entraban en conflicto unos con otros. Los desarrolladores tienden a centrarse en la venta de nuevas características con rapidez, mientras que los equipos de operaciones se preocupan de hacer los servicios estables y fiables a largo plazo. Cuando la nube llegó y se desplegó, las cosas cambiaron. Los sistemas distribuidos son complejos e Internet, muy grande. Los aspectos técnicos del funcionamiento del sistema de recuperación de fallos, manejos de tiempos de espera, actualización de versiones sin problemas no son tan fáciles de separar del diseño, arquitectura e implementación del sistema. Además, el sistema ya no es solo software comprende software interno (*house software*), servicios de la nube, recursos de las redes, balanceadores de cargas, monitorización, redes de distribución de contenidos, *firewalls,* DNS. Todas están cosas están íntimamente interconectadas e interdependientes. Las personas que escriben el software tienen que entender cómo se relaciona con el resto del sistema y las personas que operan el sistema tienen que entender cómo funciona el software por si falla.

Los orígenes de DevOps residen en el intento de llevar estos dos grupos juntos, colaborar, compartir la comprensión, compartir la responsabilidad de la fiabilidad del sistema y la exactitud o corrección del software y mejorar la escalabilidad de los sistemas de software y los equipos de personas que los construyen.

En el paradigma tradicional del desarrollo de software, los equipos de trabajo de desarrollo y operaciones realizan sus tareas de forma aislada. Así las etapas tradicionales son: Desarrollo —Pruebas— Operaciones, y con DevOps se han integrado estableciendo una cultura de colaboración entre los desarrolladores y los profesionales de operaciones de TI que, en origen, tienen objetivos diferentes. DevOps ayuda a mejorar el paradigma tradicional en el que los equipos de trabajo de desarrollo y operaciones realizan sus tareas de forma aislada, es decir, ha venido a establecer una cultura de colaboración constante entre ambos departamentos, que se constituye como una metodología de desarrollo. En esencia, es un conjunto de prácticas, en el desarrollo de software, concentradas en establecer una cultura de colaboración entre los desarrolladores y los profesionales de operaciones de TI, que tienen objetivos diferentes, con el objetivo de mejorar los procesos y la finalidad de reducir el tiempo de despliegue y publicación de los proyectos de software, garantizando su fiabilidad y eficacia.

En el modelo de DevOps, debe existir una integración de personas, procesos y herramientas, y una comunicación fluida entre estos tres componentes de todo sistema de información. Es una metodología importante en las organizaciones y en los procesos comerciales, que comprende desde la planificación de los proyectos de software hasta su entrega y despliegue definitivo. DevOps trata de acercar el trabajo de los desarrolladores de software con el resto de los profesionales dedicados a las TI (sistemas de información, redes, seguridad, ingeniería) para ayudar a producir y desplegar versiones de programas más rápidamente, con menores errores y una mayor adaptabilidad para los clientes finales.

DevOps y la nube se han integrado estrechamente de modo que facilitan la integración de los procesos y los equipos de programación con los de sistemas, lo que conduce a una organización alineada e integrada que facilita la aceleración del ciclo de vida de las aplicaciones de las empresas.

Como señala Cuellar[6] en una infografía muy detallada: "Un viaje por la nube. ¿En qué nivel está su empresa?", sintetiza que DevOps es crear un equipo donde converjan integrantes del área de desarrollo de la solución (encargados de la arquitectura del producto de software) y de operaciones (encargados de mantener o controlar el producto). A continuación, una infografía típica de los sistemas DevOps (figura 8.2). En el capítulo, ampliaremos su convergencia con la Computación en la Nube, la computación sin servidores y los nuevos pilares de la computación nativa, microservicios, contenedores y orquestadores de contenedores.

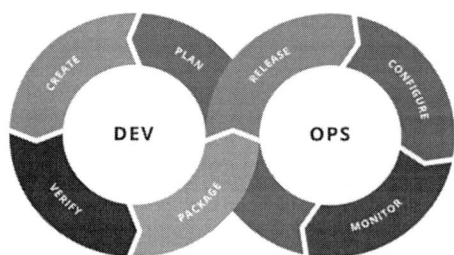

Figura 8.2. Modelo DevOps

El concepto de DevOps ha producido controversias entre las personas que indicaban que no era más que una etiqueta moderna para buenas prácticas existentes en el desarrollo de software y las que rechazaban la necesidad de gran colaboración entre desarrollo y operaciones.

Así, existen múltiples interrogantes sobre lo que realmente es DevOps: ¿un título de trabajo? ¿Un equipo? ¿Un conjunto de habilidades? El influyente escritor de DevOps, John Willis, ha identificado cuatro pilares clave de DevOps: cultura, automatización, medida y compartición (CAMS, *culture, automation, measurement* y *sharing*). Otro enfoque es el de Brian Dawson, que le estableció una trinidad a DevOps: personas y cultura, proceso y prácticas, y herramientas y tecnologías.

Otras tendencias consideran que la nube y los contenedores no requieren necesidad de DevOps y al estilo de las bases de datos NoSQL lo llaman NoOps. La idea es que, dado que todas las operaciones de TI están externalizadas a un proveedor de la nube y otro servicio a terceras partes, los negocios no necesitan las plantillas de operaciones a tiempo completo. Otras numerosas tendencias consideran que DevOps es, principalmente, un tema humano, organizacional, no técnico.

Enfoque de negocios

Desde un punto de vista de negocios, DevOps se describe como: "Una mejora de la calidad de su software al acelerar los ciclos de las versiones con automatización y prácticas en la nube con los beneficios adicionales del software que realmente se mantiene en la producción" (Reznik, 2019).

La adopción de DevOps requiere una transformación cultural profunda de los negocios que necesita arrancar el nivel ejecutivo, estratégico y propagar gradualmente a todas las partes de la organización. La velocidad, agilidad, colaboración, automatización y calidad de software son objetivos clave de DevOps; para muchas empresas eso significa un cambio importante en la mentalidad. DevOps es una tendencia que funciona y los estudios fiables realizados en empresas que adoptan principios de DevOps lanzan mejor software más rápido, reaccionan mejor y más rápido ante fallos y problemas, son más ágiles en el mercado y mejoran drásticamente la calidad de sus productos.

Infraestructura como código

Tradicionalmente, los desarrolladores se ocupan del software, mientras que los equipos de operaciones se ocupan de los sistemas operativos que se ejecutan en ese software. Ahora que el hardware está en la nube, todo, en cierto sentido, es software. El movimiento DevOps aporta habilidades de desarrollo de software a las operaciones: herramientas y flujos de trabajo para la construcción rápida, ágil y colaborativa de sistemas complejos. Inextricablemente entrelazado con DevOps está la noción de infraestructura como código.

En lugar de trasladar y cablear los ordenadores y *switches* (conmutadores), el software puede aprovisionar automáticamente la infraestructura de la nube. De igual modo, en lugar de implementar y actualizar hardware manualmente, los ingenieros de operaciones se han convertido en los profesionales que escriben el software que automatiza la nube.

El tráfico no es solo unidireccional. Los desarrolladores están aprendiendo de los equipos de operaciones cómo anticipar los fallos y problemas inherentes a los sistemas distribuidos basados en la nube, cómo mitigar sus consecuencias y cómo diseñar software que se degrade con agilidad y pocos fallos.

Trabajando juntos

Los equipos de desarrollo y operaciones están aprendiendo a trabajar juntos. Así, están aprendiendo a diseñar y construir sistemas, monitorizar y obtener realimentación en sistemas en producción y a utilizar esa información para mejorar los sistemas. Incluso más importante, ellos están aprendiendo a mejorar la experiencia de sus usuarios y entregar mejor valor para la empresa (el negocio) que los financia. La escala masiva de la nube y la colaborativa ha convertido la naturaleza centrada en el código del movimiento DevOps en un problema de software. Al mismo tiempo, ha convertido el software en un problema de operaciones, lo cual plantea estos interrogantes:

- ¿Cómo desplegar y actualizar software en grandes y diversas redes de arquitecturas diferentes de servidores y sistemas operativos?

- ¿Cómo desplegar en entornos distribuidos, de un modo fiable y reproducible, utilizando componentes estandarizados?

DevOps es una metodología importante en las organizaciones y en los procesos comerciales, desde la planificación de proyectos hasta la entrega del software. DevOps está aumentando rápidamente como servicio de la nube. En esencia, esta metodología de ingeniería de software tiene como objeto unificar el desarrollo de software (*Dev*) y la operación del software (*Ops*), es decir, una unión entre el desarrollo de software y la administración de sistemas. DevOps trata de acercar el trabajo de los desarrolladores de software con el resto de los profesionales dedicados a la IT (sistemas, redes, seguridad, ingeniería) para ayudar a producir y desplegar versiones de programas más rápidamente, con menores errores y una mayor adaptabilidad para los clientes finales. DevOps y la nube están estrechamente unidos.

8.8. MICROSERVICIOS: ARQUITECTURA DE MICROSERVICIOS

El término "**microservicio**" fue presentado en un *workshop* de arquitectos de software en mayo de 2011 para describir un estilo arquitectónico común que se había explorado; en mayo de 2012 el mismo grupo decidió darle el nombre más apropiado de microservicios. Pero fue la publicación del artículo de Martín Fowler* y James Lewis, el desencadenante de mayor impacto como acuñación y popularización del término de microservicio.

Los **microservicios** (o **arquitectura de microservicios**) son un enfoque arquitectónico (o de arquitectura) en el que una única aplicación está formada por muchos componentes o servicios más pequeños, desplegables de forma independiente y de acoplamiento ligero, mediante mecanismos también ligeros, habitualmente como un recurso de interfaz de programación de aplicaciones API al que se accede, normalmente, mediante el protocolo HTTP. Los microservicios son tanto un estilo de arquitectura como un modo de programar software.

Con los microservicios, las aplicaciones se dividen en sus elementos más pequeños e independientes entre sí. A diferencia del enfoque tradicional y monolítico de las aplicaciones, en el que todo se compila en una sola pieza, los microservicios son elementos independientes que funcionan en conjunto para llevar a cabo las mismas tareas. Cada uno de esos elementos o procesos es un microservicio.

Los microservicios permiten que una aplicación grande puede separarse en partes independientes más pequeñas, cada una con su propio dominio de responsabilidad. Una aplicación basada en microservicios puede llamar a muchos servicios internos con los que preparar su desarrollo o respuesta. La arquitectura de microservicios permite la entrega rápida, frecuente y confiable de aplicaciones grandes y complejas.

La arquitectura basada en microservicios presenta grandes ventajas frente a una arquitectura monolítica tradicional: una escalabilidad más sencilla y un proceso de desarrollo software con mayor agilidad. Mientras que en una arquitectura monolítica la aplicación es desarrollada como una única unidad, una arquitectura de microservicios funciona con un conjunto de pequeños servicios que se ejecutan de manera independiente y autónoma. Incluso cada uno de ellos puede estar en un lenguaje de programación diferente. Este tipo de servicios nos permite contar con infraestructuras de TI más flexibles y adaptables, ya que para modificar un único servicio no es necesario alterar el resto de la infraestructura.

La **nube nativa** que se verá más adelante empieza a desplegar una variedad de servicios forjados directamente en la nube. Se pone en marcha la metodología DevOps, se adaptan contenedores y se crean microservicios.

Los microservicios son un enfoque de arquitectura nativa en la nube. Los microservicios se construyen utilizando **contenedores**, un componente software que, al igual que sucede con los contenedores de los barcos o de los trenes, facilita la portabilidad. Los contenedores son un ejemplo notable de arquitectura de microservicios, ya que permiten concentrarse en el desarrollo de los servicios sin tener que preocuparse por las dependencias. Las aplicaciones que se ejecutan en los contenedores son, en un principio, más flexibles y más fácilmente portables de un proveedor a otro, ya que es el contenedor el que garantiza la interoperabilidad. Las aplicaciones nativas de la nube de hoy en día se suelen desarrollar como microservicios mediante contenedores. También cabe reseñar que la metodología DevOps se adapta bien con los contenedores y permite crear los microservicios.

Definición de Microservicio de Amazon (uno de los primeros proveedores mundiales de la nube y de los microservicios), los **microservicios** son: "Un enfoque arquitectónico y organizativo para el desarrollo de software donde el software está compuesto por pequeños servicios independientes que se comunican a través de API bien definidas. Los propietarios de estos servicios son equipos pequeños independientes". Las arquitecturas de microservicios hacen que las aplicaciones sean más fáciles de escalar y más rápidas de desarrollar. Esta propiedad permite la innovación y acelera el tiempo de comercialización de las nuevas características.

https://aws.amazon.com/es/microservices/

---

*Definición de Microservicio de Martín Fowler, autor junto con James Lewis del artículo "Microservices. A definition of this new architectural term". Publicado el 25 de marzo de 2014.

"El término '**Arquitectura de microservicios**' ha surgido en los últimos años para describir una forma particular de diseñar aplicaciones de software como conjuntos de servicios de implementación independiente. Si bien no existe una definición precisa de este estilo arquitectónico, existen ciertas características comunes en torno a la organización y a la

---

capacidad comercial, la implementación automatizada, la inteligencia en los puntos finales y el control descentralizado de lenguajes y datos".

"En resumen, el estilo arquitectónico de microservicios es un enfoque para desarrollar una sola aplicación como un conjunto de pequeños servicios, cada uno ejecutándose en su propio proceso y comunicándose con mecanismos livianos, a menudo una API de recursos HTTP. Estos servicios se basan en capacidades comerciales y se implementan de forma independiente mediante maquinaria de implementación totalmente automatizada. Hay un mínimo indispensable de gestión centralizada de estos servicios, que pueden estar escritos en diferentes lenguajes de programación y utilizar diferentes tecnologías de almacenamiento de datos".

https://martinfowler.com/articles/microservices.html

Arquitectura de microservicios

Es una nueva arquitectura de software, conocida como MSA (*MicroServices Architecture*), se suele englobar como un subconjunto de la tradicional y antigua arquitectura orientada a servicios, SOA (*Services Oriented Architecture*).

Los microservicios no han de ser obligatoriamente pequeños. El enfoque tiene que ver más con la visión funcional o de negocio que con el tamaño en sí. Cada microservicio debe ser una unidad funcional que tenga sentido en la lógica del negocio. La gran ventaja de esta arquitectura se encuentra en que cada componente sea lo más independientemente posible del resto.

Los microservicios representan un estilo de arquitectura y un modo de programar software. Con los microservicios, las aplicaciones se dividen en sus componentes más pequeños y son independientes entre sí. A diferencia del enfoque tradicional y monolítico de las aplicaciones, en el que todo se compila en una sola pieza, los microservicios son independientes y funcionan en conjunto para llevar a cabo las mismas tareas. Cada uno de estos elementos o procesos es un microservicio. Este enfoque privilegia el nivel de detalle, la sencillez y la capacidad de compartir un proceso similar en varias aplicaciones. Es un componente fundamental de la optimización del desarrollo de aplicaciones hacia un modelo nativo de la nube.

La arquitectura de microservicios (MSA) es un patrón de diseño que proporciona un nuevo enfoque para crear aplicaciones dividiéndolas en servicios simples, pequeños, independientes, interoperables y autodesplegables, con interfaces bien definidas.

Características importantes de la arquitectura de microservicios

- Los microservicios intercambian datos y solicitudes procedimentales entre sí.

- Cada microservicio es accesible utilizando una API (Interfaz de programación de aplicaciones) tal como REST.

- Los microservicios pueden ser implementados en cualquier lenguaje de programación y utilizar diferentes tecnologías de almacenamiento.

- Los microservicios se despliegan en contenedores. Un entorno "contenerizado" para el despliegue de microservicios se proporcionará a través de la implementación adecuada de DevOps. Esto implica que los microservicios funcionan con los conceptos modernos de desarrollo de software (como Agile), *contenerización* y DevOps.

- Cada servicio puede tener su propia conexión a la tabla de base de datos concernida (no a la base de datos completa). Esta característica mejora el rendimiento de aplicaciones significativamente.

- MSA requiere la implementación de DevOps. DevOps representa un conjunto de procesos que subrayan la importancia de la colaboración de los equipos de desarrollo y operaciones, trabajando juntos para que sea completo el desarrollo y las versiones (*releases*) de productos de software de un modo Agile. La estructura de una organización con frecuencia ha de ser modificada, de modo que MSA y DevOps puedan trabajar al unísono para conseguir agilidad.

CI/CD (Constant Iteration and Delivery) Integración Continua y Entrega Continua

Arquitecturas monolíticas o arquitecturas de microservicios

Arquitectura de software: microservicios, contenedores, orquestación/orquestadores o gestores

Los microservicios son una arquitectura y un enfoque sobre la escritura de software en componentes más pequeños e independientes entre sí. La idea fundamental es abandonar los despliegues monolíticos, donde se hace necesario un compromiso estricto entre hardware, software y los recursos pueden no ser utilizados en su totalidad durante el tiempo de vida del sistema, a despliegues dinámicos, es decir, recursos que puedan ser desplegados en equipos físicos diferentes y se puedan gestionar de modo autónomo e independiente.

El desarrollo tradicional de software de aplicaciones se soporta en arquitecturas monolíticas: aplicación única y de un solo nivel que se comporta como una sola entidad, autónoma e independiente del resto. La interfaz del usuario (IU) permite la lógica de negocios y la capa de acceso a los datos. En el desarrollo de software mediante arquitectura de microservicios, la interfaz del usuario se comunica con cada uno de los microservicios, que a su vez actúan como capas de acceso a los datos, y acceden directamente a las bases de datos.

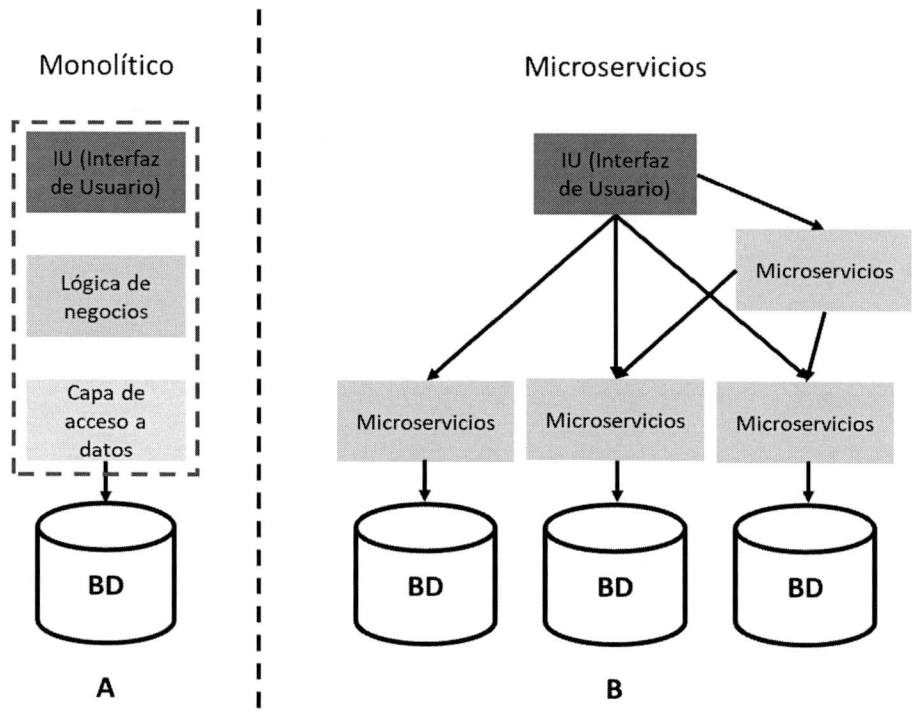

Figura 8.3. (a) Aplicación tradicional monolítica; (b) Aplicación de microservicios

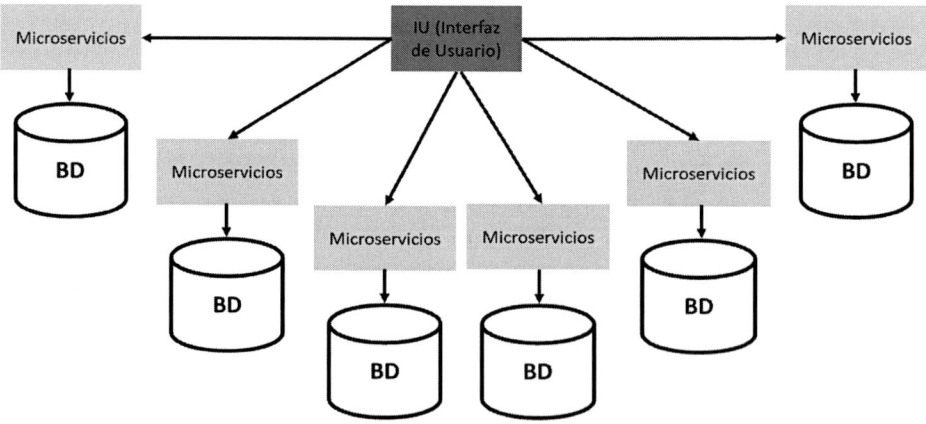

Figura 8.4. Arquitectura de microservicios (MSA)

Computación nativa de la nube

La computación nativa de la nube (*cloud native*) es un nuevo modelo de arquitectura basado esencialmente en los siguientes componentes, además de la computación sin servidores, ya tratada.

- **DevOps.** Crear un equipo donde converjan integrantes del área de desarrollo de la solución (encargados de la arquitectura del producto) y de operaciones (encargados de mantener o controlar el producto).

- **Microservicios.** Un microservicio es una pieza (componente) de software que permite separar y ejecutar las aplicaciones de manera independiente.

- **Contenedores.** Cada contenedor está compuesto por una pequeña parte de software que permite la ejecución de los microservicios de forma ágil y aislada.

- **Integración continua.** Permite realizar cambios automáticos en un proyecto para así poder detectar fallos cuando suceden. Una vez que una empresa llega a este punto está en disposición de ser ágil e innovar. Dispondrá de la tecnología necesaria para resolver, realmente, las necesidades de un negocio digital, resultar más eficaz, competitiva y proporcionar a sus clientes la mejor experiencia posible, mediante un proceso CI/CD (Continuous Integration/Continuous Delivery) de integración continua y entrega continua, que se debe integrar en la arquitectura de microservicios.

8.9. CONTENEDORES

Para desplegar una parte de software se necesita no solo el software en sí mismo, sino sus dependencias: bibliotecas, intérpretes, subpaquetes, compiladores, extensiones. También necesitan su configuración (*settings*), detalles específicos del sitio, claves de licencia, contraseñas de bases de datos: todo lo que convierte el software en bruto en un servicio útil.

Durante décadas se ha tratado de solucionar el problema utilizando sistemas de gestión de configuraciones que permitan instalar código, ejecutar, configurar y actualizar el software correspondiente. También se ha tratado de resolver mediante máquinas virtuales, diferentes sistemas de empaquetamiento. La solución más eficiente está demostrando ser los contenedores. Al estilo de los contenedores que se embarcan en barcos, trenes y otros medios de transporte, el contenedor de software tiene la misma idea central del controlador comercial: un empaquetamiento estándar y un formato distribuido que es genérico y amplio, que permite la capacidad de transporte creciente, bajos costes, economía de escala y facilidad de manejo. El formato contenedor contiene todo lo que necesita la aplicación para ejecutarse, integrado en un ejemplar o instancia (archivo imagen) que se puede ejecutar mediante un tiempo de ejecución de contenedor.

Es similar a una imagen de máquina virtual, pero con una gran diferencia, puede ser centenares de veces más pequeño que la imagen de una máquina virtual típica que suele ser de 1GB. Además, la máquina virtual contiene lotes de programas no relacionados, librerías y cosas que la aplicación nunca utilizará, la mayoría del espacio se malgasta. Las máquinas virtuales funcionan en CPU emuladas; por el contrario, los contenedores funcionan directamente en la CPU real sin sobrecarga de virtualización, tal como lo hacen los archivos binarios ejecutables. Los contenedores solo contienen los archivos que necesitan mucho más pequeños que las imágenes de la VM (máquina virtual). El contenedor ensambla todas las capas que sean necesarias y solo descarga una capa cuando es necesario.

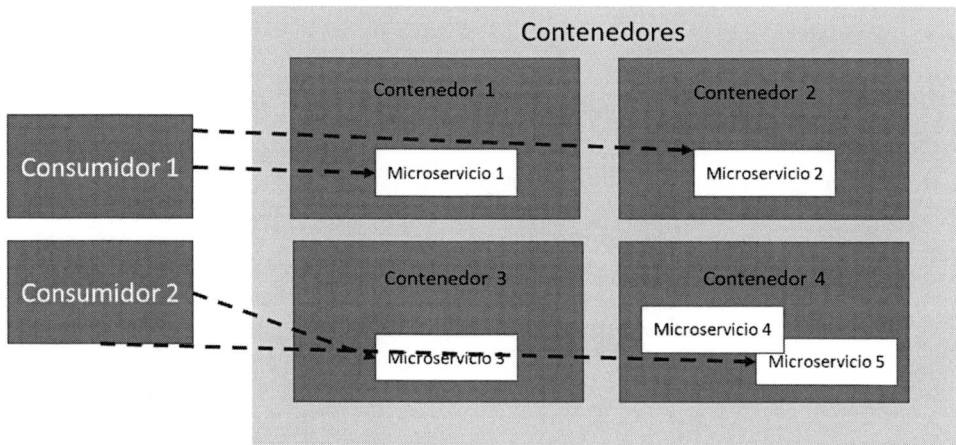

Figura 8.5. Microservicios: consumidores, microservicios, contenedores

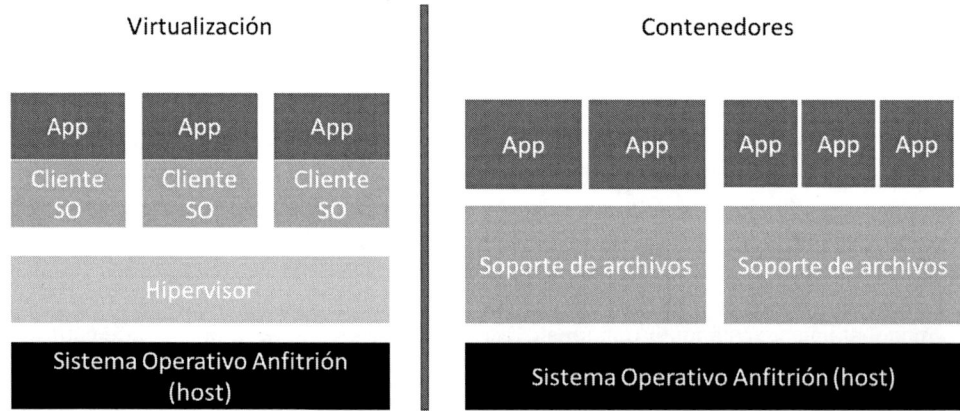

Figura 8.6. Comparativa de virtualización y contenedores.

**Fuente: Traducción y adaptación de Red Hat
(//www.redhat.com/es/topics/containers/containers-vs-vms)**

CaaS. El contenedor como servicio se encuentra en un punto intermedio entre IaaS y PaaS. Es un método de virtualización basado en contenedores donde los motores de contenedores, la orquestación y los recursos informáticos subyacentes se entregan a los usuarios como un servicio de un proveedor de la nube.

8.9.1. DOCKER

Docker es una tecnología de código abierto (y un formato de archivo de contenedor) que permite automatizar la implementación de aplicaciones como contenedores portátiles autosuficientes que pueden ejecutarse en la nube o en entornos locales. Docker ha contribuido considerablemente al crecimiento y auge de la contenerización. La corporación Docker Inc. es una de las compañías que fomenta la tecnología de código abierto de Docker para su ejecución en Linux y Windows, en colaboración con proveedores de nube como Azure de Microsoft[7], AWS de Amazon o Google Cloud. Docker es la plataforma, por excelencia, de la gestión de contenedores, pero para su extensión global en el desarrollo de software, requerirá de un orquestador de contenedores, que si bien Docker tiene una plataforma específica para estas tareas, es Kubernetes (apartado 8.10.1) la plataforma más utilizada.

Microsoft[8], en su portal Azure y como proveedor de soluciones de contenedores, plantea la siguiente interrogante: ¿uso Docker o Kubernetes? Y da una recomendación corporativa propia, ofertando soluciones integradoras y compatibles: "Compile, entregue y escale aplicaciones con mayor rapidez con tecnologías de contenedor que funciona mejor de forma conjunta".

En esencia, la diferencia entre Kubernetes y Docker se comprende con mayor facilidad cuando se enmarca como una pregunta en la que ambos pueden ser válidos. El hecho es que no es necesario elegir, como anticipaba, anteriormente Microsoft: Kubernetes y Docker son básicamente tecnologías distintas que funcionan bien de forma conjunta para compilar, entregar y escalar aplicaciones en contenedores.

Docker es un proyecto de código abierto que automatiza el despliegue de aplicaciones dentro de contenedores de software y permite, entre otras cosas, la abstracción y la automatización de los despliegues. Docker sirve para encapsular nuestro código dentro de contenedores que contienen únicamente las dependencias necesarias para que nuestra aplicación funcione.

8.10. ORQUESTACIÓN DE CONTENEDORES

Los equipos de operaciones también encuentran que su carga de trabajo se simplifica enormemente con los contenedores. En lugar de tener que mantener un extenso estado de máquinas de diversos tipos, arquitecturas y sistemas operativos, todo lo que tienen que hacer es ejecutar un orquestador de contenedores: una pieza de software diseñada para unir muchas máquinas diferentes en un clúster, un tipo de substrato informático unificado que le parece al usuario como un ordenador muy potente en el que pueden ejecutarse los contenedores.

Los términos orquestación (*orchestation*) y planificación (*scheduling*) suelen ser sinónimos. Estrictamente hablando, la orquestación en este contexto significa la coordinación y secuenciación de diferentes actividades en servicio de un objetivo común, como los músicos de una orquesta. La planificación significa gestionar los recursos disponibles y asignar las cargas de trabajo que ellas pueden ejecutar más eficientemente.

El orquestador de contenedor normalmente se refiere a un único servicio que realiza la planificación, la orquestación y la gestión del clúster. La contenerización[9] (*containerization*) que utiliza contenedores como su método estándar, despliegue y ejecución de software ofrece ventajas evidentes; de hecho, un formato de contenedor estándar ha hecho posible todo tipo de economía de escala. Otro problema se planteó en el camino de la adopción generalizada de contenedores: la ausencia de un sistema estándar de orquestación de contenedores. Mientras varias herramientas diferentes para planificar y orquestar contenedores compitan en el mercado, las empresas son reacias a hacer apuestas costosas sobre qué tecnología utilizar, pero todo este problema está cambiando con la aparición de plataformas de contenedores como Docker y Kubernetes.

8.10.1. KUBERNETES

Google comenzó a ejecutar contenedores a escala para cargas de trabajo de producción, mucho antes que nadie. Casi todos los servicios de Google funcionan en contenedores: Gmail, Google Search, Google Maps, Google App Engine. Ya que no existía ningún sistema de orquestación de contenedores adecuado en sus orígenes, Google se vio obligado a inventar uno.

Para resolver el problema de ejecutar un número grande de servicios a escala global en millones de servidores, Google desarrolló un sistema de orquestación de contenedores interno que llamó Borg. Borg es, esencialmente, un sistema de gestión centralizado que asigna y planifica contenedores para ejecutar en un *pool* de servidores. Aunque era muy potente, Borg estaba estrechamente acoplado a tecnologías propias y propietarias de Google, difícil de extender e imposible de lanzar al público.

En 2014, Google fundó un proyecto *open source* denominado Kubernetes (del griego, "piloto", *helmsman*), que desarrollaba un orquestador de contenedor que cualquiera puede utilizar, basado en las lecciones aprendidas de Borg y su sucesor, Omega. El ascenso de Kubernetes fue meteórico. Si bien existían otros sistemas de orquestación de contenedores antes de Kubernetes, eran productos comerciales conectados a un proveedor o vendedor y esto era siempre una barrera para su amplia adopción. Con el advenimiento de un orquestador de contenedores de código abierto, la adopción de contenedores y Kubernetes creció a una velocidad espectacular. A finales de 2017, la competencia en orquestaciones se hizo grande, pero Kubernetes se quedó como líder. Aunque otros sistemas están todavía en uso, en la actualidad, las compañías que buscan mover su infraestructura a contenedores necesitan una plataforma de destino y suelen utilizar en gran medida, Kubernetes.

Kubernetes es un software de orquestación de código abierto que ofrece una API (interfaz de programación de aplicaciones) para controlar la forma y el lugar en que se ejecutarán los contenedores. Le permite ejecutar contenedores y cargas de trabajo de Docker y dar solución a algunas de las complejidades de funcionamiento al escalar varios contenedores implementados en varios servidores.

¿En qué se diferencian Docker y Kubernetes?[10]

Aunque Kubernetes suele compararse con Docker, sería más adecuado comparar Kubernetes con Docker Swarm. Docker Swarm es la tecnología de orquestación de Docker que se centra en la creación de clústeres para contenedores de Docker (que se integran a la perfección con el ecosistema de Docker y usan su propia API).

Una diferencia fundamental entre Kubernetes y Docker es que Kubernetes se ha diseñado para ejecutarse en un clúster, mientras que Docker se ejecuta en un nodo único. Kubernetes es más amplio que Docker Swarm y tiene como finalidad coordinar clústeres de nodos a escala en producción de manera eficiente. Los *pods* de Kubernetes (que programan unidades que pueden contener uno o más contenedores en el ecosistema de Kubernetes) se distribuyen entre los nodos para ofrecer alta disponibilidad.

Kubernetes y la orquestación de contenedores según Microsoft[11]

Kubernetes es un software de orquestación de código abierto que ofrece una API para controlar la forma y el lugar en que se ejecutarán los contenedores. Le permite ejecutar contenedores y cargas de trabajo de Docker y dar solución a algunas de las complejidades de funcionamiento al escalar varios contenedores implementados en varios servidores.

8.11. ORQUESTACIÓN DE LA NUBE

La orquestación se centra en automatizar múltiples tareas juntas. Las tareas inscritas en un proceso necesitan ser ejecutadas en secuencia para ser fructíferas, es decir, un proceso comienza con una representación de flujo de trabajo apropiada y termina con la ejecución del flujo de trabajo. Orquestación es, por consiguiente, un proceso desde la representación del flujo de trabajo hasta su ejecución.

La orquestación se ocupa del proceso de extremo a extremo, incluyendo la administración de todos los servicios relacionados, cuidando la alta disponibilidad (*high-availability*), la posimplementación (posdespliegue, recuperación de fallos, escalado y más).

La automatización de tareas u orquestación de flujos de trabajos dentro de un única empresa puede ser más fácil cuando todos los servicios como API, interfaces, estándares, regulaciones y políticas se confinan dentro de la empresa.

A pesar de los desafíos asociados con un entorno multinube, las empresas se ven obligadas a optar por multinube e híbrida debido a sus beneficios. La orquestación de la nube resuelve alguno de los retos asociados con operaciones en un entorno múltiple de nube. Antes de ver como se puede utilizar la orquestación para resolver los desafíos, el concepto de orquestación necesita distinguirse de sus términos relacionados, automatización y *brokerage* (corretaje).

Automatización versus orquestación

Automatización es el proceso de automatizar una única tarea, empleando algunos *scripts*. Un ejemplo es el *starting* de un servidor web. Es una única tarea en el ámbito limitado o confinado. Sin embargo, la orquestación es el proceso de automatización de un proceso de negocio que ejecuta muchas tareas de acuerdo con patrones específicos como flujo de traabajo secuencial.

La orquestación maneja la ejecución de diversas tareas en orden secuencial para conseguir un objetivo amplio del negocio.

Brokerage versus orquestación

Los *brokerages* de los servicios de la nube son servicios útiles de soporte a los negocios que proporcionan intermediación entre diferentes nubes (privadas, públicas, *multihost* y diferentes proveedores de SaaS) proporcionan métodos de facturación y compras, consistentes y centralizados, aunque aseguran reglas de negocio para presupuestos, gestión de costes y cubren múltiples entornos de la nube.

Sin embargo, la orquestación se concentra en centros de apoyo operacionales que incluyen capacidades avanzadas de motores de flujos de trabajo, y los medios para consolidación de la gestión, permitiendo la estandarización y la eficacia. La orquestación de la nube se ejecuta en todas las capas de la arquitectura de la nube.

Herramientas líderes de orquestación de la nube

Existen numerosas plataformas

- *Chief.* Plataforma potente de automatización que transforma infraestructuras complejas en código que da vida a servidores y servicios.

- *Puppet.* Permite la configuración y la administración de software durante cambios rápidos y repetitivos.

- *OpenStack.* Plataforma de software de Computación en la Nube *open source* gratis que se utiliza principalmente como una solución de IaaS.

Existen dos tipos de contenedores

- Contenedores del sistema.

- Contenedores de aplicaciones. Diseñados para ser empaquetados y poner en marcha servicios únicos que se adecuan a la arquitectura de microservicios.

> **Modelos de servicios de la nube:** PaaS, IaaS, SaaS, FaaS (*Function as a Service*), CaaS (*Container as a Service*)

8.11.1. ORQUESTACIÓN VERSUS COREOGRAFÍA

La coordinación entre servicios se puede realizar desde dos enfoques distintos.

- **Orquestación.** Es la opción más clásica. Se basa en que un componente será el que coordine las llamadas a los servicios que necesitan de forma secuencial; normalmente, mediante llamadas de petición/respuesta. Este componente se encargaría de gestionar los errores.

- **Coreografía.** Es la opción con mayor visión en la arquitectura de microservicios, pero también la más compleja de gestionar. Los servicios no se llaman entre sí, sino que se utiliza un sistema de eventos, de forma que cuando un servicio termina su tarea deja un mensaje y todos aquellos servicios, suscritos a ese canal, son notificados para que puedan realizar su trabajo.

Aplicación. Una tienda virtual de comercio electrónico. Cuando se termina una compra se emite el pedido, se envía un correo electrónico con la factura y actualiza la información del usuario para registrar la compra.

- Caso de orquestación. Al terminar la compra se llamaría al servicio de emisión de pedidos; al responder se llamaría al servicio de facturas y cuando este termine, se llamaría al de actualización de usuarios.

- En el caso de la coreogafía. Los servicios de pedidos, facturas y actualización de usuarios estarían suscritos a un canal de compras. Al terminar la compra se dejaría un mensaje en este canal que sería recibido por todos los servicios suscritos.

Diferencias

La ventaja principal de la coreografía es su bajo nivel de acoplamiento que permite que, si fuera necesaria otra acción, como añadir puntos de fidelidad, sería tan sencillo como crear el microservicio y suscribirlo al canal, sin necesidad de modificar el servicio de compras. El mayor inconveniente es que la gestión de errores en este sistema se complica y también a la hora de seguir su flujo y sus dependencias, que requieren sistemas específicos de monitorización.

IaaS

Se utiliza la infraestructura de la nube, se ejecutan sus propios servicios cuando se compra IaaS. Si no quiere gastar capital en la compra, no ha de construir ni tiene que actualizar. Es una comodidad como el agua o la electricidad. La nube es una revolución en la relación entre los negocios y su infraestructura de TI. La externalización del hardware es un componente; la nube permite externalizar el software que no escribe sistemas operativos, bases de datos, *clustering*, replicación, *networking*.

8.12. LA NUBE DEL FUTURO / EVOLUCIÓN DE LA NUBE

La Computación en la Nube es el principal motor tecnológico de la última década y lo seguirá siendo en la actualidad, desde que en 2010 los gigantes Google, Amazon, Microsoft y Salesforce anunciaron sus primeros servicios.

Las nuevas tecnologías como la computación sin servidor, computación en el borde, Inteligencia Artificial, o Internet de las Cosas son decisivas para el futuro de la nube. El modelo *edge* es el modelo en crecimiento exponencial, 5G e IoT está forzando esta transición hacia el borde de la red. Los vehículos sin conductor no pueden permitir latencias. Igualmente, otros dispositivos *edge* están conectados como cámaras de seguridad. En resumen, la computación más pesada se ejecutará cerca del núcleo, en el centro de datos, mientras que la computación más ligera se llevará al borde donde resulta más relevante la potencia y el coste de acercarla a los clientes. Esta explosión del perímetro de la red se reproduce al mismo tamaño que otra tendencia transformadora masiva, la Inteligencia Artificial.

Los dispositivos en el borde están diseñados para realizar su propio análisis y ejecución en tiempo real, lo que aligera la cantidad de datos enviados al centro de datos o la nube. Gran parte de los datos creados en el borde, como los de una red de sensores o un dispositivo sanitario en red, pueden tratarse localmente. Dado que no se necesita un núcleo de datos central para procesar los datos se gestionan, analizan y procesan mucho más rápidamente. Cuando los datos necesitan ser almacenados o procesados centralmente —generalmente son una pequeña cantidad— se envían por lotes o se aprovechan los momentos en que haya más ancho de banda disponible y se analizan como grandes volúmenes de datos. Evidentemente, a medida que aumenta el volumen y la velocidad de los datos, señala Gartner, también la transmisión de toda esa información en una nube se hace más ineficaz.

Al administrar los datos en el dispositivo perimetral se reduce el tráfico de datos y el coste, ya que las empresas no pagan por transportar o almacenar datos que no necesitan. Con el procesamiento y análisis en los minicentros de datos distribuidos complementan a los centros de datos y servicios en la nube.

Tecnología de contenedores

La tecnología de contenedores es otro sistema para el desarrollo de la nube, ya que permite a los desarrolladores administrar y migrar el código de software a los servidores en la nube pública. Cada vez más las empresas reconocen utilizar esta tecnología para desarrollar aplicaciones para sus clientes. La fuerte demanda demuestra la eficacia de contar con contendores en empresas que utilizan infraestructuras de multinube, ya que facilita la portabilidad entre AWS, Azure, Google Cloud o IBM Cloud, y acelera la producción de software, al ajustar las estrategias de DevOps.

Kubernetes se está confirmando como la primera opción en el entorno de contenedores, al permitir la virtualización a nivel de sistema operativo, por encima de la virtualización de hardware. Otras empresas que utilizan la tecnología de contenedores son: Raucher, Docker, Red Hat, OpenShift, Pivotal o Mesosphere.

Computación sin servidor

Al utilizar la computación sin servidor, un proveedor de *cloud* solo gestiona la ejecución de código cuando es necesario y factura exclusivamente cuando el código se ejecuta. La adopción de la computación sin servidor puede evitar a las empresas, el mantenimiento y aprovisionamiento de servidores a la vez que desarrollan código, con el consiguiente abaratamiento de los costes.

En 2014, ganó popularidad cuando AWS dio a conocer Lambda y su proyecto de código abierto, Firecracker. La adopción de este modelo requiere una transición y estrategias corporativas, que gradualmente se irá implantando en las empresas al igual que sucedió con la adopción de la nube actual.

A medida que el modelo multinube crezca, el modelo sin servidor aumentará los casos de éxito de este tipo de computación.

Código abierto en la nube

El software de código abierto está creciendo en la mayoría de las organizaciones y en el ecosistema de la nube. El creciente número de herramientas DevOps y de plataformas de automatización e infraestructuras como OpenStack y Kubernetes están acelerando la adopción del código abierto.

8.13. APLICACIONES NATIVAS DE LA NUBE

La computación sin servidor puede crear y ejecutar aplicaciones y servicios sin tener que preocuparse por los servidores. Permite eliminar las tareas de administración de infraestructuras como el aprovisionamiento de servidores o de clústeres, los parches, el mantenimiento del sistema operativo y la capacidad de aprovisionamiento. Este modelo de computación puede crear aplicaciones modernas con mayor agilidad y menor coste total de la propiedad. La creación de aplicaciones sin servidor implica que sus desarrolladores se pueden centrar en el producto principal en lugar de preocuparse por la administración y el funcionamiento de los servidores o los tiempos de ejecución en la nube o de modo local. Gracias a esta reducción de gastos, los desarrolladores pueden emplear tiempo y energía en desarrollar productos más innovadores y eficaces, que puedan escalarse con mayor facilidad.

8.13.1. ¿QUÉ ES UNA APLICACIÓN NATIVA DE LA NUBE?

Una aplicación nativa de la nube es una aplicación creada para aprovechar los modelos de *Cloud Computing* con el fin de aumentar la velocidad, flexibilidad y calidad, a la vez que se reducen los riesgos de implementación. A pesar de su nombre, un enfoque nativo de la nube no se centra en *dónde* se implementan las aplicaciones, sino en *cómo* se desarrollan, se implementan y se administran.

Los enfoques nativos de la nube son similares a las arquitecturas de microservicios. Sin embargo, aunque los microservicios pueden ser uno de los resultados del desarrollo de aplicaciones nativas de la nube, hay muchos pasos a seguir para alcanzar el nivel de madurez necesario para administrar microservicios en producción. Los microservicios no son necesarios para aprovechar todos los beneficios proporcionados por las aplicaciones nativas de la nube. Muchas empresas gozan de los beneficios de los enfoques nativos de la nube al centrarse en desarrollar mejores aplicaciones monolíticas y microservicios modulares con los mismos principios.

La aplicación nativa de la nube supone un cambio de mentalidad en el proceso de desarrollo de aplicaciones, porque no solo se debe buscar hospedar la aplicación en la nube, sino que debe impactar en la transformación digital de la empresa, ya que se han de utilizar las tecnologías y metodologías más innovadoras del desarrollo de software moderno, que permitirán realizar implementaciones o despliegues mucho más rápidos, impulsar el rendimiento, pensar en la satisfacción y experiencia de los clientes y (como último objetivo) mejorar la rentabilidad.

8.13.2. APLICACIONES TRADICIONALES FRENTE A APLICACIONES NATIVAS DE LA NUBE

Las diferencias entre el desarrollo de aplicaciones nativas de la nube y el desarrollo de aplicaciones tradicionales resaltan las facetas de cambios necesarios.

Rackspace[12] resalta que:

> La nube nativa es la disciplina de usar la nube para resolver los desafíos comerciales y mejorar la experiencia de los clientes. Pero no se trata solo de poner las cargas de trabajo en la nube. Es cambiar la mentalidad y los procesos de "la nube como un centro de datos" a "la nube como un diferenciador para las empresas".

Como veremos más adelante, la fundación Cloud Native Computing Foundation, en su definición de nube nativa, considera las aplicaciones escalables que se ejecutan en entornos dinámicos modernos que utilizan tecnologías modernas como contenedores, microservicios, computación sin servidor o interfaces de programación de aplicaciones, API declarativas.

La aplicación nativa en la nube supone operar de una nueva forma, dejar los métodos tradicionales y utilizar los nuevos procesos de desarrollo de software basados en los microservicios, los contenedores o arquitecturas "sin servidor"; y en el caso de sistemas de almacenamiento, recurrir a los sistemas de lagos de datos (capítulo 9) en lugar de los métodos tradicionales de almacenes de datos (*data warehouse* y *data mart*).

Aplicaciones tradicionales versus aplicaciones en la nube nativa

La nube nativa frente a las aplicaciones tradicionales.

Así los métodos tradicionales suelen incluir los siguientes componentes y técnicas (Kashani, 2020):

- Máquinas virtuales
- Almacenes de datos (*data warehouses* y *data marts*)
- Monitoreo de seguridad
- Desarrollo en cascada
- Migraciones

En cambio, la nube nativa es fluida, automática, confiable y permite la colaboración, ofrece una manera más inteligente, rápida y escalable de operar (Kashani, 2020):

- Contenedores y computación sin servidor
- Lagos de datos (*data lakes*)
- Automatización de seguridad
- Desarrollo ágil (metodologías Agile)
- Transformación

¿Cómo puedo desarrollar una aplicación nativa de la nube?

Los proyectos de desarrollo de aplicaciones nativas en la nube deben incluir tecnologías y metodologías de:

- Contenedores (recomendado como considera el CNCF, utilizar el contenedor Docker)
- Microservicios
- Orquestación de contenedores (recomendado como considera CNCF, utilizar la plataforma Kubernetes)
- Sin servidor
- Un enfoque de entrega continua
- Procesos de DevOps

8.14. LA NUBE NATIVA (*CLOUD NATIVE*)

La nube nativa (*cloud native*) es un sistema de cómputo para la construcción y ejecución de aplicaciones que explota las ventajas del modelo de entrega de la Computación en la Nube. La nube nativa es un formato adecuado tanto para nubes públicas como para nubes privadas.

Cloud native, la nube nativa

Es un patrón de arquitectura de software para desarrollar aplicaciones usando principios esenciales de cloud computing como la escalabilidad, la elasticidad y la agilidad. Los cuatro pilares del *cloud native* son:

Entrega continua

DevOps

Microservicios

Contenedores

David Linthicum: *Forbes*

Nativo de la nube[13] es un adjetivo que describe las aplicaciones, las arquitecturas, las plataformas, la infraestructura y los procesos que, juntos, permiten que sea económico trabajar de una manera que nos permita mejorar nuestra capacidad de responder rápidamente al cambio y reducir la imprevisibilidad.

El enfoque nativo de la nube describe una manera de modernizar las aplicaciones existentes y crear nuevas aplicaciones en función de principios de la nube, mediante el uso de servicios y la adopción de procesos optimizados para la agilidad y automatización del *Cloud Computing*.

8.15. CLOUD NATIVE COMPUTING FOUNDATION (CNCF)

La Cloud Native Computing Foundation (CNCF) es un consorcio de grandes empresas y start-ups con más de 550 miembros de todas las más grandes empresas de Cloud Computing del mundo, y más de 200 start-ups innovadoras. Fue creada en 2015, como parte de la Linux Foundation, sin ánimo de lucro, con el objetivo de crear ecosistemas sostenibles y fomentar comunidades para soportar el crecimiento y la salud del software de código abierto (*open source*) de la nube nativa (*cloud native*). Google ha estado utilizando contenedores durante muchos años y eso le condujo a la creación del proyecto Kubernetes, plataforma líder y más popular del mundo en orquestación de contenedores. Su desarrollo y gran impacto en el desarrollo de software de aplicaciones modernas y el propósito de extender su uso de modo generalizado le llevó a donar el proyecto Kubernetes a la Fundación CNCF, convirtiéndolo en su primer proyecto de la nube nativa. CNCF trata de promover y desarrollar tecnologías como Kubernetes, Prometheus y Envoy, entre otras muchas, así como componentes básicos del ecosistema de contenedores generados por Docker.

Entre las empresas de la categoría "platino", miembros de CNCF, pueden destacar Alibaba Cloud, AWS de Amazon, Cisco, Fujitsu, Google Cloud, Huawei, SAP, Red Hat, Oracle, NetApp, Microsoft Azure; en otras categorías, empresas también de gran resonancia como AT&T. NEC, Salesforce, Samsung, Hewlett-Packard.

La Fundación CNFC define la nube nativa[14] en su portal web de la siguiente forma:

> Las tecnologías "cloud native" empoderan a las organizaciones para construir y poner en marcha aplicaciones escalables en ambientes dinámicos modernos, como lo son hoy las nubes públicas, privadas o híbridas. Temas como contenedores, mallas de servicios, microservicios, infraestructura inmutable y API declarativas son ejemplos de este enfoque.
>
> Estas técnicas permiten crear sistemas de bajo acoplamiento que son resilientes, administrables y observables. Combinado con técnicas de automatización robusta les permite a los ingenieros realizar cambios de alto impacto de manera frecuente y predecible con un mínimo esfuerzo.
>
> La "Cloud Native Computing Foundation" busca impulsar la adopción de este paradigma mediante el fomento y mantenimiento de un ecosistema de proyectos de código abierto y neutro con respecto a los proveedores. Democratizamos los patrones modernos para que estas innovaciones sean accesibles para todos.

En el portal web de la Fundación se destacan las páginas Landscape[15] (un mapa de ruta con tecnologías, metodologías, aplicaciones para examinar con detenimiento el panorama de la nube nativa y comprender mejor el concepto de cloud native). Asimismo, creó otra página dedicada a serverless[16], con lo cual integra la arquitectura "sin servidor" dentro de la nube nativa.

En el panorama o mapa de ruta se pueden ver los componentes fundamentales que considera CNCF forman parte del ecosistema de la nube nativa como: contenedores, CI/CD (integración continua/ entrega continua), orquestación, servicios de malla, redes y políticas, bases de datos distribuidas, mensajería, registros y tiempos de ejecución de contenedores, distribución de software, almacenamiento, entre otros componentes. Una mención especial en el portal se dedica a certificaciones, formación y evaluaciones correspondientes, todas ellas relacionadas con la plataforma Kubernetes, tales como: Certified Kubernetes Administrator (CKA), Certified Kubernetes Application Developer (CKAD), Kubernetes Certified Service Provider (KCSP), Certified Kubernetes Securty Specialist (CKS).

CNCF ha creado un mapa (*Trail Map*) para comprender mejor el concepto "enfoque de la nube nativa". El mapa recomienda el camino a través del panorama de la nube nativa. Como señala CNCF:

> Este mapa no define un camino específico con el cual se puede concentrar la transformación digital de su organización, sino que hay muchos caminos posibles que se pueden seguir para alinearse con este concepto basado en el nuevo escenario de empresa. Es justo una ruta para simplificar la jornada para llega a la nube nativa.

Así, los pasos propuestos y definidos en el mapa de ruta son:

- Contenerización (contenedor recomendado Docker)
- CI/CD (Integración Continua / Entrega Continua)
- Orquestación de contenedores (orquestador de contenedores recomendado Kubernetes)
- Observabilidad y análisis
- Mallas de servicios
- Redes y políticas
- Bases de datos distribuidas
- Mensajería
- Registros y tiempos de ejecución
- Distribución de software

En esencia, CNCF al definir el panorama de la nube nativa está pensando como un mapa (*Cloud NativeTrail Map*)[17] a través del terreno previamente no explorado de las tecnologías nativas de la nube (Anexos). Hay muchas rutas para desplegar o implementar una aplicación nativa de la nube y los proyectos de la CNCF representan una ruta o camino particularmente transitado. Se dedica especial atención no solo al panorama de la nube nativa, sino también al panorama "sin servidor", y se presentan innumerables infografías de las diferentes secciones relacionadas con el mapa de ruta.

La CNCF publicó, en marzo de 2020, los resultados de su informe anual —realizado en octubre de 2019—. Fueron consultados 1337 expertos, 37 % de Europa, 38 % de Norteamérica y 17 % de Asia. Los expertos incluían arquitectos y administradores de DevOps y desarrolladores de contenedores. Las conclusiones más interesantes de la encuesta fueron publicadas en la revista *Forbes* como: "Las 15 tendencias más interesantes de la nube nativa"[18], que se enumeran a continuación:

- El uso de Kubernetes en la producción se está disparando. Comparado con el año anterior, ha sufrido un ascenso espectacular en producción. El 78 % de los encuestados está utilizando Kubernetes en producción comparado con el 5 % del año anterior.

- Los clientes están ejecutando al menos dos clústeres de Kubernetes en producción.

- La nube pública es el destino preferido mientras que la nube híbrida está ganando impulso.

- Los contenedores están llegando a los entornos de producción.

- Amazon EKS (Amazon Elastic Kubernetes Service) se utiliza principalmente seguido de GKE (Google Kubernetes Engine) y AKS (Azure Kubernetes Service).

- Los desarrolladores se enfrentan a un reto cultural al abrazar contenedores y la nube nativa.

- Istro es el servicio de malla topo utilizado por los adoptadores tempranos.

- Los servicios de almacenamiento de bloques en la nube pública son de hecho el motor de almacenamiento de la nube nativa.

- AWS Lambda es la plataforma FaaS más popular, a gran distancia de Google Cloud Functions y Azure Functions, entre otros proveedores de servicios.

- Knativa es la ranura top de plataformas sin servidor basada en Kubernetes. Otros servicios son OpenFaaS, Kubeless y Kubelet.

- Helm es la herramienta más preferida para empaquetar aplicaciones de Kubernetes.

- Nginx es el proveedor líder de ingresos.

- MiniKub es el entorno Kubernetes favorito.

- Prometheus y CoreDNS son los proyectos CNCF de más rápido crecimiento.

- Las bases de datos etcd es el proyecto incubador más ampliamente utilizado en CNCF.

RESUMEN

La computación sin servidor es un modelo de la Computación en la Nube, en la que un proveedor en la nube, de forma dinámica, gestiona el alojamiento de los recursos informáticos. En esencia, permite a los desarrolladores de software centrarse en la tarea principal que están haciendo —escribir y desarrollar código, optimizando el diseño de la aplicación— y darle agilidad al negocio.

- La reputada consultora Gartner[19] define *serverless computing* como:

  Un nuevo medio (o método) de construcción y ejecución de aplicaciones y servicios sin tener que gestionar la propia infraestructura; en su lugar la construcción del código está administrada totalmente por el proveedor del servicio de la nube. En otras palabras, esto significa que los desarrolladores no tienen que preocuparse por el aprovisionamiento y mantenimiento de la infraestructura de aplicacionesa al implementar el código.

- La computación sin servidor está transformando el desarrollo de software tradicional. Estas plataformas de código fuente se conocen tambien como FaaS (*Function as a Service*) o alternativamente BaaS. Gartner emplea las siglas fPaaS.

- DevOps es una metodología de ingeniería de software que tiene como objeto unificar el Desarrollo de software (*Dev*) y las Operaciones de software (*Ops*); es decir, una unión entre el desarrollo de software y la administración de sistemas. DevOps está aumentando considerable su implantación y despliegue al integrar los conceptos anteriores dentro de los servicios de Computación en la Nube.

- La nube nativa empieza a desplegar una variedad de servicios forjados directamente en la nube. Se pone en marcha la metodología DevOps, se adaptan contenedores y se crean microservicios.

- La *arquitectura basada en microservicios* presenta grandes ventajas frente a una arquitectura monolítica tradicional. Es una nueva arquitectura de software, conocida como MSA (*MicroServices Architecture*) y se suele englobar como un subconjunto de la tradicional y antigua Arquitectura Orientada a Servicios, SOA (*Services Oriented Architecture*).

- La computación nativa de la nube (*cloud native*) es un nuevo modelo de arquitectura basado en los siguientes componentes (además de la computación sin servidores, ya tratada):

- **DevOps.** Crear un equipo donde converjan integrantes del área de desarrollo de la solución (encargados de la arquitectura del producto) y de operaciones (encargados de mantener o controlar el producto).

- **Microservicios.** Un microservicio es una pieza (componente) de software que permite separar y ejecutar las aplicaciones de manera independiente.

- **Contenedores.** Cada contenedor está compuesto por una pequeña parte de software que permite la ejecución de los microservicios de forma ágil y aislada.

- **Integración continua.** Permite realizar cambios automáticos en un proyecto para así poder detectar fallos cuando suceden. Una vez que una empresa llega a este punto está en disposición de ser ágil e innovar.

- Docker y Kubernetes son los dos grandes pilares del uso y explotación de los contenedores y los orquestadores de contenedores.

- Una *aplicación nativa de la nube* es una aplicación creada para aprovechar los modelos de *Cloud Computing* con el fin de aumentar la velocidad, flexibilidad y calidad, a la vez que se reducen los riesgos de implementación. A pesar de su nombre, un enfoque nativo de la nube no se centra en dónde se implementan las aplicaciones, sino en cómo se desarrollan, implementan y administran.

- Los enfoques nativos de la nube son similares a las arquitecturas de microservicios.

- La fundación Cloud Native Computing Foundation (CNCF), en su definición de nube nativa, considera las aplicaciones escalables que se ejecutan en entornos dinámicos modernos que utilizan tecnologías como contenedores, microservicios, computación sin servidores o interfaces de programación de aplicaciones, API declarativas.

- La nube nativa es un sistema de cómputo para la construcción y ejecución de aplicaciones que explota las ventajas del modelo de entrega de la Computación en la Nube. Es un formato adecuado tanto para nubes públicas como para nubes privadas.

BIBLIOGRAFÍA

AÑEL, Juan A., Diego P. MONTES y Javior RODEIRO (2020). *Cloud and Serverless Computing for Scientists: A primer*. Springer.

ARUNDEL, John y Justin DOMINGUS (2019). *Cloud Native DevOps with Kubernetes*. O´Reilly.

KASAHANI, Amir (2020). *What is cloud native?* https://www.rackspace.com/blog/what-is-cloud-native. 26 de Agosto, 2020.

KIRSUCH, Daniel y Judith HURWITZ (2020). *Cloud Computing for Dummies*. New Jersey: John Wiley.

MURUGESAN, San e Irena BOJANOVA (2016) (edotores). *Encyclopedia of Cloud Computing*. Wiley /IEEE Press.

NAYYAR, Anand (2019). *Handbook of Cloud Computing*. Nueva Delhi: BPB Publication.

REZNIK, Pini, Jamie DOBSON y Michelle GIENOW (2019). *Cloud Native Transformation. Practical Patterns for Innovation*. O´Reilly.

SURIANARAYAN, Chellammal y Pethuru Raj CHELLIAH (2019). *Essentials of Cloud Computing. A Holistic Perspective*. Springer.

RECURSOS

CNCF. Cloud Native Computing Foundation (https://www.cncf.io/).

CNCF. CNCF Serverless (github.com/cncf/wg-serverless#whitepaper).

DZone. Tauseef Khan. *The State of Serverless Computing 2021*. Disponible en: <https://dzone.com/articles/the-state-of-serverless-computing-2021>.

Ionos. *Guía digital del blog corporativo de la empresa proveedora de Computación en la nube*. Disponible en: <https://www.ionos.es/digitalguide/paginas-web/desarrollo-web/los-microservicios-en-el-desarrollo-de-aplicaciones/>.

Linthicum, David (2 de marzo de 2021). "Can Cloud-Native Approaches Truly Optimize Enterprise IT?", en *Forbes*. Disponible en: <https://www.forbes.com/sites/forbestechcouncil/2021/03/02/can-cloud-native-approaches-truly-optimize-enterprise-it/?sh=52fb8efa74e9>.

NOTAS

[1] No existe una normalización de la traducción al español del término *edge computing*, y aunque parece que computación en el borde es uno de los más aceptados, también se la conoce como *computación perimetral*, *computación en la frontera* o *computación en el límite*.

[2] Una de las primeras empresas en utilizar el término *fog computing* fue Cisco en un artículo en 2015. Disponible en:
<https://www.cisco.com/c/dam/en_us/solutions/trends/iot/docs/computing-overview.pdf>.

[3] Los términos *edge* y *fog computing*, a nivel académico y científico, se están fundiendo en un único término (como lo prueba el congreso internacional International Conference on Fog and Edge Computing, ICFEC

2018). Washington DC, USA. Disponible en: <http://www.cloudbus.org/fog/icfec2018/>. Sin embargo, existen otros congresos, exclusivamente dedicados a *edge computing*, The Second ACM/IEEE Symposium on Edge Computing. San José/Fremont, CA, October 12-14 (2017). Disponible en: <http://acm-ieee-sec.org/2017/>.

4 O'Donnell, Glenn (2020). *Predictions 2021: Edge Computing Hits An Inflection Point.* Disponible en: <https://go.forrester.com/blogs/predictions-2021-edge-computing-hits-an-inflection-point/>.

5 Katie Costello (2 de junio, 2020). *The CIO's Guide to Serverless Computing.* Disponible en: <https://www.gartner.com/smarterwithgartner/the-cios-guide-to-serverless-computing/>.

6 José María Cuellar. "Un viaje por la nube. ¿En qué nivel está su empresa?", en *Cinco Días/El País*/Telefónica Empresas. Disponible en: <https://elpais.com/publi-especial/thinkbig-empresas/noticias/pdf/un-viaje-por-la-nube_cincodias.pdf>.

7 Disponible en: <https://azure.microsoft.com/es-es/topic/kubernetes-vs-docker/>.

8 *Microsoft ante el dilema Kubernetes o Docker ofrece soluciones integradoras y compatibles.* Disponible en: <https://azure.microsoft.com/es-es/topic/kubernetes-vs-docker/>.

9 No está el término en el DRAE.

10 En el portal web de Azure de Microsoft se puede ver una buena guía de Docker, Kubernetes y una comparativa de ambas soluciones y su integración, ya que Azure ofrece una plataforma para la creación de microservicios en Windows y el uso de contenedores y su orquestación correspondiente. Disponible en: <https://azure.microsoft.com/es-es/topic/kubernetes-vs-docker/>.

11 Véase la página anterior de Microsoft. Disponible en: <https://azure.microsoft.com/es-es/topic/kubernetes-vs-docker/>.

12 Amir Kashani (26 agosto, 2020). "What-is-cloud-native?", en *Rackspace.* Disponible en: <https://www.rackspace.com/es-ar/blog/what-is-cloud-native>.

13 Christian Posta, arquitecto principal de Red Hat y autor de *Microservices for java developers.* Fuente: infoq, "defining cloud native: a panel discusión" (2017). Más recientemente, David Linthicum, prestigioso consultor mundial, definió en *Forbes,* en un artículo publicado el 2 de marzo de 2021, nativo de la nube como todo aquello que aprovecha los servicios específicos de un proveedor definido de la nube pública. Disponible en: <https://www.forbes.com/sites/forbestechcouncil/2021/03/02/can-cloud-native-approaches-truly-optimize-enterprise-it/?sh=52fb8efa74e9>.

14 CNCF Cloud Native Definition v1.0. Approved by TOC: 2018-06-11. Disponible en: <https://github.com/cncf/toc/blob/master/DEFINITION.md; https://landscape.cncf.io>.

15 Disponible en: <https://landscape.cncf.io/>; <https://github.com/cncf/toc/blob/master/DEFINITION.md>.

16 Disponible en: <https://landscape.cncf.io/format=serverless>.

17 Disponible en: <https://github.com/cncf/landscape/blob/master/README.md#trail-map>.

18 Janakiram, MSV. "15 Most Interesting Cloud Native Trends From The CNCF Survey", en *Forbes.* Disponible en: <https://www.forbes.com/sites/janakirammsv/2020/03/04/15-most-interesting-cloud-native-trends-from-the-cncf-survey/?sh=1479228a34d5>.

19 Katie Costello (2020). *The CIO's Guide to Serverless Computing.* Disponible en: <https://www.gartner.com/smarterwithgartner/the-cios-guide-to-serverless-computing/>.

CAPÍTULO 9
ALMACENAMIENTO DE DATOS:
DATA WAREHOUSES Y *DATA LAKES*

INTRODUCCIÓN

Este capítulo describirá los conceptos fundamentales de los lagos de datos (*data lakes*), sistemas de almacenamiento como los almacenes de datos (*data warehouse*), pero que se suelen almacenar en centros de la nube y se ofrecen a las organizaciones y empresas para depositar sus datos estructurados y no estructurados. Los datos se procesan solo cuando son necesarios y el resto permanece en depósito con el beneficio de almacenar grandes volúmenes de datos. Esto permite reducir los depósitos tradicionales de las organizaciones, las que se podrán centrar en el procesamiento y análisis de los datos en tiempo real o en períodos críticos.

9.1. *DATA WAREHOUSE*: DEFINICIÓN Y CONCEPTOS IMPORTANTES

Actualmente, las empresas que tienen más éxito en sus estrategias empresariales son aquellas que responden con mayor flexibilidad y rapidez a los cambios y oportunidades que ofrecen los mercados. Uno de los factores clave en esas estrategias es el uso eficiente y efectivo de los datos y de la información por los analistas y gerentes. El reto en las organizaciones es proporcionar a los usuarios acceso a los datos corporativos, de modo que se puedan analizar con precisión y fidelidad, con el fin de tomar mejores decisiones.

Las empresas, además de los sistemas de gestión de archivos y de bases de datos, utilizan una variedad de herramientas denominadas *data warehouses* (almacenes de datos) y *data marts* (almacenes de datos departamentales), que pretenden proporcionar a los usuarios, del modo más fácil y rápido posible, el acceso, el análisis y la consulta de datos.

Los *data warehouses* y los *data marts* son el soporte fundamental de las aplicaciones de Inteligencia de Negocios (*Business Intelligence*). La Inteligencia de Negocios es una amplia categoría de aplicaciones, procesos y tecnologías que se encarga de reunir, almacenar, acceder y analizar datos que ayuden a los usuarios de los negocios a una mejor toma de decisiones.

Un *data warehouse* es un gran almacén o depósito de datos, donde se integran datos procedentes de varias fuentes: internas (procedentes de los sistemas transaccionales de los diferentes departamentos de la empresa, tales como recursos humanos, marketing, ingenierías), externas y personales.

El concepto de *data warehouse* fue un concepto introducido por Bill Inmon, a principios de la década de los noventa, que lo definió como "una colección de datos orientado a temas, integrado, variable con el tiempo y no volátil para ayudar al proceso de gestión en toma de decisiones en una organización". Esta definición clásica viene a decir que un *data warehouse* es un depósito o repositorio de datos históricos que se organizan por temas para ayudar a la toma de decisiones en una gran organización. Posteriormente, Ralph Kimball propuso una definición más simple: "Un *data warehouse* es una copia de los datos transaccionales específicamente estructurados para consultas y análisis".

Desde el punto de vista práctico, un *data warehouse* es una gran base de datos orientada al análisis de la información histórica; es decir, un depósito (repositorio) de datos históricos que se organiza por temas para el apoyo en la toma de decisiones. Por ese motivo, debe disponer de una gran capacidad de almacenamiento (decenas y centenas de gigabytes y terabytes en las grandes empresas, aunque el petabyte comienza a ser la unidad de almacenamiento en grandes establecimientos tipo Walmart, en los Estados Unidos), ya que los datos deben permanecer, por largos períodos de tiempo, "no volátiles" o "históricos".

9.1.1. CARACTERÍSTICAS DE UN *DATA WAREHOUSE*

Las características fundamentales del *data warehouse* son las recogidas por Bill Inmon en su definición clásica de *data warehouse* (y algunas otras que se han ido introduciendo en estas dos décadas de edad del término):

Orientado a temas (entidades). Los datos contenidos en un *data warehouse* se organizan por temas (entidades): cliente, vendedor, producto, precios, región, que contienen solo información relevante para la toma de decisiones.

El *data warehouse* difiere de una base de datos operacional en que la mayoría de las bases de datos operacionales tiene una orientación al producto y se sintonizan para manipular transacciones que actualizan la base de datos. La orientación a temas proporciona una visión más completa y comprensiva de la organización. Durante el análisis de la Inteligencia de Negocios, la orientación hacia los temas permite que el desempeño de una compañía se pueda evaluar más fácilmente y también se pueda detectar cualquier fuente de ineficiencia.

Integrado. Los datos que se producen en las diferentes fuentes se integran y homogenizan a medida que se cargan. Por ejemplo, los datos de los clientes se pueden extraer de los sistemas internos y externos; son integrados alrededor de un identificador de cliente para crear una visión completa y exhaustiva.

Variable con el tiempo. A diferencia de los sistemas transaccionales, que solo mantienen datos recientes (día, mes, año actuales), puede almacenar años de datos, es decir, datos históricos de varios años. Cada *data warehouse* tiene una calidad temporal.

No volátil. Después de que los datos se han introducido, los usuarios no pueden cambiar o actualizarlos. Los datos obsoletos se eliminan y los cambios se registran como nuevos datos. Los datos solo pueden actualizarse por profesionales de TI —responsables de los sistemas de información—, es decir que los *data warehouses* se actualizan, pero solo a través de procesos de carga en lugar de los usuarios.

Algunas características adicionales a las cuatro fundamentales de la definición de Bill Inmon son:

Multidimensional. Un *data warehouse* puede utilizar una estructura relacional o multidimensional. Las bases de datos relacionales almacenan datos en tablas bidimensionales. En contraste, los *data warehouse* almacenan datos en una estructura multidimensional que consta de más de dos dimensiones. Una representación típica de esta estructura son los cubos de datos. Los datos en los almacenes de datos se organizan por dimensiones del negocio, temas o entidades (productos, ciudades, empleos o períodos de tiempo). Las dimensiones del negocio o temas son aristas del cubo de datos (figura 9.1).

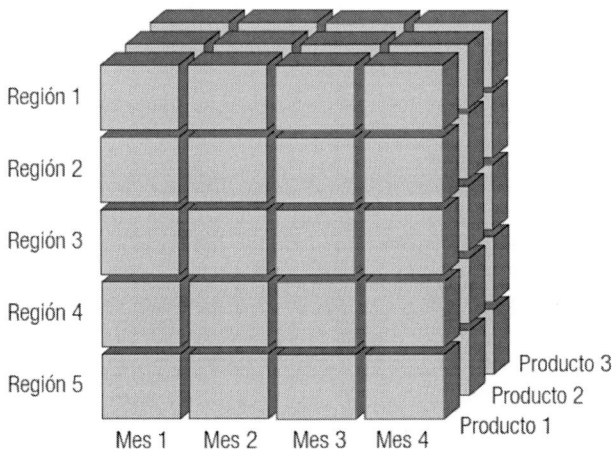

Figura 9.1. Cubo de datos

Basados en la Web. Los *data warehouse* se diseñan, normalmente, para proporcionar un entorno informático eficaz para las aplicaciones basadas en la web.

Cliente/servidor. Un *data warehouse* utiliza la arquitectura cliente/servidor para proporcionar acceso fácil a los usuarios finales.

Tiempo real. Los nuevos *data warehouse* permiten la gestión de datos en tiempo real.

Metadatos. Un *data warehouse* contiene metadatos (datos que generan datos) que facilitan la gestión de datos complejos.

Consolidados. Los datos almacenados en un *data warehouse* se obtienen, normalmente, como resúmenes parciales de datos principales que pertenecen a los sistemas operacionales de los cuales se originaron. Por ejemplo, un operador de telefonía móvil puede almacenar en un *data warehouse* el coste total de las llamadas realizadas por cada cliente en una semana, subdividida por rutas de tráfico y por el tipo de servicio seleccionado (llamada, mensaje SMS, datos), en lugar de almacenar las llamadas individuales registradas por el sistema operacional. La razón de esta característica de consolidación puede ser doble: por un lado, reducir el espacio requerido para almacenar los datos acumulados durante los años de antigüedad del cliente; por otro, la información consolidada puede mejorar las necesidades de los sistemas de negocio.

9.2. *DATA MART*

Los *data warehouses* suelen ser unas herramientas muy caras y difíciles de implantar, por lo que se utilizan, normalmente, en grandes organizaciones y empresas. Un *data mart* es un sistema que reúne todos los datos requeridos por un departamento específico de una empresa (marketing, recursos humanos, logística o administración) con el objeto de realizar análisis de Inteligencia de Negocios y ejecución de aplicaciones de apoyo a las decisiones de funciones específicas concretas. Por consiguiente, un *data mart* puede ser considerado como un almacén de datos departamental o funcional, de tamaño más pequeño y aplicado a un departamento específico, en lugar del *data warehouse* global de la empresa.

Un *data mart* contiene un subconjunto de los datos almacenados del *data warehouse* de la compañía, que están, normalmente, integrados con otros datos que pueda tener el departamento responsable del *data mart* de cualquier otro tipo. Por ejemplo, un *data mart* de un departamento de marketing tendrá datos extraídos del *data warehouse* central de la compañía (información de clientes y operaciones de ventas), pero también tendrá datos adicionales específicos del departamento de marketing, por ejemplo, resultados de campañas de marketing pasadas tanto en negocios tradicionales como en Internet.

Existen dos categorías de *data mart*: dependiente o independiente. Un *data mart* dependiente es un subconjunto de datos que se crea directamente del *data warehouse*. Un *data mart* independiente es un pequeño *warehouse* diseñado para un departamento o unidad de negocio estratégica. Un *data mart* dependiente tiene las ventajas de utilizar un modelo de datos consistente y proporcionar calidad de datos. El problema que se presenta es la necesidad de construir, en primer lugar, el *data warehouse* y, a continuación, el *data mart*.

La ventaja del *data mart* dependiente es que el usuario final visualiza la misma versión de datos a la que acceden los restantes usuarios del *data warehouse*.

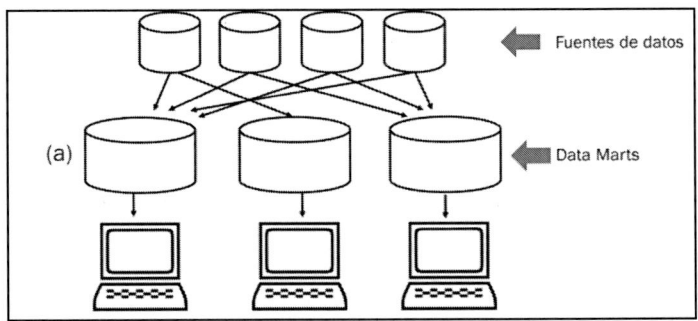

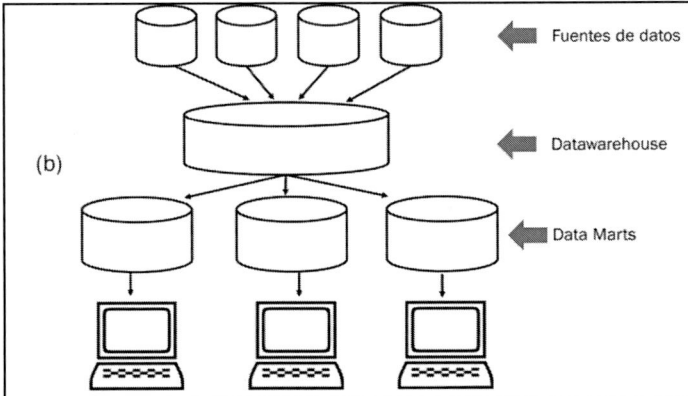

Figura 9.2. Data mart: (a) Independientes; (b) Dependientes

Uno de los problemas importantes de la implementación de un *data warehouse* es su alto coste de desarrollo y mantenimiento, lo que reduce la construcción de almacenes de datos a grandes organizaciones y empresas. Por esta razón, han surgido alternativas a los *data warehouse* y se construyeron versiones más reducidas, diseñadas para resolver los objetivos de departamentos, unidades funcionales o pequeñas empresas. Estos subconjuntos de *data warehouse* son los *data mart* independientes, y, normalmente, pueden ser construidos más rápidamente y a un menor coste que un *data warehouse* completo de una empresa.

Los *data warehouse* y los *data mart* comparten el mismo marco de trabajo tecnológico. Según el tipo de empresa, la implementación de aplicaciones de Inteligencia de Negocios se puede realizar mediante el diseño y desarrollo de modo incremental de un conjunto de *data mart* integrados, en lugar de un gran *data warehouse* central. La razón fundamental es temporal y económica. Un *data mart* se puede implantar más rápidamente y más económicamente que un *data warehouse*; cifras de especialistas hablan de dos a tres meses para un *data mart*, y no menos de seis a nueve meses para un *data warehouse*. De acuerdo con el tamaño y las estrategias de la empresa, puede ser recomendable utilizar el *data mart* y dar el paso de la centralización cuando las circunstancias lo exijan por el volumen de transacciones, el número de datos, los clientes. Probablemente, a la empresa, que solo requiere pocas aplicaciones de Inteligencia de Negocios, le será suficiente la implantación de uno o varios *data marts.*

9.2.1. *DATA WAREHOUSE* VERSUS *DATA MART*

Un *data warehouse* o, con mayor precisión, un almacén de datos corporativos es un almacén o repositorio de datos que recolecta y consolida los datos de múltiples sistemas de fuentes internas y externas a la organización, con el propósito de facilitar su análisis. El *data warehouse* normalmente tiene las siguientes características:

- Grande en tamaño (terabytes y, cada día, más petabytes).

- Grande en ámbito (recogen información de una amplia variedad de fuentes).

- Facilitan la integración de datos (compilan y recogen datos de múltiples fuentes, asegurando que los datos sean precisos y actuales).

- Diseñados para la analítica (centrados en el análisis y en la analítica, para lo que están optimizados).

Un *data mart* es una versión reducida de un *data warehouse*, que se centra en las necesidades de un departamento o audiencia específica. Al igual que un *data warehouse*, un *data mart* es un repositorio de información, construido explícitamente para facilitar el análisis de los datos. El *data mart* está diseñado para cumplir las necesidades específicas de un grupo, comunidad o departamento y su gran ventaja es el tamaño más pequeño; por consiguiente, es más fácil de construir.

9.3. ENFOQUES DE DESARROLLO (MODELOS) DE UN SISTEMA DE *DATA WAREHOUSE*

Las organizaciones necesitan crear y desarrollar almacenes de datos que les ayuden de modo eficaz en sus procesos de toma de decisiones. Existen dos metodologías o enfoques para el desarrollo e implantación de un sistema de almacenamiento de datos, dependiendo del proveedor se elegirá uno u otro. Son la metodología o desarrollo descendente (*top-down*), atribuida a Bill Inmon, conocido como padre del *data warehousing*; la metodología o desarrollo ascendente (*bottom-up*), atribuida a Ralph Kimball, otra de las grandes autoridades mundiales en el almacenamiento de datos. Existen numerosos estudios comparativos de ambos métodos de desarrollo, por lo que haremos una breve descripción de cada uno.

9.3.1 MODELO INMON: MODELO EDW

El modelo Inmon soporta un enfoque de desarrollo descendente (*top-down*), que adapta las herramientas tradicionales de las bases de datos relacionales a las necesidades de desarrollo de un *data warehouse* para la empresa u organización corporativa, conocido en inglés como EDW. Utiliza la metodología de desarrollo de las bases de datos establecidas en la empresa, herramientas como diagramas de entidad-relación, así como una adaptación del modelo de desarrollo en espiral. El enfoque EDW no impide la creación de *data mart* y suele ser ideal para el enfoque corporativo, ya que proporciona una visión consistente y completa de la empresa.

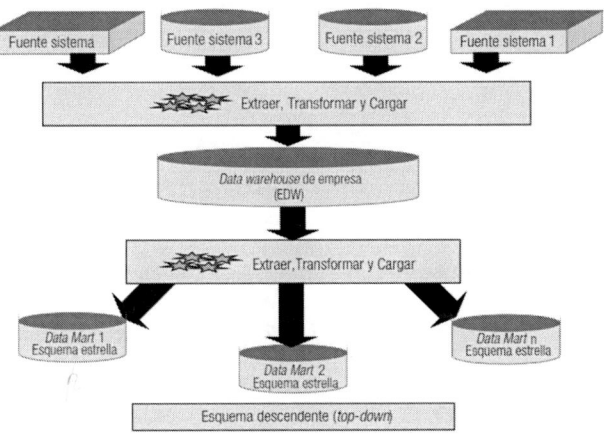

Figura 9.3. Modelo de *data warehouse* de Inmon

9.3.2. MODELO KIMBALL: EL ENFOQUE DEL *DATA MART*

El enfoque de Ralph Kimball es un modelo que propone un enfoque ascendente (*bottom-up*), que emplea el modelo dimensional conocido como enfoque de *data mart*. El enfoque de Kimball se centra en la expresión "*plan big, build small*" ("un gran plan, una construcción pequeña"). Recordemos que un *data mart* es un *data warehouse* orientado a un tema específico o a un departamento. En consecuencia, es una versión descendente de un *data warehouse*, que se centra en las peticiones y necesidades de un departamento específico como ventas, finanzas o contabilidad. Este modelo se aplica al modelado de datos dimensionales, que comienza con tablas y una metodología de desarrollo que implica un enfoque ascendente que, en el caso de un *data warehouse*, significa la construcción de un *data mart* en cada momento en que sea necesario.

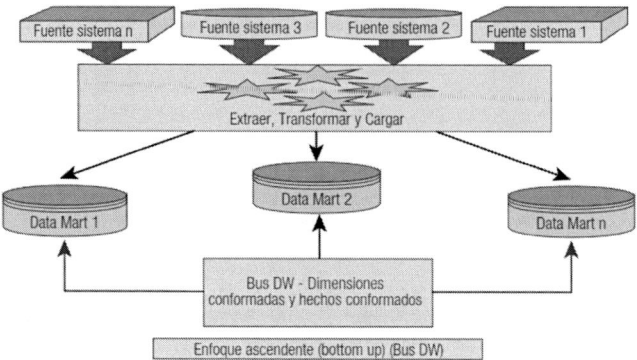

Figura 9.4. Modelo de *data warehouse* de Kimball

9.3.3. IMPLANTACIÓN PRÁCTICA DE UN *DATA WAREHOUSE* EMPRESARIAL

No existe ninguna estrategia predeterminada para el desarrollo e implantación de un sistema de *data warehouse* empresarial. En muchos casos, vendrá impuesta por el proveedor y vendedor del software (los citados anteriormente); en otros, por el que la empresa haya seleccionado.

Una estrategia de almacenamiento de datos puede evolucionar desde un sencillo *data mart* a un complejo *data warehouse* en respuesta a las demandas del usuario, los requerimientos de negocio de la empresa, la experiencia y madurez en la gestión de los recursos de datos. En muchas empresas, se utiliza la implantación de un *data mart* como experiencia previa en la construcción y gestión de datos, a la par que va presentando a los usuarios del negocio los beneficios de un mejor acceso a los datos a través del *data mart*. Según la compañía, el desarrollo de *data mart* independientes puede suponer grandes ventajas desde el punto de vista del tiempo, ahorro de costes y facilidad de acceso ante los posibles problemas de implantación de un sistema de almacenamiento global basado en un gran *data warehouse* a gran escala.

9.3.4. *DATA WAREHOUSE* 2.0 Y *DATA WAREHOUSE* EN TIEMPO REAL

Bill Inmon ha creado la definición más aceptada de *data warehouse*: "Un *data warehouse* es un conjunto de datos integrados orientados a un tema, que varían con el tiempo y que no son transitorios, los cuales soportan el proceso de toma de decisiones en la gestión". Esta definición se centraba en datos estructurados. Con el paso del tiempo, el número de datos no estructurados que manejan las organizaciones y empresas ha crecido en grandes volúmenes y llega al 80 o 90 % del total que gestionan las compañías. Bill Inmon, atento a estas circunstancias, publicó un nuevo libro, en 2008, que denominó *Data warehouse* 2.0 (Inmon 2008), donde se adelantó a la expansión de los grandes volúmenes de datos y, sobre todo, de datos no estructurados que se produjo al principio de esta década. En el libro, plantea el procesamiento de ambos tipos de datos: estructurados y no estructurados. Inmon define el *data warehouse* 2.0 como la segunda generación de *data warehousing* con las características principales de "inclusión de datos no estructurados, metadatos en los negocios, procesamiento de exploración y estadística de datos, seguridad, granularidad y desempeño o rendimiento de los sistemas".

En paralelo, con el advenimiento de esta segunda generación de almacenamiento de datos, ha surgido una nueva tendencia denominada *data warehouse* en tiempo real, que sería el proceso de carga y de provisión de datos, vía los almacenes de datos, a medida que están disponibles. Estas nuevas herramientas pretenden responder a las transacciones más inmediatas que se producen en tiempo real o, al menos, a la mayor velocidad posible.

De esta forma, los *data warehouse* corporativos actuales ofrecen soluciones para manejar datos estructurados y no estructurados, así como su procesamiento en tiempo real, o al menos a la mayor velocidad posible, en lugar de las actualizaciones periódicas que se producen en los sistemas de almacenes de datos tradicionales con periodicidad de días o semanas.

9.4. *DATA LAKES* (LAGOS DE DATOS): LOS NUEVOS DEPÓSITOS DE ALMACENAMIENTO (REPOSITORIOS) DE DATOS

En la actualidad, los repositorios de información de la empresa se dividen en dos grandes grupos:

- Los almacenes de datos (*data warehouses* y *data marts*) soportados por bases de datos relacionales que implementan datos estructurados organizados en filas y columnas (tablas).

- Los sistemas de Big Data que soportan grandes volúmenes de datos estructurados, no estructurados y semiestructurados, que se basan esencialmente en marcos de trabajo Hadoop; y cada vez con mayor frecuencia Spark.

Un almacén de datos (*data warehouse*) es el primer paso natural para almacenar todo tipo de datos de un proyecto Big Data, pero su efectividad se reduce cuando el proyecto madura y los datos comienzan a crecer. Todos los datos son estructurados y procesados de una determinada forma, reduciendo su agilidad y coste al gestionar grandes volúmenes de datos.

Con el objeto de resolver los problemas típicos de un almacén de datos, cuando los datos son de gran volumen y no son estructurados, nacieron las infraestructuras de Big Data con el sistema Hadoop y las bases de datos NoSQL y "en memoria" como soluciones eficaces y fiables. Sin embargo, estos sistemas pensados para la recopilación de grandes volúmenes de datos y de diferentes formatos (estructurados, no estructurados y semiestructurados), así como su creación a grandes velocidades, exige procesos de ETL de extracción, transformación y carga de los datos en bruto (*raw data*) para su almacenamiento y posterior análisis con las herramientas adecuadas.

Sin embargo, las empresas en sus estrategias organizativas pueden decidir conservar todos los datos capturados que generan sus diferentes fuentes de información y solo utilizarlos cuando los necesiten. Para tratar de resolver estos problemas, surgieron los *data lakes* (lagos de datos). Un lago de datos resuelve los problemas anteriores, ya que son sistemas de almacenamiento de datos sin procesamiento previo de los datos, pero que exigen soluciones técnicas muy sofisticadas y normalmente perfiles profesionales especializados que sean capaces de gestionar esos datos.

9.4.1. ORIGEN DEL TÉRMINO *DATA LAKE*

El origen del término se le atribuye a James Dixon[1], CTO de Pentaho (uno de los proveedores más populares de software libre para herramientas de Big Data, fundamentalmente Hadoop), que en el blog oficial de la compañía y presentando sus soluciones de Big Data, introdujo en un artículo publicado en octubre de 2010 el término *data lake* para referirse a las mejoras introducidas por Pentaho en los sistemas de Big Data.

Dixon reflexionaba sobre el trabajo realizado para lanzar su primera distribución de Hadoop y lo que había aprendido de la interacción durante ese período con diferentes empresas usuarias de Hadoop. Analizando los factores comunes que había visto en dichos casos, extrajo la conclusión de que la gran mayoría de dichas empresas manejaban datos estructurados, no estructurados o semiestructurados, provenientes típicamente de una única aplicación o sistema, en un volumen que hacía inviable técnica o económicamente el uso de un sistema de base de datos relacional para almacenarlos y que, aunque algunas de las preguntas que se querían hacer sobre los datos eran conocidas de antemano, muchas más irían surgiendo en el futuro.

Partiendo de estas conclusiones, Dixon propuso una visión de cómo deberían almacenarse, sin tener que pasar por un preprocesamiento que extrajera los atributos que en principio se pensase que iban a ser utilizados en las consultas ni tener que agregarlos necesariamente, para así no perder capacidad de usarlos luego según otras necesidades. De ahí surge la analogía de lago de datos, donde los datos (el agua del lago, según la analogía) provienen de un origen y "llenan el lago" sin haber sido aún limpiados, procesados o empaquetados *a priori*. De esa manera, los datos se almacenarán en crudo, en su totalidad, y serán las necesidades de los diferentes grupos de usuarios las que permitirán identificar las versiones filtradas o procesadas para resolver dichas necesidades (bien sea en forma de consultas preprocesadas por ser las más frecuentes o como entrada para un *data warehouse* con una estructura de datos determinada para agregarlo a otras fuentes).

9.4.2. DEFINICIÓN DE *DATA LAKE*

Un *data lake* (lago de datos) es un repositorio de almacenamiento que contiene una gran cantidad de datos en bruto en su formato original, incluyendo datos estructurados, semiestructurados y no estructurados, que se guardan sin ningún procesamiento (*raw data*). Los datos se guardan en bruto sin ningún tipo de esquema; su estructura y los requisitos de datos no se definen hasta que estos se necesitan. En resumen, en un *data lake*, se recogen todos los datos (en forma directa o formato nativo), pero no se alteran, limpian o manipulan; su valor se mantiene en bruto (nativo) y no se transforma previamente hasta su análisis y explotación; los datos son vertidos por las organizaciones y se recuperan cuando es necesario.

En ese instante; se procede a ordenarlos y darles una estructura que permita análisis posteriores.

Utiliza una arquitectura plana para almacenar datos de modo que los datos no están estructurados y se quedan en ese formato en el que fueron ingeridos originalmente, aunque a cada elemento dato en el lago se le asigna un único identificador y es etiquetado con un conjunto de etiquetas de metadatos ampliada. De esta forma, cuando se ejecuta una consulta, se puede hacer sobre un conjunto de datos más pequeño con las etiquetas específicas, en lugar de procesar todos los datos del lago.

Un lago de datos es un depósito de datos masivo y de fácil acceso para almacenar Big Data. Hadoop es la tecnología más utilizada para crear lagos de datos. En esencia, es un tipo de almacenamiento en el que la información tiene una estructura variable (diferentes tipos de datos, texto, imágenes, mensajes, audios, ubicaciones físicas), es masiva, de fácil y rápido acceso y resiliencia, sin atender a una lógica de negocio específica. Los lagos de datos almacenan los datos en su formato más básico, se actualizan añadiendo más información, pero nunca se modifica la información ya existente. De este modo, los *data lakes* permiten almacenar los datos en bruto y estar disponibles en todo momento y —casi— en tiempo real en su formato original. El uso de fuentes muy variadas permite realizar análisis complejos y modelos predictivos.

Un *data lake* no es un *data warehouse* 4.0 ni tampoco un sustituto. Ambos sistemas conviven y cada uno está diseñado para un determinado objetivo, por lo que los directivos de TI deben ver cuál es la mejor herramienta para su trabajo. De cualquier forma, existen consultoras y proveedores de soluciones de software que definen a los *data lakes* como *data warehouses* mejorados o modernos.

En resumen, el *data lake* no sustituye ni elimina los almacenes de datos (*data warehouses*), sino que amplía las capacidades de la organización en lo relativo a la gestión de datos voluminosos o variables; y se pueden desarrollar con múltiples tecnologías tales como: Hadoop, NoSQL, bases de datos relacionales.

9.4.3. PROPIEDADES, VENTAJAS E INCONVENIENTES DE LOS *DATA LAKES*

Capacidades del lago de datos

- Capturar y almacenar datos primarios a escala para reducir costes, sin procesamiento (en bruto).

- Soporte para almacenar todos los tipos de datos existentes en el mismo depósito y sin necesidad de procesarlos.

- Soporte para todo tipo de perfiles de usuarios, tanto para modelos empresariales profesionales como para modelos de investigación.

- Mayor facilidad para cambiar y actualizar el sistema de datos utilizado.

- Definir la estructura de los datos en el momento en que se utilicen.

Ventajas del lago de datos

- El lago de datos permite que los usuarios comerciales tengan acceso inmediato a *todo*.
- Los datos situados en el lago no se limitan a los datos relacionales o transaccionales.
- Con un lago de datos, el usuario nunca necesita desplazar los datos.
- El lago de datos otorga facultades a los usuarios comerciales y los libera de las ataduras que supone la dominación de TI.
- El lago de datos acelera la entrega permitiendo que las unidades de negocio alimenten las aplicaciones rápidamente.

Desventajas del lago de datos

- Área desconocida del procesamiento de datos
- Control de datos
- Gestionar el caos
- Problemas de privacidad
- Complejidad de los datos heredados
- Gestión del ciclo de vida de los metadatos
- Islas de datos aislados

9.4.4. PROVEEDORES DE SOLUCIONES DE *DATA LAKE*

Los *data lake* se construyen normalmente en Hadoop y algunos proveedores actualizan las versiones de los almacenes de datos solo cuando se necesitan datos estructurados. Por estas razones las distribuciones comerciales de Hadoop y proveedores de soluciones de software de Big Data son las que ofrecen las mejores soluciones de arquitecturas de *data lake*.

Las proveedoras de Big Data, Hortonworks y MapR ofrecen excelentes y económicas versiones de arquitectura de lagos de datos. Empresas de software propietario que ofrecen soluciones de almacenamiento de *data lake* son: Informática con el producto *Intelligent Data Lake*, Microsoft con Azure Data Lake, EMC, Amazon con sus productos AWS y EC2.

9.5. *DATA WAREHOUSE* VERSUS *DATA LAKE*

Andy Patrizio[2], un prestigioso periodista de la revista *Datamation* publicó, a mediados de 2017, un excelente artículo muy ilustrativo sobre las diferencias entre *data lake* y *data warehouse*:

> *¿Qué es un data lake? Un lago de datos es un repositorio de almacenamiento que contiene una gran cantidad de datos en bruto, en su formato nativo, y sin procesar hasta que se necesiten. Un lago de datos utiliza una arquitectura plana para almacenar datos que son totalmente no*

estructurados y se dejan en el formato original en que fue recolectado, aunque a cada elemento del lago se le asigna un único identificador y se etiqueta con un conjunto amplio de etiquetas de metadatos. De este modo cuando se ejecuta, se puede realizar frente a un pequeño conjunto de datos con las etiquetas específicas en lugar del procesamiento de todos los datos del lago.

¿Qué es un data warehouse? Es el término opuesto a lago de datos. Es un repositorio de datos estructurados, integrados, de múltiples fuentes, organizados para la recreación de informes analíticos. Normalmente, utilizan múltiples bases de datos para diferentes tipos de almacenamiento de datos tales como ingestión, staging y transformación y procesamiento tales como procesamiento analítico en línea (OLAP) o procesamiento de transacciones en línea.

Amazon, uno de los proveedores líderes en soluciones de lagos de datos, da esta definición: un lago de datos es "un repositorio centralizado que permite almacenar todos sus datos estructurados y no estructurados a cualquier escala"[3]. En términos simples, señala Amazon que esta definición significa que es un lago o espacio inteligente donde se pueden añadir todo tipos de datos estructurados o no estructurados; a continuación integrar aplicaciones y software con el fin de producir los resultados que se desean a alta velocidad.

Ambos términos se utilizan para el almacenamiento de datos, pero adoptan diferentes enfoques. El almacén de datos se adapta a una estructura bien definida mientras que el lago de datos es más flexible. El lago de datos contiene datos en bruto en su formato nativo y puede contener datos estructurados, no estructurados y semiestructurados; por consiguiente, no tiene requerimientos de estructuras de datos rígidas. En ocasiones, se considera que un *data warehouse* es como un subconjunto de un ecosistema de grandes datos. Ambos pueden coexistir y funcionar juntos de modo eficaz aportando conocimiento y profundidad de ideas a los negocios. Se consideran estas dos estructuras de datos como los complementos ideales de Big Data.

Los almacenes de datos y los lagos de datos son muy utilizados para el almacenamiento de Big Data, pero no son intercambiables. Los almacenes de datos son muy utilizados en la Inteligencia de Negocios para manejo datos tradicionales (estructurados). Un *data warehouse* es un repositorio de datos estructurados que han sido procesados con un propósito específico y son muy útiles para el análisis a granel. Por el contrario, los lagos de datos son adecuados para manejar todo tipo de datos y, en particular, datos no estructurados y semiestructurados. La función de los almacenes de datos es el almacenamiento de datos relevantes para la gestión estratégica, mientras que la función de los lagos de datos es el almacenamiento de Big Data con el objetivo de obtener la mejor relación coste-beneficio. Otra funcionalidad son los usuarios principales, que en el caso de los almacenes de datos suelen ser los analistas de la Inteligencia de Negocios y también de Big Data, mientras que los lagos de datos han pasado a ser un requerimiento de los ingenieros de datos y los científicos de datos. Otra funcionalidad importante es el tamaño; en los almacenes de datos suelen ser los datos relevantes estimados y requeridos para su análisis, mientras que en los lagos de datos, el almacenamiento es mucho mayor pudiendo llegar a ser del orden de los petabytes.

Tabla 9.1. Características principales del *data warehouse* y el *data lake*

	Data Warehouse	Data Lake
Contenido	Datos estructurados	Datos estructurados, semiestructurados y no estructurados
Función	Almacenar datos relevantes para la gestión estratégica	Almacenar Big Data para obtener la mejor relación coste-beneficio
Usuarios principales	Analistas de Big Data e Inteligencia de Negocios (BI)	Científicos e ingenieros de datos
Tamaño	Requerido para almacenar datos relevantes para el análisis	Requerido para almacenar todos los datos útiles (orden de petabytes)

Por lo anterior, hay que considerar que un *data lake* no es un *data warehouse*. Otra fuente de referencia que señala las principales diferencias entre ambos términos lo reseña Tamara Dull (2016)[4], en un artículo publicado en el reputado portal KDnuggets:

- *Datos*. Un *data warehouse* solo almacena datos que han sido modelados y estructurados, mientras que un *data lake* no tiene formato de datos y almacena todo tipo de datos (estructurados, no estructurados y semiestructurados).

- *Procesamiento*. Antes de que se puedan cargar datos en un *data warehouse*, primero hay que darles formato y estructura, es decir, hay que modelarlos. Esta operación se llama esquema en escritura. Un *data lake* contiene los datos en bruto, tal y como son, posteriormente cuando se requiera usarlos hay que darles formato y estructura. Esta operación se llama esquema de lectura. Dos enfoques muy diferentes.

- *Almacenamiento*. Una de las características principales de las tecnologías de datos grandes como Hadoop es que el coste de almacenamiento de datos es relativamente bajo en comparación con el *data warehouse*. Hay dos razones principales para esto: en primer lugar, Hadoop es un software de código abierto, por lo que el soporte de licencias y la comunidad es gratuito. En segundo lugar, Hadoop está diseñado para ser instalado en hardware de bajo coste.

- *Agilidad*. Un *data warehouse* es un repositorio altamente estructurado por definición. No es técnicamente difícil cambiar la estructura, pero puede ser que implique modificar todos o gran parte de los procesos de negocios que están vinculados a ella. Un *data lake*, por el contrario, carece de la estructura de un *data warehouse*, lo que ofrece a los desarrolladores y científicos de datos la posibilidad de configurar y reconfigurar sus modelos, consultas y aplicaciones sobre la marcha con facilidad.

- *Seguridad*. Las tecnologías del *data warehouse* han existido durante décadas, mientras que las tecnologías de Big Data (las bases de datos de un *data lake*) son relativamente nuevas. Por lo tanto, la capacidad de asegurar los datos en un *data warehouse* es mucho más fiable que la seguridad de datos en un *data lake*, aunque la seguridad en Big Data cada día es mayor.

- *Usuarios.* En el estado de desarrollo en que se encuentran los lagos de datos, estos sistemas de almacenamiento están más pensados para expertos en desarrollo y análisis de grandes volúmenes de datos: analistas, ingenieros y científicos de datos.

Tabla 9.2. Diferencias esenciales entre un *data warehouse* y un *data lake*[5]

Data Warehouse	vs	Data Lake
Procesado, estructurado	**Datos**	Estructurados, semiestructurados y no estructurados (en bruto)
Esquema de escritura	**Procesamiento**	Esquema de lectura
Caro para grandes volúmenes de datos	**Almacenamiento**	Diseñado para bajo coste
Configuración fija, menos ágil	**Agilidad**	Sistema en experimentación (no maduro)
Sistema experimentado	**Seguridad**	Muy ágil, se configura y reconfigura a medida que se necesita
Profesionales de negocios	**Usuarios**	Preferentemente analistas y científicos de datos

Las principales diferencias entre el *data warehouse* y el *data lake* son:

- *Estructura de los datos recolectados.* Un *data warehouse* almacena los datos que han sido estructurados, mientras que un *data lake* no utiliza ninguna estructura. En el almacén tradicional, los datos son sometidos a procesos ETL para asegurar que adquieren el formato idóneo y están estructurados de la forma adecuada antes de quedar guardados. En el *data lake*, este paso no es necesario. Se gana tiempo (al reducirse considerablemente el tiempo de carga) y se optimiza el aprovechamiento de recursos, ya que en función de las necesidades del usuario final se estructurarán de una forma u otra.

- *Procesamiento.* Los datos se procesan antes de ser cargados en un *data warehouse* para darle algún tipo de modelo. Los datos en un *data lake* son datos en bruto, y así se conservan hasta que se procesan cuando se necesitan.

- *Modo de almacenamiento.* Los requisitos de procesamiento previo y el rendimiento analítico también son diferentes. El *data warehouse* se basa en la tecnología de base de datos relacional, que solo puede almacenar datos coherentes y estructurados; mientras que el *data lake* se basa en tecnologías que permiten almacenar datos sin procesar para luego aplicar incrementalmente la estructura, según los requisitos analíticos. Los data *warehouses* tienden a ser grandes bases de datos mientras que los lagos de datos funcionan sobre Hadoop, que está diseñado para bajo coste y hardware escalable.

- *Reconfiguración.* Un almacén de datos es un repositorio muy estructurado, de modo que no responde bien a los cambios; se pueden realizar pero se tarda mucho tiempo. Un lago de datos carece de cualquier tipo de estructura, de modo que se puede configurar y reconfigurar a medida que se necesiten los cambios.

Arquitectura del lago de datos

La multinacional Red Hat[6], —adquirida en su momento por IBM— y referencia en el sector de *Cloud Computing* y servicios de código abierto, tiene un blog muy significativo donde publica informaciones de gran interés y del que hemos extraído esta definición de arquitectura de datos:

> Un lago de datos tiene una arquitectura plana, ya que los datos pueden ser no estructurados, semiestructurados o estructurados, y recopilarse de varias fuentes en toda la empresa. En cambio, en el almacén de datos se guardan en archivos o carpetas. El lago de datos puede estar en las instalaciones o en la nube.
>
> Debido a su arquitectura, los lagos de datos ofrecen escalabilidad masiva hasta alcanzar los exabytes, lo cual es importante porque cuando se crea un lago de datos, generalmente no se sabe con antelación el volumen de datos que deberá albergar. Los sistemas tradicionales de almacenamiento de datos no pueden expandirse tanto.
>
> Esta arquitectura beneficia a los analistas, que pueden extraer y analizar los datos de toda la empresa, además de compartirlos y realizar referencias cruzadas con ellos, incluidos los datos heterogéneos pertenecientes a campos diferentes, para plantear preguntas y obtener ideas nuevas. Además, pueden aprovechar el Aprendizaje Automático y el análisis del Big Data para analizar los datos que se almacenan en un lago.
>
> A pesar de que los datos no tienen un esquema fijo antes de almacenarlos en un lago de datos, es importante tener control sobre ellos para evitar que se transformen en un pantano de datos. Estos deben etiquetarse con los metadatos cuando se colocan en el lago, para garantizar que se pueda acceder a ellos más adelante.

9.6. *BIG DATA* Y LA INTELIGENCIA ARTIFICIAL, LOS PILARES DE LOS LAGOS DE DATOS

Un lago de datos es un repositorio centralizado que permite almacenar todos sus datos a cualquier escala; se pueden almacenar sin tener su primera estructura y eso hace necesario la utilización de diferentes tipos de analíticas, con herramientas como cuadros de mando *dashboards* y herramientas de visualización, entre ellas, la analítica avanzada y el Aprendizaje Automático para conducir a la toma de decisiones. Los algoritmos de Aprendizaje Automático permiten desarrollar modelos que se construyen para predecir resultados y sugerir un rango de acciones prescritas a realizar para conseguir un rendimiento óptimo.

Así pues, los lagos de datos capturan potencialmente datos relevantes en una empresa, haya o no un uso directo de ellos. Texto, audio, vídeo, datos de sensores (la computación en el borde) son datos en continuo crecimiento y su variedad, su volumen y velocidad de generación los hacen idóneos para ser tratados utilizando tecnologías de Big Data como las plataformas Apache Hadoop o Apache Spark, y otras herramientas importantes como las bases de datos no relacionales NoSQL, el uso de lenguajes de programación como Python, R o los clásicos Java y .NET. En síntesis, los lagos de datos necesitan entornos de analítica y así está naciendo una nueva disciplina que es la analítica de lagos de datos (*data lake analytics*) al estilo de la clásica analítica de Big Data.

Los lagos de datos son una herramienta fundamental para el desarrollo de la Inteligencia Artificial (AI) y Aprendizaje Automático (ML), ya que son procesos basados en grandes conjuntos de datos y de naturaleza diversa. Estos procesos usan algoritmos estadísticos que se entrenan sobre datos existentes y así son capaces de tomar decisiones sobre nuevos datos (inferencia) y descubrir nuevos patrones o relaciones. Mediante estos algoritmos es posible generar modelos que toman decisiones inteligentes sobre datos que no existían. Existe una relación directa entre la cantidad de datos disponibles para entrenar los modelos y sus resultados. De forma general, cuantos más datos se tienen disponibles, el modelo se entrenará mejor y, por tanto, tomará mejores decisiones con una mayor precisión.

La ventaja de disponer de un buen lago de datos para estas operaciones es evidente. Cada vez toman más importancia los procesos de Aprendizaje Automático en las organizaciones, y muchos modelos les permiten optimizar costes y estimar la demanda futura, lo que tiene un impacto enorme en los resultados empresariales. Mejorar estos procesos, por tanto, se vuelve de vital importancia.

Una opción muy idónea es integrar y complementar los almacenes de datos en los lagos de datos para aprovechar los grandes beneficios de los almacenes de datos en los sistemas de Inteligencia de Negocios. Así, aunque los lagos de datos se apoyan en el lenguaje y las bases de datos NoSQL, la robustez y popularidad desde hace muchísimos años del lenguaje SQL, soporte de las bases de datos relacionales, hace que una solución muy adecuada sea la integración de SQL y NoSQL junto con las plataformas de Big Data como Hadoop, Spark y otras herramientas de analítica de Big Data.

Estas características de los lagos de datos permiten diferentes roles profesionales en las organizaciones como analistas e ingenieros y científicos de datos, junto con los analistas de Inteligencia de Negocios en los sistemas de gestión tradicionales de las empresas y, por tanto, la necesidad de especializaciones en la Computación en la Nube.

Debido al crecimiento continuado de los lagos de datos y su integración con los servicios de la computación en el borde se ha comenzado a popularizar términos como *data lake stores*, repositorios de datos sin límites que permiten procesar y analizar volúmenes de datos sin límites.

Caso de estudio AWS

Amazon, como en otros numerosos servicios de la nube, ofrece su solución Amazon Data Lake[7] y en su portal web ofrece sus numerosas herramientas y aplicaciones, así como una guía exhaustiva sobre los lagos de datos, cómo crearlos y utilizarlos mediante AWS. En esta guía, al hablar de qué es un lago de datos, ofrece un diagrama ilustrativo de su propuesta de arquitectura: Aprendizaje Automático con herramientas de analítica integradas para la creación, procesamiento y análisis de los datos almacenados en los lagos de datos y cómo se van llenando con datos en movimiento locales (*on-premises*) o movimiento de datos en tiempo real, que, entre otros servicios, serán las plataformas en el borde que también implementa AWS.

Aprendizaje Automático Analítica

Data Lake

Movimiento de Datos en local Movimiento de Datos en tiempo real

Figura 9.5. Amazon (https://aws.amazon.com/es/big-data/datalakes-and-analytics/what-is-a-data-lake/) [traducida y adaptada]

La construcción de los lagos de datos en la nube de Amazon se implementa mediante AWS, que proporciona un porfolio de los servicios más seguros, escalables, comprensivos y de coste efectivo que permite a los clientes construir el lago de datos corporativo en la nube y analizar todos sus datos, incluyendo datos de dispositivos IoT con una variedad de enfoques analíticos que incluyen el Aprendizaje Automático. En la página web de AWS ya referenciada, se enumeran organizaciones importantes que ejecutan sus lagos de datos y analítica en AWS tales como NETFLIX, NASDAQ, Yelp o iRobot.

9.7. *DATA LAKEHOUSE* (ALMACÉN DE LAGOS DE DATOS)

Un almacén de lago de datos (*data lakehouse*, también traducido como "casa del lago de datos") se puede definir como:

> *Una plataforma de datos moderna creada a partir de una combinación de un lago de datos y un almacén de datos. Más específicamente, un almacén de lago de datos (data lakehouse) tiene el almacenamiento flexible de datos no estructurados de un lago de datos (data lake) y las características y herramientas de administración de un almacén de datos (data warehouse) de datos estructurados, y los implementa juntos estratégicamente como un sistema más grande. Esta integración de dos herramientas únicas ofrece lo mejor de ambas plataformas a los usuarios[8].*

Figura 9.6. Arquitectura de un *data lakehouse*.

Fuente: Oracle (https://www.oracle.com/es/data-lakehouse/what-is-data-lakehouse/)

9.7.1. COMPARACIÓN DE UN *DATA WAREHOUSE, DATA LAKE* Y *DATA LAKEHOUSE*

Los almacenes de datos tradicionales siguen siendo los repositorios de datos más utilizados en las organizaciones y empresas. Sin embargo, solo manejan datos estructurados y en la actualidad muchas aplicaciones requieren datos no estructurados y semiestructurados. Por esta razón, principalmente, han ido surgiendo nuevas plataformas de evolución de los almacenes de datos y especialmente los lagos de datos que permiten almacenar datos en bruto (no estructurados semiestructurados). Pero las empresas necesitan integrar los almacenes de datos y necesitan una herramienta intermedia entre los almacenes de datos y los lagos de datos. Ese sistema son los almacenes de lagos de datos (*data lakehouses*), que permiten funcionar con aplicaciones de Aprendizaje Automático; por extensión, de Ciencia de Datos.

Veamos, entonces, un estudio comparativo de los tres sistemas junto a sus aplicaciones más usuales.

¿Qué es un data *warehouse*?

> Un almacén de datos (data warehouse) es una gran colección de datos de negocios agregados de múltiples fuentes diferentes en un único almacén de datos coherente. Estas plataformas están diseñadas específicamente para realizar análisis en grandes cantidades de datos estructurados. Un sistema de almacenamiento de datos extrae regularmente datos de varios sistemas de inteligencia de negocios (BI), luego formatea e importa esos datos para que coincidan con el formato y los estándares de los datos que ya están dentro del almacén de datos. Esta propiedad permite que los datos se almacenen en archivos o carpetas (folders) organizados para que estén fácilmente disponibles para informes y análisis de datos[9].

Un almacén de datos es un tipo diferente del repositorio de un lago de datos, donde se almacenan los datos procesados y estructurados, seleccionados para un propósito específico. Estos datos suelen ser consultados por usuarios de empresas, que utilizan los datos preparados en herramientas de analítica para los informes y proyecciones. Un almacén de datos normalmente incluye funciones de administración de datos, como limpieza de datos y las operaciones normales de extracción, transformación y carga (ETL) (figura 9.10).

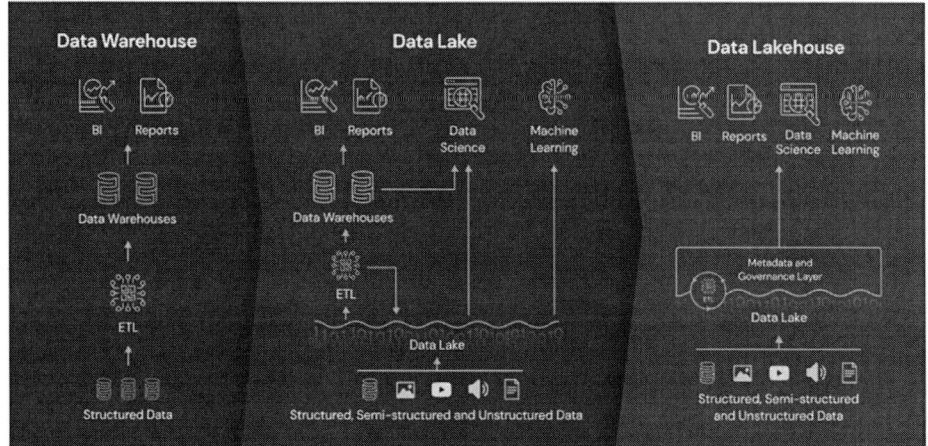

Figura: 9.7. Comparación de un *data warehouse*, *data lake* y *data lakehouse*.
Fuente: Databricks (https://www.databricks.com/glossary/data-lakehouse)

¿Qué es un *data lake* (lago de datos)?

Un lago de datos (*data lake*) es un depósito o repositorio de almacenamiento de datos (Big Data) de bajo coste utilizado principalmente por científicos de datos, pero también por los especialistas de negocios, gerentes de productos y otros tipos de usuarios finales. Los datos en bruto no estructurados de varias fuentes organizacionales van al lago antes de cargarlos en un almacén de datos y crear conjuntos de datos.

Un lago de datos es un repositorio de almacenamiento centralizado y altamente flexible que almacena grandes cantidades de datos estructurados y no estructurados en su formato original (nativo), sin formato y sin procesar. A diferencia de los almacenes de datos, que almacenan datos relacionales ya limpios, un lago de datos almacena datos utilizando una arquitectura plana y un almacenamiento de objetos en su forma original. Los lagos de datos son flexibles, duraderos, rentables y permiten a las organizaciones obtener información avanzada a partir de datos no estructurados, a diferencia de los almacenes de datos, que luchan con los datos en este formato.

En los lagos de datos, el esquema o los datos no se definen cuando se capturan los datos; en su lugar, los datos se extraen, cargan y transforman (ELT) con fines de análisis. Los lagos de datos permiten el Aprendizaje Automático y el análisis predictivo utilizando herramientas para varios tipos de datos de dispositivos IoT, redes sociales y transmisión de datos.

¿Qué es un *data lakehouse* (almacén de lagos de datos)?

Un *data lakehouse* (almacén de lago de datos) es una arquitectura abierta de administración de datos que combina los beneficios de flexibilidad y escalabilidad de un lago de datos con las estructuras de datos y las características de administración de datos de un almacén de datos.

Un almacén de lago de datos guarda los tipos de datos "en bruto" sin procesar, estructurados y no estructurados de las fuentes de datos empresariales en su formato nativo a escala. Los datos se agregan al lago de datos tal cual, lo que significa que no se reformatean los nuevos datos para alinearlos con otros datos que ya están en el sistema. Los almacenes de lagos de datos juegan un papel clave en hacer que los datos estén disponibles para los sistemas AI y ML y analítica de Big Data

Un almacén de lago de datos es una arquitectura abierta de administración de datos que combina los beneficios de flexibilidad y escalabilidad de un lago de datos con las características de estructura y gestión de los almacenes de datos, todo en una plataforma de datos. Esta arquitectura de datos almacena todos los datos (no estructurados, estructurados y semiestructurados) en su lago de datos; al mismo tiempo, proporciona la calidad de datos y los estándares de gobierno de datos de un almacén de datos. Estas características son muy beneficiosas para los científicos de datos, ya que los almacenes de lagos de datos admiten el Aprendizaje Automático y la Inteligencia de Negocios, al mismo tiempo que soportan el análisis del lenguaje SQL de las bases de datos tradicionales, las aplicaciones de datos en tiempo real y la Ciencia de Datos.

Comparativa de características específicas: tipo de datos; objetivos; costes; y complemento ACID para bases de datos relacionales y almacenes de datos:

Data Warehouse

- Datos estructurados.

- Adecuada para aplicaciones de analítica de datos e inteligencia de negocios.

- Coste del almacenamiento elevado y gran consumo de tiempo.

- Siguen las normativas ACID (atomicidad, consistencia, aislamiento y durabilidad) de las bases de datos relacionales.

Data Lake

- Datos estructurados, no estructurados, semiestructurados.

- Adecuada para capas de trabajo de Inteligencia Artificial y Aprendizaje Automático.

- Almacenamiento económico, rápido y flexible.

- No compatible con la normativa ACID de bases de datos relacionales.

Data Lakehouse

- Datos estructurados, no estructurados, semiestructurados.

- Adecuada para capas de trabajo de Inteligencia Artificial y Aprendizaje Automático.

- Almacenamiento económico, rápido y flexible.

- Compatible con las normativas ACID y garantiza operaciones de lectura y escritura de todos los tipos de datos. No requiere operaciones de ETL ni almacenamiento en almacenes de datos.

9.7.2. ARQUITECTURA DE UN LAGO DE DATOS Y DE UN ALMACÉN DE LAGOS DE DATOS

En consecuencia, los equipos de profesionales de datos unen estos sistemas para permitir aplicaciones de Inteligencia de Negocios (BI) y de Aprendizaje Automático (ML) en los datos. Los resultados normalmente serán fiables y eficaces, pero también pueden provocar datos duplicados o perdidos, costes adicionales de infraestructura, desafíos de seguridad y costes operativos significativos. Por consiguiente, se necesita una arquitectura por capas que aproveche la integración de los almacenes de datos y los lagos de datos para conseguir la mayor eficiencia en la toma de decisiones.

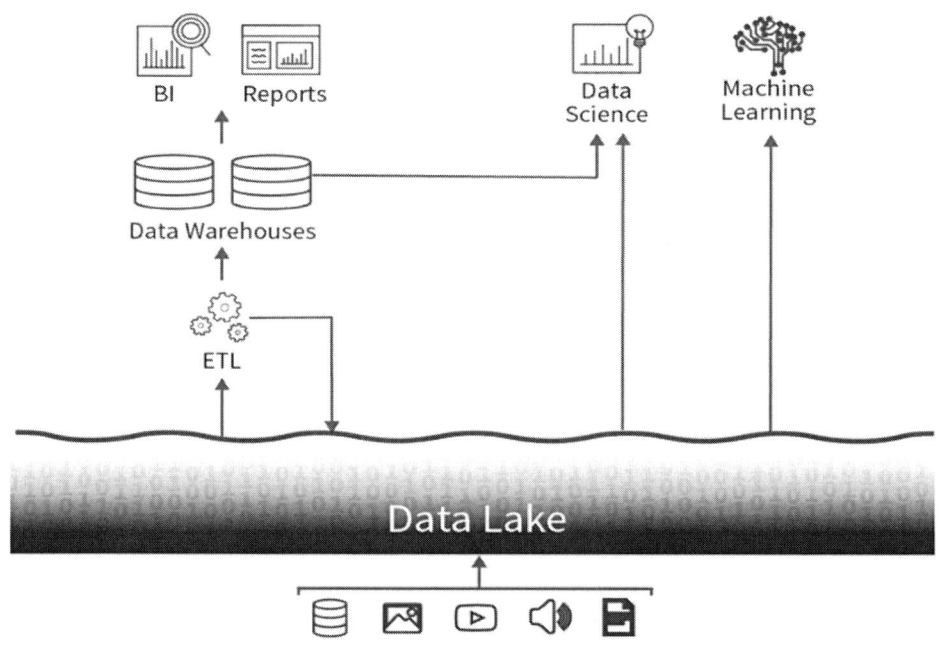

Figura 9.8. Arquitectura de un lago de datos.
Fuente: Databricks (https://www.databricks.com/glossary/data-lakehouse)

En una arquitectura de datos de dos capas, los datos se extraen, transforman y cargan (ETL) desde las bases de datos operacionales de un lago de datos. Este lago almacena los datos de toda la empresa en un almacenamiento de objetos de bajo coste y en un formato compatible con las herramientas comunes de Aprendizaje Automático, pero a menudo no está bien organizado ni mantenido. A continuación, un pequeño segmento de los datos empresariales críticos se vuelve a extraer, transformar y cargar en el almacén de datos para que las herramientas de Inteligencia de Negocios y el análisis de datos generen informes. Debido a los múltiples pasos de ETL, esta arquitectura de dos capas requiere un mantenimiento regular y, con frecuencia, generará datos obsoletos, una preocupación importante tanto para los analistas como para los científicos de datos, según señalan portales reconocidos como Kaggle.

Estas arquitecturas de datos de dos capas, que son comunes en las empresas hoy en día, son muy complejas tanto para los usuarios como para los ingenieros de datos que las crean, independientemente de si están alojadas en las instalaciones de la empresa (on premise) o en la nube. La arquitectura de un Lakehouse reduce la complejidad, el coste y los gastos generales operativos al proporcionar muchos de los beneficios de confiabilidad y rendimiento del nivel de almacenamiento de datos directamente sobre el lago de datos, eliminando finalmente la capa del almacén de datos (Ryan Boid, 2021)[10].

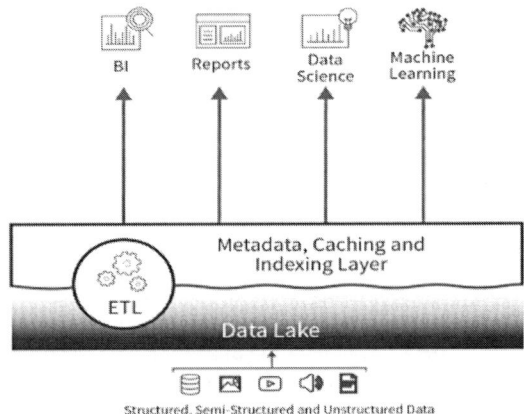

Figura 9.9. Arquitectura de un almacén de lagos de datos.
Fuente: Databricks (https://www.databricks.com/glossary/data-lakehouse)

Al eliminar la segunda capa la arquitectura del almacén de lago de datos elimina uno de los procesos ETL, al tiempo que agrega soporte para la aplicación y evolución del esquema directamente sobre el lago de datos. También admite funciones como el viaje en el tiempo para permitir la validación histórica de la limpieza de los datos (Ryan Boid, 2021)[11].

9.8. PROVEEDORES DE *DATA LAKE* Y DE *DATA LAKEHOUSE* EN LA NUBE

La mayoría de los proveedores de la nube ofrecen soluciones de creación y mantenimiento de lagos de datos. Un estudio comparativo[12] que nos ha resultado de interés se refleja a continuación, al que hemos añadido otros datos de proveedores.

Microsoft Azure Data Lake

La fuente de datos y principal sistema de almacenamiento en Microsoft Azure para cualquier lago de datos es ADLS (Azure Data Lake Storage). ADLS Gen2 extiende la funcionalidad del almacenamiento de objetos de Azure Blob Storage y lo convierte en un sistema de archivos compatible con los conectores del marco de trabajo estándar de Hadoop. Tiene un coste por uso y una escalabilidad prácticamente ilimitada. Otra ventaja que ofrece Azure es que proporciona clústeres de varios tipos como servicio en HDInsight. Con él, se pueden desplegar de forma sencilla clústeres de Hadoop, Spark o Kafka, en función de las necesidades.

La pieza del catálogo de Azure para desarrollar las ETL e integración de datos es Azure Data Factory. De una forma visual facilita la creación de flujos de datos entre los sistemas de la organización.

AWS Data Lake

Amazon Web Services (AWS)[13] proporciona varias opciones para implementar lagos de datos en una empresa. Estos lagos se componen de varias tecnologías que Amazon los divide por categorías. Como fuente de datos, Amazon S3 (*Simple Storage Service*) se encuentra en el centro de cualquier sistema de AWS. Este servicio de almacenamiento de objetos proporciona la durabilidad y escalabilidad necesaria. Es la pieza equivalente a ADLS en Azure.

Por otro lado, Amazon Redshift permite desplegar un *data warehouse* como servicio. Usa SQL para las consultas y es totalmente compatible con S3 como capa de almacenamiento en varios formatos. Además, nos permite procesar los datos almacenados con flujos. Si se desea un servicio en el que se puedan desplegar tecnologías de código abierto del marco de trabajo Hadoop, Amazon recomienda usar Amazon EMR (*Elasti MapReduce*), que nos proporciona clústeres flexibles. Como tecnología de ingesta de datos y ETL (operaciones de extraer, transformar y cargar), se puede desplegar AWS Glue. Este servicio permite enriquecer los datos y realizar las validaciones que se necesiten para preparar los datos para analítica.

Cloudera Data Lake

Otra forma de desplegar un lago de datos es mediante la distribución Cloudera de Hadoop, una de las más populares y extendidas entre tecnologías de código abierto. Estas tecnologías permiten el despliegue de lagos de datos a medida sobre hardware propio o bien en la nube. Está basada en tecnologías Hadoop y *open source* y el almacenamiento de datos se realiza en la aplicación HDFS de Hadoop. La distribución más moderna de Cloudera es CDP (Cloudera Data Platform) y hace un uso completo de las capacidades de despliegue de componentes en *cloud* para ofrecer soluciones híbridas y *multinube*.

IBM Data Lake

Como en muchas otras tecnologías innovadoras, IBM[14] fue de los primeros proveedores de soluciones de lagos de datos. En colaboración con Cloudera, IBM ha creado un ecosistema de hardware, software y servicios que ofrece la base para crear, gestionar y utilizar de forma efectiva un lago de datos. IBM proporciona una selección de tecnologías integradas para dar un mejor soporte al Aprendizaje Automático y a la Ciencia de Datos a escala, ya sea en local o en *cloud*.

De igual forma, y tras la adquisición de la multinacional Red Hat, juntos ofrecen una nueva generación de plataforma *multicloud* híbrida basada en tecnologías abiertas para que las empresas puedan desplegar, ejecutar y gestionar sus datos y aplicaciones, así como la facilidad para crear lagos de datos.

RESUMEN

- Las bases de datos tradicionales y los almacenes de datos (*data warehouses*) se guardan en servidores y centros de datos locales, ya normalmente en la nube. Sin embargo, el crecimiento exponencial de los grandes volúmenes de datos ha hecho crecer las infraestructuras específicas de almacenamiento conocidas como lagos de datos (*data lakes*), que permiten utilizar estos nuevos repositorios que guardan los datos en bruto y sin formatear, y que solo se estructuran cuando son necesarios; al contrario de lo que sucede con los almacenes de datos tradicionales, que requieren que los datos estén estructurados para su procesamiento.

- Un lago de datos (*data lake*) es un repositorio de almacenamiento que contiene una gran cantidad de datos en bruto, en su formato nativo (sin estructurar) y sin procesar hasta que se necesiten.

- Es una infraestructura de datos complementaria y compatible con los almacenes de datos y que utiliza centros de datos especializados y específicos, normalmente también en la nube.

- El proceso y análisis de los datos se hace con herramientas de Big Data, preferentemente los sistemas Hadoop y Spark, junto a herramientas de Inteligencia Artificial y de Aprendizaje Automático, y también las tecnologías del Aprendizaje Profundo. Así, existen numerosas soluciones de proveedores de Computación en la Nube que ofrecen sistemas de lagos de datos, que además las integran con los almacenes de datos tradicionales; de forma que converjan las bases de datos no relacionales de los lagos de datos con las bases de datos relacionales de los sistemas tradicionales en las instalaciones de las organizaciones.

BIBLIOGRAFÍA

AL-TURJMAN, Fadi (Editor) (2019). *Edge Computing. From Hype to Reality*. Springer.

GUPTA, Deepak y Aditya KHAMPARIA (eds.) (2021). *Fog, Edge, and Pervasive Computing in Intelligent IoT Driven Applications*. Wiley.

LEA, Perry (2020). *IoT and Edge Computing for Architects*. Mumbai: Packt Publishing.

SHARDA, Ramesh; DELEN, Dursun y TURBAN, Efrain (2020). *Analytics, Data Science & Artificial Intelligence. Systems for Decision Support*. 11th Edition. Pearson.

SHARDA, Ramesh; DURSUN Delen y TURBAN, Efrain (2017). *Business Intelligence, Analytics, and Data Science: A Managerial Perspective*, 4th. Edition. Pearson.

STIGLER, Maddie (2017). *Beginning Serverless Computing. Developing with Amazon Web Services, Microsoft Azure, and Google Cloud*. Apress.

SURIANARAYANAN, Chellammal y Pethuru Raj CHELLIAH (2019). *Essentials of Cloud Computing. A Holistic Perspective*. Springer.

TURBAN, Efrain (2011). Business Intelligence: A Managerial Approach. Prentice-Hall.

WANG, Xiaofei et al. (2020). *Edge AI. Convergence of_Edge Computing and Artificial Intelligence*. Springer.

RECURSOS

Forrester (2020). *Predictions 2021: Edge Computing Hits An Inflection Point*. Disponible en: <https://go.forrester.com/blogs/predictions-2021-edge-computing-hits-an-inflection-point/>.

NOTAS

[1] Disponible en: <https://jamesdixon.wordpress.com/2010/10/14/pentaho-hadoop-and-data-lakes/>.

[2] Patricio, Andy (2017). "Data Lake vs Data Warehouse", en *Datamation*.
Disponible en: <http://www.datamation.com/big-data/data-lake-vs-data-warehouse.html>. *Datamation* es una revista tecnológica de los Estados Unidos de las más antiguas y prestigiosas sobre temas avanzados de TIC.

[3] AWS, Amazon. Disponible en línea en: <https://aws.amazon.com/es/big-data/datalakes-and-analytics/what-is-a-data-lake/>.

[4] Tamara Dull es directora de Emerging Technologies, SAS Best Practices en SAS Institute. Disponible en: <http://www.kdnuggets.com/2015/09/data-lake-vs-data-warehouse-key-differences.html>.

[5] Patrizio, Andy (2017). "Data Lake vs Data Warehouse", en *Datamation*. Disponible en: <http://www.datamation.com/big-data/data-lake-vs-data-warehouse.html>.

[6] Red Hat. *Almacenamiento. ¿Qué es un lago de datos?* Disponible en: <https://www.redhat.com/es/topics/data-storage/what-is-a-data-lake>

[7] Disponible en: <https://aws.amazon.com/es/big-data/datalakes-and-analytics/what-is-a-data-lake/>.

[8] Oracle. Disponible en: <https://www.oracle.com/es/data-lakehouse/what-is-data-lakehouse/>.

[9] Hewlett Packard Enterprise. Disponible en: <https://www.hpe.com/es/es/what-is/data-lakehouse.html>.

[10] Ryan Boyd (4 de febrero 2021). Disponible en: <https://www.databricks.com/blog/2021/02/04/how-data-lakehouses-solve-common-issues-with-data-warehouses.html>.

[11] Ryan Boyd (4 de febrero 2021). Disponible en: <https://www.databricks.com/wp-content/uploads/2021/02/Lakehouse@4x-opt.png>.

[12] Disponible en: <https://aprenderbigdata.com/data-lake/>.

[13] Disponible en: <https://aws.amazon.com/es/big-data/datalakes-and-analytics/what-is-a-data-lake/>.

[14] *IBM Db2 BigSQL, IBM Db2 e IBM Netezza*. Disponible en: <https://www.ibm.com/es-es/data-lake>.

CAPÍTULO 10

LA INTELIGENCIA ARTIFICIAL EN LA CIENCIA DE DATOS

INTRODUCCIÓN

Desde el advenimiento de Big Data, la Inteligencia Artificial (IA) está llegando a numerosos sectores que hasta hace unos años era prácticamente impredecible que sucediera y que, en la actualidad, está impactando en el desarrollo, implantación y despliegue de la Ciencia de Datos en las organizaciones y empresas.

La Inteligencia Artificial, definida en la década de los cincuenta por John McKarty, ha sufrido una gran evolución que se ha puesto de manifiesto en la década actual con el crecimiento continuo de los grandes volúmenes de datos y la consolidación de la Ciencia de Datos como un campo multidisciplinar. El Aprendizaje Automático (*Machine Learning*) sigue siendo una de las técnicas más utilizadas en la Inteligencia Artificial, aunque el Aprendizaje Profundo (*Deep Learning*) y las redes neuronales junto con el Procesamiento del Lenguaje Natural (PLN) han crecido de modo considerable, facilitando la conversación —texto o habla— entre las personas y las máquinas.

La Inteligencia Artificial se integra totalmente en la Ciencia de Datos y es uno de sus soportes fundamentales. En el capítulo se describen sus conceptos principales, así como la evolución y tipos de inteligencia artificial más conocidos: basados en capacidades y basados en funcionalidades. Integrados todos ellos en la Inteligencia Artificial Aplicada y sus dos modelos más modernos: la Inteligencia Artificial Conversacional y la Inteligencia Artificial Generativa y Creativa, que se describirán en el capítulo 11.

Así mismo se realiza una primera introducción a la importancia de la Ética en la Inteligencia Artificial.

10.1. ORIGEN DE LA INTELIGENCIA ARTIFICIAL

Alan Turing es considerado el padre de la Inteligencia Artificial. En 1936, este visionario diseñó una máquina capaz de implementar cualquier cálculo que hubiera sido formalmente definido, pilar esencial para que un dispositivo pueda adaptarse a distintos escenarios y "razonamientos". En 1950, Turing publicó su famoso artículo "Computing Machinery and Intelligence"[1], donde propuso su famoso test de Turing, uno de los grandes soportes de la actual Inteligencia Artificial.

Sin embargo, el término Inteligencia Artificial fue acuñado en 1956 por el científico John McCarthy, durante una conferencia en un *summer workshop* en el Darmouth College, para referirse a "la ciencia e ingenio de hacer máquinas inteligentes", especialmente, programas de cálculo inteligentes y donde lanzó la idea de que las máquinas podrían simular a la inteligencia humana si se describían con la suficiente precisión. Le acompañaron en el evento que duró dos meses Marvin Minsky y Claude Shannon. Hasta la década de los noventa y primeros años del siglo XXI, la Inteligencia Artificial estuvo reducida a los laboratorios de investigación y al campo de la educación universitaria y de posgrado. ELIZA fue el primer *bot* de la historia y lo creó Josep Wizenbaum del MIT en 1966 y Alice fue el primer *chatbot* desarrollado en 1995 por Ricard Wallace.

La consagración definitiva de la Inteligencia Artificial llegó en 1997, cuando IBM demostró que un ordenador dotado de Inteligencia Artificial fue capaz de vencer en el juego de ajedrez a un humano: el campeón del mundo Garry Kaspárov. Se llamaba Deep Blue y sirvió de base para que la industria tecnológica, y la sociedad en general, cobrara consciencia de la relevancia y las posibilidades de la Inteligencia Artificial. Yoshua Benglo (2016), uno de los grandes expertos en Aprendizaje Profundo, señalaba en uno de sus artículos más populares:

> En cualquier forma, los más prestigiosos expertos de Inteligencia Artificial reconocen que en el periodo comprendido entre los años setenta y mediados de los años 2000, los científicos y escritores hablan de una sucesión de inviernos de la IA. Las perspectivas en IA han mejorado notablemente desde 2005, época en que comenzaron a despuntar las técnicas de aprendizaje profundo, un enfoque para construir máquinas inteligentes, inspirado en la neurociencia y que, en los últimos años, ha impulsado de manera singular la investigación en Inteligencia Artificial. Hoy grandes empresas tecnológicas están invirtiendo miles de millones en su desarrollo.

Historia de la Inteligencia Artificial: fechas y nombres clave

La idea de "una máquina que piensa" se remonta a la antigua Grecia. Pero desde la llegada de la informática como disciplina y el asentamiento de la Inteligencia Artificial destacamos las siguientes fechas[2] resaltadas en un artículo de IBM:

- **1950.** Alan Turing publica *Computing Machinery and Intelligence*. En este artículo, Turing, famoso por descifrar el código ENIGMA de los nazis durante la Segunda Guerra Mundial, propone responder a la pregunta "¿pueden pensar las máquinas?" e introduce la prueba de Turing para determinar si un ordenador puede demostrar la misma inteligencia (o los resultados de la misma inteligencia) que una persona. El valor de la prueba de Turing se ha debatido desde entonces.

- **1956.** John McCarthy acuña el término Inteligencia Artificial en la primera conferencia de IA de la historia en el Dartmouth College. (McCarthy pasaría a ser el inventor del lenguaje Lisp). Posteriormente, ese mismo año, Allen Newell, J. C. Shaw y Herbert Simon crean Logic Theorist, el primer programa de software de IA en ejecutarse.

- **1967.** Frank Rosenblatt construye el Perceptrón Mark 1, el primer sistema basado en una red neuronal que aprendía a través de prueba y error. Apenas un año después, Marvin Minsky y Seymour Papert publican un libro titulado *Perceptrones*, que se convierte en el trabajo de referencia sobre redes neuronales y, al menos por un tiempo, en un argumento contra futuros proyectos de investigación de redes neuronales.

- **Década de 1980.** Se generaliza el uso de las redes neuronales, que utilizan un algoritmo de propagación inversa para entrenarse en aplicaciones de IA.

- **1997.** El sistema Deep Blue de IBM vence al campeón mundial de ajedrez Garry Kaspárov en una partida de ajedrez (y revancha).

- **2011.** IBM Watson vence al campeón Ken Jennings y Brad Rutter en el concurso de televisión *Jeopardy!*

- **2015.** El súper ordenador Minwa de Baidu utiliza un tipo especial de red neuronal profunda llamada *red neuronal convolucional* para identificar y categorizar imágenes con una tasa de precisión más elevada que el promedio humano.

- **2016.** El programa AlphaGo de DeepMind, basado en una red neuronal profunda, vence a Lee Sedol, el campeón mundial de Go, en un juego de cinco partidas. La victoria es significativa dado el gran número de movimientos posibles a medida que el juego progresa (¡más de 14,5 billones después de solo cuatro movimientos!). Más tarde, Google compró DeepMind por 400 millones de dólares.

- **2011.** Presentación de Apple del asistente virtual Siri integrado en el teléfono móvil iPhone 4S, en el 2011, y donde comenzaron las primeras experiencias de Aprendizaje Automático y los primeros indicios de Aprendizaje Profundo.

- **2017.** El algoritmo Libratus de Inteligencia Artificial desarrollado por la Universidad Carnegie Mellon venció claramente a cuatro de los mejores jugadores profesionales de póquer en un casino de los Estados Unidos.

- **2018-2022.** Evolución de las nuevas tecnologías GAN, GPT-2, GPT-3 y GPT-4, soporte de la IA Conversacional y de la IA Generativa.

10.2. ¿QUÉ ES LA INTELIGENCIA ARTIFICIAL?

La Inteligencia Artificial, a nivel simple, es la disciplina informática que consiste en intentar que las máquinas imiten el funcionamiento de los procesos naturales humanos. El mayor potencial que le vemos a la Inteligencia Artificial a nivel de negocio es que nos permite aprender de nuestro volumen de datos. Una definición básica sobre qué es sería "aquella combinación de algoritmos que permite a una máquina (un ordenador, por ejemplo) ejecutar procesos de forma similar a un ser humano".

> *La Inteligencia Artificial es una tecnología que permite a las máquinas percibir, analizar y aprender del entorno. Gracias a toda esta información pueden predecir y tomar sus propias decisiones para alcanzar metas específicas. La Inteligencia Artificial es la disciplina informática que consiste en intentar que las máquinas imiten el funcionamiento de los procesos naturales humanos. En esencia, la IA es un conjunto de técnicas que imitan la inteligencia del ser humano.*

El binomio Ciencia de Datos-Inteligencia Artificial o *Big Data Analytics-Artificial Intelligence* está destinado a enriquecerse mutuamente y trabajar en conjunto en su búsqueda común de resolución de problemas y toma de decisiones. La Inteligencia Artificial, con su *Machine Learning* (Aprendizaje Automático o también Aprendizaje de Máquina), es capaz de procesar cantidades masivas de datos inalcanzables para un ser humano. Además, el aprendizaje automático perfecciona los modelos mediante algoritmos y análisis predictivos.

La larga historia de la Inteligencia Artificial ha hecho proliferar el número de definiciones de organizaciones internacionales y de proveedores de software y de hardware específicos de sus tecnologías. Al objeto de poder referenciar y comparar su impacto en la Ciencia de Datos, vamos a recurrir también a diferentes definiciones, entre ellas la Unión Europea, tanto la Comisión Europea como el Parlamento Europeo —preocupada por la normalización, los riesgos y la oportunidad que trae la IA; en consecuencia, la continua publicación de documentos oficiales para información y cumplimiento de empresas y organizaciones europeas—, de empresas internacionales como IBM —pionera en el desarrollo de la IA— y de Oracle —uno de los proveedores mundiales líderes en soluciones de software—. Asimismo, recurriremos a consultoras de alto prestigio internacional como Gartner, que tiene publicado y actualiza continuamente un *Information Technology Glossary*. También tomaremos como referencia uno de los libros de mayor prestigio y reputación en Inteligencia Artificial, utilizado en numerosas universidades e institutos tecnológicos y politécnicos como referencia fundamental, *Artificial Intelligence: A Modern Approach*, de los autores Stuart Rusell y Peter Norvirg, cuya cuarta edición se ha publicado en 2021 y la primera edición se remonta a 1995.

Aunque han surgido varias definiciones de la Inteligencia Artificial (IA) en las últimas décadas, John McCarthy[3], que como ya se ha comentado acuñó el término en 1956 y posteriormente realizó la siguiente definición, en su artículo "What is artificial intelligence?", publicado en 2004:

> *La Inteligencia Artificial es la ciencia y la ingeniería de crear máquinas inteligentes, especialmente programas informáticos inteligentes. Está relacionada con la tarea similar de utilizar ordenadores para comprender la inteligencia humana, pero la IA no se limita a métodos que sean observables biológicamente.*

Sin embargo, décadas antes de esta definición, el nacimiento de la conversación de Inteligencia Artificial ya apareció en la obra fundamental de Alan Turing, *Computing Machinery and intelligence*, que se publicó en 1950. En este artículo, Turing, a menudo conocido como el "padre de la informática", formula la siguiente pregunta: "¿Pueden pensar las máquinas?".

A partir de ahí, ofrece una prueba, ahora famosa y conocida como la *prueba de Turing*, en la que un interrogador humano trata de distinguir entre la respuesta de un ordenador y la de un ser humano. Si bien esta prueba ha sido objeto de mucho análisis desde su publicación, sigue siendo una parte importante de la historia de la IA, así como un concepto en desarrollo dentro de la filosofía, ya que utiliza ideas en torno a la lingüística.

IBM[4] considera que la Inteligencia Artificial utiliza ordenadores y máquinas para imitar las capacidades de resolución de problemas y toma de decisiones de la mente humana y, en su forma más simple, define la Inteligencia Artificial como:

> *Una disciplina que combina la informática y sólidos conjuntos de datos para permitir la resolución de problemas. También abarca las subcategorías: machine learning y deep learning, que aparecen mencionadas con frecuencia junto a la Inteligencia Artificial. Estas disciplinas se componen de algoritmos de IA que buscan crear sistemas expertos que hagan previsiones o clasificaciones en función de los datos de entrada.*

10.2.1. DEFINICIONES DE LA UNIÓN EUROPEA

La Comisión Europea y el Parlamento Europeo han publicado numerosas referencias de Inteligencia Artificial.

Definición de Inteligencia Artificial de la Comisión Europea

> *La Inteligencia Artificial (IA) se refiere a los sistemas que muestran un comportamiento inteligente mediante el análisis de su entorno y la adopción de medidas, con cierto grado de autonomía, para lograr objetivos específicos. Los sistemas basados en IA pueden basarse puramente en software y actuar en el mundo virtual (por ejemplo, asistentes de voz, software de análisis de imágenes, motores de búsqueda, sistemas de reconocimiento de voz y rostro) o la IA puede integrarse en dispositivos de hardware (por ejemplo, robots avanzados, automóviles autónomos, drones o aplicaciones de Internet de las Cosas)[5].*

La definición anterior es el punto de partida del documento, que termina con la propuesta de una nueva actualización (p. 6):

> *La inteligencia artificial (IA) se refiere a los sistemas diseñados por humanos que, dado un objetivo complejo, actúan en el mundo físico o digital al percibir su entorno, interpretar los datos estructurados o no estructurados recopilados, razonar sobre el conocimiento derivado de estos datos y decidir lo mejor, acción(es) a tomar para lograr el objetivo dado. Los sistemas de IA también pueden utilizar reglas simbólicas o aprender de un modelo numérico y pueden también adaptar su comportamiento analizando cómo el entorno se ve afectado por sus acciones anteriores.*

> *Como disciplina científica, la IA incluye varios enfoques y técnicas, como el aprendizaje automático (de los cuales el aprendizaje profundo y el aprendizaje por refuerzo son ejemplos específicos), el razonamiento automático (que incluye planificación, programación,*

representación y razonamiento del conocimiento, búsqueda y optimización) y robótica (que incluye control, percepción, sensores y actuadores, así como la integración de todas las demás técnicas en sistemas ciberfísicos)[6].

Definición de Inteligencia Artificial del Parlamento Europeo:

La Inteligencia Artificial es la habilidad de una máquina de presentar las mismas capacidades que los seres humanos, como el razonamiento, el aprendizaje, la creatividad y la capacidad de planear[7].

10.2.2. DEFINICIONES DE CONSULTORAS; GARTNER DE INFORMATION TECHNOLOGY GLOSSARY Y MCKINSEY

Definición de Gartner

La Inteligencia Artificial aplica análisis avanzado y técnicas basadas en la lógica, incluyendo el aprendizaje automático para interpretar eventos, soportar y automatizar decisiones y ejecutar acciones.

Definición de McKinsey

La capacidad de una máquina para realizar funciones cognitivas que asociamos a la mente humana, como percibir, razonar, aprender, interactuar con el entorno y resolver problemas o incluso utilizar la creatividad. Ejemplos de tecnologías que habilitan a la IA a resolver problemas de negocios son la robótica y los vehículos autónomos, la visión por ordenador, el reconocimiento de voz, el lenguaje, los agentes virtuales y el aprendizaje automático[8].

Definición de Inteligencia Artificial de Stuart Russell y Peter Norvig, autores de "Artificial Intelligence: A Modern Approach", reconocido como uno de los principales libros de referencia de la IA a nivel mundial. En esta obra, los autores definen la "Inteligencia Artificial como la ciencia de construir máquinas (sistemas) que piensan y actúan como humanos, y que piensan y actúan racionalmente".

- Sistemas que piensan como humanos: las redes neuronales artificiales.
- Sistemas que actúan como humanos: los robots o androides.
- Sistemas que piensan racionalmente: sistemas expertos, para gestión de datos.
- Sistemas que actúan racionalmente: los agentes inteligentes, como por ejemplo Google News o los asistentes virtuales como Siri, Alexa, Google Assistant, Bixby.

10.3. COMPONENTES DE LA INTELIGENCIA ARTIFICIAL

La Inteligencia Artificial, definida en la década de los cincuenta por John McKarty, ha sufrido una gran evolución que se ha puesto de manifiesto en la década actual con el crecimiento continuo de los grandes volúmenes de datos y la consolidación de la Ciencia de Datos como un campo multidisciplinar. Las tecnologías que sustentan la Inteligencia Artificial tienen como soporte fundamental, para el desarrollo de proyectos de Ciencia de Datos, el Aprendizaje Automático y su subconjunto, el Aprendizaje Profundo. Pero se sustentan en otras tecnologías ya muy implantadas, entre las que destacaremos las Redes Neuronales Artificiales, la Lingüística Computacional, el Procesamiento del Lenguaje Natural y sus componentes fundamentales NLU, NLG y de reconocimiento de texto-voz, TTS y AsR, que han dado lugar a la confirmación de otra nueva disciplina: la Inteligencia Artificial Conversacional. A todas ellas les dedicaremos especial atención a lo largo de este capítulo 10 y el siguiente, el capítulo 11.

10.4. EVOLUCIÓN DE LA INTELIGENCIA ARTIFICIAL

Como ya se ha descrito en el apartado 10.1 en la breve historia de la inteligencia artificial, una de las fechas clave para la consagración definitiva de la Inteligencia Artificial llegó en 1997, cuando IBM demostró que un ordenador dotado de Inteligencia Artificial llamado Deep Blue era capaz de vencer en el juego de ajedrez a un humano, el campeón del mundo Garry Kaspárov. Este hito histórico sirvió de base para que la industria tecnológica y la sociedad en general cobrara consciencia de la relevancia y las posibilidades de la Inteligencia Artificial. Otro hito histórico que destacar se produce cuando en 2011 el súper ordenador Watson ganó el popular concurso televisivo norteamericano *Jeopardy!*

Por último, reseñar que en el bienio 2022-2023 se está produciendo una nueva gran revolución de la IA con el despliegue e implantación de la Inteligencia Artificial, la Inteligencia Artificial Conversacional y la Inteligencia Artificial Generativa, que veremos en el capítulo 11.

La llegada de Watson y su impacto en la evolución de la IA

Si hay un ejemplo de Inteligencia Artificial por defecto ese es IBM Watson. Un sistema que hizo su aparición estelar, al estilo de Deep Blue, ganando una competición de alto nivel, aunque en este caso más compleja que la anterior. En 2011, Watson ganó el popular concurso televisivo *Jeopardy!* Frente a los dos máximos campeones de este programa, donde se realizan preguntas sobre cultura y conocimiento de todo tipo. Lo primero de todo fue que Watson tuvo que ser capaz de entender las preguntas y las respuestas que daba, para lo cual ayudaron sus 200 millones de páginas de contenido almacenadas en su sistema. También tuvo que realizar jugadas inteligentes a la hora de sopesar la elección de las categorías, y cuando tuvo que apostar una cantidad en la ronda final.

Desde entonces, el IBM Watson se ha convertido en el estandarte de los sistemas cognitivos, procesamiento de lenguajes naturales y el razonamiento y el aprendizaje automático. Esta tecnología se está utilizando actualmente para ayudar en numerosos tratamientos de salud en hospitales, el comercio electrónico, la lucha contra el cibercrimen o la banca internacional.

Además, Google ha logrado seguir los pasos de IBM y conquistar un juego tradicional de humanos, en concreto, Go. Se trata de un juego oriental tan antiguo como complejo: se dice que su tablero, de 19 × 19 cuadrados, permite más posiciones durante una partida que átomos hay en el universo.

En estos últimos años, casi todas las grandes empresas tecnológicas, y en particular de Internet, se han introducido gradualmente en la Inteligencia Artificial, ya sea con un desarrollo propio o la compra de empresas especializadas en Aprendizaje Automático y Aprendizaje Profundo. En 2014, Google compró DeepMind por 400 millones de dólares por una *startup* de 50 personas. Actualmente, son centenares, y es la empresa con el mayor número de expertos en *Deep Learning* del mundo. Twitter compró MadBits, una empresa *startup* de inteligencia visual capaz de entender el significado de las imágenes y sus correlaciones. Apple compró en 2015 (5 de octubre) la empresa Perceptio, que usa la Inteligencia Artificial para clasificar fotos. Hay que citar también a Facebook, que ya en 2016 en su conferencia de desarrolladores F8 presentó sus avances en Inteligencia Artificial: asistentes virtuales y *chatbots* integrados en Facebook Messenger. Los sistemas presentados no solo podían reconocer imágenes, sino también acciones en vídeos (por ejemplo, deportes) y pueden responder a preguntas sobre textos.

Google usa el Aprendizaje Automático para completar las expresiones de búsqueda, y a menudo logra predecir acertadamente lo que busca el usuario. Facebook y Amazon usan algoritmos predictivos para ofrecer al usuario recomendaciones basadas en su historial de lecturas o compras. La Inteligencia Artificial es el componente central de los coches sin conductor (que ya son capaces de evitar choques y atascos de tráfico), y de sistemas de juego como AlphaGo de Google DeepMind, el ordenador que en marzo de 2016 derrotó al maestro de Go, el surcoreano Lee Sedol, en un torneo a cinco partidos.

Han pasado más de veinte años desde que Google creó Page Rank, el algoritmo que intentaba averiguar lo que cada usuario estaba buscando. Google, el rey de la innovación, no inventó el *Machine Learning*, pero sí sentó las bases de su uso masivo. El *Machine Learning* es el sustento de los sistemas de recomendaciones (Amazon, eBay, LinkedIn, Twitter), de detección de fraude, reconocimiento de voz, algoritmos para la predicción de enfermedades, delitos, averías en máquinas o tendencias de consumo.

Dada la amplitud de aplicaciones de la Inteligencia Artificial, todas las empresas necesitan imperiosamente integrarla en sus productos y servicios; de lo contrario, no podrán competir con otras que usen redes de recolección de datos para mejorar las experiencias de los clientes y guiar las decisiones empresariales. La próxima generación de consumidores crecerá con tecnologías digitales a su alrededor, y esperará que las empresas se anticipen a sus necesidades y entreguen respuestas instantáneas y personalizadas a cada consulta[9].

Hasta ahora, la Inteligencia Artificial ha sido demasiado cara o compleja como para permitir un uso óptimo en la mayoría de las empresas. Su integración con las operaciones habituales puede ser difícil, y generalmente demanda emplear a expertos en Ciencia de Datos. Por eso, muchas empresas siguen tomando decisiones importantes guiadas por el instinto en vez de la información.

Esta visión está cambiando conforme la Inteligencia Artificial se va extendiendo, con el potencial de hacer a cada empresa y a cada empleado más inteligentes, veloces y productivos. Los algoritmos de Aprendizaje Automático pueden analizar miles de millones de señales para redirigir las llamadas de clientes al agente más adecuado o identificar clientes interesados en la compra de un producto.

Tras muchos despegues fallidos, la Inteligencia Artificial ha progresado espectacularmente durante los últimos años, gracias en gran parte a la versatilidad de una técnica denominada

Deep Learning (Aprendizaje Profundo). Partiendo de un volumen de datos lo suficientemente grande como para poder extraer información valiosa, las redes neuronales artificiales profundas basadas en el funcionamiento del pensamiento humano, son susceptibles de ser enseñadas a hacer todo tipo de cosas.

Los avances en Aprendizaje Profundo, una rama de la Inteligencia Artificial que toma como modelo la red neuronal (o neural) del cerebro, permitirán a los asistentes digitales inteligentes ayudar a planear las vacaciones tan bien como un asistente humano y que las empresas evalúen las actitudes de los consumidores respecto de una marca según millones de señales originadas en las redes sociales y otras fuentes de datos. En el ámbito de la salud, los algoritmos de Aprendizaje Profundo pueden ayudar a los médicos a identificar células cancerosas o anomalías intracraneales desde cualquier lugar del mundo en tiempo real.

10.5. INTELIGENCIA ARTIFICIAL APLICADA

El primer robot humanoide es fabricado por Honda en el 2000. Pero fue en la década 2007-2017 es cuando la Inteligencia Artificial comienza a llegar a la sociedad de un modo práctico. En 2007, cuando el lanzamiento del teléfono iPhone con pantalla táctil y el primer dispositivo preparado para aceptar técnicas de Inteligencia Artificial. En 2009, Google comienza a fabricar, en secreto, coches sin conductor. En 2017, el Parlamento Europeo constituye una comisión para redactar una directiva y darles un estatus legal y laboral a los robots.

> Desde el advenimiento de Big Data, la Inteligencia Artificial está llegando a numerosos sectores a los que hasta hace unos años prácticamente era impredecible que lo hiciera, y en la actualidad, están impactando en todos los campos, así como en la ciberseguridad de las organizaciones y empresas. Unas nuevas generaciones de plataformas de negocio están surgiendo en la convergencia del aprendizaje automático (machine learning) —y recientemente el aprendizaje profundo (deep learning)— y Big Data. Los algoritmos de aprendizaje automático, unidos al uso de las redes neuronales artificiales con el aprendizaje profundo, están comenzando a utilizarse en un gran número de campos, desde los negocios y la administración de empresas, hasta la industria, el sector de la salud, el sector de la ciberseguridad (Joyanes, 2018).

> El deep learning (aprendizaje profundo) es el campo de mayor crecimiento en la Inteligencia Artificial. Ayuda a los ordenadores a dar sentido a ingentes cantidades de datos en forma de imágenes, sonido y texto. Mediante el uso de distintos niveles de redes neuronales, los ordenadores pueden ver, aprender y reaccionar ante situaciones complejas igual o incluso mejor que los humanos. Esta tendencia está transformando la manera de considerar los datos, la tecnología y los productos y servicios (Joyanes, 2018).

IBM Watson es un súper ordenador dotado del primer sistema cognitivo, diseñado de tal forma que los ordenadores no se programan, sino que son capaces de entender el lenguaje natural de las personas y aprender. Se ha convertido, desde el 2011, en una tecnología comercial accesible a través de la nube y que cuenta con clientes en numerosos sectores y países del mundo, entre ellos España, donde gracias a la colaboración con CaixaBank ha aprendido, además de técnicas financieras, el lenguaje español. En resumen, la *computación cognitiva* se puede considerar de la manera más simple como un sistema para conseguir que los ordenadores piensen de forma humana o que se acerquen de la manera más fiel posible al funcionamiento del cerebro humano.

> *La computación cognitiva siempre ha estado ligada a la evolución de la Inteligencia Artificial, pero han sido los avances en Big Data y Big Data Analytics, en aprendizaje automático y aprendizaje profundo, y procesamiento de lenguaje natural, los grandes habilitadores de la disciplina. En la actualidad y en la era de la Industria 4.0 se trabaja con dispositivos como sensores, cámaras, micrófonos, drones y otros, que capturan información del medio y se puede considerar que son los sentidos del ordenador, que tratan de asemejarse a los del humano: vista, oído, tacto, gusto y olfato, además del habla (Joyanes, 2018).*

> *Los algoritmos de aprendizaje automático, y más aún de aprendizaje profundo por su característica principal de incorporación de técnicas de redes neuronales profundas, buscan desarrollar sistemas artificiales capaces de imitar a los humanos en aspectos como el aprendizaje de la propia experiencia, la constante adaptación del contexto y la interactividad entre distintos sujetos. De este modo, los sistemas de computación cognitiva utilizan los algoritmos específicos para el reconocimiento de voz, reconocimiento facial, utilizando técnicas de procesamiento de lenguaje natural (Joyanes, 2018).*

10.6. TAXONOMÍA DE LA INTELIGENCIA ARTIFICIAL

Como ya se ha señalado en apartados anteriores, hay numerosas definiciones de Inteligencia Artificial, lo que evidentemente conduce también a una taxonomía de muy diferentes tipos de Inteligencia Artificial, aunque aquí existe cierta unanimidad en destacar tres categorías, que agrupan las cuatro clásicas de Russell y Norvig (2021), las siete categorías basadas en capacidades ANI, AGI y ASI y las categorías basadas en las funcionalidades, que definió en 2016 el profesor Arend Hintze de la Michigan State University.

10.6.1. TIPOS DE INTELIGENCIA ARTIFICIAL BASADOS EN ASPECTOS HUMANOS Y RACIONALES

Stuart Russell y Peter Norvig (2021)[10], autores de una obra de referencia mundial en Inteligencia Artificial, cuya primera edición se remonta a 1995 y la cuarta edición se ha publicado en 2022 —como ya se ha señalado en el apartado 10.2.2—, ahondan en cuatro posibles objetivos o definiciones de la IA, qué diferencia los sistemas informáticos, en función de la racionalidad y el pensamiento frente a la acción, se podría sintetizar en que "la Inteligencia Artificial es la ciencia de construir máquinas que piensan y actúan como humanos, y que piensan y actúan racionalmente". Definen cuatro tipos: los sistemas que piensan como humanos, los que actúan como humanos, los que piensan racionalmente y los que actúan racionalmente.

> **Sistemas que piensan como humanos.** *Automatizan actividades como la toma de decisiones, la resolución de problemas y el aprendizaje. Un ejemplo son las redes neuronales artificiales que imitan el funcionamiento del sistema nervioso. Son sistemas que tratan de simular el*

pensamiento humano, por ejemplo, imitando el funcionamiento del sistema nervioso por medio de redes neuronales artificiales. Se hace con la intención de automatizar la toma de decisiones o resolución de problemas.

Sistemas que actúan como humanos. *Se trata de máquinas u ordenadores que realizan tareas de forma similar a como lo hacen las personas y de forma muy eficiente. Es el caso de los robots. Imitan el comportamiento humano intentando que la acción sea más eficiente.*

Sistemas que piensan racionalmente. *Intentan simular el pensamiento lógico racional de los humanos, es decir, se investiga cómo lograr que las máquinas puedan percibir, razonar y actuar ante una situación en consecuencia. Los sistemas expertos se engloban en este grupo.*

Sistemas que actúan racionalmente. *Idealmente, son aquellos que tratan de imitar de manera racional el comportamiento humano, percibiendo el entorno, como los agentes inteligentes y actuar en consecuencia. En este grupo se encuentran los agentes inteligentes.*

La definición de Alan Turing, uno de los padres de la Inteligencia Artificial, se habría correspondido con la categoría de "sistemas que actúan como las personas", según la definen los autores.

10.6.2. TIPOS DE INTELIGENCIA ARTIFICIAL BASADOS EN CAPACIDADES Y FUNCIONALIDADES DE LOS SISTEMAS

Las características de la IA permiten clasificar los tipos o categorías de Inteligencia Artificial en dos grandes categorías: sistemas de IA basados en capacidades y sistemas de IA basados en sus funcionalidades.

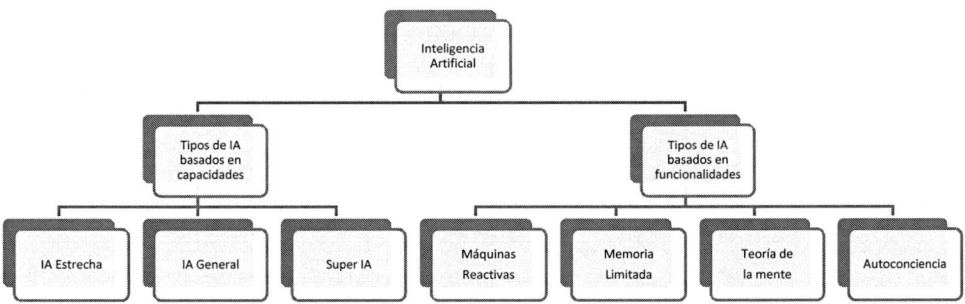

Figura 10.1. Tipos de Inteligencia Artificial basados en capacidades y en funcionalidades

Los tipos de Inteligencia Artificial basados en las capacidades son: IA Estrecha o Débil (*Artificial Narrow Intelligence*, ANI) Inteligencia Artificial General o Fuerte (*Artificial*

General Intelligence, AGI) y la Súper Inteligencia Artificial (*Artificial Super Intelligence*, ASI). Esta clasificación, posiblemente, sea la más aceptada.

- IA Estrecha o Débil (*Artificial Narrow Intelligence*, ANI)

- Inteligencia Artificial General o fuerte (*Artificial General Intelligence*, AGI)

- Suúer Inteligencia Artificial (Artificial *Super Intelligence*, ASI)

Los tipos de Inteligencia Artificial basados en las funcionalidades fueron definidos en 2016 por el profesor Arend Hintze de la Michigan State University y son los siguientes:

- Inteligencia Artificial de Máquinas Reactivas (*Reactive AI*)

- Inteligencia Artificial de Memoria Limitada (*Limited Memory AI*)

- Inteligencia Artificial de Teoría de la Mente (*Theory of Mind*)

- Inteligencia Artificial de Autoconciencia (*Self-aware AI*)

10.7. TIPOS DE INTELIGENCIA ARTIFICIAL BASADOS EN CAPACIDADES

Inteligencia Artificial Estrecha

La Inteligencia Artificial Estrecha (*Artificial Narrow Intelligence*, ANI) es básicamente la más utilizada en la actualidad. Es la Inteligencia Artificial dedicada a resolver un problema específico o un conjunto de ellos de forma optimizada, pero sin posibilidad de extenderse a problemas generales sin la programación pertinente para ello. Carece de inteligencia de tipo humano. La Inteligencia Artificial Estrecha se define por su capacidad para completar una tarea específica, como ganar un juego de ajedrez o la identificación de un individuo específico en una serie de motos.

Es la Inteligencia Artificial con la que estamos más familiarizados, se centra en desarrollar algoritmos para que una máquina pueda desarrollar una tarea sin que tenga la habilidad de tomar decisiones o pensar como nosotros los humanos, es decir, solo realiza tareas específicas y definidas. Ejemplos de ello son las asistentes tipo Siri y Alexa.

Las aplicaciones básicas son: recomendaciones de productos de Amazon; noticias de Facebook; vehículos autónomos; aplicaciones de reconocimiento de voz; traductores de texto y de voz, asistentes virtuales (Siri, Alexa, Cortana); filtros de *spam* en correos electrónicos; sistemas de vehículos autónomos.

Inteligencia Artificial General

La Inteligencia Artificial General (*Artificial General Intelligence*, AGI) es la capaz de igualar o superar a la inteligencia humana en capacidad de razonamiento y deducción, puede realizar tareas en todos los ámbitos de la manera más hábil y flexible posible. Es la que proporciona a las máquinas la habilidad de pensar y tomar decisiones como los humanos. Hoy en día es un proyecto solo existente en el sector de la investigación y simulación, porque a pesar de que las máquinas ya nos superan en multitud de capacidades (incluso la visión y el reconocimiento auditivo en algunos ámbitos), no poseen sentimientos reales ni capacidades cognitivas nativas, así como conciencia propia y adaptabilidad a cualquier escenario. El objetivo es conseguir "máquinas pensantes" con una inteligencia comparable a la de la mente humana.

La Inteligencia Artificial General será capaz de pensar al mismo nivel que un ser humano y la dificultad de implantación reside en que todavía no se conoce todo lo que es preciso saber sobre el cerebro humano. Es capaz del entrenamiento, el aprendizaje, la comprensión y la ejecución como un ser humano. En esencia, es la capacidad de una máquina para ejecutar las mismas tareas intelectuales que un humano con el mismo estándar. Por estas características se la conoce como la Inteligencia Artificial General. Se la define con un nivel humano de función cognitiva en una amplia variedad de dominios tales como el procesamiento de lenguaje, procesamiento de imágenes, funcionamiento computacional y razonamiento.

Todavía se está muy lejos de construir un sistema de Inteligencia Artificial General. En esta década, y sobre todo en la segunda mitad, se espera que ya existan proyectos en marcha y con resultados prácticos. Empresas como OpenAI, Google o Microsoft ya han lanzado aplicaciones que se pueden considerar de Inteligencia Artificial General, que funcionan en numerosas aplicaciones de reconocimiento de imágenes y generación de textos. En 2021 y 2022, se están presentando tecnologías avanzadas como GPT-3 de OpenAI y aplicaciones como CALL-E 2, GATO, IMAGEN o PaLM de DeepMind de Google.

Súper Inteligencia Artificial

La *Súper Inteligencia Artificial* (*Artificial Super Intelligence*, ASI) es la perfección, ya que hará realidad la innovación final de la especie humana. Serán capaces de simular la inteligencia humana y serán muy superiores en todos los sentidos. Superaría la inteligencia de un ser humano con capacidad en todos los aspectos de emociones, investigación e incluso de respuestas ante desastres. Sin embargo, esta tecnología tan poderosa podrá implicar graves riesgos en la vida de las personas si no se controla eficientemente y en todo momento en tiempo real. Hoy es un concepto hipotético que representa el futuro, pero en el que se investiga muy profundamente; los informes de grupos de investigación especializados consideran que llegará en la década de 2040-2050. En esta etapa, las máquinas tienen una capacidad que sobrepasa a la humana. Por ahora, los ejemplos solo se encuentran en las películas y libros de ficción, y en proyectos de investigación futuristas dentro de varias décadas.

Para ser clasificada como ASI, la tecnología tendría que ser más capaz que un humano en todas las formas posibles. Estas características de la IA no solo podrían realizar todo tipo de tareas, sino que incluso serían capaces de tener emociones y relaciones, debido a sus habilidades superiores de procesamiento de datos, memoria y toma de decisiones. Hay escasos ejemplos en el mundo real. En la actualidad, el ordenador súper inteligente es ciencia ficción, aunque se ve en el mundo de la investigación como una progresión lógica de la Inteligencia Artificial General. La brecha existente entre AGI y ASI debería ser estrecha, pero en un futuro todavía muy lejano no existen proyectos que puedan avalar esta teoría.

La figura 10.2[11] es una representación gráfica de los tres tipos de Inteligencia Artificial básicos y predecía la posible llegada de la Inteligencia Artificial General en el 2020; y para

2050 la llegada de la Súper Inteligencia Artificial. Como veremos en el capítulo, la Inteligencia Artificial General está llegando con proyectos muy especializados de empresas innovadoras como OpenAI y DeepMind de Google.

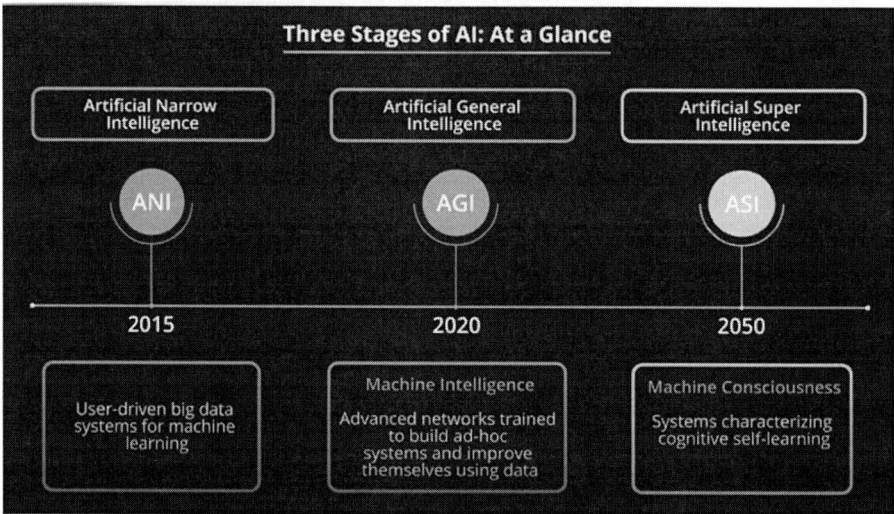

Figura 10.2. Tipos de Inteligencia Artificial basados en las capacidades.
Fuente: Vikita Padaliya (sep 24, 2019), en Medium investigación y simulación.
https://medium.com/decoding-artificial-intelligence/decoding-artificial-intelligence-8ed154f49c7

10.8. TIPOS DE INTELIGENCIA ARTIFICIAL BASADOS EN LA FUNCIONALIDAD

El profesor Hintze, de la Universidad de Michigan de los Estados Unidos, realizó una de las primeras definiciones de los cuatro tipos de Inteligencia Artificial basados en las funcionalidades.

Inteligencia Artificial de Máquinas Reactivas

Se trata del tipo más básico, ya que *no tienen la capacidad de formar recuerdos*. No existe, por lo tanto, la posibilidad de utilizarlos en la toma de decisiones. Un buen ejemplo de máquina reactiva es Deep Blue de IBM: identifica las piezas del tablero de ajedrez, sabe cómo se mueven y predice los mejores movimientos, pero no tienen en cuenta ningún proceso del pasado.

Inteligencia Artificial de Memoria Limitada

A un paso por encima de las máquinas reactivas están aquellas que tienen memoria limitada. Un ejemplo de este tipo son los *coches autónomos*. Identifican y monitorizan objetos en movimiento, como peatones y otros vehículos. Estos pequeños recuerdos son usados en el momento, pero *no son almacenados para ser utilizados en el futuro*, por lo que tampoco aprende de ellos.

Inteligencia Artificial de Teoría de la mente

En este nivel, las máquinas son capaces de *comprender que las personas, criaturas y objetos en el mundo pueden tener pensamientos y emociones* que afectan a su comportamiento. Si las máquinas van a relacionarse con nosotros, tendrán que ajustar su conducta. Deberán saber qué esperamos y cómo queremos que nos traten.

Inteligencia Artificial de Autoconciencia

El nivel más complejo en la Inteligencia Artificial presenta máquinas capaces de verse a sí mismas con perspectiva en su entorno. Los investigadores tendrán que comprender no solo la conciencia, sino también construir máquinas que la tengan. Es una etapa crucial para entender la inteligencia humana por sí misma.

10.9. APRENDIZAJE AUTOMÁTICO

Como ya se vio en el capítulo 5, el aprendizaje automático converge y se complementa con la minería de datos; están conectadas entre sí, pero, aunque tienen características comunes también tienen sus diferencias y objetivos esenciales, como veremos a lo largo del apartado, en las técnicas específicas del aprendizaje automático.

El término *Machine Learning* se traduce al español como Aprendizaje Automático, aunque también se suele traducir como "aprendizaje máquina". Se suele considerar una rama de la Inteligencia Artificial que busca construir algoritmos que permiten a los ordenadores aprender a partir de conjuntos de datos, y así obtener como resultado un modelo que permita realizar predicciones basándose en dichos datos y no en instrucciones estáticas.

El Aprendizaje Automático es una disciplina que toma experiencias de otras disciplinas como la estadística, la complejidad computacional, ciencias de la informática e ingeniería. La expansión del Aprendizaje Automático como disciplina complementaria o autónoma de la Inteligencia Artificial se debe, esencialmente, al diluvio de los datos que se han producido estos últimos años.

Hoy en día está más que nunca al alcance de cualquier programador. Para experimentar con estos servicios tenemos plataformas como IBM Watson Developer Cloud, Amazon Machine Learning, Azure Machine Learning, TensorFlow o BigML.

En esencia, la máquina puede aprender a partir de la experiencia. Se trata de alimentar la experiencia de la máquina mediante objetos con los que entrenarse (ejemplos) para posteriormente aplicar patrones de entrenamiento de los datos. Existen diferentes tipos de algoritmos que dan diferentes categorías de aprendizaje.

10.9.1. APRENDIZAJE SUPERVISADO

Requiere de la intervención de los humanos para indicar qué está bien y qué está mal (es decir, para proporcionar el refuerzo). En muchas otras aplicaciones de la computación cognitiva, los humanos, aparte del refuerzo, también proporcionan parte de la semántica necesaria para que los algoritmos aprendan. Por ejemplo, en el caso de un software que debe aprender a diferenciar los diversos tipos de documentos que recibe una oficina, son los humanos los que inicialmente han de etiquetar un conjunto significativo de ejemplos para que posteriormente la máquina pueda aprender.

10.9.2. APRENDIZAJE NO SUPERVISADO

Consiste en entrenar una red exponiéndola a un gran número de ejemplos, pero sin decirle qué buscar. Por el contrario, la red aprende a reconocer características y a agruparlas con ejemplos similares, detectando así grupos ocultos, vínculos, o patrones dentro de los datos.

El aprendizaje no supervisado se emplea para buscar cosas de las que se desconoce su apariencia, por ejemplo: el rastreo de patrones de tráfico en busca de anomalías que pudieran corresponderse a un ciberataque, el análisis de grandes cantidades de reclamaciones de seguros para detectar fraudes o agrupaciones de caras peludas que resultan ser gatos en YouTube.

10.9.3. APRENDIZAJE SEMISUPERVISADO

Ofrece un punto intermedio entre el aprendizaje supervisado y no supervisado. Durante el entrenamiento, utiliza un conjunto de datos etiquetados más pequeño para guiar la clasificación y la extracción de características de un conjunto de datos sin etiquetar de mayor tamaño. El aprendizaje *semisupervisado* puede resolver el problema de no tener suficientes datos etiquetados (o no permitirse etiquetar suficientes datos) para entrenar un algoritmo de aprendizaje supervisado.

10.9.4. APRENDIZAJE REFORZADO

Es un híbrido entre el aprendizaje supervisado y el aprendizaje no supervisado. Se basa en la psicología conductista y consiste en entrenar a una red neuronal para que interactúe con su entorno, retroalimentándola ocasionalmente con una recompensa. Su entrenamiento consiste en ajustar los pesos de la red para buscar la estrategia que genere mayores recompensas de manera más consistente.

La empresa especializada en Aprendizaje Automático y Profundo, DeepMind, comprada por Google, es el mejor ejemplo del éxito de este enfoque. En febrero de 2015, *Nature* publicó un estudio en donde describe un sistema de aprendizaje reforzado capaz de aprender a jugar 49 juegos clásicos de Atari, con la sola asistencia de los píxeles de la pantalla y la puntuación. El sistema aprendió a jugar a todos y cada uno de ellos desde cero y alcanzó un nivel similar o superior al humano en 29 de ellos. En marzo de 2016, su programa AlphaGo derrotó a Lee Sedol, el segundo mejor jugador del mundo de Go.

10.10. APRENDIZAJE PROFUNDO

Es una subcategoría del Aprendizaje Automático y trata del uso de redes neuronales para mejorar el reconocimiento de voz, la visión por ordenador y el Procesamiento del Lenguaje Natural. Rápidamente se está convirtiendo en uno de los campos más solicitados en informática (*ingeniería de sistemas o computación*). En los últimos años, ha ayudado a lograr avances en áreas tan diversas como la percepción de objetos, la traducción automática y el reconocimiento de voz (todas ellas áreas especialmente complejas para los investigadores en Inteligencia Artificial).

A principios de los años noventa, la utilidad de las redes neuronales artificiales se reducía a tareas tan simples como reconocer números escritos a mano. En 1999, Geoffrey Hinton[12] y su grupo de investigación de la Universidad de Toronto publicaron sus primeras investigaciones. Este investigador y su grupo han transformado la investigación en la Inteligencia Artificial y han recuperado investigaciones abandonadas sobre visión informatizada, reconocimiento de voz, Procesamiento del Lenguaje Natural y robótica. En 2012, se lanzaron los primeros productos que entendían el habla —el asistente Google Now— y poco después han ido apareciendo aplicaciones que permitían identificar el contenido de una imagen, característica que incorpora la aplicación Google Now.

Dos décadas después, varios grupos de investigadores descubrieron que las unidades de procesamiento gráfico (GPU) se adecuaban exponencialmente bien para ejecutar algoritmos de Aprendizaje Profundo, dotándolos de una velocidad cien veces superior. Los mismos chips que se emplean para recrear mundos imaginarios resultan fantásticos para ayudar a los ordenadores a comprender el mundo real a través del Aprendizaje Profundo.

Bengio (2016), uno de los investigadores más reconocidos a nivel mundial, define el Aprendizaje Profundo (*Deep Learning*) como:

> *Una manera de referirse a la simulación de redes de neuronas que aprenden gradualmente a reconocer imágenes, a comprender el lenguaje o incluso a tomar decisiones. Esta técnica descansa en las redes neuronales artificiales, un elemento básico de la investigación actual en Inteligencia Artificial. Dichas redes no imitan exactamente el funcionamiento del cerebro, sino que se basan en principios matemáticos generales que, a partir de ejemplos, les permiten aprender a detectar personas u objetos en una fotografía, o a traducir los principales idiomas del mundo.*

La arquitectura del Aprendizaje Profundo consiste en redes neuronales artificiales que tratan de reproducir el proceso de solución de problemas del cerebro humano. Una red neuronal está formada por capas. La información entra por la capa de entrada y una serie de neuronas artificiales organizadas en capas "escondidas u ocultas" procesa la información, aplicándole distintos valores numéricos aleatorios o pesos y enviando el resultado a la capa de salida. Así, por ejemplo, en el caso de un reconocimiento facial, la entrada puede corresponder a varios rostros que se analizan en cada capa de la red antes de discernir su identidad, empezando por la capa de entrada; luego, cada capa oculta identifica rasgos cada vez más complejos; finalmente, produce una salida con el resultado de la imagen correcta y descarta las restantes imágenes.

Una red neuronal es un sistema de programas y estructuras de datos que se aproxima al funcionamiento del cerebro humano. Una red neuronal suele implicar un gran número de procesadores que funcionan en paralelo, teniendo cada uno de ellos su propia pequeña esfera de conocimiento y acceso a datos en su memoria local. Habitualmente, en un principio una red neuronal se "adiestra" o se alimenta con grandes cantidades de datos y reglas acerca de las relaciones (por ejemplo, "un abuelo es más viejo que el padre de una persona"). Luego, un programa puede indicar a la red cómo comportarse en respuesta a un estímulo externo (por ejemplo, a un dato que introduce un usuario de ordenador que está interactuando con la red) o puede iniciar la actividad por sí misma (dentro de los límites de su acceso al mundo externo).

Una red profunda, con muchas capas escondidas, es capaz de distinguir con gran detalle las propiedades de los datos de entrada. Entrenar una red supone ajustar los pesos internos de las neuronas, de manera que sea capaz de responder del modo deseado cuando se introduzca una entrada concreta.

Cuanto más profunda sea una red, mayor será su capacidad de abstracción y de alcanzar mejores resultados. El Aprendizaje Profundo está demostrando ser de gran utilidad para resolver una gran amalgama de problemas de diversa índole. Google lo emplea para refinar los resultados de su algoritmo de búsqueda, mejorar la interpretación de las peticiones de voz que realizan los usuarios a su asistente personal Google Now; mejorar su traductor y ayudar a sus vehículos autónomos a comprender mejor su entorno. Asimismo, el Aprendizaje Profundo está siendo puesto a prueba para desarrollar nuevos fármacos por compañías farmacéuticas como Merck.

Google emplea el Aprendizaje Profundo en sus algoritmos de reconocimiento de voz e imagen, Netflix y Amazon lo utilizan para adelantarse a los gustos y los investigadores del MIT (Instituto Tecnológico de Massachusetts) para predecir el futuro. El *Deep Learning* toma conceptos básicos de la Inteligencia Artificial y los concentra en la resolución de problemas del mundo real a partir de redes neuronales profundas que imitan la forma en que nuestro cerebro toma decisiones. Esto significa que emplea los datos que conoce para tomar decisiones sobre datos nuevos. Por eso es la tecnología más similar al funcionamiento cerebral humano.

En el enfoque del Aprendizaje Profundo se usan estructuras lógicas que se asemejan en mayor medida a la organización del sistema nervioso de los mamíferos, teniendo capas de unidades de proceso (neuronas artificiales) que se especializan en detectar determinadas características existentes en los objetos percibidos. La visión artificial es una de las áreas donde el Aprendizaje Profundo proporciona una mejora considerable en comparación con algoritmos más tradicionales. Existen varios entornos y bibliotecas de código de Aprendizaje Profundo que se ejecutan en las potentes GPU modernas tipo CUDA, como NVIDIA cuDNN.

El Aprendizaje Profundo representa un acercamiento más íntimo al modo de funcionamiento del sistema nervioso humano. Nuestro encéfalo tiene una microarquitectura de gran complejidad, en la que se han descubierto núcleos y áreas diferenciados cuyas redes de neuronas están especializadas para realizar tareas específicas.

En síntesis, desde el algoritmo que emplea Google para ordenar los resultados de su buscador hasta el complejo (y todavía imperfecto) sistema de conducción autónoma de Tesla, pasando por el motor de recomendaciones de Amazon y los asistentes virtuales de compañías como Apple y Microsoft, la Inteligencia Artificial es el motor de todos ellos.

10.11. APRENDIZAJE AUTOMÁTICO FRENTE A APRENDIZAJE PROFUNDO

Para entender qué es el Aprendizaje Profundo, lo primero que hay que hacer es distinguirlo de otras disciplinas que pertenecen al campo de la Inteligencia Artificial. Una consecuencia de la Inteligencia Artificial fue el Aprendizaje Automático, donde el ordenador extrae conocimiento a través de la experiencia supervisada. Esto solía implicar a un operador humano que ayudaba a la máquina a aprender, proporcionándole cientos o miles de ejemplos de formación y corrigiendo manualmente sus errores.

A diferencia de lo que ocurre con el Aprendizaje Automático, el Aprendizaje Profundo está menos sometido a supervisión. Implica, por ejemplo, la creación de redes neuronales a gran escala que permiten que el ordenador aprenda y "piense" por sí mismo sin necesidad de la intervención humana directa.

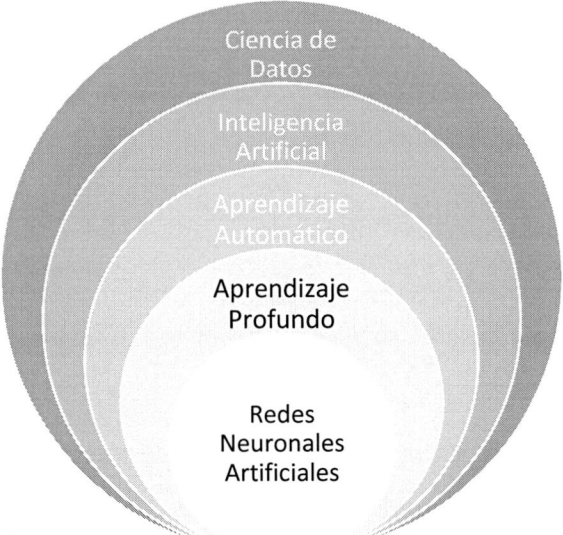

Figura 10.3. Infografía de Ciencia de Datos como superconjunto de la IA, ML, DL y ANN

El futuro

El Aprendizaje Profundo promete muchos avances, haciendo que la construcción de automóviles sin conductor y la creación de mayordomos robóticos constituyan posibilidades reales. Aún están limitados, pero lo que pueden lograr resultaba impensable hace solo algunos años. El ritmo al que avanzan no tiene precedentes. La capacidad de analizar conjuntos de datos masivos y de utilizar el Aprendizaje Profundo en sistemas informáticos que puedan adaptarse a la experiencia, en lugar de depender de un programador humano, conducirá a avances tecnológicos de gran calado. Abarcan desde descubrimientos de medicamentos o el desarrollo de nuevos materiales hasta la creación de robots con un mayor nivel de consciencia acerca del mundo que los rodea.

En España, también existen empresas que aplican los conocimientos de *Machine Learning* en beneficio de sus clientes. Una de las más importantes es Inbenta, dedicada al desarrollo de software de Procesamiento del Lenguaje Natural. Su tecnología permite que una máquina entienda y recuerde la conversación con una persona gracias a la incorporación de la retención cognitiva, memoria y detección de contexto en las interacciones de sus máquinas y los usuarios.

El aprendizaje tiene numerosas aplicaciones en el campo de los asistentes virtuales en los departamentos de atención al cliente de las grandes empresas y en sus comunicaciones en general, como *chats* o correos electrónicos; en sectores como la banca, los seguros, los transportes, el comercio minorista o las telecomunicaciones.

Otro de los exponentes españoles del aprendizaje profundo es Sherpa, una empresa que ha diseñado un sistema que combina funciones de buscador, asistente personal y modelo predictivo, pensado para dispositivos móviles. Es una de las competencias internacionales de los cuatro grandes asistentes del mercado: Siri de Apple para dispositivos iOS; Google Now y Google Assistant para móviles Android; Cortana de Microsoft; y Alexa de Amazon.

Aplicaciones reales de Aprendizaje Profundo
Traducción automática como el Google Translate
Asistentes personales como Siri, Cortana, Alexa, Google Assistant en teléfonos inteligentes
Coches autónomos sin conductor
Asistencia médica, como la interpretación de radiografías, tomografías o resonancias magnéticas

El éxito del Aprendizaje Profundo se basa en muchas características, pero destacamos la velocidad de cómputo, que se ha duplicado:

> *Unidades de procesamiento gráfico (GPU) diseñadas inicialmente para los videojuegos, lo que permitió entrenar a redes de gran tamaño en tiempos razonables, y los algoritmos se han beneficiado de la disponibilidad de grandes volúmenes de datos (Big Data) etiquetados para los cuales era posible encontrar la respuesta correcta (por ejemplo, gato) al inspeccionar una fotografía en la que un gato es solo uno de los componentes (Bengio, 2016: 53).*

CASO DE ÉXITO EN EL APRENDIZAJE PROFUNDO

Una gran noticia para la Inteligencia Artificial y el Aprendizaje Profundo se produjo en 2017. El Premio Fundación BBVA Fronteras del Conocimiento[13], en la categoría de Tecnologías de la Información y la Comunicación (TIC), el premio español más reconocido en el mundo tecnológico y uno de los más reconocidos a nivel internacional, ha sido concedido en su novena edición al investigador en Inteligencia Artificial Geoffrey Hinton, "por su trabajo pionero y profundamente influyente" a la hora de lograr que las máquinas sean capaces de aprender, según el acta del jurado. El científico galardonado "se ha inspirado en cómo funciona el cerebro humano y en cómo ese conocimiento puede ser aplicado para dotar a las máquinas de la capacidad para desempeñar tareas complejas como lo hacen los humanos".

Geoffrey Hinton es catedrático de Ciencias de la Computación en la Universidad de Toronto e investigador en Google, ha recibido el galardón por su trabajo pionero y profundamente influyente en el campo del Aprendizaje Automático. Fue contratado por Google poco después de que los programas para reconocimiento de imágenes y de voz que él y su grupo habían desarrollado resultaran mucho mejores que los utilizados hasta entonces. Desde entonces, la investigación de Hinton ha impulsado el desarrollo acelerado de aplicaciones de Inteligencia Artificial, que ya empiezan a llegar al mercado: desde programas de traducción automática y clasificación de fotos hasta los sistemas de reconocimiento de voz, los asistentes personales como Siri y los coches autónomos y sin conductor.

10.12. EL USO ÉTICO DE LA INTELIGENCIA ARTIFICIAL APLICADA EN LA UNIÓN EUROPEA, ESPAÑA Y LATINOAMÉRICA

La Unión Europea, preocupada por las problemáticas planteadas por el uso ético de la Inteligencia Artificial en el marco europeo, presentó el 19 de diciembre de 2018 un avance de directrices para su desarrollo ético. Este borrador fue redactado por una Comisión de 52 expertos internacionales del ámbito académico, empresarial y de la sociedad civil. Su objetivo era garantizar el avance tecnológico al tiempo que se respetan los derechos humanos y los valores fundamentales de los europeos.

Directrices de la UE para una Inteligencia Artificial

Posterior a dicha presentación, la UE publicó la comunicación[14]: *Generar confianza en la Inteligencia Artificial centrada en el ser humano*. Las directrices elaboradas por el grupo de expertos de alto nivel sobre la Inteligencia Artificial se basan en particular en el trabajo realizado por el Grupo Europeo de Ética de la Ciencia y de las Nuevas Tecnologías, y la Agencia de los Derechos Fundamentales.

Las directrices que propugnan para lograr una "Inteligencia Artificial fiable" son: 1) debe ser conforme a la ley, 2) debe respetar los principios éticos y 3) debe ser sólida. Sobre estos tres componentes y los valores europeos expuestos en la comunicación, las directrices señalan siete requisitos esenciales que deben respetar las aplicaciones de Inteligencia Artificial para ser consideradas fiables. Las directrices también incluyen una lista para ayudar a comprobar si se cumplen estos requisitos. Los siete requisitos esenciales (normas éticas) son los siguientes:

- Intervención y supervisión humanas
- Solidez y seguridad técnicas
- Privacidad y gestión de datos

- Transparencia

- Diversidad, no discriminación y equidad

- Bienestar social y medioambiental

- Rendición de cuentas

La Comisión Europea (CE) también advierte que:

> Las directrices elaboradas por el grupo de expertos de alto nivel sobre la Inteligencia Artificial no son vinculantes y, como tales, no crean nuevas obligaciones legales. No obstante, muchas disposiciones vigentes del Derecho de la Unión (y a menudo de uso o ámbito específico) ya reflejan uno o varios de estos requisitos esenciales, por ejemplo, las normas de seguridad, de protección de los datos personales, de privacidad o de protección del medio ambiente.

Estrategia española de I+D+I en Inteligencia Artificial

El Ministerio de Ciencia, Innovación y Universidades de España publicó, en 2019, la *Estrategia española de I+D+I en Inteligencia Artificial*[15] como una respuesta española al desafío de la Inteligencia Artificial en la I+D+I. El documento oficial comienza con la presentación por parte del Ministro de Ciencia, Innovación y Universidades, Pedro Duque, de la Estrategia Española, y de donde extrajimos sus ideas principales:

> La Estrategia nace también con siete recomendaciones que buscan en las distintas políticas públicas alinear adaptaciones normativas, estructurales y organizativas a los logros conseguidos en Inteligencia Artificial. Tanto es así, que la Comisión Delegada del Gobierno para la Política Científica y Técnica y de Innovación, cuya presidencia ostenta la vicepresidenta del Gobierno y en la que están presentes 11 ministros, acordó, en diciembre de 2018, la creación de un grupo de trabajo interministerial que debe dar respuesta a este eje estratégico de la sociedad española del siglo XXI. Esta Estrategia será, por tanto, el embrión de la futura Estrategia Nacional para la Inteligencia Artificial, que nos va a permitir coordinar y alinear las inversiones y políticas del Estado, redundando en la mejora de las sinergias y facilitando que las inversiones públicas y privadas estén dirigidas a incentivar el uso de estas tecnologías en nuestra sociedad y economía.

Las últimas recomendaciones (pp. 42-45) son:

> Recomendación 1: Lanzar una Estrategia Nacional para la Inteligencia Artificial.
> Recomendación 2: Valor de la Inteligencia Artificial para alcanzar los ODS marcados por la Agenda 2030.
> Recomendación 3: Impactar con la Inteligencia Artificial el tejido social y económico.
> Recomendación 4: Incluir el conocimiento y uso de la Inteligencia Artificial en el mercado laboral y fomento, recuperación y atracción del talento.
> Recomendación 5: Inteligencia Artificial para el uso de datos de las AAPP.
> Recomendación 6: Incluir la Inteligencia Artificial en el sistema educativo como palanca de cambio tecnológico del país.

Recomendación 7: Velar por un uso ético de la Inteligencia Artificial en todos sus campos de aplicación.

El documento termina la recomendación 7 con las siguientes consideraciones (p. 45):

> *En los últimos diez años, los logros de la Inteligencia Artificial han generado preguntas de calado sobre la dirección y las implicaciones de estas tecnologías en la sociedad y la economía. No solo los avances científicos y tecnológicos deben impactar en el desarrollo de las tecnologías de la Inteligencia Artificial. Velar por la economía y la sociedad se presenta como un desafío, por lo que el desarrollo de las nuevas aplicaciones deberá ser dirigido por los principios éticos, legales y sociales de España y Europa, que serán incluidos en un Código Ético de la Inteligencia Artificial codesarrollado a nivel interministerial.*

Marco Ético, Regulación y Normalización de la Inteligencia Artificial en Argentina y LATAM

En Argentina, del 7 al 8 de junio de 2022 se celebró el Seminario Internacional sobre Inteligencia Artificial[16], organizado por el Consejo Económico y Social (CES) de Presidencia de la Nación y la Unión Europea en Argentina. Participó la Subsecretaría de Telecomunicaciones y Conectividad, y se debatió "sobre el carácter estratégico y el potencial de la IA para la Argentina". En este mismo Seminario se celebraron los siguientes talleres: "Pautas éticas para los procesos de IA", "Control de los datos" y "Arquitectura institucional del CamIA, Centro Argentino Multidisciplinario de Inteligencia Artificial". Durante el Seminario se anunció la adhesión de Argentina al Pacto Global de Inteligencia Artificial. De igual forma, en Buenos Aires se aprobó el Plan de Inteligencia Artificial de Buenos Aires[17].

RESUMEN

Se suele considerar a Alan Turing como el padre de la Inteligencia Artificial. El término fue acuñado, en 1956, por los científicos John McCarthy, Marvin Minsky y Claude Shannon durante la conferencia de Darthmounth para referirse a "la ciencia e ingenio de hacer máquinas inteligentes, especialmente programas de cálculo inteligentes".

Las tecnologías que han permitido la evolución de la Inteligencia Artificial y su llegada a todo tipo de organizaciones, empresas e industrias, así como a los sectores de la ciencia e investigación y las administraciones públicas son: Aprendizaje Automático (*Learning Machine*), Aprendizaje Profundo (*Deep Learning*), Procesamiento del Lenguaje Natural, redes neuronales artificiales, reconocimiento de voz y facial, unidades de procesamiento gráfico (GPU), que han permitido acelerar el proceso de las redes neuronales artificiales.

Además de las tecnologías anteriores, la gran expansión de la Inteligencia Artificial y la computación cognitiva han sido las tecnologías de Big Data, junto con sus herramientas de analítica de datos avanzadas, las que han conseguido integrarse con las citadas tecnologías.

Los sistemas de Inteligencia Artificial se clasifican en dos grandes categorías: basados en las capacidades y basados en las funcionalidades.

- *Inteligencia Artificial basada en las capacidades son:*
  - Inteligencia Artificial Estrecha o Débil (ANI)

- ○ Inteligencia Artificial General (AGI)
- ○ Super Inteligencia Artificial (ASI)
- ● *Inteligencia Artificial basados en las funcionalidades son:*
  - ○ Inteligencia Artificial de Máquinas Reactivas
  - ○ Inteligencia Artificial de Memoria Limitada
  - ○ Inteligencia Artificial de Teoría de la Mente
  - ○ Inteligencia Artificial de Autoconciencia

El aprendizaje automático se clasifica en cuatro modelos: aprendizaje supervisado, aprendizaje no supervisado, aprendizaje semisupervisado y aprendizaje reforzado.

El aprendizaje profundo es una subcategoría del Aprendizaje Automático y trata del uso de redes neuronales para mejorar el reconocimiento de voz, la visión por ordenador y el Procesamiento del Lenguaje Natural.

BIBLIOGRAFÍA

ARRABALES M., *Raúl. AI & Machine Consciousness.* Disponible en: <http://www.conscious-robots.com/>.

ARRABALES M., *Raúl. Deep Learning: qué es y por qué va a ser una tecnología clave en el futuro de la Inteligencia Artificial.* Disponible en: <https://www.xataka.com/robotica-e-ia/deep-learning-que-es-y-por-que-va-a-ser-una-tecnologia-clave-en-el-futuro-de-la-inteligencia-artificial>.

BELL, Jason (2015). *Machine Learning. Hands-On for Developers and Technical Professionals.* New York: Wiley

BENGIO, Yoshua (2016). "Aprendizaje profundo", en *Investigación y Ciencia*, pp. 48-53.

BONET, Ángel (2018). *El tsunami tecnológico (¡Y cómo surfearlo!).* Editorial Deusto.

CÍA, Juan F. (2015). *Cómo el machine learning y el deep learning marcan el camino de la verdadera Inteligencia Artificial.* Disponible en: <https://bbvaopen4u.com/es/actualidad/como-el-machine-learning-y-el-deep-learning-marcan-el-camino-de-la-verdadera-inteligencia>.

FRANK, Malcom, Paul ROEHRIG y Ben PRING (2018). *Qué haremos cuando las máquinas lo hagan todo.* Artificial Intelligence, Bots & Big Data. LID Editorial.

LAUDON, Kenneth y Jane P. LAUDON (2020). *Management Information Systems. Managing the Digital Firm.* Pearson.

LECUN, Y.; Y BENGIO y G. E. HINTON (2015). "Deep Learning", en *Nature*, vol. 521, pp. 436-444. Disponible en: <http://www.cs.toronto.edu/~hinton/absps/NatureDeepReview.pdf>.

RODRÍGUEZ, Pablo (2018). *Inteligencia Artificial. Cómo cambiará el mundo (y tu vida).* Editorial Deusto.

ROSE, Doug (2021). *Artificial Intelligence for Business: What You Need to Know About Machine Learning and Neural Networks.* Pearson.

ROUHIAINEN, Lasse (2018). *Inteligencia Artificial. 101 cosas que debes saber hoy sobre nuestro futuro.* Barcelona: Editorial Planeta/Alienta Editorial.

RUSELL, Stuart y Peter NORVIG (2022). *Artificial Intelligence: A Modern Approach.* Pearson. 4t edition. Referencia en la Universidad de Berkeley: <http://aima.cs.berkeley.edu/>.

SHARDA, Ramesh; Dursun DELEN y Efrain TURBAN (2020). Analytics, Data Science, & Artificial Intelligence. Systems for Decision Support. Pearson.

WILKINS, Neil (2019). *Inteligencia Artificial: Lo que usted necesita saber sobre el Aprendizaje Automático, robótica, Aprendizaje Profundo, Internet de las Cosas, redes neuronales, y nuestro futuro.* Editorial Bravex Publications.

YUAN, Michael (2016). *A developer's guide to chatbots. Developer Works.* IBM. Disponible en: <http://www.ibm.com/developerworks/library/cc-cognitive-chatbot-guide/cc-cognitive-chatbot-guide-pdf.pdf>.

RECURSOS

BBVA Open4U. *Cómo construir un chatbot conversacional: algunas herramientas.* Disponible en: <https://bbvaopen4u.com/es/actualidad/como-construir-un-chatbot-conversacional-algunas-herramientas>.

BERZAL, Fernando. *Inteligencia Artificial.* Departamento de Ciencias de la Computación e Inteligencia Artificial. Universidad de Granada. <https://elvex.ugr.es/decsai/iaio/slides/A1%20AI.pdf>

GONZÁLEZ López, Jorge. Blog THINKandSELL.

Inteligencia artificial I: su impacto en tu vida. Disponible en: <http://thinkandsell.com/blog/inteligencia-artificial-i-impacto-vida/#more-4280>.

Inteligencia artificial II: Qué es y cómo funciona. Disponible en: <http://thinkandsell.com/blog/inteligencia-artificial-ii-funciona/>

Inteligencia Artificial III: la ética del algoritmo. Disponible en: <http://thinkandsell.com/blog/inteligencia-artificial-iii-la-etica-del-algoritmo/#more-4291>.

Inteligencia artificial IV: la batalla por la experiencia de cliente. Disponible en: <http://thinkandsell.com/blog/inteligencia-artificial-iv-la-batalla-la-experiencia-cliente/>.

LIBRO BLANCO sobre la Inteligencia Artificial -un enfoque europeo orientado a la excelencia y la confianza (2020). Disponible en: <https://ec.europa.eu/info/sites/info/files/commission-white-paper-artificial-intelligence-feb2020_es.pdf>.

MISAL, Disha (2018). "What is the difference between a chatbot and virtual assistant", en *Analytical India Magazine.* Disponible en: <analyticsindiamag/what-is-the-difference-between-a-chatbot-and-virtual-assistant>.

YUAN, Michael (2016*). A developer's guide to chatbots. Developer Works.* IBM. Disponible en: <http://www.ibm.com/developerworks/library/cc-cognitive-chatbot-guide/cc-cognitive-chatbot-guide-pdf.pdf>.

NOTAS

---

[1] Turing, Alan Mathison (1950). "Computing machinery and intelligence", en *Mind*, número 59, pp. 443-460. Disponible en: <http://www.loebner.net/Prizef/TuringArticle.html>.

[2] Disponible en: <https://www.ibm.com/es-es/cloud/learn/what-is-artificial-intelligence>.

[3] John McCarthy (2004). *What is artificial intelligence?* Disponible en: <http://www-formal.stanford.edu/jmc/>.

[4] IBM Cloud Education (2020). *Inteligencia Artificial (IA).* Disponible en: <https://www.ibm.com/es-es/cloud/learn/what-is-artificial-intelligence>.

[5] Documento oficial de la Comisión Europea (8 de abril de 2019). *A definition of AI: Main capabilities and scientific disciplines.* Elaborado por el High-Level Expert Group on Artificial Intelligence AI HLEG. Communication from the Commission to the European Parliament, the European Council, the Council, the European Economic and Social Committee and the Committee of the Regions on Artificial Intelligence for Europe, Brussels, 25.4.2018 COM (2018) 237 final.
Disponible en:
<https://ec.europa.eu/futurium/en/system/files/ged/ai_hleg_definition_of_ai_18_december_1.pdf>.

[6] Ibid. p.9.

[7]*¿Qué es la inteligencia artificial y cómo se usa?* Actualizado: 26 de marzo de 2021. Disponible en: <https://www.europarl.europa.eu/news/es/headlines/society/20200827ST085804/que-es-la-inteligencia-artificial-y-como-se-usa>.

[8] McKinsey.*An executive's guide to AI.* Actualizado en 2020. Disponible en: <https://www.mckinsey.com/business-functions/mckinsey-analytics/our-insights/an-executives-guide-to-ai>.

[9] Marc Beniof, presidente y CEO de Salesforce, en un artículo publicado en *WEF*. Disponible en línea en: <https://www.weforum.org/es/agenda/2016/09/la-revolucion-de-la-inteligencia-artificial-se-aproxima-rapidamente-pero-sin-una-revolucion-de-la-confianza-sera-un-fracaso>.

[10] RUSELL, Stuart y Peter NORVIG (2021). *Artificial Intelligence: A Modern Approach.* Pearson. Referencia en la Universidad de Berkeley: <http://aima.cs.berkeley.edu/>.

[11] Vikita Padaliya (2019). "Decoding artificial intelligence", en *Medium*. Disponible en: <https://medium.com/decoding-artificial-intelligence/decoding-artificial-intelligence-8ed154f49c7>.

[12] Sitio web de Geoffrey Hinton, uno de los creadores de la teoría de aprendizaje profundo, es excelente y muy recomendable para conocer su historia y evolución. Es la investigación más sobresaliente sobre esta disciplina. Disponible en: <http://www.cs.toronto.edu/~hinton/>.

[13] En *Expansión* (17 de enero de 2017). Disponible en: <http://www.expansion.com/sociedad/2017/01/17/587dfb20e5fdea20048b456d.html>.

[14] Comisión Europea (8 de abril de 2019). *Generar confianza en la inteligencia artificial centrada en el ser humano.* Disponible en: <https://ec.europa.eu/transparency/regdoc/rep/1/2019/ES/COM-2019-168-F1-ES-MAIN-PART-1.PDF>.

[15] Ministerio de Ciencia, Innovación y Universidades del Gobierno de España. Estrategia española de I+D+I en Inteligencia Artificial (2019). Disponible en: <http://www.ciencia.gob.es/stfls/MICINN/Ciencia/Ficheros/Estrategia_Inteligencia_Artificial_IDI.pdf>.

[16] https://www.argentina.gob.ar/noticias/debaten-sobre-el-caracter-estrategico-y-el-potencial-de-la-ia-para-la-argentina. Publicado el martes 14 de junio de 2022.

[17] Plan Estratégico Inteligencia Artificial. SECRETARÍA DE INNOVACIÓN Y TRANSFORMACIÓN DIGITAL. Buenos Aires Ciudad. Documento Oficial, 202 páginas.
https://www.buenosaires.gob.ar/jefaturadegabinete/innovacion/plan-de-inteligencia-artificial (202 páginas). *Centro Argentino Multidisciplinario

LA INTELIGENCIA ARTIFICIAL DEL FUTURO: INTELIGENCIA ARTIFICIAL CONVERSACIONAL E INTELIGENCIA ARTIFICIAL GENERATIVA.
EL CAMINO A LA INTELIGENCIA ARTIFICIAL GENERAL (AGI)

INTRODUCCIÓN

La Inteligencia Artificial en estos primeros años del siglo XXI ha experimentado una gran evolución y desarrollo. Los diferentes tipos de Inteligencia Artificial (capítulo 10) se han desplegado en una gran cantidad de aplicaciones y casos de uso; la convierten no solo en una ciencia, sino también en una ingeniería que ha hecho posible una nueva disciplina conocida como *Ingeniería en Inteligencia Artificial*. Durante 2021 y 2022 han alcanzado una gran notoriedad otras dos disciplinas, la *Inteligencia Artificial Conversacional* y la *Inteligencia Artificial Generativa*, soportadas por tecnologías tradicionales como el Aprendizaje Automático y Aprendizaje Profundo, con la columna vertebral de gran impacto que está siendo el Procesamiento del Lenguaje Natural (NLP, *Natural Language Processing*) junto con las redes neuronales.

En el capítulo se estudiarán las tecnologías de Inteligencia Artificial Conversacional y sus pilares fundamentales, las aplicaciones de *chatbots*, asistentes virtuales y altavoces inteligentes, así como la Inteligencia Artificial Generativa con el soporte de las redes GAN, los modelos de lenguaje y modelos de lenguaje grandes (LLM), junto con los modelos de lenguaje de mayor impacto y crecimiento como las tecnologías GPT-3 de OpenAI y BERT de Google, que han presentado en estos últimos años casos de uso muy potente para generación de textos, voz, imágenes y vídeos como DALL-E 2 de OpenAI; se analizarán los modelos de lenguaje LaMDA y PaLM de Google, que están dando origen a la también llamada Inteligencia Artificial Creativa por la gran cantidad de aplicaciones que pueden crear en la conversión de textos a imágenes, audio o vídeo. También se describirá la integración de las tecnologías NFT diseñadas y desarrolladas con tecnologías *Blockchain*, en la Inteligencia Artificial, dando origen a las aplicaciones conocidas como NFT AI.

11.1. PROCESAMIENTO DEL LENGUAJE NATURAL (NLP)

El Procesamiento del Lenguaje Natural (PLN, en inglés NLP, *Natural Language Processing*) constituye la espina dorsal de la Inteligencia Artificial del futuro gracias a los grandes avances que ha sufrido esta antigua tecnología con el soporte de los interfaces conversacionales como lo *bots-chatbots* y los asistentes virtuales, así como los modelos de lenguaje que veremos con detalle a lo largo del capítulo.

Orígenes del NLP

El nacimiento del NLP se remonta a 1950, quien se encargó de dar forma a esta interpretación del lenguaje humano fue Alan Turing, en su libro *Computing Machinery and Intelligence*, donde proponía y desglosaba su test de Turing, principio básico para el desarrollo de toda inteligencia computacional. Más adelante, en 1954, sobre la base de diversos trabajos, se desarrolló el experimento Georgetown, que consiguió traducir automáticamente un conglomerado de oraciones del ruso al inglés. Tras unos años de parón, a finales de los ochenta, se desarrollaron los primeros sistemas de traducción automática estadística gracias al impulso de la Ley de Moore, entre otras muchas casuísticas.

¿Qué es el NLP?

IBM[1], uno de los grandes y más antiguos fabricantes de computadores define el NLP (*Natural Language Processing*) como:

> La rama de la informática (ingeniería de sistemas o ciencias de la computación), y más específicamente, la rama de la inteligencia artificial o IA que se ocupa de proporcionar a los ordenadores la capacidad de comprender textos y palabras habladas de la misma manera que los seres humanos.

IBM (2020) considera que el Procesamiento del Lenguaje Natural se esfuerza por construir máquinas que entiendan y respondan a datos de texto o voz, y respondan con texto o voz propios, de la misma manera que lo hacen los humanos. El NLP (PLN) se ocupa de entrenar un ordenador para comprender, procesar y generar lenguaje con el objetivo de hacer que las computadoras sean capaces de comprender palabras o textos hablados como lo hacen los seres humanos. Los motores de búsqueda, los servicios de traducción automática y los asistentes de voz funcionan con esta tecnología.

El procesamiento de lenguaje natural combina la *lingüística computacional* (modelado basado en reglas del lenguaje humano) con modelos de Aprendizaje Automático y de Aprendizaje Profundo de la Inteligencia Artificial. Juntas, estas tecnologías permiten a los ordenadores procesar el lenguaje humano en forma de texto o datos de voz y "comprender" su significado completo con la intención y el sentimiento del hablante o escritor.

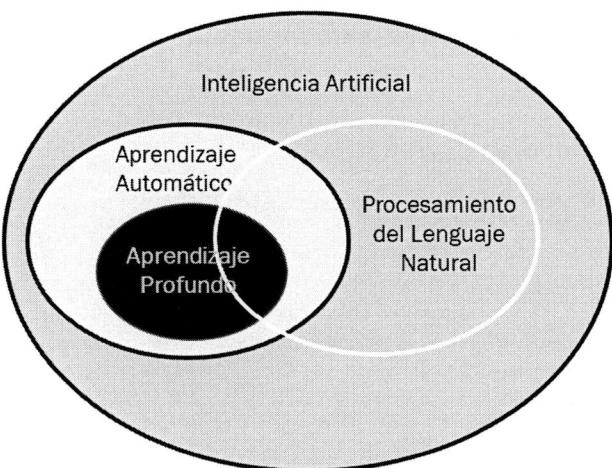

Figura 11.1. Convergencia del NLP con el Aprendizaje Automático y con el Aprendizaje Profundo, integradas en la Inteligencia Artificial

El NLP es una disciplina de la Inteligencia Artificial que tiene más de 50 años de investigación y desarrollo. Es el campo de conocimiento de la Inteligencia Artificial que se ocupa de investigar la manera de que las máquinas se comuniquen con las personas mediante el uso de lenguas naturales, como el español, el inglés, el italiano o el chino. Ayuda a los ordenadores a comprender, interpretar y manipular los lenguajes humanos para analizar y deducir su significado. Permite el tratamiento computacional del lenguaje humano y pone el foco en la comprensión y en el manejo del significado en documentos escritos. El NLP utiliza técnicas de Aprendizaje Automático para automatizar las tareas de análisis de texto, que abarcan desde la comprensión del texto hasta la generación de nuevos textos basados en lo aprendido en los conjuntos de textos (corpus).

El Procesamiento del Lenguaje Natural consiste en convertir datos no estructurados de una forma más estructurada. Actualmente se implementa en *chatbots* de servicio al cliente, software de voz a texto, asistentes digitales, sistemas GPS y otras comodidades para el consumidor.

Las lenguas humanas pueden expresarse por escrito (texto), oralmente (voz) y también mediante signos. El NLP está más avanzado en el tratamiento de textos, donde hay muchos más datos y son más fáciles de conseguir en formato electrónico. Los audios, aunque estén en formato digital, hay que procesarlos para transcribirlos en letras o caracteres y, a partir de ahí, entender la pregunta. El proceso de respuesta es el inverso: primero se elabora la oración y luego se "sintetiza la voz". La voz artificial creada por los sistemas de reconocimiento del lenguaje suena cada vez más humana, imitando cada vez más fielmente la producción humana.

11.2. TÉCNICAS UTILIZADAS EN EL ANÁLISIS DEL NLP

Existen muchos enfoques para el análisis del lenguaje natural con diferentes grados de complejidad, pero las técnicas[2] más comúnmente utilizadas son:

1. **Análisis morfológico o léxico.** Consiste en el análisis interno de las palabras que forman oraciones para extraer lemas, rasgos flexivos, unidades léxicas compuestas. Es esencial para la información básica: categoría sintáctica y significado léxico. El análisis léxico agrupa flujos de letras o sonidos del código fuente en unidades básicas de significado, llamadas *tokens*. Estos *tokens* luego son utilizados por un compilador de lenguaje para implementar instrucciones de ordenador, como un *chatbot* que responde a una pregunta.

2. **Análisis sintáctico.** Consiste en el análisis de la estructura de las oraciones de acuerdo con el modelo gramatical empleado (lógico o estadístico). Este proceso analiza las palabras de una oración en busca de gramática, utilizando un algoritmo de análisis sintáctico y organizando las palabras de una manera que muestre la relación entre ellas. Los algoritmos de análisis sintáctico (*parsing*) dividen las palabras en partes más pequeñas (cadenas de símbolos de lenguaje natural) y analizan estas cadenas de símbolos para determinar si se ajustan a un conjunto de reglas gramaticales establecidas.

3. **Análisis semántico.** Proporciona la interpretación de las oraciones, una vez eliminadas las ambigüedades morfosintácticas. El análisis semántico implica obtener el significado de una oración, llamada forma lógica, a partir de posibles análisis de la etapa sintáctica. Implica comprender la relación entre las palabras, como la relación semántica, es decir, cuando diferentes palabras se usan de manera similar.

4. **Análisis pragmático.** Incorpora el análisis del contexto de uso a la interpretación final. Aquí se incluye el tratamiento del lenguaje figurado (metáfora e ironía) como el conocimiento del mundo específico necesario para entender un texto especializado. El análisis pragmático es el proceso de descubrir el significado de una oración en función del contexto. Intenta comprender las formas en que los humanos producen y comprenden el significado del texto o el habla humana. El análisis pragmático en el NLP sería la tarea de enseñar a un ordenador a comprender el significado de una oración en diferentes situaciones de la vida real.

Asimismo, en su artículo Moreno[3] considera que el tipo de análisis (morfológico, sintáctico, semántico o pragmático) se aplicará dependiendo del objetivo de la aplicación. Por ejemplo, un conversor de texto a voz no necesita el análisis semántico o pragmático. Pero un sistema conversacional requiere información muy detallada del contexto y del dominio temático.

11.2.1. *TEXT MINING* Y ANÁLISIS DE TEXTO

El NLP puede complementar al *text mining* o minería de textos, como una metodología que facilita su principal objetivo. Se trata del conjunto de técnicas que tratan de descubrir esa información no explícita o de generar nueva información a partir del análisis de grandes volúmenes de texto.

Al transformar el texto en información estructurada, es más fácil descubrir la información relevante, con aplicaciones en la búsqueda de información, la clasificación de documentos o la detección de tópicos y entidades, pero también sirve de base para posteriores análisis más complejos.

11.3. CASOS DE USO DEL NLP

IBM[4], en su página oficial IBM Cloud Education y en un artículo, considera al NLP como la fuerza impulsora detrás de la Inteligencia Artificial, en muchas aplicaciones modernas del mundo real, y describe algunos ejemplos de casos de uso:

- **Detección de spam.** *Las mejores tecnologías de detección de correo no deseado utilizan las capacidades de clasificación de texto del NPL para escanear correos electrónicos en busca de lenguaje que indique correo no deseado o phishing. Estos indicadores pueden incluir el uso excesivo de términos financieros, mala gramática característica, lenguaje amenazante, urgencia inapropiada, nombres de empresas mal escritos y más. La detección de spam es uno de los problemas que suele resolver el Procesamiento del Lenguaje Natural y es más eficiente para las organizaciones y empresas.*

- **Traducción automática.** *Google Translate es un ejemplo de aplicación de la tecnología NLP ampliamente disponible en el trabajo. La traducción automática verdaderamente útil implica más que reemplazar palabras en un idioma con palabras de otro. La traducción efectiva tiene que capturar con precisión el significado y el tono del idioma de entrada y traducirlo a texto con el mismo significado e impacto deseado en el idioma de salida. Las herramientas de traducción automática están haciendo un buen progreso en términos de precisión.*

- **Agentes virtuales y chatbots.** *Los agentes virtuales como Siri de Apple y Alexa de Amazon utilizan el reconocimiento de voz para reconocer patrones en los comandos de voz y la Generación del Lenguaje Natural para responder con la acción adecuada o comentarios útiles. Los chatbots realizan la misma tarea en respuesta a las entradas de texto escritas. Las versiones más modernas y futuras ofrecen mejores respuestas a preguntas de diferentes dominios, la capacidad de responder a preguntas de los usuarios, anticipadas o no, con respuestas útiles y relevantes en sus propias palabras.*

- **Análisis del sentimiento de las redes sociales.** *El NLP se ha convertido en una herramienta comercial esencial para descubrir información de datos ocultos de los canales de las redes sociales. El análisis de sentimientos puede analizar el lenguaje utilizado en publicaciones, respuestas, reseñas y más en las redes sociales para extraer actitudes y emociones en respuesta a productos, promociones y eventos; información que las empresas pueden usar en diseños de productos, campañas publicitarias y más.*

- **Resumen de textos.** *En las operaciones diarias de resumen y síntesis de texto se utilizan técnicas de NLP para ingerir grandes volúmenes de texto digital y crear resúmenes y sinopsis para índices, bases de datos de investigación o lectores ocupados que no tienen tiempo para leer el texto completo. Existen gran número de aplicaciones de resúmenes de texto que utilizan el razonamiento semántico y la tecnología de Generación del Lenguaje Natural (NLG) para agregar contexto útil y conclusiones a los resúmenes.*

El resumen automático de texto se explica por sí mismo. La función ayuda a resumir el texto, extrayendo las funciones y palabras clave más importantes. El objetivo final es simplificar el proceso de revisar grandes cantidades de datos, incluida la documentación legal, los artículos científicos y los contenidos/artículos de noticias.

Hay dos técnicas estándar de NLP[5] que las empresas utilizan para resumir datos:

- Resumen basado en la extracción: extrae frases clave y crea un resumen sin mejorar el texto ni agregar contenido adicional.

- Resumen basado en la abstracción: crea nuevas frases parafraseando el contenido original. Este enfoque es más común y funciona mejor en la automatización de procesos comerciales.

11.4. COMPONENTES DEL NLP

Los componentes fundamentales (subcategorías) del procesamiento del lenguaje natural son:

- **NLU** (*Natural Language Understanding*): *Comprensión del Lenguaje Natural*, la capacidad de comprender el lenguaje, los errores de pronunciación, errores ortográficos y otras variantes lingüísticas. En español, inglés o cualquier otro lenguaje.

- **NLG** (*Natural Language Generation*): la capacidad de un ordenador para crear comunicación propia; se refiere a los sistemas de Inteligencia Artificial encargados de transformar datos estructurados en lenguaje natural, ya sea en formato de texto o voz.

Estos tres términos trabajan en armonía para ayudar a las máquinas a comprender y crear comunicaciones propias.

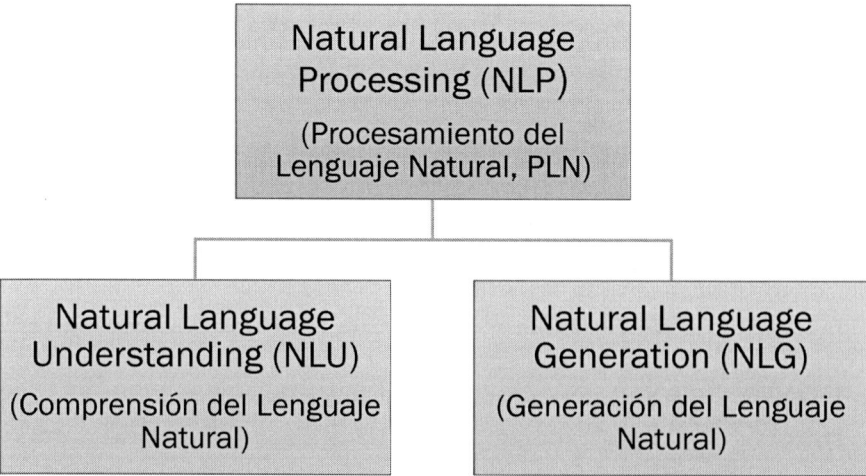

Figura 11.2. Componentes del Procesamiento del Lenguaje Natural

11.4.1. COMPRENSIÓN DEL LENGUAJE NATURAL (*NATURAL LANGUAGE UNDERSTANDING*, NLU)

La NLU es un subconjunto del NLP que trata con un área mucho más específica. Se enfoca en cómo manejar mejor las entradas no estructuradas para convertir estas en un formato estructurado. Así la máquina puede entender y comprender y producir una acción. En las conversaciones que ocurren en un *contact center* no se respetan las estructuras formales del lenguaje. Depende de la pronunciación, las pausas, el uso coloquial del lenguage o la conjugación de los verbos.

En una conversación se cometen faltas como el recorte de palabras y con técnicas de NLU ayudamos a la máquina a comprender las conversaciones. Upbe (www.upbe.ai/blog/diferencias-entre-nlp-nlu-y-nlg/) es un ejemplo perfecto de NLU: trabaja en un entorno para obtener información en conversaciones que pueden llegar a ser muy informales.

El NLP se define como un subconjunto de procesos que hablan específicamente de cómo convertir la ingesta de datos (lo que le decimos a la máquina) en algo que pueda entender para actuar en consecuencia. Para nosotros, como seres humanos, no requiere mucho esfuerzo, pero para una máquina entender dobles significados, juegos de palabras, insultos y encima intentar hacerlo sin faltas de ortografía es un mundo. Esta parte del proceso es fundamental y la que marca la diferencia.

El NLP a menudo se confunde con la NLU. Sin embargo, esta última es un componente del primero. La Comprensión del Lenguaje Natural se trata más de comprender la intención correcta, independientemente de la pronunciación incorrecta, las frases o la elección del vocabulario. Los seres humanos pueden entenderse a pesar de las imperfecciones dado que hablan el mismo idioma.

Por otro lado, la NLU utiliza varios procesos como el análisis de sentimientos, el análisis de contenido y la categorización de texto para producir un resultado que los humanos puedan entender.

Mientras que los *chatbots* utilizan técnicas de reconocimiento de texto, los asistentes de voz utilizan un sintetizador de conversión de texto a voz (TTS), un reconocimiento automático de voz (ASR) y plataformas biométricas. El *chatbot* conversacional de Inteligencia Artificial captura el significado del texto para decodificar la intención correcta detrás de él.

En caso de que el bot de Inteligencia Artificial Conversacional no pueda descifrar la consulta, ejecuta una serie de procesos de aclaración para despejar la ambigüedad y obtener otros criterios faltantes.

Las técnicas de NLP incluyen varios tipos de procesamiento que dan información valiosa a los modelos Aprendizaje Automático para detectar patrones en el texto.

Además del vocabulario, nos interesa comprender otros tipos de estructuras, como las gramaticales. Entre las técnicas de procesamiento de NLP, están el etiquetado gramatical y análisis sintáctico, que identifican patrones de estructuras gramaticales de cada palabra, como verbos, sustantivos y pronombres. También, la categorización de texto y el reconocimiento de entidades que permiten construir sistemas capaces de clasificar patrones de texto.

La técnica NLU no solo se apoya en la técnica NLP, incluye un repositorio de técnicas propias, como es el caso de sistemas de análisis de sentimientos para determinar las emociones o la polaridad de sentimientos de los interlocutores. También hay sistemas para resumir el texto y sistemas de análisis semántico que se encargan de extraer relaciones lógicas de secuencias de texto en el lenguaje natural. Esto ayuda a construir sistemas de pregunta/respuesta como los *chatbot*s.

Entender el texto: *Natural Language Understanding* (NLU)

Dentro de esta disciplina, también hablamos de NLU, la parte del NLP centrada en comprender el texto escrito. Este análisis lingüístico tiene aplicaciones como la traducción automática, los sistemas de pregunta-respuesta, la categorización de textos o el análisis de sentimientos.

En el desarrollo de estas aplicaciones, los lingüistas computacionales tienen que atender al idioma y la terminología de los dominios a los que pertenecen los textos (redes sociales, textos médicos o documentos legales). Sin embargo, el NLP está evolucionando y actualmente se desarrollan modelos de lenguaje más generalizados y que tienen en cuenta el contexto, con arquitecturas como los transformadores.

La NLU es un subconjunto de NLP que trata con un área mucho más específica. Se concentra en cómo manejar mejor las entradas no estructuradas para convertirlas en un formato estructurado que una máquina pueda entender y producir una acción. En las conversaciones no se respetan la estructura formal del lenguaje. Depende de la pronunciación, las pausas, el uso coloquial del lenguaje o la conjugación de los verbos.

Mientras que los humanos son capaces de manejar sin esfuerzo las malas palabras, las palabras intercambiadas, las contracciones, los coloquialismos y otras peculiaridades, las máquinas no son tan expertas en comprender y asimilar aquellos *inputs* con faltas de ortografía u otros supuestos. En una conversación se cometen faltas como el recorte de palabras y con técnicas de NLU ayudamos a la máquina a comprender las conversaciones.

11.4.2. NLG (*NATURAL LANGUAGE GENERATION*) O GENERACIÓN DE LENGUAJE NATURAL

Otra de las aplicaciones del NLP, relevante hoy en día, es el *Natural Language Generation* (NLG), centrado en la generación del lenguaje. A través de estas técnicas, se pueden desarrollar los interfaces conversacionales que en los últimos años han progresado tanto.

Estas aplicaciones, no obstante, siempre necesitan una fase previa de procesamiento y comprensión de los textos, para después generar uno nuevo según lo aprendido, esencialmente, en lo que respecta a noticias falsas como las del COVID-19.

Los procesos NLG convierten los datos estructurados en lenguaje natural como texto o voz. Una aplicación importante son los *chatbot* o los asistentes de voz de Google y Apple, capaces de generar lenguaje ante un estímulo, por ejemplo, preguntarles por el clima del día actual o de la próxima semana.

En NLG, los datos estructurados se convierten en y/o habla. Parece sencillo, pero realmente lo que está haciendo es enseñarle todo el vocabulario, gramática, expresiones y sintaxis de una lengua a un *bot*. También hay que enseñarle a comprender todo lo que no entra dentro de las normas del lenguaje, porque nuestra manera de comunicarnos respeta esas normas casi tantas veces como se las salta.

NLP versus NLU versus NLG[6]

- El Procesamiento de Lenguaje Natural (NLP) busca convertir datos de lenguaje no estructurados en un formato de datos estructurados para permitir que las máquinas entiendan el habla, el texto y formulen respuestas contextuales relevantes. Sus componentes incluyen la Comprensión del Lenguaje Natural y la Generación del Lenguaje Natural.

- La Comprensión del Lenguaje Natural (NLU) se centra en la comprensión de la lectura automática a través de la gramática y el contexto, lo que le permite determinar el significado previsto de una oración.

- La Generación deL Lenguaje Natural (NLG) se concentra en la construcción de texto por una máquina, en un idioma, sobre la base de un conjunto de datos determinado.

11.5. SISTEMAS DE TECNOLOGÍAS DE VOZ (*SPEECH TECHNOLOGIES*)

Los sistemas de tecnologías de voz (*speech technologies*) son dos:

- Sistemas de reconocimiento del habla (ASR)

- Sistemas de síntesis del habla (*Text-To-Speech*)

Estos sistemas hacen de interfaz entre las personas y los sistemas de NLP. Estas tecnologías son el canal que permite la comunicación entre humanos y máquinas. Un sistema ASR recibe una señal de audio y la convierte en texto; recibe la comunicación de un emisor humano y un receptor máquina permite que los módulos NLP reciban una transcripción del texto. Los sistemas *Text-To-Speech* establecen una comunicación donde la máquina es el emisor y el humano es el receptor, y convierten el texto en discurso hablado (audio).

Un ejemplo de ASR son los ya mencionados asistentes de voz de Google o Amazon, que convierten la voz en texto. Y un ejemplo de sistemas *Text-To-Speech* es la aplicación Google Translator, capaz de leer el texto escrito.

Las tecnologías de voz se apoyan en las técnicas de Aprendizaje Automático para construir sus modelos. En el caso del reconocimiento automático del habla, se utiliza una mezcla de modelos de lenguaje, modelos fonéticos y Aprendizaje Profundo para extraer patrones del sonido de las palabras y sus patrones de aparición.

11.5.1. APLICACIONES DE LOS SISTEMAS DE RECONOCIMIENTO DEL HABLA

Las aplicaciones de los sistemas ASR (*Automatic Speech Recognition*) son muy diversas y están integradas en la vida diaria (upbe. ¿Qué aplicaciones tienen los sistemas de reconocimiento del habla (ASR)? https://www.upbe.ai/blog/sistemas-de-reconocimiento-del-habla-asr-que-es/):

- Telefonía: los sistemas de dictado, la activación de interfaces personales, las transcripciones de mensajes, las búsquedas por voz o las traducciones automáticas son algo común basado en sistemas de reconocimiento del habla.

- Automoción: cualquier instrucción de voz que un coche es capaz de entender y gestionar, como hacer llamadas, poner la radio o incluso abrir una aplicación concreta.

- Domótica: todo tipo de hardware que recibe instrucciones y reacciona a órdenes concretas. Aquí están tanto Alexa como Google Home, o cualquier instrucción para apagar, encender luces, regular el termostato.

- Audiovisual: es común utilizar tecnologías de *Speech Recognition* para subtitular programas, tanto en directo como *on-demand*.

- Ámbito judicial: existen iniciativas muy interesantes para optimizar la transcripción de información tan necesaria en el sector o para la búsqueda de archivos.

- *Call Center*: centrado en el análisis de voz de cliente, en la automatización de controles de calidad y *compliance*, o en la mejora de efectividad en campañas de venta.

- Aplicaciones en el ámbito militar. Para tener autonomía e independencia durante el vuelo existe tecnología basada en sistemas ASR a fin de cambiar frecuencias de transmisión, iniciar modos de autovuelo o desplegar parámetros de coordenadas del vuelo.

- Industria del videojuego.

- Traducciones automáticas.

11.6. LA INTELIGENCIA ARTIFICIAL CONVERSACIONAL

Una de las mayores disciplinas de la Inteligencia Artificial para las organizaciones, las empresas y los usuarios finales es la Inteligencia Artificial Conversacional, IAC (*Conversational Artificial Intelligence*). A medida que la digitalización está llegando a todos los sectores, la Inteligencia Artificial Conversacional se está utilizando para permitir la comunicación entre ordenadores y humanos, mediante tecnologías como los *chatbots* y los *asistentes virtuales*, que pueden hablar con las personas (mediante preguntas y sus respuestas).

Las herramientas de IAC funcionan gracias a procesos de Aprendizaje Automático, Aprendizaje Profundo y el Procesamiento del Lenguaje Natural, que facilitarán el reconocimiento del lenguaje, lo imitan y crean experiencias de la interacción humana.

Aunque existen bastantes definiciones del término, hemos recurrido a IBM, Microsoft y una empresa constructora de *chatbots* y asistentes virtuales, Interactions.

11.6.1. ¿QUÉ ES LA INTELIGENCIA ARTIFICIAL CONVERSACIONAL?

La Inteligencia Artificial Conversacional se utiliza para permitir la comunicación entre los ordenadores y los humanos mediante mensajería y conversación automática. La Inteligencia Artificial Conversacional es un conjunto de tecnologías que funcionan integradas para automatizar las comunicaciones entre una persona y una máquina, vía voz y texto; permite a las empresas impulsar el lanzamiento de los *chatbots* y asistentes virtuales.

IBM[7] define la Inteligencia Artificial Conversacional como una referencia a:

> *Tecnologías como chatbots o agentes virtuales que permiten a los usuarios conversar entre ellos. Utilizan grandes volúmenes de datos, aprendizaje automático y procesamiento de lenguaje natural para ayudar a imitar interacciones humanas, reconociendo las entradas de voz y de texto, y traduciendo sus mensajes a varios idiomas.*

La Inteligencia Artificial Conversacional según Microsoft[8]:

> *Hace referencia a un conjunto de tecnologías que permiten que los dispositivos y aplicaciones, como los bots de chat, conversen con personas empleando sus lenguajes naturales.*

Por último, para Interactions[9]:

> *Es el conjunto de tecnologías sustentadas por la mensajería automatizada y aplicaciones habilitadas para voz que ofrecen interacciones similares a los humanos entre los ordenadores y dichos humanos. La IA conversacional puede comunicarse como un humano reconociendo la voz y el texto, comprendiendo sus intenciones, descifrando diferentes idiomas y respondiendo de un modo que imita la conversación humana.*

La Inteligencia Artificial Conversacional utiliza diferentes tecnologías, tales como NLP, *Automatic Speech Recognition* (ASR), *Advanced Dialog Management* y Aprendizaje Automático para comprender, reaccionar y aprender de cada interacción. Los *bots de chat* y los dispositivos que dependen de la Inteligencia Artificial Conversacional se vuelven más inteligentes con el tiempo al usar los datos y la información de las conversaciones para mejorar los resultados.

Además de conversar con las personas, las tecnologías controladas por la Inteligencia Artificial también pueden realizar tareas al conectarse con servicios, sistemas internos y externos. En otras palabras, un *chatbot* dispositivo que usa la Inteligencia Artificial Conversacional no se limita a sus propios datos o conocimientos, puede buscar respuestas y soluciones conectándose a otros equipos, también a los asistentes virtuales y altavoces inteligentes.

11.7. LAS TECNOLOGÍAS DE LA INTELIGENCIA ARTIFICIAL CONVERSACIONAL

La Inteligencia Artificial Conversacional es el conjunto de tecnologías detrás de la mensajería automatizada y las aplicaciones habilitadas por voz que ofrecen interacciones similares a las humanas entre ordenadores y humanos. Estas tecnologías funcionan integradas para automatizar las comunicaciones con los humanos —vía voz y texto, normalmente— entre una persona y una máquina. La Inteligencia Artificial Conversacional es cualquier máquina con la que una persona puede hablar y, por lo general, está involucrada en la actualidad a través de *chatbots*, asistentes virtuales y de voz.

La Inteligencia Artificial Conversacional puede comunicarse como un ser humano al reconocer el habla y el texto, comprender la intención, descifrar diferentes idiomas y responder de una manera que imita la conversación humana.

Las herramientas de Inteligencia Artificial Conversacional funcionan gracias a procesos como el Aprendizaje Automático, respuestas automáticas y el Procesamiento del Lenguaje Natural. El objetivo es que reconozcan el lenguaje, la comunicación, las imiten y creen la experiencia de la interacción humana. En la actualidad, las herramientas más utilizadas en la Inteligencia Artificial Conversacional son los *chatbots* de última generación y los asistentes virtuales. De hecho, estos dos términos se utilizan indistintamente, aunque como iremos viendo mantienen diferencias globales en favor de los asistentes virtuales. Así, hoy día, existen numerosos términos sinónimos: *chatbot*, *bot* conversacional, asistente virtual, asistente digital inteligente, agente conversacional, aunque en el libro nos referiremos esencialmente a los *chatbots* y asistentes virtuales.

Los asistentes virtuales tienen grandes habilidades de Procesamiento del Lenguaje Natural, así como el subconjunto NLU. Sin embargo, una de sus aplicaciones más comunes se ve en la Inteligencia Artificial Conversacional. Normalmente, lo vemos manifestarse como asistentes virtuales como Alexa y Siri, pero sus aplicaciones son mucho más profundas, especialmente en el frente empresarial en herramientas como Google Dialogflow, Amazon Comprehend e IBM Watson.

11.7.1. COMPONENTES DE LA INTELIGENCIA ARTIFICIAL CONVERSACIONAL

La Inteligencia Artificial Conversacional es cualquier máquina con la que una persona puede hablar. Esto podría ser un *chatbot* en un sitio web, una aplicación de mensajería social, un asistente de voz o un dispositivo habilitado para voz; en síntesis, cualquier otra interfaz interactiva habilitada para mensajería. Estas soluciones permiten que las personas hagan preguntas, obtengan opiniones o recomendaciones, ejecuten transacciones, encuentren apoyo o logren un objetivo dependiente del contexto a través de la conversación.

Los componentes de la Inteligencia Artificial Conversacional son las ya conocidas de soporte fundamental como el Aprendizaje Automático, a las que se unen las tecnologías más específicas y propias de la Inteligencia Artificial Conversacional: Procesamiento del Lenguaje Natural (*Natural Language Processing,* NLP), Comprensión del Lenguaje Natural (*Natural Language Understanding*, NLU), Generación del Lenguaje Natural (Natural Language Generation, NLG), reconocimiento automático de voz (*Automatic Speech Recognition,* ASR), gestión/administración del diálogo (*Dialog Management*, DM), sistemas de síntesis del habla (*Text-To-Speech*, TTS), entre otras. Todas ellas integradas en la Inteligencia Artificial y también con las propiedades específicas del Aprendizaje Profundo y las redes neuronales artificiales. Estas tecnologías se utilizan para comprender, reaccionar y aprender de cada interacción.

Los sistemas de Inteligencia Artificial Conversacional se conocen como sistemas conversacionales, en el apartado 11.8.1 los detallaremos viendo su funcionamiento completo, aunque ahora haremos un anticipo del funcionamiento de las aplicaciones.

Funcionamiento de una aplicación de Inteligencia Conversacional (*chatbot* o asistente virtual)

En primer lugar, la aplicación (*chatbot* o asistente virtual como Siri, Alexa) recibe la entrada de la información del usuario o humano, que puede ser, normalmente, texto escrito o voz, frases habladas (asistente virtual como Siri de Apple). Si el usuario utiliza voz, este audio será la entrada a una etapa conocida como reconocimiento automático de voz (ASR), que selecciona las palabras habladas y las traduce en un formato de texto legible; lo pasa a la segunda etapa de Comprensión del Lenguaje Natural; en el caso de que la entrada del usuario sea texto, esta primera etapa se salta y se pasa directamente a la segunda etapa. En la segunda etapa, se debe interpretar el significado del texto, para lo que se utiliza la tecnología de Comprensión del Lenguaje Natural (NLU), que interpreta el texto y obtiene la semántica equivalente. A continuación, la etapa de gestión o administración del lenguaje "orquesta" las respuestas (también semántica) para descifrar lo que significa el texto y las convierte en formato natural comprensible, utilizando un generador de lenguaje natural (NLG), segunda tecnología nuclear del NLP. La aplicación entregará el texto correspondiente de respuesta, pero si la entrada inicial fue audio o voz, entonces, una nueva etapa conocida como etapa de síntesis de texto a voz (TTS) la convertirá de nuevo en audio.

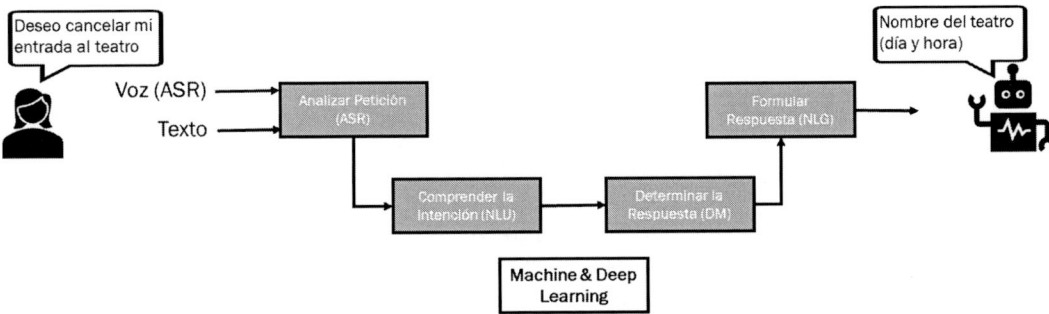

Figura 11.3. Componentes de una aplicación de Inteligencia Artificial Conversacional

11.8. SISTEMAS CONVERSACIONALES

Los *sistemas de* diálogo hablado (*Spoken Dialogue Systems*, SDS), término utilizado en su origen y con una larga historia como área de investigación, ha evolucionado considerablemente y hoy es más conocido como *Sistemas conversacionales*: uno de los pilares de la Inteligencia Artificial Conversacional. Los sistemas de diálogo hablado son programas de ordenador desarrollados para interactuar con usuarios, empleando la voz a fin de proporcionarles servicios específicos automatizados. Las tecnologías han ido evolucionando y han convertido a los sistemas conversacionales en la base de la Inteligencia Artificial Conversacional.

Los sistemas conversacionales requieren diversas tecnologías para procesar y generar lenguaje natural con una calidad que permita la interacción natural con los humanos (tarea muy compleja).

11.8.1. ARQUITECTURA CLÁSICA DE UN SISTEMA CONVERSACIONAL (SISTEMA DE DIÁLOGO HABLADO)

Los sistemas de diálogo hablado requieren de diferentes tecnologías para procesar y generar el lenguaje natural con una calidad que permita la interacción natural con los humanos, tarea muy compleja. La arquitectura clásica (ciclo de vida) de un sistema de diálogo hablado o sistema conversacional se compone de cinco etapas, cada una de ellas soportada por una tecnología; se gestionan de modo secuencial (Park, Kang y Seo, 2018)[10] y (López-Cózar, 2014)[11]:

1. Reconocimiento Automático de Voz (ASR, *Automatic Speech Recognition*)

2. Comprensión del Lenguaje Natural (NLU, *Natural Language Understanding*)

3. Gestión del Diálogo (DM, *Dialog Management*)

4. Generación del Lenguaje Natural (NLG, *Natural Language Generation*)

5. Síntesis de Texto a Voz (TTS, *Text-To-Speech synthesis*)

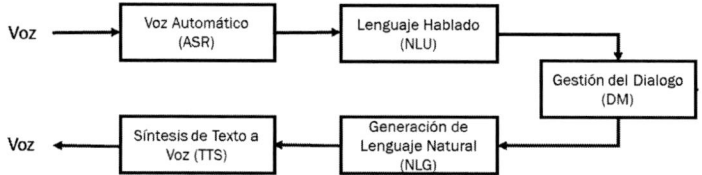

Figura 11.4. Arquitectura de un Sistema Conversacional (sistema de diálogo hablado). Reconocimiento automático de voz

Los usuarios proporcionan la entrada a través de un sitio web, de una aplicación móvil o de otros dispositivos inteligentes, como teléfonos o altavoces inteligentes. El formato de la entrada puede ser audio (voz) o texto. Si la entrada es voz (habla) el sistema ASR busca el sentido de las palabras habladas y las traduce en un formato de texto legible por la máquina, que es el texto, mediante una secuencia de palabras. En los *chatbot* de solo texto, como servicios de mensajería basada en texto, se salta esta etapa.

Comprensión del Lenguaje Natural

La salida del reconocedor de voz es la entrada al siguiente componente, Comprensión del Lenguaje Natural. El objetivo de este componente es obtener una representación semántica de la entrada, que se obtiene mediante la NLU, que descifra el significado de la entrada y deducirá la intención que viene implícita en el texto. La aplicación debe descifrar lo que significa el texto.

Gestión del diálogo

La salida semántica obtenida mediante la tecnología NLU es la entrada al componente de DM, que puede reaccionar apropiadamente; si el usuario solicita una pregunta, puede intentar encontrar la respuesta, si era una orden, puede intentar ejecutarla. En caso de necesidad para obtener la respuesta, la administración del diálogo puede interactuar con alguna aplicación (en la parte *back-end*), por ejemplo, una base de datos de conocimiento, un sistema de comercio electrónico o cualquier otro elemento que pueda resolver directamente las consultas, aunque no estén directamente relacionadas con los aspectos conversacionales (figura 11.5). El administrador del diálogo orquesta la respuesta y la convierte en semántica, el formato humano comprensible por el siguiente componente de Generación del Lenguaje Natural. Este módulo accede también a los repositorios de datos asociados con la aplicación para realizar consultas y procesar sus resultados.

La aplicación forma la respuesta basada en su comprensión de la intención del texto utilizando la DM, que orquesta la respuesta y la convierte en formato humano comprensible.

Generación del Lenguaje Natural

El resultado de la etapa anterior es la entrada al NLG, de modo que las palabras se vuelven de nuevo a convertir a texto como respuesta. La respuesta del sistema proporcionada por el generador de respuestas puede incorporar otras modalidades de información (vídeo, imágenes, tablas con datos, gestos a reproducir por un avatar).

Síntesis de texto a voz

La etapa de TTS se encarga de convertir el texto recibido de la etapa anterior en un formato de audio y genera la correspondiente señal de audio que se transmite al usuario.

Las oraciones generadas por el módulo NLG, representadas internamente en formato de texto, son la entrada de este módulo, cuya función es transformar las oraciones en texto en señal de audio (voz). El proceso TTS permite convertir en voz cualquier texto sin necesidad de tener pregrabadas todas las palabras de la oración. Es un proceso complejo que dependerá del idioma, la pronunciación correcta de las palabras. El proceso TTS requiere dos pasos. El primero es reemplazar la secuencia de palabras o abreviaturas por transcripciones fonéticas correspondientes. El segundo paso hace un análisis lingüístico de la entrada para incluir marcas que indiquen la pronunciación adecuada.

Durante todo el proceso anterior el Aprendizaje Automático, el Aprendizaje Profundo y el Aprendizaje de Refuerzo actúan de modo transversal en todo el ciclo de vida, va aceptando correcciones y aprendiendo de la experiencia para entregar una mejor respuesta en interacciones futuras.

Integraciones de *back-end*

Un asistente de Inteligencia Artificial Conversacional no es de mucha utilidad para una empresa si no puede conectarse e interactuar con los sistemas de TI existentes en la organización o empresa. Según los recorridos conversacionales admitidos, el asistente deberá integrarse con un sistema de *back-end*. Por ejemplo, si los recorridos conversacionales respaldan la comercialización de productos/servicios, es posible que el asistente deba integrarse con los sistemas de CRM (Salesforce, Hubspot). Si los viajes se tratan de soporte posventa, entonces, debe integrarse con los sistemas de soporte al cliente para crear y consultar tickets de soporte y CMS para obtener el contenido adecuado para ayudar al usuario.

Por esta razón es preciso que la etapa de gestión del diálogo debe tener una conexión directa con las aplicaciones *back-end* de la organización o empresa, de modo que pueda consultar a su sistema de información y enviar o recibir datos de interés para contrastar con la entrada de la etapa anterior, así como variar la salida prevista cuando lo exija la información recibida.

Además de incorporar este nuevo sistema de comunicación con los sistemas empresariales, es casi una necesidad crear un equipo de soporte, un equipo de agentes humanos para hacerse cargo de las conversaciones que son demasiado complejas para el asistente de Inteligencia Artificial Conversacional. Esta característica también requiere la integración del *back-end* con plataformas de *chat* o asistente virtual en vivo. Es necesario que los sistemas devuelvan comentarios informativos, lo cual puede ayudar a que el asistente sea más útil. Por ejemplo, si el sistema *back-end* devuelve un mensaje de error, sería útil para el usuario si el asistente pudiera traducirlo para sugerir una acción alternativa que el usuario pueda realizar. En resumen, las integraciones del *back-end* han de estar bien diseñadas para que el asistente virtual sea más eficaz y pueda adquirir, en su caso, más conocimientos rentables.

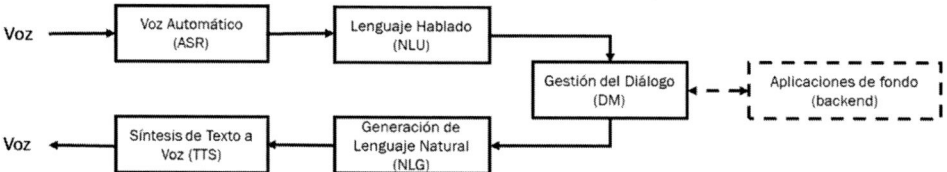

Figura 11.5. Sistema Conversacional con aplicación de fondo integrada (Backend Application)

CASO DE ESTUDIO: Modelo de Inteligencia Artificial Conversacional de IBM

IBM destaca que la Inteligencia Artificial Conversacional[12] combina el NLP con el Aprendizaje Automático. Estos procesos NLP fluyen en un bucle de retroalimentación constante con procesos de Aprendizaje Automático para mejorar continuamente los algoritmos de la Inteligencia Artificial. Los componentes principales de la Inteligencia Artificial Conversacional, según IBM, son los dos componentes globales: el Aprendizaje Automático y el procesamiento del Lenguaje Natural, que permiten procesar, comprender y generar respuestas de un modo natural.

1. **Aprendizaje Automático.** Consta de un conjunto de algoritmos, características y conjuntos de datos que se mejoran continuamente con la experiencia. A medida que crece la entrada, la máquina de la plataforma de Inteligencia Artificial obtiene mejoras en el reconocimiento de patrones y se utilizan para hacer predicciones

2. **Procesamiento del Lenguaje Natural.** Es el método actual de analizar el lenguaje con la ayuda del Aprendizaje Automático utilizado en la Inteligencia Artificial Conversacional. El Aprendizaje Profundo, en el futuro, hará avanzar las posibilidades del Procesamiento del Lenguaje Natural de la Inteligencia Artificial Conversacional.

El Procesamiento del Lenguaje Natural en esta aplicación, según IBM, consta de cuatro etapas: generación de la entrada, análisis de la entrada, generación de la salida y aprendizaje de refuerzo.

- **Generación de la entrada.** Los usuarios proporcionan la entrada a través de un sitio web o de una aplicación. El formato de la entrada puede ser texto o voz.
- **Análisis de la entrada.** Si la entrada está basada en texto, la aplicación de la solución de la Inteligencia Artificial Conversacional utilizará la tecnología de Comprensión del Lenguaje Natural para descifrar el significado de la entrada y deducir su intención. Sin embargo, si la entrada está basada en texto, se aprovechará una combinación del reconocimiento automático de voz y la NLU para analizar los datos.
- **Gestión del diálogo.** Durante esta etapa la tecnología de Generación del Lenguaje Natural formula una respuesta.
- **Aprendizaje de refuerzo.** Por último, los algoritmos de Aprendizaje Automático refinan durante todo el tiempo para asegurar la precisión.

IBM, en el informe ya reseñado[13], explica en profundidad cómo crear aplicaciones de Inteligencia Artificial Conversacional y también detalla diferentes casos de uso y cómo utilizar su herramienta: IBM Watson Assistant[14].

11.9. *CHATBOTS* Y ASISTENTES VIRTUALES

¿Qué es un *bot*? Recurrimos como otras veces a las definiciones que la RAE publica en su DRAE.

bot . Del ingl. *bot,* acort. de *robot* 'robot'. Las dos acepciones de *bot* son:

1. m. Inform. "Programa que imita el comportamiento humano".

2. m. Inform. "robot". (Del ingl. robot [y la acepción cuarta de robot se define como]).

4. m. Inform.: "Programa que explora automáticamente la red para encontrar información".

Chat. Del inglés, *chat*; propiamente 'charla'. Y presenta dos acepciones:

1. m. "Intercambio de mensajes electrónicos a través de internet que permite establecer una conversación entre dos o más personas".

2. m. "Servicio que permite mantener conversaciones mediante chats".

La palabra *chatbot*, en 2022, todavía no ha sido incorporada al DRAE. Sin embargo, la Fundéu (Fundación del Español Urgente/RAE)[15], eje central de terminología oficial, sí lo define y considera que el sustantivo *chatbot*, empleado para denominar a los programas informáticos con los que se puede mantener una conversación, es un neologismo válido en español. Por consiguiente, podemos definir el término *chatbot* como un sustantivo formado por el término *chat* fusionando las dos acepciones ("servicio que permite mantener conversaciones mediante chats con intercambios de mensajes electrónicos a través de internet que permite establecer una conversación entre dos o más personas") y el término *bot*, abreviatura o acortamiento de robot.

Resume la Fundéu que, a partir de las definiciones anteriores, con *chatbot*, cuyo plural es *chatbots*, se alude a los programas que, basados en la Inteligencia Artificial, permiten mantener una conversación hombre-máquina simulando las respuestas que daría una persona. Fundéu, en su descripción del término, confirma que no hay necesidad de marcar este sustantivo con ningún resalte, comillas ni cursiva, por lo que su empleo en oraciones como las citadas anteriormente puede considerarse plenamente válido. Por lo que es predecible que al igual que sucede con el término chat, cuando se apruebe el término *chatbot* por la RAE se escribirá también en letra ordinaria.

Definición de *chatbot* en el *IT Glossary* de Gartner

Un *chatbot*[16], según Gartner, es una interfaz de conversación específica de un dominio que utiliza una aplicación, una plataforma de mensajería, una red social o una solución de *chat* para sus conversaciones. Los *chatbots* varían en sofisticación, desde técnicas de marketing simples basadas en árboles de decisiones hasta implementaciones creadas en plataformas ricas en funciones. Siempre tienen un alcance limitado. Un *chatbot* puede estar basado en texto, voz o una combinación de ambos.

Definición de asistente virtual en el *IT Glossary* de Gartner

Los asistentes virtuales[17], según Gartner, ayudan a los usuarios o empresas con un conjunto de tareas que antes solo eran posibles por humanos; utilizan aprendizaje semántico y profundo (como redes neuronales profundas, Procesamiento del Lenguaje Natural, modelos de predicción, recomendaciones y personalización) para ayudar a las personas o automatizar tareas. Escuchan y observan comportamientos, construyen y mantienen modelos de datos y predicen y recomiendan acciones. Se pueden implementar en varios casos de uso, incluidos los asistentes personales virtuales, asistentes virtuales de clientes y asistentes virtuales de empleados.

11.10. ¿QUÉ ES UN *CHATBOT*?

El origen de los *chatbots* son los *bots*. Un *bot* es un software de Inteligencia Artificial diseñado para realizar una serie de tareas por su cuenta y sin la ayuda del ser humano: hacer una reserva en un restaurante, marcar una fecha en el calendario o recoger y mostrar información a los usuarios. El *bot* es capaz de comunicarse con los seres humanos (a través de texto, voz, emociones) manteniendo una conversación con una persona utilizando el lenguaje natural.

Un *chatbot* (*chatter bot*) o *bot* conversacional es el modelo de *bot* más popular, capaz de simular una conversación con una persona y se ha integrado en las aplicaciones de mensajería, corresponde a un programa que tiene por finalidad interactuar con los clientes a través de conversaciones (escritas o habladas) semejantes a las de los humanos.

Los *chatbots* pueden ser simples o sofisticados. En sus versiones simples son programas con una respuesta para una pregunta estándar. Los *chatbots* sofisticados recopilan datos desde la interacción con el usuario, para luego aprender del cliente, personalizando la interacción y las respuestas como si fuera un humano.

Se pueden utilizar en sitios web, aplicaciones, servicios de mensajería. Es un modelo similar al del recepcionista de un hotel que saluda a los recién llegados y les ayuda a instalarse. Gracias a esta tecnología, las empresas pueden responder de forma automática a través de canales como WhatsApp, Telegram, su página web o una Intranet. Otros *chatbots* populares son: Marriot Reward, Varicentbot, Rabbot, Bench Bot, DriftBot, Covibot, Moni, Bud Light, Skoda.

Los *chatbots* en la empresa

Durante muchos años, los *chatbots* se utilizaban normalmente en entornos de servicio al cliente; en la actualidad, se están utilizando para diferentes roles en las empresas y mejorar la experiencia del cliente y la eficiencia en los negocios.

¿Cómo funciona un *chatbot*?

En un nivel básico, un humano interactúa con un *chatbot*. Si se utiliza voz, primero convierte la entrada de datos de tipo voz en texto utilizando tecnología ASR. Si la entrada es solo texto, como en los servicios de mensajería basados en texto, se salta esta etapa.

A continuación, el *chatbot* analiza la entrada de texto, considera la mejor respuesta y se la devuelve al usuario. La salida de respuesta se puede entregar de varias maneras: texto escrito, voz a través de herramientas de texto a voz o completando otra tarea.

El Procesamiento del Lenguaje Natural se utiliza para dividir la entrada del usuario en oraciones y palabras; también estandariza el texto a través de una serie de técnicas, por ejemplo, convertirlo todo a letras minúsculas o corregir errores ortográficos antes de determinar si la palabra es un adjetivo o un verbo. En esta etapa también se consideran otros factores como los sentimientos.

La Comprensión del Lenguaje Natural le ayuda a comprender lo que dijo el usuario utilizando objetos de lenguaje generales y específicos del dominio, como léxicos, sinónimos y temas. Luego, estos se usan junto con algoritmos o reglas para construir flujos de diálogo que le dicen cómo responder.

La Generación del Lenguaje Natural ofrece una experiencia significativa y personalizada más allá de las respuestas preestablecidas, requiere la generación de un lenguaje natural. Esto permite que el *chatbot* interrogue a los repositorios de datos, incluidos los sistemas *back-end* integrados, las bases de datos de terceros, y use esa información para crear una respuesta.

Las tecnologías de Inteligencia Artificial Conversacional permiten a las empresas crear sistemas de diálogo avanzados que utilizan la memoria, las preferencias personales y la comprensión contextual para ofrecer una interfaz de lenguaje natural realista y atractiva.

11.10.1. TIPOS DE *CHATBOTS* SEGÚN SU FUNCIONALIDAD

Existen numerosos tipos de *chatbots* agrupados en diferentes categorías, dependiendo de su uso o funcionalidades. Los tipos más utilizados se clasifican en tres grupos y su elección depende principalmente de los objetivos de la empresa o estrategias de negocio.

- *Chatbots* basados en reglas
- *Chatbots* de Inteligencia Artificial
- *Chatbots* híbridos (*chatbots* cognitivos)

Chatbots basados en reglas

Son los más utilizados. Siguen una estructura de conversación de árbol de decisiones y no dependen de la Inteligencia Artificial; se basan en caminos conversacionales al estilo de un diagrama de flujo, siguiendo una serie de reglas predefinidas, diseñadas para resolver problemas específicos o lograr objetivos particulares.

Así los usuarios tienen una pregunta predefinida y responden con opciones. Si el usuario trata de hacer preguntas fuera de este catálogo preasignado, el *chatbot* no responde. El inconveniente de este tipo tradicional es que no son muy flexibles y limitan el flujo y personalización de la conversación.

Tienen las siguientes características:

- Más fáciles y rápidos de entrenar.
- Se integran fácilmente con los sistemas tradicionales o heredados.
- Son confiables, lo que significa que no se salen de sus reglas ni dicen cosas inaceptables.

Chatbots con Inteligencia Artificial

Utilizan el Aprendizaje Automático y el Procesamiento del Lenguaje Natural para entablar una conversación con el usuario; generan sus propias respuestas al analizar la intención del usuario y el objetivo de la conversación.

Las ventajas son principalmente: atención de consultas de clientes más complejas gracias a sus capacidades conversacionales y la comprensión de intenciones; personalizar el idioma de la conversación según el usuario. Los inconvenientes son: tardan más en entrenarse y requieren grandes volúmenes de datos para evitar producir respuestas irrelevantes o complicar la experiencia del usuario.

Chatbots híbridos

Combinan la Inteligencia Artificial y los beneficios basados en reglas, de modo que están capacitados para decir cosas específicas en respuesta a las consultas de los usuarios, pero también pueden aprovechar las tecnologías del Procesamiento del Lenguaje Natural para comprender la intención del usuario.

11.10.2. TIPOS DE *CHATBOTS* SEGÚN LA INTERACCIÓN

Permiten utilizar diferentes tipos de entrada:

- *Chatbots* de texto
- *Chatbots* multimedia
- *Chatbots* de voz

11.10.3. TIPOS DE *CHATBOTS* SEGÚN EL CANAL DE COMUNICACIÓN

Las organizaciones y empresas, a la hora de seleccionar un *chatbot* para su adquisición o diseño corporativo, optan por elegir el canal de comunicación que más van a utilizar: el tradicional o la opción omnicanal, cada vez más empleada en las estrategias empresariales.

- *Chatbots* de sitios web
- *Chatbots* de redes sociales
- *Chatbots* de mensajería instantánea
- *Chatbots* omnicanal

11.11. ASISTENTES VIRTUALES

Los asistentes virtuales se suelen considerar como una evolución de los *chatbots* convencionales, aunque existen diferentes teorías según la procedencia: una de ellas considera que los asistentes virtuales son un tipo de *chatbots* centrado en los asuntos empresariales; la otra, que los *chatbots* son un tipo de asistente virtual centrado en las relaciones personales y empresariales. En cualquier caso, los asistentes virtuales o asistentes virtuales inteligentes son uno de los componentes fundamentales de la Inteligencia Artificial Conversacional.

Definición de asistente virtual

Los asistentes virtuales (*virtual assistant*)[18], definidos anteriormente, según Gartner:

> Ayudan a los usuarios o empresas con un conjunto de tareas que antes solo eran posibles por humanos. Los VA utilizan el aprendizaje semántico y profundo (como redes neuronales profundas, procesamiento de lenguaje natural, modelos de predicción, recomendaciones y personalización) para ayudar a las personas o automatizar tareas. Los VA escuchan y observan comportamientos, construyen y mantienen modelos de datos y predicen y recomiendan acciones. Los VA se pueden implementar en varios casos de uso, incluidos los asistentes personales virtuales, asistentes virtuales de clientes y asistentes virtuales de empleados.

La RAE no contempla ninguna acepción a asistente virtual, pero considera una acepción de la palabra asistente en el campo de la informática: "Aplicación informática que guía al usuario inexperto en el manejo de un programa", con lo cual creo que se puede considerar como una síntesis de una definición ortodoxa de asistente virtual.

¿Qué es un asistente virtual?

Los asistentes virtuales son programas de software que realizan tareas diarias ordinarias que normalmente suele ejecutar un asistente personal, como organizar horarios, planificar las actividades diarias del trabajo, obtener las necesidades de viaje, concertar citas, enviar recordatorios de eventos, control de los gastos diarios o semanales. Los asistentes virtuales están diseñados pensando en el usuario final y para aceptar entradas y realizar tareas mediante comandos de voz. Son dispositivos o software inteligentes que pueden comunicarse con otros dispositivos mediante la Comprensión del Lenguaje Natural, el reconocimiento de rostros y la identificación de cosas. Se encuentran comúnmente en dispositivos portátiles, teléfonos, y se pueden usar para controlar el dispositivo y realizar actividades simples como enviar correos electrónicos y crear listas de tareas pendientes. Estas actividades se pueden completar dando al asistente virtual la orden vocal adecuada.

Los asistentes virtuales interpretan el habla humana con la ayuda de redes neuronales artificiales. Esto les permite predecir la intención del usuario, incluso si la consulta del usuario es aleatoria. Los asistentes virtuales funcionan con Inteligencia Artificial, lo que significa que pueden aprender las preferencias y los comportamientos del usuario a lo largo del tiempo. Como resultado, se vuelven más sabios con el tiempo.

Los asistentes virtuales inteligentes: a diferencia de los *chatbots*, trabajan de una manera más sofisticada. Desarrollan una interacción mucho más humana con una gran cantidad y variedad de corrientes de diálogo. Por otro lado, no solo entienden el idioma del usuario, sino también el significado de lo que se dice. Funcionan con herramientas de Procesamiento del Lenguaje Natural y sus tecnologías fundamentales: Comprensión del Lenguaje Natural (CLN) y Generación del Lenguaje Natural (GLN). La fusión de ambas tecnologías les permite procesar los datos y contestar a la pregunta de forma más o menos natural.

Gracias al Procesamiento del Lenguaje Natural pueden comprender fácilmente la demanda del usuario, analizar los sentimientos y comprender el idioma en el que se dirigen a ellos. Por tanto, los asistentes virtuales se declaran como una metodología mucho más conversacional que los *chatbots*.

Un asistente virtual es mucho más amplio en sus capacidades, distinto del *chatbot*, que solo puede realizar tareas específicas (aunque como hemos visto ya existen de Inteligencia Artificial, muy similares a los asistentes virtuales). Dentro de esa amplitud y de la capacidad de responder ante la complejidad, los asistentes virtuales, a diferencia de los *chatbot* simples, son capaces también de dar respuesta a situaciones imprevistas, comprender algunas jergas utilizadas en la conversación, analizar posibles sentimientos y el uso de conversaciones naturales cotidianas. También pueden comparar productos, compartir música, realizar bromas, reconocer información importante y clasificarla, y llegan a predecir ciertas cuestiones en función de sus capacidades y de toda la información acumulada y que es procesada de manera especial.

Un asistente virtual utiliza la Inteligencia Artificial, pero también los robots de software RPA y el Aprendizaje Automático, que permiten extraer información y datos complejos de las conversaciones para comprenderlas y procesarlas adecuadamente.

Combinando la información del pasado, los algoritmos son capaces de crear modelos de datos que reconocen los patrones de comportamiento y los adaptan basados en los datos adicionales. Añaden constantemente nuevos datos sobre la historia, las preferencias y otras informaciones de interés para los usuarios, por lo que pueden responder a cuestiones complejas, hacer recomendaciones y, naturalmente, la posibilidad de iniciar una conversación.

Así pues, los asistentes virtuales como Siri de Apple o Alexa de Amazon son robots que responden a comandos de voz y cada vez son más inteligentes y sofisticados, ya que van aprendiendo de las interacciones con el consumidor. Son justamente eso, robots que responden a comandos de voz; cada vez más sofisticados e inteligentes. Estos sistemas aprenden a través de interacciones con el consumidor y mejoran continuamente su repertorio;

de modo que cada vez aprenden más de las personas con las que actúan y estas características los están convirtiendo en soluciones empresariales, así como en dispositivos funcionales a utilizar en el hogar o el trabajo mediante los interfaces de usuario de voz (*Voice User Interfaces*, VUI).

11.11.1. ASISTENTES VIRTUALES MÁS POPULARES

Existen numerosos asistentes virtuales y las ofertas de proveedores crecen, aunque los más populares por su uso y eficacia son los siguientes:

Alexa

Alexa es el asistente virtual controlado por voz creado por Amazon y lanzado en noviembre de 2014 y que puede interactuar con los altavoces inteligentes Echo de la propia marca. Un servicio para empresas es Alexa for Business (aws.amazon.com/es/alexaforbusiness/), que permite a las organizaciones y a los empleados usar Alexa para hacer más tareas en menos tiempo. Con este servicio, los empleados pueden usar Alexa como su asistente inteligente para ser más productivos en las salas de reuniones, en sus escritorios, en sus hogares o en el lugar en que se encuentren. Los directores de TI e instalaciones también pueden usar Alexa for Business para medir y aumentar el uso de las salas de reuniones existentes en las instalaciones.

Siri

Es, sin lugar a duda, uno de los asistentes virtuales más utilizados y populares. Esta herramienta, adquirida por Apple y lanzada por primera vez en 2011, está disponible en todos los dispositivos de Apple, incluyendo el HomePod.

Google Assistant

El asistente virtual de Google es uno de los asistentes con más tecnología y más cercanos a las características de la raza humana.

Cortana

Es el asistente virtual de Windows de Microsoft disponible en los dispositivos de la marca; como ordenadores, móviles y Xbox One. Cortana también puede estar alojada en Invoke, una bocina inteligente, similar a Echo o Google Home, pero no con la misma popularidad y tecnología.

Bixby

Es el asistente virtual de la marca Samsung, que está disponible no solo en los dispositivos móviles, sino en todo tipo de dispositivos comercializados por la marca, tales como altavoces inteligentes, dispositivos del hogar o industriales, a los que incorpora características sofisticadas como el reconocimiento facial a través de la cámara de los dispositivos.

11.11.2. ASISTENTES DE VOZ Y ALTAVOCES INTELIGENTES

Los asistentes virtuales han ido evolucionando y han incorporado los asistentes de voz, que, en esencia, son programas de software basados en la Inteligencia Artificial, capaces de reconocer el lenguaje con una elevada precisión y responder a comandos de voz para ejecutar una serie de tareas y preguntas, según las fuentes de información disponibles; de modo que posibilitan a los usuarios interactuar con diferentes plataformas y hardware mediante la voz.

Los asistentes de voz pueden estar integrados en diversos tipos de plataformas y dispositivos, entre los que podemos destacar:

- *Altavoces inteligentes.* Se trata de dispositivos inalámbricos de comandos de voz con una serie de tecnologías integradas, como los asistentes virtuales y la Inteligencia Artificial, que permiten controlar la domótica de la vivienda, reproducir música, consultar información, aportar entretenimiento. Los altavoces más populares son: Amazon Echo (Echo Spot, Echo Dot, Echo Input), Google Home y HomePod de Apple, aunque también se están popularizando Cortana de Microsoft y Bixby de Samsung.

- *Sistemas operativos.* Microsoft Windows, Android, iOS de Apple, integrados en ordenadores portátiles, teléfonos inteligentes y otros dispositivos.

- *Teléfonos inteligentes.* Se comercializan con asistentes virtuales integrados en origen en la comercialización de los dispositivos.

- *Dispositivos inteligentes como relojes inteligentes y ponibles* (wearables), *smartwatch.*

- *Automóviles.* Incorporación a los automóviles autónomos y conectados mediante los teléfonos inteligentes y sus asistentes virtuales.

- *Electrodomésticos.* Google Assistant está disponible en televisores que tienen incluido Android TV.

11.12.3. ASISTENTES VIRTUALES DEL FUTURO

Los diferentes fabricantes de asistentes virtuales están comenzando a investigar y desarrollar su integración en aplicaciones de Inteligencia Artificial Generativa, además de aplicaciones de Inteligencia Artificial Conversacional.

Por otra parte, cada vez es más frecuente utilizar asistentes virtuales, por lo que podremos encontrarnos con proveedores comerciales que utilizan indistintamente los términos y será preciso estudiar las características y funcionalidades ofrecidas por los proveedores para conocer todas sus opciones y decidir cuál elegir para cumplir cada objetivo empresarial.

11.12. INTELIGENCIA ARTIFICIAL GENERATIVA

La Inteligencia Artificial Generativa, también llamada con el sobrenombre de IA Creativa, ha alcanzado una gran resonancia en las organizaciones y empresas debido esencialmente a dos de sus tecnologías de mayor impacto: las redes GAN y los algoritmos GPT-2 y GPT-3, así como la esperada liberación de código del modelo *súper avanzado* GPT-4 y el desarrollo e investigación de empresas multinacionales de gran prestigio como son OpenAI y DeepMind de Google.

La Inteligencia Artificial Generativa es una tecnología disruptiva seleccionada en el informe anual de Gartner (octubre 2021) como una de las principales tendencias tecnológicas estratégicas para 2022 (ver apartado 16.1), ya que consideraba que "puede generar artefactos que anteriormente dependían de los humanos, entregando resultados innovadores sin los sesgos de experiencias humanas y los procesos de planteamiento". Gartner considera en su informe que "la IA generativa utiliza datos para aprender cómo son los artefactos y generar nuevas creaciones innovadoras que son parecidas al original, pero no una repetición del original y que además posee el potencial de producir nuevas formas de contenido creativo, por ejemplo, vídeos, y acelerar los ciclos de I+D en ámbitos que van desde la medicina hasta el diseño de productos".

Posteriormente, Gartner en otro informe de gran prestigio que publicó en agosto de 2022, el *Hype Cycle para tecnologías emergentes, 2022* (ver apartado 16.9), declara a la IA Generativa como una de las tecnologías emergentes de mayor impacto en los próximos cinco años, y que renombra como Inteligencia Artificial de Diseño Generativo. Debido al gran impacto mundial que tienen ambos informes en las organizaciones, empresas, universidades y centros de investigación, ha contribuido a asentar la nueva disciplina dentro de la Inteligencia Artificial y anuncia numerosos desarrollos y aplicaciones en una gran cantidad de sectores.

Gartner, al seleccionar la tecnología estratégica de la Inteligencia Artificial Generativa en la presentación del informe, ya considera que es capaz de crear nuevas economías de escala generando artefactos a granel o ayudando a los humanos a generarlos más rápidamente. Las técnicas de simulación de datos sintéticos están produciendo modelos de Inteligencia Artificial, entrenando datos, haciendo pruebas de datos, diseños e incluso generando código. Las redes GAN, continúa Gartner, en su informe, y la Generación del Lenguaje Natural están alcanzando una personalización elevada y nuevas alturas, ya que crean y ensamblan texto, imágenes y vídeo en tiempo real.

Una definición sencilla es que la Inteligencia Artificial Generativa es la tecnología para crear contenidos nuevos utilizando texto, archivos de audio o imágenes existentes; permite que los ordenadores detecten el patrón fundamental relacionado con la entrada y produce un contenido similar. En otras palabras, se ejecutan algoritmos que identifican el patrón subyacente de una entrada para generar un contenido plausible. En síntesis, la Inteligencia Artificial Generativa consiste en algoritmos para generar imágenes artificiales, pero realistas.

El origen del gran avance de las redes GAN se produjo con la publicación de un artículo de Ian Goodfellow, de la Universidad de Montreal, en Canadá, en 2014. El avance conceptual de Goodfellow fue diseñar redes GAN con dos redes neuronales artificiales independientes, que luego se enfrentaron. Se trata de un sistema de Aprendizaje Automático. El propósito de una red generativa antagónica GAN (Generative Adversial Network) es crear diseños propios basados en datos reales que permiten a los computadores crear y gestionar la realidad.

Gartner anuncia a las empresas que pueden utilizar la tecnología de Inteligencia Artificial Generativa desde la perspectiva de dos enfoques:

- **Aumentar los flujos de trabajo creativos existentes en colaboración con humanos.** Crear artefactos para apoyar tareas creativas de orden superior por los humanos. Por ejemplo, generar una mazmorra para un mundo de juego. Los diseñadores de juegos cambian el comportamiento de creación de la Inteligencia Artificial reforzando lo que les gusta o no del trabajo generado: "más como esto" y "menos como esto".

- **Actuando como una fábrica de artefactos.** La Inteligencia Artificial Generativa puede tener artefactos a granel con poca participación de los humanos (más allá de dar forma a los parámetros de lo que quieren crear). Ese es el caso de las herramientas de desarrollo de software, donde los humanos no tienen que codificar manualmente, uno solo tiene que establecer el contexto: centrarse en el resultado en lugar de preocuparse por el proceso.

Tecnologías de Inteligencia Artificial Generativa

Existen diversas técnicas, aunque las más utilizadas y populares son:

1. Redes generativas antagónicas (*Generative Adversarial Networks*, GAN)
2. Transformadores: GPT-3, LaMDA y Wu-Dao
3. Codificadores automáticos variacionales (*Variational auto-encoders*, VAE)

11.12.1. REDES GAN

Las redes GAN son dos redes neuronales independientes, pero que compiten entre sí para encontrar un equilibrio entre ambas redes: la *red generadora* es responsable de la generación de nuevos datos y la *red discriminadora* es la encargada de diferenciar entre los datos fuente y los generados, con el objeto de reconocer cuáles son los más cercanos a los datos originales. Las redes GAN se utilizan principalmente para generar imágenes, pero también permiten la creación automática de textos.

A partir de un conjunto de datos (por ejemplo, una colección de fotos de rostros humanos), la red generadora comienza a generar nuevas imágenes que, en términos de píxeles, son matemáticamente similares a las existentes; mientras tanto, la segunda red neuronal, la discriminadora, recibe fotos sin saber si son el conjunto de datos original o de la salida de la generadora, su tarea es identificar qué fotos han sido generadas "sintéticamente". Se realizan diferentes pruebas, en las que el generador ajusta los parámetros para crear datos más convincentes hasta que la red discriminadora no puede distinguir entre los verdaderos y los falsos después de una iteración continua.

A medida que las dos redes trabajan iterativamente una contra la otra, la generadora, que intenta engañar a la discriminadora, y la discriminadora, que intenta describir las creaciones de la red generadora, perfeccionan las capacidades de la otra red.

11.12.2. CODIFICADORES AUTOMÁTICOS VARIACIONALES (*VARIATIONAL AUTO-ENCODERS*, VAE)

Es una tecnología que utiliza una técnica muy similar y que se puede usar como una alternativa a las redes GAN. La primera red se llama el codificador *encoder*, que codifica la entrada en un código comprimido; mientras la red *decodificadora* reproduce la información inicial de este código. Si se eligen y entrenan correctamente, esta representación comprimida almacena la distribución de los datos de entrada en una representación dimensional mucho más pequeña.

Son igualmente dos redes neuronales que funcionan también entre sí. La red *encoder* toma una parte de los datos de entrada y los comprime en una representación de menor dimensión; la segunda red, el decodificador, selecciona esta representación comprimida y en función de una distribución de probabilidad de los atributos de los datos originales, y una función de aleatoriedad, genera salidas novedosas que simulan la entrada original.

En general, las redes GAN generan salidas de más alta calidad que las VAE, aunque su desventaja es que son más difíciles de diseñar y también son más caras de construir.

11.12.3. TRANSFORMADORES (*TRANSFORMERS*)

Los transformadores como GPT-3, esencialmente (aunque existen otros modelos como LaMDA y Wu-Dao), imitan la atención cognitiva y miden el significado de las partes de datos de entrada. Se entrenan para entender la lengua o imágenes, aprender de las tareas de clasificación y generar textos o imágenes de conjuntos de datos masivos.

La tecnología GPT-3 (*Generative Pre-trained Transformer 3*, GPT-3) tiene un gran impacto en la Inteligencia Artificial Generativa y un gran número de aplicaciones; por ello, le dedicaremos un apartado específico. La tecnología GPT-3, heredera de la generación anterior GPT-2, ha sido liberada para su uso en aplicaciones, lo que ha supuesto en 2022 un gran impulso a sus aplicaciones.

En la actualidad, ambas tecnologías son propiedad de la empresa OpenAI. El 14 de marzo de 2023 OpenAI presentó GPT-4, el siguiente modelo de lenguaje de GPT que mejora las propiedades de GPT-3. Una de sus características fundamentales es ser multimodal, admitiendo entrada de texto y de imágenes, y ya se puede probar en OpenAI.

Los transformadores GPT-3 son un modelo de lenguaje autorregresivo que utiliza el Aprendizaje Profundo para producir texto como los humanos. GPT-3 es la tercera generación del modelo de lenguaje de la serie GPT-n (sucesor de GPT-2), creado por la empresa OpenAI, laboratorio de investigación de Inteligencia Artificial con sede en San Francisco, uno de cuyos fundadores es Elon Musk. Dada la importancia de los lenguajes de modelado, en particular GPT-3, se espera que lo supere con creces y numerosas más propiedades.

11.13. MODELOS DE LENGUAJE

Un modelo de lenguaje es la tarea de predecir qué palabra viene a continuación, es decir, nos da la probabilidad de una determinada secuencia de palabras que se asemeja a la forma en que escriben las personas. Son representaciones probabilísticas del lenguaje construidas utilizando grandes redes neuronales que consideran el contexto de las palabras y mejoran su incrustación.

Una variante del modelo de lenguaje es el modelo de lenguaje extenso (*Large Language Modelo*, LLM), que se entrena con una gran cantidad de datos. Se suelen utilizar ambos términos independientemente del tamaño de los datos, dado que ambos casos incluyen conjuntos de datos muy grandes. En la obra, utilizaremos los dos términos independientemente.

Un modelo de lenguaje es una herramienta estadística para predecir palabras. Donde los modelos meteorológicos predicen el pronóstico de siete días, los modelos de lenguaje intentan encontrar patrones en el lenguaje humano. Se utilizan para predecir la palabra hablada en una grabación de audio, la siguiente palabra en una oración, qué correo electrónico es *spam* o cómo de seguro puede ser el correo electrónico de un usuario.

En síntesis, es el uso de diversas técnicas estadísticas para determinar la probabilidad de que una secuencia dada de palabras ocurra en una frase o sentencia. Los modelos de lenguaje analizan los cuerpos de los datos del texto para proporcionar una base para sus predicciones de palabras. Se utilizan en aplicaciones del Procesamiento del Lenguaje Natural, en particular en aquellas que generan texto como salida, como traducción de máquina o respuestas a cuestiones.

Los modelos de lenguaje están encontrando un uso en todas partes. Google ha incluido su modelo de lenguaje en Google Workspace y en sus diferentes servicios como Gmail, GDocs y GSheets. También se están utilizando para ayudar a los programadores a escribir mejor código con funciones de autocompletar y autocorrección integradas, o como complemento de su entorno de desarrollo integrado preferido.

Sin embargo, y pese a las grandes ventajas y oportunidades que presentan los modelos de lenguaje, también son una amenaza para la desinformación. Donde los *deep fakes* publican vídeos falsos de personas, los malos pueden usar modelos de lenguaje para crear noticias basura o aumentar las estafas de *phishing* a través de mensajes de texto falsos, correos electrónicos y actualizaciones de estado de las redes sociales. En la actualidad, cada día es mayor el número de artículos generados por una máquina y que aparentan haber sido escritos por humanos.

Evolución de los modelos de lenguaje

En 2018, Google introdujo un modelo de lenguaje de código abierto, BERT (*Bidirectional Encoder Representations from Transformers*): representación del codificador bidireccional de transformadores. Posteriormente, Google presentó nuevos modelos de lenguaje como LaMDA, PaLM o Imagen.

En 2018, se anunció la primera versión de GPT, que contenía 117 millones de parámetros. La segunda versión, GPT-2, se lanzó en 2019, ya con alrededor de 1500 millones de parámetros, mucho mayor que los modelos de otras empresas. GPT-3 se anunció, en mayo de 2020, y tiene más de 175.000 millones de parámetros. También otras grandes empresas multinacionales han ido presentando sus modelos, Alibaba, en mayo de 2021, anunció y describió en un artículo publicado en *arXiva* un modelo llamado Multi-Modality to Multi-Modality Multitask Mega-transformer (M6), que contenía 10.000 millones de parámetros entrenados en un conjunto de datos de 1.9 TB de imágenes y 292 GB de texto en lenguaje chino. Facebook, con su nueva empresa Meta AI, ha presentado su modelo de lenguaje a principios de mayo de 2022, Open Pretrained Transformer (OPT-175B), un modelo de lenguaje grande que puede realizar varias tareas.

Los modelos de lenguaje grande se han convertido en una de las áreas más candentes de investigación en Inteligencia Artificial en los últimos años.

11.14. GPT-3: MODELO ESTÁNDAR DE LENGUAJE DE REFERENCIA

Los modelos de lenguaje son muy costosos y difíciles de construir, ya que su entrenamiento requiere conjuntos masivos de datos de millones o miles de millones de parámetros; lo que supone el uso de grandes recursos computacionales y conocimientos avanzados de ingeniería. Por esta razón, los modelos como GPT-3, y otros que veremos, creados por DeepMind de Google, están ayudando a su desarrollo y despliegue.

El Procesamiento del Lenguaje Natural incluye como uno de sus principales componentes la Generación del Lenguaje Natural, que se centra en generar texto natural en el lenguaje humano. Sin embargo, generar contenido comprensible para los humanos es un desafío para las máquinas, que realmente no conocen las complejidades y los matices del lenguaje. Usando texto en Internet, GPT-3 está capacitado para generar texto humano realista. GPT-3 se ha utilizado para crear artículos, poesía, historias, informes de noticias y diálogos utilizando solo una pequeña cantidad de texto de entrada para producir grandes cantidades de textos de calidad.

GPT-3 también se está utilizando para tareas de conversación automatizadas, respondiendo a cualquier texto que una persona escriba en el ordenador con uno nuevo, apropiado para el contexto. Esto significa que puede crear cualquier cosa con una estructura de texto, no solo texto en lenguaje humano, también puede generar automáticamente resúmenes de texto e incluso código de programación.

Ejemplos de GPT-3. Como resultado de sus poderosas capacidades de generación de texto, GPT-3 se puede usar en una amplia gama de formas. Se utiliza para generar escritura creativa: publicaciones de blog, textos publicitarios e incluso poesía o novelas que imitan el estilo de Miguel de Cervantes, Antonio Machado, Mario Vargas Llosa o Gabriel García Márquez.

Origen y evolución de GPT-3

Constituida en 2015 como una organización sin fines de lucro, OpenAI desarrolló GPT-3 como uno de sus proyectos de investigación con el objetivo de abordar los objetivos más amplios de promover y desarrollar una Inteligencia Artificial amigable, de una manera que beneficie a la humanidad en su conjunto. La primera versión de GPT se lanzó en 2018 y contenía 117 millones de parámetros. La segunda versión del modelo, GPT-2, se lanzó en 2019 con alrededor de 1500 millones de parámetros. La versión GPT-3, la más extendida en la actualidad, supera al último modelo por un gran margen con más de 175 mil millones de parámetros, más de 100 veces que su predecesor y más de 10 veces que los programas comparables. Como ya se ha reseñado, OpenAI presentó en marzo de 2023 su último nuevo modelo de inteligencia artificial, GPT-4, que supera los indicadores de GPT-3. Es multimodal y ya está disponible y puede ser probado por cualquier usuario.

- Los modelos de lenguaje son un componente muy importante en el Lenguaje del Procesamiento Natural.
- Estos modelos de lenguaje potencian todas las aplicaciones populares con las que se está familiarizado, como los asistentes virtuales, Google Assistant, Siri de Apple o Alexa de Amazon.

Un modelo de lenguaje es un modelo de Inteligencia Artificial que ha sido entrenado para predecir la siguiente palabra o palabras en un texto, en función de las palabras anteriores. Es parte de la tecnología que predice la siguiente palabra que desea escribir en su teléfono móvil, lo que permite completar el mensaje más rápido. La tarea de predecir la siguiente palabra se conoce como *aprendizaje auto supervisado*, no necesita etiquetas, solo necesita mucho texto. El proceso aplica sus propias etiquetas al texto.

El primer modelo de lenguaje se presentó en 2018 y fue creado por Google. En 2019, Facebook presentó el modelo RoBERTa, que se basaba originalmente en una redefinición de BERT. El motor de búsqueda de Google está potenciado por BERT; por ello, es uno de los ejemplos de transformadores de impacto en el mundo real.

CASO DE ESTUDIO: ¿Qué es GPT-3? La Inteligencia Artificial que se encargará de escribir por ti

El portal del prestigioso banco español BBVA publicó un excelente artículo[19] con el título de este apartado sobre GPT-3, del que destacamos los datos más relevantes:

> *Es un nuevo modelo de lenguaje que permite generar texto de forma automática y está disponible, para su libre disposición desde el 18 de noviembre de 2021: los desarrolladores pueden inscribirse y experimentar con la interfaz de programación de aplicaciones, API. Es la tercera generación de Generative Pre-trained Transformer. Es un modelo de aprendizaje automático (aprendizaje profundo) basado en redes neuronales entrenado utilizando datos de internet para generar cualquier tipo de texto. Desarrollado por OpenAI, requiere una pequeña cantidad de texto de entrada para generar grandes volúmenes de texto sofisticado generado por la máquina.*

GPT-3 tiene más de 175.000 millones de parámetros de Aprendizaje Automático. Es la red neuronal más grande producida. Como resultado, GPT-3 es mejor que cualquier modelo anterior de producción de texto que sea lo suficientemente convincente como para parecer que lo ha escrito un ser humano.

El artículo del BBVA describe GPT-3 como un nuevo modelo de inteligencia artificial que permite generar lenguaje escrito. Gracias a este algoritmo, el usuario solo tiene que comenzar a escribir un párrafo y el propio sistema se encarga de completar el resto de la forma más coherente posible. Por ejemplo, si escribe una serie de frases como "la capital de España es Madrid", "la capital de Francia es París" y "la capital de Alemania es Berlín", el sistema respondería continuando con frases similares como "la capital de Italia es Roma". De esta manera, generando palabra tras palabra, puede llegar a crear un escrito de la longitud fijada por el usuario (por ejemplo 100 palabras) o que incluso tenga un final natural.

GPT-3 es un modelo de lenguaje que anuncia, entre sus características, la llegada de la Inteligencia Artificial General (AGI), que permitirá a la Inteligencia Artificial aprender tareas intelectuales como lo hacen los humanos.

¿GPT-3 reemplazará a los humanos?

Si el desarrollo de GPT-3 tiene éxito, las ramificaciones podrían ser enormes. Las empresas podrían utilizar la tecnología para reducir o reemplazar a los representantes de servicio al cliente. En lugar de contratar personas, el software GPT-3 podría responder a todas las preguntas y comentarios, haciendo que un cliente potencial sienta que se está comunicando con otra persona.

No por ahora, estiman los grandes expertos en Inteligencia Artificial General, GPT-3 es un programa de código cerrado y no se ha convertido en "código abierto", entre otras razones, argumenta su empresa matriz, OpenAI, para evitar a otros programadores no autorizados la oportunidad de manipular el código, incluso por medios ilegales o inmorales.

GPT-4

GPT-3 se presentó en mayo de 2020. En 2022 se presentó GPT-3.5 y a finales de noviembre de 2022 OpenAI presentó ChatGPT, un potente generador de texto, basado en GPT-3.5 y que se ha convertido en una auténtica revolución en la Inteligencia Artificial Generativa y con gran aplicación en los usuarios personales, las organizaciones y las empresas. En marzo de 2023 OpenAI volvió a lanzar una nueva versión GPT-4, que ha mejorado mucho todas las características de GPT-3 y GPT-3.5. Microsoft lo ha integrado en su buscador Bing y navegador Edge y puede ser probado libremente.

11.15. TIPOS DE MODELOS DE LENGUAJE

Además del modelo anteriormente descrito, GPT-3, los diferentes fabricantes de modelos de lenguaje han ido publicando entre 2021 y 2022 sus ofertas de soluciones de software competencia de GPT-3, que, al ser diseñados por grandes proveedores de software de nivel internacional, están siendo muy reconocidos en el campo empresarial, académico y científico.

11.15.1. DALL-E 2

DALL-E 2[20] es un nuevo modelo de lenguaje de Inteligencia Artificial que puede crear imágenes realistas y arte a partir de una descripción de texto en lenguaje natural. Puede combinar conceptos, atributos y estilos, es capaz de crear imágenes, modificarlas y combinarlas según una descripción por palabras. Es una tecnología muy innovadora que puede llegar a revolucionar el mundo del arte y potenciar la Inteligencia Artificial Generativa como Inteligencia Artificial Creativa para producir arte y creatividad.

En enero de 2021, OpenAI, organización sin ánimo de lucro, presentó DALL-E, y en abril de 2022 presentó un nuevo sistema evolucionado y con mayores prestaciones, DALL-E 2, que genera imágenes más reales y precisas con resolución mayor 4X. Es un proyecto de investigación que no está todavía disponible para su uso directo, según anuncian en su sitio web, pero que ya admite la opción de inscripción de usuarios en un registro selecto, mediante la introducción de datos personales como el nombre, el correo electrónico y determinadas redes sociales (Instagram, LinkedIn) para quedar en una lista de espera. El modelo de lenguaje DALL-E 2 aprende las relaciones entre las imágenes y el texto utilizado para describirlas. Utiliza un proceso llamado difusión que arranca con un patrón de puntos aleatorios y alterna gradualmente el patrón en una imagen cuando reconoce aspectos específicos de la imagen.

OpenAI, para facilitar su comprensión y conocimiento, recientemente ha presentado la tecnología *DALL-E mini*, que si bien no tiene la calidad de su versión principal -E, sí permite que el usuario pueda comenzar a conocer y probar la tecnología

DALL-E 2 crea imágenes a partir de descripciones de texto. Utiliza una versión de 12.000 millones de parámetros del modelo transformador GPT-3 para interpretar entradas en lenguaje natural y generar las correspondientes imágenes. Puede crear imágenes de objetos realistas, así como objetos que no existen en la realidad, DALL-E 2 puede escoger una imagen y crear diferentes variaciones de ellas inspiradas en el original.

Figura 11.6. Figura creada del texto de la izquierda.
Fuente: https://openai.com/dall-e-2

Los riesgos de esta nueva Inteligencia Artificial son incalculables; por ello, se manifiesta expresamente en la página web que no se pueden generar imágenes de texto violento o explícito, al igual que tampoco se pueden crear retratos capaces de asimilarse a personas reales; por lo cual, tiende a crear imágenes más genéricas.

11.15.2. LAMDA

El modelo de lenguaje LaMDA (*Language Models for Dialog Application*) fue un primer modelo de lenguaje de Google presentado, en mayo de 2021, y creado para permitir que el software participe mejor en una conversación fluida y natural. LaMDA se basa en la misma arquitectura de transformadores que otros modelos de lenguaje, como BERT y GPT-3. Es un modelo centrado en la conversación, como un *chatbot,* pero también se puede utilizar para muchas otras aplicaciones que requieren hablar y dialogar. Sus siglas se refieren a un modelo de lenguaje para aplicaciones en diálogos que tiene la capacidad de aprender conceptos, sintetizarlos y elaborar respuestas. El sistema LaMDA es un modelo de lenguaje de Inteligencia Artificial capaz de chatear con los usuarios sobre cualquier tema; utiliza un algoritmo de Aprendizaje Profundo entrenado con enormes cantidades de datos de texto. Google plantea integrarlo en su portal de búsqueda principal, en su asistente de voz y en el espacio de trabajo Workplace, su entorno de software en la nube que incluye Gmail, Docs y Drive. Su objetivo final es crear una interfaz de conversación que permita a las personas acceder a cualquier tipo de información (texto, visual, audio) en todos los productos de software con solo realizar preguntas.

¿Cómo funciona LaMDA?

LaMDA se creó sobre la red neuronal de código abierto de Google, Transformer, que se utiliza para la Comprensión del Lenguaje Natural. El modelo está entrenado para encontrar patrones en oraciones, correlaciones entre diferentes palabras utilizadas en dichas oraciones e incluso predecir qué palabra es probable que venga a continuación. Lo hace mediante el estudio de conjuntos de datos formados por diálogos en lugar de solo palabras individuales.

11.15.3. PALM

Google presentó, en abril de 2022, PaLM (*Pathways Language Model*)[21], su nuevo modelo de lenguaje capaz de programar, resolver problemas matemáticos y *explicar chistes* con un porcentaje de eficiencia en el aprendizaje que lo sitúa por encima de otros modelos de lenguaje creados hasta la fecha.

Se utiliza una potente y extensa base de datos que combina "un conjunto de datos multilingües" que incluyen documentos web, libros, Wikipedia, conversaciones y códigos de GitHub, así como un vocabulario que preserva los espacios en blanco.

El nuevo modelo PaLM que dio a conocer Google está basado en la misma arquitectura *Transformer* que utiliza GPT-3. La gran diferencia estriba en el número de parámetros de la red neuronal que forma esta arquitectura, un indicador de la capacidad de aprendizaje del modelo una vez entrenado. PaLM contiene 540 mil millones de parámetros, lo cual multiplica por 3 el tamaño de GPT-3, que soporta 175.000 parámetros. Para ello han tenido que desarrollar un sistema específico, llamado *Pathways system*, un proyecto de ingeniería que solo una empresa como Google puede acometer. Con este aumento de parámetros, PaLM consigue liderar el resto de modelos de lenguaje que soportan el NLP y las redes neuronales.

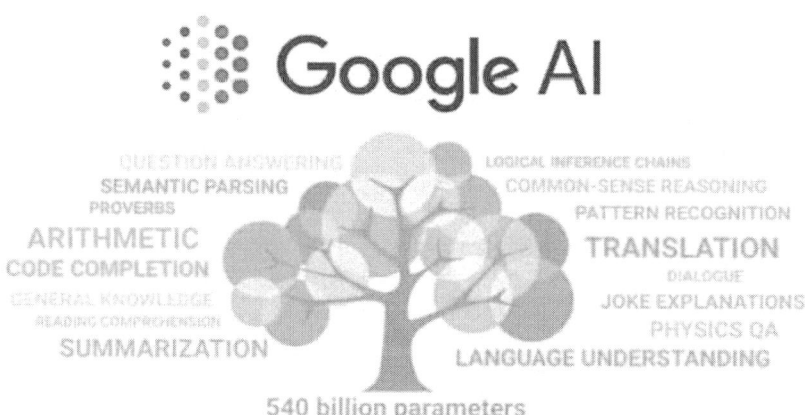

PaLM 540B

**Figura 11.7. Propiedades de figuras creadas por el modelo de lenguaje PaLM
https://ai.googleblog.com/2022/04/pathways-language-model-palm-scaling-to.html**

11.15.4. CHATGPT

Una de las mayores innovaciones tecnológicas de los últimos tiempos en inteligencia artificial generativa es el modelo de lenguaje ChatGPT —también creado por la empresa OpenAI y basado en GPT—; es un *chatbot* conversacional inteligente entrenado para mantener conversaciones de todo tipo, con petición de preguntas, consultas, informes, traducciones, escritura de código, etc. Proporciona respuestas muy acertadas y completas, se expresa de modo natural y con una información muy completa. Fue lanzado el 30 de noviembre de 2022 y en solo cinco días alcanzó la cifra de un millón de usuarios registrados, lo que demuestra la popularidad alcanzada y su eficacia. Está entrenado con cientos de miles de millones de palabras de entradas de Internet, textos, revistas, etc.

ChatGPT es un modelo de lenguaje grande (LLM) basado en GPT-3.5, la última versión del modelo GPT-3. La definición dada por su empresa creadora y que se puede ver en la página web oficial (www.openai.co/blog/chatgpt) es la siguiente: "Chatbot: Optimización de modelos de lenguaje para el diálogo: Hemos entrenado un modelo llamado ChatGPT que interactúa de forma conversacional. El formato de diálogo hace posible que ChatGPT responda preguntas de seguimiento, admita sus errores, cuestione preguntas incorrectas y rechace solicitudes inapropiadas. ChatGPT es un modelo hermano de Instructor GPT que está capacitado para seguir una instrucción en un aviso y proporciona una respuesta detallada".

El 10 de febrero de 2023, Google presentó el modelo de lenguaje Bard, con funciones similares a ChatGPT y el mismo día Microsoft presentó Prometeo con el soporte de ChatGPT, dado que es una empresa asociada a OpenAI.

RESUMEN

La Ciencia de Datos tiene, en la actualidad, como soporte a la Inteligencia Artificial (IA) y, esencialmente, la Inteligencia Artificial moderna con los dos sistemas de mayor impacto y futuro: la Inteligencia Artificial Conversacional y la Inteligencia Artificial Generativa.

Las tecnologías fundamentales de la IA son, además del Aprendizaje Automático y Aprendizaje Profundo, estudiados en el capítulo 10, el Procesamiento del Lenguaje Natural, PLN (NLP, *Natural Language Processing*).

El Procesamiento del Lenguaje Natural se compone de dos tecnologías importantes:

- NLU (*Natural Language Understanding*): Comprensión del Lenguaje Natural

- NLG (*Natural Language Generation*): Generación del Lenguaje Natural

Otras tecnologías de apoyo al Procesamiento del Lenguaje Natural y complementarias de NLU y NLG son los sistemas de reconocimiento del habla o de la voz:

- ASR (*Automatic Speech Recognition*): Reconocimiento automático del habla

- TTS (*Text to Speech*): Conversión de Texto a voz/habla

La Inteligencia Artificial Conversacional tiene como eje principal los sistemas conversacionales o sistemas de diálogo hablado, cuyos componentes más importantes son las cuatro tecnologías citadas anteriormente, NLU, NLG, ASR y TTS, unidas a un nuevo componente: DM (*Dialogue Management*) o Gestión/Administración del Diálogo.

Las aplicaciones más importantes de la IA Conversacional son: los *chatbots* y los asistentes virtuales, así como los altavoces inteligentes, que, en la actualidad, tienen integrados la inteligencia artificial y por ello han alcanzado tanta popularidad y expansión entre usuarios, y organizaciones y empresas. Asistentes virtuales populares: Alexa de Amazon, Siri de Apple, Google Assistant y Cortana de Microsoft.

La Inteligencia Artificial Generativa es, sin género de dudas, la Inteligencia Artificial del futuro gracias, especialmente, a las tecnologías de las redes GAN, los transformadores y los VAE, que tienen como desarrollo los modelos de lenguaje y, en particular, los modelos de lenguaje grandes (LLM, *Large Language Model*), cuyos conceptos, tecnologías y evolución se describen en el capítulo.

Los modelos de lenguaje de gran impacto tienen una tecnología de soporte fundamental, GPT con su versión GPT-3 y la última versión presentada, GPT-4. Los modelos de lenguaje de gran impacto son: sistemas de generación de imágenes como DALL-E 2 de OpenAI, LaMDA y PaLM de Google, entre otras, y sistemas de generación de texto como Midjourney, Stable Diffusion, ChatGPT.

El modelo ChatGPT de OpenAI, presentado a finales de noviembre de 2022, es, sin lugar a duda, el sistema de generación de texto de mayor impacto a lo largo de 2023 y de un gran impacto entre los usuarios, las organizaciones y empresas, los centros de investigación y formación, dada sus características de fuente de información y de buscador. En febrero de 2023, Google y Microsoft anunciaron sus modelos de lenguaje de competencia de ChatGPT,

Bard de Google, y Prometeo de Microsoft —en este caso en alianza con OpenAI y soporte de ChatGPT—.

BIBLIOGRAFÍA

INSTITUTO ESPAÑOL DE ESTUDIOS ESTRATÉGICOS (2017). "Ciberseguridad. La colaboración público-privada", en *Cuadernos de Estrategia*, número 185. Joyanes, Luis (Coord.). Madrid: Instituto Español de Estudios Estratégicos. Ministerio de Defensa.

JOYANES, Luis (2014). *Big Data. Análisis de grandes volúmenes de datos en organizaciones*. Barcelona: Marcombo; Ciudad de México: Alfaomega.

JOYANES, Luis (2015). *Sistemas de información en la empresa. El impacto de la nube, la movilidad y los medios sociales*. Barcelona: Marcombo; Ciudad de México: Alfaomega.

JOYANES, Luis (2017). *Industria 4.0: La cuarta revolución industrial*. Barcelona: Marcombo; Ciudad de México: Alfaomega.

JOYANES, Luis (2019). *Inteligencia de Negocios y Analítica de Datos. Una visión global de Business Intelligence & Analytics*. Barcelona: Marcombo; Ciudad de México: Alfaomega.

JOYANES, Luis (2021). *Internet de las Cosas. Un futuro interconectado, 5G, Inteligencia Artificial, Big Data, Cloud, Blockchain, Ciberseguridad*. CDMX (México): Alfaomega; Barcelona (Marcombo).

JOYANES, Luis (2022). *Computación en la nube. El impacto del Cloud Computing en las empresas*. 2ª edición. Ciudad de México: Alfaomega, Barcelona: Marcombo.

LAUDON, Kenneth y Jane P. LAUDON (2020). *Management Information Systems. Managing the Digital Firm*. Pearson.

POWER, Daniel J. y Ciara HEAVIN (2017). *Decision Support, Analytics and Business Intelligence*. New York: BEP (Business Expert Press).

QUESADA, J. F., CALLEJAS, Z. y GRIAL, D. (2019). *Informe sobre sistemas conversacionales multimodales multilingües*. Noviembre, 2019. Madrid: Plan TL, Ontsi, Red.es, Ministerio de Economía y Empresa.

ROSE, Doug (2021). *Artificial Intelligence for Business: What You Need to Know About Machine Learning and Neural Networks*. New Jersey: Pearson.

ROUHIAINEN, Lasse (2018). *Inteligencia Artificial. 101 cosas que debes saber hoy sobre nuestro futuro*. Barcelona: Alienta Editorial-Editorial Planeta

RUSELL, Stuart y Peter NORVIG (2021). *Artificial Intelligence: A Modern Approach*. New Jersey: Pearson.

SHARDA, Ramesh; Dursun DELEN y Efrain TURBAN (2020). *Analytics, Data Science, & Artificial Intelligence. Systems for Decision Support*. New Jersey: Pearson.

RECURSOS WEB

Artificial Solutions *(2020). Chatbots: The Definitive Guide*. Disponible en: <https://www.artificial-solutions.com/chatbots>

BID (2019). *Asistentes conversacionales virtuales en las administraciones tributarias: Principios, modelos y recomendaciones.* Disponible en: < https://publications.iadb.org/es/asistentes-conversacionales-virtuales-en-las-administraciones-tributarias-principios-modelos-y>

Cem Dilmegani (2022). *The Ultimate Guide to Conversational AI* (actualizado el 4 de abril de 2022). Disponible en: <https://cio.com.mx/procesamiento-del-lenguaje-natural-que-es-donde-se-aplica-donde-aprenderlo-y-cuanto-gana-un-especialista-en-pnl/>; <https://www.affde.com/es/what-is-conversational-ai-and-how-does-it-work.html>.

OpenAI. Disponible en: <https://openai.com/dall-e-2>.

WEF (World Economic Forum). *Chatbots and other virtual assistants are here to stay – here's what that means.* Disponible en: <https://www.weforum.org/agenda/2021/11/chatbots-and-other-virtual-assistants-are-here-to-stay-for-good-or-bad/>.

Urs, S. (2022). "The power and the pitfalls of large language models: A fireside chat with Ricardo Baeza-Yates", en *Information Matters*, vol. 2, *issue* 5. Disponible en: <https://informationmatters.org/2022/05/the-power-and-the-pitfalls-of-large-language-models-a-fireside-chat-with-ricardo-baeza-yates/>.

NOTAS

[1] IBM Cloud Education (2020). *Natural Language Processing (NLP).* Disponible en: <https://www.ibm.com/cloud/learn/natural-language-processing>. 2 de julio, 2020.

[2] Disponible en: <https://www.talend.com/resources/what-is-natural-language-processing-nlp/>.

[3] Antonio Moreno, Investigador del IIC, Instituto de Ingeniería del Conocimiento de la Universidad Autónoma de Madrid, aborda en su artículo "Procesamiento del lenguaje natural, ¿qué es?" el análisis de cualquier tarea de NLP, dependiendo del objetivo de la aplicación. Disponible en: <https://www.iic.uam.es/inteligencia/que-es-procesamiento-del-lenguaje-natural/>.

[4] IBM Cloud Education (2020). *Natural Language Processing (NLP).* Disponible en: <https://www.ibm.com/cloud/learn/natural-language-processing>. 2 de julio, 2020.

[5] Sudeep Srivastava (2022). *NLP applications and their use cases for modern enterprises.* Disponible en: <https://appinventiv.com/blog/natural-language-processing-applications-for-business/>.

[6] Disponible en: <https://www.ibm.com/blogs/watson/2020/11/nlp-vs-nlu-vs-nlg-the-differences-between-three-natural-language-processing-concepts/>.

[7] IBM Cloud Education (2020). *Conversational AI.* Disponible en: <https://www.ibm.com/cloud/learn/conversational-ai>.

[8] Microsoft. *¿Qué es la IA conversacional?* Disponible en: <https://powervirtualagents.microsoft.com/es-es/conversational-ai/>.

[9] Interactions. *Conversational AI.* Disponible en: <https://www.interactions.com/conversational-ai/>.

[10] Youngmin Park, Sangwoo Kang y Jungyun Seo (2018). "An Efficient Framework for Development of Task-Oriented Dialog Systems in a Smart Home Environment", en *Sensors.* Disponible en: <doi:10.3390/s18051581>. En el artículo no se utiliza el término Inteligencia Artificial Conversacional, sino *A task-oriented dialog system.* Disponible en: <www.mdpi.com/journal/sensors>.

[11] López-Cózar, R. et al. (2014). "Review of spoken dialogue systems", en *Loquens*, 1(2), e012. Disponible en: <http://dx.doi.org/10.3989/loquens.2014.012>; <http://loquens.revistas.csic.es/index.php/loquens/article/view/17/47#RF0001>.

[12] IBM Cloud Education (2020). *How to create conversational AI, Conversational AI use cases*. Disponible en: <https://www.ibm.com/cloud/learn/conversational-ai>.

[13] Ibid.

[14] Disponible en: <https://www.ibm.com/uk-en/products/watson-assistant>.

[15] Disponible en: <https://www.fundeu.es/recomendacion/chatbot-neologismo-valido/>.

[16] Disponible en: <https://www.gartner.com/en/information-technology/glossary/chatbot>.

[17] Disponible en: <https://www.gartner.com/en/information-technology/glossary/virtual-assistant-va>.

[18] Disponible en: <https://www.gartner.com/en/information-technology/glossary/virtual-assistant-va>.

[19] BBVA. *¿Qué es GPT-3?: la Inteligencia Artificial que se encargará de escribir por ti*. Disponible en: <https://www.bbva.com/es/que-es-gpt-3-la-inteligencia-artificial-que-se-encargara-de-escribir-por-ti/>.

[20] OpenAI. Disponible en: <https://openai.com/dall-e-2/>. Su nombre es un acrónimo de WALL-E y Salvador Dalí. En el sitio web se puede encontrar información importante del modelo de lenguaje, cuyas características más sobresalientes las hemos destacado a lo largo del párrafo.

[21] Disponible en: <https://ai.googleblog.com/2022/04/pathways-language-model-palm-scaling-to.html>.

CAPÍTULO 12

INTERNET DE LAS COSAS: LOS DATOS DE LOS OBJETOS INTELIGENTES EN LA CIENCIA DE DATOS

INTRODUCCIÓN

Internet de las Cosas (*Internet of Things*, IoT) se ha convertido en una tendencia al alza y de modo exponencial en la industria y la empresa. La industria, sobre todo, se está viendo afectada positiva y considerablemente, y se ha consolidado el concepto de *Internet Industrial de las Cosas*, apoyado en las tendencias del Internet Industrial y la Industria 4.0, a las que se han unido las nuevas tendencias tecnológicas disruptivas que están llegando con la *Cuarta Revolución Industrial*.

Los analistas y las consultoras predicen que los productos y servicios de IoT crecerán exponencialmente en los próximos años. En 2020, según Cisco, se esperan más de 50.000 millones de dispositivos conectados entre sí y a Internet, en un mundo interconectado y ubicuo; la consultora Gartner calcula, también para el 2020, 25.000 millones de dispositivos, e IDC prevé 20.000 millones. La cantidad de cifras es diferente y grande, pero tienen en común que son decenas de miles de millones, las previsiones de objetos conectados, cuando la población mundial en 2019 no superaba los 8000 millones de personas; es decir, de 3 a 5 dispositivos conectados por habitante.

La explosión del Internet de las Cosas se debe, esencialmente, a una confluencia de diferentes sistemas, M2M (máquina a máquina), sistemas embebidos, sistemas de comunicaciones, sistema de la web, dispositivos y aplicaciones móviles. Pese a los espectaculares números y las grandes oportunidades que ofrecerán en nuestras vidas, el

Internet de las Cosas también se enfrenta a muchos retos y limitaciones, debido a un gran número de factores que impulsarán en sentido negativo su despliegue universal.

En el capítulo, se abordarán las tendencias tecnológicas disruptivas, la evolución y perspectiva histórica del Internet de las Cosas, las aplicaciones y sectores de mayor impacto, junto con una introducción a las oportunidades, fortalezas, habilidades y amenazas que trae consigo, especialmente en materia de seguridad y privacidad.

12.1. ¿QUÉ ES EL INTERNET DE LAS COSAS (INTERNET OF THINGS, IOT)?

La Unión Internacional de Telecomunicaciones (UIT, ITU), organismo de las Naciones Unidas encargado de la estandarización y normativas de las telecomunicaciones móviles a nivel mundial, publicó a primeros de 2019 estadísticas sobre el número de usuarios conectados a Internet a finales de 2018. El organismo internacional indicaba en su informe que unos 3900 millones de personas utilizaban Internet, por lo que por primera vez señalaba que más de la mitad de la población mundial estaba conectada en línea (un 51,2 % de los habitantes del mundo). La plataforma Hootsuite da la cifra de 4338 millones de usuarios de Internet en todo el mundo, un 57 % de la población mundial. El 67 % dispone de un teléfono móvil, es decir, 5112 millones de personas. La UIT estimaba el 28 de diciembre de 2019 que, a finales de 2019, el 50 % de la población mundial tendrá acceso a Internet.

Si unimos estas cifras a las mencionadas anteriormente de previsiones de objetos (cosas) conectados a Internet, se puede llegar a la conclusión de que el Internet de las Cosas es un ecosistema que traerá grandes cambios a la sociedad y a la vida de los habitantes del mundo. Desde hace unos años, el Internet de las Cosas es uno de los términos más utilizados y populares en los medios de comunicación tanto analógicos como digitales. En la actualidad, es la espina dorsal sobre la que se sustenta, junto con Big Data, la nueva tendencia de la Industria 4.0 y uno de los pilares de la Ciencia de Datos.

Los sensores electrónicos están presentes en todas partes y se integran en infinidad de dispositivos, que se han vuelto inteligentes y están conectados en redes cableadas e inalámbricas, y a su vez a Internet, constituyendo una red global de conectividad total y ubicua llamada Internet de las Cosas. Los teléfonos inteligentes incorporan sensores de todo tipo, giróscopos, acelerómetros que permiten su posicionamiento de un modo rápido casi en tiempo real. La reducción en tamaño de estos dispositivos electrónicos, su abaratamiento de costes, el aumento en la cantidad de información que pueden generar, ha convertido el mundo actual en un mundo conectado de cosas u objetos inteligentes.

Los protocolos de comunicación permiten el intercambio de información entre dispositivos y aplicaciones, y los sensores presentes en cualquier lugar son accesibles a los demás dispositivos y aplicaciones. Las primeras redes M2M (máquina a máquina) permitieron la comunicación entre máquinas, las redes de sensores inalámbricas (WSN, *World Sensor Network*) la conexión sin cables, y sobre todo el despliegue universal de redes inalámbricas como wifi y WiMax han conseguido la conectividad global existente en la actualidad, que seguirá aumentando para llegar a cualquier lugar y que se podrá realizar en cualquier momento y con cualquier dispositivo.

El despliegue ya universal de las redes inalámbricas, móviles 4G y 4G LTE y la nueva versión Wi-Fi 6, la creciente llegada de las redes 5G, que aumentarán las velocidades de transmisión de datos de forma espectacular, y la incorporación de las innovadoras tarjetas e-SIM, los teléfonos inteligentes con todas las ventajas que aportarán y la llegada de sensores inteligentes a los dispositivos *wearables* (ponibles), que son utilizados por las personas y las cosas, harán que el Internet de las Cosas conviva en la sociedad como ahora lo hace el Internet ordinario.

Cisco, el primer fabricante de telecomunicaciones del mundo, prevé para 2020 cincuenta mil millones de dispositivos conectados en el mundo. Aunque esta cifra puede variar, lógicamente según la fuente con otros estudios, lo que no cabe duda es que serán decenas de miles de dispositivos. Internet de las Cosas, en su acepción más simple, es la conexión de dispositivos y aplicaciones; está haciendo posible un mundo conectado o hiperconectado, convirtiendo a las cosas conectadas en inteligentes.

Vivimos en un mundo conectado. Cada día aumenta el número de dispositivos de todo tipo que proporcionan acceso a Internet. Las cosas u objetos que permiten y van a permitir estos accesos irán aumentando con el tiempo. Ahora ya tenemos videoconsolas, automóviles, trenes, aviones, sensores, aparatos de televisión, electrodomésticos o desde cosas cada vez más diversas como la ropa o dispositivos *wearables*. El término Internet de las Cosas está llegando al gran público con la denominación de Internet de los Objetos. Los objetos son: libros, zapatos o componentes de un vehículo; y se agrupan en redes de objetos. Si estuviesen referenciados con dispositivos de identificación, chips RFID, NFC, esto es, si todos están equipados con etiquetas de radio frecuencia, todos pueden ser identificados y gestionados. Con la actual generación del protocolo IPv6 se podrá identificar instantáneamente cualquier tipo de objeto, hasta decenas y centenas de miles de millones, al contrario que la generación IPv4, cuyas direcciones de Internet están restringidas a 4300 millones.

La consultora McKinsey fue precursora y publicó, a principios de marzo de 2010, un informe de nuevos modelos de negocio basados en los sensores que aportaba como tema central Internet de los Objetos. McKinsey lo definía como: "Sensores y actuadores incrustados en objetos físicos, enlazados mediante redes con cables y sin ellos, que a menudo utilizan el mismo protocolo de Internet (IP) que conecta a la red".

El Internet de las Cosas consiste en un nuevo sistema tecnológico donde tanto personas como objetos puedan conectarse a Internet en cualquier momento y lugar, y de esa forma ganar inteligencia y conversación entre los objetos. Ahora es el momento de la comunicación entre las cosas, las máquinas, los objetos, a través de sensores, chips, NFC, RFID. Pero ¿qué sucederá cuando casi todas las cosas estén conectadas a Internet? Sin duda, se producirá una transformación en la forma de hacer negocios, la organización del sector público, y el día a día de millones de personas. En un sentido más técnico, consiste en la integración de sensores y dispositivos en objetos cotidianos, que quedan conectados a Internet a través de redes fijas e inalámbricas. El hecho de que Internet esté presente al mismo tiempo en todas partes permite que la adopción masiva de esta tecnología sea más factible. Dado su tamaño y coste, los sensores son fácilmente integrables en hogares, entornos de trabajo y lugares públicos. De esta manera, cualquier objeto es susceptible de ser conectado y "manifestarse" en la red. Además, Internet de las Cosas implica que todo objeto puede ser una fuente de datos.

Miles de millones de dispositivos están siendo conectados entre sí a través de distintas redes de comunicación. Los pequeños sensores permiten medir desde la temperatura de una habitación hasta el tráfico de taxis en una ciudad. A diario, las cámaras de vigilancia velan por la seguridad en los edificios y los paneles del metro nos indican el tiempo que falta para la llegada del siguiente tren. Incluso en las multas de tráfico existe poca intervención humana.

En su ordenador hay cámaras y micrófonos. En su teléfono, inteligentes sensores GPS, sensores biométricos, acelerómetros, giróscopos. Si trabaja en un edificio moderno o vive en una casa recién construida vivirá rodeado de sensores modernos de movimiento, temperatura y humedad. Cada vez más objetos están siendo integrados con sensores, ganando capacidad de comunicación, y con ello las barreras que separan el mundo real del virtual se difuminan.

El mundo se está convirtiendo en un campo de información global y la cantidad de datos que circulan por las redes está creciendo exponencialmente. Como ya hemos analizado a lo largo del libro, cada vez más los términos gigabyte y terabyte están quedándose como unidades pequeñas, y los petabytes y exabytes serán los términos de unidades de almacenamiento que se utilizarán cada vez con mayor frecuencia.

12.2. DEFINICIÓN DE INTERNET DE LAS COSAS

No existe una definición única, muy al contrario, son numerosas las definiciones del concepto, algunas de las más relevantes las iremos viendo a continuación. La idea original y el desarrollo fue introducido por Kevin Ashton, en 1999, un ingeniero que trabajaba por aquel entonces en Procter and Gamble en los Estados Unidos, con ocasión de una conferencia que impartió sobre la idea del uso de las etiquetas RFID (identificación por radiofrecuencia) en la optimización del proceso de la cadena de suministro y como mejora eficaz de los códigos de barras.

Posteriormente, Kevin Ashton, en un artículo publicado en el *RFID Journal*, el 12 de julio de 2009, ya introdujo el concepto formal para referirse al hecho de conectar todas las cosas que nos rodean con la finalidad de poder contarlas, saber su posición en cualquier momento, así como aportarnos información sobre el entorno que las rodea. La definición de Ashton destacaba:

> *Si tuviésemos ordenadores que fuesen capaces de saber todo lo que pudiese saberse de cualquier cosa ('las cosas') —usando datos recolectados sin intervención humana— seríamos capaces de hacer un seguimiento detallado de todo, y poder reducir de forma importante los costes y malos usos. Sabríamos cuando las cosas necesitan ser reparadas, cambiadas o recuperadas, incluso si están frescas o pasadas de fecha. El Internet de las Cosas tiene el potencial de cambiar el mundo como ya lo hizo Internet. O incluso más.*

En esencia, el Internet de las Cosas es una nueva dimensión de Internet y una nueva generación de servicios que significa que cualquier cosa u objeto se puede comunicar entre sí y a Internet, en cualquier lugar y momento; es decir, de un modo ubicuo y, al realizar las comunicaciones mediante numerosos sistemas y tecnologías, el mundo estará hiperconectado.

La definición de la Unión Internacional de Telecomunicaciones, UIT (ITU), se publicó el 4 de diciembre de 2012, destaca que es una visión global, no es solo una tecnología, y que tendrá numerosas consecuencias tecnológicas y sociales:

> *Infraestructura mundial para la sociedad de la información que propicia la prestación de servicios avanzados mediante la interconexión de cosas (físicas y virtuales) con base en la información existente y la evolución interoperable de tecnologías de la información y la comunicación (TIC) presentes y futuras.*

Una definición más simple que subyace en la ITU es:

> *Una sociedad definida por cosas inteligentes que pueden comunicarse entre sí directamente o a través de una red. Internet de las Cosas comprende la posibilidad de conectar prácticamente cualquier dispositivo a la red, incrementando sus posibilidades de interacción con otros elementos gracias al nivel de interacción que permite Internet.*

La OCDE la define en sentido muy amplio, en concreto, como "todos los dispositivos y objetos cuyo estado puede ser alterado a través de internet, con o sin la implicación directa de las personas". Incluye, por tanto, ordenadores portátiles, servidores, tabletas y teléfonos inteligentes, que pertenecen tradicionalmente al "Internet de las Personas", por llamarlo de alguna manera. Por otra parte, el verdadero Internet de las Cosas es lo que ellos denominan M2M (*Machine To Machine*) o la comunicación de datos con poca o ninguna interacción humana: "Dispositivos que se comunican activamente utilizando redes físicas o inalámbricas, que no son ordenadores en el sentido tradicional, y que utilizan Internet de una forma u otra".

Otras definiciones prácticas

La prestigiosa revista económica *Forbes* da una definición muy simple e ilustrativa: "Internet de las Cosas es el acto de conectar cualquier dispositivo a Internet, desde teléfonos móviles hasta máquinas de café".

Peter Waher (2015: 3) plantea que, si los sistemas pueden acceder a los datos capturados por sensores directamente, entonces, los datos serán más abundantes y exactos. Este concepto definió a un campo de estudio conocido como redes de sensores. ¿Cuál era la diferencia entre las redes de sensores y el IoT? O entre el IoT y Big Data. ¿En qué difiere el IoT de la tecnología M2M o también D2D (*Device-to-Device*), donde se examinan con excepciones entre cosas? ¿O también en qué se diferencia de los sistemas ciberfísicos (CPS, *Cyber Physical Sysetms*) que se ocupan de sistemas que interactúan en el mundo real a través de sensores y actuadores? Entonces, cuál es la diferencia entre el IoT y todos los campos de estudio antes mencionados. Waher (2015) da una definición sencilla que creemos refleja bien el concepto: "El Internet de las Cosas es lo que obtenemos cuando conectamos cosas, que no son operadas por seres humanos, a Internet".

Shaled Mohamed considera que Internet arranca: "Con una cosa y añade inteligencia computacional para mejorar sus funciones, a continuación, añade una conexión de red para mejorar más tarde sus funciones" (Mohamed, 2019: 2-3). El *término digital* representa "cantidades discretas" como la cantidad de personas en un aula, libros en una biblioteca, motos y automóviles en un aparcamiento, artículos en un supermercado. Mientras que el *término analógico* se refiere a las magnitudes o valores que "varían" con el tiempo de forma continua, como la temperatura, la velocidad. En la vida cotidiana, el tiempo es representado de forma analógica por relojes (agujas) y de forma discreta (digital) para los indicadores digitales.

12.3. OBJETOS INTELIGENTES EN ENTORNOS INTELIGENTES

Internet de las Cosas no es lo mismo que las redes de sensores, dado que las cosas no necesitan ser sensores, ni las redes de sensores han de conectarse a Internet; de igual forma, no es lo mismo que Big Data, ya que no se requieren cosas para capturar o generar datos ni aplicaciones para almacenar datos centralizados en los grandes almacenes de datos (en la nube).

Internet de las Cosas no es parte de M2M, ya que los seres humanos pueden y desean acceder también a las cosas, directamente. Los sistemas ciberfísicos pueden conectarse con protocolos que no son de Internet, transportar mensajes entre máquinas y/o dispositivos de red, así como la automatización, con frecuencia en entornos cerrados y controlados.

Internet es mucho más que la simple conectividad y transporte de mensajes. Internet está abierto y cualquiera puede añadir cosas al mismo y pueden operar de un modo totalmente acoplado; no solo está abierto, sino que es la red más grande del mundo. Existen otras tendencias que consideran la Web de las Cosas (*Web of Things*, WoT) y como su subconjunto, donde las comunicaciones se limitan a las tecnologías web, tales como HTTP, navegadores, *scripting*.

Otro concepto que ha aparecido en estos años pasados es el *Internet of Everything* (IoE), Internet de Todo. Es decir, añadir a las cosas u objetos procesos y cualesquiera otras actividades de la vida humana que puedan ser conectadas a Internet. Las corrientes tecnológicas que impulsan este término consideran que IoT es un subconjunto de IoE. ¿Convivirán ambos términos? Es preciso considerar que Internet de Todo está apoyado por Cisco, la empresa número uno mundial en telecomunicaciones, y que, en los últimos años, se ha ido introduciendo, además de en las comunicaciones digitales, en Internet, en el mundo del software, de la seguridad en TIC. Esto hace que el término haya adquirido una gran relevancia desde que Cisco lanzó el concepto en un artículo publicado en 2015.

> Nosotros optaremos por el término IoT —a lo largo del libro— asumiendo que hoy en día son sinónimos el *Internet de Objetos* o *Internet de Todo*.

Partiendo de la definición general antes dada de que Internet de Todo es aquello que se tiene cuando conectamos cosas no operadas por los seres humanos a Internet, y siguiendo a Waher (2018: 2), podemos considerar que la definición incluye cuatro componentes importantes:

- *Conexión*, que se refiere al estudio de protocolos de comunicación.

- Las *cosas*, que se refieren al estudio de sensores, actuadores, controladores, concentradores.

- La *no operación por seres humanos*, que se refiere al aprovisionamiento.

- Internet se refiere a *seguridad*, incluyendo las identidades, autenticación y autorización, pero también la interoperabilidad.

Todos estos conceptos se complementarán con la definición de Cisco del Internet de Todo, que veremos posteriormente. En consecuencia, los objetos del Internet de las Cosas son objetos inteligentes que se embeben en entornos inteligentes para comunicarse entre sí y con la red.

12.4. HISTORIA DEL INTERNET DE LAS COSAS

El término Internet de las Cosas fue acuñado por Kevin Ashton, profesor del MIT en 2009, en un artículo publicado en el *RFID Journal*, aunque en algunos ambientes de investigación ya se venía utilizando desde 1999, como el mismo Ashton declaró en alguna ocasión, en el Grupo Auto-ID Center, también del MIT, donde se realizaban investigaciones en el campo de la identificación por radiofrecuencia (RFID) y tecnologías de sensores. En 1999, impartió una conferencia en Procter and Gamble donde habló por primera vez del concepto. En los primeros años del siglo XXI, se publicaron artículos en *The Guardian*, *Scientific American* y *The Boston Globe*. También se despliega la tecnología RFID de forma masiva, en la Administración Pública, el Departamento de Defensa de los Estados Unidos y en los almacenes Walmart, también de los Estados Unidos.

La organización internacional de las Telecomunicaciones, ITU, comenzó sus estudios sobre el tema con la publicación de un informe *Internet of Things*, en 2005, y el nombramiento de un Comité de Coordinación para su estudio en profundidad. En 2006, se consideraba que estaban conectados a Internet cerca de 2000 millones de dispositivos electrónicos, tales como ordenadores de escritorio, portátiles, teléfonos móviles, consolas de videojuegos.

La empresa Cisco publica, en abril de 2011, su teoría de Internet de las Cosas, cuyo concepto nació en el período 2008-09, cuando el número de dispositivos conectados a Internet ya había superado el número de habitantes de la Tierra. En 2011, se presentó el protocolo de Internet IPV6, que permitió identificar un total de 2^{128} direcciones, o lo que es lo mismo, ya es factible la conexión de miles de millones de objetos. La previsión de la propia empresa Cisco ya la hemos comentado antes, es de 50.000 millones de dispositivos electrónicos para 2020.

En 2011, Samsung, Google, Nokia y otros fabricantes anuncian sus proyectos NFC. Se crea la iniciativa *IoT-GSI Global Standards* para promover la adopción de estándares para IoT a escala global. En 2012, ITU publica la Recomendación ITU-T Y.2060 (06/2012) de IoT, que en español, en 2014, se tradujo con el nombre *Descripción general de Internet de los objetos*. Posteriormente (05-02-2016), la norma Y.2060, de 2012, fue renombrada sin cambios a la serie Rec. Y.4000 (2016-02-05). Más aún, ITU sigue trabajando sus estándares, y así continúa aprobando decenas de normas relacionadas con el Internet de las Cosas. En 2015, crea una Comisión de Estudio 2.0 IoT y sus aplicaciones, incluidas ciudades inteligentes y comunidades.

12.5. APLICACIONES Y CASOS DE ESTUDIO DEL INTERNET DE LAS COSAS

Internet de las Cosas es un gran ecosistema de objetos interconectados con miles de aplicaciones de todo tipo y de impacto en la mayoría de los sectores de la empresa, la industria, los negocios, la salud, las infraestructuras, la energía, la fabricación automotriz-férrea-aérea, los seguros, la cadena de suministro, la logística. Allí donde se encuentren objetos con sensores, chips RFID y/o NFC, códigos QR, existe una posible aplicación.

El Internet de las Cosas ha aportado el apellido "inteligente", que se ha unido a todo tipo de actividades y servicios; así podemos encontrar:

- Redes inteligentes
- Movilidad inteligente
- Ciudades inteligentes
- Edificios inteligentes
- Hogar inteligente/domótica
- Transporte inteligente (público y privado)
- Automóviles inteligentes (eléctricos, conectados, autónomos)
- Gestión de aparcamientos públicos y privados inteligentes
- Salud y sanidad inteligente
- Vida inteligente
- Energía eléctrica inteligente (uso de contadores inteligentes)
- Energías alternativas inteligentes
- Entornos inteligentes
- Infraestructuras inteligentes
- Servicios públicos inteligentes
- Sistemas de transporte inteligentes
- Agua inteligente
- Industria inteligente
- Economía inteligente
- Comercio inteligente
- Agricultura inteligente
- Ganadería inteligente
- Gestión de recursos inteligente

- Recogida de basuras inteligente
- Domótica y automatización del hogar
- Etc.

12.5.1. CASOS DE ESTUDIO DE IOT

El IoT afecta a cada una de las facetas de nuestras vidas. Sus aplicaciones abarcan a un gran número de escenarios, incluyendo casas y edificios inteligentes, ciudades inteligentes, redes inteligentes, Industria 4.0, agricultura inteligente. En cada una de estas áreas, el uso del protocolo de comunicación común (IP) permite la construcción de aplicaciones innovadoras. Existen numerosas aplicaciones inteligentes que se han desarrollado e indican su potencial en la mejora de la calidad de nuestra sociedad. Algunas de gran impacto mediático y social son:

- Automatización de las casas (hogar)
- Monitorización de la salud
- Protección del medio ambiente
- Ciudades inteligentes
- Entornos industriales
- Salud y *fitness*
- Vida social y entretenimiento
- Medio ambiente inteligente y agricultura inteligente
- Cadena de suministro y logística
- Conservación de la energía

Vamos a detallar y describir las características esenciales de las aplicaciones usuales del Internet de las Cosas.

Ciudades Inteligentes

Una de las aplicaciones más sobresalientes, que incluye a su vez: transporte inteligente, vehículos inteligentes, hospitales inteligentes, escuelas inteligentes, aparcamientos inteligentes, medio ambiente inteligente (gestión de la población, gestión de residuos, monitorización del clima, recogida de basuras). Las ciudades inteligentes utilizan las tecnologías TIC y específicas de IoT para mejorar la calidad de vida y protección del medio ambiente, así como en la mejora de la gestión de recursos.

Vehículos conectados

Un vehículo inteligente y autónomo es otro caso de uso de gran impacto. El automóvil está equipado con numerosos sensores y diferentes dispositivos de redes y comunicaciones. Los coches autónomos incluyen gran cantidad de dispositivos físicos y lógicos de hardware y software. La arquitectura de un vehículo autónomo tiene como componentes principales: sensores ultrasónicos, GPS, cámaras y sensores especiales LIDAR.

Los dispositivos de hardware controlan los diferentes métodos de entrada y salida. Los sensores recolectan información de GPS, cámaras, sensores especiales LIDAR y RADAR. Los vehículos conectados y autónomos se conectan entre sí y facilitan la captura de datos y la comunicación con otros vehículos y otros dispositivos de la ciudad o la carretera como farolas, semáforos, señales de tráfico. Los sensores son conducidos por los actuadores, que facilitan el control y son los que realmente activan y mueven la máquina.

Casas inteligentes

Las casas (hogares) inteligentes están creciendo a una gran velocidad debido, fundamentalmente, al gran número de dispositivos que se conectan en aplicaciones y pasarelas de software (*gateways*). Así, los dispositivos y aplicaciones inteligentes incluyen: luces inteligentes, bloqueo inteligente de puertas, televisiones inteligentes, sistemas de alarmas inteligentes, electrodomésticos inteligentes y cada vez, en mayor número, altavoces inteligentes como Alexa o Google Echo.

La utilización de las tecnologías del IoT posibilita que los dispositivos y las aplicaciones se comuniquen entre sí de modo que el usuario puede tener acceso a ellos en cualquier momento y lugar, y cada vez con mayor frecuencia con cualquier dispositivo físico —teléfono inteligente, tabletas, videoconsolas— o dispositivos lógicos (*bots*, *chatbots*, asistentes virtuales) o dispositivos híbridos, como los altavoces inteligentes. Así, aplicaciones típicas del hogar son:

- Sistemas de seguridad y protección (cerraduras, cámaras, detectores de humo)
- Vigilancia y monitoreo de la salud
- Ahorro de recursos energéticos (iluminación, calefacción, aire acondicionado)
- Control y monitorización remotos

Existen ya un gran número de compañías nacionales y multinacionales que construyen dispositivos y aplicaciones para el hogar (Apple, Google, Amazon, IBM). Los inconvenientes y riesgos de los hogares inteligentes son grandes. Se pueden producir ataques activos y pasivos, lo que requiere la necesidad de un mecanismo y sistemas de autenticación para prevenir dichos ataques. Los ataques activos incluyen denegación de servicios (DoS), modificación de mensajes y descifrado de contraseñas. Los ataques pasivos, como las escuchas, en las que el atacante obtiene información del sistema para tener un conocimiento de la casa y realizar un posible ataque físico o cibernético. Estos ataques suelen ser indetectables y tienen como objetivo modificar los datos o mensajes, irrumpiendo en la red doméstica de Internet, en el correo electrónico.

Fábricas inteligentes

El Internet Industrial de las Cosas es un entorno especial y uno de los pilares de la Industria 4.0, soportado con los sistemas ciberfísicos, que permiten a las máquinas, robots, humanoides y colaborativos ser controlados automáticamente mediante algoritmos de Aprendizaje Automático y Aprendizaje Profundo, con la reducción significativa de los operadores humanos.

Mediante la adquisición masiva de datos con sensores y robots, el procesamiento y análisis de los datos, la reducción de visitas al sitio, la monitorización remota, se aumenta la productividad y se reduce el mantenimiento preventivo y predictivo. El mantenimiento predictivo en la era del Internet de las Cosas se puede resumir como una metodología de mantenimiento que lleva juntos la potencia del Aprendizaje Automático y el flujo continuo de datos de los sensores para mantener las máquinas antes que fallen, optimizar recursos y, por consiguiente, reducir los tiempos no planificados. El mantenimiento predictivo identifica los fallos de fabricación de los equipos antes que sucedan.

Redes/Energía inteligente

Las fuentes de energía renovables presentan grandes oportunidades con el desarrollo del IoT. Las redes inteligentes traen consigo redes de información y generación distribuida, monitorización remota de fallos y averías. Las tecnologías de redes inteligentes contribuyen a soluciones eficaces de gestión de energía, que en muchos casos actualmente carecen de las infraestructuras existentes.

Los dispositivos del IoT de las redes inteligentes mejoran la comunicación bidireccional entre los dispositivos conectados y el hardware que puede detectar y responder a las demandas de los usuarios. Estas tecnologías significan que una red inteligente es más resiliente y menos costosa que las infraestructuras de energías actuales. Las redes inteligentes son una solución excelente para optimizar el consumo de energía.

Medio ambiente inteligente

Los avances en muchas áreas técnicas están haciendo posible el progreso del IoT y los entornos inteligentes incluyen soluciones múltiples de comunicación para dispositivos IoT. Los entornos inteligentes recopilan, procesan y actúan con información proporcionadas en una gran cantidad de aplicaciones que mejoran los entornos ambientales.

— Detección de incendios forestales. Mediante el monitoreo de gases de combustión y condiciones preventivas de incendios se pueden definir zonas de alta contaminación.

— Polución del aire. El control de las emisiones de CO_2, NO_2, de las fábricas, la contaminación emitida por los automóviles y los gases tóxicos generados a las granjas. La calidad del aire es un tema muy preocupante en las ciudades y tiene un impacto directo en la salud de los ciudadanos.

— Detección temprana de terremotos. Sensores distribuidos en lugares específicos de temblores.

— Prevención de avalanchas y deslizamientos de tierra. El monitoreo de la humedad del suelo, vibraciones y densidad de la tierra para detectar patrones peligrosos en las condiciones de la tierra.

— Calidad del agua. Detección de la idoneidad del agua en los ríos y el mar para la fauna y la selección de agua para uso potable.

— Fugas de agua. Detección de presencia de líquidos fuera de tanques y variaciones de presión a lo largo de las tuberías.

— Inundaciones fluviales. Monitoreo de las variaciones del nivel de agua en ríos, embalses y presas.

— Catástrofes ambientales.

— Agricultura inteligente.

Mediante la agricultura inteligente desarrollada con sistemas de Internet de las Cosas se pueden conseguir los siguientes objetivos:

— Optimización de la producción por rendimientos de cultivos.

— Producción más económica utilizando menos químicos, fertilizantes.

— Mejor uso de los recursos naturales: agua.

— Mejorar la conectividad del área rural.

— Analizar los datos recopilados para tomar la decisión correcta.

— Comando director de riesgo y distribución de fertilizantes.

— Detección de enfermedades de las hojas y automedicación.

— Control de rendimiento y suelo.

— Riego de precisión.

Carreteras inteligentes / calles / tráfico / divisor de carriles inteligentes

El divisor de carreteras se utiliza genéricamente para dividir la carretera para el tráfico en curso y entrante. Esto ayuda a mantener el flujo de tráfico. Generalmente, hay igual número de carriles en ambos sentidos. Por ejemplo, en las zonas industriales o áreas comerciales, el flujo de tráfico fluye en una dirección por la mañana o por la tarde, el otro carril está vacío o menos utilizado. Existen picos de tráfico en horas de mañana o tarde, los resultados son pérdidas de tiempo experimentadas por los conductores y pasajeros y una mala reutilización.

La idea es diseñar un mecanismo de división de la carretera que pueda automatizar el cambio de carril y haya más número de carriles en la dirección de la carretera. Esta solución suele ser manual y con cierto grado de automatismo, pero lo ideal sería que, con las debidas precauciones de seguridad y con la medición del flujo de tráfico, se realizaría el cambio de carril de modo automático. En España, existen carriles bus en autopistas muy automatizadas que suelen requerir en mayor o menor medida la actuación del personal de las autopistas para cambiar la dirección del carril en función del flujo de tráfico unidireccional.

Chatbots y altavoces inteligentes

Los *chatbots* son sistemas de Inteligencia Artificial que interactúan con las personas a través de interfaces de *chats* vía mensajería, texto o voz. Un *chatbot* puede responder a ciertas cuestiones o dar recomendaciones sobre diferentes asuntos en tiempo real. En un entorno de IoT, los *chatbots* pueden funcionar como una interfaz para detectar todos los datos y también hacerlos más accesibles. El *chatbot* de Facebook Messenger proporciona a la empresa una plataforma donde se pueden integrar su propio servicio dentro de la accesibilidad de la aplicación Messenger. Los *chatbots*, como parte de los asistentes virtuales conectados a los altavoces inteligentes, pueden convertir a los objetos inteligentes en objetos conversacionales.

Wearables (ponibles)

Empresas multinacionales como Google, Apple, Samsung o Intel están realizando grandes inversiones en materiales ponibles (*wearables*) al estilo de Nike, Adidas. Las funcionalidades de los *wearables* pueden ser *fitness* y de seguimiento, pago sin contacto, salud en dispositivos para adultos, niños y bebés para monitorizar alertas y sueños, identificación, autenticación y localización. Los ponibles funcionan en aplicaciones que funcionan en los teléfonos inteligentes y envían datos a una plataforma en la nube.

12.6. GEMELOS DIGITALES (*DIGITAL TWINS*)

Una de las tecnologías de mayor impacto en estos últimos años son los gemelos digitales, ya que no solo tiene las aplicaciones tradicionales y otras innovadoras que están surgiendo con el advenimiento del Aprendizaje Automático y de la Inteligencia Artificial en general, sino que comienzan a integrarse en las tendencias tecnológicas del futuro como es la Web 3.0 y el metaverso.

El gemelo digital (*digital twin*) es una tecnología muy antigua pero que se ha convertido en una tecnología disruptiva de impacto con la integración de los gemelos digitales en los objetos digitales inteligentes y con tecnologías como Internet de las Cosas, fundamentalmente, y la integración de la Inteligencia Artificial, y sus componentes fundamentales como la Minería de Datos, el Aprendizaje Automático, el Aprendizaje Profundo y el Procesamiento del Lenguaje Natural, entre otros componentes.

El Internet de las Cosas está acelerando a los gemelos digitales al permitirles compartir datos con las máquinas y los dispositivos conectados y viceversa, fundamentalmente en la informática en el borde. Esta característica se debe a que los gemelos digitales son versiones simuladas por ordenador, siempre activas y actualizadas, de las cosas o procesos físicos conectados al IoT del mundo real que representan.

Los gemelos digitales son representaciones virtuales que pueden captar la física de las estructuras y las condiciones cambiantes internas y externas, medidas por una miríada de sensores conectados e impulsados por la informática en el borde. También pueden ejecutar simulaciones dentro de las virtualizaciones para probar los problemas y buscar mejoras a través de las actualizaciones del servicio.

12.6.1. DEFINICIÓN

Un gemelo digital es una representación digital de un objeto, proceso o servicio físico. Un gemelo digital puede ser una réplica digital de un objeto en el mundo físico, como un motor a reacción o parques eólicos, incluso elementos más grandes, como edificios o incluso ciudades enteras. Además de los activos físicos, la tecnología de los gemelos digitales se puede utilizar para replicar procesos con el fin de recopilar datos para predecir cómo funcionarán.

Un gemelo digital es, en esencia, un programa informático que utiliza datos del mundo real para crear simulaciones que pueden predecir el rendimiento y funcionamiento de un producto o proceso. Estos programas pueden integrar el Internet de las Cosas (Industria 4.0), la Inteligencia Artificial y el análisis de software para mejorar el resultado.

IBM, una de las multinacionales que adoptaron en su nacimiento las tecnologías y desarrolló aplicaciones de gemelos digitales, define un gemelo digital[1] como "una representación virtual de un objeto o sistema que abarca su ciclo de vida, se actualiza a partir de datos en tiempo real y utiliza la simulación, el Aprendizaje Automático y el razonamiento para ayudar en la toma de decisiones". En esencia, un gemelo digital es un modelo virtual diseñado para reflejar con precisión un objeto físico.

> El objeto que se estudia, por ejemplo, una turbina eólica, está equipado con varios sensores relacionados con áreas vitales de funcionalidad. Estos sensores producen datos sobre diferentes aspectos del rendimiento del objeto físico, como la producción de energía, la temperatura, las condiciones climáticas y más. Estos datos luego se transmiten a un sistema de procesamiento y se aplican a la copia digital. Una vez informado con dichos datos, el modelo virtual se puede usar para ejecutar simulaciones, estudiar problemas de rendimiento y generar posibles mejoras, todo con el objetivo de generar información valiosa, que luego se puede aplicar al objeto físico original.

Una definición muy aceptada es la realizada por la consultora Gartner en su *IT Glossary*[2]:

> Una representación digital de una entidad o sistema del mundo real. La implementación de un gemelo digital es un objeto o modelo de software encapsulado que refleja un objeto físico, proceso, organización, persona u otra abstracción únicos. Los datos de varios gemelos digitales se pueden agregar para obtener una vista compuesta de varias entidades del mundo real, como una planta de energía o una ciudad, y sus procesos relacionados.

12.6.2. HISTORIA DE LOS GEMELOS DIGITALES

El concepto de gemelos digitales se atribuye a David Gelernter en su libro *Mirror Worlds*, publicado en 1991. Pero fue Michael Grieves, del Instituto de Tecnología de Florida, quien acuñó el término de software de gemelo digital, en 2002, para su aplicación en el campo de la fabricación.

Sin embargo, fue John Vickers, de la NASA[3], quien adoptó por primera vez el concepto en 2010 con el fin de mantener y reparar sistemas cuando no estaban cerca de ellos. La idea se utilizó para crear simulaciones digitales de cápsulas espaciales y naves para realizar pruebas. Hoy en día, la NASA utiliza los gemelos digitales para desarrollar nuevas recomendaciones, hojas de ruta y vehículos y aviones de próxima generación.

Pero ha sido debido a la expansión del Internet de las Cosas cuando ha adquirido una gran notoriedad y popularidad, ya que no solo se aplica en los procesos de fabricación, sino en una gran cantidad de campos y sectores en la industria y en otros sectores de todo tipo y de uso en organizaciones y empresas de múltiples disciplinas.

12.6.3. FUNCIONAMIENTO DE LOS GEMELOS DIGITALES

Un gemelo digital es un modelo virtual diseñado para reflejar con precisión un objeto físico. El objeto que se estudia, por ejemplo, una turbina eólica, está equipado con varios sensores relacionados con áreas vitales de funcionalidad. Estos sensores producen datos sobre diferentes aspectos del rendimiento del objeto físico, como la producción de energía, la temperatura, las condiciones climáticas y más. Estos datos luego se transmiten a un sistema de procesamiento y se aplican a la copia digital. Una vez informado con dichos datos, el modelo virtual se puede usar para ejecutar simulaciones, estudiar problemas de rendimiento y generar posibles mejoras, todo con el objetivo de generar información valiosa, que luego se puede aplicar al objeto físico original.

Un gemelo digital se crea en un programa de ordenador que usa datos del mundo real para recrear simulaciones que pueden predecir cómo funcionará un producto o proceso. Se utilizan para evitar fallos en los objetos físicos y para realizar funciones avanzadas de análisis, monitorización y predicción. Los responsables de crear un gemelo digital suelen ser expertos en Ciencia de Datos por la ingente cantidad de campos donde se aplicarán en la actualidad. Estos profesionales analizan la física y los datos operativos de un objeto y desarrollan un modelo matemático o de Ciencia de Datos que simule el original.

Al crear estos gemelos digitales hay que asegurarse de que el modelo virtual pueda recibir información de interés de los sensores que recopilan datos de la versión del mundo real. Esta propiedad permite que la versión digital imite y simule lo que está sucediendo con la versión original en tiempo real.

Aunque las simulaciones como los gemelos digitales utilizan modelos digitales para replicar los diversos procesos de un sistema, un gemelo digital es en realidad un entorno virtual, lo que lo hace considerablemente más eficiente en gran cantidad de aplicaciones. La diferencia entre el gemelo digital y la simulación es en gran medida una cuestión de escala: mientras que una simulación normalmente estudia un proceso en particular, un gemelo digital puede ejecutar cualquier cantidad de simulaciones útiles para estudiar múltiples procesos.

12.6.4. APLICACIONES DE LOS GEMELOS DIGITALES EN LA INDUSTRIA

Los gemelos digitales se están convirtiendo en una parte fundamental de la Industria 4.0 y del Internet de las Cosas, ya que permiten a las empresas mejorar la calidad de los productos, optimizar las operaciones y reducir los costes. Algunos ejemplos de casos de uso de éxito[4]:

• **Airbus** para monitorear la salud de los motores de sus aviones en tiempo real, ayudando a identificar problemas potenciales de manera temprana y tomar medidas preventivas.

• **General Electric** para monitorear el desempeño de sus turbinas de gas e identificar posibles problemas y optimizar las operaciones.

• **Ford Motor Company** para modelar el comportamiento de sus vehículos con el fin de mejorar la calidad y seguridad del producto.

• **Siemens** para modelar el comportamiento de sus procesos de fabricación con el fin de mejorar la eficiencia y reducir los costes.

Otros casos de uso son el sector médico, que se ha beneficiado del gemelo digital en áreas como la donación de órganos, la formación quirúrgica o modelando el flujo de personas a través de los hospitales para rastrear dónde pueden existir infecciones y quiénes pueden estar en peligro por contacto.

En la logística, los gemelos digitales se pueden usar en una amplia variedad de aplicaciones, como la gestión de flotas de contenedores, la monitorización de envíos o el diseño de grandes sistemas logísticos. Los sensores de IoT en los contenedores individuales, por ejemplo, muestran su ubicación y monitorizan cuestiones como los daños o la contaminación que produce su transporte. Estos datos fluyen hacia un gemelo digital de la red de contenedores, que utiliza el Aprendizaje Automático para hacer las mejoras necesarias de cara a garantizar que los contenedores se implementen de la manera más eficaz posible.

Las propuestas comerciales de gemelos digitales vienen de la mano de algunas grandes empresas. Por ejemplo, GE, que desarrolló la tecnología de gemelos digitales internamente como parte de su proceso de fabricación de motores a reacción. Siemens, otra empresa líder en fabricación, también es líder en el diseño de gemelos digitales. Y empresas tecnológicas como IBM (IBM Digital Twin Exchange) o Microsoft (Azure Digital Twin) están comercializando su propuesta de gemelos digitales.

12.7. TECNOLOGÍAS Y TENDENCIAS HABILITADORAS DEL INTERNET DE LAS COSAS

El Internet de las Cosas no es el resultado de una única y novedosa tecnología; al contrario, son diferentes tendencias tecnológicas que convergen y trabajan juntas para tender puentes entre el mundo físico y el mundo virtual. Aquí haremos una primera exposición de las numerosas tendencias y tecnologías tradicionales que más han impactado en la segunda década del siglo XXI, y también señalaremos las nuevas tecnologías disruptivas que están impactando en la Cuarta Revolución Industrial. Para ello hemos recopilado las propuestas realizadas por diferentes autores de prestigio (Mohamed: 10-11; Cirani et al., 2019) y organizaciones nacionales e internacionales:

- *Sensores y actuadores.* Básicamente, los sensores detectan los fenómenos físicos o las propiedades que suceden a su alrededor y sus diferentes parámetros a través de la temperatura, presión y humedad. Un sensor detecta un parámetro físico y lo convierte en una señal adecuada para procesamiento (óptica, eléctrica, mecánica). Los actuadores ejecutan básicamente acciones basadas en la lectura de los sensores y las especificaciones requeridas, que difieren de una aplicación a otra. Un actuador requiere una señal de control y una fuente de energía. El coste del hardware ha disminuido considerablemente, lo que ha reducido de modo notable el precio de los sensores y demás dispositivos, también su tamaño.

- *Infraestructura de Internet y del Internet industrial.* Las cifras ya mencionadas de usuarios de Internet y previsiones de objetos inteligentes conectados, en las secciones anteriores, constituyen un gran detonante en la expansión del IoT.

- *Difusión y despliegue del protocolo de Internet IPv6* (direccionamiento basado en IPv6). Otro de los grandes avances, que ha supuesto un gran impulso para el Internet de las Cosas, ha sido la implantación y desarrollo del protocolo IPv6, ya que el clásico protocolo IPv4 constituye un auténtico cuello de botella en el crecimiento de Internet. El protocolo de Internet que permite el acceso a 2^{128} direcciones facilita la asignación de una dirección IP a cada dispositivo de los previsibles miles de millones de objetos conectados en los próximos años.

- *RFID* (Identificación por radiofrecuencia). Es una de las tecnologías básicas del IoT que habilita la identificación única de objetos para que junto con el protocolo IPv6 configure el ecosistema de objetos inteligentes. El sistema RFID se compone de lectores y etiquetas RFID asociadas que emiten la identificación, la ubicación (localización) y cualquier otra información o especificaciones del objeto, al activarse por generación de cualquier señal apropiada.

- *Reducción de costes de hardware.* Una tendencia que ha impactado en el Internet de las Cosas ha sido el abaratamiento producido en el hardware los últimos años: reducción de precios de los sensores, y los dispositivos RFID y NFC, especialmente, aparte de la incorporación de tecnologías Bluetooth a todo tipo de sensores y dispositivos móviles. El sistema RFID se compone de lectores y etiquetas asociadas que pueden emitir datos de identificación, ubicación y otras características del objeto.

- *La Informática en la Nube* (*Cloud Computing, edge* y *fog computing*). La nube es la infraestructura fundamental del Internet de las Cosas junto con las plataformas en el borde (*edge computing*) y en la niebla (*fog computing*). Estas plataformas permitirán la recolección de datos de los objetos, su almacenamiento, procesamiento, análisis y visualización, además de la comunicación entre las diferentes plataformas de la nube y las capas de la arquitectura del Internet de las Cosas.

- *Potenciación de la capacidad de procesamiento (cómputo) de los ordenadores, microprocesadores y demás componentes de los sistemas de cómputo* que se integrarán en los dispositivos, sensores, servidores y centros de datos.

- *Redes inalámbricas de sensores.* Al reducir el coste de los sensores y su bajo consumo se ha potenciado el despliegue de redes WSN (*Wireless Sensor Networks*, redes inalámbricas de sensores) que utilizan dispositivos de tamaño reducido y bajo coste, y que se pueden utilizar en aplicaciones de detección remota.

- *Redes 5G.* El despliegue de las redes móviles 5G comenzó de modo comercial en 2019, y se espera una llegada comercial y masiva en 2020-21; será sin lugar a dudas el desencadenante del despliegue masivo de objetos inteligentes. En el segundo semestre de 2019, han comenzado a comercializarse teléfonos inteligentes de diferentes fabricantes con soporte de las tecnologías 5G.

- *Wi-Fi 6.* Nuevo protocolo certificado de redes wifi y con mayor soporte para el Internet de las cosas. Certificación en 2019 de Wi-Fi Alliance.

- *Localización* (GPS).

- *Nanotecnología.* La miniaturización de los dispositivos electrónicos de todo tipo, incluidos los sensores y actuadores, los chips de microprocesadores, está contribuyendo de modo muy considerable al despliegue de sensores inteligentes y de sistemas embebidos en dispositivos inteligentes.

- *Sistemas embebidos de baja potencia y bajo consumo.* La nanotecnología, junto con el despliegue de redes 5G y redes de comunicaciones específicas del Internet de las Cosas, potenciarán los sistemas embebidos en todo tipo de dispositivos.

- *Tecnologías* wearables (ponibles). Los dispositivos inteligentes integrados en la ropa o en el cuerpo de las personas permitirán una conexión continua y en tiempo real a Internet.

- *Big Data y analítica de Big Data* (*data analytics*). La explosión de los grandes volúmenes de datos y de las técnicas y métodos de análisis de grandes datos permiten el almacenamiento, procesamiento, análisis y visualización y presentación del resultado de los miles de millones de objetos inteligentes.

- *Inteligencia Artificial.* La expansión del Aprendizaje Automático y el Aprendizaje Profundo, a través de algoritmos avanzados y el uso de lenguajes de procesamiento natural y redes neuronales artificiales, está facilitando la conversión de todo tipo de dispositivos en inteligentes.

- *Redes inteligentes* (*smart grids*). Existe una creciente proliferación de redes inteligentes de todo tipo, que se apoyan en muchas de las tecnologías citadas anteriormente, en especial, las comunicaciones, Big Data y la Inteligencia Artificial.

- *IPv6: el desarrollo del Internet de las Cosas.* A través de Internet, los ordenadores y los equipos se conectan entre sí mediante sus respectivas direcciones IP. Bajo la versión IPv4, utilizada en la actualidad (aunque ya cada día está sustituida por los nuevos protocolos IPv6), solo hay cabida para unos 4300 millones de direcciones y ha constituido un cuello de botella práctico para ampliar el número de direcciones de Internet. Teniendo en cuenta que, con los datos citados de la UIT, los usuarios conectados a Internet son alrededor de la mitad de las personas que habitan el mundo, no queda mucho margen para seguir conectando todos los objetos del Internet de las Cosas. Este cuello de botella en nuestras infraestructuras tiene solución en el último despliegue del protocolo (IPv6), que permitirá alojar centenas o miles de millones de direcciones IP, es decir: "Más que suficiente para todo lo que hay en el planeta: usuarios físicos, sensores y dispositivos".

12.7.1. TECNOLOGÍAS DE CARGA DE BATERÍAS

Mohamed (2019: 12) añade una tendencia tecnológica a considerar, de notable importancia desde el punto de vista práctico y que no suele ser tratada en los libros y manuales del Internet de las Cosas, *tecnologías de carga*:

> *Las tecnologías de carga inalámbrica soportan el requerimiento de la energía de los dispositivos y componentes del Internet de las Cosas. Para soportar los requerimientos de los dispositivos y componentes del IoT, las tecnologías de carga inalámbrica se están volviendo importantes y su uso cada día es más creciente. La carga inductiva utiliza campos electromagnéticos para transferir energía entre dispositivos tales como teléfonos inteligentes y una plataforma o*

almohadilla de carga que están en contacto entre sí, mientras que la carga de resonancia utiliza campos magnéticos para transferir la energía entre los dispositivos. Además de eliminar la necesidad de cables de alimentación, ambas tecnologías de carga permiten construir dispositivos de Internet de las Cosas sin necesidad de enchufes para los cables de carga, haciéndolos menos susceptibles de daños ante la exposición al agua y otros líquidos.

12.7.2. OTRAS TECNOLOGÍAS DISRUPTIVAS DE IMPACTO EN EL INTERNET DE LAS COSAS

Además de estas tecnologías anteriores, el Internet de las Cosas se ha visto influenciado de un modo muy notable por las tecnologías disruptivas, que han adquirido gran popularidad y producido un gran impacto:

- *Blockchain* (cadenas de bloques). De gran impacto en la seguridad de las comunicaciones y en los sistemas de bases de datos distribuidos.
- Experiencias inmersivas: realidad virtual, realidad aumentada y realidad mixta.
- Robots autónomos colaborativos y robótica, en general (RPA).
- Gemelos digitales (*digital twins*).
- Drones.
- *Wearables* (dispositivos ponibles).
- Sensores como servicio.

12.7.3. CASO DE ESTUDIO: TECNOLOGÍAS HABILITADORAS DIGITALES (THD)

La Secretaría de Estado para el Avance Digital del Gobierno de España publicó en abril de 2019 una convocatoria de ayudas/subvenciones para proyectos de alto impacto y capacidad de disrupción, estratégica para el desarrollo y la transformación digital de la economía y la sociedad. El plazo de solicitudes finalizó el 20 de mayo de 2019. La cuantía total de las ayudas para 2019 fue de 9 millones de euros (más de 11 millones de dólares), lo que demuestra la importancia dada por el Gobierno español a las tecnologías habilitadoras de la nueva sociedad. Según la convocatoria, las organizaciones y empresas que desearan concursar a esta convocatoria debían presentar proyectos en las siguientes THD (Tecnologías Habilitadoras Digitales):

- Internet de las Cosas y las futuras redes de comunicación 5G
- Tecnologías para el tratamiento de datos masivos y bases de datos distribuidas (*Blockchain*)
- Supercomputación (HPC)
- Computación difusa y en la nube
- Procesamiento del Lenguaje Natural
- Robótica

- Inteligencia Artificial

- Realidad virtual

- Ciberseguridad

- Biometría y la identidad digital

- Micro/nanoelectrónica

12.8. INTERNET DE TODO Y LAS CUATRO FUENTES DE GENERACIÓN DE DATOS

Cisco dio un paso adelante al concepto de Internet de las Cosas y, en 2012, se adelantó lanzando su concepto de Internet de Todo (*Internet of Everything*, IoE), que ha tenido gran aceptación y que refleja la realidad actual y futura, y para ello dio su propia definición: "Asocia juntos a las personas, procesos, datos y cosas para hacer las conexiones en red más relevantes y valiosas que nunca antes, convirtiendo la información en acciones que crean nuevas capacidades, experiencias más ricas y oportunidades económicas sin precedentes para negocios, empresas, personas y países". Para entender mejor esta definición, Cisco explica detenidamente sus reflexiones sobre cuatro componentes:

- Personas

- Datos

- Cosas

- Procesos

El gigante tecnológico Cisco prevé que en 2020 habrá más de 50.000 millones de dispositivos en todo el mundo conectados a través del Internet de Todo. Considera que "esta tecnología creará una increíble cantidad de datos y posibilidades de innovación que revolucionarán el panorama laboral". La convergencia entre las redes de personas, procesos, datos y objetos y el IoT se están moviendo hacia el Internet de Todo, que es un Internet multidimensional que combina los campos del IoT y Big Data.

Personas

La mayoría se conectan hoy día a Internet, 3000 millones en 2015, 5000 millones para 2020, a través de dispositivos móviles y fijos, y redes sociales. Gartner y Cisco consideran que las personas se convertirán en nodos de Internet con información estática y un sistema de emisión de información constante. A medida que evoluciona el Internet de las Cosas nos conectamos de nuevas y valiosas maneras: a través de los dispositivos *wearables*, los asistentes virtuales en cualquier tipo de dispositivos.

Datos

Información generada por las personas y las cosas. Actualmente, los dispositivos capturan información y la envían por Internet a una fuente central, donde es analizada y procesada.

Los datos pueden estar centralizados o distribuidos. Cisco considera que con el Internet de Todo, más que informar de datos duros (en bruto), se enviará información relevante a las máquinas, ordenadores y personas para la evaluación y toma de decisiones de una forma más rápida e inteligente. Estos datos, con el análisis correcto, entregan información útil a las personas y las máquinas; se toman mejores decisiones y obtienen mejores resultados.

Cosas

Todo tipo de objetos físicos, sensores, dispositivos o elementos de la empresa que están conectados a Internet y, a su vez, entre ellos. Los dispositivos están detectando y recolectando más datos, llegando a ser conscientes del contexto, y proporcionando más información experiencial tanto a las personas como a las máquinas

Procesos

Los procesos ocurren entre todos los pilares del Internet de las Cosas. Con los procesos correctos, las conexiones se hacen más valiosas y proporcionan la información correcta, entregada a la persona adecuada, en el momento oportuno y de la manera más relevante.

En octubre de 2014, Cisco anunció el lanzamiento del primer curso global, "Introducción al Internet de Todo", a través de *Cisco Networking Academy*, era el primero de una serie de cursos dirigidos a cualquier persona que quisiera aprovechar las oportunidades que brinda la interconexión de sus cuatro pilares fundamentales (personas, procesos, datos y cosas). Coincidiendo con esa presentación, anunció sus previsiones de que IoT podrá generar hasta 19 billones de dólares en valor económico para la industria de los sectores público y privado en todo el mundo para 2022.

12.9. LA CAPA FÍSICA DE LA RED (SENSORES, ACTUADORES, CONTROLADORES)

La espina dorsal de la red son los objetos conectados convertidos en objetos inteligentes. Los objetos conectados deben desempeñar un rol para sacar rédito a su ubicuidad y poder ser considerados como objetos inteligentes. Son necesarios tres componentes:

- *Controlador.* Sistema computacional que permite procesar información. Es un dispositivo que proporciona inteligencia de aplicaciones a Internet. Son los dispositivos que gestionan el sistema según la programación y la información que reciben. Puede haber un controlador solo o varios distribuidos por el sistema.

- *Sensor.* Permite obtener información física del entorno y convertirla en información procesable digitalmente; por ejemplo: la luminosidad, el movimiento, la temperatura. Se utiliza para detectar los valores físicos y publicarlos junto con los metadatos en Internet de diversas maneras. Es un dispositivo que monitoriza el entorno captando información que transmite al sistema (sensores de agua, humo, temperatura, viento, humedad, lluvia, iluminación) (Waher, 2015: 11).

- *Actuador.* Dispositivos electrónicos que permiten modificar o generar un efecto sobre la física del entorno; por ejemplo: motores, altavoces. Ejecuta acciones en el mundo físico basadas en las órdenes que recibe desde Internet. Es un dispositivo capaz de ejecutar y/o recibir una orden del controlador y realiza una acción sobre un aparato o sistema (encendido/apagado, subida/bajada, apertura/cierre).

Los sensores y actuadores son los dispositivos que enlazan Internet con el mundo físico. Los sensores convierten las lecturas de energía del entorno físico en valores numéricos que pueden ser transmitidos digitalmente. Los actuadores convierten las instrucciones digitales en acciones mecánicas.

Sensores

Un sensor es un dispositivo que mide fenómenos del mundo físico. Puede detectar magnitudes físicas o químicas, variables de instrumentación y transformarlas en variables eléctricas. Estos fenómenos pueden ser cosas tales como luz, humo, vapor de agua, humedad, fuerza, torsión, movimiento. También pueden ser cosas que se sienten como la temperatura, la electricidad, el agua, el viento.

Un sensor es un tipo de dispositivo que debe estar conectado a una red de datos. Un sensor es un objeto (cosa) que se puede utilizar para medir una propiedad física y convertir esa información en una señal eléctrica y óptica. Ejemplos de sensores son todos aquellos que pueden detectar el calor, el peso, el movimiento, la presión y la humedad. Una cámara (una luz se convierte en señal eléctrica), micrófono (un sonido convertido en señal eléctrica). Los sensores son los componentes que proporcionan información al dispositivo y que localizan elementos en su entorno.

Los sensores son los dispositivos capaces de detectar magnitudes variables tanto físicas como químicas y transformarlas en variables eléctricas. Según lo que detectan, existen diferentes sensores. Los sensores toman la información en bruto que lee un dispositivo. Pueden medir la temperatura, la presencia, el viento, los campos magnéticos, los flujos líquidos, la calidad del aire, las propiedades de los líquidos, las vibraciones, las posiciones geográficas, la altitud, la presión.

Controlador

Un controlador puede incluir una interfaz gráfica de usuario (GUI); se utiliza para cambiar la configuración del sensor, ya sea de forma local o remota. Por ejemplo, un sensor de movimiento puede ser calibrado para detectar el movimiento de las personas, pero no de animales. Por ejemplo, en un sistema domótico centralizado, el controlador es el "cerebro" del sistema, el cual se encarga de recolectar la información que proveen los sensores que se encuentran en la vivienda, procesarla y enviar una respuesta en forma de órdenes para los actuadores. Estos, normalmente, poseen interfaces de usuario que proveen de información al usuario sobre el estado del sistema, además de permitirle programar sus componentes.

Son dispositivos que gestionan el sistema (domótico), dependiendo de los requerimientos recibidos o ya establecidos; estos pueden ser uno o varios, que están a disposición del usuario; suelen tener pantalla, teclado (hace el sistema muy amigable para su uso en el control del aire acondicionado, la iluminación, los electrodomésticos). Una vez recolectada esta información se la envía al actuador.

Actuadores

Los actuadores proporcionan los medios para que un sistema digital actúe en el entorno. Son las salidas del dispositivo: los motores, las luces. Permiten que nuestro dispositivo realice alguna tarea en su entorno y convierten la energía eléctrica en energía mecánica, produciendo movimientos en el mundo real. Pueden controlar un motor o, simplemente, convertir algún dispositivo en encendido o apagado.

Es un dispositivo que se implementa dentro del IoT, capaz de transformar energía en la activación de un proceso con la finalidad de generar un efecto sobre un proceso automatizado. Por ejemplo, un motor básico que se puede utilizar para mover o controlar un mecanismo o un sistema basado en un conjunto específico de instrucciones.

Este dispositivo se encarga de ejecutar la acción requerida por el controlador y así proceder a realizarla, ya sea el encendido y apagado de las luces, electrodomésticos, abrir o cerrar persianas. Algunos ejemplos de actuadores son: ventiladores de techos, motores de ventanas de sombra, máquinas de burbujas.

Unos de los actuadores más sencillo y útiles es la luz porque es fácil crearla electrónicamente y genera una salida. Los diodos emisores de luz (LED) se suelen vender en rojo y en verde, pero también existen en otros colores. Otros dispositivos visuales más complicados son las pantallas LCD, pantallas de texto o de gráficos.

Otros actuadores pueden ser los *piezo-elementos*, que, además de utilizarlos para responder a una vibración, se pueden utilizar para crearla. Se puede usar un *piezo-vibrador* para generar sonidos sencillos y música, y para enviar la señal a unos altavoces y crear sonidos sintetizados más complejos.

12.10. CIUDADES INTELIGENTES (*SMART CITIES*)

El siglo XXI ha sido denominado en numerosos estudios tecnológicos y sociales como "el siglo de las ciudades". La mitad de la población mundial vive en ellas y el porcentaje irá aumentando cada año. La transformación digital, reflejo de la revolución digital que vivimos desde hace muchos años, está creando una sociedad hiperconectada, colaborativa y ubicua, que está transformando las relaciones entre los ciudadanos. En la confluencia de estas tendencias globales aparecen las ciudades inteligentes (Joyanes, 2018).

La ciudad inteligente es el exponente más claro y notorio de la revolución que entraña el Internet de las Cosas. La definición de ciudad inteligente ha ido variando y lo seguirá haciendo. Las ciudades inteligentes, o al menos las que mayor impacto están produciendo, son aquellas pioneras en el desarrollo y mejora de variables de sostenibilidad y eficacia energética, movilidad y transporte, atención ciudadana y seguridad o competitividad y economía, que sin duda mejoran y cambiarán la forma de vivir y trabajar de sus ciudadanos. Las plataformas de IoT, Big Data y *Open Data* son las que impulsan a las ciudades para su conversión en ciudades digitales (Joyanes, 2018).

La ciudad inteligente busca incrementar la calidad de vida de sus ciudadanos a través del uso de las tecnologías inteligentes (Big Data, IoT, M2M, sensores, tecnologías móviles, tecnologías de visualización, impresión 3D, plataformas en la nube, *open data* y plataformas de *open data*) mejorando la calidad y eficiencia de los servicios prestados tanto para los organismos públicos como para las empresas, con el objetivo de conseguir una ciudad más económica y ambientalmente sostenible.

La Unión Internacional de Telecomunicaciones define una ciudad inteligente y sostenlble como:

> *Una ciudad innovadora que aprovecha las Tecnologías de la Información y la Comunicación (TIC) y otros medios para mejorar la calidad de vida, la eficiencia del funcionamiento y los servicios urbanos y la competitividad, al tiempo que se asegura de que responde a las necesidades de las generaciones presentes y futuras en lo que respecta a los aspectos económicos, sociales, medioambientales y culturales.*

Otra definición conocida de ciudad inteligente (recogida en el Plan Nacional de Ciudades Inteligentes, descrito en la Agenda Digital para España) es la propuesta por el Grupo Técnico de Normalización 178 de AENOR:

> *Ciudad Inteligente (Smart City) es la visión holística de una ciudad que aplica las TIC para la mejora de la calidad de vida y la accesibilidad de sus habitantes, y asegura un desarrollo sostenible económico, social y ambiental en mejora permanente. Una ciudad inteligente permite a los ciudadanos interactuar con ella de forma multidisciplinar y se adapta en tiempo real a sus necesidades, de forma eficiente en calidad y costes, ofreciendo datos abiertos, soluciones y servicios orientados a los ciudadanos como personas, para resolver los efectos del crecimiento de las ciudades, en ámbitos públicos y privados, a través de la integración innovadora de infraestructuras con sistemas de gestión inteligente.*

Las ciudades inteligentes usan la conectividad, los sensores distribuidos en el ambiente y los sistemas informáticos de gestión inteligente para solucionar problemas inmediatos, organizar escenarios urbanos complejos y crear respuestas innovadoras para atender las necesidades de sus ciudadanos. Con el objetivo de garantizar esa gestión eficaz y sostenible, las tecnologías analizan una cantidad inmensa de datos capturados en diferentes fuentes que anticipan, mitigan e incluso previenen situaciones de crisis. Estos mecanismos permiten ofrecer de manera proactiva mejores servicios, alertas e información a los ciudadanos.

Los sensores inteligentes están repartidos por todas las ciudades y proporcionan información a las administraciones públicas o directamente al ciudadano. De hecho, la espina dorsal de las ciudades inteligentes está constituida por los elementos sensorizados para monitorizar puntos clave de interés social y ambiental. Existen sensores: en los coches y en los semáforos que permiten medir el volumen de tráfico o las infracciones viales; (2) en los edificios, para medir la temperatura y la humedad; (3) para la gestión de residuos; (4) para los sistemas de iluminación inteligente; (5) para el control del riego; para detectar incendios de cualquier tipo, en hogares, forestales; (6) evitar la crecida de los ríos en las temporadas de lluvia.

Los sensores pueden servir para controlar la gestión de los servicios municipales, las cuestiones de seguridad y la vigilancia. Pueden tener también una doble función, algunos ejemplos relevantes son las farolas, que al mismo tiempo son cámaras de videovigilancia, incluso cuando no emiten luz, o los postes que emiten avisos policiales restringidos a áreas concretas vía teléfono móvil.

12.10.1. CIUDADES INTELIGENTES Y SOSTENIBLES

La revista de cabecera de la UIT, *Actualidades de la UIT*, en su número 2, de 2016, centrado en las ciudades inteligentes, examina detenidamente este tema. En el prólogo, Houlin Zhao, Secretario General de la UIT, plantea que a medida que el Internet de las Cosas se va extendiendo, la UIT está acelerando sus contribuciones exclusivas para construir las ciudades inteligentes y sostenibles del mañana. De igual modo, destaca que las tecnologías de la información y la comunicación (TIC) tienen un cometido fundamental que desempeñar para incrementar la eficacia en todos los sectores industriales y permitir innovaciones como los sistemas de transporte inteligentes (STI) y la gestión inteligente del agua, de la energía y de los residuos.

También, reconoce que la integración de las tecnologías "inteligentes" en una ciudad existente, o el desarrollo de una ciudad inteligente y sostenible desde cero, es una empresa compleja que requiere una mejor cooperación y un proceso de toma de decisiones más integrado por parte de las diversas partes interesadas. Zhao considera que se podrían lograr importantes mejoras en la eficacia de las ciudades, interconectando horizontalmente sistemas individuales como los de gestión de la energía, el agua, las instalaciones sanitarias y los desechos, el transporte, la seguridad, el control medioambiental o la inteligencia meteorológica. La interconexión de estos sistemas, tanto física como virtual, requerirá unas interfaces normalizadas (Joyanes, 2018).

12.11. LA SEGURIDAD EN EL INTERNET DE LAS COSAS

En general, los dispositivos IoT no parecen, normalmente, dispositivos críticos, pero pueden llegar a constituir grandes riesgos si no se utilizan de forma adecuada. Las razones de los riesgos residen en que los dispositivos conectados a Internet en entornos domésticos, empresariales o industriales pueden producir graves riesgos a la organización afectada.

La seguridad en el Internet de las Cosas es uno de los elementos clave en el mundo de los negocios y en los restantes sectores industriales. Las predicciones de ciberseguridad para 2020 consideran que el Internet de las Cosas unido a las infraestructuras de la nube serán los sistemas de tecnologías de la información y las comunicaciones más amenazados, y que requerirá de estrategias de ciberseguridad no solo a nivel de las empresas y organizaciones, sino también a nivel de los Estados, que necesitarán de *Estrategias de Ciberseguridad Nacional*.

12.11.1. ESTADO DEL ARTE

El informe *Seguridad de Internet de las cosas. Estado del arte,* realizado por el CSIRT-CV, elaborado por la Comunidad de Valencia, con la subvención de la Unión Europea, es uno de los estudios más fiables realizados en los últimos tiempos; y por ello, analizaremos sus conclusiones más sobresalientes. Este informe propone las recomendaciones y estrategias siguientes:

1. Conocer la situación de los numerosos dispositivos conectados y la situación futura de los millones de objetos que se conectarán en los siguientes años.

2. Evidenciar la falta de seguridad en muchos dispositivos conectados y, en consecuencia, el incremento de los factores de riesgo que afectan a la seguridad y privacidad.

3. Detallar los vectores de ataque que se pueden utilizar para comprometer la seguridad de un dispositivo conectado a Internet.

4. Conoce las medidas de protección recomendadas para los dispositivos conectados a Internet y concienciar en la necesidad de su protección para garantizar la privacidad de la información.

El informe del CSIRT-CV dedica una sección especial a los riesgos asociados, y a la materialización de las amenazas a las que están expuestos los dispositivos. En términos generales, afectan a las propiedades básicas de la seguridad de la información, tales como:

*   Accesibilidad.

*   Integridad de la información que contiene.

*   Identidad del usuario que posee la información.

*   Disponibilidad de los datos.

*   Algunas amenazas se pueden producir por alguna de estas situaciones, relacionadas directamente con los dispositivos del Internet de las Cosas:

    — Posicionamiento GPS (teléfonos y dispositivos móviles inteligentes)

    — Dispositivos *wearables*

    — Robo de información

    — Control y uso malintencionado de los dispositivos

    — Riesgos en los sistemas industriales SCADA

    — Riesgos de las redes wifi de conexiones de los dispositivos

El informe hace también un análisis exhaustivo sobre los vectores de ataque que son utilizados por los ciberdelincuentes y las brechas de seguridad que se producen; también proporciona recomendaciones para las prevenciones y salvaguardas que se han de tener para garantizar un uso seguro.

12.12. LA PRIVACIDAD EN EL INTERNET DE LAS COSAS

La *Internet Society*, en un informe publicado el 1 de febrero de 2016, *Introducción a la privacidad en Internet*, reflexiona en la introducción que:

La privacidad ayuda a reforzar la confianza de los usuarios en los servicios en línea. Sin embargo, la privacidad en línea está constantemente bajo presión de ser quebrantada. Promover leyes de privacidad de datos que sean fuertes e independientes de la tecnología, principios de privacidad por diseño y principios éticos en la recolección y tratamiento de los datos es un enfoque clave para proteger y fomentar la privacidad en línea.

Más adelante confirma que la privacidad es un derecho importante y un facilitador fundamental de la autonomía personal, la dignidad y la libertad de expresión. Asimismo, reconoce que, aunque no existe una definición de privacidad universalmente aceptada, en el contexto de Internet se conviene que privacidad es el derecho de determinar cuándo, cómo y en qué medida los datos personales pueden ser compartidos con terceros.

La privacidad en el Internet de las Cosas y Big Data, como ha reconocido la AEPD (Agencia Española de Protección de Datos) en numerosa documentación e informes públicos, considera que son las dos tecnologías emergentes que mayor impacto pueden tener en la privacidad de los ciudadanos.

En Europa, como apoyo a la protección y privacidad de datos, se celebra el Día Europeo de la Protección de Datos el día 28 de diciembre. La fiesta se remonta a 2006 y se estableció por el Comité de Ministros del Consejo de Europa; actualmente está impulsada por la Comisión Europea, el Consejo Europeo y las autoridades de protección de datos de los Estados miembro de la Unión Europea con el objetivo de promover el conocimiento entre sus ciudadanos acerca de sus derechos y responsabilidad en dicha materia.

Aunque en el capítulo 15 se estudiará más en profundidad el estado de la protección de datos y de la privacidad en la Unión Europea y en España, solo queremos destacar tres aspectos: 1. La definición de datos personales que da el Reglamento como un activo valioso, y la regulación al respecto se vuelve muy restrictiva. La gran novedad es que el Reglamento establece las tendencias tecnológicas, tales como la Informática en la Nube, el Internet de las Cosas y Big Data. 2. La obligatoriedad de la figura y rol del DPO (*Data Protection Officer*); 3. La inclusión del derecho al olvido que permite la rectificación o supresión de datos personales y del derecho a la portabilidad de estos de datos de una empresa a otra.

12.12.1. NORMAS LEGALES, DERECHO Y ASPECTOS REGULATORIOS

Carlos Fernández Hernández publicó un artículo en el diario *La Ley*, de la consultora en derecho, Wolters Kluwer, el 5 de enero de 2017: "Internet de las cosas, ¿oportunidad de crecimiento para el negocio legal o riesgo inaceptable?". Al tratarse de una tecnología que permite la captación de múltiples datos relativos o relacionados con los usuarios de los objetos conectados, ha levantado desde su inicio fuertes reservas en cuanto al impacto que supone para la privacidad, la protección de datos y, más recientemente, la propia seguridad patrimonial o física de dichos usuarios. El principio de partida del artículo es que "el Internet de las Cosas (IoT) es uno de los conceptos tecnológicos de mayor impacto legal. Sus numerosas posibles ventajas se enfrentan también a importantes riesgos para la seguridad y la privacidad de los usuarios, que ponen en duda su viabilidad futura".

RESUMEN

Una de las primeras definiciones de Internet de las Cosas, pero con la acepción de "Internet de los Objetos", fue dada por la consultora McKinsey, en 2010, que lo definía como: "Sensores y actuadores incrustados en objetos físicos, enlazados mediante redes con cables y sin ellos, que a menudo utilizan el mismo protocolo de Internet (IP) que conecta a la red".

Una tendencia importante que ha impactado en el Internet de las Cosas para conseguir el actual y futuro despliegue ha sido el abaratamiento en los últimos años de los sensores y los dispositivos RFID y NFC, especialmente, aparte de la incorporación de tecnologías Bluetooth a todo tipo de sensores y dispositivos móviles.

Las tecnologías más utilizadas son: sensores y actuadores, chips RFID, NFC, códigos QR y BiDi, sensores inalámbricos (Zigbee), junto con las redes inalámbricas Bluetooth y wifi, además de las redes móviles 3G, 4G y 5G. El protocolo de conexión a Internet IPv6 ha sido una de las tendencias y técnicas más disruptivas para la expansión del Internet de las Cosas.

Cisco, empresa líder mundial en el sector de las comunicaciones, planteó en 2011 su versión del Internet de las Cosas, que llamó Internet de Todo, y consideró que esta nueva revolución de Internet se sustentaba en la conexión de personas, datos, procesos y cosas que constituirán una enorme red de redes de miles de millones de objetos inteligentes conectados entre sí.

La arquitectura del Internet de las Cosas consta de una serie de capas o componentes que la configuran y que, a su vez, constan de una serie de tecnologías, servicios y protocolos. Sus capas son cuatro y una quinta o plataforma de presentación de servicios para la visualización de resultados:

- Recolección (ingesta) de datos
- Transmisión de datos (redes de comunicaciones): conectividad
- Almacenamiento de datos en centros de datos, normalmente en la nube
- Analítica de datos
- Presentación y visualización de resultados (plataforma de provisión de servicios)

El Internet de las Cosas es uno de los pilares fundamentales de la Ciencia de Datos y de la Industria 4.0, pilares de la Cuarta Revolución Industrial; sin embargo, los retos y oportunidades vienen acompañados de grandes riesgos en la seguridad de la información. La ciberseguridad es uno de los aspectos vitales que todos los desarrolladores y empresas especializadas con los consumidores y miles de millones de usuarios, también de objetos inteligentes, han de tener presente en todo momento para asumir estrategias de ciberseguridad personal y organizacional.

BIBLIOGRAFÍA

5G AMÉRICAS. *Internet de las cosas en América Latina. Tecnologías celulares para habilitar la Internet de las cosas.* Washington. Disponible en: <4gamericas.org>.

ASHTON, K. (2009). "That 'Internet of Things' thing: in the real world, things matter more than ideas", en RFID Journal. Disponible en: <http://www.rfidjournal.com/articles/view?4986>. (Consulta: 14 de septiembre, 2019).

BALAS, Valentina et al. (eds.) (2019). *Internet of Things and Big Data Analytics for Smart Generation.* Springer.

CANTERO, Natalia Martín y Ricardo VALVERDE (2016). *Internet de las cosas. El mundo hiperconectado.* Madrid: The Valley Digital Business School.

CIRANI, Simone et al. (2019). *Internet of Things. Architecture, Protocols and Standards.* Wiley.

CHIEN, Daniel, Ken McKEEVER y Ryan MENNECKE (2018). *The Wireless Internet of Things. A Guide to the Lower Layers.* Wiley/IEEE.

EOI (2015). *Las tecnologías IoT dentro de la industria conectada 4.0.* Madrid: Fundación EOI.

GSMA/PCW (2016). *Connected Living. Movilizando el Internet de las Cosas.* Gsma.com/connectedliving.

HASSAN, Qusay F. (ed.) (2018). *Internet of Things A TO Z.* Wiley-IEEE Press.

ITU-T (2017). *Internet of Things and smart cities and communities. Frameworks, architectures and protocols* (Y-445, 10/2017).

JOYANES, Luis (2022). *Computación en la Nube. Estrategias de Cloud Computing en Organizaciones y Empresas.* 2ª edición. CDMX (México): Alfaomega; Barcelona: Marcombo.

JOYANES, Luis (2021*). Internet de las Cosas. Un futuro interconectado, 5G, Inteligencia Artificial, Big Data, Cloud, Blockchain, Ciberseguridad.* CDMX (México): Alfaomega; Barcelona (Marcombo).

JOYANES, Luis (2018). Industria 4.0. La cuarta revolución industrial. CDMX (México): Alfaomega; Barcelona (Marcombo).

KIM, Dong-Seong, y Hoa TRAN-DANG (2019). *Industrial sensors and controls in Communications Networks. From Wired Technologies to Cloud Computing and the Internet of Things.* Springer.

KRANZ, Maciej (2017). *Internet of Things. Construye nuevos modelos de negocio.* Madrid: LID.

LÓPEZ i SEUBA, Manel (2019). *Internet de las cosas. La transformación digital de la sociedad.* Madrid: Rama.

MARSAN, Carolyn (ed.) (2015). *La Internet de las cosas: una breve reseña.* Ginebra: Suiza: The Internet Society (ISOC). Disponible en línea en: <internetsociety.org/iot>.

MICROSOFT (2016). *Azure IoT. Reference Architecture.* Disponible en: <https://docs.microsoft.com/es-es/azure/iot-hub/iot-hub-what-is-azure-iot>.

MOHAMED, Khaled Salah (2019). *The Era of Internet of Things. Towards a Smart World.* Springer.

RAJ, Pethuru y Anupama C. RAMA (2017). *The Internet of Things. Enabling Technologies, Platforms, and Use Case.* CRC Press.

RISHI, Rahul y Rajeev SALUJA (2019). *EY/FICCI. Future of IoT* (2019). Informe de Ernst and Young, India, relativo al futuro del Internet de las Cosas.

SERPANOS, Dimitrios y Marilyn WOLF (2018). *Internet of Things (IoT) Systems. Architectures, Algorithms, Methodologies.* Springer.

SETHI, Pallavi y Smruti R. SARANGI (2017). "Internet of Things: Architectures, Protocols, and Applications", en *Journal of Electrical and Computer Engineering*, Hindawi. Artículo ID 9324035 (25 pp.). Disponible en línea en: <doi.org/10.1155/2017/9324035>.

TSIATSIS, Vlasios et al. (2018). *Internet of Things. Technologies and Applications for a New Age of Intelligence.* Academic Press.

UIT (2012). *Descripción general de Internet de los objetos*. UIT-T recomendación UIT-T Y.2060.

WAHER, Peter (2015). *Learning Internet of Things*. Birmingham. Packt Publishing.

WAHER, Peter (2018). *Mastering Internet of Things*. Birmingham. Packt Publishing.

WU, Yuley, Hagun HUANG, Cheng-Xian WAN y Yi PAN (2019). *5G-enabled Internet of Things*. CRC Press.

RECURSOS

CISCO (2012); "Dave Evans: The Internet of Everything How More Relevant and Valuable Connections Will Change the World". Cisco Internet Business Solutions Group (IBSG), Cisco Systems, Inc., San Jose, 1-9. https://www.cisco.com › ciscoinnovate › pdfs › IoE

IEEE (2015). *Towards a definition of the Internet of Things (IoT)*. Disponible en: <http://iot.ieee.org/images/files/pdf/IEEE_IoT_Towards_Definition_Internet_of_Things_Revision1_27MAY15.pdf>

IEEE (2017). *Define IoT–IEEE Internet of Things*. Disponible en: <http://iot.ieee.org/definition.html(accessedFebruary27,2017)>

UIT (ITU): UIT-T Rec. Y.2069 (07/2012). Términos y definiciones para la Internet de las cosas.

NOTAS

---

[1] IBM. *What is a digital twin?* Disponible en: <https://www.ibm.com/topics/what-is-a-digital-twin>.

[2] Disponible en: <https://www.gartner.com/en/information-technology/glossary/digital>.

[3] IBM. *History of digital twin technology*. Disponible en: <https://www.ibm.com/topics/what-is-a-digital-twi>.

[4] Ajitesh, Kumar. *Digital Twins & its Types: Concepts & Examples*. 17 de agosto, 2022. Disponible en: <https://vitalflux.com/digital-twins-its-types-concepts-examples/>.

CAPÍTULO 13
BLOCKCHAIN: SEGURIDAD Y TRANSPARENCIA EN LOS DATOS

INTRODUCCIÓN

Blockchain es una tecnología que ha comenzado a tener una gran influencia significativa en el Internet de las Cosas y la Ciencia de Datos, mejorando la seguridad y potenciando la incorporación de un número creciente de dispositivos fiables al ecosistema de IoT. Las mejoras en la seguridad de los dispositivos de IoT facilitan la adopción más rápida de esta innovación revolucionaria y abrirá una amplia gama de posibilidades a las organizaciones y empresas en el futuro inmediato. *Blockchain*, junto con las otras grandes tendencias que se han ido viendo en la obra, como Big Data y la Inteligencia Artificial, convergen en el IoT, y se han convertido en una herramienta clave para la seguridad del Internet de las Cosas y el Internet Industrial de las Cosas y, por extensión, la seguridad de la Ciencia de Datos.

Ya existen bastantes plataformas de *Blockchain*, algunas de ellas muy reconocidas como Hyperledger y Ethereum, que están potenciando la integración con Internet de las Cosas, creando nuevos modelos de negocios, y se apoyan en tecnologías específicas como *smart contracts* (contratos inteligentes), aplicaciones descentralizadas y en aplicaciones de gran eficacia en numerosos sectores agrícolas, financieros, seguros como la trazabilidad.

13.1. *BLOCKCHAIN* (CADENA DE BLOQUES): LA NUEVA REVOLUCIÓN DE INTERNET

Los orígenes históricos de la tecnología *Blockchain* datan de la década de los ochenta, aunque fue a finales de los noventa cuando empezó a desarrollarse materialmente de forma embrionaria[1]. En 1998, Nick Szabo describió un sistema de pago basado en el uso de técnicas criptográficas para facilitar la generación de unidades de valor virtual de forma estructurada, en un sistema conocido como *proof-of-work* (prueba de trabajo).

En 2008, Satoshi Nakamoto[2], una persona u organización misteriosa, cuya personalidad física se desconoce, publica un artículo de ocho páginas donde propone una solución técnica para realizar transacciones entre dos agentes sin la necesidad de contar con una tercera parte con autorización que actuase como entidad validadora de la transacción.

Este documento se basó en investigaciones anteriores relacionadas con la prueba del trabajo y la criptografía, y lo combinó con el concepto de libro mayor virtual *ledger* (es decir, la tecnología del libro mayor distribuido, *distributed ledger*), que registra las transacciones y facilita la transferencia de monedas virtuales de un usuario a otro. Una aplicación de esta tecnología de código abierto fue desarrollada y lanzada por Satoshi Nakamoto, en 2009, y se materializó en 2009 con el nacimiento de la red Bitcoin, la primera red conocida de *Blockchain*.

En resumen, la infraestructura tecnológica *Blockchain*, o tecnología de registros distribuidos, es el resultado de numerosos años de investigación en criptografía y procesamiento distribuido, así como en técnicas para la creación de dinero digital. El artículo publicado en 2008 y la difusión y aceptación de la criptomoneda *Bitcoin*, soportada por la tecnología *Blockchain*, en 2009, supuso el punto de partida para la aceptación universal de la cadena de bloques. En la actualidad, *Blockchain* es una tecnología con aplicaciones en multitud de campos con mayor penetración y difusión que las criptomonedas o monedas virtuales.

El 2017 fue el gran despegue de las tecnologías *Blockchain*[3] a lo largo y ancho del mundo. Los años venideros hasta el 2022 se auguran como la gran expansión en todo tipo de sectores y con gran número de aplicaciones. Las tecnologías *Blockchain* son el soporte de las criptomonedas a lo largo de todo el mundo, que han generado un nuevo ecosistema financiero. Cientos de bancos y corporaciones de todo el mundo, apoyados en *Blockchain*, están invirtiendo miles de millones de euros en I+D+i que están cambiando las reglas económicas y financieras del juego. Además de esta gran transformación en el sector financiero, las tecnologías *Blockchain* se están comenzando a aplicar en un gran número de sectores cuyos ámbitos aumentan de un modo imparable: energía, telecomunicaciones, salud, alimentación, automoción, juegos virtuales, música, vídeos, medios de comunicación, voto electrónico, ciudades inteligentes, economía colaborativa, las ONG; naturalmente, en todas las grandes plataformas tecnológicas de impacto como Internet de las Cosas, ciberseguridad, Big Data y analítica de datos, Inteligencia Artificial.

La tecnología *Blockchain* fue uno de los temas candentes discutidos en el Foro Económico Mundial de 2018, donde la relevancia de esta tecnología se hizo cada vez más clara a medida que las iniciativas de los gobiernos y organismos gubernamentales se han reforzado para impulsar la agenda de adopción del *Blockchain*.

Nuevos consorcios y asociaciones, entre las principales compañías de varias industrias, resaltan el vínculo casi natural entre *Blockchain* y el IoT. La generalización de *Blockchain* traerá consigo una mayor seguridad en las transacciones, la economía digital o la protección de miles de millones de datos personales, que impulsarán una administración más eficiente y servicios de base para un gran número de cambios y el proceso de transformación digital. La convergencia de IoT y *Blockchain* se ve reforzada con una tercera tecnología, con lo cual se conforma una tríada convergente: IoT, *Blockchain* e IA.

La *Blockchain* crea una cadena digital de registros con enlaces encadenados para formar un registro inmutable, único e irrepetible. Cada bloque de datos se eslabona al anterior para completar la cadena. Se consigue de este modo un registro distribuido, resistente a la sincronización, es decir, inmutable y permanente. Es muy útil para controlar la seguridad de la información a través de protocolos para verificar y proteger las innumerables operaciones que se producen en su entorno. Es una base de datos que no permite borrar o modificar, solo permite una escritura bajo consenso. *Blockchain* permite comprobar si el documento generado ha sido alterado en algún momento posterior al registro.

"La inmutabilidad de la *Blockchain* puede entrar en conflicto con el derecho (Efren Diaz, 2018: 11) al olvido (art. 17 del RGPD) y la privacidad, al impedir la actualización o supresión de la información registrada en la cadena de bloques sin el consenso de las partes implicadas". El RGPD colisionará, según Díaz, con la *Blockchain* en su principal utilidad y punto fuerte, que es su inmutabilidad e inalterabilidad; una vez que se introducen los datos no pueden ser borrados.

El derecho al olvido reconocido en Europa contraviene directamente la idea distinta de una tecnología que hace inmutable los datos registrados. El problema se agrava ante el esfuerzo inconmensurable que supondría la modificación, eliminación o indexación de la información registrada en las bases de datos de cadena de bloques.

Los expertos plantean diversas soluciones que limiten el derecho al olvido en los sistemas *Blockchain*. La aplicación efectiva del RGPD en entornos no monetarios ni financieros requiere necesidades de una regulación moderna tales como: la veracidad jurídica de los documentos almacenados digitalmente y su preservación, la validez legal de los propios instrumentos financieros emitidos y las cuestiones relativas a la territorialidad y la responsabilidad en los contratos inteligentes y el desarrollo jurídico del IoT.

13.1.1. ¿CÓMO NACIÓ *BLOCKCHAIN*?

Tapscott (2017) señala que, coincidiendo con el hundimiento del sistema financiero global en 2008, fue en octubre de ese año cuando una persona o grupo de personas, con el pseudónimo de Satoshi Nakamoto, publicó un artículo donde se esbozaba el protocolo de un nuevo sistema de pago electrónico directo y entre iguales (*peer-to-peer* o P2P), que usaba como aplicación de *Blockchain* una criptomoneda llamada Bitcoin.

Las criptomonedas o monedas digitales se diferencian de la moneda tradicional en que no las crean ni las controlan los países. Este protocolo establece una serie de normas —en forma de computación distribuida— que garantiza la integridad de la información intercambiada entre los miles de millones de ordenadores que constituyen la red de *Blockchain*, sin pasar por terceros. El protocolo es el fundamento de un creciente número de registros globalmente distribuidos llamados cadenas de bloque, el más grande de los cuales es Bitcoin.

Nakamoto, en ese artículo, detallaba el diseño de la primera cadena de bloques:

> *Una base de datos pública y distribuida que se sincronizaría cada 10 minutos en miles de ordenadores. Cualquiera podrá acceder a ella, pero nadie la podría piratear. ¿Su propósito? Proporcionar un registro de cambio blindado y descentralizado para una nueva moneda digital (Pathak, 2018).*

Hasta ese momento, como indica Pathak (2018), el problema con el dinero electrónico radicaba en que nadie podía asegurar que no se usaría dos veces. La cadena de bloques cambió eso, ya que cada transferencia se anota en un libro de contabilidad distribuido. Volviendo de nuevo a Tapscott, plantea que: "*Blockchain* es un protocolo fiable soporte de una plataforma global en la que se puede operar de modo seguro, que no será el Dios Todopoderoso, pero sí es algo muy grande que llama protocolo fiable".

13.2. FUNDAMENTOS DE *BLOCKCHAIN*

Blockchain es una base de datos, distribuida y escalable, donde los usuarios independientes tienen acceso de forma segura. Se pueden digitalizar procesos de gestión global y los participantes colaboran estrechamente, sin comprometer detalles de privacidad o confidencialidad, minimizando la intermediación y el coste por actividad.

Una característica importante es la inmutabilidad de los datos, ya que una vez inscritos es muy difícil cambiarlos (son inmutables).

- *Transparencia*. Proporciona una vista única de la información a todos los participantes.

- *Consenso*. Cuando hay que insertar un nuevo bloque se requiere el consenso de los actores del ecosistema. Al añadir el nuevo bloque a la cadena, la acción se puede verificar y tiene trazabilidad. Este proceso se puede automatizar total o parcialmente utilizando algoritmos adecuados.

Cada bloque dispone de una marca de tiempo y un enlace con el bloque anterior, además de información sobre la aplicación específica. Cada bloque tiene un *hash* o identificador criptográfico único. Si se modifica su información, cambia su *hash*. Este se determina con un algoritmo y depende de la información contenida en ese bloque. Los mineros se encargan de encontrar nuevos *hashes* para crear bloques; a cambio, obtienen una retribución en criptomonedas.

En cada bloque existe un registro que contiene el *hash* del bloque precedente y permite la estructura secuenciada. Si alguien introduce un cambio no consensuado en la información, el *hash* cambiará y la cadena se romperá. Cambiar un *hash* significa tener que modificar todos los de los bloques existentes.

13.2.1. ¿QUÉ ES *BLOCKCHAIN*?

Blockchain es una base de datos distribuida que permite el almacenamiento de datos permanente, transparente y seguro. Es un enfoque innovador de las bases de datos distribuidas. La base de datos está distribuida entre diferentes participantes, protegida criptográficamente y organizada en bloques de transacciones relacionados entre sí, matemáticamente, con algoritmos complejos.

Mantiene un listado de registros o bloques que está creciendo continuamente, pero con la característica de la inmutabilidad de la información, ya que está protegida criptográficamente y organizada en los citados bloques transaccionales, relacionados entre sí con algoritmos matemáticos. No se puede cambiar la información contenido en un bloque, ya que cada bloque tiene una marca de tiempo y contiene un enlace a un bloque anterior; al estar descentralizada, ninguna persona u organización controla la entrada de datos o su integridad, pero el conjunto de la cadena de bloques es verificada continuamente por cada ordenador miembro de la red de *Blockchain*. En resumen, es una base de datos descentralizada que no se puede alterar.

En realidad, es un libro de contabilidad distribuido (*distributed ledger*) donde se anota cada transferencia de datos, en esencia, es una especie de hoja de cálculo que, gracias a los algoritmos de matemáticas y de criptografía, es inalterable. El libro de contabilidad está integrado en una red de ordenadores (ordenadores portátiles, servidores, teléfonos inteligentes) sin necesidad de una autoridad central. Los algoritmos matemáticos preservan la integridad de todas las fuentes de datos.

Don Tapscott, coautor de *Blockchain revolution*, uno de los grandes pensadores de la web del siglo XXI, define *Blockchain* como un libro de contabilidad mundial que es capaz de albergar cualquier dato que requiera seguridad: historiales financieros, documentos de propiedad, certificados de identidad. Tapscott reseña que: "Aunque el aspecto tecnológico de *Blockchain* es complicado y la expresión *Blockchain* suena rara, la idea es sencilla: las cadenas de bloques nos permiten enviar dinero de manera directa y segura de una persona a otra sin pasar por un banco, una tarjeta de crédito o PayPal". En la práctica, lo que aporta *Blockchain* es un protocolo fiable y seguro, siendo esta una de sus características más sobresalientes.

13.2.2. DEFINICIÓN DE *BLOCKCHAIN*

Una Blockchain es una base de datos que se halla distribuida entre diferentes participantes, protegida criptográficamente y organizada en bloques de transacciones relacionados entre sí matemáticamente. Expresado de forma más breve, es una base de datos descentralizada que no puede ser alterada (Preukschat, 2017: 23).

Una característica muy importante es que, por definición, se trata de un sistema que permite que las partes que no confían plenamente unas en otras puedan mantener un consenso sobre la existencia, el estado y la evolución de una serie de factores compartidos.

El consenso es una propiedad fundamental y clave de un sistema de *Blockchain*, porque es el fundamento que permite que todos los participantes puedan confiar en la información que se encuentra grabada. Más aún, desde el punto de vista técnico, se basa en la confianza y el consenso, se construye a partir de una red global de ordenadores que gestiona una base de datos de gran volumen.

13.3. *BLOCKCHAIN*: LA VISIÓN DEL NIST

En enero de 2018, el NIST, el Instituto Nacional de Estándares y Tecnología (National Institute of Standards and Technology)[4], una de las agencias más reputadas del mundo en el sector de las tecnologías, publicó un primer borrador del informe sobre tecnologías *Blockchain*, que se ha convertido en una de las fuentes más prestigiosas donde consultar.

El documento, *Draft NIST Interagency Report (NISTIR) 8202: Blockchain Technology Overview*[5], es una guía muy completa de *Blockchain* dirigida a las empresas, los directivos, los profesionales y los usuarios en general, donde da recomendaciones de desarrollo y uso de la tecnología, la describe con gran fidelidad, así como los componentes de la arquitectura de un sistema de cadena de bloques, los casos de uso (aplicaciones) más populares, los beneficios y sus limitaciones.

Blockchain, tal como se anunció en la presentación del informe, es un nuevo paradigma muy potente y proporciona una visión general de la tecnología más disruptiva desde Internet. Además de la introducción a *Blockchain*, describe los componentes de la cadena de bloques, la necesidad de modelos de permisos, contratos inteligentes y una amplia gama de casos de uso, desde aplicaciones financieras —como criptomonedas— hasta aplicaciones no financieras, tales como su integración en el Internet de las Cosas; un caso muy importante como los edificios inteligentes, la aplicación en logística o en la administración de la cadena de suministro (SCM). Además de la descripción de la tecnología, sus raíces, amplía su estudio a las divisas digitales y criptomonedas.

El informe profundiza en conceptos esenciales como el consenso y los diferentes modelos de consenso (*proof of stake* y *proof of works*), contratos inteligentes, categorización de *Blockchain* y casos de uso. En el estudio también se describen los beneficios y limitaciones más importantes de la tecnología con el objetivo de ayudar a los administradores de tecnologías de la información a tomar decisiones bien informadas sobre si las cadenas de bloques son la tecnología correcta a utilizar en una tarea determinada.

La primera conclusión práctica del NIST es que *Blockchain* es un nuevo y potente paradigma para los negocios. Como todos los documentos oficiales del NIST, la publicación es un primer informe que se somete como borrador para todo tipo de propuestas y sugerencias.

13.3.1. ¿QUÉ ES *BLOCKCHAIN* SEGÚN EL NIST?

La tecnología *Blockchain* es, según el NIST:

> *Esencialmente, un libro de contabilidad (ledger) descentralizado que mantiene registros de transacciones en muchos ordenadores simultáneamente. Una vez que un grupo, o bloque de registros, se introduce en el libro mayor, la información del bloque se conecta matemáticamente a otros bloques formando una cadena de registros. Debido a esta relación matemática, la*

información de un bloque determinado no se puede alterar sin cambiar todos los bloques subsiguientes en la cadena, y que se detectaría por otros usuarios de la red. De esta manera, la tecnología Blockchain produce un libro de contabilidad fiable sin que los responsables de los registros se conozcan o confíen entre sí que elimina los peligros que conlleva que un solo propietario mantenga los datos en una ubicación central.

Versión final del NIST (2 de octubre, 2018)

El Instituto Nacional de Estándares y Tecnología (NIST) publicó en 2018 la versión final[6] de su informe interinstitucional sobre tecnología de *Blockchain* (*NISTIR 8212. Blockchain Technology Overview*). La descripción general de la tecnología *Blockchain* es una versión actualizada del *Draft Blockchain Technology Overview*, publicado en enero del mismo año. El informe presenta el concepto de *Blockchain*, cómo funciona la cadena de bloques, su uso en criptomonedas o monedas electrónicas, tipos de cadenas de bloques permitidas y sin permiso, componentes de las cadenas de bloques, modelos de consenso y sus aplicaciones más extendidas.

Las transacciones en la cadena de bloques se almacenan en un libro mayor bajo propiedad distribuida que minimiza la confianza, la seguridad y las preocupaciones de confiabilidad que pueden venir con la propiedad centralizada. En una red de *Blockchain* distribuida, cada usuario mantiene una copia del libro de contabilidad, lo que dificulta la pérdida o destrucción. La resiliencia general de una red de *Blockchain* heterogénea también es más fuerte porque los nodos se basan en el software, el hardware y la infraestructura de la red diferentes, por lo que no se garantiza que un ataque en un nodo funcione en otros.

Las cadenas de bloques se adaptan a aplicaciones donde los participantes necesitan un sistema de propiedad criptográficamente seguro o un monitoreo de la actividad en tiempo real.

> *Blockchain* es una base de datos distribuida. La información se almacena en innumerables ordenadores conectados entre sí a través de Internet. De modo práctico, es un tipo de libro de contabilidad al que pueden acceder todas las personas que se registran, validando los datos.

Encadenamiento de bloques

Los bloques se encadenan juntos entre sí a través de cada bloque, el cual contiene un *hash* a la cabecera del bloque anterior, formando así la cadena de bloque. Si se cambiara un bloque publicado anteriormente, tendría un *hash* diferente. Esta acción, a su vez, produciría que todos los bloques subsiguientes también tengan *hashes* diferentes, ya que incluyen el *hash* del bloque anterior. Esta característica hace posible detectar y rechazar fácilmente cualquier cambio en los bloques publicados anteriormente.

Otras características de *Blockchain*, sin embargo, pueden limitar su idoneidad en ciertas aplicaciones. Según el NIST, las preguntas a responder incluyen:

- Visibilidad de los datos: ¿cuántos datos deben ser visibles en una red con permiso o sin él?

- Historial transaccional completo: ¿cuántos datos transaccionales deben ser visibles para el público?

- Entrada de datos falsos: ¿cómo pueden colocarse los controles para detectar la entrada de datos falsos?

- Datos de inviolabilidad: ¿cómo se pueden mantener los datos del historial de transacciones?

- Transacciones por segundo: ¿cuánto poder de cómputo es necesario para superar el lento procesamiento de las transacciones?

- Cumplimiento: ¿existen leyes o regulaciones que cambien la forma en que se diseña la cadena de bloques?

- Permisos: ¿hay suficiente granularidad en los roles de usuario específicos? ¿Quién puede administrar los permisos y con qué facilidad pueden ser revocados?

- Diversidad de nodos: ¿cómo la diversidad de participantes de la red de *Blockchain* contrarresta el riesgo?

13.4. FUNCIONAMIENTO DE *BLOCKCHAIN*

A nivel popular, a medida que se populariza el término de cadena de bloques se suelen confundir *Blockchain* y Bitcoin. Aunque el Bitcoin es un tipo de criptomoneda y la cadena de bloques es la técnica que hace posible el protocolo Bitcoin, es decir, una infraestructura que permite mantener un registro de todo tipo de transacciones. La *Blockchain* existe sin el Bitcoin, pero no a la inversa. El Bitcoin es una aplicación —la más popular por ahora— que se ejecuta sobre una cadena de bloques, de forma un tanto similar a cómo la red o la web se ejecuta sobre Internet. De hecho, Bitcoin fue el primer sistema de contabilidad distribuida que no necesitaba el respaldo de un servidor centralizado ni de una organización y continúa siendo de los mayores. En noviembre de 2017, el tamaño de la cadena de bloques de Bitcoin (el registro de todas las transacciones almacenadas en la red) era de 120 GB de información, tamaño que aumenta con cada transacción. A finales de 2019 se calculaba en 256,30 GB, en 2020 se cifraba el tamaño en 319,69 GB y a finales de 2021 era de 378 GB y sigue creciendo.

El sistema de *Blockchain* se construye a partir de una red global de ordenadores que gestionan una base de datos de gran volumen, que se basa, fundamentalmente, en la confianza y el consenso de las partes. Todas las cadenas de bloques (al igual que las usadas en *Bitcoin*) están distribuidas, es decir, se ejecutan en ordenadores que ofrecen voluntariamente personas y organizaciones de todo el mundo; en consecuencia, no hay una base de datos central que en caso de peligro pueda atacarse.

La *Blockchain* puede ser pública o privada. La *Blockchain pública* está abierta a todas las personas que lo deseen y todo el mundo pueda verla cuando quiera porque reside en la red, no en una determinada organización que se encargue de auditar las transacciones y llevar los registros. La *Blockchain privada* está limitada a solo algunos usuarios. De cualquier forma, no se necesita una entidad central para supervisar o validar los procesos a realizar. Además, la *Blockchain* está encriptada con claves públicas y privadas que garantizan una seguridad total.

En el caso de Bitcoin, Ethereum u otras criptomonedas, no se guardan en archivos que estén en un lugar determinado, sino que está representado por transacciones que se registran en una cadena de bloques, que, al igual que una hoja de cálculo o registro, usa los recursos de una red amplia entre iguales (P2P) para verificar y aprobar todas y cada una de las transacciones hechas en Bitcoin.

13.4.1. PROCESO DE LAS TRANSACCIONES EN UNA CADENA DE BLOQUES

Numerosos medios de comunicación de prestigio mundial, *Scientific American*, *The Economist*, *Forbes*, *Financial Times*, junto con los más prestigiosos a nivel español, como *El País*, *El Mundo*, *La Vanguardia*, *ABC*, *Expansión*, *Cinco Días*, *El Economista*, han analizado y publicado infografías donde se muestra el proceso y funcionamiento de una cadena de bloques, en muchos casos con su aplicación a transacciones de criptomonedas o de otros documentos de importancia. Un modelo del funcionamiento de una cadena de bloques publicado por la prestigiosa revista científica *Scientific American*[7] consta de las siguientes etapas:

- *Inicio de la transacción.* Una parte acuerda enviar datos a otra (los datos pueden ser cualquier cosa, criptomonedas, contratos, títulos de propiedad, títulos académicos, propiedades, certificados médicos, certificados de nacimiento).

- *Difusión de la transacción.* La transacción se difunde por la red de ordenadores (nodos) que operan en la *Blockchain*. Se crea un bloque con las transacciones en la cadena de bloques. Cada nodo dispone de algoritmos para comprobar la validez de la transacción.

- *Bloques y huella digital* (*hashing*). Se crea una huella digital del nuevo bloque mediante una función criptográfica (*hash*) y una huella digital que apunta al bloque anterior.

- *Validación de la transacción* (minería). Ciertos nodos denominados mineros comienzan a evaluar las transacciones mediante algoritmos criptográficos. Cuando existe consenso entre ellos, la transacción se considera válida y el bloque validado se añade a la cadena, que ya no puede ser modificada, con la huella digital, en la que también se codifican las huellas validadas de los bloques previos.

- *Ejecución de la transferencia.* El bloque se crea definitivamente y la información o unidad de valor se transfiere de la cuenta de la parte A a la cuenta de la parte B.

13.4.2. COMPONENTES DE *BLOCKCHAIN*: FUNCIONAMIENTO

El Bitcoin o cualquier criptomoneda no se guarda en archivos que se sitúan en un lugar concreto, sino que está representada por transacciones que se registran en una cadena de bloques (un registro u hoja de cálculo), que usa los recursos de una amplia red de ordenadores entre iguales para verificar y aprobar todas y cada una de las transacciones realizadas en Bitcoin.

Todas las cadenas de bloques —incluidas las de Bitcoin— están distribuidas; es decir, se ejecutan desde los ordenadores que ofrecen voluntariamente personas de todo el mundo. No existe una base de datos central sobre la que se pueda actuar. Cada diez minutos se comprueban, ordenan y almacenan todas las transacciones en un bloque que se une al bloque anterior, creándose una cadena. Cada bloque ha de referirse al anterior para ser válido. Esta estructura registra exactamente el momento de las transacciones y las almacena, evitando que nadie pueda alterar el registro. Si alguien quiere robar un Bitcoin, ha de reescribir toda la cadena de bloques, en presencia de todos, situación prácticamente imposible.

Las cadenas de bloques son un registro distribuido y suponen la conformidad de la red con todas las transacciones que se han realizado. Es un registro de computación global del valor de un registro distribuido que todo el mundo puede descargar y ejecutar en su ordenador personal.

Este registro digital de transacciones económicas se puede programar para utilizar prácticamente cualquier cosa que tenga valor e importancia en la sociedad:

- Partidas de nacimiento, defunción y permisos de matrimonio
- Escrituras y títulos de propiedad
- Grados y certificaciones académicas
- Informes financieros
- Procedimientos y tratamientos médicos
- Demandas de seguros
- Votos
- Origen de los alimentos
- Cualquier cosa que se pueda codificar

El especialista Tapscott (2017: 29) lo define como el Internet de Todo, es decir, necesita "un registro de todo". El libro de registro digital es una tecnología que permite que ordenadores distribuidos en diferentes lugares almacenen información actualizada de modo permanente con todas las copias sincronizadas.

Plataformas de *Blockchain* para empresas

- Ethereum
- Hyperledger Fabrics
- R3 Corda
- Ripple
- Quorum
- Canton
- Cardano

Hyperledger: Una plataforma modelo de *Blockchain*

En 2015, Linux Foundation creó el proyecto Hyperledger con el objetivo de crear un estándar abierto *cross-industry* para el desarrollo de tecnologías utilizando *Blockchain*. Son más de 130 miembros de distintas industrias, incluyendo TI, finanzas, salud y transporte (IBM, Intel, J. P. Morgan, American Express). Este consorcio tiene la función de desarrollar proyectos de código abierto en torno a la tecnología *Blockchain*. Uno de estos proyectos es Hyperledger Fabric, la red *Blockchain* corporativa utilizada por IBM para la implementación de soluciones de negocios con sus clientes.

Hyperledger es, en realidad, un conjunto de tecnologías *Blockchain* con diferentes características cuyo objetivo principal es la construcción de *Blockchain* privadas. La plataforma Hyperledger ofrece la posibilidad de integrar la aplicación con softwares más conocidos para la gestión empresarial, para así realizar una implementación sencilla y rápida sin tener que realizar cambios en la propia empresa y la gestión de datos.

13.5. ¿CUÁLES SON LAS PRINCIPALES APLICACIONES DE LA TECNOLOGÍA *BLOCKCHAIN*?

Las tecnologías de *Blockchain* pueden convertirse en la espina dorsal de un nuevo Internet más seguro y así cambiar el mundo que conocemos desde la perspectiva de una nueva revolución de Internet. En un futuro no muy lejano, *Blockchain*, gracias al protocolo fiable que plantea Tapscott, se puede convertir en una plataforma global con la que se puede operar de modo seguro y será algo muy grande.

Tapscott platea que, más que un *Internet de la Información*, las cadenas de bloques convertirán a Internet en un *Internet del Valor o del Dinero*:

> La plataforma permite a todo el mundo saber de lo que es verdad, al menos con respecto a la información que se registre de manera estructurada. En su forma más básica, es un código fuente libre [...] y como tal, nos da la posibilidad de crear infinidad de aplicaciones nuevas y de cambiar muchas cosas.

Este Internet del Valor producirá un gran cambio social y tecnológico que influirá en todas las facetas de la vida, como sucedió con la aparición y el despliegue universal de la web.

Las posibilidades de las tecnologías *Blockchain* son todas aquellas en donde existan transacciones de datos. La seguridad, transparencia, consenso y la confianza son propiedades fundamentales en cualquier negocio y soporte de las cadenas de bloques. En consecuencia, son idóneas en multitud de sectores y las aplicaciones irán emergiendo; camino del horizonte 2020, habrán aparecido tanto en los negocios, la industria y la salud como en la docencia. Un listado casi innumerable, con infinidad de aplicaciones, como Tapscott predice en su obra, en campos como:

- Salud (sanidad y farmacia)
- Automoción
- Energía
- Trazabilidad de alimentos
- Gestión de bienes digitales
- Gestión energética

- Ciberseguridad

- Análisis de Big Data y aplicaciones de Open Data

- Registro de certificados académicos

- Votaciones o democracia participativa. Voto electrónico

- Trazabilidad para logística

- Sistemas de venta y alquiler

- Servicios de auditoría o consultoría

- Gestión de la propiedad intelectual

- Economía colaborativa

- Redes de dispositivos e Internet de las Cosas

- Autentificación y pruebas de existencia

- Viajes

- Turismo

- Juegos virtuales

- Organizaciones no gubernamentales (ONG)

13.6. TIPOS DE *BLOCKCHAIN*: PÚBLICA, PRIVADA E HÍBRIDA

BLOCKCHAIN PÚBLICA

Está abierta a la participación de cualquiera que lo desee. Todo el mundo la puede ver porque reside en la red y no es una determinada institución que se encargue de auditar las transacciones y llevar los registros. Además, está encriptada: una encriptación que incluye claves públicas y privadas (en lugar de los sistemas de dos claves de las "cajas fuertes"), que garantizan una seguridad total. Algunos ejemplos de redes públicas son: Bitcoin y Ethereum. La primera *Blockchain* pública que ha existido ha sido la criptomoneda Bitcoin, lanzada en 2018. En su funcionamiento juega un rol importante la "minería" como proceso computacional necesario que opera para asegurar su red *prueba de trabajo*.

Características

- *Públicas.* Cualquier persona —no se requiere ser usuario— puede acceder y consultar las transacciones realizadas.

- *Abiertas.* Cualquier persona se puede convertir en usuario y adoptar un protocolo común.

- *Descentralizadas.* Todos los usuarios tienen las mismas responsabilidades y los nodos son iguales.

- *Pseudoanónimas.* Los propietarios de las transacciones no son identificables personalmente, pero sus rastros tienen carácter público. La mayoría de las cadenas de bloques no pueden ser anónimas, excepto aquellas expresamente diseñadas.

BLOCKCHAIN PRIVADA

La *Blockchain* privada se denomina con frecuencia *Distributed Ledger Technology* (DLT, Tecnología de Libro Mayor Distribuido). La *Blockchain* privada es distribuida en el sentido de que es una base de datos repartida en varios nodos. La *Blockchain* pública es descentralizada, ya que no se controla quién participa en ella.

Características

- *Privadas.* No todos los datos inscritos en la cadena de bloques tienen difusión pública y solo los usuarios o participantes pueden acceder y consultar todas o algunas de las transacciones realizadas.

- *Cerradas.* Solo las personas invitadas a participar adquieren la condición de usuario o registradores de las transacciones.

  — El protocolo predeterminado podrá incluir distintos niveles de acceso a los usuarios, de modo que unos puedan tener la capacidad de registrar la información y otros tener vetada esta opción. El diseño depende de los objetivos conseguidos.

  — *Distribuidas.* El número de nodos puede estar limitado al número de participantes o a una parte de ellos, pero los nodos se conocen entre sí. Los nodos son protegidos por los participantes, que se comprometen a mantener la estabilidad del sistema. Esta es una característica importante que puede compensar la inestabilidad de las cadenas públicas.

  — *Anónimas.* Una cadena de bloques privada puede establecer el nivel de anonimato que considere conveniente para realizar o proteger las transacciones.

Los usuarios de una cadena de bloques privada están sujetos a un protocolo determinado que los autoriza a participar en el registro de las anotaciones y/o verificar los cambios introducidos en la cadena. Por ello, la base de datos puede estar más centralizada y el número de nodos se puede limitar a un número de usuarios establecido por los promotores, aunque las anotaciones realizadas seguirán siendo inalterables.

TIPOS DE *BLOCKCHAIN* SEGÚN LOS PERMISOS

En una cadena de bloques pública, cualquier usuario puede participar en ella, esto implica un bloque sin permiso (*permissionless*). En una cadena de bloques privada, la posibilidad de participar no está al alcance de todos aunque el código utilizado sea público. La persona debe ser invitada a participar, por esta razón se la denomina *Blockchain* con permiso (*permissioned*).

13.7. CONTRATOS INTELIGENTES

El término *contrato inteligente* (*smart contract*) fue definido por primera vez por Nick Szabo[8], jurista y criptógrafo, en 1994; su doble formación permitió introducir principios de perspectiva jurídica y aplicación de algoritmos matemáticos criptográficos a los contratos inteligentes. La definición de *smart contract* de Szabo es: "Un conjunto de promesas, especificado de forma digital, que incluye protocolos dentro de los cuales las partes cumplen con estas promesas".

Al principio del lanzamiento el concepto no se pudo aplicar, ya que las infraestructuras tecnológicas del momento no hacían visible la solución al no existir plataformas que permitieran su implementación. Fue, en 2015, con el lanzamiento de Ethereum cuando comenzó a ganar popularidad el concepto de contrato inteligente, ya que Ethereum es un *Blockchain* pública que incorpora los contratos inteligentes como innovación principal; a su vez es una innovación muy potente al estilo de la criptomoneda Bitcoin. La creciente popularidad se apoya también en que Ethereum dispone de su propia criptomoneda, el ether, por lo que no requiere el uso de Bitcoin.

ETHEREUM

En su sitio web, Ethereum se define como la *Blockchain* programable del mundo y es de software abierto (*open source*). Al contrario que otras cadenas de bloques y como gran atractivo, Ethereum es programable, lo que significa que los desarrolladores pueden utilizar la plataforma para construir nuevos tipos de aplicaciones. "Su principal objetivo es proporcionar la infraestructura necesaria para el desarrollo de aplicaciones descentralizadas cuya lógica de negocio reside enteramente en la *Blockchain* en forma de contratos inteligentes" (Vilarroig, 2018: 66).

Ethereum es un proyecto global que actúa como una comunidad, accesible por cualquier persona o entidad, con independencia de lenguaje o nacionalidad e incorpora como principal innovación, respecto a la criptomoneda Bitcoin, los contratos inteligentes.

Cualquier programa que se ejecuta en la Máquina Virtual de Ethereum (EVM, *Ethereum Virtual Machine*) se conoce comúnmente como un *smart contract* (contrato inteligente)[9]. Los lenguajes más populares para escribir contratos inteligentes en Ethereum son el sitio web oficial: 1. *Solidity*, inspirado en los lenguajes de programación C++, Python y JavaScript; 2. *Vyper*, basado en el lenguaje de programación Python. Está reconocido que el lenguaje más popular para trabajar en Ethereum es *Solidity*, aunque además de *Vyper* existen otras opciones.

¿Qué es un contrato inteligente?

El término contrato inteligente se refiere en general al uso de ordenadores u otros medios automáticos para ejecutar un contrato entre las partes (Vilarroig, 2020: 67). En esencia, un contrato inteligente es un código o protocolo informático que facilita verificar y hacer cumplir un contrato de manera automática. Un ejemplo típico puede ser el de una máquina expendedora de alimentos y bebidas, donde la máquina está diseñada para establecer una relación entre el diseño/proveedor de la máquina y el consumidor que realiza la compra de un alimento o bebida. Ethereum es la plataforma de *smart contracts* más destacada de la red.

Un contrato inteligente es un código o protocolo informático que facilita verificar y hacer cumplir un contrato de manera automática (algoritmo computarizado que realiza los términos del contrato). El programa o las líneas de código (normalmente escritos en *Solidity*, aunque pueden ser en otros lenguajes de programación) permiten facilitar el intercambio de dinero, contenidos, propiedad, acciones o cualquier cosa de valor. Una vez escrito y añadido a la *Blockchain*, un contrato inteligente se convierte en un programa de ordenador que se ejecuta automáticamente cuando se cumplen determinadas condiciones.

Estos contratos funcionan en la cadena de bloques y, *a priori*, no necesitan la intervención de las personas para comprobar y ejecutar su cumplimiento. Se almacenan dentro de una cadena de bloques para hacer todo tipo de transacciones, incluidas las monetarias, para que se ejecute tal y como se programó sin posibilidad de censura, tiempo de inactividad, fraude o interferencia de terceros.

El modelo de contrato inteligente actual fue creado por Ethereum, donde un contrato inteligente es un código escrito en un lenguaje de programación —el más utilizado *Solidity*—. La plataforma Ethereum, en su origen, se creó específicamente para desarrollar contratos inteligentes con *Blockchain*.

CONTRATO INTELIGENTE VERSUS CONTRATO ORDINARIO

Un contrato ordinario es un acuerdo entre dos o más partes y requiere de una redacción que prevea las diferentes cláusulas de lo que es cumplimiento o no, necesita un marco regulatorio con juristas, tribunales, notarios. Es decir, existen unas reglas de juego que permiten a todas las partes que las aceptan entender la interacción que van a realizar. Los contratos son documentos verbales o escritos. Los contratos escritos son documentos sujetos a las leyes y jurisdicciones territoriales y, normalmente, requieren el uso de notarios.

El contrato inteligente elimina los intermediarios y se autoejecuta de manera autónoma a través del cumplimiento de determinadas acciones establecidas en el contrato, no escrito, sino basado en algoritmos en los que el cumplimiento de las partes acciona la siguiente fase. Un *smart contract* solo necesita el acuerdo entre las partes para ser válido y no tiene por qué estar sometido a ninguna autoridad. En síntesis, un contrato inteligente es un código informático escrito en un lenguaje de programación (como se ha comentado anteriormente, *Solidity* de Ethereum es el más utilizado) y es capaz de ejecutarse y hacerse cumplir por sí mismo, de manera autónoma y automática, sin intermediarios ni mediadores.

Un contrato inteligente puede ser creado y gestionado por personas físicas y/o jurídicas, pero también por máquinas u otros programas que funcionen de manera autónoma. Un contrato inteligente tiene validez sin depender de las autoridades debido a su naturaleza: código visible por todos y que no se puede cambiar al existir integrado en la tecnología *Blockchain*. Esta característica le confiere un carácter descentralizado, inmutable y transparente.

APLICACIONES DE LOS CONTRATOS INTELIGENTES

Los contratos inteligentes tienen una cantidad innumerable de casos de uso, integrados en el catálogo general de aplicaciones de las cadenas de bloques, aunque por sus características específicas existen casos de usos específicos. Un conjunto grande de casos de uso, recopilado de numerosas fuentes, es el siguiente:

- *Servicios financieros y bancarios*
    - Préstamos
    - Seguros y microseguros; reclamos de seguros
    - Establecimientos de hipotecas
    - Pagos de cupones y bonos
    - Depósitos de garantía
    - Herencias
    - Sector inmobiliario
    - Automatización de pagos y donaciones
- *Servicios de salud*
    - Expedientes médicos
    - Acceso a los datos sanitarios de la población
    - Seguimiento de la salud personal
- *Servicios del sector público*
    - Controlar el suministro y pago de servicios de electricidad, gas y agua potable en el hogar
    - Votaciones
    - Apuestas, loterías, ocio
    - Estaciones autónomas de recarga de vehículos eléctricos
- *Servicios legales*
    - Registro de la propiedad
    - Propiedad inteligente
    - Firma digital y verificación de identidades
    - Notarios

13.8. TRAZABILIDAD

La trazabilidad es una de las aplicaciones de mayor y eficiente uso de *Blockchain*. El diccionario de la Real Academia Española (DRAE), al definir la *trazabilidad*, destaca su origen como término adaptado del inglés *traceability* y derivado de *to trace*, "rastrear", y considera las siguientes acepciones:

- Posibilidad de identificar el origen y las diferentes etapas de un proceso de producción y distribución de bienes de consumo.

- Reflejo documental de la *trazabilidad* de un producto.

- Propiedad de un resultado de medida que permite relacionarlo con una referencia superior mediante una cadena documentada de calibraciones.

En consecuencia, la trazabilidad de un producto es la posibilidad de conocer el origen de un producto y seguir su curso a lo largo de su cadena de transformación y distribución. Las reglas de trazabilidad están definidas por normas emitidas por organismos de control nacionales o internacionales, que varían según la naturaleza de las mercancías. En la Unión Europea, la trazabilidad de los productos alimenticios está bajo el control de la Autoridad Europea de Seguridad Alimentaria (EESA).

Según la EESA, la trazabilidad de un producto consiste en la capacidad de decir qué subproductos lo componen y las cantidades, conocer el proveedor de las materias primas con las que se ha elaborado un lote y al cliente al que se le han suministrado esos productos.

Dentro de un producto, existen varios tipos de trazabilidad.

- *Trazabilidad externa hacia atrás.* Trata de conocer el origen o componente utilizado para producir el nuestro dentro de la cadena de suministro.

- *Trazabilidad interna.* Consiste en poder obtener un estado pasado o inicial de un elemento que ha sido procesado dentro de una organización en su conjunto de elementos.

- *Trazabilidad externa hacia adelante.* Se trata de poder obtener los estados de un elemento una vez se ha enviado al cliente.

Otro término sinónimo de trazabilidad es la *rastreabilidad*. Uno de los objetivos que busca conseguir el registro de la trazabilidad es la capacidad de rastrear con rapidez y eficacia ciertos datos referentes a la elaboración de un producto. En ese sentido, *Blockchain* es una tecnología eficiente en la resolución de problemas de trazabilidad y logística.

- La trazabilidad de los alimentos: trazabilidad alimentaria

- Trazabilidad de los medicamentos

- Trazabilidad en el sector de la alimentación y distribución (los grandes almacenes Carrefour aplican la tecnología *Blockchain* en la trazabilidad)

- Trazabilidad aplicada a la agricultura

- Trazabilidad en logística (caso de la consultora y desarrolladora de software Indra)

- Trazabilidad de industrias cárnicas
- Trazabilidad en el sector de los refrescos
- Trazabilidad de productos farmacéuticos
- Trazabilidad en la cadena de suministro (SCM)

Numerosas grandes empresas del sector de distribución y alimentación han lanzado iniciativas de trazabilidad apoyadas en *Blockchain* (El Corte Inglés, Alcampo, Walmart, Nestlé, Dole, Unilever, Carrefour).

CASOS DE ESTUDIO

La cadena multinacional Carrefour[10], empresa francesa, especializada en la distribución de alimentos y con un gran número de supermercados desplegados a nivel mundial, anunció en noviembre de 2018 que empezaría a prestar servicios con un nuevo sistema de trazabilidad de alimentos basado en la cadena de bloques de Hyperledger Fabric de la plataforma IBM Food Trust.

Carrefour es la primera vez que usa la cadena de bloques para hacer el seguimiento a uno de sus productos. Una primera aplicación iniciada es "monitorear únicamente la comercialización del pollo campero criado sin tratamientos antibióticos". Los consumidores pueden consultar la información detallada sobre el producto: fecha de nacimiento del ave, modalidad de crianza, alimentación, ubicación de la granja, proceso de envasado y fecha en la que llegó a los almacenes de Carrefour. El comprador podrá verificar ambas, "calidad y origen". La etiqueta incluye en el producto un código QR que se escanea y presenta la información en el teléfono inteligente.

Carrefour ha lanzado la primera *Blockchain* agroalimentaria de Europa para garantizar la trazabilidad de su cadena de pollos de granja: incubación, cría, alimentación, sacrificio, almacenamiento y ventas. Cada etapa de la producción, transformación y almacenamiento de las aves de corral se registra y constituye un elemento de la *Blockchain*, que permite:

- Garantizar la transparencia en toda la cadena de suministro.
- Consultar todos estos datos de modo inmediato gracias a un código QR situado en la etiqueta del producto. De este modo conocerá con total precisión el origen de los productos que consume y la ruta que han realizado hasta llegar a la estantería del almacén.
- Acceder al historial completo del producto que han comprado y verificar la autenticidad de sus compras, al escanear un chip NFC o un código QR integrado en cada artículo.
- Conocer información relativa al producto al escanear el código QR que incluye la etiqueta del alimento: fecha de nacimiento del pollo, modo de cría, la ubicación de la granja, el alimento que ha recibido, el proceso de envasado o la fecha en la que han llegado a los almacenes de Carrefour.

Ventajas

— Para el consumidor: accesibilidad inmediata a la información, control y eficacia (calidad y origen).

— Para el proveedor: tener una visión global de 360° de todo el proceso de distribución y poder garantizar la calidad del producto.

Plataforma IBM Food Trust

Tiene como objetivo implementar un estándar global de trazabilidad de los alimentos en todas las etapas de la cadena de suministro. Carrefour es miembro fundador de la plataforma IBM Food Trust y cuenta con los servicios de IBM y en España, la empresa gallega Coren.

Caso de éxito: la empresa del sector agroalimentario Angulas Aguinaga fue de los primeros fabricantes de alimentación en unirse a la plataforma IBM Food Trust, sistema de trazabilidad basado en esta tecnología, que permite controlar el proceso desde la producción hasta su llegada al punto de venta. Ha implantado la tecnología de bloques en la trazabilidad alimentaria de sus productos, como el famoso pescado/marisco, angulas y gulas de Aguinaga.

Mirror

Aplicación para la trazabilidad *Blockchain* personalizable: almacenamiento y rastreo de la información, que se basa en Hyperledger. Mirror se puede integrar a la mayoría de los sistemas actuales como SAP, Oracle, Joomla, WordPress y sistemas IoT, sin alterar el flujo de trabajo y productividad, pudiendo manejar los datos desde dispositivos iOS o Android, o cualquier ordenador con conexión a Internet. Mirror ofrece aplicaciones en:

- *Sector agroalimentario.* Ofrece seguridad y certificación de cualquier alimento, pudiendo visualizar su crecimiento, tratamiento y colocación en venta para garantizar las características hasta que llegue al cliente.

- *Sector sanitario.* El cliente puede consultar todo su historial clínico: enfermedades, alergias y percances, expedientes de los centros donde se hayan recibido tratamiento y datos básicos de la salud.

- *Sector académico.* De modo fiable, accesible y seguro se puede disponer de todo el historial académico, títulos de grado, notas de cada curso y otros documentos.

- *Sector industrial.* El fabricante puede disponer de la información real y única de cada etapa de la producción hasta que el producto llega al cliente final, garantizando la calidad y la posibilidad de disponer de información real de compra, y obteniendo una mejora en su propio servicio y la satisfacción del cliente.

- *Sector del arte.* Certificar la autenticidad de una obra de arte o la propiedad de un bien concreto.

13.9. IDENTIDAD DIGITAL

La creación de una identidad digital permite identificar los productos de origen y añadirlos a la red de información que los concierne. Existen desarrollos conjuntos de sistemas de trazabilidad específicos en redes *Blockchain* según las necesidades de un sector determinado, por ejemplo, sistemas de trazabilidad de alimentos[11] o de bienes de gran valor.

IBM y Walmart están desarrollando un sistema de trazabilidad de alimentos en cadenas de bloques que permitirá a los consumidores obtener información muy diversa sobre los productos que adquieran en el supermercado como su origen, modo de producción, días hasta la caducidad.

Se requiere una seguridad jurídica en el intercambio de datos, eso ha hecho fortalecer los mecanismos y sistemas de gestión de la identidad digital que posibilitan la acreditación y autentificación de la personalidad del usuario cuando opera en espacios de Internet y del Internet de las Cosas, en particular. Ibáñez (2018: 83) define la *identidad digital* como: "La información electrónica y telemática asociada a una persona física o jurídica conforme a reglas específicas configuradoras de un sistema de identidad". También considera que el sistema de identidad debe usarse para dos finalidades fundamentales: autentificar o demostrar frente a quienes operan en la red que quien introduce los datos es quien pretende ser respecto a ellos y autorizar a quien ha sido autentificado para realizar operaciones, transacciones o, en el orden jurídico, negocios jurídicamente válidos, contratos o actos unilaterales con los efectos prevenidos por la ley.

En consecuencia, Ibáñez ve que la contribución mayor de *Blockchain* en el área de la identidad es: "La consecución plena de una autonomía individual que refuerza extraordinariamente la privacidad y que se concreta en la construcción de las denominadas plataformas de identidad digital soberanas (SSI, *Self-coverage Identity*)".

Trazabilidad de bienes inmateriales

Una vez creada la "identidad digital" de la obra sería posible acreditar su autenticidad, identificar el autor, registrar sus sucesivas transmisiones, sus actos de explotación, conocer el alcance y asegurar la validez de las licencias obtenidas.

13.10. *BLOCKCHAIN* EN LA CIENCIA DE DATOS

Las tecnologías de cadenas de bloques han comenzado a tener una influencia significativa en el IoT mejorando la seguridad, potenciando la incorporación de un número creciente de dispositivos en el ecosistema. Las empresas pueden utilizar las cadenas de bloques para gestionar los datos de los dispositivos en los bordes, activos basados en IoT, códigos de barras, exploración de códigos QR o información de dispositivos.

Existen muchas ventajas de la construcción de máquinas inteligentes para comunicar y operar vía *Blockchain*.

- IOTA. Ha sido una de las primeras *startups* enfocadas en IoT. No es, realmente, una cadena de bloques. Funciona en una estructura de datos llamada grafo dirigido acíclico (*direct acyclicgraph*) conocido como *the tangle* en el IoT.

- *The tangle* (el enredo). Es parecida o similar a una cadena de bloques y cae dentro de la categoría de la tecnología de contabilidad distribuida, pero presenta una estructura de consenso diferente. De modo notable, la estructura de *tangle* hace que la plataforma sea muy rápida.

Los bloques se agregan al libro de contabilidad al hacer referencia a una matriz de transacciones previas interconectada: de ahí procede el nombre *enredo* en lugar de la secuencia única de una cadena de bloques normal. El rendimiento reciente de la red ha conseguido unas 1000 transacciones por segundo, lo cual supone una mejora enorme sobre las tasas estándar de la *Blockchain*.

Blockchain mejorará la conectividad del Internet de las Cosas.

El análisis de los datos recibidos por los dispositivos de IoT, potenciado por *Blockchain* y la Inteligencia Artificial, potenciará el desarrollo de software, extrayendo conocimiento útil y práctico para la toma de decisiones en las organizaciones y las empresas.

Inteligencia Artificial 2.0

Pathak (2018) define una nueva tendencia que denomina Inteligencia 2.0 y que se compone de la integración de las tecnologías cognitivas o el software inteligente (AI), los dispositivos inteligentes (Internet de las Cosas) y las redes inteligentes (*Blockchain*).

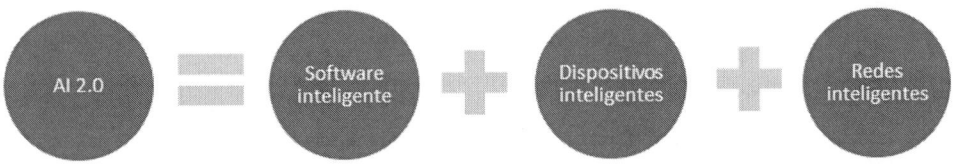

Figura 13.1. AI 2.0 es una combinación de AI (software inteligente), IoT (dispositivos inteligentes) y Blockchain (red inteligente).
Fuente: Pathak y Bhandari (2018: 19) [adaptada]

Aplicación de AI 2.0 *Smart Lean Manufacturing*

Las prácticas de fabricación se han vuelto altamente optimizadas. Los dispositivos de IoT se pueden utilizar para monitorizar las máquinas y su entorno. La analítica inteligente de datos puede aplicarse sobre la monitorización de los datos recolectados para generar conocimiento y ayudar a la optimización en los procesos de fabricación. *Blockchain* puede ayudar a asegurar y dar fiabilidad para la distribución de parámetros optimizados en una cadena de plantas de fabricación. La cadena de suministro puede también ser gestionada eficientemente utilizando *Blockchain*.

Casos de estudio. Seguro de automóviles

Los datos de la actividad de un conductor son capturados por su vehículo inteligente. Se vuelcan luego en los servidores de la compañía de seguros, que los activará en casos específicos (como el de un accidente) y los enviará de forma automática a los usuarios que lo necesiten. La función de las cadenas de bloques, en este caso, es dar transparencia y perpetuidad a esa información para que los datos recogidos por el coche sean la única fuente de información y que se conecten de forma eficaz (Interxion)[12].

Según Interxion, el rápido proceso de desarrollo del IoT y *Blockchain* producirá grandes cambios en el modo de vivir y conectarse, siempre que se mantengan los objetivos de proteger la privacidad y los datos de los usuarios.

Existe un vínculo natural entre las cadenas de bloques e Internet de las Cosas. El ya mencionado Tapscott, uno de los grandes pensadores a nivel mundial sobre el impacto de las tecnologías en los negocios y en la sociedad, anunciaba en su obra como *Blockchain* e Internet de las Cosas contribuirán de modo colaborativo a la transformación de un gran número de aplicaciones y de industrias completas. IoT, sin *Blockchain*, se enfrenta a problemas de escalabilidad y de punto a punto.

Blockchain servirá como la columna vertebral de la confianza digital y la seguridad para las interacciones en las aplicaciones de IoT y de las grandes organizaciones. La tecnología *Blockchain* se combinará con la IA e IoT para responder al desafío de la escalabilidad, punto importante de fallo, sellado de tiempo, registro, privacidad, confianza y confiabilidad de un modo muy consistentes.

13.10.1. EL INTERNET DE LAS COSAS: UN REGISTRO DE TODAS LAS COSAS

El Internet de las Cosas, como señala Tapscott (2017: 224), requiere un registro de todas las cosas, un modo de compartir la información distribuida, fiable y segura, de captar datos y de automatizar acciones y transacciones en Internet, gracias a la tecnología de *Blockchain*:

> *La tecnología Blockchain nos permite identificar dispositivos inteligentes con información básica relevante y programarlos para que actúen en determinadas circunstancias sin riesgo de error ni manipulación. Como la Blockchain es un archivo incorruptible de todos los intercambios de información que se producen en la red y crecientes en el tiempo, el usuario puede estar seguro de que los datos son exactos y fidedignos.*

Existe un amplio consenso entre las empresas tecnológicas de que el sistema de cadena de bloques es esencial para desarrollar el potencial del IoT.

13.10.2. APLICACIONES DEL REGISTRO DE TODAS LAS COSAS

El registro de todas las cosas, creado dentro de la IoT, tiene grandes posibilidades en numerosos e importantes sectores. Las ventajas y las oportunidades de negocio serán específicas de cada aplicación, pero de gran impacto en el mercado y modelos de negocio actuales. Tapscott (2017: 229-236) sintetiza las categorías de impacto y la revolución que supondrá en los siguientes doce sectores principales:

- Transporte
- Gestión de infraestructuras
- Gestión de energía, residuos y agua
- Extracción de recursos, agricultura y ganadería

- Control medioambiental y servicios de emergencia

- Atención sanitaria

- Servicios financieros y seguros

- Archivos de documentos y registros

- Administraciones de edificios y propiedades

- Operaciones industriales: la fábrica de las cosas

- Control de la casa

- Operaciones y ventas al por menor

El IoT basado en *Blockchain* tiene un gran potencial. La primera razón que aporta Tapscott es "porque da vida al mundo físico". Una vez cobran vida en el registro, los objetos pueden percibir, responder, comunicarse y actuar. Los dispositivos se pueden buscar, encontrarse, usarse y pegarse unos a otros según manden los contratos inteligentes, creando así nuevos y revolucionarios mercados, como ha hecho Internet con las personas y todo tipo de contenido digital.

Un ejemplo citado por Tapscott es la economía circular: gestión de energía, residuos y agua, es el caso de empresas de servicios tradicionales tanto de los países desarrollados como de los países en vías de desarrollo, que pueden usar el IoT con *Blockchain* para controlar la producción, la distribución, el consumo y la recogida de bienes y residuos. Menciona el caso de las empresas nuevas sin una gran infraestructura incorporada que utilizan las tecnologías de *Blockchain* para crear mercados y modelos completamente nuevos (microrredes de suministro comunitario).

Otra aplicación original que Tapscott cuenta es la extracción de recursos, agricultura y ganadería. Cita el caso de las vacas, que pueden convertirse en dispositivos de *Blockchain* permitiendo a los ganaderos saber lo que comen, con qué se medican y todo su historial sanitario. Una aplicación más, descrita por el autor, es el uso de la tecnología para ayudar a controlar maquinaria costosa y muy especializada, y hacer que esté más disponible para un uso puntual y sea más amortizable; también mejorar la seguridad de los mineros, los agricultores y los ganaderos mediante el etiquetado de los equipos de seguridad y las listas de control automatizadas para cerciorarse de que el equipo se usa debidamente.

13.11. CONVERGENCIA DE *BLOCKCHAIN*, INTELIGENCIA ARTIFICIAL E INTERNET DE LAS COSAS EN LA CIENCIA DE LOS DATOS

Según IDC, en 2019, el 20 % de todos los despliegues de IoT tendrán habilitados niveles básicos de servicios de *Blockchain*. La convergencia de la cadena de bloques y el Internet de las Cosas está en la agenda de muchas empresas y existen implementaciones, soluciones e iniciativas en diferentes áreas, externas de IoT y también en los servicios financieros.

La rápida convergencia de la IA, IoT y *Blockchain* está aportando un gran valor a las empresas y las personas que utilizan estos nuevos servicios. IoT lleva el análisis en tiempo real a los procesos automatizados (de los cuales la Inteligencia Artificial forma parte). A medida que se ofrecen servicios personalizados a empresas es probable que se necesite acceder o almacenar grandes cantidades de información personal, lo que requiere una arquitectura de seguridad mucho más fuerte que la que se tiene con el modelo centralizado.

2019 fue el año de la convergencia. La vulnerabilidad de la seguridad del IoT es lo que ha favorecido el uso de la *Blockchain* en convergencia con IoT. Con IoT cada dispositivo conectado es en sí un punto vulnerable de entrada y con la Inteligencia Artificial tomando decisiones por los usuarios, los riesgos son muy significativos. Una plataforma soportada por *Blockchain* es escalable, segura y fácilmente examinada. Las tres tecnologías pueden configurar un ecosistema seguro y estable. Los chips NFC y RFID y *Blockchain* configuran una nueva identificación personal y potenciarán las criptomonedas.

Para que el IoT sea adoptado con confianza necesita protocolos para verificar y proteger las innumerables operaciones que se producen en su entorno. *Blockchain* puede cumplir con estos requerimientos y está alcanzando niveles de eficacia que resultan muy atractivos para las empresas. La escalabilidad que ofrece también es un factor decisivo a la hora de acumular enormes cantidades de registros y transacciones. Ya existen casos de aplicación de las cadenas de bloques en el desarrollo del Internet de las Cosas.

En ese sentido, Pandia (2019)[13] considera que:

> *El concepto mismo del IoE —Internet de Todo— es que a las máquinas, objetos, sensores, personas y más se les pueden proporcionar identificadores únicos y la capacidad de transferir datos a través de una red centralizada a una red descentralizada. Esta transferencia se produciría con o sin interacción de persona a persona o de persona a ordenador, y requeriría no solo nuevas capacidades tecnológicas y no tecnológicas, sino también la convergencia de Blockchain y AI / ML.*

Pathak (2018) [apartado 10.10] definió:

> *Inteligencia Artificial 2.0 como la integración de Internet de las Cosas, Blockchain y la propia Inteligencia Artificial.*

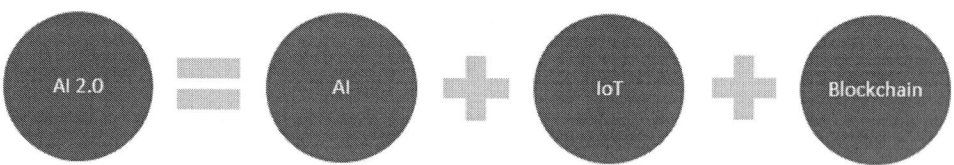

13.11.1. HACIA UN MODELO DE CONVERGENCIA DE *BLOCKCHAIN*-IOT-AI[14]

Dado que la arquitectura del ecosistema actual de IoT se basa en un modelo centralizado, el modelo servidor/cliente, donde todos los dispositivos se identifican, autentifican y conectan a través de servidores en la nube, que admite capacidades de almacenamiento y procesamiento colosales, parece que los servidores/granjas de servidores pueden ser costosos y también hace que las redes de IoT sean vulnerables a los ataques cibernéticos.

A medida que surgen aplicaciones para tareas delicadas e infraestructuras críticas, esto puede afectar a los ecosistemas evolutivos de IoT; lo cual nos lleva a un punto de análisis vital: ¿es necesario que la descentralización sea parte de la ecuación de IoT? El Internet de las Cosas o los dispositivos que se comunican entre sí se distribuyen por naturaleza. Como resultado, es razonable que la tecnología de libro mayor descentralizado y distribuido, como *Blockchain*, juegue un papel vital en la forma en que los dispositivos se comunicarán directamente entre sí o con los responsables de la toma de decisiones. Ahora, dado que todos los dispositivos de IoT deberán etiquetarse, también se deberá documentar el rastro de los dispositivos de IoT y con qué interactúan, ya que jugará un papel definitivo más allá de Internet. Comprensiblemente, el paradigma de seguridad está cambiando.

Ahora, la tecnología *Blockchain* probablemente permitirá la creación de redes de malla seguras, donde los dispositivos de IoT podrán interconectarse de manera confiable y evitar las amenazas cibernéticas. Con cada nodo auténtico que se registra en la cadena de bloques, los dispositivos de IoT en la red podrán identificarse y autentificarse entre sí sin la necesidad de autorización humana. Como resultado, la red de autentificación será escalable para admitir miles de millones de dispositivos sin la necesidad de recursos humanos adicionales.

Aprovechar *Blockchain* para los datos de IoT ofrece nuevas formas de automatizar procesos en todos los niveles sin configurar una infraestructura de tecnología de almacenamiento y autentificación centralizada complicada y costosa. Se cree que esta es una solución clave para las redes en las que existe una potencia informática creciente en el borde: en sensores, dispositivos y otros dispositivos distribuidos. Eso nos lleva a una pregunta importante: ¿es la tecnología Blockchain el vínculo que falta para resolver los problemas de seguridad, privacidad y confiabilidad de la evolución del ecosistema del Internet de las Cosas?

Debido a que la generación, el almacenamiento, el análisis y la comunicación de datos, información e inteligencia son fundamentales para el ecosistema de IoT, existe la necesidad de proteger los datos a lo largo de su ciclo de vida.

CASO PRÁCTICO

La rápida convergencia de *Blockchain*, IoT e Inteligencia Artificial está aportando un gran valor en las empresas y las personas que utilizan estos nuevos servicios.

- *Inteligencia Artificial.* Componente fundamental de la automatización y mejora de las experiencias al elevar los niveles de eficiencia de las empresas.

- *IoT.* Su función principal es analizar, en tiempo real, los procesos automatizados. El IoT genera un flujo de trabajo para personalizar las experiencias que las empresas ofrecen a sus clientes.

- *Blockchain.* Al ofrecer servicios personalizados, se suele necesitar acceder o almacenar cantidades grandes de información personal que no requieren una arquitectura de seguridad más fuerte que la tradicional del modelo centralizado. Como arquitectura distribuida, utiliza la criptografía y permite mejorar la validación de algunos datos sin alterar las bases de datos existentes, las cuales cumplen con varios requerimientos de cumplimiento.

CASO DE USO

Turgeon[15] muestra el beneficio de un caso de uso donde convergen la Inteligencia Artificial, IoT y *Blockchain*. Es una aplicación en ciencias de la salud. Un paciente lleva puesto un dispositivo que monitorea su ritmo cardíaco y nivel de ejercicio todos los días. El dispositivo inteligente contiene toda su información personal (su identidad, incluyendo reconocimiento facial y de huella digital, información de contactos; datos sobre su médico, medicamentos, alergias, tratamiento). Por razones de seguridad, las funciones biométricas cifradas se almacenarían en una arquitectura de bases de datos.

Su aseguradora médica controla con rigurosidad su salud y constantemente monitorea los diferentes aspectos a lo largo del día mediante los dispositivos *wearables* que ha registrado con ellos. *Blockchain* será la columna vertebral de la confianza digital para muchas organizaciones de gran tamaño.

Asiste a un evento y su dispositivo *wearable* informa de un ritmo cardíaco anormal. La Inteligencia Artificial, a través del análisis, determina que esa anormalidad es un precursor de un ataque cardíaco. Se activa, inmediatamente, un evento para notificar a su médico su estado y proporcionarle todos los datos relevantes de los últimos días. Su médico observa una situación grave y envía una ambulancia a por usted para llevarlo al hospital.

Sus dispositivos *wearables* por geolocalización indican su ubicación exacta al equipo de respuesta de emergencia para que lo atiendan. Cuando llega al hospital, el sistema enlazado a su criptomoneda (Bitcoin), que también utiliza *Blockchain*, le permite acceder y pagar una habitación privada. El proceso activado por la Inteligencia Artificial ha brindado una experiencia completamente automatizada que le ha salvado la vida.

13.12. TECNOLOGÍAS NFT (*NON FUNGIBLE TOKEN*)

Un NFT (*Non Fungible Token* o *Tokens* no fungibles) es un certificado digital de autenticidad de propiedad de un activo digital, como un archivo de imagen. Se construyen mediante la tecnología *Blockchain*, la misma que se emplea en las criptomonedas y se asocia a un único archivo digital. Pueden comprarse y venderse; cada NFT individual es único y su identidad se verifica a través de un libro de contabilidad de *Blockchain* público y transparente, que actúa como un registro público de propiedad. Los NFT no pueden ser copiados.

En la prestigiosa revista *Forbes*[16] (Conti y Schmidt, 2022) definen un NFT como: "Un activo digital que representa objetos del mundo real como arte, música, elementos del juego y vídeos. Se compran y venden en línea, frecuentemente con criptomonedas, y generalmente están codificados con el mismo software subyacente que muchas criptomonedas". Veamos con unos ejemplos las diferencias entre los bienes fungibles y no fungibles.

Los bienes fungibles son los que pueden intercambiarse y tienen un valor en función de su número, medida o peso. Un ejemplo de bien fungible es el dinero: se puede cambiar un billete de 10 euros por otro de 10 porque ambos billetes tienen el mismo valor, son *fungibles*. Igual sucede con las criptomonedas. Y los bienes no fungibles son los que no son sustituibles. Un bien no fungible es aquel que no se consume con su uso, que no puede ser reemplazado y que no es sustituible por otro bien: una obra de arte es el ejemplo más ilustrativo, ya que se trata de una pieza irrepetible, única, insustituible. Si tienes un cuadro en casa, este no se consume al utilizarse y tampoco puede ser sustituido por otro cuadro. Una obra de arte no es equivalente a otra; por consiguiente, no se puede intercambiar como sucede con las monedas o los billetes.

Los NFT son activos únicos que no se pueden modificar ni intercambiar por otro que tenga el mismo valor, ya que no hay dos NFT equivalentes, igual que no hay dos cuadros que lo sean. Los NFT son unidades individuales —imagen, vídeo, audio, texto o archivo comprimido— con un valor único. Esto es posible porque cada activo digital obtiene un identificador en el que se registran los metadatos (nombre del autor, su valor inicial o su historial de ventas) mediante tecnología de cadena de bloques, lo que garantiza que la pieza no se pueda duplicar.

Con estas propiedades, estos activos han provocado una suerte de nueva fiebre del oro en forma de criptoarte. La venta de NFT es una nueva forma de (intentar) ganar dinero de manera fácil en el mundo y son muchos los artistas, *influencers*, celebridades, empresas y organizaciones que están comenzando a desarrollar NFT. El primer proyecto de NFT, denominado CryptoPunks, que impulsó el nuevo concepto de *criptoarte*, se presentó en 2017, creado por dos jóvenes canadienses Matt Hall y John Watkinson (LarvaLabs), a través de Ethereum, plataforma de código abierto que sirve para ejecutar contratos inteligentes. Los Cryptopunks son una colección limitada de 10.000 personajes originales, no hay dos iguales, y obtuvieron un éxito sin precedentes.

Cómo funcionan los NFT

Iberdrola[17] resalta las cuatro características principales de los NFT: "Son únicos, indivisibles, transferibles y con capacidad de probar su escasez". Para crear un NFT basta con usar plataformas como OpenSea o Mintable, donde el artista sube el archivo digital y crea un contrato inteligente (*smart contract*) asociado a él. En estas plataformas aparecen listados los NFT y a ellos pueden acceder los posibles compradores. Para comprar un NFT es necesario poseer una cuenta con criptomonedas, específicamente Ethereum, desde donde se realiza una transferencia al creador y a cambio se traspasa la propiedad.

Un contrato inteligente es un acuerdo entre dos personas o entidades en forma de código informático programado para ejecutarse automáticamente. Los contratos inteligentes se ejecutan en *Blockchain,* lo que implica que los términos se almacenan en una base de datos distribuida y no pueden modificarse. Permiten demostrar la autenticidad, propiedad y escasez de los activos digitales. Básicamente, replican en el mundo digital los conceptos de propiedad, unicidad y escasez que se tienen en el mundo físico y puede suponer una auténtica revolución en muchos sectores de la economía.

Los NFT funcionan a través de la tecnología *Blockchain* o de cadena de bloques. Es la misma tecnología que las criptomonedas, funcionan mediante una red de ordenadores descentralizada, con bloques o nodos enlazados y asegurados usando criptografía. Cada bloque se enlaza con un bloque previo, así como una fecha y datos de transacciones, y son resistentes a la modificación de datos.

A los NFT se les asigna un certificado o firma digital de autenticidad, constituidos por una serie de metadatos que no se pueden modificar. En estos metadatos se garantiza su autenticidad, se registra el valor de partida y todas las adquisiciones o transacciones que se hayan hecho, también a su autor. Cada NFT tiene su firma digital, que hace imposible que los NFT se intercambien o sean iguales entre sí al ser no fungibles.

Los NFT son un avance importante en la economía digital, en el comercio electrónico y los negocios digitales porque constituyen un modo de establecer la propiedad de los activos digitales. Originalmente se han utilizado para obras de artes o componentes de videojuegos, pero tienen innumerables aplicaciones, desde bienes inmuebles hasta entradas a conciertos o eventos deportivos. Las aplicaciones y casos de uso han ido creciendo desde 2021, cuando comenzó su despliegue comercial.

En marzo de 2021, el artista digital conocido como Beeple (su nombre real es Mike Winkelmann) vendió una de sus obras (*Todos los días: los primeros 5000 días*) por nada más y nada menos que 69 millones de dólares en la famosa casa de subastas Christie's, que la sitúa como la tercera más cara de un artista vivo. Hasta hace poco, en el mundo digital una copia era indistinguible de otra, lo que reducía su valor, pero la aparición del *Blockchain* y los *tokens* no fungibles (NFT) ha cambiado eso: hace posible la compra de obras digitales consideradas originales.

Qué es un *token* no fungible

Un *token* no fungible (NFT) es un activo criptográfico que tiene la capacidad de ser único, irrepetible e indivisible. Gracias a la tecnología *Blockchain* y las propiedades de este tipo de *token*, se pueden almacenar, de esta manera se vuelve posible certificar tanto la originalidad del activo como su propiedad. Como ya se ha comentado, esta propiedad se consigue mediante un contrato inteligente, que además abre la posibilidad de comercializarlo. Las casas de subastas, por ejemplo, se posicionan para usar esta tecnología, así como los artistas, deportistas o incluso *gamers*. Los *tokens* no fungibles (NFT) están teniendo un gran impacto en el mundo del arte.

La idea de los NFT, a menudo llamados *nifties*, surgió junto a la tecnología *Blockchain* en 2014, pero no se popularizó hasta la aparición de la criptomoneda Ethereum, que incluía un sistema para la creación y almacenamiento de *tokens* no fungibles.

Fungibilidad

¿Qué quiere decir no fungible? Imagina que tienes una moneda de un euro y la cambias por otra moneda de un euro. No importa porque todas tienen el mismo valor, es decir, son fungibles. Lo mismo ocurre si has comprado un *token* digital, por ejemplo, un Bitcoin. La diferencia con los *tokens* no fungibles es que son únicos y que los *smart contracts* permiten identificarlos como tales.

Cómo funcionan los *tokens* no fungibles

Los NFT tienen cuatro características principales: son únicos, indivisibles, transferibles y con capacidad de probar su escasez. Una de las claves para certificar dichas características y facilitar la interoperabilidad de estos activos en múltiples plataformas son los diversos estándares existentes, el ERC-721, de Ethereum, es el más utilizado; el más reciente, el ERC-1155. Su propiedad fundamental es que representan valores únicos y no fungibles, a diferencia de las criptomonedas, por ejemplo, cuyo estándar es fungible y son intercambiables por otras. El concepto fungible se refiere a los bienes que se consumen con el uso.

NFT: Monederos digitales (*Wallets*)

Una vez adquirido un NFT se ha de guardar en un monedero digital que facilita el almacenamiento y su comercialización. Es una aplicación que, al igual que las criptomonedas, se guarda en Internet a través de las aplicaciones monederos o billeteras digitales *wallets*. Las aplicaciones más conocidas son gratuitas y las más populares: Metamask, Enjin, Math Wallet, Coinbase Wallet, Trust Wallet o Alpha Wallet.

CASO DE ÉXITO: ETHEREUM Y LOS NFT

Por lo general, la mayoría de *tokens* o NFT suelen estar basados en los estándares de Ethereum[18] y de su cadena de bloques. Gracias a la utilización de una tecnología conocida y popular, es sencillo operar con ellos para comprarlos y venderlos utilizando determinados monederos, que también trabajan con Ethereum. Sin embargo, estamos hablando de obras únicas, por lo que no hay una compraventa activa como en las monedas digitales.

Aplicaciones de los *tokens* no fungibles

El portal de la operadora española Iberdrola[19] ha publicado en su sitio web un excelente y sintético artículo sobre NFT que hemos tomado como referencia por ser una de las industrias españolas más sobresalientes. Las aplicaciones que considera de mayor impacto dicho artículo son:

Arte Digital

Los NFT son perfectos para el arte digital, de hecho, el mercado del arte es el que más uso está haciendo uso. Los *tokens* no fungibles han abierto nuevas posibilidades para el arte digital, que ahora puede considerarse como parte de una colección, una inversión o un bien al asegurar su originalidad y valor. Además, ha permitido a los artistas digitales vender sus imágenes, animaciones o vídeos comunicándose directamente con los coleccionistas para aumentar así los ingresos por su obra.

Colecciones

Similares a las de cromos, pero en formato digital. En el año 2021, una tarjeta NFT de un mate de LeBron James, en la plataforma NBA Top Shot, se vendió por 208.000 dólares.

Videojuegos

Los NFT pueden utilizarse para representar activos en los videojuegos, por ejemplo, un terreno, un castillo o un arma virtual, que son propiedad del jugador.

Música

La tecnología *Blockchain* permite a los músicos publicar su trabajo como NFT en forma de ediciones limitadas y así monetizarlo. Durante la pandemia ha salvado los ingresos de muchos.

Cine

Aunque menos habitual, en marzo de 2016 el corto documental *Claude Lanzmann: Spectres of the Shoah* se convirtió en la primera película nominada al Óscar (lo fue en 2015) subastada como NFT.

Deportes

Los deportistas famosos están usando NFT para obtener más ingresos por su imagen. El jugador de la NBA Spencer Dinwiddie *tokenizó* su contrato para que otros pudieran invertir en él.

Moda

Nike dispone de una patente que permite adjuntar un NFT a productos físicos, como un par de zapatillas, y recibe el nombre de CryptoKicks.

Ventajas y desventajas de los *tokens* no fungibles

La principal ventaja de los NFT es su *fiabilidad.* La tecnología *Blockchain* permite conocer la procedencia completa de la obra y los detalles de los derechos de autor, con el potencial de incluir información adicional que siempre será parte del código e inseparable de la obra. Esto impide las falsificaciones y su robo; permite a los artistas ser compensados con mayor seguridad.

Las desventajas se relacionan, sobre todo, con el hecho de ser *activos no tangibles*. Son obras de arte que viven en una red de ordenadores, en esencia, no pueden considerarse como un objeto en sí. Además, hay una preocupación creciente por la cantidad de energía que consume el procesamiento de los activos digitales y el impacto que pueda tener sobre el cambio climático.

Otra de las desventajas es que los NFT no están regulados, si bien debemos tener en cuenta distintas implicaciones jurídicas en función del valor que estamos representando en el NFT. Así, pueden verse implicadas cuestiones en materia de propiedad intelectual, derechos de imagen, derecho inmobiliario.

En el caso de la Unión Europea existe una propuesta de la Comisión Europea del Reglamento del Parlamento Europeo y del Consejo relativo a los mercados de criptoactivos, del 24 de septiembre de 2020 ("Rgto MICA"), que regula la emisión de los criptoactivos que no tengan la naturaleza de instrumento financiero. Debemos tener en cuenta que aún le queda mucho recorrido hasta que se publique y entre en vigor, pero establece las normas para la emisión y prestación de servicios en relación con los criptoactivos que están dentro del ámbito de aplicación de la norma.

Los NFT usan el libro mayor de *Blockchain* y han visto un aumento en popularidad dentro del campo artístico y las colecciones. Sin embargo, el uso potencial de las NFT va mucho más allá de las obras de arte digitales. También se pueden usar para comprar terrenos digitales en el mundo virtual, como el metaverso. Los NFT también sirven como una excelente opción para la propiedad, publicación y concesión de licencias de música digital de próxima generación. Algunos observadores ven un futuro escalable con NFT como un medio que ofrece a los compradores acceso a productos de edición limitada o ventas especiales. Existe la posibilidad de que los NFT se utilicen como entradas para conciertos o para iniciar sesión en un videojuego en línea.

El uso de NFT, en convergencia con el metaverso y la futura Web 3.0, hace que las posibilidades de los NFT sean innumerables, ya que tienen el potencial de utilizarse para la propiedad de activos únicos. Todo esto y más aún podría suceder a través de Internet utilizando NFT en el futuro.

RESUMEN

La tecnología *Blockchain* (cadena de bloques) fue uno de los temas centrales destacados y debáticos en el Foro Económico Mundial, en enero de 2018 (WEF 2018), con lo que fortalecía la tecnología como componente central de la economía de los años futuros.

- Existen un gran número de consorcios y asociaciones de empresas e industrias que coordinan, analizan y dirigen las estrategias nacionales e internacionales para el desarrollo y despliegue de *Blockchain*.

- En España, ALASTRIA es una asociación sin ánimo de lucro de gran prestigio a nivel nacional e internacional con un elevado número de asociados: organizaciones, empresas, fundaciones, universidades. Sus objetivos son liderar y dar normas, reglas, metodologías y técnicas con la finalidad de ayudar a todos sus asociados y cualquier otra entidad interesada en el conocimiento, desarrollo y despliegue de técnicas de cadenas de bloques, aplicaciones y usos en los innumerables sectores donde tienen impacto.

- Al igual que en otras tecnologías, la prestigiosa organización NIST de los Estados Unidos ha publicado un buen número de informes que ayudan a conocer, desarrollar y desplegar las tecnologías *Blockchain*. Todos ellos gratuitos y recomendable su análisis y descarga.

- Los tipos de *Blockchain* más populares son: pública, privada e híbrida.

- Las aplicaciones y conceptos más importantes y de gran impacto en el sector *Blockchain* son: contratos inteligentes, trazabilidad e identidad digital.

- La década del 2020 se caracteriza por la convergencia de *Blockchain-IoT-IA* y con soporte de infraestructuras de la nube (*Cloud, edge, fog*) y el ecosistema de Big Data, tecnologías todas ellas integradas en la Ciencia de Datos.

BIBLIOGRAFÍA

ALLENDE, Marcos (2018). *Blockchain. Cómo desarrollar confianza en entornos complejos para generar valor de impacto social. IE/IPS TechLab BLD Banco Interamericano de Desarrollo. Licencia Creative Commons.* Disponible en línea en: <https://webimages.iadb.org>.

BAMBARA, Joseph I. y Paul R. ALLEN (2018). *Blockchain. A Practical Guide to Developing Business, Law, and Technology Solutions.* New York: McGraw-Hill.

BASHIRAN, Imran (2017). *Mastering Blockchain.* Birminghan: Packt Publishing.

BOAR, Andrei (2018). *Descubriendo el bitcoin. Cómo funciona, cómo comprar, invertir, desinvertir.* Profit Editorial.

DOLADER, Carlos, Juan Bel ROIG y José Luis MUÑOZ TAPIA. "La Blockchain: Fundamentos, aplicaciones y relación con otras tecnologías disruptivas", en *UPC*, núm. 405, pp. 33-40.

DOMINGO, Carlos (2018). *Todo lo que querías saber sobre Bitcoin, Criptomonedas y Blockchain y no te atrevías a preguntar.* Barcelona: Planeta.

IBÁÑEZ, Javier Wenceslao (2018). *Blockchain: Primeras cuestiones en el ordenamiento español.* Madrid: Dykinson.

MOUGAYAR, William (2017). *La tecnología BLOCKCHAIN en los negocios. Perspectivas, práctica y aplicación en Internet.* Madrid: Anaya Multimedia.

NAKAMOTO, Satoshi (2008). "Bitcoin: A Peer-to-Peer Electronic Cash System". Artículo original de creación de Bitcoin. Disponible en: <www.bitcoin.org>.

NORTON, Jared (2016). *Blockchain. Easiest Ultimate Guide to Understand Blockchain.*

PATHAK, Nishith y Anurag BHANDARI (2018). *IoT, AI, and Blockchain for .NET. Building a Next-Generation Application from the Ground Up.* Apress.

PORXAS, Núria y María CONEJERO (2018). "Tecnología BLOCKCHAIN: Funcionamiento, aplicaciones y retos jurídicos", en *Actualidad Jurídica.* Uría Menéndez, 48-2018, pp. 24-36.

PREUKSCHAT, Alex (coord.) (2017). *Blockchain. La revolución industrial de Internet.* Barcelona: Gestión 2000.

SANTOS, Maximiliano y Enio MOURA (2019). *Hands-On IoT Solutions with Blockchain.* Packt Publishing.

TAPSCOTT, D. y A. TAPSCOTT (2017). *La revolución Blockchain.* Barcelona: Deusto.

TUR, Carlos (2018). *Smart contracts. Análisis jurídico.* Madrid: Editorial REUS.

VILLAROIG, Ramón y Sampere PASTOR (dir.) (2018). *Blockchain: Aspectos tecnológicos, empresariales y legales.* Pamplona: Aranzadi.

ZHU, Liehvang y Keke GAI, Meng LI (2019). *Blockchain Technology in Internet of Things.* Springer.

RECURSOS

DYLAN, Yaga; Peter MELL, Nil ROBY y Karen SCARFONE (2018). *Blockchain Technology Overview.* NISTIR 8202. NIST. Disponible en: <https://csrc.nist.gov/publications/detail/nistir/8202/final>.

DYLAN, Yaga; Peter MELL, Nil ROBY y Karen SCARFONE (2018). *Draft Blockchain Technology Overview.* NISTIR 8202. Disponible en:
<https://csrc.nist.gov/CSRC/media/Publications/nistir/8202/draft/documents/nistir8202-draft.pdf>.

GitHub.com

Hbr.es

IBM (ibm.com/developerworks)

miethereum.com

Medium (medium.com)

Myethereum.es

Technologyreview.es

TheBlockchain.es

NOTAS

[1] En el artículo "Virtual Currencies and BlockchainTechnology. Irish Departmento Finance. Discussion Paper" (2018). Disponible en: <www.finance.gov.ie/wp-content/uploads/2018/03/Virtual-Currencies-and-Blockchain-Technology-March-2018.pdf>. En la página 3, se puede leer una historia muy contrastada y fiel de las monedas virtuales y la tecnología *Blockchain*, junto con una descripción muy completa, rigurosa y actualizada de ambas tecnologías.

[2] Satoshi Nakamoto (2008). *Bitcoin: A Peer-to-Peer Electronic Cash System*. Disponible en: <https://bitcoin.org/bitcoin.pdf>.

[3] En España, se creó en 2017 el consorcio ALASTRIA, constituido por un gran número de organizaciones, grandes y pequeñas empresas, centros de investigación, fundaciones y universidades, cuyo objetivo principal es el estudio, investigación y desarrollo de tecnologías *Blockchain* para contribuir a su difusión y despliegue y contribuir a su penetración social.

[4] Es la Agencia No Regulatoria del Departamento de Comercio de los Estados Unidos, y cuyo objetivo principal es promover la innovación y la competitividad industrial. El NIST en su origen, Oficina Nacional de Normas (NBS), se creó en 1901; en 1988 cambió su nombre por el actual NIST. El progreso e innovación tecnológica de los Estados Unidos dependen de las habilidades del NIST, especialmente en: biotecnología, nanotecnología, tecnologías de la información y fabricación avanzada. Los trabajos del NIST tienen un impacto mundial en las tendencias tecnológicas. Un caso para recordar son las definiciones y marcos regulatorios de la informática en la nube.

[5] Disponible en: <https://csrc.nist.gov/news/2018/nistir-8202-blockchain-technology-overview>; <https://csrc.nist.gov/CSRC/media/Publications/nistir/8202/draft/documents/nistir8202-draft.pdf>.

[6] Sara Friedman. Artículo sobre el informe final del NIST. Disponible en: <https://gcn.com/articles/2018/10/03/nist-blockchain-overview.aspx>. El informe final fue publicado por el NIST. Disponible en: <https://nvlpubs.nist.gov/nistpubs/ir/2018/NIST.IR.8202.pdf>. En enero de 2019, el sitio web oficial del NIST se encontraba cerrado por razones de "cierre de organismos nacionales de los Estados Unidos".

[7] Pavlus, John (2018) "The World Bitcoin created", en *Scientific American*, pp. 28-33. La versión española, en su número de febrero 2018, de *Investigación y Ciencia*, publicó la traducción del dossier y el artículo citado anteriormente de Pavlus.

[8] "Smart Contracts: Building Blocks for Digital Markets" (1996). Disponible en: <www.alamut.com/subj/economics/nick_szabo/smartContracts.html>.

[9] Disponible en: <https://ethereum.org/developers/#getting-started>.

10 Carrefour (11 de noviembre de 2018).

11 Disponible en:
<Ibm.com/blockchain/supply.chain>.

12 Disponible en:
<Interxion.com/es/blogs/2017/04/blockain-se-prepara-para-integrarse-en-el-internet-de-las-cosas-iot>.

13 Jayshree Pandya (2019). "A Changing Internet: The Convergence Of Blockchain, Internet Of Things, And Artificial Intelligence", en *Forbes*. Disponible en:
<https://www.forbes.com/sites/cognitiveworld/2019/07/05/a-changing-internet-the-convergence-of-blockchain-internet-of-things-and-artificial-intelligence/#c4287137c58f>.

14 El blog en español de la multinacional DellEMC también traduce, recoge y amplía los conceptos de la experta Jayshree Pandya, comentados anteriormente. Disponible en:
<https://blog.dellemc.com/es-es/un-internet-cambiante-la-convergencia-del-blockchain-internet-de-las-cosas-y-la-inteligencia-artificial/>.

15 Turgeon, Jean. *Dossier Blockchain IoT*.

16 Robyn Conti y John Schmidt (2022). "What Is An NFT? Non-Fungible Tokens Explained", en *Forbes*. Disponible en: <https://www.forbes.com/advisor/investing/cryptocurrency/nft-non-fungible-token/>.

17 Disponible en: <https://www.iberdrola.com/innovacion/nft-token-no-fungible>.

18 Disponible en: <https://ethereum.org/en/nft/>.

19 Disponible en: <https://www.iberdrola.com/innovacion/nft-token-no-fungible>.

CAPÍTULO 14
SEGURIDAD Y CIBERSEGURIDAD EN LA CIENCIA DE DATOS

INTRODUCCIÓN

La Ciencia de Datos está impulsando los procesos de digitalización de los sistemas y procesos empresariales e industriales. La transformación digital de las empresas y organizaciones con la integración de las nuevas tendencias tecnológicas como Big Data, *Cloud Computing* e Internet de las Cosas, como pilares nucleares, junto con la movilidad y medios sociales, ya integrados en la sociedad, están favoreciendo la adopción de la Ciencia de Datos por organizaciones y empresas mediante estrategias eficaces de migración, así como estrategias de seguridad y ciberseguridad para la protección de los datos e instalaciones.

Sin embargo, como señala el CCN-CERT de España en sus informes anuales, se van incrementando:

> *El número, tipología y gravedad de los ataques contra los sistemas de información de las administraciones públicas y gobiernos, de las empresas e instituciones de interés estratégico o aquellas poseedoras de importantes activos de propiedad intelectual e industrial y, en general, contra todo tipo de entidades y ciudadanos.*

La necesidad de una estrategia de ciberseguridad en organizaciones y empresas, así como a nivel ciudadano, es una exigencia indispensable en el desarrollo de la gestión diaria.

Por estas razones, dedicamos un capítulo específico a la seguridad y ciberseguridad en la Ciencia de Datos desde una visión global, pero analizando con detalle su estado del arte y el futuro previsible con referencias concretas a España, Latinoamérica y el Caribe, sus principios fundamentales y los factores más importantes de las ciberamenazas y las herramientas de los ciberatacantes. Asimismo, se describen las estrategias de ciberseguridad en España y la Unión Europea, y se hace una breve descripción de la situación de la ciberseguridad extraída de estudios realizados por instituciones internacionales de la región de Latinoamérica y Caribe. También se estudian las tendencias en ciberseguridad realizadas por organismos y empresas como INCIBE, CCN-CERT, Telefónica y otras empresas y consultoras especializadas.

14.1. SEGURIDAD Y PRIVACIDAD

La provisión de servicios por parte de proveedores de las diferentes tecnologías de la Ciencia de Datos, así como su utilización por parte de clientes físicos, tanto usuarios personales como empresas e industrias, requiere de estándares jurídicos y tecnológicos que proporcionen entornos seguros y fiables para ofrecer seguridad jurídica en el ecosistema de la Ciencia de Datos junto con la implantación de normas, técnicas y herramientas de seguridad para la protección de los datos y privacidad, así como las instalaciones locales o en remoto.

La Ciencia de Datos y sus diferentes tecnologías de soporte aportan una innumerable cantidad de beneficios, pero también plantean una serie de requerimientos para afrontar los retos jurídicos y legales que plantea su creciente uso, en los diferentes modelos proporcionados por los proveedores, lo cual exige una garantía de seguridad de la información, el empleo de estándares técnicos, mecanismos de control y un marco ético y jurídico general de derechos y obligaciones por parte de los proveedores y de los clientes.

La dificultad radica en la capacidad de elaborar normas jurídicas suficientemente flexibles e innovadoras como para adaptarse en el entorno evolutivo y hacer frente a las ciberamenazas. La regulación jurídica de la Ciencia de Datos debe hacerse mediante leyes y normas reglamentarias, la colaboración público-privada e internacional entre organizaciones públicas y privadas, y entes reguladores nacionales e internacionales. La primera norma internacional para su cumplimiento es el RGPD (GDPR) de la Unión Europea.

14.2. ¿QUÉ ES LA CIBERSEGURIDAD?

En la actualidad, existen múltiples referencias tanto a la ciberseguridad como a la seguridad de la información. Como reconoce ISACA[1], estos términos suelen emplearse indistintamente, pero, en realidad, la ciberseguridad es una parte de la seguridad de la información. En general, reconoce ISACA que hay un gran número de factores, especialmente provenientes de la naturaleza inteconectada de los sistemas de infraestructuras críticas, que han influido en el cambio de seguridad de la información a la ciberseguridad. En general, la ciberseguridad se refiere a cualquier cosa destinada a proteger a las empresas y a los individuos de los ataques intencionados, violaciones, incidentes y sus consecuencias. Específicamente, como veremos más tarde, la ciberseguridad se refiere a la protección de los activos de información.

Existen numerosas definiciones del término ciberseguridad, no obstante nos centraremos en las definciones dadas por dos organismos de referencia internacional: ITU e ISACA. En su sentido más amplio, es la seguridad en el ciberespacio (Internet y la web).

En primer lugar, vamos a ver la definición de la UIT (Unión Internacional de Telecomunicaciones; ITU, *International Telecommunications Union*), que aprobó una definición de ciberseguridad en la Recomendación UIT–T X.1205[2]:

> *La ciberseguridad es el conjunto de herramientas, políticas, conceptos de seguridad, salvaguardas de seguridad, directrices, métodos de gestión de riesgos, acciones, formación, prácticas idóneas, seguros y tecnologías que pueden utilizarse para proteger los activos de la organización y los usuarios en el ciberentorno. Los activos de la organización y los usuarios son los dispositivos informáticos conectados, los usuarios, los servicios/aplicaciones, los sistemas de comunicaciones, las comunicaciones multimedios, y la totalidad de la información transmitida y/o almacenada en el ciberentorno. La ciberseguridad garantiza que se alcancen y mantengan las propiedades de seguridad de los activos de la organización y los usuarios contra los riesgos de seguridad correspondientes en el ciberentorno. Las propiedades de seguridad incluyen una o más de las siguientes: confidencialidad; integridad, que puede incluir la autenticidad y el no repudio; disponibilidad.*

Las propiedades de seguridad, confidencialidad, integridad y disponibilidad se conocen como la tríada de la seguridad de la información, CID (CIA: *Confidentiality, Integrity, Availabiliy*), las cuales describiremos con mayor detalle más adelante.

Otra definición importante es la de ISACA (*Information Systems Audit and Control Association*), organización internacional de referencia en el campo del control y auditoría de los sistemas de información, que ha sido utilizada con frecuencia en publicaciones y conferencias de destacados directivos, define a la ciberseguridad[3] como:

> *Protección de activos de información, a través del tratamiento de amenazas que ponen en riesgo la información que es procesada, almacenada y transportada por los sistemas de información que se encuentran interconectados.*

Principios fundamentales de la ciberseguridad

- *Confidencialidad.* Protección de la información contra el acceso no autorizado o la divulgación. Dependiendo del tipo de información manejada, se puede requerir un mayor grado de confidencialidad; esta se refiere esencialmente a la propiedad intelectual, la cobertura de canales de comunicación, el cifrado (encriptación) y la inferencia y control de acceso.

- *Integridad.* Protección de la información contra modificaciones no autorizadas, ya sea por el personal o por los procesos. La integridad debe aplicarse, por extensión, al software y a las configuraciones. Los datos han de ser consistentes tanto interna como externamente entre todas las entidades intervinientes y el mundo exterior. La integridad de los servicios de información se pueden controlar mediante registros y controles de acceso, firma digital, resúmenes criptográficos y cifrado.

- *Disponibilidad*. Asegura el acceso confiable y a tiempo al uso de los datos de los sistemas informáticos. La disponibilidad garantiza que los sistemas funcionen adecuadamente cuando se necesiten y debe incluir respaldos para asegurarse de que los datos no se pueden eliminar de forma accidental o malintencionada. Un ataque de denegación de servicios (DoS) es un ejemplo de una amenaza frente a la disponibilidad. Esta se puede proteger mediante copias de seguridad, controles de acceso y redundancia.

- *Otras propiedades*. La ciberseguridad requiere también otras propiedades, como: autentificación (comprobación de la evidencia de la identidad del usuario), autorización (derechos y privilegios garantizados a una persona o proceso que facilita el acceso a los recursos informáticos y activos de información), auditoría (se necesita mantener el aseguramiento operacional y las organizaciones requieren sistemas de auditoría y monitorización), contabilidad (responsabilidad, capacidad para determinar las acciones y comportamientos de un individuo en un sistema y la identificación de ese individuo) y no repudio.

La contabillidad está relacionada con la propiedad de no repudio (*non repudiation*). El no repudio se refiere a la garantía de que los mensajes e información sean originales y que la integridad de los datos esté protegida. También se garantiza, a través de firmas digitales y el registro de transacciones, que la parte emisora o receptora no puede negar o repudiar que enviaron o recibieron el mensaje o información.

CASO DE ESTUDIO

Todas estas propiedades básicas de la seguridad de la información y la ciberseguridad son una de las razones por las cuales las tecnologías de cadena de bloques (capítulo 13) se han convertido en una tecnología disruptiva para todo tipo de transacciones, en particular, del Internet de las Cosas.

Principales diferencias entre ciberseguridad y seguridad de la información[4]

En repetidas ocasiones se asocia el término *ciberseguridad* al concepto de *seguridad de la información*, pero esto no es del todo correcto, ya que existen algunas diferencias. "La ciberseguridad busca proteger la información digital (activo de información) existente en los sistemas que se encuentran interconectados, y en consecuencia está comprendida dentro de la seguridad de la información".

Dentro de la Norma ISO 27001 (*International Organization for Standardization*, ISO), se define el *activo de información* como los conocimientos o datos que tienen valor para una organización, mientras que, de la misma norma, los *sistemas de información* comprenden las aplicaciones, servicios, activos de tecnologías de información u otros componentes que permiten el manejo de la misma. Además de la norma anterior, otras normas a tener en cuenta son las de la familia ISO 27000.

En primer lugar, resaltamos que la *seguridad de la información tiene un alcance mayor que la ciberseguridad*, puesto que la primera busca proteger la información de riesgos que puedan afectarla en sus diferentes formas y estados. Por el contrario, la ciberseguridad se enfoca principalmente en la información en formato digital y los sistemas interconectados que la procesan, almacenan o transmiten, por lo que tiene un mayor acercamiento con la seguridad informática.

Además, la seguridad de la información se sustenta en *metodologías*, normas, técnicas, herramientas, estructuras organizacionales, tecnología y otros elementos, que definen la idea de protección en las distintas facetas de la información; también involucra la aplicación y gestión de medidas de seguridad apropiadas. Así, cuando se busca *proteger* el hardware, las redes, el software, la infraestructura tecnológica o los servicios, nos encontramos en el ámbito de la seguridad informática o ciberseguridad. Cuando se incluyen actividades de seguridad relacionadas con la información que manejan las personas, seguridad física, cumplimiento o *concienciar*, nos referimos a la seguridad de la información.

Norma estándar de ciberseguridad ISO/IEC 27032

En octubre de 2012, la Organización Internacional de Normalización (ISO) anunció la creación del estándar ISO/IEC 27032[5] para la ciberseguridad. La organización explicó, en su presentación oficial, que pretende garantizar la seguridad en los intercambios de información en la red con este nuevo estándar, que puede ayudar a combatir el cibercrimen con la cooperación y coordinación. Concretamente, proporciona un marco seguro para el intercambio de información, el manejo de incidentes y la coordinación para hacer más seguros los procesos.

La norma (ISO/IEC 27032) facilita la colaboración segura y fiable para proteger la privacidad de las personas en todo el mundo. Pretende ayudar a prepararse, detectar, monitorizar y responder a los ataques de ingeniería social, hackers, malware, spyware y otros tipos de software no deseado.

14.3. LA CIBERSEGURIDAD EN TIEMPO REAL

Donaldson et al. (2015)[6], en un excelente libro de ciberseguridad dirigido a la empresa, hace una breve reseña histórica descriptiva sobre cómo afrontar los retos de la ciberseguridad desde la perspectiva del impacto en la empresa. Los autores inician el relato comparando los ciberataques del mundo actual y los realizados en años pasados. Consideran que los ciberataques antiguos eran simples y además estaban dirigidos a personas. Las ciberamenazas más importantes eran virus, gusanos y troyanos, que atacaban directa y aleatoriamente a personas conectadas con sus ordenadores a Internet, pero suponían pocas amenazas a la empresa, ya que esta, dotada de cortafuegos que miraban al exterior y con la protección antivirus, que miraba hacia el interior, aparentemente estaba protegida y relativamente segura. Ocurría ocasionalmente un incidente, pero el sistema de protección de la empresa funcionaba, detectando y defendiéndola frente a los ataques de código malicioso y, normalmente, con éxito.

Sin embargo, Donaldson y sus colegas van analizando cómo los ciberataques comienzan a introducirse en las redes de las empresas de modo subrepticio. Los ciberatacantes toman el control de las máquinas infectadas y se conectan de modo remoto a los sistemas de mando y control de la organización; comienzan a capturar nombres de usuarios y contraseñas, que utilizan para conectarse a los sistemas y robar datos o dinero. Explotan las vulnerabilidades en el interior de la empresa y se mueven lateralmente entre los ordenadores de la red y capturan las credenciales de modo creciente. También escalan el control hasta los administradores del sistema y lo consiguen para, a continuación, realizar las actividades que tienen planificadas.

Los autores realizan un estudio de los ciberataques de mayor impacto en la segunda década del siglo XXI (de 2011 a 2015) destacando, entre otros, el sufrido por la compañía Sony Pictures Entertainment, y otro de gran impacto producido a finales de octubre de 2016.

Una breve muestra de los ciberataques de impacto y una primera reflexión

Las noticias de impacto relativas a la ciberseguridad se suceden casi sin solución de continuidad y, con frecuencia, la última noticia hace palidecer a la anterior. Durante septiembre de 2015, Apple sufrió el mayor ataque informático de su historia y tuvo que retirar más de 50 aplicaciones que contenían un software malicioso (*malware*) que pretendía robar datos de los dispositivos de los usuarios. Unos meses antes, Sony Pictures Entertainment se quedó paralizada por la intrusión de unos *hackers* que robaron más de 33.000 documentos con información comprometedora de la compañía y sus empleados, así como información de sus clientes junto a correos electrónicos. El propio Pentágono de los Estados Unidos ha sufrido ciberataques de diferentes índoles.

El viernes 21 de octubre de 2016 se produjo una oleada de ciberataques masivos que inutilizaron las páginas web de grandes compañías[7] y la prensa mundial los calificó como los más graves de la última década. Los ciberataques se produjeron contra uno de los mayores proveedores de Internet, la empresa Dyn, que controla los servicios de páginas web de grandes compañías y medios de comunicación como Twitter, Spotify, Reddit, Airbnb, Netflix, PayPal, eBay y medios de comunicación como *The New York Times*, *Financial Times*, *The Guardian*. Los ataques fueron de denegación de servicios, DDoS, y las estimaciones publicadas hablaban de que había afectado a más de 1000 millones de usuarios.

Durante el encuentro anual de 2015 del Foro Económico Mundial (WEF, *World Economic Forum*) celebrado en Davos (Suiza), John Chambers, CEO de Cisco, definió muy claramente la situación actual de la ciberseguridad como objetivo preferente de las empresas con la siguiente frase lapidaria, lanzada durante su intervención en dicho evento: "Las empresas se dividen en dos categorías: las que han sido *hackeadas* y las que no lo saben". Viniendo del máximo responsable de la empresa fabricante número uno del mundo de las comunicaciones, es para hacernos reflexionar.

También en este foro, la ciberseguridad estuvo en primer plano y en posición preferente como objetivo de las empresas; entre las conclusiones de los expertos, se anunció con gran resonancia que el sector tecnológico, en el que se engloba el análisis masivo de datos y el almacenamiento en la nube, podría producir beneficios globales de entre 9,6 y 21,6 billones de dólares, por lo que alertaron sobre la seguridad informática, advirtiendo que si la sofisticación de los ataques superaba las capacidades defensivas de los equipos, los altercados provocarían pérdidas y daños más graves.

Las empresas necesitan fondos para investigar sobre nuevos tipos de *malware* y desarrollar nuevos métodos para prevenir ciberdelitos. El citado Chambers concluyó su intervención en el Foro expresando su temor por lo que podría suceder en aquel momento: "Las cuestiones relacionadas con la ciberseguridad empeoraron en 2014 y, lamentablemente, en 2015 va a ser mucho peor"[8].

Otra fuente solvente, IBM[9], una de las grandes empresas especializadas en la actualidad en ciberseguridad, considera que una organización recibe un promedio de 1400 ciberataques por semana; y a nivel mundial, estima que el cibercrimen genera anualmente 440.000 millones de dólares en ganancias, y cada día se generan nuevas amenazas que las empresas no tienen capacidad de enfrentarse a ellas con éxito, a menos que dispongan de una buena estrategia de ciberseguridad, así como las herramientas y programas adecuados.

Ante esta situación, cabe preguntarse ¿cómo están España, Latinoamérica y el Caribe, así como las empresas de estos países, en materia de ciberseguridad? Trataremos de dar contenidos y orientaciones extraídos de fuentes confiables en el sector para que el lector pueda formar su propio juicio mediante cierta información técnica y social.

14.4. LA SEGURIDAD DE LA INFORMACIÓN Y LA PRIVACIDAD EN LA INFORMÁTICA EN LA NUBE

La explosión de los dispositivos conectados ha crecido de modo exponencial, lo que ha traído consigo un aumento sin precedentes de vectores de ataque a la empresa. El impacto que ocasionarán supone un gran desafío para los equipos de seguridad corporativo, especialmente, en el cumplimento de leyes y normativas nacionales e internacionales de privacidad y administración de vulnerabilidades.

La integración de dispositivos de todo tipo en operaciones comerciales continuará y los riesgos aumentarán. Esta situación requiere la adopción de la informática en la nube y las restantes tecnologías, pilares de la ciencia de datos, en las empresas con un análisis y desarrollo de estrategias de seguridad y privacidad claras, lo que supone la necesidad de políticas bien definidas y el uso de las herramientas adecuadas. Dos aspectos son decisivos y suponen un reto importante:

- Gestión de vulnerabilidades
- Implicaciones legales de las violaciones de privacidad

La entrada en vigor de la nueva ley del estado de California, en los Estados Unidos en enero de 2020, es una buena solución. Los dispositivos IoT deben estar diseñados con características que protejan el dispositivo y cualquier información contra el acceso no autorizado, uso, modificación, destrucción o divulgación.

Los riesgos de las empresas son considerables, ya que, entre otras cosas, pueden recopilar datos de consumidores y empleados, de modo imprevisto, pero que pueden ser utilizados por estas razones sin aprobación explícita.

14.5. INFRAESTRUCTURAS CRÍTICAS

La Cuarta Revolución Industrial, auspiciada por las tecnologías facilitadoras de la Industria 4.0, se enfrenta a un gran reto: la protección de las infraestructuras críticas, clave en las fábricas inteligentes y en la transformación digital de organizaciones y empresas.

¿Qué es una infraestructura crítica? La Directiva Europea 2008/114/CE, del 8 de diciembre de 2008, las definía entonces así:

> Son aquellas instalaciones, redes, servicios y equipos físicos y de tecnología de la información cuya interrupción o destrucción tendría un impacto mayor en la salud, la seguridad o el bienestar económico de los ciudadanos o en el eficaz funcionamiento de las instituciones del Estado y de las administraciones públicas.

Las infraestructuras críticas son muy numerosas y cada país tiene reconocidas un conjunto determinado acorde con su estructura física, pero en general se pueden considerar al menos las siguientes:

- Transporte. Aeropuertos, puertos, ferrocarriles, redes de transporte público, sistemas de control de tráfico

- Centrales y redes de energía (hidráulica, eléctrica, térmica, nuclear, solar)

- Embalses de agua y su almacenamiento, tratamiento, redes

- Centros comerciales

- Instituciones deportivas

- Hospitales

La mayoría de estas instalaciones están controladas por sistemas industriales de control y supervisión (*Industrial Control Systems*, ICS) que permiten supervisar y gestionar el funcionamiento de las instalaciones industriales. El sistema clásico y más conocido y utilizado es SCADA, que se compone de:

- Sensores, actuadores, controladores y medidores

- Interfaces humanos con las máquinas

- Comunicaciones (líneas, protocolos, interfaces)

- Controladores lógicos programables (PLC)

- Dispositivos electrónicos inteligentes

Los ataques más peligrosos sobre infraestructuras críticas son:

- Incendio del centro de datos

- Acceso no autorizado a la información digitalizada

- Denegación de servicio, DDoS

- Robo de equipamiento, credenciales, datos

- Suplantación de identidad (credencias digitales)

El ciberataque más conocido fue Stuxnet en 2010[10].

14.6. CICLO DE VIDA DE LA CIBERSEGURIDAD

La ciberseguridad debe ser considerada como un proceso y no como una actividad aislada y diferenciada del resto de los servicios o herramientas informáticas. La organización debe ser capaz de prevenir y reaccionar ante los ciberataques, generando las medidas necesarias para mantener su estado ordinario.

La ciberseguridad, según Telefónica[11], consta de las siguientes etapas:

- Prevención

- Detección

- Respuesta (reacción)

Además, cuenta con un componente transversal de inteligencia que incluye un elemento de aprendizaje para la mejora continua del proceso. Según Telefónica: "Los sistemas de ciberseguridad han de tener una inteligencia que permite el aprendizaje y que sea capaz de integrar la información de diferente naturaleza". Esta inteligencia entraña la compartición de datos y el desarrollo de modelos, preferentemente, de código abierto, y se convierte en un factor decisivo para conseguir afrontar el problema de una forma integral.

Prevención

Es necesario que la empresa y sus trabajadores estén informados de la evolución de las amenazas, de las posibles etapas y de qué soluciones existen contra ellas. Se requiere formación constante en la prevención y la adquisición de una serie de conocimientos sobre seguridad que han de ponerse en marcha. También se necesita conocer el funcionamiento de las herramientas o productos de seguridad, así como sus características, para obtener la protección más efectiva. Hace falta la protección física de las instalaciones para garantizar que nadie sin autorización pueda manipular los terminales, los accesos a la red o conectar dispositivos no autorizados. La prevención tiene tres procesos críticos[12]:

- Control de accesos y gestión de identidades

- Prevención de fuga de datos

- Seguridad de red

Detección

La detección de incidencias es clave en el proceso y puede ocurrir mientras se está produciendo el ataque o pasado un tiempo de haber ocurrido. La detección de un ataque o amenaza en tiempo real suele producirse gracias a la detección de *malware* por parte de un antivirus. Si no se detecta en el momento que sucede el ciberataque, los problemas aumentan porque los *hackers* disponen de más tiempo para actuar libremente.

Las herramientas de ciberseguridad modernas realizan de un modo eficaz la detección de patrones de ataque conocidos. El gran problema se produce con los ciberataques de patrones desconocidos y la detección no se ha producido en tiempo real, sino tras un largo período.

La detección proactiva es el mejor método a emplear. Las acciones a realizar para la detección son:

- Gestión de vulnerabilidades
- Monitorización continua

Se necesita un plan de gestión de vulnerabilidades que establezca una monitorización continua de los sistemas informáticos de la empresa u organización.

Respuesta

Se ha producido un ataque y los sistemas se han visto infectados; es necesario dar una respuesta técnica y, si se ha producido un robo de identidad o datos, acudir a las fuerzas y cuerpos de seguridad del Estado e iniciar acciones legales para luchar contra los delitos que se hayan podido cometer. La metodología de Telefónica[13] establece los siguientes pasos a seguir:

- Desconectar el equipo de Internet.
- Instalar un equipo antivirus.
- Realizar un análisis completo del sistema.
- Modificar las contraseñas.
- Limpieza manual.

Se necesitan acciones legales ante un ataque informático, robo de datos o una suplantación de identidad en Internet. La respuesta ante los ciberataques, tanto técnica como jurídica, ha de ser lo más ágil posible y requiere: los sistemas de recuperación que existen y la recolección de evidencias digitales que permitan emprender acciones legales contra los atacantes y el cumplimiento con la regulación.

Inteligencia

Se necesita inteligencia para dotar de eficacia a las medidas de ciberseguridad. Las amenazas afectan a todos los estados, a las empresas y organizaciones, también a los ciudadanos. Se requiere compartir información y su análisis eficiente. Esta situación demanda la colaboración público-privada:

- Los cuerpos y fuerzas de seguridad de los Estados
- Entidades y empresas del mundo de la ciberseguridad
- Empresas y organizaciones de la sociedad civil

La colaboración entre los agentes mejora la información y permite dotar de mayor inteligencia a los sistemas de ciberseguridad. Las acciones a realizar son:

a. Análisis de la información proveniente de fuentes diversas y búsquedas de correlación

b. Fuentes de datos abiertas (OSINT- *Open Source Intelligence*)

c. Perfiles de usuario (creación y gestión) y atribución

d. Compartición de datos de incidentes entre corporaciones

e. Diversidad de estándares

Existen varias iniciativas para impulsar una comunidad abierta de datos y un conjunto de especificaciones gratuitas (TAXII, CybOX, STIX) que habilitan una mejor gestión de la ciberseguridad mediante el intercambio automatizado de información sobre ciberamenazas.

14.7. CIBERAMENAZAS: AGENTES Y TIPOS

Las ciberamenazas son numerosas, de manera que las organizaciones y empresas especializadas en ciberseguridad las han ido agrupando en diversos grupos. Hemos seleccionado dos grandes categorías: la clasificación realizada por el CCN-CERT de España, a las que denomina agentes de la ciberseguridad; y la realizada por Donaldson et al. (2016), que agrupa las ciberamenazas con los actores que las realizan: ciberatacantes (*cyberattackers*).

Agentes de la ciberseguridad

El CCN-CERT de España publica un informe anual sobre las amenazas y ciberincidentes más significativos sucedidos, fundamentalmente, en España, pero también internacionalmente, y a su vez publica las tendencias previstas para el año en curso. Así, en el informe publicado, en 2016, *Ciberamenazas 2015 y tendencias 2016*, los define como los agentes de las amenazas, e indaga en el origen y la motivación, así como en los objetivos: sector público, sector privado y ciudadanos.

- Ciberespionaje (político o industrial). Constituye "la mayor amenaza para los países, está especialmente dirigida a los sistemas de información de las corporaciones industriales, empresas de defensa, alta tecnología, automoción, transportes, instituciones de investigación y administraciones públicas". Examina la complejidad de los ciberataques conducidos a través de las APT (*Advanced Persistent Threats*).

- Ciberdelincuencia (ocasionada por los ciberdelitos y ciberdelincuentes aislados o en organizaciones).

- Ciberterrorismo y ciberterroristas.

- *Hacktivismo, hacktivistas* o *ciberhactktivistas*.

- *Ciberyihadismo*, vándalos y *script kiddies* (esta categoría la introducen por primera vez en el informe de 2016).

- Cibervandalismo, vándalos y *script kiddies*.

- Actores internos (los *insiders*, personas que trabajan o han trabajado para las organizaciones y provocan brechas de seguridad importantes por negligencia o intencionadamente).

- Ciberinvestigadores (curiosamente destacan las ciberamenazas que pueden producir los ciberinvestigadores al publicar vulnerabilidades sin una meditación acerca de la importancia que suponen sus investigaciones en los grupos delictivos).

Donaldson et al. (2015) relaciona las ciberamenazas con sus actores o ciberatacantes (*cyberattackers*). Los ciberatacantes son personas que *hackean* los sistemas de información y que, situados en cualquier parte del mundo, crean, distribuyen y utilizan *malware* (software malicioso) u otras herramientas o técnicas para ocasionar daños a los ordenadores que agrupan a las personas en cinco categorías basadas en sus intenciones y objetivos, y que es muy similar a la clasificación del CERT.

- Amenazas comunes (*commodity threats*) y agrupa en ellas a: malware aleatorio, virus, troyanos, *botnets*, *worms*, *ransomware*.

- Hacktivistas (arrastrados por sus ideologías activistas).

- Crimen organizado (ciberdelitos, ciberdelincuentes).

- Espionaje (ciberespionaje).

- Ciberguerra.

14.8. CIBERATAQUES: HERRAMIENTAS UTILIZADAS POR LOS ATACANTES

Los ciberataques se realizan con técnicas y herramientas, algunas de propósito general y otras diseñadas para conseguir sus objetivos finales. Las técnicas y herramientas son muy numerosas, desde los primitivos *spam* hasta los más empleados en la actualidad y que se prevén para el futuro, como los ataques DDoS, *malware*, *ransomware*. De acuerdo con el informe del CCN-CERT, las tendencias previstas para 2016 son:

- Herramientas construidas para otros fines.

- *Exploits* (herramientas más utilizadas en la actualidad para realizar ataques).

- Código dañino, *ransomware*, *cryptoware* son las herramientas más utilizadas para las infecciones previas a los ataques.

- *Spam* (correo basura), *phishing*, *spearphishing*.

- *Botnet* (abreviatura de *Robot Network*). Red de robots o *zombies*, equipos infectados por un atacante remoto. Los equipos quedan a su merced cuando deseen lanzar un ataque masivo como un envío correo basura o una denegación distribuida de servicios (DDoS).

- Ataques DDoS.

- Ofuscación.

- Ingeniería social.

- *Watheringhole*.

- Librerías JavaScript.

- Las macros como vector de ataques.

- *Routers* inalámbricos.

- Robos de identidades.

Popularmente, el término más empleado entre los profesionales de la ciberseguridad es el *malware*, código malicioso o en lenguaje coloquial, por extensión: los virus, aunque tiene muchas tipologías y una gran cantidad de ciberataques. Los más extendidos son:

— Virus.

— Gusanos.

— Troyanos. Son muy populares y están muy extendidos: *backdoors* (puerta trasera), *keyloggers*, *stealers*, *ransomware*[14].

— *Spyware* (software espía).

— *Adware* (software de ataques de publicidad).

14.9. RESILIENCIA

La resiliencia (*resilience*) es un término muy utilizado en el ámbito de las organizaciones y empresas que en los últimos años se ha extendido al campo de la ciberseguridad, donde algunos utilizan el término *ciberresiliencia*.

El diccionario de la RAE define el término *resiliencia* con dos acepciones:

1. Capacidad de adaptación de un ser vivo frente a un agente perturbador o un estado o situación adverso.

2. Capacidad de un material, mecanismo o sistema para recuperar su estado inicial cuando ha cesado la perturbación a la que había sido sometido.

En las organizaciones y empresas, la resiliencia ha pasado a formar parte de su naturaleza y está implícita en su estructura. Cuando una entidad se etiqueta como resiliente es porque se observa que, ante una serie de sucesos, ha sabido reaccionar y externamente continúa operando como si nada hubiera ocurrido. Muchos expertos en el tema en las organizaciones utilizan también el término como sinónimo de sostenibilidad.

El término ha llegado al campo de la ciberseguridad y se usa indistintamente como resiliencia y ciberresiliencia. El glosario de términos del CCN-CERT[15] de España define la resiliencia como:

Capacidad de los sistemas para seguir operando pese a estar sometidos a un ciberataque, aunque sea en un estado degradado o debilitado. Asimismo, incluye la capacidad de restaurar con presteza sus funciones esenciales después de un ataque.

El sector de la ciberseguridad, y sobre todo las empresas de seguridad, utilizan la ciberresiliencia (cyber-resilience). Symantec[16] define la ciberresiliencia como:

> *La administración de amenazas virtuales de modo tal que sea posible gestionar de manera efectiva los ataques cibernéticos. Este concepto no se encarga de la eliminación de la amenaza —ya que es imposible— sino que impide la agilidad, un entorno con un nivel aceptable de riesgo admite innovación.*

Symantec plantea la ciberresiliencia como una estrategia de seguridad para las empresas: los riesgos informáticos deben administrarse, no eliminarse, y considera que las empresas ciberresilientes son aquellas que dan prioridad a la seguridad cibernética como un asunto de índole organizacional permitiendo que haya una asociación estratégica entre los procesos de seguridad y los líderes de las empresas.

El CCN-CERT (Centro Criptológico Nacional)[17] publica todos los años un estudio sobre los problemas del año anterior y las tendencias que estima para el año en curso sobre vulnerabilidades en España y otras partes del mundo. En el estudio de 2016, destacó que las vulnerabilidades críticas en 2015 en productos TIC estándar se incrementaron notablemente en relación con el 2014: se publicaron un total de 5099 vulnerabilidades frente a las 3346 del año anterior.

Las vulnerabilidades de software seguían constituyendo el elemento más problemático y afectaron a los grandes fabricantes de software. Además de los productos de software también afectaron a: *firmware*, hardware, usuarios, servicios en la nube, tecnología criptográfica, protocolos de Internet, comunicaciones y dispositivos y aplicaciones móviles, y sistemas de control industrial.

Según el CCN-CERT, en 2015, las medidas que han contribuido de manera más significativa a aumentar la resiliencia de los sistemas de información sobre los que se aplican se dividen en grandes grupos: medidas no técnicas (prevención, detección, respuesta) y técnicas (organizativas, formativas y jurídicas), y desde un punto de vista organizativo enumera las más importantes adoptadas: personales, tecnológicas y regulatorias.

14.10. LA WEB PROFUNDA, LA WEB INVISIBLE (*DEEP WEB*)

Existe una creciente dificultad para detectar y erradicar las redes de robots (*botnets*), que se siguen utilizando para la diseminación de *spam*, la ejecución de ataques *DDoS*, *spear-phishing*, *click-fraud*, *keylogging*, así como la difusión de *ransomware* o la sustracción de dinero digital. Los datos de 2014 señalaban, por aquel entonces, un descenso en el número de *botnets* detectadas, aunque no su eficacia y su peligrosidad. De hecho, los atacantes ahora utilizan la red TOR para ocultar *botnets* y/o servidores de mando y control (C&C), lo que dificulta enormemente su detección y erradicación (CCN-CERT 2015, 14-15).

Recordemos que el CCN-CERT define TOR (*The Onion Router*)[18] como un software diseñado para permitir el acceso anónimo a Internet. Aunque durante muchos años ha sido utilizado principalmente por expertos y aficionados, el uso de la red TOR se ha disparado en los últimos tiempos, debido principalmente a los problemas de privacidad de Internet. Correlativamente,

TOR se ha convertido en una herramienta muy útil para aquellos que, por cualquier razón, legal o ilegal, no desean estar sometidos a vigilancia o revelar información confidencial.

La razón de todo ello podemos encontrarla en la cada vez mayor sencillez para desarrollar ataques DDoS y la facilidad para acceder a determinadas herramientas (adquiridas en el mercado negro de la *hidden-wiki*[19], por ejemplo).

14.11. LOS CIBERRIESGOS

Las amenazas (ciberamenazas o ciberriesgos) son cada vez más frecuentes, por lo que gestionar una crisis cibernética es algo más que probable: los ataques de denegación de servicio distribuidos (DDoS), el robo de credenciales mediante técnicas de *phishing* o *malware*, la fuga masiva de información digital, el *ransomware*[20] (programas que impiden el acceso a la información mediante técnicas de cifrado, pidiendo un rescate para el descifrado), o las *amenazas avanzadas persistentes* (APT, *Advanced Persistent Threats*).

Los *hackers*, sin duda, nunca descansan. Un ciberataque muy sonado realizado en agosto de 2015 fue el robo de datos de clientes de la página web de contactos Ashley Madison, que durante las siguientes semanas trajo de cabeza no solo a la compañía, sino también a sus 37 millones de usuarios.

La necesidad de un seguro de ciberriesgos en la empresa

Los ciberriesgos han dejado de ser una amenaza esporádica para las empresas y se constituyen ya como un problema importante en todos los sectores. La administración, la banca, las organizaciones y empresas de todo tipo, la industria, deben estar alertas ante su peligrosidad. El Instituto Nacional de Ciberseguridad de España (INCIBE) publicó un informe a finales de septiembre de 2015[21] donde alertaba de un importante aumento de ciberataques durante ese año, en concreto, 52 ciberataques a infraestructuras críticas y servicios básicos del país, la mitad dirigidos a operadores de suministro eléctrico; en cuanto a ataques contra empresas, el INCIBE advierte que se han duplicado en 2016 hasta llegar a los 36.000 en agosto de ese año.

Por estas razones, los ciberriesgos han pasado a ser uno de los principales focos de atención de los gerentes de riesgos de las empresas de cualquier tamaño y sector. Ello ha obligado al estudio y posible implantación de un seguro de ciberriesgos, al igual que cualesquiera otros riesgos relevantes en las empresas y en cualquier industria.

Un informe de Allianz Global[22] sobre ciberseguridad, dado a conocer el 8 de septiembre de 2015, señalaba que las primas mundiales de seguros cibernéticos superarán los 20.000 millones de dólares en la próxima década frente a los 2000 millones, que capta en la actualidad. El aumento de este negocio se producirá por una mayor concienciación sobre estos riesgos y por los cambios normativos que propician la contratación de esta cobertura asegurada por parte de las empresas, señala el citado estudio.

En la actualidad, menos del 10 % de las empresas suscriben una póliza para cubrirse de los riesgos cibernéticos. La ciberdelincuencia cuesta 445.000 millones de dólares anuales a la economía mundial y la mitad de este importe recae en la diez principales economías mundiales

(Estados Unidos con 108.000 millones lidera la clasificación, seguida de China con 60.000 millones y Alemania con 59.000 millones).

Los expertos recomiendan a las compañías que, además de ser innovadoras en la tecnología y atención al cliente, deben hacer una inversión especial en ciberseguridad, tanto en protección como en la respuesta a los ataques de los *hackers*, ya que los datos que manejan a diario son un material sensible por contener información personal de sus clientes.

Afirmaba un directivo de la multinacional de seguros Axa, en un foro empresarial, organizado por el periódico *Expansión*[23] y la consultora Cap Gemini:

> *Los usuarios deben estar seguros y tranquilos con los datos personales que ceden a las empresas. Con la revolución tecnológica existe el ciberriesgo, pero para responder a estos ataques nos reinventamos constantemente para crear barreras de contención.*

14.12. DIRECTIVA DE CIBERSEGURIDAD DE LA UNIÓN EUROPEA NIS/NIS2

El 6 de julio de 2016, el siguiente día a la firma del acuerdo de la Unión Europea sobre la colaboración público-privada en materia de ciberseguridad, se publicó la Directiva *Network and Information Sistems* (NIS), que obliga a los "prestadores de servicios esenciales" a tomar las medidas necesarias para garantizar la seguridad de sus instalaciones". El objetivo final es el mercado común digital: "Europa tiene que estar preparada para parar amenazas digitales cada vez más sofisticadas y que no reconocen frontera alguna"[24].

La directiva (UE) 2016/1148[25], del Parlamento Europeo y del Consejo de la Unión Europea de 6 de julio de 2016, es la primera directiva europea en ciberseguridad y la primera norma relativa a las medidas destinadas a garantizar un elevado nivel común de seguridad de las redes y sistemas de información en la Unión Europea. La Directiva sobre Seguridad de Redes y Sistemas de Información (NIS Directive) constituye un paso decisivo para hacer frente al reto que suponen las amenazas de ciberseguridad. La norma establece un enfoque común para evitar ataques a empresas y servicios clave.

El objetivo es acabar con la fragmentación de los sistemas de seguridad cibernética entre los países para actuar en forma cohesionada en el seno de la Unión Europea y exige a las empresas de servicios críticos cumplir con nuevos requisitos. En la práctica busca producir un aumento del nivel general de ciberseguridad en la UE y es esencial para asegurar la ciberseguridad en Europa.

La citada directiva en ciberseguridad entró en vigor en agosto de 2016 y los Estados miembro tendrán 21 meses para transponerla y seis meses más para identificar a los operadores de servicios esenciales. Para conseguir sus objetivos, establece la obligación para todos los Estados miembro de adoptar una estrategia nacional de seguridad de las redes y sistemas de información:

- Crea un grupo de cooperación para apoyar y facilitar la cooperación estratégica y el intercambio de información entre los Estados miembro y desarrollar la confianza y seguridad entre ellos.

- Crea una red de equipos de respuesta a incidentes de seguridad informática, en lo sucesivo red de CSIRT (*Computer Security Incident Response Teams*), con el fin de contribuir al desarrollo de la confianza y seguridad entre los Estados miembro y promover una cooperación operativa rápida y eficaz.

- Establece requisitos en materia de seguridad y notificación para los operadores de servicios esenciales y para los proveedores de servicios digitales.

- Establece obligaciones para que los Estados miembro designen autoridades nacionales competentes, puntos de contacto únicos y CSIRT con funciones relacionadas con la seguridad de las redes y sistemas de información.

14.12.1. NUEVA NORMATIVA NIS 2 DE LA UNIÓN EUROPEA

Una de las primeras propuestas de la nueva estrategia de ciberseguridad de la Unión Europea fue la revisión de la Directiva NIS de seguridad de las redes y sistemas de información, adoptada en 2016, relativa a las obligaciones de los "operadores de servicios esenciales", la cual se considera ha quedado obsoleta ante los avances de la transformación digital y la crisis provocada por la Covid-19.

En consecuencia, con objeto de adaptarla a las necesidades actuales se propone formular una nueva Directiva NIS 2 que refuerce los requisitos de seguridad de las empresas, regule de forma más precisa el proceso de notificación de incidentes, aborde la seguridad de las cadenas de suministro y las relaciones con los proveedores, introduzca medidas de supervisión para las autoridades nacionales y armonice los regímenes de sanciones en los Estados miembro.

Para responder a las crecientes amenazas debidas a la digitalización y la interconexión, la Directiva NIS 2 cubrirá entidades medianas y grandes de más sectores en función de su importancia para la economía y la sociedad. También, refuerza los requisitos de seguridad impuestos a las empresas, aborda la seguridad de las cadenas de suministro y las relaciones con los proveedores, agiliza las obligaciones de información, introduce medidas de supervisión más estrictas para las autoridades nacionales, requisitos de ejecución más estrictos y tiene como objetivo armonizar los regímenes de sanciones en los Estados miembro. Asimismo, ayudará a incrementar el intercambio de información y la cooperación sobre la gestión de crisis cibernéticas a nivel nacional y de la UE.

La propuesta también estará sujeta a negociaciones entre los colegisladores, en particular, el Consejo de la UE y el Parlamento Europeo; y una vez aprobada, los Estados miembro deberán transponer la Directiva NIS 2 en un plazo de 18 meses.

14.13. ESTRATEGIAS DE CIBERSEGURIDAD DE LA UNIÓN EUROPEA: 2013 Y 2020

La Unión Europea presentó en febrero de 2013 la Estrategia de Ciberseguridad acompañada de una propuesta de Directiva de la Comisión sobre la seguridad de las redes y de la información (SRI). Esta estrategia ha estado vigente y ahora se integra en la nueva Estrategia de Ciberseguridad de la Unión Europea presentada en diciembre de 2020.

14.13.1. ESTRATEGIA DE CIBERSEGURIDAD DE LA UE 2013

La estrategia de ciberseguridad articula un ciberespacio abierto, protegido y seguro, que representa la visión de conjunto de la Unión Europea sobre cómo prevenir y resolver mejor las perturbaciones de la red y los ciberataques. El objetivo consiste en impulsar los valores europeos de libertad y democracia, y velar por un crecimiento seguro de la economía digital. Se prevé una serie de medidas específicas para reforzar la ciberresiliencia de los sistemas informáticos, reduciendo la delincuencia en la red y fortaleciendo la política de ciberseguridad y ciberdefensa internacional de la Unión Europea.

La estrategia articula la visión de la Unión Europea sobre la ciberseguridad en torno a cinco prioridades:

- La ciberresiliencia
- La reducción drástica de la delincuencia en la red
- El desarrollo de una política de ciberdefensa y de las capacidades correspondientes en el ámbito de la Política Común de Seguridad y Defensa (PCSD)
- El desarrollo de los recursos industriales y tecnológicos necesarios en materia de ciberseguridad
- El establecimiento de una política internacional coherente del ciberespacio en la Unión Europea y la promoción de los valores europeos esenciales

La política internacional del ciberespacio de la Unión Europea promueve el respeto de los valores europeos esenciales, define las normas sobre comportamiento responsable, impulsa la aplicación al ciberespacio de la legislación internacional vigente, ayudando a los países de fuera del espacio común mediante la creación de capacidades de ciberseguridad y fomentando la cooperación internacional en este ámbito.

La Unión Europea ha logrado avances en la mejora de la protección de los ciudadanos frente a la ciberdelincuencia, entre los que destacan: el establecimiento del Centro Europeo de Ciberdelincuencia (IP/13/13), la propuesta de legislación sobre los ataques informáticos (IP/10/1239) y el lanzamiento de una alianza mundial contra los abusos sexuales a menores en línea (IP/12/1308). La estrategia pretende asimismo desarrollar y financiar una red de centros de excelencia sobre ciberdelincuencia para facilitar la formación y la creación de capacidades.

14.13.2. ESTRATEGIAS DE CIBERSEGURIDAD DE LA UE: 2020

El 16 de diciembre de 2020, la Comisión y el Alto Representante de la Unión Europea para Asuntos Exteriores y Política de Seguridad presentaron la *Nueva Estrategia de Ciberseguridad de la UE* y nuevas normas para aumentar la resiliencia de las entidades críticas físicas y digitales. Los antecedentes incluyen la Estrategia de Ciberseguridad de 2013 —ya reseñada anteriormente— y revisada en 2017, y la Agenda Europea de Seguridad de la Comisión de 2015-2020.

La nueva estrategia reforzará la resiliencia colectiva europea contra las ciberamenazas y ayudará a garantizar que todos los ciudadanos y las empresas puedan beneficiarse plenamente de unos servicios y herramientas digitales fiables y de confianza. Tanto si se trata de dispositivos conectados, la red eléctrica o servicios bancarios, aviones, administraciones públicas y hospitales, los europeos merecen poder utilizarlos o recurrir a ellos con la certeza de estar protegidos frente a ciberamenazas. La nueva Estrategia de Ciberseguridad también permite a la UE reforzar su liderazgo en el ámbito de las normas internacionales del ciberespacio y potenciar su cooperación con socios de todo el mundo, con el fin de promover un ciberespacio global, abierto, estable y seguro, basado en el Estado de derecho, los derechos humanos, las libertades fundamentales y los valores democráticos.

La estrategia incluye propuestas concretas de iniciativas reguladoras, estratégicas y de inversión en los tres ámbitos de acción de la UE:

1. Resiliencia, soberanía tecnológica y liderazgo.

2. Desarrollo de la capacidad operativa para prevenir, disuadir y responder.

3. Promover un ciberespacio global y abierto a través de una mayor cooperación.

Asegurar la nueva generación de redes: la 5G y otras innovaciones

En el marco de la nueva Estrategia de Ciberseguridad, se anima a los Estados miembro, con el apoyo de la Comisión y de la ENISA (Agencia de la UE para la Ciberseguridad), a que finalicen la aplicación del conjunto de instrumentos de la UE de las redes 5G, un enfoque global y objetivo basado en los riesgos para la seguridad de la 5G y las generaciones futuras de redes.

En abril de 2021, el Consejo dio luz verde a la creación de un Centro de Competencia en Ciberseguridad para poner en común las inversiones en investigación, tecnología y desarrollo industrial en materia de ciberseguridad. El nuevo organismo, que tendrá su sede en Bucarest (Rumanía), canalizará la financiación relacionada con la ciberseguridad de Horizonte Europa y del programa Europa Digital.

Este Centro Europeo de Competencia Industrial, Tecnológica y de Investigación en Ciberseguridad trabajará de forma conjunta con una Red de Centros Nacionales de Coordinación designados por los Estados miembro. El Centro también reunirá a las principales partes interesadas europeas, entre ellas la industria, las organizaciones académicas y de investigación y otras asociaciones pertinentes de la sociedad civil, para formar una Comunidad de Competencias en Ciberseguridad, con el fin de reforzar y difundir los conocimientos especializados en materia de ciberseguridad en toda la UE. Cooperará estrechamente con la Agencia de la UE para la Ciberseguridad (ENISA).

14.13.3. ESTRATEGIA NACIONAL DE CIBERSEGURIDAD 2019 DE ESPAÑA

La vigente Estrategia Nacional de Ciberseguridad de España fue aprobaba el 26 de abril de 2019 por el Consejo de Seguridad Nacional de España, máximo organismo español en temas de Seguridad. La primera Estrategia Nacional de Ciberseguridad en España fue aprobaba el

5 de diciembre de 2013 por el Consejo de Seguridad Nacional. La Estrategia Nacional de Ciberseguridad desarrolla las previsiones de la Estrategia de Seguridad Nacional de 2017 en el ámbito de la ciberseguridad considerando los objetivos generales, el objetivo del ámbito y las líneas de acción establecidas para conseguirlo. Una de las tendencias globales identificadas en la Estrategia, la digitalización, se muestra como motor del cambio con implicaciones para la seguridad. La Estrategia establece un esquema novedoso con cinco objetivos generales que resultan transversales a todos los ámbitos. La nueva ciberseguridad se extiende más allá del campo meramente de la protección del patrimonio tecnológico para adentrarse en las esferas política, económica y social. Tiene en cuenta la concepción del ciberespacio como un vector de comunicación estratégica.

El documento se estructura en cinco capítulos:

1. El ciberespacio más allá de un espacio común global

2. Las amenazas y desafíos en el ciberespacio

3. Propósitos, principios y objetivos para la ciberseguridad

4. Líneas de acción y medidas

5. La ciberseguridad en el Sistema de Seguridad Nacional

La estructura orgánica de la ciberseguridad está bajo la dirección del presidente del Gobierno y se compone de tres órganos: el Consejo de Seguridad Nacional, como Comisión Delegada del Gobierno para la Seguridad Nacional; el Consejo Nacional de Ciberseguridad que apoya al Consejo de Seguridad Nacional y el Comité de Situación. El sistema se complementa con la Comisión Permanente de Ciberseguridad, que facilita la coordinación interministerial a nivel operacional en el ámbito de la ciberseguridad y asiste al Consejo Nacional de Ciberseguridad.

14.14. REGLAMENTO EUROPEO DE CIBERSEGURIDAD

El Reglamento General de Protección de Datos de la Unión Europea (capítulo 15) ha sido la respuesta de la UE al nuevo paradigma de la ciberseguridad. Gracias a la aplicación del RGPD millones de datos (nombres, direcciones, datos personales e incluso identificaciones de Internet como las direcciones IP) gozan de una mayor protección. Desde su aprobación, en mayo de 2018, la ciberseguridad en Europa se protege con normas más estrictas y mayor protección.

La Unión Europea aprobó el nuevo Reglamento Europeo de Ciberseguridad 2019/881[26] del Parlamento Europeo y del Consejo, el 17 de abril de 2019, denominado *EU Cybersecurity Act*. El reglamento señala expresamente en un apartado específico que: "A medida que se inician los proyectos de despliegue del Internet de las Cosas es preciso adoptar las medidas necesarias para mejorar la ciberseguridad".

El Reglamento entró en vigor el 27 de junio de 2019 en toda la Unión Europea. El responsable de su cumplimiento es ENISA (Agencia de Seguridad de las Redes y de la Información de la Unión Europea); a partir de su entrada en vigor pasó a llamarse ENISA (Agencia de la Unión Europea para la Ciberseguridad, *The European Union Agency for Cybersecurity*). La agencia ENISA (https://www.enisa.europa.eu/) ha creado un marco común de certificación a nivel europeo en el que se establecerán certificaciones de ciberseguridad de productos, procesos y servicios.

Comité Técnico de ESPAÑA CTN 320. Comité de Normalización Nacional sobre Ciberseguridad y Protección de Datos

En España, se constituyó en noviembre de 2018 el Comité Técnico de Normalización Nacional CTN 320 de la Ciberseguridad y Protección de Datos Personales de la UNE (Asociación Española de Normalización Española), que vino a sustituir al antiguo comité CTN 71/SC de técnicas de seguridad. El CTN trabaja en el desarrollo de normas técnicas para dar respuesta a los nuevos retos relacionados con la ciberseguridad y protección de datos personales, en aspectos como la gestión de evidencias electrónicas, servicios en la nube, Internet de las Cosas o Big Data. El comité estudia y analiza los foros internacionales y europeos de normalización, donde se elaboran estándares en apoyo al nuevo marco regulatorio europeo, como la directiva NIS, el Reglamento General de Protección de Datos (RGPD) y el Reglamento de Ciberseguridad.

Normas elaboradas por el comité: CTN 320: 30

La UNE ha elaborado un conjunto de normas relacionadas con las normas internacionales vigentes sobre la seguridad de la información. Las de mayor impacto son:

- UNE-EN ISO/IEC 27000:2019 (20-02-2019)
- UNE-EN ISO/IEC 27000:2017 (24-05-2017)
- UNE-EN ISO/IEC 27000:2017 (24-05-2017)

Las normativas se refieren a las Tecnologías de la Información y Técnicas de Seguridad y Sistemas de Gestión de la Seguridad de la información, SGSI (visión de conjunto, código de prácticas para los controles de seguridad de la información, y requisitos).

14.15. ORGANIZACIONES INTERNACIONALES

Consorcios de la industria

Representan diferentes aspectos de los protocolos, las pruebas, la operabilidad, las tecnologías, la comunicación y las teorías.

- *Industrial Internet Consortium* (www.iiconsortium.org). Se creó en 2014, por AT&T, Cisco, GE, IBM e Intel con el objetivo de llevar asociados patrones a la industria para apoyar en la adopción y desarrollo del IoT Industrial.

- *IEEE IOT* (www.ieee.org). No es un consorcio, es un grupo de interés bajo el control de IEEE. Es una organización multidisciplinar que comprende instituciones académicas, cuerpos de gobierno e industria, y profesionales de ingeniería que controlan el desarrollo de las tecnologías TI.

- *OCF, Open Connectivity Foundation* (www.openconnectivity.org). Consorcio dedicado a la definición de requisitos de conectividad e interoperabilidad para conectar miles de millones de dispositivos. La definición de especificaciones impulsa la interoperabilidad en la comunicación dispositivo-dispositivo, dispositivo-nube y dispositivo-infraestructura, y crea programa de certificación y un código abierto. Es de gran eficacia en la integración de los miles de millones de dispositivos conectados a Internet, sensores y los datos generados en las soluciones del Internet de las Cosas.

Organizaciones de seguridad (Estados Unidos)

- *National Institute of Standards and Technology* (www.nist.org). Define estándares nacionales de los Estados Unidos en materia de seguridad, encriptación y redes.

- *Department of Homeland Security* (*National Security Telecommunications Advisory Committee*). Centrada en infraestructuras de comunicaciones globales y ciberseguridad (www.dhs.gov/national-security-telecommunications-advisory-dommittee).

- *National Telecommunications and Information Administration* (www.ntia.doc.gov/home). Es parte del Departamento de Comercio de los Estados Unidos y controla la asignación del espectro radio, nombre de dominios y seguridad.

- US-CERT. *Computer Emergency Response Team*. Identifica y responde a emergencias de seguridad en ordenadores de alto impacto (//www.us-cert.gov/ncas/current-activiity).

Organizaciones de seguridad (Europa)

- ENISA (Agencia Europea de Ciberseguridad) (www.enisa.eu).

- CCN-CERT (ccn-cert.cni.es). Es el organismo nacional de España de control de la ciberseguridad.

- CNPIC (Centro Nacional de Protección de Infraestructuras y Ciberseguridad) (https://www.csirt.es/index.php/es/miembros/cnpic).

- INCIBE (Instituto Nacional de Ciberseguridad). Organismo oficial del Gobierno de España especializado en todos los asuntos relacionados con la ciberseguridad. Un departamento importante es INCIBE-CERT, Centro de Respuesta a Incidentes de Seguridad.

- Agencia Española de Protección de Datos (www.aepd.es/www.agpd.es).

Organizaciones de seguridad (Latinoamérica y Caribe)

- Banco Interamericano de Desarrollo (BID) y la Organización de los Estados Americanos (OEA). Informe *Ciberseguridad 2016 ¿Estamos preparados en América Latina y el Caribe?* Disponible en:
  <https://publications.iadb.org/en/cybersecurity-are-we-ready-latin-america-and-caribbeanhttps://publications.iadb.org/publications/spanish/document/Ciberseguridad-%C2%BFEstamos-preparados-en-Am%C3%A9rica-Latina-y-el-Caribe.pdf>.

La CSA (Cloud Security Alliance) ha identificado muchas amenazas cuando se utiliza la nube, como brechas, violaciones, pérdidas o pirateo de datos.

14.16. TENDENCIAS EN CIBERSEGURIDAD EN 2022 Y AÑOS SIGUIENTES

Al igual que sucede con las tendencias tecnológicas, a finales de cada año o principios del año en curso, las grandes consultoras y empresas publican sus informes anuales sobre las tendencias en ciberseguridad. Son numerosos los informes que realizan las empresas especialistas en seguridad. Después de examinar los informes más destacados, se han seleccionados los informes publicados por tres empresas multinacionales especializadas en ciberseguridad con el objetivo de tener una visión más global: Panda Security, Kaspersky y Eleven Paths de Telefónica. Así mismo se referencia el informe "Ciberamenazas y Tendencias", edición 2021, que se publica todos los años en el mes de octubre, del Centro Criptológico Nacional (CCN-CERT) de España.

IPanda Security

El 10 de enero de 2022, Panda Security publicó su informe anual "Las nuevas amenazas en ciberseguridad 2022". Destaca en su introducción las siguientes predicciones más destacadas: "Malware en teléfonos móviles, hackers accediendo a los satélites que orbitan la Tierra, un aumento de los casos de phishing y quizás, despedirnos de las contraseñas como método para acceder a nuestras cuentas".

https://www.pandasecurity.com/es/mediacenter/panda-security/amenazas-2022/

Kaspersky

Pronóstico de ciberamenazas 2022 para América Latina (publicado en noviembre 2021).

Expertos de la empresa señalan que: "Los cibercriminales serán aún más selectivos, tanto con las herramientas de ataque como con sus víctimas para garantizar ganancias".

https://latam.kaspersky.com/blog/pronostico-de-ciberamenazas-2022-para-america-latina/23426/

Novedad en Formación. Kaspersky presentó el 19 de septiembre de 2022 su nueva formación online en ciberseguridad para expertos y que, dado el prestigio de la empresa, es recomendable la visita a su sitio web para una información completa.

https://www.kaspersky.es/about/press-releases/2022_kaspersky-presenta-su-nueva-formacion-online-en-ciberseguridad-para-expertos

Telefónica

Tendencias en ciberseguridad para 2022. Publicado 31/05/2022

https://www.telefonica.com/es/sala-comunicacion/blog/tendencias-ciberseguridad-2022/.

"Medidas anti ransomware. Los ataques ransomware (secuestro de datos, traducido al español) son de los ciberdelitos más comunes y que más han aumentado durante la pandemia. En esa línea, las acciones llevadas a cabo para prevenir y responder a ataques ransomware serán de los puntos más importantes este 2022".

"Preparación de los equipos de trabajo en ciberseguridad. Una de las brechas de ciberseguridad más importantes que puede tener una empresa es un equipo de trabajo con poca o nula educación digital".

"SOC. Los SOC (Centros de Operaciones de Seguridad) son servicios a los que las empresas acuden cada vez más. Su función se resume en monitorear, controlar y prevenir, para así evitar que tu organización sea víctima de ciberdelitos o brechas de ciberseguridad".

"Malla de ciberseguridad. Un sistema con un enfoque puesto en los aspectos más delicados o vulnerables de una organización es altamente efectivo. Es por eso, que las mallas de ciberseguridad son muy útiles cuando de prevenir o actuar ante un ciberataque se trata".

"Modelo Zero Trust. El modelo Cero Confianza es uno de los aspectos de ciberseguridad más seguros que puede adoptar una organización, partiendo de la idea de que ningún dispositivo ni usuario es confiable, sea parte o no de esta. Esto significa que todos los dispositivos son responsables de su propia seguridad y por lo tanto serán analizados, validados y autenticados en cada paso que den dentro de la red de la organización".

https://www.telefonica.com/es/sala-comunicacion/blog/tendencias-ciberseguridad-2022/

CCN-CERT

El 21 de octubre de 2021, el Centro Criptológico Nacional de España (CCN-CERT) publicó su informe anual Ciberamenazas y Tendencias 2021. Señala de modo destacado que el 61 % de los ciberataques del último año son de "alto riesgo". El informe detalla las principales amenazas y métodos de ataque registrados el año pasado y repasa las principales vulnerabilidades encontradas.

https://www.ccn-cert.cni.es/informes/informes-ccn-cert-publicos/6338-ccn-cert-ia-13-21-ciberamenazas-y-tendencias-edicion-2021-1/file.html

RESUMEN

- La seguridad y privacidad de la Ciencia de Datos y sus múltiples disciplinas requieren de estándares jurídicos y tecnológicos que proporcionen entornos seguros y fiables para ofrecer seguridad jurídica en el ecosistema de Internet de las Cosas y de Informática en la Nube.
- La ciberseguridad según la ITU (UIT) es el conjunto de herramientas, políticas, métodos de gestión de riesgos, acciones, formación, prácticas idóneas, seguros y tecnologías que pueden utilizarse para proteger los activos de la organización y los usuarios en el ciberentorno.
- La ISO creó en octubre de 2012 un estándar ISO/IEC 27032 para la ciberseguridad, que sigue vigente en la actualidad.
- Hoy, con la expansión y despliegue del IoT, se requiere una seguridad y ciberseguridad en tiempo real.
- La ciberseguridad, según Telefónica, consta de las siguientes etapas: *prevención*, *detección* y *respuesta* (reacción).
- Las ciberamenazas son numerosas y es necesario conocer los agentes y tipos; por eso, debemos seguir las normas de organizaciones nacionales e internacionales, como el CCN-CERT en España.
- Existen un gran número de ciberataques y se requiere conocer y aplicar las herramientas utilizadas por los atacantes.
- En la actualidad, se ha extendido el principio de la resiliencia que han de utilizar las organizaciones y empresas.

- La Unión Europea ha publicado en diciembre de 2020 la revisión de la Directiva NIS (NIS2), de seguridad de las redes y sistemas de información, adoptada en 2016 (NIS), relativa a las obligaciones de los "operadores de servicios esenciales", la cual se considera ha quedado obsoleta ante los avances de la transformación digital y la crisis provocada por la Covid19.

BIBLIOGRAFÍA

BANKINTER (2016). *Ciberseguridad. Un desafío mundial* (www.fundacionbankinter.org).

CABALLERO, María Ángeles y Diego CILLEROS (2019). *Ciberseguridad y Transformación Digital. Cloud, Identidad Digital, Blockchain, Agile, Inteligencia Artificial*. Anaya Multimedia.

DONALDSON, Scott E. et al. (2015). *Enterprise Cibersecurity. How to Build a Successful Cyberdefense Program Against Advanced Threads*. Nueva York: Apress.

INCIBE (2016a). *Tendencias en el mercado de la Ciberseguridad*. León (www.incibe.es).

INCIBE/OSI/AEPD (2016b). *Guía de privacidad y Seguridad en Internet*. León (www.incibe.es).

INCIBE (2015). *Decálogo de ciberseguridad. El camino hacia la ciberseguridad en su empresa*. Disponible en:
<https://www.incibe.es/extfrontinteco/img/File/empresas/blog/2014Octubre/decalogo_ciberseguridad_empresas.pdf>.

INSTITUTO ESPAÑOL DE ESTUDIOS ESTRATÉGICOS (2011). "Ciberseguridad. Retos y amenazas a la seguridad nacional en el Ciberespacio", en *Cuadernos de Estrategia*, número 149. JOYANES, Luis (coord.). Madrid: Ministerio de Defensa.

INSTITUTO ESPAÑOL DE ESTUDIOS ESTRATÉGICOS (2017). "Ciberseguridad. La colaboración público-privada", en *Cuadernos de Estrategia*, núm. 175. JOYANES, Luis (Coord.). Madrid: Ministerio de Defensa.

JOYANES, Luis (2015). *Sistemas de información en la empresa. El impacto de la nube, la movilidad y los medios sociales*. Barcelona: Marcombo; México: Alfaomega.

JOYANES, Luis (2014). *Big Data. Análisis de grandes volúmenes de datos en organizaciones*. Barcelona: Marcombo; México: Alfaomega.

JOYANES, Luis (2013). *Computación en la nube. El impacto del cloud computing en las empresas*. Barcelona: Marcombo; México: Alfaomega.

LLANEZA, Paloma (2018). *Seguridad y responsabilidad en la Internet de las cosas (IoT)*. Editorial Bosch.

MEDINA, Manel y Mercè MOLIST (2015). *Cibercrimen*. Barcelona: Tibidabo Ediciones.

OEA-BID (2016). *Ciberseguridad 2016. ¿Estamos preparados en América Latina y el Caribe?* Disponible en: <https://digital-iadb.leadpages.co/ciberseguridad-en-la-region/>.

ONTSI (2016). *Estudio sobre la ciberseguridad y confianza en los hogares españoles*. Disponible en: <http://www.ontsi.red.es/ontsi/es/estudios-informes/ciberseguridad-y-confianza-en-los-hogares-espa%C3%B1oles-junio-2016>.

SEGURA, Antonio y Fernando GORDO (coords.). *Ciberseguridad global. Oportunidades y compromisos en el uso del ciberespacio*. Granada. Universidad de Granada/Mando de Adiestramiento y Doctrina.

SIKORSKI, Michael y Andrew HONIG (2012). *Practical Malware Analysis. The Hands-On Guide to Dissecting Malicious Software*. San Francisco: No Starch Press.

TELEFÓNICA/ARIEL (2016). *Ciberseguridad. La protección de la información en un mundo digital.* Madrid. Disponible en: <http://www.fundaciontelefonica.com/arte_cultura/publicaciones-listado/pagina-item-publicaciones/itempubli/531/>.

RECURSOS

AEPD/INCIBE/OSI. *Guía de privacidad y seguridad en Internet.* Disponible en: <www.aepd.es/media/guias/guia-privacidad-y-seguridad-en-internet.pdf>.

CCN-CERT BP/05 (2017). Disponible en: <https://www.ccn-cert.cni.es/informes/informes-ccn-cert-publicos/2261-ccn-cert-bp-05-internet-de-las-cosas-1/file.html>.

McAfee Labs (2016a). *Predicciones sobre amenazas para 2016.* Disponible en: <http://www.mcafee.com/es/resources/reports/rp-threats-predictions-2016.pdf>.

McAfee Labs (2016b). *Informe sobre amenazas.* Disponible en: <http://www.mcafee.com/es/resources/reports/rp-quarterly-threats-sep-2016.pdf>.

Agencia Europea de Ciberseguridad (ENISA). https://www.enisa.europa.eu/

Consejo de la Unión Europea. *Ciberseguridad: cómo combate la UE las amenazas cibernéticas.* Disponible en: <https://www.consilium.europa.eu/es/policies/cybersecurity/>.

Consejo de la Unión Europea. Presentación de la Estrategia de Ciberseguridad Europea (2020). Disponible en: <https://ec.europa.eu/commission/presscorner/detail/es/ip_20_2391>.

Comisión Europea. *The EU's Cybersecurity Strategy in the Digital Decade.* Disponible en: <https://digital-strategy.ec.europa.eu/en/library/eus-cybersecurity-strategy-digital-decade>; <https://www.dsn.gob.es/es/actualidad/sala-prensa/nuevo-paquete-ciberseguridad-uni%C3%B3n-europea>.

Estrategia Nacional de Ciberseguridad (2019). Gobierno de España. Disponible en: <https://www.dsn.gob.es/es/documento/estrategia-nacional-ciberseguridad-2019>.

Reglamento Europeo de Ciberseguridad. Disponible en: <https://eur-lex.europa.eu/legal-content/ES/TXT/PDF/?uri=CELEX:32019R0881&from=EN; https://dpd.aec.es/reglamento-europeo-de-ciberseguridad/>.

NOTAS

[1] ISACA (2015). *Fundamentos de ciberseguridad.* p. 5.

[2] UIT (2010). *Ciberseguridad. Aspectos generales de la ciberseguridad.* Disponible en: <http://www.itu.int/net/itunews/issues/2010/09/20-es.aspx>.

[3] ISACA, op. cit, p. 5.

[4] Portal de Academia ESEP. Miguel Ángel Mendoza: *¿Ciberseguridad o seguridad de la información? Aclarando la diferencia.* Disponible en: <http://www.welivesecurity.com/la-es/2015/06/16/ciberseguridad-seguridad-informacion-diferencia/>. (Consulta: 15 de junio, 2015).

[5] Disponible en: <http://cso.computerworld.es/alertas/norma-isoiec-27032-nuevo-estandar-de-ciberseguridad>.

[6] Donaldson, Scott E. et al. (2015). *Enterprise Cybersecurity. How to Build a Successful Cyberdefense Program Against Advanced Threats*. Apress.

[7] Guillen, Beatriz et al. "Varios ciberataques masivos inutilizan las webs de grandes compañías", en *El País*, 22 de octubre, 2016. Disponible en: <http://tecnologia.elpais.com/tecnologia/2016/10/21/actualidad/1477059125_058324.html>.

[8] Noticias de Panda Security. Disponible en: <www.pandasecurity.com/spain/mediacenter/malware/la-ciberseguridad-objetivo-preferente-de-las-empresas>. (Consulta: 30 de julio, 2016).

[9] Antonio Becerra (2015). "El reto actual de la ciberseguridad", en *El Economista*, México. Disponible en: <www.eleconomista.com.mx/tecnociencia/2015/08/29/reto-actual-ciberseguridad>. (Consulta: 7 de agosto, 2016).

[10] IEEE (2012). "Ciberseguridad. Retos y oportunidades a la seguridad nacional en el ciberespacio", en *Cuaderno de Estrategia*, núm. 149. Madrid.

[11] Fuente: Telefónica, 2016.

[12] INCIBE (2015). *Taxonomía de soluciones de ciberseguridad*.

[13] Op. cit., pp. 30-31.

[14] Uno de los códigos dañinos más extendidos en 2015 y 2016, que los informes de 2017 destacan también como los de mayor penetración.

[15] Glosario de términos del CCN-STIC 401.

[16] Disponible en: <https://www.symantec.com/es/mx/page.jsp?id=cyber-resilience>.

[17] CCN-CERT. *Informe de Ciberamenazas 2015/Tendencias 2016*.

[18] CCN-CERT IA-09/15. *Ciberamenazas 2014/Tendencias 2015*. Disponible en: <https://www.ccn-cert.cni.es/informes/informes-ccn-cert-publicos/795-ccn-cert-resumen-ia-09-15-ciberamenazas-2014-tendencias-2015/file.html>.

[19] Es una enciclopedia que se encuentra alojada en la web oculta (*hidden web*, también llamada *invisible web* o *deep web*) y funciona como índice para acceder a páginas de dominio (.onion) que indica una dirección IP anónima accesible por medio de la red TOR (*The Onion Route*). [CCN-CERT 2015, p. 15].

[20] CCN-CERT IA-09/15. Informe *Ciberamenazas 2014/Tendencias 2015*.

[21] Anuncio realizado en León el 24 de septiembre de 2015, por el Instituto Nacional de Ciberseguridad (INCIBE), a través del CERT de Seguridad e Industria, en *La Vanguardia*. Disponible en: <http://www.lavanguardia.com/tecnologia/20150924/54436823384/espana-ha-sufrido-52-ciberataques-a-infraestructuras-criticas-en-2015.html>-

[22] Citado por Marimar Jiménez en "El negocio de la ciberseguridad se dispara ante las nuevas amenazas", en *Cinco Días*, 30 de noviembre, 2915. Disponible en: <http://cincodias.com/cincodias/2015/11/29/tecnologia/1448814144_530160.htm>.

[23] Carmen Alaba, 14 de septiembre, 2015. Disponible en: <www.expansion.com/empresas/banca/2015/06/22>.

[24] Andrus Ansip (Comisario Encargado de Seguridad de la Unión Europea), en *El País*, p. 12.

[25] Disponible en: <https://www.boe.es/doue/2016/194/L00001-00030.pdf>.

[26] Reglamento Europeo de Ciberseguridad. Disponible en: <https://eur-lex.europa.eu/legal-content/ES/TXT/PDF/?uri=CELEX:32019R0881&from=EN; https://dpd.aec.es/reglamento-europeo-de-ciberseguridad/>.

CAPÍTULO 15

ÉTICA, PRIVACIDAD, PROTECCIÓN DE DATOS Y *COMPLIANCE* EN LA CIENCIA DE DATOS: NORMAS LEGALES Y REGULACIONES, CONSORCIOS Y ORGANIZACIONES

INTRODUCCIÓN

La Ciencia de Datos, con el soporte de la Informática en la Nube y las restantes tecnologías integradoras examinadas, se ha convertido en un pilar de la transformación digital de las organizaciones y empresas, pero trae consigo peligros, oportunidades y dilemas que es necesario afrontar como sociedad tecnológica.

La expansión y despliegue de las numerosas tecnologías estratégicas y emergentes que hemos visto en capítulos anteriores ha fortalecido la necesaria ética en las organizaciones y empresas que se está transformando en una nueva disciplina: la ética digital. La ética que siempre debe primar en las organizaciones y empresas ha salido reforzada y se ha convertido en una responsabilidad y función principales de la empresa.

A medida que la Ciencia de Datos va creciendo, también lo están haciendo los problemas sociales, legales y éticos. Fundamentalmente la propiedad de los datos y los temas relacionados con la privacidad y la protección de datos. Los CIO y los CTO, los CEO, junto con los nuevos roles profesionales, los CDO y los DPO, necesitarán educarse a sí mismos y al personal que tienen a su cargo, y considerar la formación en grupos como consejeros de ética para revisar la estrategia corporativa. Así veremos la necesidad de una ética en el uso de Big Data, en la Inteligencia Artificial, en el Internet de las Cosas, en la ciberseguridad, en las tecnologías *Blockchain*, todos ellos integrados y convergiendo en los servicios ofrecidos por los proveedores de la nube y de ciencia de datos.

Es necesario plantear los problemas éticos que van surgiendo y, sobre todo, los relacionados con la privacidad y protección de datos. Asimismo, se necesitan conocer los consorcios y organizaciones nacionales e internacionales específicas de la Ciencia de Datos, así como las certificaciones profesionales a exigir a los proveedores y a los profesionales que con ella trabajan.

15.1. LA ÉTICA Y LA RESPONSABILIDAD SOCIAL DE LAS EMPRESAS EN EL ECOSISTEMA DE LA CIENCIA DE DATOS

La informática socialmente responsable es un asunto clave en los negocios actuales, ya que las acciones de los trabajadores de la información afectan a casi todos los departamentos de la empresa y a otros empleados.

La responsabilidad social corporativa o de la empresa se refiere al comportamiento ético y legal de la empresa como entidad. Las leyes definen una sociedad más justa con comportamientos legales y adecuados, y enfatizan las acciones de control con respuestas a comportamientos adecuados. La ética se refiere, por el contrario, a principios o estándares morales que ayudan en la guía del comportamiento, acciones y decisiones.

Los dilemas éticos son elecciones difíciles que implican objetivos en conflictos, responsabilidades y lealtades que pueden o no estar cubiertas por las leyes. Existen numerosas situaciones en que los trabajadores de la información se enfrentan a dilemas éticos; enumeramos algunos de los más usuales, reconocidos por las empresas y los trabajadores:

- Visualizar el correo electrónico de los miembros de un equipo o de subordinados.

- Recomendar el envío de listados de correos (*mailing*) de clientes a otros negocios.

- Utilizar un navegador durante el horario laboral para realizar otras tareas comerciales ajenas a la empresa.

- Implementar un sistema que gestione los expedientes de crisis de las empresas (en España son conocidos como ERE).

- Consultas de redes sociales, blogs personales durante la realización de la jornada laboral.

En el dilema ético

Schwab (2016: 128-129), en el capítulo dedicado al Impacto de la Cuarta Revolución Industrial, y cuando trata el apartado de "Individuo", dedica una sección especial al planteamiento de preguntas éticas en la nueva sociedad, al considerar que los avances tecnológicos nos están empujando a nuevas fronteras de la ética. Así Schwab se hace las preguntas siguientes en torno a la Inteligencia Artificial y la robótica:

- ¿Qué hacemos? ¿Confiar en el asesoramiento prestado por un algoritmo o en el que ofrecen familiares, amigos o colegas?

- ¿Consultamos a un médico robot controlado por la Inteligencia Artificial con una tasa de éxito en el diagnóstico casi perfecto, o nos quedamos con nuestro médico humano de toda la vida y sus consejos de confianza?

- ¿El desarrollo futuro de la sociedad nos puede conducir a una situación en la cual los mismos seres humanos comiencen a actuar como robots?

Evidentemente, confiamos en el poder predictivo de la Inteligencia Artificial, y en especial, en los algoritmos y técnicas de Aprendizaje Automático y Aprendizaje Profundo. Sin duda, la confianza ciega en los algoritmos es uno de los grandes riesgos éticos, tanto personal como en la toma de decisiones de las empresas, que los empleados y clientes pueden incluso ignorar. El nuevo Reglamento de Protección de Datos de la Unión Europea ya ha introducido una disposición que prohíbe tomar decisiones trascendentales para una persona sobre la única base de un análisis automático de datos.

15.2. EVALUACIÓN DE IMPACTO EN LA PROTECCIÓN DE DATOS

Cada día se ponen en circulación nuevos productos y servicios que hacen un uso intensivo de los datos personales y tienen un fuerte impacto en la esfera de la vida privada. Los altos volúmenes de datos que circulan por las redes de comunicaciones, y aquellos otros que se encuentran almacenados en los centros de datos propios de la organización o de la nube, hacen que la información adquiera cada vez un mayor valor económico. Por ello, la **AEPD** (Agencia Española de Protección de Datos) pensó en la necesidad de considerar un nuevo enfoque que contribuyera a respetar los derechos de las personas y a fortalecer la confianza de los clientes y usuarios.

Así, en 2014 la AEPD, adelantándose al futuro Reglamento de Protección de Datos de la UE, que ya, por aquel entonces, establecía esta figura de soporte, publicó una *Guía para la Evaluación del Impacto en la Protección de Datos*, donde propone para los responsables del tratamiento de datos personales, en los sectores público y privado, un enfoque de privacidad desde el diseño que propugna que las cuestiones de privacidad y protección de datos se tengan en consideración desde el momento mismo del diseño de un producto o servicio. Propone una herramienta muy útil para avanzar en la privacidad desde el diseño: evaluación de impacto en la privacidad o en la protección de datos o PIA (*Privacy Impact Assessments*), como se le conoce en países anglosajones.

Una PIA o una Evaluación de Impacto en la Protección de los Datos Personales (EIPD), como la define la AEPD es:

> *Un ejercicio de análisis de los riesgos que un determinado sistema de información, producto o servicio puede entrañar para el derecho fundamental a la protección de datos de los afectados, y tras ese análisis afrontar la gestión eficaz de los riesgos identificados mediante la adopción de las medidas necesarias para eliminarlos o mitigarlos.*

La AEPD enumera una larga lista de situaciones donde sería aconsejable llevar a cabo una evaluación de impacto. Hemos extraídos dos de las recomendadas y de mayor impacto en las tecnologías disruptivas y facilitadoras de la Industria 4.0:

Cuando se traten grandes volúmenes de datos personales a través de tecnologías como la de datos masivos (Big Data), Internet de las Cosas o el desarrollo y la construcción de ciudades inteligentes (smartcities). Cuando se vayan a utilizar tecnologías que se consideran especialmente invasivas con la privacidad como la videovigilancia a gran escala, la utilización de aeronaves no tripuladas (drones), la vigilancia electrónica, la minería de datos, la biometría, las técnicas genéricas, la geolocalización o la utilización de etiquetas de radiofrecuencia RIFD (especialmente si forman parte del llamado Internet de las Cosas) o cualquier otras que puedan desarrollar en el futuro.

15.3. REGLAMENTO DE PROTECCIÓN DE DATOS Y PRIVACIDAD DE LA UNIÓN EUROPEA

El 27 de abril de 2016, el Parlamento y el Consejo Europeo aprobaron en Bruselas el Reglamento General de Protección de Datos (RGPD, GDPR "General Data Protection Regulation") (UE 2016/679), el cual se centra en el tratamiento de datos personales y su libre circulación, y deroga la Directiva 95/46/EC, que ejercía como anterior reglamento. Entró en vigor el 25 de mayo de 2016, pero comenzó a aplicarse dos años después, el 25 de mayo de 2018. Este nuevo reglamento protege más la privacidad dando más control a los internautas sobre su información privada en las redes sociales, los teléfonos inteligentes, la banca en línea, de manera que puedan decidir qué información desean compartir. Desde entonces, todos los Estados miembro han adaptado su legislación nacional teniendo en cuenta este reglamento. Las autoridades nacionales de protección de datos son responsables de hacer cumplir las nuevas normas y de coordinar mejor sus medidas gracias a los nuevos mecanismos de cooperación y al Comité Europeo de Protección de Datos. Estas autoridades están publicando directrices sobre aspectos clave del RGPD para facilitar la aplicación de las nuevas normas.

El 5 de diciembre de 2019 entró en vigor en España la Ley Orgánica de Protección de Datos y Garantía de los Derechos Digitales (LOPDGDD), que adapta el derecho español al modelo establecido por el RGPD.

15.3.1. ASPECTOS MÁS SOBRESALIENTES DEL REGLAMENTO VIGENTE

Estrella Barrionuevo[1], abogada de la asesoría jurídica de Telefónica España, se adelantó a la entrada en vigor del Reglamento y publicó un artículo en el blog blogthinkbig.com con las novedades más sobresalientes, en su opinión, del nuevo Reglamento de Protección de Datos de la Unión Europea que consideramos siguen todas ellas en vigor:

Introducción del concepto pseudonimización como categoría intermedia entre los datos personales y los datos anónimos.
En cuanto al consentimiento, se concreta en forma específica que será necesario que el usuario realice una acción afirmativa para consentir, de manera que las casillas premarcadas o la inactividad del usuario no constituirán un consentimiento válido, lo que elimina la posibilidad del conocimiento tácito.
Se modifica la edad por defecto para que los menores puedan consentir por sí mismos y no a través de quien ostente su patria potestad, que pasa de los 14 años que establece actualmente

la LOPD a 16, aunque este límite podrá reducirse por parte de los estados miembros, sin bajar de los 13 años.

Nuevos derechos para el usuario: derecho al olvido; derecho a la portabilidad de los datos personales.

Se crea el nuevo rol profesional de DPO (Data Protection Officer), delegado o director de Protección de Datos para las administraciones públicas y entidades que traten datos personales a gran escala.

Se establece la obligación de realizar análisis de riesgos y evaluaciones de impacto para determinar el cumplimiento normativo.

Se amplía la obligación de comunicar las brechas o incidentes de seguridad, tanto a los afectados como a la AEPD, a todos los operadores del mercado que traten datos de carácter personal, en un plazo de 72 horas.

15.3.2. RECOMENDACIONES DE LA AEPD SOBRE EL REGLAMENTO GDPR

La AEPD ha elaborado y publicado un documento[2] simplificado cuyo objetivo es intentar resolver las posibles dudas de los ciudadanos, organizaciones y empresas, relativas a la puesta en marcha del mencionado Reglamento de la UE. El modo elegido para redactar el documento ha sido el de pregunta/respuesta y para ello ha seleccionado un conjunto de doce preguntas clave con respectivas respuestas y cuya lectura y consulta recomendamos, precisamente, basadas en la procedencia de la fuente, AEPD. Estas preguntas son:

a. La entrada en vigor del reglamento, ¿supone que ya no se aplica la Ley Orgánica de Protección de Datos Española?

b. ¿Cuál es, entonces, el significado de que el reglamento haya entrado en vigor?

c. ¿A qué empresas u organizaciones se aplica?

d. ¿Qué implica para los ciudadanos que el reglamento amplíe el ámbito de aplicación territorial?

e. ¿Qué nuevas herramientas de control de sus datos poseen los ciudadanos?

f. ¿A qué edad pueden los menores prestar su consentimiento para el tratamiento de sus datos personales?

g. ¿Qué implica la responsabilidad activa recogida en el reglamento?

h. Entonces, ¿supone una mayor carga de obligaciones para las empresas?

i. ¿Cambia la forma en la que hay que obtener el consentimiento?

j. ¿Deben las empresas revisar sus avisos de privacidad?

k. ¿En qué consiste el sistema de ventanilla única?

l. ¿Tienen las empresas que empezar a aplicar ya las medidas contempladas en el reglamento? No, el reglamento está en vigor, pero no será aplicable hasta 2018.

15.4. EL DELEGADO DE PROTECCIÓN DE DATOS (DPD[3])

El Reglamento General de Protección de Datos de la Unión Europea ha creado el Delegado de Protección de Datos (DPD, DPO "Data Protection Officer") en las organizaciones y empresas y de obligado cumplimiento. La principal responsabilidad del DPD consiste en garantizar el cumplimiento de la normativa de privacidad y protección de datos de su organización, institución, empresa o corporación. Sus funciones serán independientes del director de Seguridad y no subordinadas a este; su diferencia principal será que el DPD se dedicará en exclusivo a sus funciones y no como hasta ahora, que, normalmente, las tareas de protección de datos recaían en el director de Seguridad.

El DPD deberá ser designado atendiendo a sus cualidades profesionales y, en particular, a sus conocimientos especializados de la legislación y las prácticas en materia de protección de datos, y a su capacidad para ejecutar los cometidos establecidos en el Reglamento.

Existe así la obligación de contratar un Delegado de Protección de Datos (DPD) en organizaciones e instituciones públicas y en entidades con más de 250 trabajadores. En el caso de entidades con menos de 250 empleados, será obligatorio el DPD cuando necesiten un seguimiento sistemático y periódico de los datos personales tratados para la monitorización o investigación de mercados, análisis de riesgos o datos crediticios o de solvencia patrimonial, así como cuando traten los citados datos catalogados de especialmente protegidos.

Del mismo modo, se establece la obligación de disponer de un delegado de protección de datos cuando:

> *El tratamiento lo lleve a cabo una autoridad u organismo público, excepto los tribunales que actúen en ejercicio de su función judicial; las actividades principales del responsable o del encargado consistan en operaciones de tratamiento que, en razón de su naturaleza, alcance y/o fines, requieran una observación habitual y sistemática de interesados a gran escala, o las actividades principales del responsable o del encargado consistan en el tratamiento a gran escala de categorías especiales de datos personales con arreglo al artículo 9 y de datos relativos a condenas e infracciones penales a que se refiere el artículo 10.*

> **Sección 4, Delegado de protección de datos - Artículo 37. Designación del delegado de protección de datos**

> *Tendrán que ser profesionales que puedan acreditar formación y conocimientos especializados en materia de protección de datos. Sus funciones básicamente serán asegurar el cumplimiento normativo de la protección de datos, haciendo compatible el funcionamiento de la organización, la consecución de los objetivos lícitos y legítimos de su actividad y la garantía del derecho a la protección de datos y la seguridad de la información. El DPD será el interlocutor necesario con la autoridad de Control de la Protección de Datos. El DPD puede establecerse a través de contratación externa o mediante designación dentro de la plantilla de la organización.*

15.5. EVALUACIÓN DE IMPACTO EN LA PRIVACIDAD

El Reglamento General establece otro instrumento para garantizar el cumplimiento, es la evaluación de impacto en la privacidad (*Privacy Impact Assessments*, PIA), aplicable en el caso de que sea probable que un tratamiento suponga un riesgo elevado para los derechos y las libertades de las personas físicas.

El auge de los nuevos modelos de negocio, las comunicaciones y los medios tecnológicos como: las tecnologías *wearables*, la expansión del Internet de las Cosas, la progresiva implantación de soluciones de cruzamiento masivo de datos o Big Data, el procesamiento de datos sensibles de carácter religioso o ideológico, el tratamiento de datos biométricos, la geolocalización, las nuevas fronteras en el ámbito de la ciberseguridad, hasta el *fingerprinting* o la tecnología de reconocimiento facial en redes sociales, dan lugar a nuevos riesgos que pueden tener consecuencias con carácter simultáneo en distintas localizaciones, lo que da valor no solamente al desarrollo de este marco unificado a nivel europeo, sino también a la necesaria existencia de los *Data Protection Officer* en el seno de las organizaciones.

Así, el Reglamento General exige en su artículo 33 la evaluación de impacto relativa a la protección de datos cuando sea probable un tipo de tratamiento, en particular si utilizan nuevas tecnologías que por su naturaleza, alcance, contexto o fines supongan un alto riesgo para los derechos y libertades de las personas.

15.5.1. PRIVACIDAD DESDE EL DISEÑO

Piñar (2016) destaca el principio de privacidad desde el diseño en el nuevo reglamento de la UE:

> La nueva regulación garantizará que la salvaguarda de la protección de datos se incorpora a los productos y servicios desde sus primeros estadios de desarrollo (Data Protection by Design). Se fomentarán las técnicas privacy-friendly, como la pseudoanonimización, para salvaguardar los beneficios de la innovación en Big Data, a la vez que se protege la privacidad.

Este principio de privacidad desde el diseño (art. 25.1) significa, según Piñar, que en el diseño de aplicaciones que traten datos personales se tiene que garantizar la privacidad desde el principio. Esto implica, por ejemplo, que en materia de redes sociales, los perfiles de privacidad de los usuarios estarán por defecto cerrados a otros usuarios, debiendo ser el usuario quien los abra a otros.

Igualmente destaca Piñar la importancia del consentimiento en las operaciones de tratamiento de datos, que ha de ser "libre, específico, informado e inequívoco y el responsable del tratamiento de los datos deberá poder probar que el titular consintió el tratamiento de sus datos".

Ahora bien, ¿cuáles son los principales cambios que introduce el nuevo Reglamento Europeo de Protección de Datos? Las claves de este reglamento se centran en el análisis de impacto de privacidad, en el deber de información, el consentimiento, la transparencia, la seguridad y en el hecho de que se deben garantizar los derechos de los ciudadanos en relación con la protección de su privacidad.

1. Análisis de impacto de la privacidad

A este tipo de análisis también se le llama análisis de la *privacidad por diseño* (*Privacy by Design*) o *privacidad por defecto* (*Privacy by Default*). Su objetivo es analizar el impacto que supone cualquier proyecto llevado a cabo por parte de empresas, profesionales o emprendedores, en el tratamiento de datos.

Por ejemplo, si tenemos un proyecto de desarrollo de una aplicación móvil o de una plataforma en línea para la venta de productos u oferta de servicios, debería efectuarse el análisis de la privacidad por diseño que implicaría, entre muchas otras cosas, que deberíamos preguntarnos lo siguiente:

- ¿Cómo vamos a recabar los datos del usuario o cliente?
- ¿Cómo se le debe informar al cliente del tratamiento de sus datos?
- ¿Cómo se va a almacenar la información?
- ¿Es pertinente la información que recogemos sobre él o es excesiva?

Y todo ello en aras de tomar las medidas preventivas adecuadas para proteger al usuario frente a los abusos en los tratamientos de sus datos, y evitar así que las empresas que efectúan su tratamiento infrinjan la normativa.

2. Deber de información

Si hasta ahora se exigía información sobre quién se encuentra detrás de todo tratamiento de datos y de qué tratamiento se iba a hacer de ellos, con el nuevo Reglamento Europeo de Protección de Datos se va a tener que detallar la información de la forma más precisa posible.

Por ejemplo, de cara a las personas físicas, deben quedar muy claros los siguientes aspectos (entre otros):

- La identidad del responsable de la gestión y, si procede, del Delegado de Protección de Datos.
- La identidad de los destinatarios o categorías de destinatarios de los datos personales.
- Los fines del tratamiento a que se destinan los datos personales y el fundamento jurídico para dicho tratamiento.
- La medida en que los datos van a ser tratados.
- El plazo durante el que se conservarán los datos personales y, cuando ello no sea posible, los criterios que se utilizarán por el responsable para determinar dicho plazo.

También remarcar que los avisos legales, condiciones de contratación y políticas de privacidad de páginas web, tiendas en línea o aplicaciones deberán ser lo más claras y sencillas posible, utilizando un lenguaje que sea fácil de entender para todo tipo de usuario.

Estos son solo algunos de los aspectos informativos necesarios para cumplir con el GDPR.

3. El consentimiento

Como era previsible, el consentimiento ha cobrado especial relevancia en este reglamento. Si en la directiva anterior ya se requería que el consentimiento fuese, con carácter general, libre, informado, específico e inequívoco, con el nuevo Reglamento Europeo de Protección de Datos es imprescindible que se produzca una declaración del interesado, o bien una acción positiva, que otorgue su conformidad para poder considerar que dicho consentimiento es "inequívoco".

En el nuevo GDPR, el consentimiento no será válido si puede deducirse del silencio, inacción u omisión por parte del interesado. De este modo, algunas prácticas que hasta ahora venían siendo aceptadas, como el consentimiento tácito para algunos tratamientos, no lo serán, ya que el nuevo GDPR está en vigor.

En todo caso deberá poder probarse que se ha otorgado el consentimiento, por lo que las empresas o plataformas en línea deberán dotarse de sistemas que así lo puedan garantizar. En los casos de tratamiento de datos sensibles, como los datos biométricos, además, no solo se exigirá una acción positiva implícita, sino que la acción deberá ser expresa.

Respecto al tratamiento de datos de menores en el nuevo GDPR, se dispone de una regla homogénea que establece que la edad en la que los menores pueden prestar por sí mismos su propio consentimiento para el tratamiento de sus datos personales, en el ámbito de los servicios de la sociedad de la información (por ejemplo, redes sociales o aplicaciones móviles) es de 16 años.

Sin embargo, esa edad se puede rebajar y cada Estado miembro puede establecer la suya propia, fijando un límite no inferior en ningún caso a los 13 años. Por ejemplo, el límite en España se ha dispuesto en los 14 años. Si se es menor a esa edad, es necesario que los padres o tutores den su consentimiento a la empresa u organización que quiera tratar los datos personales del menor.

4. La transparencia

Como se indicaba en el segundo apartado, debe facilitarse información clara y fácilmente inteligible a la hora de efectuar un tratamiento de datos.

Para ser lo más transparentes posible deberá facilitarse el ejercicio de derechos por parte de los usuarios: no solo los derechos de acceso, rectificación, cancelación u oposición, sino también los derechos de reclamación o queja, así como el archiconocido derecho al olvido.

5. La seguridad

Se requiere que las empresas y organizaciones tengan una actitud proactiva en el establecimiento de medidas de seguridad destinadas a garantizar que la infraestructura de la empresa asegure un correcto tratamiento y almacenamiento de los datos de sus clientes o usuarios.

Las principales medidas que se deben adoptar son:

- Establecer accesos seguros al sistema de la empresa y/o a sus bases de datos.
- Establecer procedimientos de copias de seguridad suficientes.

- Tomar medidas especiales para evitar fugas de datos, instalación de *malware* o evitar o prevenir que otros riesgos relacionados ocurran, como ataques por parte de *crackers*, denegaciones de servicio, daño a los sistemas informáticos.

También se exige una actitud proactiva por parte de las empresas en cuanto a su deber de comunicar este tipo de incidentes a las autoridades competentes y a los usuarios afectados cuando se ponga en riesgo su privacidad o intimidad.

Respecto de la seguridad, en lo relativo al tratamiento de datos entre estados que no pertenezcan a la Unión Europea, por ejemplo, entre los Estados Unidos y Europa, habrá que esperar a lo que indique finalmente el *Privacy Shield* (acuerdo que sustituirá al Puerto Seguro o *Safe Harbor*).

> El Reglamento General de Protección de Datos es un conjunto único de normas con un planteamiento común de la UE sobre la protección de los datos personales, directamente aplicable en los Estados miembro. El reglamento refuerza la confianza al devolver a los particulares el control de sus datos personales y, al mismo tiempo, garantiza la libre circulación de estos entre los Estados miembro de la UE. La protección de los datos personales es un derecho fundamental en la Unión Europea.

15.6. LA PRIVACIDAD EN LA CIENCIA DE DATOS

La privacidad es una gran preocupación en la protección de la divulgación de los datos individuales. La privacidad, a veces, se confunde con la seguridad, y aunque tienen partes comunes sus finalidades son totalmente diferentes. La seguridad se ocupa de la confidencialidad, integridad y disponibilidad (CIA), mientras que la privacidad trata del uso apropiado de la información de una persona.

La privacidad en Informática en la Nube (Bhat, 2019: 48) es: "El derecho fundamental de las personas/usuarios para decidir cuánta información sobre él/ella será recolectada, cuándo la información será recolectada, dónde será recolectada la información y cómo será recolectada la información". Al mismo tiempo, el usuario también tiene el derecho a decidir cuántos datos suyos serán compartidos, con quién, por qué o cómo se utilizarán. Con el IoT, la recolección de datos, la técnica de minería de datos (de las más utilizadas) y su aprovisionamiento totalmente diferente de Internet, W3C ha desarrollado una plataforma para las preferencias de privacidad donde conectarse con ella.

El Internet de las Cosas requiere con urgencia de estándares jurídicos y tecnológicos que permitan ofrecer seguridad jurídica. El cambio tecnológico requerirá marcos jurídicos claros, nacionales, pero sobre todo de ámbito europeo e internacional para brindar seguridad jurídica en el sector.

Barrio (2018) plantea una serie de requerimientos para afrontar los retos jurídicos y legales que plantean el creciente uso de dispositivos y objetos:

- La forma de identificación de los objetos
- La autoridad encargada de asignar la identificación
- Los medios para obtener la información relativa al objeto
- La garantía de la seguridad de la información

- Los estándares técnicos
- El marco ético y jurídico general de derechos y obligaciones
- Los mecanismos de control

La dificultad radicará en la capacidad de elaborar normas jurídicas lo suficientemente flexibles e innovadoras como para adaptarse al entorno evolutivo y de hacer frente a las ciberamenazas. La regulación jurídica debe hacerse mediante leyes y normas reglamentarias, la colaboración público-privada, y reforzando la colaboración internacional entre los Estados y la colaboración internacional entre las organizaciones públicas y privadas, y entes reguladores nacionales e internacionales.

En un artículo publicado en la BBC, por la ministra de Digital del Reino Unido, Margot James, propuso una legislación para introducir un nuevo sistema de categorización que permita a los clientes informarse de cómo es de seguro un dispositivo IoT. Para acceder a una de esas categorías, un dispositivo IoT necesitará:

- Contar con una contraseña única por defecto.
- Indicar claramente por cuánto tiempo estarán disponibles las actualizaciones de seguridad.
- Ofrecer un punto de contacto público para informar de las vulnerabilidades.

15.6.1. LEY DE PRIVACIDAD DE *CLOUD COMPUTING* PIONERA EN CALIFORNIA

Se trata de ley pionera del estado de California, en los Estados Unidos, que desde el 2020 exige que los dispositivos inteligentes que se vendan en el mercado vengan configurados con contraseñas únicas, además de otras funciones de seguridad. La ley ha entrado en vigor el 1 de enero de 2020, y exigirá a los fabricantes de dispositivos inteligentes, tales como *routers*, televisores o *smartphones*, que sus productos cuenten con contraseñas únicas para cada uno de los dispositivos fabricados. La medida evitará el uso de las claves por defecto, que vienen en una gran cantidad de dispositivos, como admin/intro o 1234, entre otras conocidas claves de acceso predeterminadas.

Además, las funciones de seguridad con las que deberá contar cada dispositivo deberán tener en cuenta la naturaleza y función del dispositivo; la información que pueda recopilar, contener y/o retransmitir. Asimismo, deberán estar diseñados para proteger la información ante accesos no autorizados, destrucción, uso o modificación.

15.7. EL ESCUDO DE PRIVACIDAD: UNIÓN EUROPEA – EE. UU.

La Comisión Europea adopta y pone en marcha el Escudo de la Privacidad (*Privacy Shield*) UE – EE. UU.: "Más protección para los flujos de datos transatlánticos", el 23 de julio de 2016. Este nuevo marco protege los derechos fundamentales de cualquier persona de la UE cuyos datos personales se transfieran a los Estados Unidos, y aporta claridad jurídica para las empresas que dependen de las transferencias transatlánticas de datos.

El Escudo de la privacidad UE – EE. UU. se basa en los siguientes principios:

- Obligaciones rigurosas para las empresas que trabajan con datos.

- Obligaciones en materia de transparencia y salvaguardias claras para el acceso de la administración estadounidense: los Estados Unidos han dado a la UE garantías de que el acceso de las autoridades a efectos de aplicación de la ley y de seguridad nacional está sujeto a limitaciones, salvaguardias y mecanismos de supervisión claros.

- Protección eficaz de los derechos individuales.

- Mecanismo de revisión conjunta anual.

15.8. *COMPLIANCE* (CUMPLIMIENTO NORMATIVO)

El cumplimiento de las normas establecidas en el Reglamento General de Protección de Datos (RGPD) y la Ley Orgánica de Protección de Datos (LOPD) en España, así como el Reglamento GDPR a nivel europeo y en los numerosos países que lo han adoptado, tanto a nivel de ciudadanos como de empresas o bien el cumplimiento de sus propias normativas y legislaciones, unido al cumplimiento corporativo y normativas de los sistemas de seguridad en los sistemas de información, ha obligado a la consolidación en los últimos años del Cumplimiento Normativo Corporativo (*Compliance*) y se ha convertido en una necesidad ineludible a cumplir por las organizaciones y empresas en materias de protección de datos, privacidad y seguridad, que deben estar presentes en todas ellas. Una buena estrategia de *Corporate Compliance*, especialmente en los sistemas de información corporativos, será muy útil y eficiente para el rendimiento y toma de decisiones empresariales y desarrollar con eficacia sus estrategias y tomas de decisiones, y evitar problemas que puedan surgir y poder afrontarlos con éxito.

Así pues, se podría considerar que *Compliance* es un conjunto de procedimientos y buenas prácticas para identificar y clasificar los riesgos operativos y legales a los que se enfrentan las organizaciones y así establecer mecanismos internos de prevención, administración, control y reacción frente a los mismos. Los sistemas de cumplimiento surgen como mecanismos de autorregulación cada vez más necesarios para evitar riesgos de incumplimientos normativos, operativos y reputacionales.

En España, la Agencia Española de Protección de Datos ha publicado guías para las organizaciones y empresas con recomendaciones a seguir y facilitarles un cumplimiento más eficiente. De igual forma, el Instituto Nacional de Ciberseguridad (INCIBE) recoge y apoya en su sitio web oficial numerosas iniciativas de consultoras, empresas y organizaciones sobre temas afines, tales como la Gestión de Cumplimiento Normativo, la Consultoría en Cumplimiento Normativo *Compliance*.

También ha emergido un rol profesional, *Compliance Officer*, responsable del cumplimiento normativo y corporativo, y que se ha convertido en una profesión muy demandada y a la que se le exige estar en posesión de una certificación homologada por organismos nacionales e internacionales. En el caso de España, la organización española de estándares, AENOR, es la encargada de avalar los certificados emitidos sobre *Compliance Officer*. Las certificaciones de *compliance*, señala AENOR, han de ser concedidas con independencia y competencia suficiente para que pueda ser una herramienta útil para todas las partes interesadas y que, como se recoge en su página corporativa sobre este tema, obliga al cumplimiento, a su vez, de certificaciones internacionales como ISO 37001 y la norma UNE 1961 de sistema de gestión de cumplimiento penal. Los roles del *Compliance Officer* y *Data Protection Officer* suelen tener competencias similares y complementarias, aunque cada uno de ellos tiene sus responsabilidades normativas en las organizaciones y empresas, si bien, algunas corporaciones los han unificado en un solo rol profesional.

Certificaciones de *Compliance Officer*

Una certificación de *Compliance Officer* es una certificación profesional que acredita a las personas que la obtienen y avala que cuenta con suficientes conocimientos profesionales de *Compliance* en el momento en el que se adquiere la certificación. En España existen varias certificaciones. Una de las más reconocidas es la certificación española de *Compliance*, CESCOM emitida por la Asociación Española de Compliance (ASCOM, www.asociacioncompliance.com/CESCOM) y homologada por la International Federation of Compliance Associations (IFCA), federación que agrupa a las principales asociaciones de *Compliance* de distintos países del mundo y de la cual es miembro ASCOM,

Otra certificación de reconocimiento internacional es ICECOM (*International Certification in Compliance*) que está dirigida principalmente a personas que ejercen o que vayan a ejercer la función de *Compliance* en cualquier país del mundo, mientras que CESCOM está dirigida especialmente a las personas que ejercen o que vayan a ejercer la función de *Compliance* en España. La elección de una u otra certificación dependerá de las necesidades concretas y de las expectativas de cada persona.

RESUMEN

En el capítulo, se recopilan normas legales y regulaciones de la privacidad y protección de datos, con especial referencia al Reglamento General de Protección de Datos de la UE (RGPD/DGPR), normas de obligado cumplimiento en todas las naciones miembro y en todas las naciones exteriores que se relacionan con la UE.

- La ética y la responsabilidad social corporativa son pilares fundamentales en las organizaciones y empresas en todos los niveles jerárquicos y operacionales.

- En el capítulo se examinan los aspectos más sobresalientes del GDPR, así como las recomendaciones para un uso correcto y eficiente de la AEPD (Agencia Española de Protección de Datos).

- El GDPR y el impacto de las tecnologías disruptivas han impulsado nuevas profesiones, siendo el rol del DPD (Delegado de Protección de Datos) uno de los de mayor importancia en la empresa, ya que es el responsable de la medición y cumplimiento de la privacidad y protección de datos, también como garante de la ética digital.

- La evaluación de impacto de la privacidad se apoya, entre otros principios y de modo esencial, en la privacidad desde el diseño.

- La privacidad en el Internet de las Cosas está regulada de modo general en el GDPR, pero hay países como los Estados Unidos, donde el estado de California aprobó una Ley de Privacidad de Internet de las Cosas, que ha entrado en vigor el 1 de enero de 2020.

- Existen numerosas organizaciones y consorcios nacionales e internacionales que regulan normas de aplicación de TI, Internet, Informática en la Nube, y que se publican en el capítulo. Sus recomendaciones, y en su caso certificaciones, son de gran interés para los usuarios finales como organizaciones proveedoras y clientes de servicios de Informática en la Nube.

BIBLIOGRAFÍA

AEPD (2014). *Guía para una evaluación de impacto en la Protección de Datos personales*. Madrid. Disponible en línea: <www.aepd.es/media/guias/guia-privacidad-y-seguridad-en-internet.pdf>.

AEPD (2019). *Listado de cumplimiento normativo*. Disponible en: <www.aepd.es/sites/default/files/2019-11/guia-listado-de-cumplimiento-del-rgpd.pdf>.

AEPD (2014). *Guía para la Evaluación del Impacto en la Protección de Datos*. Disponible en línea: <https://www.agpd.es/portalwebAGPD/canaldocumentacion/publicaciones/common/Guias/Guia_EIPD.pdf>.

AEPD/INCIBE (2016). *Guía de Privacidad y Seguridad en Internet*. Disponible en línea: <https://www.agpd.es/portalwebAGPD/canaldocumentacion/publicaciones/common/Guias/2016/Privacidad_y_Seguridad_en_Internet.pdf>.

BHAT, Chintan (Editor) (2019). *Security Designs for the Cloud, Iot, and Social Networking*. Wiley.

BARRIO, Moisés (2018). *Internet de las cosas*. Editorial Reus.

BBVA (2014). *Reinventar la empresa en la era digital*. Openmind/BBVA.

CSIRT-CV (2015). *Seguridad de Internet de las cosas*. Estado del arte. Valencia. Disponible en línea: <http://www.csirtcv.gva.es/sites/all/files/downloads/%5BCSIRT-CV%5D%20Informe-Internet_de_las_cosas.pdf>.

EARL, Duby (2019). "Claves para reducir el riesgo en la era del Internet de las cosas", en *Computerworld*. Disponible en línea: <https://cso.computerworld.es/tendencias/claves-para-reducir-el-riesgo-en-la-era-del-internet-de-las-cosas>.

GIL, Elena (2016). *Big Data, privacidad y protección de datos*. Madrid: AEPD/Agencia Estatal BOE.

HOFFMANN-RIEM Wolfgang y Antonio López PINA (2018). *Big Data: desafíos también para el Derecho*. Civitas Thomson Reuters.

LLANEZA, Paloma (2018). *Seguridad y responsabilidad en la Internet de las cosas*. Ed. Bosch.

MADRID PARRA, Agustín y María Jesús BLANCO SÁNCHEZ (2018). *Derecho mercantil y tecnología*. Aranzadi Thomson Reuters.

NOTICIAS JURÍDICAS. Contenido y novedades del reglamento general de protección de datos de la UE. Disponible en línea: <http://noticias.juridicas.com/actualidad/noticias/11050-contenido-y-novedades-del-reglamento-general-de-proteccion-de-datos-de-la-ue-reglamento-ue-2016-679-de-27-de-abril-de-2016/>.

PIÑAR MAÑAS, José Luis et al (2016). *Reglamento general de protección de datos. Hacia un nuevo modelo europeo de privacidad*. Ed. Reus.

QUESADA, Adrián (2015). *Protección de datos y telecomunicaciones convergentes*. Madrid: AEPD/Agencia Estatal BOE.

SÁNCHEZ ALCÓN, José Antonio; Lourdes López SANTIDRIÁN y José Fernán MARTÍNEZ (2015). "Solución para garantizar la privacidad en internet de las cosas", en *El profesional de la información*, vol. 24 (1), pp. 62-70.

SCHWAB, Klaus (2016). *La Cuarta Revolución Industrial*. Ed. Debate

WEF (2015). *Deep Shift Technology Tipping Points and Societal Impact*. Disponible en línea: <http://www3.weforum.org/docs/WEF_GAC15_Technological_Tipping_Points_report_2015.pdf>.

RECURSOS

AEPD • AEPD (http://https://www.aepd.es/).

AGENCIA CATALANA DE PROTECCIÓN DE DATOS (ACPD): (http://https://apdcat.gencat.cat/es/inici/).

AGENCIA VASCA PROTECCIÓN DE DATOS (AVPD): (http://www.avpd.euskadi.eus/s04-5213/es/).

ENATIC. *La piedra angular del Internet de las cosas*. Disponible en línea: <https://www.abogacia.es/2015/02/16/la-piedra-angular-del-internet-de-las-cosas/>.

GALAN PASCUAL et al. *La Enciclopedia de los Servicios de Certificación para las administraciones locales*. Disponible en línea: <http://http://femp.femp.es/files/566-2392-archivo/ID_Digital_VDigital.pdf>.

Internet Society (www.internetsociety.org).

Internet Society en Latinoamérica (https://www.internetsociety.org/es/regions/america-latina-y-el-caribe/).

XEROX. Disponible en línea: <https://www.xerox.es/es-es/mas-informacion/seguridad-iot>.

NOTAS

[1] Elena Barrionuevo. *Nuevo Reglamento europeo de protección de datos y su adaptación a la era digital*. https://empresas.blogthinkbig.com/nuevo-reglamento-europeo-de-proteccion-de-datos/. 29 de febrero de 2016.

[2] AEPD (Agencia Española de Protección de Datos). *Protección de Datos. Guía para el Ciudadano*. https://www.aepd.es/es/guias-y-herramientas/guias.

[3] La AEPD tiene publicada en su sitio web un artículo en el que responde a las preguntas frecuentes sobre las funciones del Delegado de Protección de Datos (DPD): https://www.aepd.es/es/preguntas-frecuentes/4-responsable-encargado-y-dpd/1-delegado-de-proteccion-de-datos.

CAPÍTULO 16
TENDENCIAS TECNOLÓGICAS DISRUPTIVAS EN LA CIENCIA DE DATOS EN EL HORIZONTE 2025

INTRODUCCIÓN

Las tecnologías disruptivas emergentes que anunciaba el prestigioso informe anual de Gartner, *Hype Cycle para las tecnologías emergentes 2022* (ver anexo), presentado en agosto 2022, recoge 25 innovaciones "imprescindibles" para impulsar la diferenciación competitiva y la eficiencia. Como en todos sus informes, Hype Cycle considera que hay tecnologías que tardan solo dos años en adaptarse de forma generalizada, pero muchas tardarán diez años o más, incluso pueden caer en el abismo de la desilusión, no alcanzar la meseta de la productividad y no llegar al mercado.

La mayoría de las tendencias presentadas en el informe Hype Cycle tienen relación directa o indirecta con las disciplinas de las Ciencias de Datos que se han ido describiendo en el libro. Destaquemos algunas de las que supondrán mayor impacto, en el período de tiempo que según Gartner puedan alcanzar la meseta de productividad:

- NFT (2 a 5 años)
- Ecosistema de datos en la nube (2 a 5 años)
- Gemelo digital del cliente (5 a 10 años)
- Generación de código de Aprendizaje Automático (5 a 10 años)
- Inteligencia Artificial Generativa (5 a 10 años; ver Inteligencia Generativa, capítulo 11).
- Web3 (Web 3.0) (5 a 10 años)
- Metaverso (más de 10 años)

Una tendencia tecnológica importante a considerar es la hiperconectividad del futuro (hiperconectividad inteligente) soportada por las redes móviles 5G y las redes inalámbricas Wi-Fi 6, el anuncio cada vez más cercano de la Wi-Fi 7 y en el horizonte 2025, las redes móviles 6G.

La Ciencia de Datos, integrada con las tecnologías de Inteligencia Artificial, Aprendizaje Automático y Aprendizaje Profundo, Informática en la Nube e Internet de las Cosas, con las tecnologías transversales de *Blockchain* y ciberseguridad, entre otras tecnologías disruptivas como NFT, las futuras Web3 y el metaverso, junto con la informática cuántica, impulsarán el crecimiento empresarial.

La Ciencia de Datos se ha convertido y consolidado como una ciencia multidisciplinar de la nueva sociedad y muestra el camino a lo que comienza a vislumbrarse como la *Quinta Revolución Industrial*. En el capítulo, examinaremos las tendencias tecnológicas de mayor impacto en la Ciencia de Datos y en el futuro del trabajo, en especial las predicciones del rol profesional del científico de datos y sus roles asociados.

16.1. TENDENCIAS TECNOLÓGICAS ESTRATÉGICAS PARA 2023 (GARTNER)

La prestigiosa consultora Gartner publica a lo largo del año numerosos informes y estudios de gran prestigio y reconocimiento global. En el caso de las tecnologías estratégicas, en el mes de octubre de cada año y con ocasión de su congreso anual IT Symposium/Xpo, que se suele celebrar en Orlando, Florida (Estados Unidos), presenta su informe anual de las principales tendencias tecnológicas estratégicas para el siguiente año (apartado 16.1.1) y en el mes de agosto presenta el futuro de las tecnologías emergentes "Hype Cycle para las tecnologías emergentes, 2022" de impacto de dos a diez años, apartado 16.9.

16.1.1. PRINCIPALES TENDENCIAS TECNOLÓGICAS ESTRATÉGICAS PARA 2023 (GARTNER)

El 18 de octubre de 2022, y durante el Simposio de TI de Gartner/Xpo 2022, Gartner presentó las 10 principales tendencias tecnológicas estratégicas para el 2023. Uno de los mensajes claves de Gartner, en la presentación, era la necesidad de que los ejecutivos de TI deben mirar más allá del ahorro de costes hacia nuevas formas de excelencia operativa, y buscar tecnologías que puedan ayudarles a optimizar la resiliencia, escalar las soluciones específicas del sector y la entrega de productos, y ser pioneros en nuevas formas de compromiso. A continuación se destacan los aspectos más sobresalientes que Gartner considera sobre cada una de las diez tendencias extraídas del informe citado anteriormente y con sus recomendaciones para ser implantadas por las organizaciones y empresas en 2023.

Figura 16.1. Tendencias Tecnológicas Estratégicas 2023 (Gartner).
Fuente: https://www.gartner.es/es/articulos/las-10-principales-tendencias-tecnologicas-estrategicas-de-gartner-2023

1. Sistema Inmune Digital. Crea una experiencia de cliente mejorada al combinar múltiples estrategias de ingeniería de software para proteger contra los riesgos. A través de la observación, la automatización y el diseño y las pruebas extremas, ofrece sistemas resistentes que mitigan los riesgos operativos y de seguridad. Combina la visión basada en datos de las operaciones, las pruebas automatizadas y extremas, la resolución automatizada de incidentes, la ingeniería de software dentro de las operaciones de TI y la seguridad en la cadena de suministro de aplicaciones para aumentar la resistencia y la estabilidad de los sistemas, así como aumentar la satisfacción del cliente.

2. Observación aplicada. Funciona a partir de los datos emitidos por una organización, utilizando la IA para analizar y hacer recomendaciones, lo que permite a una empresa tomar decisiones futuras más rápidas y precisas. Cuando se aplica sistemáticamente, puede reducir la latencia de respuesta y optimizar las operaciones comerciales en tiempo real.

3. Gestión (administración) de la confianza, el riesgo y la seguridad de la Inteligencia Artificial (AI TRISM). Soporta el control del modelo de la IA, la confiabilidad, la equidad, la solidez, la eficacia y la protección de datos. Combina métodos para explicar los resultados de la IA, implementar rápidamente nuevos modelos, administrar activamente la seguridad de la IA y controlar los problemas de privacidad y ética.

4. Plataformas de la industria en la nube. Las plataformas en la nube de la industria combinan SaaS, PaaS e IaaS con una funcionalidad personalizada y específica de la industria que las organizaciones pueden usar para adaptarse más fácilmente al flujo incesante de interrupciones en su industria.

5. Ingeniería de plataformas. Proporciona un conjunto seleccionado de herramientas, capacidades y procesos que se empaquetan para que los desarrolladores y usuarios finales puedan utilizarlos fácilmente. Aumentará la productividad de los usuarios finales y reducirá la carga de los equipos de desarrollo.

6. Realización del valor inalámbrico (Wireless-Value Realization), cubre la provisión de servicios de la red inalámbrica de toda la organización, incluida la informática tradicional del usuario final, el soporte para dispositivos de borde, soluciones de etiquetado digital, etc. Tales redes van mucho más allá de la conectividad pura, proporcionando ubicación y otra información en tiempo real de análisis y permiten que los sistemas recopilen energía de la red directamente. Ninguna tecnología inalámbrica dominará, sino que las empresas utilizarán un espectro de soluciones inalámbricas (4G, 5G, LTE, WiFi 5, 6, 7) para dar soporte a todos los entornos, desde Wi-Fi en la oficina, servicios para dispositivos móviles, protocolos de baja potencia e incluso conectividad por radio, Gartner predice que, para el 2025, el 60 % de las empresas utilizarán cinco o más tecnologías inalámbricas simultáneamente.

7. Súper aplicaciones. Las súper aplicaciones son más que aplicaciones compuestas que agregan servicios. Una súper aplicación combina las características de una aplicación, una plataforma y un ecosistema en una sola aplicación, proporcionando una plataforma para que terceros desarrollen y publiquen sus propias miniaplicaciones. No solo tiene su propio conjunto de funcionalidades, sino que también proporciona la posibilidad de que terceros desarrollen y publiquen sus propias miniaplicaciones. Gartner prevé que, para 2027, más del 50 % de la población mundial será usuaria a diario de estas soluciones.

8. IA adaptativa. La IA adaptativa permite el cambio de comportamiento del modelo después de la implementación (despliegue) mediante el uso de retroalimentaciones (feedback) en tiempo real, para volver a entrenar continuamente los modelos y aprender dentro del tiempo de ejecución y los entornos de desarrollo, en función de nuevos datos y objetivos ajustados, para adaptarse rápidamente a las circunstancias cambiantes del mundo real.

9. Metaverso. El metaverso permite a las personas replicar o mejorar sus actividades físicas. Esto podría suceder transportando o extendiendo las actividades físicas a un mundo virtual o transformando el físico. Es una innovación combinatoria formada por múltiples temas y capacidades tecnológicas.

    Gartner define un metaverso como un espacio compartido, virtual, 3D y colectivo, creado por la convergencia de la realidad física y digital virtualmente mejorada. Un metaverso es persistente y proporciona experiencias de inmersión mejoradas.

    Gartner espera que un metaverso completo sea independiente de los dispositivos y no pertenezca a un solo proveedor. Incluirá una economía virtual propia habilitada por monedas digitales y tokens no fungibles (NFT). Para el 2027, Gartner predice que más del 40 % de las grandes organizaciones de todo el mundo utilizarán una combinación de proyectos basados en la Web3, la nube de realidad aumentada y los gemelos digitales para aumentar los ingresos.

10.   Tecnología sostenible. La entrega de tecnología por sí sola no será suficiente en 2023. La tecnología sostenible es un marco de soluciones que aumenta la energía y la eficiencia de los servicios de TI; permite la sostenibilidad empresarial a través de tecnologías como la trazabilidad, el análisis, el software de gestión de emisiones y la IA; y ayuda a los clientes a alcanzar sus propios objetivos de sostenibilidad. Las inversiones en tecnología sostenible también tienen el potencial de crear una mayor resiliencia operativa y rendimiento financiero, al tiempo que brindan nuevas vías de crecimiento.

16.2. TENDENCIAS TECNOLÓGICAS EN LA CIENCIA DE DATOS DE *FORBES* (BERNARD MARR) 2022 Y 2023

Dada la importancia que ha adquirido la Ciencia de Datos como multidisciplinar, con gran número de tecnologías, herramientas y aplicaciones, a lo largo del año se publican numerosos informes, artículos y estadísticas que predicen cuáles serán las tendencias tecnológicas de impacto para ese año o los siguientes. En el caso de la Ciencia de Datos, hemos seleccionado los informes publicados por la prestigiosa revista *Forbes* y realizados por el reconocido experto mundial en "datos" Bernard Marr. Los dos informes que analizaremos serán los relativos a 2022 (publicado en octubre del 2021) y 2023 (publicado el 31 de octubre de 2022).

16.2.1. LAS CINCO GRANDES TENDENCIAS TECNOLÓGICAS EN LA CIENCIA DE DATOS PARA 2022 SEGÚN *FORBES*

La ya citada prestigiosa revista *Forbes*[1] publicó a primeros de octubre de 2021, el artículo *The 5 Biggest Data Science Trends In 2022*, de Bernard Marr, prestigioso gurú en Tecnologías de la Información, donde destacaba, en su opinión, las cinco grandes tendencias en la Ciencia de Datos para 2022. Como señala un informe de la OCDE: "Los datos son el alimento de la Inteligencia Artificial" y "el Big Data el combustible de la Inteligencia Artificial"; de un modo general, los datos son el petróleo de la era de la información y constituyen el soporte de la democratización de la Ciencia de Datos:

1.   ***Small Data* y *TinyML*** (Datos pequeños y Aprendizaje Automático en los datos diminutos). El rápido crecimiento de los datos que se generan, recolectan, analizan y se comunican a los usuarios y organizaciones y empresas, mediante el uso adecuado de algoritmos de Aprendizaje Automático. El informe señala que el concepto de "datos pequeños" ha surgido como un paradigma para facilitar el análisis cognitivo rápido de los datos más vitales en situaciones donde el tiempo, el ancho de banda o el gasto de energía son esenciales, fundamentalmente, en el caso de la informática en el borde (*edge computing*). TinyML se refiere a algoritmos de Aprendizaje Automático diseñados para ocupar el menor espacio posible y que puedan ejecutarse en hardware de baja potencia, cerca de donde está la acción. Los modelos de lenguaje (capítulo 11), esencialmente GPT-3, facilitan el desarrollo de la Inteligencia Artificial Generativa y Creativa.

2. **Experiencia del cliente controlada por datos.** Los nuevos métodos y estrategias para aprovechar los datos de las nuevas experiencias de los clientes será un enfoque para muchas personas que trabajan en el campo de la Ciencia de Datos, durante 2022, tanto los profesionales especializados como los usuarios ordinarios. Las interacciones con las empresas se están volviendo cada vez más digitales, desde los *chatbots* y asistentes virtuales de Inteligencia Artificial hasta los modelos de lenguaje de la Inteligencia Artificial Creativa, sobre todo en el mundo del arte y de la comunicación.

3. **Noticias falsas, Inteligencia Artificial Generativa y datos sintéticos** (*Deepfakes, Generative AI* y *synthetic data*). Los videos y noticias *deep fake* aterradoramente realistas se han vuelto virales. La Inteligencia Artificial Generativa se ha integrado rápidamente en la industria de las artes y el entretenimiento, Los datos sintéticos son los datos construidos y entrenados por los algoritmos de Aprendizaje Automático. Como señala el artículo, crear datos sintéticos permite crear rostros sintéticos de personas que nunca han existido para entrenar algoritmos de reconocimiento facial y evitar las preocupaciones sobre la privacidad relacionadas con el uso de rostros de personas reales.

4. **Convergencia.** La Inteligencia Artificial, el Internet de las Cosas (IoT), la Informática en la Nube y las redes ultrarrápidas como 5G (al que añadir *Blockchain* y la ciberseguridad) son las piedras angulares de la transformación digital, y los datos son el combustible que todos procesan para generar resultados. Todas estas tecnologías existen por separado, pero combinadas se potencian e impulsan infinidad de aplicaciones de gran eficiencia para una mejor toma de decisiones.

5. **AutoML** (*Automated Machine Learning*). El Aprendizaje Automático Automatizado AutoML es una tendencia que está impulsando la "democratización" de la Ciencia de Datos. Los desarrolladores de soluciones de AutoML tienen como objetivo crear herramientas y plataformas que cualquiera pueda usar para crear sus propias aplicaciones de Aprendizaje Automático. El artículo señala que una gran parte del tiempo de un científico de datos se dedicará a la limpieza y preparación de datos, tareas que requieren habilidades de datos y que a menudo son repetitivas y mundanas; por lo que la automatización del Aprendizaje Automático, AutoML, implica automatizar esas tareas para construir modelos, crear algoritmos y redes neuronales.

16.2.2. LAS CINCO GRANDES TENDENCIAS TECNOLÓGICAS EN LA CIENCIA DE DATOS PARA 2023 SEGÚN *FORBES*

Bernard Marr, en su artículo *The Top 5 Data Science And Analytics Trends In 2023*, publicado en la revista *Forbes* el 31 de octubre,2022 comienza sus previsiones en la Ciencia de Datos y Analítica de datos para 2023 resaltando que: "Los datos son cada vez más el elemento diferenciador entre los ganadores y los fracasados en los negocios. Hoy en día, la información se puede capturar de muchas fuentes diferentes, y la tecnología para extraer información es cada vez más accesible. Pasar a un modelo de negocio basado en datos es fundamental para la ola de transformación digital que se extiende por todas las industrias en 2023 y más allá. Nuevas tecnologías y tendencias brindan nuevas ideas para mejorar el funcionamiento de los negocios y la sociedad en general, facilitando un acceso más rápido y preciso a la información".

Marr resalta como estas nuevas tecnologías ofrecen un acceso más rápido y preciso a la información, y también nuevas tendencias, que nos brindan nuevas ideas sobre las mejores formas de que funcione en los negocios y la sociedad en general. En esencia considera que el mundo de los datos y su análisis nunca se detiene.

Por las circunstancias anteriores, Marr considera que el mundo de los datos y su análisis nunca se detiene y con base en estas consideraciones iniciales en su informe, enumera y explica las cinco tendencias principales de la Ciencia de Datos y de la analítica para el año 2023 y los años siguientes, describiendo y dando sus recomendaciones sobre el impacto de cada una de las tendencias que se enumeran a continuación:

1.   Democratización de los datos

2.   Inteligencia Artificial

3.   La nube y los Datos como un Servicio (DaaS)

4.   Los datos en tiempo real

5.   El Gobierno y la Regulación de los Datos

En el artículo de *Forbes*, Marr nos confirma cinco tendencias de impacto que hemos ido analizando a lo largo del libro, y cuya síntesis por la excelencia de su autor confirman la necesidad de continuar los estudios que hemos ido viendo en sucesivos capítulos, tales como el capítulo 16 (Democratización de Datos), Inteligencia Artificial (capítulos 10 y 11), la nube y DaaS en los (capítulos 7 y 8), el Gobierno y la Regulación de los Datos (capítulo 15).

16.3. PANORÁMICA GENERAL DE LAS TENDENCIAS TECNOLÓGICAS EN LA CIENCIA DE DATOS PARA 2022-2025

Los informes sobre las tendencias en la Ciencia de Datos para el período 2022-2025 son numerosos desde empresas del sector especializadas hasta publicaciones tecnológicas de gran difusión o portales tecnológicos web. Hemos realizado una recopilación a modo de catálogo general de muchas de estas fuentes, que incluimos en "Recursos Web", y, en general, han sido tratadas en capítulos anteriores, aunque dada la gran cantidad de tendencias que consideraremos, haremos pequeños comentarios con los datos de mayor interés. Aunque esta información la ampliaremos con contenidos en el sitio web oficial del libro (ver Prólogo).

- Inteligencia Artificial como Servicio (AIaaS)
- La nube nativa, microservicios, contenedores e informática sin servidores
- Informática en el borde (*edge computing*)
- Lago de datos (*data lake*)
- Almacén de lagos de datos (*data lakehouse*)
- Inteligencia Artificial Escalable
- Inteligencia Artificial Conversacional
- Inteligencia Artificial Generativa y datos sintéticos
- Fábrica de datos
- Datos pequeños (Big Data a datos pequeños y amplios)
- *Analytics* en todas partes

- Analítica de datos componible y en el borde (*edge analytics*)
- Analítica predictiva
- Analítica aumentada
- Origen y procedencia de los datos
- XOps, DevOps
- Inteligencia de decisiones
- Automatización Robótica de Procesos (RPA)
- Ciberseguridad mejorada
- Democratización de la Ciencia de Datos
- Democratización de la Inteligencia Artificial
- Explosión de noticias falsas (*deepfake*)
- Automatización y servicios híbridos en la nube
- Los *data lakehouses* (almacenes de datos en los lagos de datos)
- Gemelos digitales
- Las tecnologías NFT, creación de arte y *Blockchain*
- Visualización de datos
- Programación (adopción del lenguaje de programación Python como lenguaje de mayor rendimiento y eficacia)

A estas tecnologías anteriores hay que sumar las predicciones para el horizonte 2030, que describimos a continuación: la hiperconectividad inteligente, la informática cuántica, el metaverso y la Web 3.0. Todas estas tecnologías son de gran impacto en la ciencia multidisciplinar, la *Ciencia de Datos*.

16.4. LA HIPERCONECTIVIDAD EN LA CIENCIA DE DATOS DEL FUTURO: REDES 6G Y WI-FI 7

El futuro de la Ciencia de Datos vendrá impulsado por las tendencias tecnológicas y disruptivas que señalan todos los estudios e informes presentados a lo largo de 2021-2022, y las futuras móviles, cuyas iniciativas más avanzadas se irán presentando en la segunda mitad de la década de 2020 y el horizonte 2030: redes 6G y redes Wi-Fi 7.0, que se complementarán con las nuevas tecnologías como la Wi-Fi 6 y las redes móviles 5G. En la segunda mitad del 2022, algunos proveedores de telefonía móvil, como Samsung en mayo de 2022, han comenzado a presentar sus modelos futuros de redes 6G con el objeto de ir anunciando a los mercados un posible adelanto en sus despliegues comerciales.

La nueva era de la hiperconectividad viene impulsada por las tendencias tecnológicas y disruptivas que señalan todos los estudios e informes presentados a lo largo de 2022 y el avance de las mencionadas y futuras redes Wi-Fi 7 y las redes móviles 6G.

16.4.1. FUTURAS REDES WI-FI: WI-FI 7

El 16 de septiembre de 2019, la Wi-Fi Alliance anunció el programa de certificación de las redes y dispositivos basados en el estándar 802.11ax, conocido ya como Wi-Fi 6. Desde esa fecha, las empresas pueden lanzar al mercado dispositivos y aplicaciones con el logo (sello)

Wi-Fi 6 Certified siempre que cumplan con los estándares de seguridad e interoperabilidad enunciados por la alianza oficial.

La Wi-Fi 6 es compatible con dispositivos y protocolos anteriores, pero lógicamente si se desea ajustar a la nueva certificación se deberán cumplir las nuevas normas. La nueva red es muy idónea para el sector del Internet de las Cosas, ya que presenta como mejoras sustanciales:

- Velocidad superior de descarga (se llega a velocidades de 10 gigabits por segundo, sobre los 7 gigabits actuales).

- Permite conectar un gran número de dispositivos (tres o más veces que la Wi-Fi 5).

- Menor latencia con grandes mejoras en videollamadas, *streaming*.

- Se puede usar en bandas de frecuencias de 2,4 GHz y 5 GHz, siendo compatible con la banda futura de 6 GHz.

- Eficacia energética: menor consumo eléctrico para los dispositivos y enrutadores (*routers*).

Está previsto que ambos estándares Wi-Fi 5 y Wi-Fi 6 coexistan entre sí, y que además se produzca una buena convergencia con el desarrollo de las nuevas redes 5G, que tendrán un despliegue comercial a nivel global, entre 2020 y 2021, Wi-Fi 6 como en su día Wi-Fi 7 están muy habilitados para el Internet de las Cosas.

La Wi-Fi Alliance tiene previsto que el estándar Wi-Fi 7 (protocolo 802.11 be) presente un borrador del estándar, en julio de 2022, y tras su uso experimental, como es obligatorio, se espera la aprobación del futuro estándar en la primavera de 2024. Sus características más destacadas son:

- Mejora las limitaciones de la Wi-Fi 6.

- Llegada de la banda de 6 GHz, que permitirá cuadriplicar la velocidad de las conexiones actuales logrando llegar a los 40 Gbps. Además utilizará las bandas de frecuencia tradicionales 2,4 GHz, 5 GHz.

- Retrocompatibilidad. Será compatible con las generaciones de redes anteriores Wi-Fi 6, Wi-Fi 5.

- Reduce considerablemente la latencia.

- Ancho de banda de 320 MHz.

La Red Wi-Fi 7 está previsto que comience a desplegarse en 2023.

16.4.2. FUTURAS REDES MÓVILES: 6G

El 2019 fue el comienzo del despliegue de redes 5G en Europa y América; numerosos países y empresas tecnológicas están investigando sobre el futuro 6G, que según se conoce podrá llegar a alcanzar una velocidad de descarga de hasta 1 terabyte por segundo. China, Corea del Sur y los Estados Unidos lideran la investigación en redes 6G y el factor clave del desarrollo de las redes 6G será la Inteligencia Artificial, lo que facilitará un mundo conectado o hiperconectado en tiempo real.

Así, aplicaciones que se han publicado en artículos científicos predicen un mundo conectado en tiempo real, de forma que se pueda conocer el momento exacto de accidentes de avión o previsiones de grandes atascos en metrópolis del tamaño de Ciudad de México, San Pablo o Nueva York. Las ciudades inteligentes, las fábricas inteligentes, los vehículos autónomos y la transmisión de realidad inmersiva (virtual, aumentada y mixta), entre otras grandes aplicaciones, se verán impulsadas por el lanzamiento de las redes 6G. Los investigadores consideran que la Inteligencia Artificial será el principal impulsor de la tecnología móvil, 6G, y se habilitará una nueva generación de aplicaciones que potenciará el despliegue del ecosistema de Internet de las Cosas.

16.5. COMPUTACIÓN CUÁNTICA

El IT Glossary de Gartner define la computación cuántica (*Quantum Computing*) como: "Un tipo de computación no clásica que opera en el estado cuántico de las partículas subatómicas. Las partículas representan información como elementos denominados bits cuánticos (qubits). Un qubit puede representar todos los valores posibles simultáneamente (superposición) hasta que se lea. Los qubits se pueden vincular con otros qubits, una propiedad conocida como entrelazamiento. Los algoritmos cuánticos manipulan los qubits vinculados en su estado entrelazado indeterminado, un proceso que puede abordar problemas con una gran complejidad combinatoria".

Iberdrola, una de los grandes operadores eléctricas de España, y pionera en el uso de ordenadores cuánticos, en un excelente artículo comprensivo y muy legible publicado en su página web de innovación (www.iberdrola.com/innovacion/que-es-computacion-cuantica) define la computación cuántica como: "Una rama de la informática que se basa en los principios de la superposición de la materia y el entrelazamiento cuántico para desarrollar una computación distinta a la tradicional. En teoría, sería capaz de almacenar muchísimos más estados por unidad de información y operar con algoritmos mucho más eficientes a nivel numérico, como el de Shor o el temple cuántico".

Así mismo, resalta el artículo de Iberdrola que: "Esta nueva generación de supercomputadores aprovecha el conocimiento de la mecánica cuántica —la parte de la física que estudia las partículas atómicas y subatómicas— para superar las limitaciones de la informática clásica. Aunque la computación cuántica presenta en la práctica problemas evidentes de escalabilidad y de coherencia, permite realizar multitud de operaciones simultáneas y eliminar el efecto túnel que afecta a la programación actual en la escala nanométrica".

La computación cuántica, como se reseña en la definición de Gartner, utiliza como unidad básica de información el qubit en lugar del bit convencional y la principal característica de este sistema alternativo es que admite la superposición coherente de unos y ceros, los dígitos del sistema binario sobre los que gira toda la informática, a diferencia del bit, que solo puede adoptar un valor al mismo tiempo —uno o cero—. Esta particularidad de la tecnología cuántica hace que un qubit pueda ser cero y uno a la vez, y además en distinta proporción. La multiplicidad de estados posibilita que un ordenador cuántico de apenas 30 qubits, por ejemplo, pueda realizar 10 billones de operaciones en coma flotante por segundo, es decir, unos 5,8 billones más que la videoconsola PlayStation más potente del mercado (Iberdrola)

Iberdrola. *¿Qué es la computación cuántica?*: https://www.iberdrola.com/innovacion/que-es-computacion-cuantica

16.6. EL METAVERSO: EL NUEVO UNIVERSO DIGITAL

El término *metaverso* (todavía no ha sido reconocido como término en el DRAE) viene de la novela de 1992 *Snow Crash* y es un término que se ha asentado para describir visiones de espacios de trabajo tridimensionales o virtuales. Este metaverso, por lo tanto, significa un mundo virtual al que nos podemos conectar utilizando una serie de dispositivos, interactuar con todos sus elementos y que ha sido creado para parecerse a una realidad externa. El metaverso se está desarrollando mediante tecnologías disruptivas que ya se están consolidando, así como la implantación de nuevas tecnologías emergentes.

Las tecnologías más empleadas en el diseño y desarrollo del metaverso son:

- Inteligencia Artificial y Aprendizaje Automático.
- Realidad extendida: realidad virtual, realidad aumentada y realidad mixta (que potenciará la experiencia inmersiva).
- Tecnologías conversacionales con el soporte del Procesamiento de Lenguaje Natural y otras tecnologías de la Inteligencia Artificial Conversacional.
- Diseño en 3D.
- Sensores que permiten recrear experiencias de olfato (olfativas) y táctiles.

Como grandes novedades de las tecnologías disruptivas de uso en el metaverso están las tecnologías ya descritas, junto al despliegue creciente y exponencial de la Inteligencia Artificial Conversacional con el soporte de los *chatbots* y asistentes virtuales inteligentes, además, comienzan a irrumpir las tecnologías de Inteligencia Generativa.

El metaverso es un mundo virtual, uno al que nos conectaremos utilizando una serie de dispositivos que nos harán pensar que realmente estamos dentro de él, interactuando con todos sus elementos. Será como realmente teletransportarse a un mundo totalmente nuevo a través de gafas de realidad virtual y otros complementos que nos permitirán interactuar en él.

En la realidad digital alternativa que ofrece el metaverso se pueden realizar las mismas actividades que se hacen en el día a día en cualquier entorno y sin moverse de una habitación o despacho; se puede acceder con dispositivos especiales como gafas de realidad virtual o aumentada, a través de las cuales será posible interactuar con otros usuarios. Cada uno de estos usuarios tiene un avatar (su personaje en el mundo virtual) y podrá trabajar, tener reuniones sociales, incluso jugar con otros usuarios en mundos inmersivos. Se trata de espacios interactivos autónomos por sí mismos, descentralizados, sin límites y con economías virtuales. El metaverso se puede considerar como una nueva versión de *Second Life*, de *Los Sims* o videojuegos populares como *Roblox*, *Fortnite*.

En cuanto al concepto preciso de metaverso por el que apuestan Facebook y otras empresas, es el de crear un universo paralelo y completamente virtual, al *que podremos acceder con dispositivos de realidad virtual y realidad aumentada*, de forma que podamos interactuar entre nosotros dentro de él, y desde fuera con el contenido que tenemos dentro.

La clave de este metaverso es que pueda ser totalmente inmersivo, por lo menos mucho más de lo que es la actual realidad virtual. Sí, tendremos unas gafas que posiblemente sean parecidas a las actuales para sumergirnos en él, pero también sensores que registren nuestros movimientos físicos para que nuestro avatar dentro de ese metaverso haga exactamente lo mismo.

Muchas empresas están apostando por el desarrollo de esta tecnología. Por ejemplo, Facebook (con el cambio de nombre de su empresa matriz, Meta), Google y Microsoft están en el proceso. Pero no solo están invirtiendo en el campo empresas tecnológicas, sino también marcas y firmas de lujo. Algunos casos de estudio publicados en el prestigioso portal *Business Insider*[2] son:

> *El caso de Nike, la compañía estadounidense con sede en Oregón, ha puesto en marcha Nikeland: un metaverso disponible a través de la plataforma de videojuegos Roblox, en ella los usuarios pueden vestir a sus avatares con las prendas más icónicas de la marca. Nikeland se desarrolla en Roblox; Adidas, por su parte, anunciaba mediante un tuit su alianza con Coinbase, una de las plataformas de intercambio de criptomonedas más conocidas del planeta. Además, el acuerdo traía consigo la construcción de su metaverso propio: AdiVerse. Otros metaversos creados en el mundo de la moda son los proyectos de Gucci, Ralph Lauren, Balenciaga e incluso Zara ya han lanzado sus propios proyectos al respecto.*

Un caso de éxito de estas tecnologías es el caso de la prestigiosa marca de supermercados Walmart, que ha creado un supermercado virtual similar a sus supermercados físicos desplegados a lo largo del mundo y, de modo predominante en los Estados Unidos, con una gran promoción de *chatbots* y asistentes virtuales.

En el citado artículo de *Business Insider* se publicaba que:

> *Un reciente estudio de la consultora estadounidense Morgan Stanley arrojaba que en 2030 el metaverso acumulará el 10 % de las ventas del sector del lujo. Concretamente, hablaba de unos 56.000 millones de dólares, aproximadamente 50.000 millones de euros.*

16.7. WEB 3.0

El término Web 3[3] (Web 3.0 o Web3 como también se le conoce) fue utilizado, en primer lugar, por Tim Berners-Lee, el creador de la web y anunciado en 2010, pero se considera que fue

Gavin Wood, cofundador de la criptomoneda Ethereum, quien acuñó el término en 2014, con el que comenzó a crecer en popularidad la nueva red de Internet. Posteriormente, creó la Fundación Web3[4], de la que es su presidente, con el objetivo de publicar sus objetivos y características básicas.

En la pantalla inicial del sitio web aparece el significativo mensaje *"We fund research and development teams who are building the foundation of the decentralized Web"* ("Financiamos equipos de investigación y desarrollo que están sentando las bases de la Web descentralizada"); posteriormente, en la opción del menú *About*:

> *Our mission is to nurture cutting-edge applications for decentralized Web software protocols. Our passion is delivering Web 3.0, a decentralized and fair internet where users control their own data, identity and destiny (Nuestra misión es fomentar aplicaciones de vanguardia para protocolos de software Web descentralizados. Nuestra pasión es ofrecer la Web 3.0, una Internet descentralizada y justa donde los usuarios controlan sus propios datos, identidad y destino).*

De igual forma, también en la pantalla principal destacan, aparentemente, los objetivos de la fundación, que sintetizan las ideas fundamentales anteriores:

> *La Fundación Web3 cree en una nueva red de Internet donde:*
>
> • *Los usuarios son dueños de sus propios datos, no son de las corporaciones.*
>
> • *Las transacciones digitales globales son seguras.*
>
> • *Los intercambios en línea de información y valor están descentralizados.*

Una de las ideas fundamentales de la Web 3.0 era un nuevo Internet descentralizado y más democrático. Trata de reducir la dependencia de los usuarios, de las grandes tecnológicas al devolverles el control de sus datos y que la red sea más segura, libre de ciberdelitos y caídas generalizadas de servicios. Las tecnologías de soporte de la Web 3.0 son las cadenas de bloques (*Blockchain*), las criptomonedas y las tecnologías NFT, soportadas también por *Blockchain*. A lo largo de 2022 ha crecido también el impacto en la Web 3.0 de los universos virtuales del metaverso.

En resumen, la evolución de la Web 3.0 se refiere a una nueva generación descentralizada, donde los usuarios controlan sus propios datos, identidad y destino, y se les devuelve el poder a los usuarios en forma de "propiedad", que se posibilita gracias a las criptomonedas. La Web 3.0 facilita las interacciones entre los usuarios sin pasar por plataformas centralizadas ni intermediarios, gracias a un gran número de protocolos y una cantidad de tecnologías descentralizadas que se pueden utilizar para construir los nuevos metaversos.

La Web 3.0 es la confirmación de la descentralización a través de la tecnología *Blockchain* y permitirá a los usuarios crear sus propias plataformas y aplicaciones sin depender de intermediarios y organismos corporativos. Wood, como resultado, pretendía en su creación un Internet más libre y colocar el control en las manos de los usuarios, como fue la idea original de Tim Berner-Lee al crear la web en 1989.

El sitio web oficial de Ethereum (ethereum.org/es/web3) señala que la Web 3.0 utiliza cadenas de bloques, criptomonedas y NFT para tratar de devolver el poder a los usuarios en forma de "propiedad".

Así pues, la interoperabilidad de la Web 3.0, el metaverso y la evolución adaptada de la Ciencia de Datos crearán, como fue la idea original de Wood, un Internet descentralizado y "justo". Los impulsores de la Web 3.0 aseguran que traerá consigo un Internet más democrático y descentralizado.

16.8. LOS NFT EN CONVERGENCIA CON LA CIENCIA DE DATOS

El reconocido diccionario británico, en lengua inglesa, Collins, anunció que había escogido la palabra NFT[5] (abreviatura de *non fungible token*) como palabra del año de 2021. Collins definió que un NFT es "un certificado —identificador— digital único, registrado en un sistema de transacción segura (*Blockchain*) que se emplea para registrar la propiedad de un activo digital, como una obra de arte o algo coleccionable"[6].

Los NFT (capítulo 13) son activos digitales únicos, cifrados y vinculados a la cadena de bloques. Estos no pueden ser intercambiados por otros, debido a su naturaleza única e irrepetible. Y gracias a sus funciones únicas, los NFT tampoco se pueden copiar ni dividir en unidades fraccionarias más pequeñas (como ejemplos típicos, una pintura o una escultura). Los *tokens* digitales ("vales digitales") NFT suelen estar basados en los estándares de la red Ethereum y de su cadena de bloques.

Recordemos que a los NFT se les asigna un número o código (certificado) digital de autenticidad, una serie de metadatos que no se van a poder modificar. En estos metadatos se garantiza su autenticidad, se registra el valor de partida y todas las adquisiciones o transacciones que se hayan hecho, y también a su autor. Es decir, si se compra un contenido digital *tokenizado* con NFT, siempre habrá constancia del primer valor que tenía, y por cuánto se ha comprado, como cuando se compra un cuadro y se lleva un registro de por dónde se está moviendo.

Los NFT se pueden comprar y vender en línea, normalmente con criptomonedas —en especial Ethereum— y están codificados con su software subyacente *Blockchain*.

La industria de NFT continúa desarrollándose, con la promesa de crecer desde un tamaño de mercado de $ 11.3 mil millones en 2022 a $ 231 mil millones en 2030, según estadísticas fiables de consultoras internacionales de prestigio. Al ser un medio de estado y riqueza de próxima generación, los NFT atraen a muchos creadores, coleccionistas y empresas. Pueden representar: colecciones de arte; deportes; música, vídeos, animación, documentos legales; firmas; documentación de un coche; cromos.

Entre las empresas que están muy interesadas en las NFT se encuentran gigantes como Adidas, Lamborghini y Coca-Cola, junto con algunas galerías de arte de renombre: Almine Rech Gallery, Pace Gallery y Unit London.

Los inversores, las empresas, las plataformas analíticas y los coleccionistas de NFT pueden aprovechar la Ciencia de Datos para definir el valor de los *tokens* y determinar los riesgos potenciales. La Ciencia de Datos puede aprovechar la potencia creativa de los NFT mediante el uso de sus tecnologías innovadoras como la Inteligencia Artificial, el Aprendizaje Automático y el Aprendizaje Profundo, unido además al uso de la Inteligencia Artificial Generativa con los modelos de lenguaje; extrae la información más reciente sobre NFT y la procesa en tiempo real con gran rapidez presentando información valiosa para las organizaciones, las empresas y los usuarios profesionales o personales.

Los NFT se han convertido en soporte del arte y creación digital, han aumentado su popularidad por la expansión de activos digitales como fotos, vídeos, audio, imágenes, gráficos. Al ser bienes no fungibles, no se pueden consumir con su uso y no pueden ser reemplazados, al estilo de una obra de arte que es una pieza única, irrepetible e insustituible.

Convergencia de los NFT, el metaverso y la Web 3.0 en la Ciencia de Datos del futuro

Los NFT, como activos digitales cuya trayectoria o "huella" evoluciona continuamente, implican el uso creciente de datos, lo que origina que los científicos de datos deban aplicar sus muchas habilidades técnicas (duras) y no técnicas (blandas) en su diseño, construcción y mantenimiento.

Por su auge de crecimiento y popularidad, los NFT están comenzando a converger con las disciplinas ya conocidas de la Ciencia de Datos y cada día se integran más en las nacientes aplicaciones del metaverso con sus experiencias inmersivas (de realidad virtual, realidad aumentada y realidad mixta) y la futura Web 3.0.

La convergencia de estas tres tecnologías impulsará la necesidad de un control muy eficiente de la Ciencia de Datos con la que se han de integrar y, naturalmente, converger en las nacientes aplicaciones de estas tecnologías y, sobre todo, en las innumerables aplicaciones que se esperan en los próximos años. De igual forma y por estas características, la Inteligencia Artificial, con sus compontes fundamentales, el Aprendizaje Automático y Aprendizaje Profundo, junto con el procesamiento del lenguaje natural y las redes neuronales, serán también los pilares de esta convergencia e integración

16.9. EL FUTURO DE LAS TECNOLOGÍAS EMERGENTES Y SU CONVERGENCIA CON LA CIENCIA DE DATOS (*HYPE CYCLE* DE GARTNER, AGOSTO 2022)

Existen numerosos estudios sobre las predicciones del futuro de la Ciencia de Datos y del futuro del científico de datos, que veremos en los siguientes apartados, pero uno de los informes anuales más prestigiosos, el *Hype Cycle de tecnologías emergentes* de Gartner, que por la reputación de la organización que los realiza y los estudios de centenares de tecnologías observadas y examinadas es de la mayor solvencia, con pronósticos que se suelen cumplir en los plazos previstos, lo vamos a reseñar a continuación.

Veremos de qué manera las 25 tecnologías que seleccionaron de un estudio en profundidad a lo largo de un año, una gran mayoría están relacionadas con los datos y, por consiguiente, con la convergencia con la Ciencia de Datos. Asimismo, analizaremos cuáles son las numerosas tendencias relacionadas con los datos y pilares que los sustentan, como la Informática en la Nube, la Inteligencia Artificial o el Aprendizaje Automático.

El citado informe anual de Gartner, *Hype Cycle*[7] (superexpectativas) de *Tecnologías Emergentes para 2022*, y los siguientes 10 o más años, se ha publicado como siempre en agosto de 2022. La síntesis de la consultora en su presentación oficial fue la siguiente:

- El Hype Cycle™ de Gartner para las tecnologías emergentes de 2022 presenta 25 innovaciones "imprescindibles" para impulsar la diferenciación competitiva y la eficiencia, y ha extraído conocimientos de más de 2000 tecnologías en un sucinto conjunto de alto potencial.

- Es probable que algunas tecnologías tarden tan solo dos años en adaptarse de forma generalizada; pero muchas tardarán diez años o más.

- La naturaleza embrionaria de las tecnologías hace que presenten mayores riesgos de implementación, pero los beneficios para los usuarios que primero las adopten son potencialmente mayores.

Hype Cycle para las tecnologías emergentes, 2022

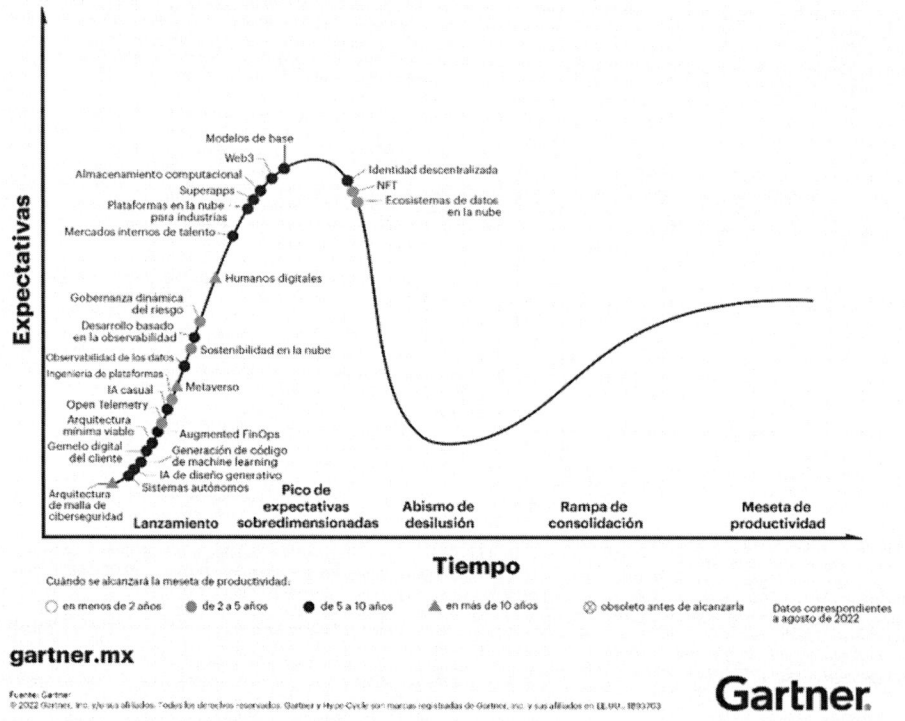

gartner.mx

**Figura 16.2. Informe Hype Cycle de Tecnologías Emergentes 2022, de Gartner.
Fuente: <https://www.gartner.mx/es/articulos/novedades-del-hype-cycle-de-gartner-para-las-tecnologias-emergentes-2022>**

Las tecnologías emergentes para el 2022 se dividen en tres temas principales.

1. Ampliar las experiencias inmersivas.

2. Acelerar la automatización de la Inteligencia Artificial.

3. Optimizar la entrega para los tecnólogos.

Gartner, en su informe, predice que estas tecnologías tendrán un gran impacto en los negocios y en la sociedad en los próximos dos a diez años (incluso más años), pero sobre todo permitirán a los directores de innovación y a los responsables de TI llevar a cabo la transformación digital del negocio.

Las tecnologías emergentes, disruptivas por naturaleza, generan cambios disruptivos, sin una ventaja competitiva conocida o probada. Para aprovechar las oportunidades, es fundamental comprender los posibles casos de uso y las vías de adopción de las tecnologías, que pueden ser de tan solo dos años o tardar tanto como diez años.

> Todas estas tecnologías se encuentran en una fase inicial, pero algunas están en estado embrionario, y existe una gran incertidumbre sobre cómo evolucionarán. Las tecnologías embrionarias presentan mayores riesgos de implementación, pero potencialmente mayores beneficios para los usuarios que primero las adopten, lo que las diferencia de las principales tendencias tecnológicas estratégicas de Gartner que se publican en el mes de octubre siguiente.

Así, en lo relativo al *Tema n.º 1: Evolución/expansión de las experiencias inmersivas*, Gartner considera que la ventaja de estas tecnologías es que proporcionan a los individuos un mayor control sobre sus identidades y datos, a la vez que amplían su abanico de experiencias en lugares y ecosistemas virtuales que pueden integrarse con monedas digitales. Estas tecnologías también proporcionan nuevas formas de llegar a los clientes para reforzar o abrir nuevas vías de ingresos y destaca las siguientes:

- Gemelo digital del cliente (*Digital Twin of the Customer*, DToC): una representación virtual dinámica de un cliente que simula y aprende a emular y a anticipar el comportamiento.

- Otras tecnologías fundamentales en las experiencias inmersivas son las siguientes: identidad descentralizada (para controlar la identidad digital de una organización o un usuario humano); los humanos digitales; el metaverso, los NFT, súper aplicaciones para diseñar, construir microservicios y aplicaciones nativas (la nube nativa); la Web3.

Tema n.º 2: Automatización acelerada de la Inteligencia Artificial

La expansión de la adopción de la Inteligencia Artificial es fundamental para hacer evolucionar los productos, los servicios y las soluciones. Significa acelerar la creación de modelos especializados, aplicarla al desarrollo y al entrenamiento de modelos de Inteligencia Artificial, e implementarlos para la entrega de productos, servicios y soluciones.

- *Los sistemas autónomos son ejemplos de la automatización acelerada de la Inteligencia Artificial.*

- *La Inteligencia Artificial causal.*

- *Los modelos de base (modelos de lenguaje grandes).*

- *La Inteligencia Artificial de diseño generativo (evolución de la Inteligencia Artificial Generativa).*

    Las herramientas de generación de código de Aprendizaje Automático incluyen modelos alojados en la nube que se conectan con los entornos de desarrollo integrados (Integrated Development Environment, IDE) de los desarrolladores profesionales.

Tema n.º 3: Entrega optimizada para los tecnólogos

    Estas tecnologías se centran en los componentes clave de la creación de un negocio digital: las comunidades de creadores de productos, servicios o soluciones (como los equipos de fusión) y las plataformas que utilizan.

    Los ecosistemas de datos en la nube es un ejemplo de entrega tecnológica optimizada. Proporcionan un entorno de gestión de datos cohesionado que soporta hábilmente toda la gama de cargas del trabajo de datos, desde la Ciencia de Datos exploratoria hasta el almacenamiento de datos de producción.

Otras tecnologías que tienen previstas su llegada a la meseta de productividad de cinco a diez años son:

- Augmented FinOps, automatización de la metodología DevOps de agilidad.

- La sostenibilidad de la nube.

- El almacenamiento computacional (o informático).

- La arquitectura de malla de ciberseguridad.

- La observabilidad (u observación) (*observability*) de los datos es la capacidad para comprender el estado del panorama.

- El control dinámico del riesgo.

- Las plataformas en la nube para las industrias.

- La arquitectura mínima viable.

- El desarrollo basado en la observabilidad (*Observability-Driven Development*, ODD).

16.10. EL FUTURO DEL CIENTÍFICO DE DATOS

En el número de octubre de 2012 de la prestigiosa revista *Harvard Business Review*, los reconocidos expertos en Ciencia de Datos, Thomas H. Davenport y D. J. Patil, publicaron un artículo[8] definiendo al científico de datos como la profesión más sexy del siglo XXI. Aparte de la expectación levantada por el título, el artículo supuso una de las fuentes más prestigiosas para el lanzamiento de la Ciencia de Datos y del científico de datos como rol profesional.

En un nuevo artículo[9] publicado una década más tarde, los mismos autores plantean un título similar: "¿Sigue siendo el científico de datos el trabajo más sexy del siglo XXI?" ("¿Es todavía el científico de datos el trabajo más sexy del siglo XXI?").

Los autores comienzan el artículo recordando la definición que entonces dieron del científico de datos: "Un profesional de alto rango con la formación y la curiosidad para hacer descubrimientos en el mundo del Big Data". Las empresas comenzaban a analizar datos voluminosos y menos estructurados, como secuencias de flujos de clics en línea, redes sociales e imágenes y voz. En su momento, definimos al científico de datos como: "Un profesional de alto rango con la formación y la curiosidad para hacer descubrimientos en el mundo del Big Data".

Las primeras reflexiones del nuevo artículo son las siguientes:

> El trabajo ha crecido en popularidad y, en general, está bien pagado, y se prevé que el campo experimente un mayor crecimiento que casi cualquier otro para 2029. Pero el trabajo ha cambiado, tanto en formas grandes como pequeñas. Se ha institucionalizado mejor, se ha redefinido el alcance del trabajo, la tecnología en la que se basa ha avanzado a pasos agigantados y ha crecido la importancia de la experiencia no técnica, como la ética y la gestión del cambio. La forma en que opera en las empresas, y cómo los ejecutivos deben pensar sobre la gestión de los esfuerzos de la Ciencia de Datos, también ha cambiado, ya que las empresas ahora necesitan crear y supervisar diversos equipos de Ciencia de Datos en lugar de buscar unicornios de científicos de datos. Finalmente, las empresas deben pensar en lo que viene a continuación y cómo pueden comenzar a pensar en democratizar la Ciencia de Datos.

En sus conclusiones plantean la continuidad y el cambio que se ha producido en el rol de la Ciencia de Datos. Resaltan el éxito y la proliferación de los roles relacionados con la Ciencia de Datos, así como la necesidad de una perspectiva ética.

> Ha tenido un éxito notable la adopción generalizada de la Ciencia de Datos. Parece poco probable que disminuya la cantidad de datos, análisis e Inteligencia Artificial en los negocios y la sociedad, por lo que el trabajo del científico de datos seguirá creciendo en importancia en el panorama empresarial.

Sin embargo, también seguirá cambiando el estado actual y el futuro de los datos.

> Esperamos ver una diferenciación continua de las responsabilidades y roles que alguna vez cayeron en la categoría de científico de datos. Las empresas necesitarán procesos detallados de clasificación y certificación de habilidades para estos diversos trabajos, y deben asegurarse de que todos los roles necesarios estén presentes en proyectos de Ciencia de Datos a gran escala. Los propios científicos de datos profesionales se centrarán en la innovación algorítmica, pero también deberán ser responsables de garantizar que los aficionados no se desborden. Lo que es más importante, los científicos de datos deben contribuir a la recopilación adecuada de datos, el análisis responsable, los modelos completamente implementados y los resultados comerciales exitosos.

Consideramos, al igual que manifiestan Davenport y Patil, que el futuro del científico de datos sigue siendo muy elevado y de calidad, pero necesitan contribuir a la recopilación adecuada de datos con un análisis responsable y el uso de modelos adaptados a las nuevas tendencias tecnológicas, el uso de herramientas de procesamiento y visualización de datos actualizados, así como de las herramientas futuras que nos traerá la Web 3.0 y su integración con el metaverso.

16.11. EL FUTURO DE LA CIENCIA DE DATOS

La Ciencia de Datos como ciencia multidisciplinar está creciendo en popularidad entre las organizaciones y empresas, así como entre los desarrolladores y usuarios profesionales y personales. Las disciplinas enunciadas en el diagrama original de Venn, de *Data Science*, se han asentado como su columna vertebral, pero se han ido consolidando como un soporte muy eficaz y han ido surgiendo nuevas disciplinas disruptivas e innovadoras, así como tecnologías, herramientas y aplicaciones que están convirtiendo a la Ciencia de Datos en otra ciencia consolidada más, al estilo de las Ciencias Matemáticas, Ciencias Físicas o Ciencias Químicas, entre otras acreditadas en diferentes siglos. El nuevo soporte o "petróleo" son "los datos", que seguirán creciendo y necesitando de las técnicas que hemos ido viendo en los diferentes capítulos, que deberán aplicarse de un modo integrado para realizar una toma de decisiones eficiente.

La Ciencia de Datos ha traído la consolidación de la denominada "democratización de los datos", cada día más implantada en la sociedad, que, en paralelo con el reconocimiento del "científico de datos", está haciendo surgir el nuevo rol del "ciudadano científico de datos" para destacar que la democratización de los datos está permitiendo que todo tipo de personas "profesionales en la ciencia de datos" o "usuarios" puedan hacer uso de muchas de las herramientas y aplicaciones sin necesidad de ser "especialistas" en la disciplina o disciplinas que conforman la Ciencia de Datos, pero puedan realizar desarrollos de software "sin código" o "informática sin servidores" para facilitar el diseño, construcción y despliegue de aplicaciones complejas y de uso inmediato en las organizaciones y empresas.

Democratización de los datos

La democratización de los datos ha sido una evolución continua desde la década de los sesenta, con las primeras calculadoras, posteriormente, con el desarrollo de la hoja de cálculo, el lenguaje de programación SQL de las bases de datos relacionales y la evolución de los ordenadores personales hasta llegar a la década actual con el afianzamiento de la Inteligencia Artificial y el Aprendizaje Automático. En síntesis, la Ciencia y los Datos se han integrado para consolidar el presente y predecir el futuro, facilitando la resolución de problemas y las mejoras en la administración de las TI y de los sistemas de información corporativos.

El proceso de democratización de datos significa que los datos estarán disponibles a tantas personas como sea posible dentro de una empresa. Las decisiones se pueden tomar usando datos que sean tangibles, fáciles de entender y enfocados en el negocio. La democratización de datos se produce cuando una organización hace que los datos sean accesibles para todos los empleados y partes interesadas (*stakeholders*), también los educa sobre cómo trabajar con ellos, independientemente de su formación técnica.

En pocas palabras, los "datos" en la democratización de datos son cualquier información que potencialmente podría recopilar sobre su empresa u organización. Es para todos: desde el asistente administrativo que está planeando una fiesta de cumpleaños para un gerente hasta el ingeniero que está investigando nuevas características potenciales del producto. Los datos son ubicuos y tienen el potencial de optimizar todos los rincones del negocio. Puede ser simples (las direcciones de correo electrónico de sus clientes actuales) o complejos (cuántos empleados del departamento de contabilidad han completado un módulo formativo específico en las últimas dos semanas).

La democratización de los datos catapultará a las empresas a nuevas alturas de rendimiento si se hace bien. De hecho, la visión utópica de la democratización de los datos es difícil de rechazar. "La democratización de los datos significa que todo el mundo tiene acceso a los datos y no hay guardianes que crean un cuello de botella en la puerta de entrada a los datos. El objetivo es que cualquiera use los datos en cualquier momento para tomar decisiones sin barreras de acceso o comprensión", dice Bernard Marr, autor de *Big Data in Practice*.

La democratización de los datos es el futuro de la gestión de Big Data y la realización de su valor. Las empresas que cuentan con las herramientas y la comprensión adecuadas tienen éxito en la actualidad, porque facilitan a sus empleados el conocimiento necesario para tomar decisiones inteligentes y brindar mejores experiencias a los clientes.

Últimas conclusiones

El futuro de la Ciencia de Datos es muy brillante. El aumento de las aplicaciones en prácticamente casi todos los dominios de la sociedad actual, más la convergencia e integración con la Inteligencia Artificial y el Aprendizaje Automático, contribuirá a una toma de decisiones inteligente y de muy alto nivel para las empresas y organizaciones de todo tipo, desde las industriales hasta las académicas y de investigación.

De igual forma, el futuro de la Ciencia de Datos dependerá en gran medida de la integración con las tecnologías, aplicaciones y activos digitales de las tecnologías NFT, así como también del metaverso, en la ya cada día más popular Web 3.0, que llegará a finales de la década y constituirá una nueva generación de Internet, donde los científicos de datos podrán aportar sus conocimientos especializados actuales y futuros, a medida que las tecnologías de la nueva web se vayan consolidando.

RESUMEN

La evolución del año 2023 está demostrando con cifras y resultados económicos y tecnológicos que el despliegue de las diferentes disciplinas de la ciencia de datos crece en porcentajes muy altos, como lo demuestran y coinciden las grandes consultoras internacionales como las mencionadas a lo largo del capítulo y del libro, Gartner y Forrester, entre otras.

Una síntesis de las predicciones tecnológicas para 2023, descritas en capítulos anteriores, nos conduce a una síntesis de tendencias tecnológicas, integradas y convergentes con la Ciencia de Datos, que resumimos a continuación:

- La informática en el borde (*edge computing*) tendrá cada día mayor impacto y lemas como "el borde es la nueva nube/*cloud*" o "el *edge* es lo primero" se van consolidando y las empresas han asumido el rol de los dispositivos y sistemas próximos a los lugares donde se producen los datos y su procesamiento inmediato.
- Las tecnologías y redes 5G serán fundamentales en el impulso de la nube y en particular "el borde de la nube" (*edge*).

- El modelo multinube y la nube híbrida serán los tipos de nube más utilizados por las organizaciones y empresas.
- La informática sin servidor (*serverless*) seguirá creciendo y será aceptada como uno de los pilares fundamentales en el desarrollo del software moderno.
- La informática en la nube nativa, los microservicios, contenedores y orquestadores de contenedores se consolidarán también como soportes del software moderno y se complementarán con los servicios de sin servidor.
- Los escritorios virtuales como servicio (DaaS, o VDI) constituyen la espina dorsal del trabajo remoto o teletrabajo y seguirá siendo adoptado no solo por las organizaciones y empresas, sino por las universidades y demás centros de formación e investigación, y los colegios y centros de salud.
- Las tecnologías de colaboración y de videoconferencias como Zoom, Google Meet, Microsoft Teams, Webex de Cisco se convertirán en herramientas de uso diario.
- La Inteligencia Artificial aplicada y el Aprendizaje Automático, unidos al Internet de las Cosas, se integrarán en la nube y potenciarán su despliegue y eficacia con herramientas como los asistentes virtuales (*bots* y *chatbots*).
- El uso de los juegos irá creciendo continuamente en la nube y la industria del videojuego se transformará con el soporte de la nube como infraestructura fundamental tanto para los proveedores como para los jugadores.
- Las comunicaciones unificadas como servicio (UCaaS) se consolidarán como tendencia tanto para entornos domésticos como empresariales e industriales.
- Los centros de datos locales irán migrando a la nube y serán sustituidos por centros de datos virtuales, y los almacenes de datos en discos virtuales (o físicos ya del orden de decenas y centenas de terabytes) serán los sistemas de almacenamiento usuales.
- El futuro de la nube será cuántico (*quantum cloud*) y se convertirá en una tendencia al alza en paralelo con la expansión de la computación cuántica y mirando al horizonte 2025-2030.
- El metaverso es el nuevo sistema virtual de impacto en las organizaciones y empresas, y se irá convirtiendo en soporte de la futura Ciencia de Datos.
- La Web 3.0 constituirá la nueva generación de la web con el soporte de las tecnologías de *Blockchain*, las criptomonedas y las NFT, integradas con el metaverso y la cada día más popular Informática en la Nube.

BIBLIOGRAFÍA

AEPD (2020). *El uso de las tecnologías en la lucha conta el Covid-19. Un análisis de costes y beneficios.* Unidad de Evaluación y Estudios Tecnológicos. Disponible en: <https://www.aepd.es/sites/default/files/2020-05/analisis-tecnologias-COVID19.pdf>.

FORRESTER (2020). *Predictions 2021. Accelerating out of the crisis.* El informe se puede descargar, bajo registro en: <https://go.forrester.com/predictions-2021/>. La revista *Forbes* publicó un extracto del informe (22 de octubre de 2020): "Cloud Computing Powers Pandemic Recovery". Disponible en: <https://www.forbes.com/sites/forrester/2020/10/22/predictions-2021-cloud-computing-powers-pandemic-recovery/?sh=5beacfd85aa0>.

FRANK, Malcom, ROEHRIG, Paul y PRING, Ben (2018). *Qué hacemos cuando las máquinas lo hagan todo. Artificial Intelligence, Bots & Big Data.* Madrid: LID Editorial.

HARARI, Yuval Noah (2017). *Homo Deus. Breve historia del mañana.* Barcelona: Editorial Debate.

JOYANES, Luis (2018). *Industria 4.0: La cuarta revolución industrial.* Barcelona: México DF: Alfaomega.

JOYANES, Luis (2019). *Inteligencia de Negocios y Analítica de Datos. Una visión global de Business Intelligence & Analytics.* CDMX, México: Alfaomega.

JOYANES, Luis (2020). *Industria 4.0. Estado del Arte y Futuro en el Horizonte 2030.* Conferencia en SENA (Colombia). Disponible en: <http://biblioteca.sena.edu.co/images/PDF/joyanesaguilar.pdf>.

JOYANES, Luis (2021). *Internet de las Cosas. Un futuro interconectado, 5G, Inteligencia Artificial, Big Data, Cloud, Blockchain, Ciberseguridad.* CDMX (México): Alfaomega; Barcelona (Marcombo).

JOYANES, Luis (2022). *Computación en la nube. El impacto del Cloud Computing en las empresas.* 2ª edición. Ciudad de México: Alfaomega, Barcelona: Marcombo.

TELEFÓNICA (2021). *Predicciones Cloud en 2021. 21 tendencias en el cloud.* Consulta y descarga en el sitio oficial de Telefónica: <https://cloud.telefonica.com/es/information-centre/multimedia/cloud-predictions-2021/>.

RECURSOS WEB

FORBES. Bernard Marr (2021). "The 5 Biggest Data Science Trends In 2022", Publicado en la revista *Forbes* el 4 de octubre, 2021. https://www.forbes.com/sites/bernardmarr/2021/10/04/the-5-biggest-data-science-trends-in-2022/.

FORBES. Bernard Marr (2022). "The Top 5 Data Science and Analytics Trends In 2023". Publicado en la revista *Forbes* el 31 de octubre,2022. https://www.forbes.com/sites/bernardmarr/2022/10/31/the-top-5-data-science-and-analytics-trends-in-2023/?sh=2e3635b35c41,

FORBES. Peter High (2022). "Gartner's Top 10 Strategic Tech Trends for 2023". *Forbes*, 19 de octubre de 2022. https://www.forbes.com/sites/peterhigh/2022/10/19/gartners-top-10-strategic-tech-trends-for-2023/?sh=399cf94b4cb4.

GARTNER. *Your Detailed Guide to the 2023 Top 10 Strategic Technology Trends 2023.* Download eBook: https://www.gartner.com/en/information-technology/insights/top-technology-trends

GARTNER. Artículo: *Gartner Top 10 Strategic Technology Trends for 2023.* https://www.gartner.com/en/articles/gartner-top-10-strategic-technology-trends-for-2023

GARTNER. *Informe Hype Cycle de Tecnologías Emergentes 2022*, de Gartner. https://www.gartner.mx/es/articulos/novedades-del-hype-cycle-de-gartner-para-las-tecnologias-emergentes-2022.

IBERDROLA. *¿Qué es la computación cuántica?* https://www.iberdrola.com/innovacion/que-es-computacion-cuantica

NOTAS

[1] Bernard Marr (2020). "The 5 Biggest Data Science Trends In 2022". Disponible en: <https://www.forbes.com/sites/bernardmarr/2021/10/04/the-5-biggest-data-science-trends-in-2022/>.

[2] Disponible en: <https://www.businessinsider.es/metaverso-ha-convertido-tierra-prometida-moda-977963>.

[3] En una búsqueda en Google de los tres términos, realizada en agosto de 2022, estos fueron los resultados: web 3, 25.270.000 resultados; web 3.0, 1.830.000.000 resultados; y web3, 99.800.000 resultados.

[4] Disponible en: <https://web3.foundation>.

[5] Fundéu (25 de noviembre de 2021). Disponible en: <https://www.fundeu.es/noticia/el-diccionario-collins-escoge-nft-como-palabra-del-ano/>.

[6] Disponible en: <https://www.collinsdictionary.com/es/diccionario/ingles/nft>.

[7] Gartner México (agosto de 2022). Disponible en: <https://www.gartner.mx/es/articulos/novedades-del-hype-cycle-de-gartner-para-las-tecnologias-emergentes-2022>. Gartner (versión en inglés). Disponible en: <https://www.gartner.com/en/newsroom/press-releases/2021-08-23-gartner-identifies-key-emerging-technologies-spurring-innovation-through-trust-growth-and-change>.

[8] "Data Scientist: The Sexiest Job of the 21st Century" (julio 2022), en *HRB*. Disponible en: <https://hbr.org/2012/10/data-scientist-the-sexiest-job-of-the-21st-century>.

[9] Thomas H. Davenport y D. J. Patil (2022). "Is Data Scientist Still the Sexiest Job of the 21st Century?". Disponible en: <https://hbr.org/2022/07/is-data-scientist-still-the-sexiest-job-of-the-21st-century>.